BLACK BOX

블랙박스를
열기 위한
인공지능법

김윤명 지음

박영사

차 례

Chapter 01   인공지능을 위한 시론 / 1

Contents

Chapter 02 인공지능의 책임과 의무 / 133

Chapter 03 인공지능과 데이터 / 179

차 례

Chapter 04 인공지능과 지식재산 / 271

Contents

Chapter 05   인공지능 윤리와 프로파일링 / 363

차 례

Contents

추천사

법불아귀(法不阿貴), 그리고 억강부약(抑强扶弱)

인공지능시대, 어느 때보다 공정해야 합니다. 인공지능을 가진 자와 그렇지 못한 자는 지금과는 전혀 다른 세상을 살아가야 할 것이기 때문입니다. 법은 귀한 것에 아부하지 않고, 약한 자를 위해야 합니다.

김윤명 박사의 책, <BLACK BOX를 열기 위한 인공지능법>은 법만이 아닌 인공지능 관련 다양한 정책적 이슈를 함께 다루고 있습니다. 제가 보기에 그 기저는 법불아귀(法不阿貴), 그리고 억강부약(抑强扶弱)의 위민정신이 함께 하고 있습니다. 이런 점에서 김윤명 박사는 법적인 면만을 보는 것이 아닌 보다 유연한 정책적 관점으로 대하고 있음을 알 수 있습니다.

아시는 것처럼, 인공지능의 효용은 누구나가 인정합니다. 많은 일들을 할 것이라는 점, 합리적인 의사결정을 내릴 수 있다는 점도 긍정적입니다. 이를 위해 인공지능은 프로그래밍 되기보다는 데이터를 기반으로 스스로 학습하는 기계학습의 결과물입니다.

그 과정에서 인공지능은 의도하거나 또는 의도하지 않게 왜곡되거나, 편향적인 경향을 가지게 됩니다. 블랙박스(black box)처럼 잘 보이지 않고, 또한 왜 그러한지 설명도 하지 못합니다. 물론, 인간도 자신의 결정에 대해 직관적인 판단을 할 경우에는 설명하지 못하곤 합니다. 인간의 의사결정은 취소하거나 또는 손해배상 등의 책임을 질 수 있지만, 인공지능은 그에 대한 책임을 지기 어렵습니다.

인공지능이 스스로 했다면 인공지능에게 책임을 물어야겠지만, 어떤 식으로 물어야 할지 어렵습니다. 지금은 인공지능을 개발하거나 조작한 사람에게 물을 수밖에 없습니다. 그렇지만, 언젠가는 인간의 능력을 넘어설 때, 그때는 어떻게 하면 좋을까요?

이제는 하나하나 준비를 해나가야 합니다. 인공지능에 대해 어떻게 법적 지위를 부여하고, 그와 동시에 책임과 의무의 주체로 인정할 것인지는 여간 고민스러운 것이 아닐 것입니다.

김윤명 박사의 주장대로, 인공지능이 인간과 공존해가는 시대에 전통적인 법체계는 인공지능을 염두에 둔 것은 아니기 때문에 법적용에 있어서 합리성을 찾기가 쉽지 않습니다. 인공지능에 대응하기 위한 법제가 없다는 이유로 인공지능과 관련된 문제해결에 손 놓고 있을 수만은 없을 것입니다.

또한, 인공지능은 노동의 변화도 가져오고 있습니다. 단순 노동을 인공지능이 대체하기 쉽다고 하나 전문 분야도 다르지 않을 것입니다. 그 결과, 양극화는 더욱 심해질 것으로 전문가들은 예측합니다. 이러한 상황에 대비하기 위한 것이 기본소득(basic income)입니다. 기본소득은 헌법상 최고의 기본권인 행복추구권을 구체적으로 구현할 수 있는 수단입니다.

김윤명 박사가 이 책의 마지막에서 적고 있는 위험사회에 대응할 수 있는 방안으로써 제시하고 있는 기본소득과 그 재원으로서 로봇세나 데이터배당은 필요한 정책적 과제입니다. 기존 일자리를 유지하고, 양질의 일자리를 만드는 것은 국가의 책무입니다. 이 책무에 대해 저는 오랫동안 고민하고 실천해왔습니다.

인공지능시대를 대비하기 위한 법제도의 수립이나, 이슈에 대한 해결을 등 정책적 관점에서 중요한 교과서라고 생각됩니다. 이 책이 작은 시도이겠지만, 인공지능시대를 위한 큰 반향을 가져올 것으로 기대합니다.

꿈은 함께 하면 이루어질 수 있습니다.
김윤명 박사와 함께 꿈꿀 수 있다면 좋겠습니다.

전 경기도지사 이재명

서 문

'또 다른 인간'을 만날 수 있을까?

인공지능이 학습하는 과정은 인류의 역사이자 산물인 데이터를 바탕으로 새로운 가치를 만들어가는 것이다. 이런 면은 저작권법상 공정이용 기준 중 하나인 변형적 이용(transformative use)과 유사하다. 데이터가 중요한 시대이기 때문에 데이터의 활용이 공정이용에 해당하는지 여부가 중요하다는 점을 인식한다면, 데이터 공정이용(fair use)에 대한 고민은 또 다른 인간을 만나기 위한 열쇠이다. 그러한 고민의 과정을 거치면서 언젠가는 인공지능이 인간을 대신하는 날이 올 것이다. 그렇다면,

"과학기술은 인간을 풍요롭게 하는가?"

과학기술이 가져오는 문제 또한 사람의 문제이기 때문에 사람의 문제로 보고, 풀어야 한다. 사람의 문제에 사람이 아닌 다른 객체가 참여하거나 대체되는 순간, 사람은 어느 곳에도 존재하지 않는 대상이 됨으로서, 책임져야 할 사람은 어디에도 없을 것이기 때문이다. 가습기 살균제 사건, 후쿠시마 원전 사건, 환경 파괴와 기후변화, 자율살상무기 등은 현재의 과학기술 수준에서는 면책을 받거나 또는 책임 주체를 확인하기 어려운 사안들이다. 이는 단순한 사건이 아닌 재앙과 다름없다. 기술을 방임하거나 악의적인 활용을 방치할 경우, 사람을 위한다는 기술이 오히려 사람을 괴롭히는 역설적인 상황을 경험하게 될 것이다. 아니, 지금 이 순간 경험하고 있는지도 모른다! 이러한 이유로, 과학기술로 인한 문제는 과학기술로 해결될 것이라는 낭만적(浪漫的)인 생각은 버려야 한다. 과학기술이 완벽한 것은 아니다. 많은 문제를 인류에게 던진 것도 사실이기 때문이다.

누구인지는 기억나지 않지만, 질문은 그 사람의 수준을 보여준다고 한다. 수십 년 전 대학 때 들었던 것인데, 이처럼 무의식 속에 남겨져있던 인식이 기

억으로 내재하여 다시 생각으로 떠오른 것이다. 그것도 위 문장을 써내려간 순간, 갑자기 떠올랐다는 점에서 뇌 구조와 기능에 대해 경이롭다는 생각이다. 이러한 생각의 과정을 정보통신 및 과학기술을 통하여 밝히고자 많은 연구자들이 매달리고 있다. 그만큼 필요한 일일까 싶은 생각이 들기도 하지만, 부인할 수 없는 것은 호기심(好奇心)이 인류의 발전을 가져왔다는 사실이다. 앞으로도 호기심이 그렇게 인류의 발전을 이끌 것이다.

또 다른 기술인 인공지능은 어떠할까? 기술이라는 본질은 다르지 않겠지만, 인공지능으로 할 수 있는 일이 많다는 것은 이제 누구라도 안다. 그렇지만, 그것을 어떻게 잘 할 것인지에 대해서는 의문을 갖는다. 주된 관심은 인공지능이 과연 인간을 넘어서는 능력을 가질 수 있는지에 대한 것이다. 바둑과 같은 특정 분야에서의 능력이야, 이미 인간을 넘어서고 있다. 그러나, 인간의 작동이나 지시, 명령이 처음 작용하기 전에는 그저 무형의 객체인 물건(物件)일 뿐이다. 인공지능 로봇은 스스로 작동을 시작하는 것이 어렵기 때문에 그 시작점을 사람이 알려줘야 한다. 즉, 시작 스위치를 작동시켜야 한다는 점이다.

인간은 인공지능과 직간접적인 관련을 맺는다. 인공지능이 제공하는 서비스를 이용하는 자로서 소비자, 인공지능 서비스를 제공하는 플랫폼사업자, 인공지능을 이용하는 이용자, 인공지능을 개발하는 개발자, 인공지능의 학습을 위해 데이터를 생성하거나 이용 및 거래에 제공하는 자, 인공지능으로 인하여 차별 등을 받는 자, 인공지능으로 인한 문제를 규제하고자 하는 규제권자, 입법권자 등 다양하다. 인공지능이 관여할 수 있는 수많은 분야가 있다. 법률도 마찬가지이다. 이처럼 인공지능은 여러 분야의 수많은 인간들과 관계를 맺는다.

인간의 능력을 넘어서는 일을 처리하는 것 이외에 인공지능의 장점은 무엇일까? 무엇보다, 인간이 개발한다는 점이다. 인간을 위해 어떠한 것이 필요한지를 알 수 있기 때문이다. 맹자(孟子)의 성선설(性善說)에 따르면 인간은 본래적으로 선하다. 선한 주체로서 인간은 그 성장과정에서 얻은 다양한 경험과 학습을 통하여 현재 모습을 이루게 될 것이다. 동의한다. 한 가지 유감스러운 점은 그 과정에서 제대로 학습 받을 기회조차도 얻지 못한 사람들도 있다는 것이다. 인공지능도 제대로 학습 받을 기회를 얻지 못했다면 어떠할까? 물론, 학습 받지 못한 모든 사람이 그릇된 결과를 가져오는 것도 아니고, 학습 받은 모든 사람이 올바른 행동을 하는 것도 아니다. 결국, 사람은 자신이 원하는 것을 선택하는 것이라는 결론도 가능하다. 적어도 현재의 수준에서 인공지능은 학습 받을 기회를 스스로 선택할 수 없다. 제대로 된 학습기회를 받지 못할 가능성도 배제하지 못한다. 제대로 된 학습기회를 갖는다면 학습과정에 관여된 많은 자원들을 기준으로 인공지능의 가치를 판단할 수 있을 것이다.

역사 이래로 창작 활동은 인간의 영역으로만 여겨졌지만, 이제는 인공지능이 저작물을 이용하고, 그 결과로써 인간 이상의 창작물을 만들어내는 지적 활동을 하고 있다. 인공지능이 보다 개선되고 합리적인 판단을 내릴 수 있도록 학습시키는 과정에서 중요한 것이 데이터(raw data)이다. 인공지능이 데이터를 학습하고 그에 따라 새로운 결과물을 생성함에 따라 제기되는 저작권 문제는 크게 2가지로 대별된다. 첫째는 인공지능을 학습시키기 위해 저작물을 이용하는 것이 저작권법이 추구하는 문화 창달을 위한 '문화의 향유'인지 여부이다. 둘째는 알고리즘(algorithm)이 인간의 의사결정을 대신할 수 있는 상황이 도래할 것으로 예견되는 바, 이러한 상황 하에서 저작권법이 이 인공지능 기술혁신을 저해하는지 여부이다. 인공지능과 문화의 향유가 각기 다른 층(layer)에 해석되고 적용되는 것으로 볼 수 있지만, 현실에서는 밀접하게 관련을 맺고 있다는 점에서 저작권법에 따른 검토 내지 방향에 대해 살펴볼 실익이 있다.

이러한 과정을 거치면서 또 다른 인간이 나타날 가능성은 커질 것이다. 그렇지만, 정말 인간과 같은 인지능력을 갖춘 경우는 언제일지 알 수 없다. 그렇기 때문에 이에 대한 다양한 논의가 이루어지는 것은 바람직하다. 이러한 논의는 기술이 선도(先導)해 가는 것이 중요하고, 그 기술이 바람직한 사회적 합의를 이끌어갈 수 있도록 법제도로 뒷받침해야 한다.

인공지능에 관한 연구는 행운이었다. 인간의 또 다른 모습을 그려볼 수 있었기 때문이다. 그리고, 인공지능과 관련된 다양한 법제도, 사회현상에 대해 고민할 수 있었기 때문이다. 2016년 알파고와 이세돌이 함께 한 세기의 대국 즈

음부터 소프트웨어정책연구소(SPRi)에서 인공지능 관련 글을 쓰면서 시작한 '인공지능법 연구'의 제1막은 여기서 마친다. 2018년 12월, 국회 보좌관직을 의원면직하면서 이 책에 대해 고민하기 시작했다. 많은 시간이 흘러 언제까지 붙들고 있을 수는 없어 일단 마무리한다. 대전환 시대, 누구라도 인간다운 삶을 살 수 있어야 한다. 인공지능과의 공존도 중요하다. 이를 위한 윤리적 가이드라인이나 법제도의 설계가 중요한 이유이다. 이 한 권의 책이 보탬이 될 수 있기를 희망한다. 이 책이 나오기까지 애써주신 박영사 김명희 차장님, 김한유 대리님께 감사드린다.

2016년 3월, 알파고의 승리(勝利)에 놀라 울먹이던 작은 아이는 블록형 프로그래밍 언어인 스크래치(scratch)로 스스로 프로그래밍 하는 나이가 되었다. "인공지능이 인간을 위해 많은 것을 할 것"이라고 한다. 작은 아이의 바람처럼 인공지능이 인간을 위해 많은 것을 하길 바라고, 또 그렇게 되도록 노력하고자 한다. 사랑하는 아내와 그리고 아부지로서 아이들과 나눈 이야기가 많은 도움이 되었다. 감사하다.

2021.11.22.
양평 '도서관N'에서
쓰다.

인공지능을 위한 시론

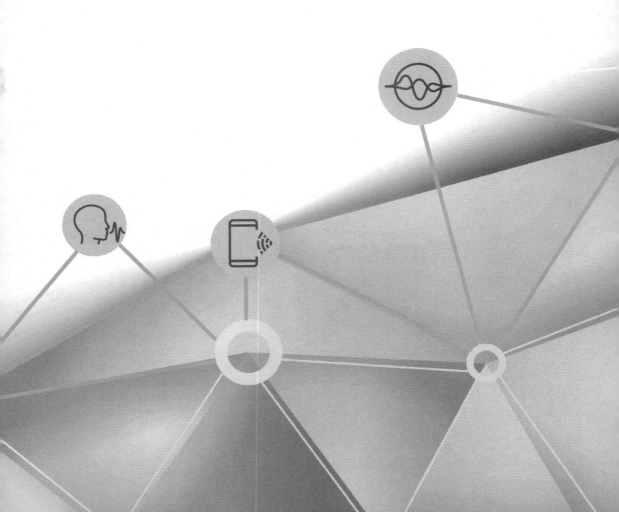

왜, 인공지능법인가?

1. 인공지능법을 논해야 하는 이유

법학자 또는 인공지능(artificial intelligence) 비전공자가 인공지능(人工知能)에 대한 이해가 필요한 이유는 우리사회가 좀 더 나은 방향으로 진보하는 과정에서 인공지능으로 인하여 나타날 수 있는 문제에 대응하거나 해결방법을 찾는 기초(基礎)이기 때문이다. 인공지능에 관한 단순한 학자적 담론을 이끌어내기 위한 관심사가 아닌 구체적인 문제를 해결하기 위한 것이어야 한다. 인공지능 법은 인간의 관점에서 해석되고 적용되어야 하지만, 인공지능은 무엇보다 기계 학습(machine learning)[1]에 대한 이해 없이 접근하는 것은 문제해결에 별 도움이 되지 않을 것이다. 또한, 기계학습을 통하여 얻는 결과물로서 알고리즘 (algorithm)[2]은 실질적으로 인공지능을 관통하는 중요한 메커니즘이면서 법적, 윤리적 쟁점의 중심에 있기도 하다. 물론, 인공지능과 관련된 이슈에 대한 담론도 의미가 없는 것은 아니지만, 구체적인 문제를 해결하기 위한 것이어야 한다.

인공지능이 갖는 문제의 원인은 인공지능이 말썽쟁이여서가 아니라 인공지능을 개발하는 것도 사람, 인공지능을 활용하는 것도 사람이기 때문이다.[3] 또한, 알고리즘을 왜곡하는 것도 사람이고, 알고리즘을 영리적인 목적에 사용하는 것도 사람이기 때문이다. 인공지능은 인류가 예상할 수 있는 전반적인 내용과 관련되며, 그에 따른 문제에 대응하기 위해서는 사람중심의 가치이자,

---

[1] 본 서에서 machine learning은 기계학습이라는 표현을 사용한다. 다만, 인용문헌에서 머신러닝 이라는 표현을 사용한 경우에는 인용문헌 그대로 사용한다.

[2] "최대공약수를 계산하는 유클리드(Euclid)의 방법을 최초의 본격적인 알고리즘으로 간주한다. 알고리즘이라는 단어(그리고 그것을 연구한다는 착상)는 9세기 페르시아 수학자 알콰리즈미 (al-Khowarazmi)에서 비롯된 것이다. 또한 그의 저작들은 아라비아 숫자와 대수학을 유럽에 소개하는 역할도 했다." Stuart Russell, Peter Norvig, 인공지능 현대적 접근방식(제3판), 제이펍, 2016. 10면.

[3] 인공지능 채팅은 인간과의 대화 과정에서 악용되는 사례의 대명사이다. 물론, 설계상 미흡한 점이나 학습과정 상 한계가 있지만, 이를 활용하는 인간들의 악의적인 행태 또한 비판받아 마땅한 일이다. 한 가지 기억해야 할 것은 인간의 학습과정에서도 인공지능처럼 편견을 학습하거나 악용된다면 한 사람의 인격과 인생이 바뀔 수 있다는 점이다. 그렇기 때문에 교육은 인간이든 동물이든, 기계든 치우침이 없어야 한다.

보편적 가치로서 인권(人權)과 이를 뒷받침할 수 있는 기본권(基本權)에 대한 충실한 보장이 선행되어야 한다.[4] 물론, 데이터나 알고리즘에 담겨진 왜곡이나 편견은 개발자가 의도하지 않고 사회문화적인 경험과 관습에 따라 반영될 가능성도 배제하지는 못한다. 인공지능처럼 스스로 의도하지 않거나 또는 인식하지 못한 사항은 법적으로 다루기가 쉽지 않다. 그렇기 때문에 인공지능 윤리도 함께 다루는 것이 필요하다. 인공지능 윤리에 대한 사회적 합의가 마련된 후, 인공지능에 대한 제대로 된 법적 대응이나 평가가 이루어질 수 있기 때문이다.

2. 문화, 그리고 생각이란 무엇인가?

진화론(進化論, evolutionary theory)[5]에 따르면 지구에 생존하거나 생존했던 수많은 생물학적 종(種)들은 자연과 환경에 적응하기 위해 진화해왔다. 생물학적 진화 과정을 포함하여, 다양한 경험이 쌓이면서 사회적 진화도 함께 이루어졌다. 특히, 사회적 진화는 언어(言語)와 문자(文字)의 발명을 통하여 공동체의 가치가 누적되거나 전승되면서 사회문화로 구체화되었다. 인간은 주술적(呪術的) 목적으로 그림을 그리고 시를 낭송하고 악기를 연주했지만, 그 과정에서 문화(文化)[6]라는 가치를 알아차리면서 다양한 문화적 활동을 즐기게 된 것이다. 이로써, 인간이 얻은 별명은 '문화적 동물'이다. 무엇보다, 선인들이 만들어 놓은 다양한 문화를 즐기며 삶을 영위하게 되었기 때문이다. 문화 유형에는 다양

---

4 국가인권위원회는 20대 국회에서 김경진 의원이 대표발의한 인공지능산업법에 대한 의견표명을 통하여, 인공지능에 의한 인권침해 우려를 나타냈다. "인공지능은 방대한 데이터 분석과 학습을 기초로 하여 편견에 치우치지 않고 정확한 추론과 판단을 가능하게 하며, 이를 통해 경제적·사회적 혁신을 이끌고 궁극적으로 인간의 삶을 보다 윤택하게 할 것이라는 기대를 받고 있다. 그런데 최근 국내·외에서는 인공지능에 대해 낙관적 기대만 있는 것이 아니라, 인공지능의 활용 확산에 따라 인간의 기본적 인권이 침해될 수도 있다는 우려가 새롭게 제기되고 있다. 현재 국내·외에서 주로 제시되는 인공지능에 의한 인권 침해 문제로는 인공지능으로 인한 편향과 차별, 인공지능 기반 영상 인식·합성 기술로 인한 감시 및 인격침해, 인공지능 판단 과정의 불투명성 등을 들 수 있다." 국가인권위원회, 인공지능산업 진흥법에 관한 법률안에 대한 의견표명, 2020.4.2.
5 생물은 생활환경에 적응하면서 단순한 것으로부터 복잡한 것으로 진화하며, 생존경쟁에 적합한 것은 살아남고 그렇지 못한 것은 도태된다는 학설이다. 사이언스올, 2021.4.30.일자 검색
6 문화기본법에서 문화란 문화예술, 생활양식, 공동체적 삶의 방식, 가치 체계, 전통 및 신념 등을 포함하는 사회나 사회 구성원의 고유한 정신적·물질적·지적·감성적 특성의 총체를 말한다고 정의하고 있다.

한 것들이 포함된다.[7] 예를 들면, 문자나 언어, 전통과 같은 생활양식 등 무형의 가치를 포함하며, 널뛰기와 강강술래와 같은 유형의 놀이도 포함된다. 다양한 콘텐츠를 통하여 놀이의 한 장르를 형성한 디지털 게임(digital game)[8]도 마찬가지이다. 게임을 소비하는 것처럼 문화는 경험하는 것은 물론, 윤리와 법률 등 공동체의 가치를 유지하기 위한 수단이나 방법도 포함된다.

인공지능은 20세기에 시작했지만, 21세기에 인류에게 가장 큰 기대와 논란거리가 되고 있다. 인공지능이 과연 문화를 향유(享有)할 수 있는 주체가 될 수 있을까? 인간중심적 사고는 이러한 논란에서 주체를 인간으로 한정하고 있으며, 인공지능도 인간의 모습을 닮은 휴모로이드형 로봇에 방점을 두고 있다. 물론, 휴모로이드형 로봇이 아니더라도, 작동하거나 행동할 수 있는 자율성과 그러한 행위에 대한 인지가능성, 그리고 결과에 대한 책임능력에 관한 것이 법적 측면에서의 주된 관심사이다.

이러한 이유 때문에 이번에는 게임이 아닌 '또 다른 인간'에 대한 이야기를 하고자 한다. 물론 인간에 대해 잘 알지도 못한다. 아니, 스스로에 대해서도 잘 알지 못한다. 그럼에도 또 다른 인간에 대해 얘기한다는 것이 쉬운 일은 아니다. 또한, 인간이 어떻게 생각하는지에 대해서도 잘 모른다. 그럼에도, 인공지능이 어떻게 생각하는 메커니즘을 갖는지 살펴보고자 한다.

'인공지능은 생각이라는 것을 할 수 있을까? 인공지능은 스스로를 무엇이라고 생각할까?'

생각을 하거나 상상을 한다는 것은 두뇌만의 역할인지 의문이다. 인간의 머릿속에서 이루어지는 수많은 셈(computing)의 결과 또는 그 과정은 생각이라는 추상화된 형태로 표현된다. 또 다른 것은 인공지능이 자신에 대해 존재론적

---

7 문화예술진흥법에서는 문화예술이란 문학, 미술(응용미술을 포함한다), 음악, 무용, 연극, 영화, 연예(演藝), 국악, 사진, 건축, 어문(語文), 출판 및 만화를 말한다고 정의하고 있다.

8 참고로, 게임산업진흥에 관한 법률에서는 게임물을 컴퓨터프로그램 등 정보처리 기술이나 기계장치를 이용하여 오락을 할 수 있게 하거나 이에 부수하여 여가선용, 학습 및 운동효과 등을 높일 수 있도록 제작된 영상물 또는 그 영상물의 이용을 주된 목적으로 제작된 기기 및 장치로 정의하고 있다. 다만, 그 결과에 따라 재산상 이익 또는 손실을 주는 사행성게임물은 제외하고 있다.

인식 내지 의심을 하는 경우, 스스로를 무엇으로 인식할 수 있을까? 즉, 인공지능이 스스로를 인간으로 인식할 수 있을까 하는 점이다. 물론 인공지능을 만들어낸 창조주는 사람이기 때문에 사람처럼 인식하도록 프로그래밍이 되었거나 또는 무의식적인 학습의 결과도 인간과 다르지 않도록 알고리즘화 되었을지도 모른다. 인공지능이 인간과 같은 수준에서 책임질 수 있으려면 어떠한 상태에 이르러야 하는지 예측하기 어렵다.

인공지능과 달리, 인간이 인간으로서 인식하거나 대우받는 것에는 그 이유가 없다. 아니, 명확한 기준을 설명하기도 어렵다. 역사적으로 노예(奴隷)나 노비(奴婢)는 인권을 부여받지 못한 물건(物件)에 불과했지만, 프랑스혁명에 따른 인간과 시민의 권리선언(Déclaration des droits de l'Homme et du citoyen)과 세계인권선언(Universal Declaration of Human Rights, UDHR)[9]에서 인간은 천부인권(天賦人權)을 받은 그 자체로 이해되기 시작한 이후로 인간은 인간이기 때문에 다른 어떠한 가치와 비교할 수 없는 존재로서 인식되기 시작했다.

2016년, 알파고(AlphGo)가 세상을 떠들썩하게 한 적이 있다. 이세돌(李世乭) 9단은 알파고와의 세기의 대국에서 인공지능에게 사람이 이긴 대국의 주인공으로 기록되었다. 알파고와 5번의 대국을 치루었던 이세돌은 4번째 대국에서 알파고에 불계승했다.[10] 이것이 인간이 기계를 이긴 마지막 대국이었다. 다음 [그림 0-1]은 이세돌의 승리 후에 알파고가 내보낸 메시지 "AlphaGo Resigns"이다. 알파고 개발자는 과연 알파고가 승리할 것을 알았을까?[11]

---

9 세계인권선언(世界人權宣言)은 1948년 12월 10일 유엔 총회에서 당시 가입국 58개 국가 중 48개 국가가 찬성하여 채택된 인권에 관한 세계 선언문이다. 초안은 1946년 존 험프리가 작성하였다. 프랑스 파리 샤요 궁(Palais de Chaillot)에서 열린 3번째 회의에서 유엔 총회 결의 217 A (III)로 승인되었다. 524개의 언어로 번역되어, 가장 많이 번역된 유엔 총회 문건이다. 1946년의 인권장전 초안과 1948년의 세계인권선언 그리고 1966년의 국제인권규약을 합쳐 국제인권장전이라고 부르기도 한다. 세계인권선언은 유엔의 결의로서 비록 직접적인 법적 구속력은 없으나 오늘날 대부분의 국가 헌법 또는 기본법에 그 내용이 각인되고 반영되어 실효성이 클 뿐만 아니라 1966년 국제인권규약은 세계 최초로 법적 구속력을 가진 세계적인 인권 관련 국제법이다. 위키백과, 2021.4.30.일자 검색.

10 이세돌은 2016년 3월 9일부터 딥마인드가 개발한 알파고(AlphaGo)를 상대로 백만달러 상금의 5번기를 진행했다. 첫번째와 두번째, 세번째 게임 모두 알파고에 불계패하면서 알파고의 승리로 판정났다. 다만, 네번째 게임은 이세돌이 불계승하였다. 다섯번째 게임은 알파고가 불계승하였다. 알파고 4 대 이세돌 1로 마무리되었다. 위키백과, 2021.4.30.일자 검색.

11 데미스 하사비스(Demis Hassabis)는 2017년 4월 21일 Financial Times에 기고한 The mind in the machine: Demis Hassabis on artificial intelligence에서 "대국 중 알파고는 그간 학습하지 않았던 창의적인 수를 두기도 했다. 제2국의 37수가 그랬다. 알파고가 학습한 수백 년간의

[그림 0-1] "AlphaGo Resigns"

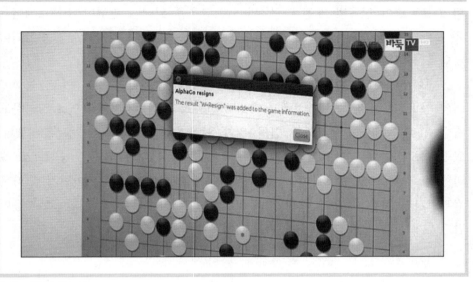

출처: 바둑TV(2016).

　당시, 필자는 과학기술정보통신부(구 미래창조과학부) 산하 소프트웨어정책연구소에서 연구원으로 있으면서 알파고에 대해 많은 것을 들을 수 있었다. 인공지능이 우리에게 어떤 영향을 줄 것인지, 그로 인한 법률문제는 어떻게 될 것인지를 고민할 수 있었다. 그 결과, 인공지능이 만들어낸 결과물의 법률문제를 중심으로 <인공지능과 법적 쟁점>이라는 보고서를 썼다.[12] 시론적(試論的) 접근이었기 때문에 다양한 분야의 법률문제를 다루었다. 이후에 <인공지능과 윤리>라는 주제를 연구하던 중,[13] 국회 보좌관으로 자리를 옮기게 되었다. 국회에서도 제4차 산업혁명시대에 대응하기 위한 다양한 주제를 다루었고, 지능형 로봇 개발 및 보급 촉진법 개정안, 소프트웨어안전 기본법 제정안, 정보분석을 위한 저작권 제한을 위한 저작권법 개정안 등 여러 가지 입법안의 발의를

　지혜를 뒤집은 놀라운 한 수였다. 알파고는 인류 역사상 가장 오래되었고 가장 많은 연구가 이루어졌던 바둑에 새로운 지식을 더하며 세계를 가르쳤다."고 회고하고 있다.

12 김윤명, 인공지능과 법적 쟁점 – AI가 만들어낸 결과물의 법률 문제를 중심으로, 이슈리포트 2016-05, 소프트웨어정책연구소, 2016.

13 AI in Asia: ETHICS, SAFETY AND SOCIETAL IMPACT(2016.12.16.)라는 국제컨퍼런스에서 "Can AI Learn Ethics?"라는 내용으로 발표한 바 있다. <https://opennet.or.kr/opentalk/14827>

보좌하기도 했다. 참고로, 소프트웨어정책연구소에서 거의 3년 가까이 준비했던 소프트웨어 진흥법 개정 연구[14]와 SW 교육을 위해 고민했던 소프트웨어교육 지원법 제정 연구[15]는 2020년 소프트웨어 진흥법 전면 개정안으로 병합되어 국회를 통과했다.

네이버에서의 정책 실무, 소프트웨어정책연구소에서의 정책 연구, 국회에서의 입법 및 정책 실현 과정에서 고민했던 내용을 좀 더 체계적으로 정리하고자 <블랙박스(black box)[16]를 열기 위한 인공지능법>이라는 책을 준비했다. 인공지능과 인간은 어떤 관계를 가져야할 것인지에 대한 고민을 중심으로 정리했다. 무엇보다, 인공지능에 대한 법률문제를 어떻게 다루어야할지에 따른 결과이기도 하다. 기술에 대한 법적 판단은 어때야 하는지에 대한 고민 등이 담겨있다.

---

14 다음과 같은 연구에 연구책임자와 공동연구책임자로서 참여하여 소프트웨어 진흥법을 포함한 SW산업, 게임산업 진흥을 위한 방안을 고민했다. SW중심사회 실현을 위한 법제도 지원 연구, 미래창조과학부, 2017; 지식재산 관점에서 본 기술과 콘텐츠의 융합, 소프트웨어정책연구소, 2017; SW제조물책임 관련 법제 현황 조사연구, 소프트웨어정책연구소, 2017; 지능정보사회 대응을 위한 법제도 조사연구, 소프트웨어정책연구소, 2017; 소프트웨어산업 진흥법 개정 연구, 소프트웨어정책연구소, 2016; 소프트웨어 문화 확산 및 가치실현을 위한 법제 개선방안 연구 – 소프트웨어산업 진흥법을 중심으로, 소프트웨어정책연구소, 2016; 소프트웨어 교육지원법 제정 연구, 소프트웨어정책연구소, 2016; 인공지능과 법적 쟁점, 소프트웨어정책연구소, 2016; SW안전 체계 확보와 중점 추진과제, 소프트웨어정책연구소, 2016; 게임SW산업 진흥을 위한 규제 개선방안 연구, 소프트웨어정책연구소, 2016; 국내 SW생태계 견실화 저해 요인 및 개선방안 연구, 소프트웨어정책연구소, 2015; 공공SW사업의 내실화(內實化)를 위한 법제도개선방안, 법학연구(경상대학교), 2016; SW중심사회 구현을 위한 소프트웨어산업진흥법의 개정방안 연구, 정보법학(정보법학회), 2015 등 소프트웨어 진흥법 전면개정을 위한 연구를 수행한 바 있다.
15 김윤명·길현영, 소프트웨어 교육지원법 제정 연구, 소프트웨어정책연구소, 2016; 소프트웨어 진흥법 전면개정안에 병합되어 입법화된 소프트웨어 교육지원법 제정안은 지금은 항공대 교수로 있는 길현영 박사와 같이 준비했다.
16 블랙박스에 대한 우려는 딥러닝이라는 기계학습 과정에서 이루어지기 때문에 그 누구도 그 내용을 알 수 없다는 것이다. 단순하게, 그 결과값에 대한 추론으로써 파악할 수 있을 뿐이다. 이러한 견해에 대해 "딥러닝은 기본적으로 블랙박스이기 때문에 내부에서 어떠한 방식으로 판단하는지 파악하기가 쉽지 않고, 때로는 성능은 좋지만 전혀 의미 없는 엉뚱한 데이터를 학습해서 우리가 원하지 않는 방식으로 계산된 결과를 내놓을 수도 있다. 그 때문에 딥러닝이 실제 어떠한 계산 과정을 거치는지를 파악해보는 것이 중요하다."고 한다. 최윤섭, 의료인공지능, 클라우드나인, 2018, 164면 참조.

3. 그렇다면, 왜 인공지능법인가?

법적인 문제를 떠나 윤리는 우리 사회를 유지시키는 중요한 규범(規範) 중 하나이다. 신기술이 발전함에 따라 생겨난 생소한 분야에 법적 기준을 강제하는 것은 해당 분야의 발전이나 혁신을 저해할 수 있음을 경험적으로 알고 있다. 이런 면에서 사회적 합의에 따른 가이드라인(guideline)을 제시하는 것이 바람직하다. 가이드라인을 통하여 많은 사람들이 이해할 수 있도록 함으로써 예기치 못한 문제가 커지는 것을 방지할 수 있기 때문이다. 인공지능에 관한 가이드라인에는 윤리적 규범이 우선적으로 강구될 필요가 있다.

인공지능에 대한 연구는 1956년 다트머스 회의(Dartmouth Conference) 전후부터 이어오고 있지만, 21세기 들어서 소프트웨어(software; 이하 SW라 함) 및 하드웨어(hardware; 이하 HW라 함)의 기술과 성능의 발전에 따라 급부상하고 있는 분야이다. 그동안 논의와 연구는 인공지능에 대한 법적인 논의보다는 산업적인 이용에 대해 집중해 왔다. 인공지능에 대한 법적인 기준이 없는 이상, 윤리가 이에 대한 기준으로 제시될 수 있음을 많은 연구자가 인지하고 있는 것은 사실이다. 그렇다면, 인공지능은 사람이 예측할 수 있는 규범 안에서 운용될 수 있을까? 이러한 우려에 따라 2007년 정부는 지능형 로봇 개발 및 보급 촉진법(이하 지능형로봇법이라 함)에서 로봇윤리헌장을 마련할 법적 근거를 두었고, 로봇윤리헌장 초안을 마련한 바 있다. 아쉽게도 초안에 머물렀지만, 인공지능을 포함한 로봇윤리가 제시된 것은 인공지능을 개발하는 개발자의 윤리에 대한 규범적 가치를 먼저 생각할 수밖에 없는 이유이다.

특이점(singularity)[17]이 오면 인공지능 로봇은 스스로 생각하고 판단할 수 있는 지능을 가지게 될 것으로 예견된다. 로봇은 센서를 통하여 인터넷에 연결되어 상상할 수 없는 능력을 얻게 될 것이다. 또 다른 로봇 개념인 로봇 자체에 두뇌가 없는 대신 중앙에서 제어하는 브레인리스 로봇(brainless robot)도 구현되고 있다. 개별적으로 두뇌를 가진 HW로서 로봇이 아닌 중앙의 두뇌가 네

---

17 특이점이란 "미래에 기술변화의 속도가 매우 빨라지고 그 영향이 매우 깊어서 인간의 생활이 되돌릴 수 없도록 변화되는 시기"이다. Raymond Ray Kurzweil, 특이점이 온다, 김영사, 2007, 23면; "특이점의 끝은 아무도 예측할 수 없다. 인간은 도저히 이해할 수 없는 수준에 도달할 가능성조차 있다."고 한다. Yutaka Matsuo, 인공지능과 딥러닝, 동아엠앤비, 2015, 203면.

트워크를 통하여 말단의 로봇을 제어하는 방식으로, HW 자원 및 에너지 소비를 줄일 수 있다는 장점이 있다.

역사를 제대로 대응하지 않을 경우에는 유사한 문제가 반복될 수 있다. 새로운 기술이 대두되면서 그에 따른 부작용도 함께 한다. 로봇이나 인공지능도 다르지 않다. 만약, 로봇에 대한 긍정적인 기대와 다르게 로봇이 윤리적이지 않거나 또는 그렇게 설계되었고, 더 나아가 자가 증식을 할 수 있는 능력을 갖는다면 세상은 어떻게 될까? 영화 속 인공지능 로봇에 대한 인간의 인식은 긍정적인 것만은 아니다. 이러한 인식에 기인한 것일 수도 있지만 '미지의 기술'이 가져올 예측불가능한 미래를 보고만 있을 수 없는 일이다. 인공지능이 가져올 수 있는 가능성에 대한 다양한 시나리오를 바탕으로 예측가능하거나 통제가능한 인공지능을 개발해야 하는 이유이다.

인간은 윤리를 배우고, 사회적 질서를 훈련받는 교육과정을 거친다. 일종의 사회화를 통하여 사람 또는 사물과의 관계를 배우는 것이다. 이 과정에서 수많은 지식을 습득하고 경험하지만, 경험을 통하여 얻는 것에 비하면 학교교육을 통하여 인간이 배우는 것은 그리 많지 않다. 인간의 사회화 과정과 달리 로봇은 최초 프로그래밍된 형태의 DNA[18]에 따르게 된다. 어느 순간 로봇이 DNA를 스스로 조작할 수도 있을 것이다. 허버트 스펜서(Herbert Spencer)의 적자생존(適者生存)이나 찰스 다윈(Charles Robert Darwin)의 진화론에 따르면 진화는 오랜 시간을 거치면서 이루어졌지만, 로봇의 자기진화는 순식간에 이루어질 수 있다. 이러한 로봇이 인간의 통제를 벗어나 자율성을 갖게 되면 인류에게는 어떤 영향을 미치게 될까? 상상에만 머무르던 모습이 현실로서 우리에게 나타나지 않을까 우려스럽다. '로봇진화론'에 대한 연구가 필요한 이유이다.

인공지능은 로봇에만 적용되는 것은 아니다. 지능형 SW로 불리우는 수많은 웹로봇이 인터넷을 돌아다니면서 다양한 정보를 크롤링(crawling)한다. 지능형 에이전트로서 웹로봇은 인터넷의 정보를 가져오지만, 여기에 스스로 인지능력을 갖춘 시스템이 탑재된다면 전능한 능력을 갖게 될 것이다. IBM의 인공지능 왓슨(Watson)은 인터넷에 연결되어 공개된 정보와 같은 집단지성을 활용함

---

18 디엔에이신원확인정보의 이용 및 보호에 관한 법률에서는 디엔에이를 생물의 생명현상에 대한 정보가 포함된 화학물질인 디옥시리보 핵산(Deoxyribonucleic acid, DNA)으로 정의하고 있다.

으로써 의료분야를 포함하여 다양한 분야에 활용되고 있다.

조금 더 현실로 돌아와 보자. 오래전부터 로봇 기자로 칭하여지는 SW가 기사를 쓰고, 알고리즘이 주식거래를 하고 있다. 일정한 변수를 제시하면 그에 따른 주식거래나 기사 작성이 가능하다는 점에서 인간의 능력이 대체되고 직업의 변화가 일어나고 있다. 인공지능의 발달로 인하여 사람의 직업이 로봇에 의해 대체되는 결과를 가져온다는 점도 염려된다. 산업 로봇에 의한 직업의 대체는 오래전 일이기도 하다. 2018년 기준, 우리나라는 산업용 로봇의 종사자대비 규모를 보여주는 로봇밀집도[19]는 전 세계에서 싱가포르 다음으로 높은 수준 (77.4대)이다.[20]

지능형 로봇이 우리의 삶을 변화시킬 것이다. 예를 들면, 2000년 혼다의 인간형 로봇인 아시모(ASIMO)와는 달리 그동안의 기술발전은 KAIST 휴보 (Hubo)나 소프트뱅크 페퍼(pepper)가 실생활에서 많은 일을 대체할 수준에 이르렀지만, 어느 순간 언론에서 사라져버렸다. 대신 보스턴다이너믹스(Boston Dynamics)의 로봇이 자리하고 있다.[21] 아직은 영화 속 얘기이지만, 머잖아 많은 사람들이 영화 '그녀(HER)'[22]에서처럼 운영체제(operating system; 이하 OS라 함)와 사랑에 빠지게 될지 모른다. 궁극적으로 로봇이 사람의 감정을 이해할 수 있는 수준에 이르게 될 가능성도 배제하지 못하기 때문이다.

기술개발에는 많은 자본이 투여된다. 그동안 인공지능의 실체를 확신하지 못했던 기업들도 그 가능성을 확인한 후 많은 투자를 하고 있다.[23] 인공지능은

---

19 제조업 종사자 천명당 로봇의 운용 대수를 말한다.
20 김태경 외, 산업용 로봇 보급이 고용에 미치는 영향, 조사통계월보 2021년 1월호, 20면.
21 2013년 구글이 인수했다가 2017년 소프트뱅크에 매각된 바 있다. 이후, 2020년 12월, 현대자동차그룹에서 인수하였다.
22 영화 Her는 제86회 아카데미 시상식 각본상 수상작. 작품상, 음악상, 주제가상, 미술상 후보작에 지명된 영화로, 스파이크 존즈 감독이 직접 각본을 쓰고 연출한 2013년에 개봉한 공상과학 멜로 영화이다. 사만다라고 불리우는 인격형 인공지능체계인 OS와 사랑에 빠진 남자의 이야기를 그렸다. 나무위키, 2021.7.5.일자 검색.
23 이러한 기술투자에 대해 "다만 이러한 기술발전은 매우 자본집약적임을 부인할 수 없다. 고도의 기 수 구현을 위한 R&D에 많은 자본을 필요로 하며, 실용화시키는 단계에서는 수많은 시행착오를 겪어가면서 기술을 완성시켜 나가게 된다. 자본주의 사회에서 자본은 위험을 감안한 예상 수익률이 가장 높은 분야에 투입되어 각 대의 수익을 올리는 것을 목표로 한다. 이러한 자본주의의 속성과 기술발전의 필요조건이 서로 부합하여 많은 자본을 축적하고 있는 다국적기업이 이러한 기술발전을 선도하고 있다. 빅데이터의 경우에도 이러한 DB를 구축하고 이를 이용할 수 있는 것은 주로 구글이나 아마존과 같은 다국적기업들이다. 따라서 현재와 같은 기술발전이 진전될수록 부익부 빈익빈 현상이 심화될 가능성이 높다."고 한다. 홍

특정 기업만이 전유하는 것이 아닌 인류를 위한 공익적인 것이어야 한다. 그래 야만이 데이터 수집의 공정성, 데이터 학습의 공정이용(fair use) 등 그 정당성 을 인정받을 수 있다. 지금까지 지식재산 제도는 권리화 내지 권리 확장에 치 중해왔다 해도 과언이 아니다.[24] 인공지능의 독점은 지금까지의 독점과는 다른 차원의 결과를 가져올 가능성이 높다. 예를 들면, 인공지능이 작성하는 결과물 은 양적, 질적으로 인간과 비교할 수 없을 정도로 방대하거나 그 수준도 높아 지고 있다. 이러한 결과물을 특정 기업의 소유로 인정하는 것은 인류 공통의 자원을 특정 기업에게 독점하도록 하는 것과 다름이 아니다. 인공지능을 소유 하거나 이용하여 만들어내는 결과물에 대하여 소극적 보호정책을 이끌어 내야 한다. 보호기간이나 범위도 인간의 것과는 다르게 짧거나 좁게 해야 한다. 그 렇지 않으면, 특정 기업이 독점하는 것과 같은 우려가 현실화될 수 있기 때문 이다.

물론, 이 과정에서 인공지능에 대한 규제가 아닌, 공익적 이용을 확대할 수 있도록 법제의 설계가 이루어져야 한다. 독점과 같은 문제 이외에도 부작용 이나 오남용에 대한 우려도 적지 않다. 인공지능의 현실은 막연한 기대와 로맨 스에서 벗어나 전쟁을 대신하는 자율살상무기로 활용할 수 있도록 개발 중이 다. 로봇이 자가 인식이 가능해질 경우 스스로를 보호하기 위한 방어기저를 구 축할 수도 있다. 피아(彼我)의 구분이 아닌 스스로의 생존을 위한 판단을 내릴 수도 있다는 우려를 지울 수 없다.

로봇에 대한 보안이나 해킹, 그리고 안전 그 자체도 마찬가지다. 안전한 상태의 인공지능이 인간을 지원해야 한다. 인공지능은 많은 편의성을 제시하지 만, 이에 상응하는 문제점을 갖고 있다. 따라서 인공지능을 개발하거나 프로그 래밍할 때에 어떠한 대응을 해야 할지에 대한 고민이 필요하다. 이러한 고민은 어느 하나의 기업이나 국가가 아닌 전 세계적인 것이다. '디젤게이트'라고 불리 우는 폭스바겐(Volkswagen)의 SW를 이용한 연비조작 사건은 아주 작은 단초에 불과하지만,[25] 어느 기업에서나 가능한 일이다. 그렇기 때문에 그 영향력은 결

범교, 기술발전과 미래 조세체계 - 로봇세를 중심으로, 한국조세재정연구원, 2018, 20면.
[24] 지식재산 제도는 창작의 유인을 이끌어내기도 했다. 그만큼 기술혁신을 가져왔기 때문이다. 그러나 지나친 지식재산의 보호는 경쟁을 약화시키고, 특정 기업에게 이익을 독점시키는 결 과를 가져온다. 무엇보다, 기술발전은 점진적, 누적적으로 이루어지지만 독점권의 강화는 오 히려 기술발전을 저해하는 역설을 가져오게 된다.

코 적지 않다. 하물며 인공지능이야 이에 비교나 될 수 있을까? 물론, 약한 인공지능은 오류나 악용에 대한 추적이 강한 인공지능에 비해 상대적으로 용이할 수도 있겠지만, 블랙박스 내부를 개발자도 알기 어려운 경우에는 어떠한 방법을 찾게 될지 어려운 문제이다. 이러한 이유 때문에 설명가능한 인공지능을 개발하거나 유럽연합의 개인정보보호일반규정(General Data Protection Regulation; 이하 GDPR이라 함)[26]이나 우리나라의 개인정보 보호법, 신용정보의 이용 및 보호에 관한 법률(이하 신용정보법이라 함) 등에서 알고리즘에 대한 설명의무를 법제화하고 있다. 다만, 실현가능성을 담보할 수 있는지는 법의 시행과정에서 나타는 문제에 대한 면밀한 검토와 판단이 이루어져야 한다.

인공지능을 포함한 SW는 산업적이지만 궁극적으로는 인류를 위한 문화이다. 그런 의미에서 인공지능 로봇은 가장 인간적인 대상이다. 이를 위해 우리는 로봇이 도구라는 인식에서 벗어나 인간과 공존(共存)할 수 있도록 틀을 준비해야 한다. 또한 인공지능을 프로그래밍하는 개발자와 이를 둘러싼 이해관계자들의 높은 윤리적 수준도 담보되어야 한다.[27] 아직은 인공지능이 주체로서 참여하게 될 세상은 어떤 모습으로 열리게 될지 알기 어렵다. 그렇기 때문에 그러한 세상은 인간이 주도적으로 만들어가야 한다. 역설적이지만 그 수단은 인공지능이 될 것이다.

결국, 인공지능에 대한 윤리적 고민의 결과가 단순한 법제의 정비가 아닌 어떠한 철학이 로봇과 인공지능에 적용돼야 할지에 대해 깊은 연구가 있어야 한다. 그 자체가 SW이며 다양한 네트워크와의 연결에 의해 구조화될 인공지능에 대한 법제도적 고민은 인간에 대한 성찰(省察)과 SW에 대한 이해(理解)로부터 시작되어야 한다.[28] SW를 개발하는 다양한 문화적 소산과 이용에 관한 문

---

25 디젤게이트는 폭스바겐이 지난 2015년 9월 1,070만 대의 디젤 차량을 상대로 배기가스 SW를 조작한 사건이다. 폭스바겐은 당시 환경 기준치를 맞추기 위해 주행 시험으로 판단될 때만 배기가스 저감장치가 작동하도록 SW를 조작, 실제 주행 시에는 연비 절감을 위해 저감장치가 제대로 작동하지 않고 산화질소를 기준치 이상으로 배출하도록 했다. 배기가스 조작 사건인 이른바 '디젤게이트'를 일으킨 독일 자동차기업 폭스바겐이 관련 차량을 매입해야 한다는 독일 헌법재판소의 판결이 나왔다. 서울경제, 2020.5.6.일자.

26 REGULATION (EU) 2016/679 OF THE EUROPEAN PARLIAMENT AND OF THE COUNCIL of 27 April 2016 on the protection of natural persons with regard to the processing of personal data and on the free movement of such data, and repealing Directive 95/46/EC (General Data Protection Regulation).

27 김윤명 외, 로보스케이프, 케포이북스, 2017, 96~97면.

화가 지금의 인공지능 로봇을 탄생시켰던 것처럼, 인공지능을 어떻게 개발하고 활용할 것인지에 대한 것도 우리의 미래 세대에게 물려주어야할 철학적 소산이기 때문이다. 이런 점에서 인공지능에 대한 문화적 접근과 인간중심적 가치의 확립은 무엇보다 중요한 입법이나 정책적 목표가 되어야 한다.

---

28 김윤명·이민영, 소프트웨어와 리걸프레임, 10가지 이슈, 커뮤니케이션북스, 2016, 84면.

제1절 인공지능 일반: 인공지능과 사회변화를 중심으로

1. 제4차 산업혁명과 인공지능

제4차 산업혁명 이전, 역사적으로 3차례에 걸친 산업혁명은 인간에 종속된 기계 자동화에 따라 생산성을 높이는 방향으로 진행되었다. 제4차 산업혁명도 생산성(生産性) 향상이라는 점에서 크게 다르지 않으나 인공지능을 포함한 SW가 그 중심에 있다는 것이 큰 차이이다. 제4차 산업혁명은 인공지능, 로봇, 생명과학 등 기술주도의 산업혁명으로, 이를 명명한 클라우스 슈밥(Klaus Schwab)은 "디지털 혁명을 기반으로 한 제4차 산업혁명은 21세기의 시작과 동시에 출현했다."[29]고 한다. 다만, 1950년을 전후로 인공지능에 대한 연구가 시작되지 않았다면, 제4차 산업혁명은 물론 제3차 산업혁명도 요원했을지 모를 일이다.

산업혁명은 영국에서 시작된 증기기관과 기계화로 대표되는 제1차 산업혁명, 1870년 전기를 이용한 대량생산이 본격화된 제2차 산업혁명, 1969년에 개

[그림 1-1] 산업혁명의 역사

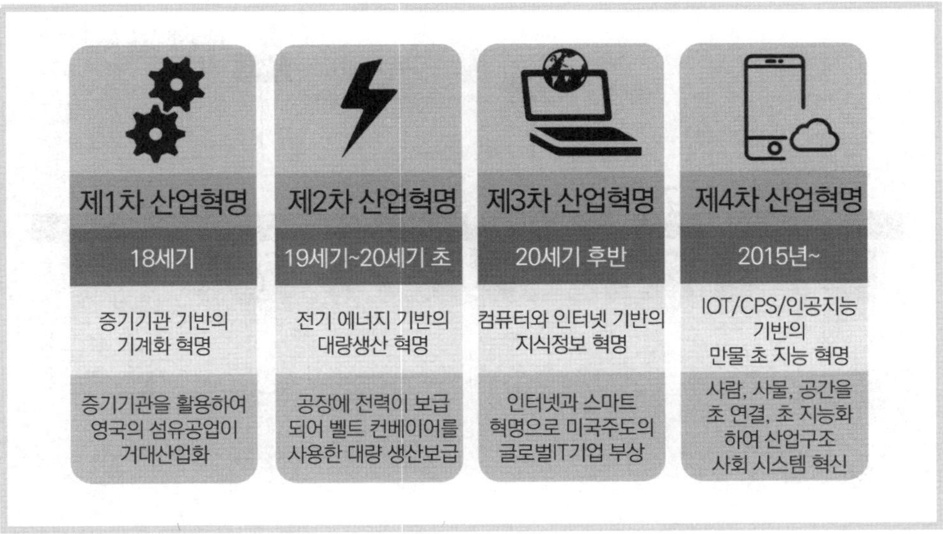
제1차 산업혁명
18세기
증기기관 기반의 기계화 혁명
증기기관을 활용하여 영국의 섬유공업이 거대산업화
제2차 산업혁명
19세기~20세기 초
전기 에너지 기반의 대량생산 혁명
공장에 전력이 보급되어 벨트 컨베이어를 사용한 대량 생산보급
제3차 산업혁명
20세기 후반
컴퓨터와 인터넷 기반의 지식정보 혁명
인터넷과 스마트 혁명으로 미국주도의 글로벌IT기업 부상
제4차 산업혁명
2015년~
IOT/CPS/인공지능 기반의 만물 초 지능 혁명
사람, 사물, 공간을 초 연결, 초 지능화 하여 산업구조 사회 시스템 혁신

출처: 엔코아 리포터(2016).

29 Klaus Schwab,, 제4차 산업혁명, 새로운 현재, 2016, 24면.

발된 인터넷이 이끈 컴퓨터 정보화 및 자동화 생산시스템이 주도한 제3차 산업혁명에 이어 로봇이나 인공지능을 통하여 실재와 가상이 통합돼 사물을 자동적, 지능적으로 제어할 수 있는 가상 물리 시스템의 구축이 기대되는 산업상의 변화를 말한다.[30] 제4차 산업혁명은 많은 것들이 SW로 구현되고, 구동된다는 점에서 SW가 가지는 가치가 극대화되는 사회이다. 그 중심은 지능형 SW인 인공지능 또는 인공지능 로봇이 자리하게 될 것이라는 점은 당연시 되고 있다.

이처럼, 제4차 산업혁명이 구현하는 사회는 SW와 다양한 기술과 산업이 융합됨으로써 혁신이 이루어지는 사회로, 정보화사회 내지 지식정보사회를 넘어선 지능정보사회[31]이다. 지능정보사회는 인공지능의 학습을 위한 데이터나 더 나아가 인공지능이 만들어내는 데이터나 콘텐츠와 같은 결과물을 통하여 사회적 가치를 높이게 될 것이다. 따라서 인공지능을 둘러싼 지식재산권에 대한 권리관계, 이용관계를 어떻게 규정할 것인지가 관건이 될 수 있다(지능정보화 기본법 제19조).

[그림 1-2] 인공지능 기술의 역사

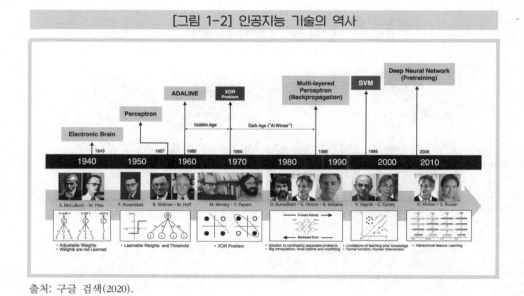

출처: 구글 검색(2020).

---

30 네이버 지식백과, 2016.9.1.일자 검색.
31 지능정보화 기본법상 지능정보사회란 지능정보화를 통하여 산업·경제, 사회·문화, 행정 등 모든 분야에서 가치를 창출하고 발전을 이끌어가는 사회를 말한다.

인공지능을 포함한 기계는 인간과 비교했을 때, 반복적이고 지루한 작업을 거부감 없이 수행한다. 기계가 이러한 작업을 수행하도록 함으로써 인간은 인간만이 할 수 있고, 가치 있는 일을 하게 된다.[32] 다만, 인간이 인권을 가질 수 있다는 것과 달리 현실적으로 어려움 없이 살 수 있다는 것은 다른 문제이다. 인간으로서 최소한의 생활이 인공지능으로 인하여 어렵게 된다면, 용인될 수 있는 선택으로 보기 어렵기 때문이다. 물론, 인간이 인간이기 때문에 누려야할 많은 것들을 특정 부류의 인간만이 누릴 가능성도 커진다. 선택이야 어떻게 되었든 결과적으로 가져올 양극화는 산업화 시대보다 지능정보사회에서 더욱 심화될 것은 자명하다. 그러한 결과가 나오지 않도록 사회제도의 변혁을 이끌 수 있도록 하는 것이 국가의 책무이다.[33]

지능정보사회의 핵심은 지능정보기술[34]이다. 지능정보기술은 인공지능을

---

32 이처럼, 이미 기계의 효율성이나 대체성에 대해서는 1978년 다음의 보고서에서 논의된 바 있다. 최경수 역, 저작물의 새로운 기술적 이용에 관한 국립위원회의 최종보고서(CONTU), 저작권심의조정위원회, 1994, 33면.

33 지능정보화 기본법 제3조(지능정보사회 기본원칙) ① 국가 및 지방자치단체와 국민 등 사회의 모든 구성원은 인간의 존엄·가치를 바탕으로 자유롭고 개방적인 지능정보사회를 실현하고 이를 지속적으로 발전시킨다.
② 국가와 지방자치단체는 지능정보사회 구현을 통하여 국가경제의 발전을 도모하고, 국민 생활의 질적 향상과 복리 증진을 추구함으로써 경제 성장의 혜택과 기회가 폭넓게 공유되도록 노력한다.
③ 국가 및 지방자치단체와 국민 등 사회의 모든 구성원은 지능정보기술을 개발·활용하거나 지능정보서비스를 이용할 때 역기능을 방지하고 국민의 안전과 개인정보의 보호, 사생활의 자유·비밀을 보장한다.
④ 국가와 지방자치단체는 지능정보기술을 활용하거나 지능정보서비스를 이용할 때 사회의 모든 구성원에게 공정한 기회가 주어지도록 노력한다.
⑤ 국가와 지방자치단체는 지능정보사회 구현시책의 추진 과정에서 민간과의 협력을 강화하고, 민간의 자유와 창의를 존중하고 지원한다.
⑥ 국가와 지방자치단체는 지능정보기술의 개발·활용이 인류의 공동발전에 이바지할 수 있도록 국제협력을 적극적으로 추진한다.

34 지능정보화 기본법 제2조 제1호 "지능정보기술"이란 다음 각 목의 어느 하나에 해당하는 기술 또는 그 결합 및 활용 기술을 말한다.
가. 전자적 방법으로 학습·추론·판단 등을 구현하는 기술
나. 데이터(부호, 문자, 음성, 음향 및 영상 등으로 표현된 모든 종류의 자료 또는 지식을 말한다)를 전자적 방법으로 수집·분석·가공 등 처리하는 기술
다. 물건 상호간 또는 사람과 물건 사이에 데이터를 처리하거나 물건을 이용·제어 또는 관리할 수 있도록 하는 기술
라. 클라우드컴퓨팅 발전 및 이용자 보호에 관한 법률 제2조제2호에 따른 클라우드컴퓨팅기술
마. 무선 또는 유·무선이 결합된 초연결지능정보통신기반 기술
바. 그 밖에 대통령령으로 정하는 기술

바라보는 다양한 시각에 따라 그 개념이 달라질 수도 있다. 이러한 점에서 인공지능은 '컴퓨터 자원을 기반으로 SW를 활용하여 인간의 지적 능력을 연구하는 학문'으로 정의할 수 있다. 인공지능이 인간의 지적 능력을 대신하거나 또는 보조하거나 그 범위는 다양하다. 다만, 인공지능은 인간의 지능을 기계적으로 다루는 것을 전제하나 이는 인간중심적인 사고의 결과이다. 인간의 입장에서 받아들이기 어려운 기계에 불과한 것으로 볼 수 있기 때문이다. 미래를 어느 정도 예측할 수 있을 것이나 단정하기 어렵다. 다만, 유연성과 개방성이 인공지능의 법제도 연구에 필요한 방법론이다.

인공지능은 노동의 자동화(또는 기계화)를 넘어 지적 활동의 지능화(知能化)를 가져오고 있다.[35] 따라서, 인공지능이 어떻게 발전되느냐에 따라 지능정보사회의 틀이 달라질 수 있다. 현재 인공지능은 특정 영역에서만 그 능력이 발휘되기 때문에 강한 인공지능(strong AI)보다는 약한 인공지능(weak AI)이 일반적이다.[36] 물론, 논자에 따라서는 특이점(singularity)을 넘어서는 순간 강한 인공지능이 보편화될 것이라고 주장하기도 한다.

인공지능은 HW와 결합하면서 인지가능한 모습으로 형상화(形象化)되고 있다. 인공지능과 결합된 자율주행차가 대표적인 지능형 로봇 또는 인공지능 로봇이다.[37] 스스로 인식하고 판단할 수 있는 학습능력을 갖춘 지능형 시스템이라는 측면에서 인공지능을 함축할 수 있는 개념이다.[38] 인공지능은 다양한 분야에서 실용화되고 있다. 물론, 분야별로 개발되는 인공지능이 어느 순간 범용인공지능(GAI; general AI)으로 발전할 개연성도 적지 않다.

글로벌 환경에서 많은 기업들이 인공지능 기술개발에 투자하고 있다. 그

---

35 인공지능의 철학적 측면에서 "18세기 영국을 비롯해 전개된 첫 번째 산업혁명은 인간의 신체적 노동을 기계화 하는데 그쳤으나 오늘날 컴퓨터와 인공지능으로 수행되고 있는 제2의 산업혁명은 오랜 동안 인간의 고유 기능으로 믿어왔던 정신의 능력을 기계인 컴퓨터에 맡기어 스스로 생각하고 추리하여 판단하도록 하려는 것"이라고 한다. 이초식, 인공지능의 철학, 고려대학교 출판부, 1993, 2면.
36 지금처럼 강한 인공지능, 약한 인공지능, 또는 ASI(artificial super intelligence) 등으로 구분하는 것이 아닌 미래 어느 순간부터는 그냥 인공지능으로 불리게 될 것이며, 인간이라고 할 가능성도 있다.
37 이 책에서는 인공지능과 인공지능 로봇 또는 지능형 로봇을 크게 다르지 않게 보며, 경우에 따라 혼용하여 사용하기로 한다.
38 Alex Hern, "Google says machine learning is the future. So I tried it myself", The Guardian, Tuesday 28 June 2016.

결과 적지 않은 기업에서 다양한 분야에서 인공지능을 상용화하고 있다. 성공 요인은 컴퓨터의 계산 능력, 오픈소스SW(이하 오픈소스라 함)의 확대, 데이터 등 몇 가지로 정리할 수 있다.[39] 특히, 인공지능 관련 기술이 구글(Google), 바이두 (Baidu) 등 많은 기업에서 오픈소스 형태로 공개되고 있다. 구글의 텐서플로우 (TensorFlow)가 대표적인 오픈소스이다. 인공지능을 오픈소스화 함으로써 얻을 수 있는 이점은 인공지능의 부정한 이용에 대한 통제가능성을 높일 수 있다는 점, 이로써 인공지능의 부정이용에 대한 사회적 감시가 가능해진다는 점, 인공 지능 기술 피드백 및 전문인력의 양성 가능성, 인공지능 기업의 사회적 공헌이 이루어질 수 있다는 점 등이다.

반면, 인공지능 솔루션을 오픈소스화 하는 것에 대해 플랫폼 장악력을 높이려는 의도라는 비판도 가능하다. 또 다른 플랫폼으로써 인공지능이 독점화 (獨占化)될 가능성도 있기 때문이다. 인공지능의 독점화는 배제되어야 하며, 누군가 알고리즘을 통하여 의도성을 담아내는 것도 막아내야 한다. 의도적으로 데이터를 활용하여 알고리즘을 왜곡할 수도 있기 때문이다. 그 경우 알고리즘은 객관성을 담보하기가 쉽지 않다. 일관된 결과만을 보여줄 뿐이다. 많은 사람들은 일관된 결과를 객관적이라고 판단하는 오류 가능성은 충분하다. 그러한 경우, 부정경쟁방지 및 영업비밀 보호에 관한 법률(이하 부정경쟁방지법이라 함) 내지 독점규제 및 공정거래에 관한 법률(이하 공정거래법이라 함)이 적용될 수 있을지 검토되어야 한다. 자칫, 인공지능의 객관성이 망중립성이나 플랫폼 중립성과 같이 인공지능의 중립성이라는 정치적 이슈로 변질될 수 있기 때문이다. 오히려 인공지능에 대한 규제론자의 목소리를 크게 할 뿐이다.

---

39 초대 소프트웨어정책연구소 소장을 지낸 김진형 교수는 우리나라의 인공지능 발전에 중요한 것은 데이터라고 강조한다. 공개된 인공지능관련 오픈소스를 이해할 수 있는 기술력을 갖고 있으며, 컴퓨팅 능력은 HW를 구매함으로써 대응할 수 있기 때문이라고 한다. 김진형, ECONOMY CHOSUN 통권 제141호, 2016, 11면.

2. 인공지능의 실체는 무엇인가?

가. SW로서 인공지능

인공지능은 기본적으로 SW이다. SW는 알고리즘으로 구현해낸 것이다. 초기 인공지능은 사람의 프로그래밍에 따라 구현되어 사람이 일일이 학습을 시켜주어야 한다. 모든 것을 사람이 학습시키고, 검증해야 하기 때문에 지능형이 되기는 어려웠다. 그러나, 기계학습 알고리즘 중 하나인 딥러닝의 개발로 그 패러다임이 바뀌었다. 알파고 이후 주목받고 있는 딥러닝(deep learning)은 인공지능이 데이터에 기반하여 스스로 학습하는 것이다. 학습과정에 인공지능에게 미리 지침을 주는 것이 아니라 신경망(neural networks)을 통하여 인공지능이 스스로 대상을 인식하고 그 특징을 학습한다. 처음 구글에서 딥러닝으로 학습한 객체가 '고양이'였다. 구글이 보유한 수많은 사진, 이미지, 동영상 등 자유롭게 이용할 수 있는 데이터베이스가 구축되어있었기 때문에 가능했는데, 인공지능에 경쟁력을 갖는 기업들은 대부분 빅데이터를 보유하는 SW기업이라는 점을 보면 알 수 있다. 플랫폼사업자는 이용자의 콘텐츠를 자유롭게 이용할 수 있는 권한을 이용약관을 통하여 확보하고 있다. 기계학습의 가치를 높이기 위해서는 빅데이터가 필요하지만, 빅데이터는 데이터의 집합으로 데이터베이스제작자는 저작권법의 보호를 받기 때문에 이용권한이 없다면 이용하기는 어렵다.

인공지능의 모습은 스스로 인식하고 자율적으로 판단하거나 그에 따라 행동하는 '것'[40]이다. 지능형 에이전트, 지능형 로봇, SW 로봇 등 다양하게 인공지능을 표현하고 있다. 인공지능 로봇과 유사 개념인 사이보그(Cyborg; Cybernetic Organism)는 '사이버네틱스(Cybernetics)[41]와 생물(Organism)'의 합성어로 우주탐사를 위해 고안된 개념으로, 로봇과 인간의 결합을 의미한다. 즉, 장거리 우주탐사를 수행하기 위한 생명의 한계를 넘어서기 위해 고안된 것이다. SW로서

---

[40] 아직은 인공지능의 실체를 권리주체로 볼 수 있을지 법적으로 명확하게 정리할 수 없기 때문에 물건의 다름이 아닌 '것'이라는 표현을 사용한다. 이에 대해서는 제4절 '인공지능(로봇)의 권리와 의무'에서 자세히 논하고자 한다.

[41] 인공두뇌학을 말하는 사이버네틱스(cybernetics)는 일반적으로 생명체, 기계, 조직과 또 이들의 조합을 통하여 통신과 제어를 연구하는 학문이다.

인공지능이 사람 모습의 로봇이어야 하는 것은 아니다. 로봇은 다양한 형상으로 만들어질 수 있기 때문에 인간의 형상을 닮거나 친화적인 모습일 필요는 없다.[42]

인공지능은 연구자마다 다르게 볼 수 있고, 법적으로도 명확하게 정의된 바는 없다. 다만, 유추할 수 있는 법률로는 지능형로봇법이 있으며, 관련 법으로는 소프트웨어 진흥법을 들 수 있다. 지능형로봇법에서는 지능형 로봇을 "외부환경을 스스로 인식하고 상황을 판단하여 자율적으로 동작하는 기계장치"로 정의하고 있다. 인공지능을 지능형 에이전트로 볼 수 있다면, 인공지능의 주요한 판단기준인 인식과 자율성에 따른 개념을 유추할 수 있다. 인공지능은 SW로 구현되기 때문에 소프트웨어 진흥법상 SW나 저작권법상 컴퓨터프로그램저작물로 볼 수 있다.

[표 1-1] SW와 컴퓨터프로그램저작물의 정의

1. SW – 컴퓨터, 통신, 자동화 등의 장비와 그 주변장치에 대하여 명령·제어·입력·처리·저장·출력·상호작용이 가능하게 하는 **지시·명령**(음성이나 영상정보 등을 포함한다)의 **집합**과 이를 작성하기 위하여 사용된 기술서(記述書)나 그 밖의 관련 자료

2. 컴퓨터프로그램저작물 – 특정한 결과를 얻기 위하여 컴퓨터 등 정보처리능력을 가진 장치 내에서 직접 또는 간접으로 사용되는 일련의 **지시·명령**으로 표현된 창작물

인공지능 로봇은 SW 또는 SW와 결합된 형태로 구현되어 외부환경을 스스로 인식하고 상황을 판단하여 자율적으로 동작하는 기계·장치라는 법적 정의가 가능하다. 지능형 로봇에 SW가 포함된 것은 2018년 지능형로봇법의 개정에 따른 것으로, 지능형 로봇이 인공지능이나 SW로 구현되는 사실이 반영된 것이다.[43] 그렇지만, 국회 논의과정에서 반론이 적지 않았다. 당시 검토보고서

---

[42] 필자의 큰 아이에게 "로봇의 모습은 사람이어야 할까?"라고 묻자 아이는 "아니요."라고 답했다. "동물로봇도 있으며 그렇게 되어도 좋다."는 말을 덧붙였다. 필자는 너무 인간적인 로봇만을 그리고 있었다(2016.1.31).

[43] 필자는 당시 지능형로봇법 일부개정안을 대표발의한 박정의원 보좌관으로서 지능형 로봇을 실제 구현하는 것은 SW라는 인식하에, SW를 로봇의 개념에 포함하는 법안을 준비했다. 국회 상임위 논의과정에서 SW에 대한 논란이 있었지만, 결론적으로 SW를 포함하는 개념으로 지능형 로봇의 정의가 수정되었다. 지능형로봇법 개정에 대한 고민은 김윤명, '제4차산업혁명

에서는 다음과 같이 검토의견이 제시되었다.[44]

"이는 알파고와 같은 인공지능 SW를 지능형 로봇의 정의에 포함시킴으로써 동 법의 적용을 받도록 하기 위한 것으로 보임. 현재 로봇산업 특수분류('11.3 통계청 승인)상 로봇부품 및 부분품 내에 로봇용 SW가 별도로 분류되어 있으므로, SW가 지능형 로봇을 구성하는 부품 및 부분품으로서 포함되는 것은 가능해 보임. 다만, 현행법상 지능형 로봇의 정의에서 지능형 로봇은 인식, 판단, 동작이 주요 3요소로 구성되는데, SW는 동작 기능이 없으므로, SW 자체를 지능형 로봇의 한 종류로서 판단하기는 곤란할 것으로 보임. 즉, 개정안에 따라 지능형 로봇의 정의에 SW를 포함시키더라도, SW는 지능형 로봇을 구성하는 부품 및 부분품으로서 기능할 뿐 자율적으로 동작하지 않으므로, 알파고와 같은 인공지능 SW 그 자체를 지능형 로봇으로 판단하여 동 법의 적용을 받도록 하기는 어려울 것으로 보임."

SW로서 인공지능은 모든 것을 프로그래밍 언어로 개발하는 것이 아닌, 기계학습을 통하여 알고리즘을 확장하는 것이다. HW와 결합할 경우, 지능형 로봇으로서 실체를 갖는다. SW 자체가 로봇을 이끄는 핵심적인 요소로서 기능(機能)을 하기 때문이다.

나. 인공지능을 구현하기 위한 기술적 메커니즘[45]

인공지능에 대한 기술적 수준은 일반적인 분야가 아닌 특정 분야에 한정되어서 발전하고 있다. 다만, 딥러닝과 같은 인공지능 기술은 인공지능을 범용으로 확장시킬 가능성이 크다.

컴퓨팅 능력의 향상, 인공지능 개발 SW의 오픈소스화 및 데이터를 활용한

을 선도한, 지능형로봇법', SW중심사회, 2017에 담겨 있다.

44 송대호, 지능형 로봇 개발 및 보급 촉진법 일부개정법률안 검토보고서, 국회산업통상자원중소벤처기업위원회, 2017.9.

45 기계학습이나 관련 사례에 대해서는 김인중, "기계학습의 발전 동향, 산업화 사례 및 활성화 정책 방향 – 딥러닝 기술을 중심으로", 이슈리포트 2016–17호, 소프트웨어정책연구소, 2016 참조.

학습 기회가 많아지고 있기 때문이다. 인공지능 암흑기(AI winter)는 인간의 생각을 구현할 HW나 컴퓨팅 능력이 뒷받침 해주지 못했기 때문이었지만 HW, SW기술의 발전은 인공지능의 급진전을 이루는 바탕이 되었다.

(1) 컴퓨팅 능력의 증대

인간의 뇌를 구현할 수 있는 뉴로모픽(neuromorphic) 컴퓨팅[46]을 포함한 컴퓨팅 능력의 향상에 따른 것에 기인한다.[47] 또한, 많은 양의 데이터를 처리하기 때문에 GPU(graphics processing unit)[48]가 필요하게 된다. 데이터를 처리하거나 인식하는 데 걸리는 시간과 비용이 상당하다면 지금과 같은 진척은 어려웠을 것이다.

(2) 다양한 정보를 학습하고 이해할 수 있는 빅데이터

기계학습이 가능한 것은 컴퓨팅 능력의 증가와 더불어 많은 양의 정보를 처리할 수 있는 데이터에 있다. 기계학습은 "기계 또는 컴퓨터가 스스로 데이터를 분류하고, 패턴을 학습하여 어떤 일의 정확성을 높이거나 미래의 일을 예측하는 기술과 방법"[49]을 말한다. 딥러닝은 "다량의 데이터 속에서 핵심적인 내용 및 기능을 요약 추출하는 기계학습의 집합"[50]으로 기계가 인간의 뇌와 유사한 구조의 지능체계에 정보를 축적할 수 있도록 해준다.

기계학습 알고리즘에서 필요한 것은 데이터이며, 인터넷의 발전에 따라 다양한 데이터를 확보할 수 있는 환경이 마련되었다. 물론, 인터넷상의 다양한 데이터를 찾아내는 데이터 마이닝(data mining) 기법의 발전에 기인한다. 아울

---

46 인간의 뇌처럼 형태를 변형시키거나 전자적 형태로 정보를 순환시키게 만드는 것을 말한다.
47 가트너 선정 '2016년 10대 전략 기술'에 따르면, "인간의 뇌신경과 비슷한 모양을 지닌 뉴모로픽 아키텍처는 GPU와 FPGAs(Field Programmable Gate Arrays)를 기반으로 개발되며 테라플롭(teraflop) 이상의 속도와 높은 에너지 효율성으로 작동할 수 있도록 되어 있어 이미 상당한 개선이 이뤄져 있는 상태"라고 한다. <http://blog.lgcns.com/978> 2016.3.11.일자 검색.
48 컴퓨터 시스템에서 그래픽 연산을 빠르게 처리하여 결과값을 모니터에 출력하는 연산 장치이다. VPU(visual processing unit)라고도 한다. GPU는 임베디드 시스템, 휴대 전화, 개인용 컴퓨터, 워크스테이션, 비디오 게임 콘솔, 인공지능, 무인 자동차, 클라우드컴퓨팅 등에 사용된다. 위키백과, 2021.6.7.일자 검색.
49 안성원, "다시 주목받는 인공지능, 그리고 구글 텐서프롤우 공개가 시사하는 점", 월간 SW중심사회, 2015.12, 13면.
50 안성원, "다시 주목받는 인공지능, 그리고 구글 텐서프롤우 공개가 시사하는 점", 월간 SW중심사회, 2015.12, 13면.

러, 대용량 데이터 처리가 가능한 하둡(hadoop)[51] 등 수많은 데이터의 특징을 분석할 수 있는 데이터 처리기술의 발전에 기인한다.

(3) 초연결사회

지능형 초연결사회는 모든 것이 사물인터넷(internet of things; 이하 IoT라 함)과 같은 초연결지능정보통신망[52]에 연결되는 사회를 말한다. 대표적으로 클라우드컴퓨팅[53]을 들 수 있다. IoT를 통하여 클라우드컴퓨터에 탑재된 인공지능에 접속하여 의사결정을 내릴 수도 있다.[54] 주택도 IoT화 됨으로써 Home Robot이라는 개념이 등장하고 있다. 모든 것이 인터넷으로 초연결되고 인공지능이 적용됨으로써, 모든 자원이 인공지능이 학습하거나 이용할 수 있는 인프라가 된다. 이처럼 인터넷을 통하여 초연결된 사회는 인터넷에 공개되거나 인터넷에 탑재된 인공지능을 바탕으로 기업은 물론 사회적, 국가적, 전 지구적 능력을 높여준다. 이 과정에서 자율주행차나 이동형 로봇을 위해서는 프라이빗(private) 5G[55]가 체계적으로 구축될 필요가 있다.

(4) 다양한 영역의 학제간 연구

인공지능 알고리즘은 딥러닝을 통하여 구체화할 수 있으나 뉴로모픽컴퓨팅 등 실제 구현하는 과정에서는 철학, 심리학, 생물학, 재료공학, 인지공학, 컴퓨터공학, 기계공학 등 학제간 융합연구가 필요하다. 인공지능에 따른 법적인

---

51 하둡은 저가 서버와 하드디스크를 이용해 빅데이터를 상대적으로 쉽게 활용해 처리할 수 있는 분산파일 시스템으로 야후의 지원으로 개발되었다. 위키백과, 2021.6.7.일자 검색.

52 지능정보화 기본법에서는 초연결지능정보통신망을 정보통신 및 지능정보기술 관련 기기·서비스 등 모든 것이 언제 어디서나 연결되어 지능정보서비스를 이용할 수 있는 정보통신망으로 정의하고 있다.

53 클라우드컴퓨팅법에서는 클라우드컴퓨팅(Cloud Computing)을 집적·공유된 정보통신기기, 정보통신설비, SW 등 정보통신자원(이하 "정보통신자원"이라 한다)을 이용자의 요구나 수요 변화에 따라 정보통신망을 통하여 신축적으로 이용할 수 있도록 하는 정보처리체계로 정의하고 있다.

54 소프트뱅크의 페퍼(Pepper)도 IBM의 왓슨(Watson)과 연결되어 의사결정 지원을 받는다고 한다. 이세돌과 세기의 대국을 펼친 알파고도 구글 본사의 IDC와 클라우드컴퓨팅으로 연결되어 서울에서 대국을 한 바 있다.

55 Private 5G란 5G 기술과 여타의 통신기술 및 시스템이 통합되어 특정 구역 내에서 최적화된 서비스 및 안전한 통신을 보장하는 5G 기술 기반의 LAN(Local Area Network)으로, private wirelessnetwork의 일종이다. 이러한 private 5G는 local 5G, 5G LAN(LocalArea Network), en-terprise 5G, non-public 5G 등 다양한 용어로 사용되기도 한다. 민대홍 외, 해외 주요국의 Private 5G 도입 동향, 전자통신동향분석 35권 제5호 2020년 10월, 139면.

문제를 다루고, 제도적으로 뒷받침하기 위해 법학이 연계되는 것도 필요한 일이다.

3. 선의의 기술로서 인공지능

과거의 선택이 현재를 이루듯, 현재의 선택이 미래를 만들 것이다. 인공지능 분야도 마찬가지이다. 과거의 인공지능 연구가 인공지능 암흑기(AI winter)를 극복하고 현재와 같은 결실을 이루었듯이, 현재의 연구가 미래를 만들어갈 것은 자명하다. 그렇지만, 인공지능이 만들어갈 미래 모습과 인공지능의 미래는 알 수 없다. 기술이 인간을 지배할 것이라는 수많은 공상과학(science fiction)에서 등장하는 인공지능이나 로봇의 모습은 기우(杞憂)일 수도 있다. 선의(good faith)의 기술로서 인공지능의 활용에 대해 다양한 논의가 이루어지고 있으며, 그 논의의 중심에는 인공지능 윤리에 관한 사항을 포함하여 다양한 입법적 대응방안이 포함되어 있기 때문이다.

가. 오래전에 보아온 인공지능 미래

역사를 공부하는 것은 과거로부터 현재를 살펴, 미래를 예측할 수 있기 때문이다. 인공지능에 대한 역사도 그러한 맥락이다. 존 매카시 교수가 다트머스 회의를 준비하는 과정에서 인공지능이라는 표현을 처음 사용한 이래, 인공지능의 성장은 수많은 기술투자가 있었기 때문에 가능했다. 그럼에도 불구하고, 인공지능은 범용능력을 갖춘 인간과 같은 수준에 이르지는 못하고 있으며, 모라벡의 역설(Moravec's Paradox)처럼 인간이라면 쉽게 할 수 있는 인지, 운동, 표현 등이 기계 내지 인공지능 로봇에게는 어려운 것이 사실이다. 이러한 이유로 영화 터미네이터에서 보아온 것과 달리, 인류를 위협하는 인공지능 또는 로봇의 실체를 찾아보기 어렵다.

인공지능에 대한 막연한 두려움을 가질 필요는 없다. 대신 어떻게 인류에게 유익한 인공지능을 개발하고 활용할 것인지, 그리고 막연한 두려움을 잠재울 수 있는 기술적, 제도적 방안을 강구하여야 한다. 선의의 기술로서 인공지능의 미래는 우리가 만들고, 그것은 우리의 선택과 고민의 결과이기 때문이다.

나. '미지의 기술'로서 인공지능

SW와 HW 등 컴퓨팅 기술이 고도화함에 따라 발전하고 있는 인공지능 기술은 아직은 가늠하기 어려운 미지(未知)의 기술이다. 인공지능이 어떻게 진화할지, 어떠한 모습으로 인류와 함께할지 알 수 없기 때문이다. 여전히 인공지능에 대한 부정적인 논의가 회자되고 있으며, 전문가들 사이에서도 인공지능의 역할에 대한 논란이 분분하다. 인공지능이 인류를 지배할 것이며 인류보다 뛰어난 능력을 갖기에 충분하다는 주장에서부터, 인공지능은 절대로 인간과 같은 인지능력을 갖기 어렵다는 주장도 있다. 물론, 인공지능이 가져올 수 있는 문제나 우려에 대하여 인공지능을 셧다운시킬 수 있는 기술적인 방법을 도입해야한다는 주장도 마찬가지이다. 다만, 기술로서 기술을 제압한다는 기술중심적 사고는 바람직하지 않다.

연혁적으로 기술발전에 따른 인간의 대응은 단순했다. 기술을 최대한 활용할 수 있는 방안을 강구하고, 그 과정에서 발생하거나 명확히 예측되는 문제에 대해서는 기술 자체 보다는 기술을 응용한 서비스에 대한 규제를 도입함으로써 해결해왔다. 기술 자체가 갖는 중립성을 해치지 않는다는 기술정책에 따른 결과이다. 기술이 갖는 폐해에 대해서는 어떻게 대응할 것인지, 산업적 논의와 경우에 따라서는 소송이라는 법적 논의과정을 통하여 제도화시킬 것인지, 배척할 것인지 수렴되어 왔다.

이와 같이 기술이 사회제도적으로 수용되어 왔던 연혁적 고찰을 통하여 보건대, 인공지능도 그러한 과정을 거칠 것이다. 사회적으로 기술을 수용한다는 것은 기술이 갖는 효용성을 높이는 것을 의미한다. 해당 기술이 산업적으로 어떻게 활용되고, 인간의 실생활에서 어떠한 반응을 보일 것인지에 대한 고민을 하게 될 것이라는 점이다. 다만, 어느 순간 인공지능은 스스로 가치판단을 하고 그 판단에 따라 직접적으로 실행가능한 능력을 가질 수 있다는 점 때문에 기술 패러다임이 변화할 것으로 예상된다.

다. 그동안의 산업혁명이 갖는 명암

인류가 산업혁명이라는 '표현(表現)'을 사용하는 경우는 몇 차례 되지 않는다. 제4차 산업혁명을 얘기하지만, 이도 혁명이 완성된 상태가 아닌 진행 중인 상황에서 붙여진 것이다. 역사적으로 혁명의 기준이나 구분은 명확하지는 않다. 제3차 산업혁명을 정보혁명이라고 하지만, 여전히 정보혁명은 미완성의 진행형이기 때문이다.

인간의 관점에서 보면, 기술발전은 질적, 양적 팽창과 함께하는 인류의 발전이었다.[56] 그 과정에서 환경파괴와 기후변화, 질병의 창궐, 부의 집중화와 양극화 등 새로운 문제가 발생해왔다. 반면, 인간이 수행하기 어렵거나 또는 단순한 일들을 자동화함으로써, 인간의 본질에 집중할 수 있도록 시간과 비용을 절감할 수도 있다. 그로 인하여, 태초부터 인간에게 부여된 인간만이 갖는 창조적인 결과물을 만들어 내거나 또는 좀 더 가치 있는 것을 연구하고 발견해낼 수 있음이다.[57] PC는 산업분야, 의료분야를 포함하여 개인의 문서작업이나 정보생활의 혁신을 이끌었다. 다양한 정보를 찾고, 커뮤니케이션할 수 있게 된 것도 인공지능이 있었기 때문이다. 더 나아가, 인공지능 스피커와 같은 음성 인식 기술은 문자형 커뮤니케이션을 음성형 또는 감성(感性)형으로 바꿔놓고 있다.

라. 인공지능에 대한 오해와 현실

우리가 주로 활용하고 있는 인공지능은 약한 인공지능이다. 특정 분야에서 인간의 능력을 보완하거나 대체할 수 있는 수준이다. 우리에게 이미 알려진 알파고는 바둑에, 왓슨(Watson)은 의료지원에 한정된다. 자율주행은 비전기술을 활용하고, 인공지능 스피커는 음성 인식 기술을 활용함으로써 명령어 처리가 가능하다. 바벨탑을 쌓은 이후로 이민족간 커뮤니케이션이 단절된 언어분야도 자연어 처리(Natural Language Processing, NLP)[58]를 통하여 번역이나 통역의 한계

---

56 물론, 인류의 역사에서 보면 그렇지만, 지구의 역사에서 보면 정말 짧은 시간으로 기록될 것이다.
57 일례로, 1977년 8월에 우주 유형을 떠난 '보이저(Voyager) 2호'가 태양계를 넘어서 인류에게 우주의 메시지를 보내오고 있는 것도 다르지 않다. 보이저 2호를 통하여 현재 진행 중인 에너지혁명과 함께 우주에서 지구로 보내오는 영상정보를 통하여 정보혁명을 확인하고 있다. 화성탐사를 위한 로봇의 경우도 다르지 않다.

를 극복해가고 있다. 기계가 주식거래를 하거나 기사를 작성하는 경우는 오래된 얘기이다.

이처럼 인간이 갖는 한계를 기계의 도움으로 반복적이고 위험한 일은 인공지능이 24시간 제한 없이 대신한다는 점에서 인간이 갖기 어려운 효율적이고 지속적인 결과물을 만들어낼 수 있다는 장점을 갖는다. 물론, 이러한 것이 경제시스템에서 장점으로만 작용할 수 있을지는 다음 기회에 논하고자 한다.[59]

약한 인공지능과 달리, 인간과 다름없는 지능을 가진 범용 인공지능에 대해 부정적으로 인식하거나 또는 오해하기도 한다. 대표적으로 강한 인공지능이 도래할 것이라는 점, 인공지능은 인간의 능력을 넘어설 것이라는 점, 인공지능이 인간을 지배할 것이라는 점 등이 있다. 또한, 인공지능의 합리성에 따라 비합리적인 판단을 내리는 경향을 갖는 인류는 제거대상이 될 것이라는 점도 포함될 수 있다. 특이점에 이를 경우, 인공지능은 인간의 지능과 같은 능력을 얻을 것이라고 한다. 인공지능이 가져올 미래에 대한 긍정론자로는 <특이점이 온다>의 저자인 레이 커즈와일(Raymond Ray Kurzweil)이 대표적이다. 반면, <파이널 인벤션(final invention), 인류 최후의 발명>의 저자인 제임스 배럿(James Rodman Barrat)은 인공지능에 대한 우려를 제기하고 있다. 우호적인 인공

---

58 자연어 처리(Natural Language Processing, 이하 NLP)는 컴퓨터와 인간 언어 사이의 상호 작용하는 기술로 인공지능의 핵심 기능 중 하나이다. 1950년대부터 기계 번역과 같은 자연어 처리 기술이 연구되기 시작했다. 1990년대 이후에는 대량의 말뭉치(corpus) 데이터를 활용하는 기계학습 기반 및 통계적 자연어 처리 기법이 주류를 이뤘다. 하지만 최근에는 딥러닝과 딥러닝기반의 자연어 처리가 방대한 텍스트로부터 의미 있는 정보를 추출하고 활용하기 위한 언어처리 연구 개발이 전 세계적으로 활발히 진행되고 있다. NLP 기술은 기계번역, 대화체 질의응답 시스템 대화시스템, 정보검색, 말뭉치 구축, 시맨틱웹, 텍, 딥러닝, 그리고 빅데이터 분석 분야뿐만 아니라 인간의 언어정보처리 원리와 이해를 위한 언어학과 뇌인지 언어정보처리 분야까지 핵심적인 요소로 작용하고 있다. 인공지능신문(http://www.aitimes.kr) 2020.1.2. 일자.

59 "머신러닝이 처음으로 큰 성공을 거둔 곳은 1980년대 말부터 주가의 등락을 예측한 금융 분야이다. 그다음으로 머신러닝이 퍼진 분야는 기업의 데이터베이스에 대한 데이터 마이닝이었다. 1990년대 중반까지 직접 마케팅과 고객 관계 관리, 신용 등급평가, 회계부정 적발 같은 분야에서 머신러닝이 크게 성장하기 시작했다. 그 후 개별화를 자동화 하는 요구가 인터넷과 전자 상거래 분야에서 빠르게 늘어나며 이 분야에 머신러닝이 적용되었다. 닷컴 회사의 몰락으로 머신러닝의 적용이 일시적으로 줄었을 때는 인터넷 검색과 광고 배치에 머신러닝을 사용하기 시작했다. 더 나아진 상황인지 아니면 더 나빠진 상황인지 애매하지만 머신러닝은 9·11 테러 이후 테러와 벌이는 전쟁의 최전방에 배치되었다."고 한다. Pedro Domingos, 마스터알고리즘, 비즈니스북스, 2016, 58면. 이와 같이, 실제 기계학습이 응용된 사례를 보면 금융이나 기업의 마케팅 등 다양한 데이터가 필요한 분야임을 알 수 있다.

지능을 만들기 위해 노력하고 있는 엘리저 유드코프스키(Eliezer Yudkowsky)는 "인공지능이 작동하는 알고리즘과 복잡하게 연결된 시스템이 어떻게 움직이는지에 대한 연구자들이 제대로 이해하지 못하는 상황이 벌어질지도 모른다."고 경고한다.

인공지능은 블랙박스(black box)로 불리운다. 그 누구도 그 처리과정을 이해할 수 없으며, 단순하게 결과로서 추론만이 가능하기 때문이다. 인공지능의 투명성이 강조되는 주된 이유이다. 알고리즘을 왜곡하거나 또는 편견(bias)이 들어갈 경우에는 그 결과의 공정성(fairness)을 담보하기 어렵다. 이 때문에 인공지능을 견제하기 위한 정책이나 법제도 이외에 다양한 기술적 기법들이 제시된다. 알고리즘 소스를 공개하거나 감사(auditing) 기법을 도입하는 것도 하나의 방안으로 논의되고 있다. 블랙박스로서 인공지능은 그 과정을 설명하지 못하기 때문에 설명가능한 인공지능(eXplainable AI; 이하 XAI라 함)이 새로운 방안으로 제시되기도 한다.[60]

지금까지는 자율적인 지능의 인공지능이 아닌 인간이 활용가능한 인공지능에 대한 대응방안에 대한 논의였다. 그 이상으로 진화하는 인공지능에 대해서는 이전과는 다른 방안이 제시될 필요가 있다. 인공지능을 설계하는 과정에서 우호적이고, 인간에 의한 통제가 가능하도록 해야 할 필요가 있기 때문이다. 다만, 어디까지나 우려에 대한 대응이어야지, 원천적인 차단이어서는 안된다.

마. 기술 진보와 인공지능

인공지능에 대한 부정적인 인식이나 긍정적인 주장이나 모습은 다양하다. 두 차례의 암흑기를 지나온 인공지능은 이제야 그 가능성을 보여주고 있다. 이론적으로는 상당한 진전이 있었지만, 이를 뒷받침해줄 수 있는 HW 능력이 그만큼 발전하지 못했던 것도 암흑기를 거치게 된 이유이다.

인공지능은 기계학습 알고리즘에 따라, 특정 업무에 대해 구체적인 코딩 없이 스스로 학습해 가고 있다. 그만큼 정교하고, 시간과 비용을 절약할 수 있

---

60 인공지능 기술에서 "모형의 해석 및 설명가능 방법론이 필요한 네 가지 이유는 첫째, 인공지능 알고리즘을 검증하기 위해, 둘째, 알고리즘을 발전시키기 위해, 셋째, 알고리즘으로부터 새로운 통찰을 얻기 위해, 마지막으로 알고리즘을 사용할 때 사회적 규범을 준수하기 위해서"라고 한다. 김용대 외, 인공지능 원론: 설명가능성을 중심으로, 박영사, 2021, 25면.

게 되었다. 인공지능 기반기술도 더욱 발전하겠지만, 인공지능을 활용한 응용도 다양화될 것임은 자명하다. 인공지능 응용은 인간의 영역이라고 생각되어 왔던, 창의적인 분야에서도 활용되고 있다. 예를 들면, 작곡, 회화, 문학 등 다양한 분야에서 인간의 경쟁으로 묘사되고 있다. 인간의 것과 다름이 없다. 물론, 이러한 결과를 가져오기 위해서는 다양한 데이터 기반의 기계학습이 되어야만 가능하다. 데이터 확보가 경쟁력의 관건인 셈이다.

이러한 가치기반의 창작행위와 달리, 인간의 행동을 그대로 구현할 수 있는 프로파일링은 이미 다양한 분야에서 활용되고 있다. 특정 영역에 반응하거나 추천서비스를 제공함으로써 관심을 가질만한 것을 제공한다. 그것은 서비스 사업자의 서비스 이용성을 높이거나 또는 광고를 포함함으로써 수익을 높이는 방법이기도 하다. 물론, 위험 지대나 위험도가 높은 산업영역에 인공지능이 활용되거나 또는 인공지능이 탑재된 로봇을 활용하기도 한다. 방사능에 노출된 공간에서 작업은 인간에게 미치는 해가 크기 때문에 로봇을 활용하기도 한다. 다만, 자율무기로 칭해지는 킬러 로봇은 아이러니하다. 터미네이터처럼 현실화될지 알 수 없으며, 어떠한 판단을 해야 할지 쉽지 않다. 자율살상무기는 상대를 제압함으로써 아군의 인명피해를 줄이기 위해 개발된 것이다. 그렇지만, 인공지능이 탑재(搭載)된 드론을 활용하거나 킬러 로봇을 통하여 전쟁을 대신하게 하는 것은 인공지능에 대한 부정적 인식을 높이게 된다. 이와 같이, 인공지능은 긍정과 부정의 이미지를 다 같이 담고있는 존재이다.

바. 기술의 사회적 수용 또는 인공지능 리터러시

우리는 어떤 경험을 하게 되면, 그러한 경험에 따라 변화하고 때로는 부정적으로 반응하게 된다. 일종의 가용성 편향(availability bias)을 하게 된다. 인공지능에 대해 직접적으로 비극적인 경험을 한 것은 아니지만, 알파고 이래로 사람의 능력을 뛰어넘는 인공지능에 대해 간접적인 경험을 해왔다. 그렇기 때문에 인공지능에 대하여 막연하지만, 경외감(敬畏感)을 가지고 있는지도 모른다.

인공지능이 어떤 가치를 갖는지, 어떤 문제가 있는지에 알려줘야 한다. 그렇지 않을 경우, 막연한 우려에 따른 저항만 키울 수 있기 때문이다. 그러한 과정 없는 기술의 사회적 수용은 조심스러울 수밖에 없다. 인공지능 리터러시(AI literacy)가 필요한 이유이다.[61] 인공지능을 포함한 나노 기술, 바이오 기술 등 신기술 활용에 대해 국가는 더욱 고민할 수밖에 없다. 시민단체, 연구자들도 이에 대하여 우려하고, 그 파장을 고민한다. 만약, 신기술이 시민들에게 미칠 수 있는 영향을 가늠할 수 없다면, 국가는 규제정책을 펴게 될 것이고, 시민단체는 해당 기술에 대한 우려를 과포장할 수도 있다.

긍정의 메시지만을 전달하는 것이 아닌, 우려에 대한 부분도 충분히 고려한 기술개발이나 정책이 수립되어야 하는 이유이다. 이러한 우려에 대한 방안이 없는 상황이 지속된다면 국가는 규제정책을 수립할 수밖에 없을 것이다. 다만, 이때의 규제정책도 원천기술에 대한 차단이 아닌 활용을 전제로 하는 것이어야 한다. 인공지능 윤리가 하나의 대안이 되는 이유이고, 많은 나라나 국제기구를 중심으로 논의되는 이유이기도 하다. 산업계는 인공지능을 기획하는 초기 단계부터 이러한 논란을 충분히 대비하여야 한다.[62]

사. 인공지능 윤리, 그리고 데이터 윤리

인공지능을 선의로 활용하기 위해서는 인공지능 자체, 인공지능의 개발, 인공지능 학습에 필요한 데이터셋(data set) 등 관련 분야에서 사회적 가치와 충돌할 수 있는 사항들을 배제시킬 필요가 있다. 쉽게 생각하는 것이 규제일 수 있으나, 획일적인 규제는 기술진보를 저해하기 마련이다. 기술을 살리고, 원래 의도대로 사용하려면 인공지능에 대한 윤리에 집중할 필요가 있다. 윤리는 최소한의 도덕으로서 법이 가져올 획일성을 대신하여 유연한 연성법(soft law)으로 대응할 수 있다는 긍정적인 의미도 있기 때문이다.

윤리의 한계(限界)도 명확하다. 인공지능이 인식해야할 윤리가 무엇인지 의문이기 때문이다. 인간에게도 어려운 윤리를 인공지능에게 학습시킬 수 있을 것인가? 자율주행차를 중심으로 논의되고 있는 인공지능 윤리는 어떠한 모습이

---

61 김진형, 김윤명 외, 대학생의 AI 리터러시 함양을 위한 교양교육 프로그램 개발 방안 연구, 소프트웨어정책연구소, 2021 참조.
62 카카오, 네이버, 구글 등 많은 플랫폼사업자들은 자체적인 윤리가이드라인을 제시하고 있다. 다만, 실제 내부에서 적절하게 적용되고 있는지는 확인이 어렵다. 구글의 경우, 기업의 윤리적이지 않은 내용을 전문 학술지에 게재했다는 이유로 관련 전문가가 해고되는 사건도 있었다.

어야 하는가? 한 단계 높은 철학적 논의에서 말하는 정의란 무엇인가? 이러한 질문을 포함하여, 인류가 최고선이라고 하는 윤리적 가치도 최고수준의 가치라고 단정하기 어렵다. 예를 들면, 법적으로 살인은 금지되나 전쟁에서, 또는 생명을 위협 하는 경우에는 정당방위로서 허용되기도 한다. 만약, 로봇이나 인공지능이 가져야할 윤리가 수립된다고 가정하더라도, 인공지능만이 윤리적이어야 하는가? 이를 기획하고, 개발하고 때론 이용하는 인간은 어떠해야 하는가? 국가는 어떠해야 하는가? 정답은 없다. 다만, 지금 내리는 선택이 우리의 미래라는 점이다.

인공지능의 안전성, 공정성, 투명성 확보를 위해 윤리가 대안으로서 제시되지만, '어떻게?'라는 물음에 명확히 답하기는 쉽지 않다. 설계 단계에서 어떻게 윤리적이어야 하는지, 공정성을 담보할 수 있을지에 대한 가이드라인 수준의 논의가 이루어지고 있기는 하지만, 단순하게 '로봇공학 3원칙'이 아닌 구체적이고 프로그래밍 가능한 또는 학습 가능한 가이드라인이 제시될 필요가 있다. 무엇보다, 인공지능이 가져야할 기본적인 명제는 '인간을 위하여 존재해야 한다'는 점이다. 인공지능이 인간의 규범의 적용 없이 별개로 활동하는 것은 공존이 아닌 충돌을 가져올 수밖에 없기 때문이다.

이를 위해 인공지능 윤리에 더하여, 기계학습의 기반이 되는 데이터 윤리에 대한 관심도 필요하다. 아무리 인공지능이 윤리적이라고 하더라도, 학습에 필요한 데이터셋이 왜곡된 경우라면 알고리즘이나 소스코드를 공개하더라도, 그 원인을 찾기가 쉽지 않기 때문이다. 윤리적 적용이 어렵게 되면, 규제단계를 넘어 금지유형으로 형법 체계에서 인공지능이 다루어질 가능성이 크다. 인공지능 윤리는 인공지능과의 싸움 이전에, 규제기관과의 충돌을 피하기 위한 방안이라는 점을 인식할 필요가 있다.

아. 인간과 인공지능의 공진화 – 사람중심에서 본 인공지능

인공지능이 어떻게 진화할지는 알 수 없으나, 분명한 것은 인공지능의 미래는 우리가 선택한 결과가 될 것이라는 점이다. 인공지능에 대해 막연한 두려움 또는 장밋빛 미래만을 기대해서는 곤란하다. 차별을 조장하거나 공정하지 못한 점은 배제하고, 다양한 사회적 기술을 활용하여 인공지능이 발전하고, 응용될 수 있도록 제도적 환경을 만들어야 한다.

인공지능과 함께하는 사회에서 중요하게 다루어야 할 가치는 인간중심적이어야 한다는 점이다. 인간을 해치지 않고, 인간과 상호 공존할 수 있는 환경을 조성해야 한다. 그렇지 않을 경우, 로봇과 인류는 또 다른 경쟁상대이자 서로를 파괴할 객체로 인식할 수 있기 때문이다. 우호적인 인공지능을 위한 것은 최소한 파괴적이지 않은 인공지능이어야 한다는 것과 다르지 않다. 그런 점에서 인공지능에 탑재될 가치는 '우호적인 DNA'인 것이다. 우호적인 인공지능에 최소한의 기준으로서 윤리와 인간중심의 가치를 탑재할 수 있다면, 인공지능이 인류를 지배하거나 파괴할 것이라는 우려는 줄일 수 있기 때문이다. 전 지구적으로 우호적인 DNA에 담겨야할 인공지능 윤리의 기준이나 내용을 정하는 것도 방안이 될 수 있다.

이처럼 인공지능이 중심이 되는 사회, 지능정보사회에서 변치 않을 가치는 인간을 위한 인공지능이어야 한다는 점이다. 그렇지 않은 인공지능은 인류와 경쟁하거나 그 과정에서 파괴하는 선택을 할 수도 있기 때문이다. 인공지능은 인간의 편리를 위하여 역할을 하게 될 것이다. 검색, 번역, 추천, 거래, 창작활동, 자율주행 등 일상적인 분야에서 인간의 한계를 극복해가고 있다. 이를 위하여 사람중심의 인공지능에 대한 투명성, 공정성, 설명가능성을 담보할 수 있도록 신뢰를 주어야 한다. 그렇기 때문에 인공지능의 가치는 '사람중심', '인권'이라는 인류 보편적 가치를 담는 것이어야 한다.

지금은 '인공지능의 민주화'가 도래했다고 볼만하다. 누구라도 오픈소스를 이용하여 인공지능을 개발할 수 있고, 공개된 데이터를 활용할 수도 있다. 그러나, 아무리 인공지능이 선한 기술이라고 하더라도, 인간의 욕심에 따라 악의적인 결과를 가져올 수 있다. 이를 막기 위해 우리가 인공지능에 대한 감시자(監視者)로서 역할도 해야 한다. 제도적으로는 알고리즘에 대한 접근권의 보장과 그에 대한 절차적 정의가 수립되어야 한다.

보론으로, 인지능력을 갖춘 인공지능이 개발한 결과물에 대해서는 보호범위를 좁히는 방안도 필요하다. 인공지능이 만들어낸 결과물이 창작적 요소가 있다고 하더라도, 학습과정에서 퍼블릭도메인(public domain)[63]을 활용했을 가능

---

63 "퍼블릭도메인은 저작권의 제한이라는 측면에서 그 의의를 찾을 수 있기 때문에 재산권의 내재적 한계로서 사회적 구속성을 갖는다. 즉, 저작권도 재산권이기 때문에 사회적 구속성에

성이 크기 때문이다. 최소한의 보호범위에 대해서는 창작성 없는 데이터베이스나 디지털콘텐츠의 표시요건에 따른 보호기간과 유사하게 가져갈 필요가 있다. 여기에 더해, 일정한 조건 하에 투명하게 블랙박스 내부를 확인하기 위한 역분석을 허용해야 한다. 인공지능이 미치는 영향력과 지식재산의 침해에 대한 비교교량을 통하여 더 나은 사회적 가치를 담보할 수 있어야 하기 때문이다.

4. 인공지능과 사회변화

가. 인공지능에 대한 인식

전 세계적으로 인공지능에 대한 관심과 인식을 가지게 된 계기는 이세돌과 알파고가 치루었던 '세기의 대결'이었다. 인간과 기계의 대결이라는 프레임은 충분히 매력적이었다. 더욱이, 인간을 이겼다는 사실보다는 인간이 1승이라도 거두었다는 결과에 놀라움을 가져다준 사건(事件)이었다. 이처럼 인공지능이 세상에 놀라움을 안겨준 것이었지만, 그동안 적지 않은 기술투자가 있어 왔기 때문에 가능했다.

인공지능을 활용하는 사례는 많다. 또한 인공지능 그 자체가 비즈니스의 대상이다. 수많은 스타트업이 만들어지고, 그들이 개발한 인공지능 서비스와 기술 스타트업이 인수합병(M&A)되고 있기 때문이다. 인공지능이 가져오는 생산성, 효율성 등에 비추어 비즈니스 관점이나 투자 관점에서 보면, 국가 단위에서 이루어지는 경우는 적지 않은 영향력을 발휘할 것이다. 미국이 1950년대부터 인공지능에 다양한 투자를 함으로써, 현재와 같이 인공지능의 활성화를 이룰 수 있었다. 물론, 두 차례의 인공지능 암흑기(AI winter)가 있었지만, 겨울은 지나가기 마련이듯 2021년 현재 봄이 되돌아 왔다는 점은 부인하기 어렵다. 만약, 지속적인 투자가 없었다면 두 차례의 암흑기를 벗어나기 어려웠을 것이고, 지금의 봄은 오지 않았을 것이다. 우리나라도 2016년 알파고와 이세돌의

따라 그 행사에 제한을 받는다. 저작물의 공정한 이용은 저작권법의 목적 규정 중 이용자의 입장을 반영하는 것으로부터 그 의의를 찾을 수 있다. 즉, 퍼블릭도메인의 이념은 공정한 이용을 도모할 수 있는 헌법적 근거로서 확인할 수 있다. 따라서, 헌법 제22조의 저작권 조항을 통하여 형성된 저작권은 다시 제37조의 재산권 행사규정을 통하여 제한된다." 김윤명, 퍼블릭도메인과 저작권법, 커뮤니케이션북스, 2009, 64면.

대결을 기점으로 인공지능에 대한 투자를 본격적으로 하게 된다. 물론, 우리나라도 이전부터 전자통신연구원(ETRI) 등 다양한 연구기관을 통하여 연구개발(R&D) 투자가 이루어져왔으나 국가차원의 체계적인 연구가 진행하게 된 계기가 되었다. 중국도 크게 다르지 않다. 2017년 알파고제로(AlphaGo Zero)[64]와의 대국에서 커제(柯洁, Ke Jie)의 패배는 중국 정부가 대규모로 인공지능 투자를 시작하는 계기가 되었다.[65]

나. 미래의 대응

인공지능은 어떠한 미래를 가져올지 알 수 없으나 "미래의 인공지능을 생각할 때 장기적인 관점에서 바라볼 필요가 있다."[66]는 주장도 나름 의미가 있다. 1956년 다트머스 회의 이후 수많은 연구자의 결과물에 따라 지금의 인공지능이 존재하는 것처럼, 앞으로의 인공지능도 지금의 연구자가 이끌어갈 것은 자명하기 때문에 단기간의 결과물에 얽매이지 않아야 한다. 인공지능이 인류와의 어떤 관계를 설정할 것인지, 인공지능에 대한 법적 접근은 어떻게 할 것인지 등 다양한 논의가 이루어져야 한다. 그렇지 않을 경우, 인공지능 거버넌스는 악의적인 이용을 꾀하는 영역에서 가져갈 수 있기 때문이다. 영화 속 인공지능 로봇이 가져오는 인류와의 충돌이 묘사되는 장면이 단지 영화 속 이야기에 머물지 않을 경우를 대비할 필요가 있다.

다. 규제의 빌미

2016년 MS의 테이(tay) 사건이 있었고, 2021년 국내에서는 이루다 사건이 발생했다. 둘 다, 챗봇 서비스를 통하여 의도하지 않게 인종차별이나 성적인 이슈에 대한 사회문제를 일으킴에 따라 서비스를 종료하였다. 공개된 챗봇 서비스는 다양한 사람이 접근하여 대화함으로써 보다 높은 수준의 학습을 하게

---

64 참고로, 알파고제로 이후에 탄생한 알파 제로는 기보(바둑이나 장기를 둔 내용의 기록) 학습 없이 알파고(AlphaGo)를 상대로 전승을 거둔 알파고제로(AlphaGo Zero)의 범용 버전으로, 명칭에서 바둑을 뜻하는 고(GO)를 빼 범용 인공지능임을 표시했다. 위키백과, 2021.6.7.일자 검색.
65 세즈노스키, 딥러닝 레볼루션, 한국경제신문, 2019, 173면.
66 세즈노스키, 딥러닝 레볼루션, 한국경제신문, 2019, 175면.

된다. 인간이 사회화를 거치는 과정이 학습이라면 인공지능의 사회화도 학습을 통하여 이루어지게 된다. 사업자가 다양한 데이터를 확보하여 제공하는 경우도 있으며, 챗봇과 같이 기본적인 학습을 강화하기 위해 오픈된 서비스 과정에서 이용자가 제공하는 데이터를 기반으로 학습하기도 한다. 두 건의 챗봇 사례는 불특정 다수가 제공하는 학습데이터는 악의적이거나 편향적일 수 있음을 보여 준다.[67] 물론, 사업자가 특정 기준에 맞게 제공하는 데이터도 편향성에서 자유 로울 수 없겠지만, 제3자가 제공하는 데이터에 대한 필터링이 없는 상황에서는 윤리적 문제를 넘어서, 법적인 문제까지 확대될 수 있다. 챗봇 사건은 사업자 가 사과하면서 마무리하는 모습을 보여주고 있으나 악의적인 데이터를 제공하 는 이용자는 법적 책임에서 자유로울 수 있을지 의문이다.

테이(tay) 사건 이후, 아래와 같이 챗봇과 같은 대화형 정보통신서비스에서 아동을 보호하도록 정보통신망 이용촉진 및 정보보호 등에 관한 법률(이하 정보 통신망법이라 함)이 개정된 바 있다. 다만, 권고에 불과하기 때문에 관련자의 처 벌을 위한 규정은 없다.

[표 1-2] 정보통신망법상 챗봇 규제

정보통신망법 제44조의8(대화형 정보통신서비스에서의 아동 보호) 정보통신서비스 제공자는 만 14세 미만의 아동에게 문자·음성을 이용하여 사람과 대화하는 방식으로 정보를 처리하는 시스템을 기반으로 하는 정보통신서비스를 제공하는 경우에는 그 아동에게 부적절한 내용의 정보가 제공되지 아니하도록 노력하여야 한다.

위와 같은 정보통신망법 개정 과정에서 다음과 같이 국회 검토보고서가

---

67 이러한 방식을 종단학습(end-to-end)이라고 하는데, 챗봇이나 자율주행 중 입력받는 데 이터를 통하여 실시간 처리에 필요한 학습법이다. 그렇지만, 테이 사건처럼 악의적인 학습이 이루어질 경우에는 문제가 아닐 수 없다. "종단학습(N2N, end-to-end)은 학습에 필요한 데 이터를 전처리 없이 원본 그대로 입력하여 중간과정을 명시적으로 모델링하지 않고 직접 출 력 데이터 형태로 산출 되도록 하는 자동화된 학습 방식이다. 자율주행자동차(self-driving car)에서 카메라 이미지 입력으로부터 중간 모듈을 따로 두지 않고 직접 바로 핸들 방향 조 정을 출력하도록 하나의 딥러닝 모델을 학습하거나, 자연어 질의응답(Q&A) 챗봇을 개발하기 위해서 질의어에 해당하는 문장과 응답에 해당하는 문장을 통채로 입출력으로 준 후 서열대 서열로 변환하는 방식의 딥러닝을 통해서 자동학습하는 것이 대표적인 예"라고 한다. 장병 탁, 장교수의 딥러닝, 홍릉과학출판사, 2017, 210면.

작성된 바 있다.[68]

　"최근 문자·음성을 이용하여 사람과 대화하는 방식으로 정보를 처리하는 시스템을 기반으로 하는 정보통신서비스가 등장함에 따라, 아동에게 부적절한 내용의 정보가 제공되는 사건이 발생하여 문제가 되고 있으나 현행법은 대화형정보통신서비스에 대해서는 규정하고 있지 않음. 대화형 정보통신서비스는 대화 수단이 문자 또는 음성인 챗봇(chatbot)을 의미하며, 기존 검색엔진 등이 일방향성이었다면 챗봇은 인공지능 기술을 이용하여 대화 방식을 사용하는 특징이 있음. 서비스 사례로는 법률 챗봇인 로보(Law-Bo), 네이버가 제공하는 서비스를 이용할 수 있는 네이버 톡톡, 기타 금융 분야의 챗봇 등이 있음. 개정안은 정보통신서비스 제공자가 만 14세 미만의 아동에게 대화형정보통신서비스를 제공할 경우 부적절한 내용의 정보가 제공되지 아니하도록 노력할 의무를 부과하고 있음. 인공지능 등 신기술의 발달로 다양한 서비스가 개발되어 제공되고 있으나 예측할 수 없었던 문제가 발생할 수도 있기 때문에 현행법에 대화형정보통신서비스와 관련한 규정을 신설함으로써 사업자들로 하여금 아동이 부적절한 정보에 노출되지 않도록 노력할 의무를 부과할 필요성이 있는 것으로 보임.[69] 개정안에 대해서 한국인터넷기업협회는 아동에게 부적절한 내용의 정보라는 정의가 불분명하여, 규제되지 않아야 할 표현까지 규제되어 표현의 자유를 제한할 우려가 있다는 의견임."

　위 개정으로 정보통신망법상 정보통신서비스 제공자(ISP)가 제공하는 대화형 서비스(문자·음성을 이용하여 사람과 대화하는 방식으로 정보를 처리하는 시스템을 기반으로 하는 정보통신서비스)가 문제가 되지 않도록 해야한다는 일종의 주의의무를 부과한 것이다. 테이(tay) 사례에 적용하기에는 부족함이 있으나 인공지능에 대한 규제가능성이 높은 법률이 아닐 수 없다. 즉, 개정 정보통신망법은 인공지능 서비스에 대한 규제수준은 높지 않지만 관련 사건이 발생할 때마다 규

---

68 임재주, 정보통신망 이용촉진 및 정보보호 등에 관한 법률 일부개정법률안 검토보고서, 국회 과학기술정보방송통신위원회, 2018.9.

69 챗봇의 학습이 이용자들과의 대화내용을 토대로 진행됨에 따라, 욕설, 차별, 비하 등 부적절한 표현도 학습 및 구현함. 사례를 보면 마이크로소프트사는 트위터 챗팅 봇인 테이(Tay)가 이용자의 질문에 대하여 욕설, 인종차별, 정치적 발언 등으로 답변한 바 있음(2016.3.).

제당국은 다양한 규제방안을 강구할 수밖에 없다는 점을 보여주는 입법례이다.

또한, 공정거래위원회는 네이버의 검색 알고리즘이 공정하지 못하다고 판단한 바 있다. 알고리즘은 사람의 개입이 없기 때문에 공정하다는 것이 사업자의 주장이다.[70] 그렇지만, 알고리즘을 기획하거나 개발하는 주체는 사람이다. 인간의 개입이 의식적이든 무의식적이든 일어날 수밖에 없는 상황이다. 그럼에도 불구하고, 인간의 개입이 전혀 없다는 원인자 내지 이해당사자의 주장은 설득력을 얻기 어렵다.

라. 위험사회의 대응

인공지능은 인간의 편리를 위해 고안된 개념이다. 챗봇을 통하여 세상과 단절되거나 타인과의 대화가 서툰 누군가가 위안을 받을 수도 있다. 영화 '그녀(HER)'에서처럼, 그것이 로봇에 의한 거짓 위로라고 할지라도, 그러한 위로를 받는다면 인공지능의 긍정적인 모습으로 그려질 수 있다.

인공지능을 개발하거나 이용하는 과정에서 순기능, 역기능을 고민하게 된다. 현재는 인공지능에 대한 기대와 우려가 공존하며, 위기이자 기회가 되고 있다. 우리가 긍정적인 면이 아닌 부정적인 면에 관심을 갖는 것은 미래에 대한 불확실성 때문이다. 인공지능의 역기능에 관심을 갖는 것은 인공지능이 가져올 여러 가지 현상은 사회적인 파장이 적지 않을 것이기 때문이다. 무엇보다, 인공지능이 인간과 경쟁할 수밖에 없다는 점이 우려된다. 물론, 이러한 우려 때문에 인공지능을 규제하는 것도 바람직한 것은 아니다. 대신 사회가 수용할 수 있거나 또는 인공지능을 컨트롤할 수 있는 시스템을 마련할 필요가 있다. 윤리가 그 방안이 될 수 있다.

인공지능의 윤리적 접근은 규제로서 접근이 아닌 기계의 자율적 사회화라는 점에서 기술발전과 함께 기술오용을 막을 수 있는 최선의 선택이 될 수 있

---

70 공정거래위원회는 네이버㈜(이하 '네이버')가 쇼핑·동영상 분야 검색서비스를 운영하면서 검색알고리즘을 인위적으로 조정·변경하여 자사 상품·서비스(스마트스토어 상품, 네이버 TV 등)는 검색결과 상단에 올리고 경쟁사는 하단으로 내린 행위에 대해 각각 시정명령과 과징금[(쇼핑) 약 265억 원, (동영상) 2억 원]을 부과하기로 결정하였다. 이 사건은 네이버가 자신의 검색 알고리즘을 조정·변경하여 부당하게 검색결과 노출순위를 조정함으로써 검색결과가 객관적이라고 믿는 소비자를 기만하고 오픈마켓 시장과 동영상 플랫폼 시장의 경쟁을 왜곡한 사건이다. 2020.10.일자 공정거래위원회 보도자료.

다는 점에서 긍정적인 평가가 가능하다. 다만, 현 시점에서 인공지능이 가져올 문제는 인공지능이 인간을 위협하는 문제라기보다는 인공지능으로 인한 간접적인 문제가 사회문제화 되고 있다는 점이다. 대표적으로 편향, 일자리, 고용복지, 양극화, 알고리즘 담합 등을 들 수 있다.

5. 공공영역에서의 활용

EU의 로봇결의안으로 알려진 EU Civil Law Rules on Robotics[71]에서는 다양한 영역에서 알고리즘이 사용될 것이며, 그에 따른 문제점을 예측하고 안전을 위한 통제장치의 필요성을 강조한다.[72]

가. 공공영역의 효율성 확보

인공지능이 다양한 분야에서 사용되고 있다. 민간기업이 선도적으로 활용하고 있으나 공공부문에서도 데이터 기반의 행정을 통하여 대국민 서비스의 질을 높이고 있다. 실상, 보편적 복지를 위해서도 데이터 기반의 행정은 서비

---

71 European Parliament resolution of 16 February 2017 with recommendations to the Commission on Civil Law Rules on Robotics (2015/2103(INL)). "2017. 1. 12, 유럽연합은 메디 델보(Mady Delvaux)의 초안보고서(Draft Report, 2016)를 기초한 인공지능과 로봇을 둘러싼 여러 가지 현안을 담은 EU 로봇결의안을 EU의회에서 통과시켰다. 당초 결의안에는 인공지능 로봇 활용에 따른 새로운 고용모델의 필요성을 강조하고, 인공지능 로봇을 고용하는 기업에 '로봇세'를 물리는 구체적인 내용도 포함시키고 있었다. 그러나 2017. 2. 27. 본회의에서는 '로봇세'를 배제한 채 최종 의결되었다. EU 로봇결의안은 회원국에서 채택할 수 있는 가이드라인을 제시한 것이기 때문에 입법으로 강제하는 것은 아니다. 무엇보다 결의안이 갖는 의의는 해결책을 제시한 것이라기 보다는 인공지능 로봇과 관련된 많은 쟁점들에 대한 유연한 대응을 하자는 것이다. 따라서, 명확하게 해야한다는 당위보다는 어떠한 상황이 발생할지 알 수 없기 때문에 그러한 상황에 대비할 수 있는 법적인 논의와 입법 방안을 찾자는 것이다. 그렇기 때문에 당장 산업적 규제가 될 수 있다고 판단한 로봇세나 기본소득에 대해서는 EU 로봇결의안에 포함하지 않은 것으로 이해된다. 그럼에도 불구하고, 결의안에 포함되지 않았다고 해서 논의자체가 배제되었다고 보기 어렵다. 일자리와 고용에 대해 미치는 영향이 적지 않기 때문에 결의안에 포함 여부와 상관없이 논의되어야할 사항이기 때문이다."고 한다. 김자회 외, 지능형 자율로봇에 대한 전자적 인격 부여 － EU 결의안을 중심으로 －, 법조 724호, 2017 참조.
72 Civil Law Rules on Robotics Q. "자동화된 알고리즘 의사결정의 추가적인 개발 및 사용 증가는 의심할 여지없이 사적 개인(예컨대, 사업 또는 인터넷 사용자)과 행정, 사법 또는 기타 공공기관이 소비자, 사업 혹은 권위적 성격의 최종 결정을 내리는 데 영향을 미친다. 자동화된 알고리즘 의사결정 과정에 안전장치 및 인간이 통제하고 검증할 수 있는 가능성이 내재될 필요가 있다".

스의 효율성을 담보할 수 있을 것으로 기대한다.

[표 1-3] 인공지능 공공분야 적용 예시

분야	예시
교통	• 자율주행자동차, 셔틀(교통 체증, 사고 해소) • 항공, 해운 활용
스마트시티	• 효율적 도시 관리(지능형 교통 시스템) • CCTV를 활용한 안전사회 구현 및 집행(치매, 실종유아 등 찾기: 과기정통부)
의료관리	• 정밀의료, 처방, 신속한 진단
사이버 보안	• 해킹 등 위험 발굴 및 대응
금융	• 보이스피싱 탐지 및 차단기술의 활용(한국 연간 6조 피해) • 신용위기 분석(한국 부동산 정보 활용) 한국은행 금리결정 도입 시 활용 검토
안보	• 신병 모집 시 Chatbot 활용(美)
사법서비스	• 빅데이터 분석에 의한 편결
자연재해	• IBM, OmniEarth 캘리포니아 가뭄 해결 시도(수요 예측 등)
통계	• 빅데이터 분석에 기반한 인구통계 처리 등

출처: 행정연구원(2019).

위의 내용처럼, 다양한 분야에서 인공지능이 활용되고 있음을 알 수 있다.

나. 데이터 기반의 과학적 행정

데이터기반행정 활성화에 관한 법률(이하 데이터기반행정법이라 함)은 다양한 데이터와 인공지능을 활용한 대국민 서비스가 가능하도록 정책을 펴고있는 것으로 이해된다. 기존에 경험·직관이 아닌 객관적 데이터에 기반한 과학적 행정체계를 구축함으로써 행정의 신뢰성을 제고하고 국민의 삶의 질을 향상시키는데 목적이 있다. 특히, 데이터기반행정의 주요 추진 분야를 아래와 같이 예시함으로써 각 기관이 적극적으로 데이터기반 행정업무를 발굴할 수 있도록 유도하고 있다.

ⅰ) 안전·질병 등 사전에 위험 예측 및 제거방법 제시

ⅱ) 경제·사회 등 분야에서 미래 수요 충족을 위한 선제적 대응책 마련

iii) 비용 절감이나 행정처리 절차 개선

iv) 주요 정책 수립 등을 위한 신속하고 정확한 국민 의견 수렴

ⅴ) 비교·분석을 통한 최적화된 대책 마련 및 맞춤형 서비스 제공

이를 위하여, 기관 간 데이터 요청 및 제공, 데이터통합관리 플랫폼 구축 등의 사항을 명시적으로 규정하여 데이터가 효율적으로 공유·연계될 수 있도록 하며, 데이터 분석을 정책수립 및 의사결정에 활용하기 위해 정부통합데이터분석센터 구축 및 운영 등을 명시하였다. 공공데이터를 활용하여 행정의 효율성을 높이고, 합리적인 의사결정이 가능하도록 할 수 있음을 알 수 있다.

다. 사법과 인공지능

(1) 사법적 판단의 경우

공공영역에서도 다양하게 인공지능을 활용하고 있다. 판사를 대신하여 판결을 내린다는 생각은 오래된 것이다. 소송과정에서 사실관계를 파악하고 판례를 분석함으로써, 형량을 결정한다는 것은 지식기반의 의사결정 지원시스템인 전문가 시스템에서도 고민했던 것이었다. 그렇지만, 이제는 인공지능이 다양한 판례와 법령을 분석하여 기계학습함으로써 보다 현실적인 형량을 결정할 수 있을 것으로 기대된다.

물론, 재판과정은 판사가 진행하여야 한다. 재판 과정 없이 인공지능의 판단에 따른 형량을 판사가 따르는 것은 헌법상 재판받을 권리에 대한 중대한 침해가 될 수 있기 때문이다. 결국, 인공지능에 의한 형량 결정은 의사결정이 아닌 의사결정 지원시스템으로서 역할에 한정되어야 한다.

(2) COMPAS 알고리즘의 문제

(가) 사례

미국의 사법 시스템에서 가석방이나 형량을 결정하는 시스템은 오래전부터 사용되어 왔다. 노쓰포인트(NorthPointe)라는 회사에서 개발한 SW인 대체적 제재를 위한 교정 위반자 관리 프로파일링(Correctional Offender Management Profiling for Alternative Sanctions; 이하 COMPAS라 함)을 들 수 있다. 이른바 재범 예측 프로그램인은 COMPAS는 피고에게 137개의 질문에 답하게 하고 과거의

범죄 데이터와 대조하여 다시 범죄를 저지르는 위험을 10단계의 점수로 산출하며 이 질문에는 범죄나 보석 이력, 나이, 고용 상황, 생활 상황, 교육 수준, 지역과의 관계, 약물 사용, 신념, 심지어 가족의 범죄 이력이나 마약 사용 경력 등도 포함된다.[73]

판사가 피고인의 양형이나 가석방 여부를 판단할 때 COMPAS 알고리즘의 결과에 구속되어 판단할 필요는 없지만, COMPAS에 따른 판단 결과가 제시되는 경우 그 결과를 배척할 만한 확실한 근거가 없는 한 알고리즘의 결과에 따라 판단하게 되고, 알고리즘의 결과를 받아들이지 않는 데 대한 입증책임을 판사가 부담하게 되어 COMPAS가 사실상 구속력을 가질 우려가 있다.[74]

(나) 이슈[75]

프로퍼블리카(ProPublica)[76]라는 언론매체가 알고리즘의 비공개로 인하여 예측 기능의 정확성을 외부에서 검증할 수 없다는 비판이 제기되었고, COMPAS를 도입하고 있는 플로리다 주의 정보공개법을 활용하여, 2013년부터 2014년까지 브로워드 카운티에서 재범 예측의 평가를 받았던 1만 명 가량의 데이터를 청구해서 독자적으로 검증하였다.

플로리다 주는 COMPAS를 보석을 판단하는 과정에 사용하고 있는데, 재범 예측 전반의 정확성에서는 백인 59%, 흑인 63%로 큰 차이는 없는 것으로 보이나 흑인이 백인에 비해서 위험도가 더 높게 나오는 경향이 있다고 지적하였다. 재범 예측 후, 실제로는 2년 동안 재범이 없었던 인물이 높은 위험도 평가를 받는 비율은 흑인이 45%, 백인은 23%로 2배 가까이 차이가 있었고, 반대로 재범 예측 후 2년 이내에 재범이 있었던 인물이 낮은 위험도 평가를 받은 비율은 백인이 48%, 흑인 28%로 이 또한 2배 가까이 차이가 있었다. COMPAS

---

73 윤지영 외, 법과학을 적용한 형사사법의 선진화 방안(Ⅷ): 인공지능 기술, 한국형사정책연구원, 2017.

74 이나래, 인공지능 기반 의사결정에 대한 법률적 규율 방안, LAW&TECHNOLOGY 제15권 제5호(통권 제83호) 2019, 38면.

75 Jeff Larson, Surya Mattu, Lauren Kirchner and Julia Angwi, How We Analyzed the COMPAS Recidivism Algorithm, May 23, 2016, <https://www.propublica.org/article/how−we−analyzed−the−compas−recidivism−algorithm> 2021.7.3.일자 검색.

76 프로퍼블리카(ProPublica)는 미국의 비영리 인터넷 언론이다. 공공의 이익을 위한 '돈과 권력으로부터 독립'을 표명한다. 2010년에는 온라인 언론사로는 최초로 퓰리처상을 받았다. 위키백과, 2021.7.10.일자 검색.

알고리즘은 기존의 상습성 판단 또는 가석방 여부 판단 데이터에 대한 학습을 근간으로 하는데, 인종이나 피부색을 입력값으로 넣지 않았음에도 불구하고 흑인에게 편향된 결과 예측을 하는 경향이 있음이 밝혀졌다. COMPAS의 재범 가능성에 대한 예측 정확도가 61%인 데, COMPAS에 의해 높은 위험군으로 분류되었으나 실제로 재범을 하지 않았던 비율이 흑인이 백인보다 2배 정도 높게 나타났고, 백인 재범자는 흑인 재범자에 비해 63% 정도 더 낮은 위험군으로 간주되었다.

(다) 평가

COMPAS로 나타난 결과가 편향적이라는 점이 확인된 것이다. 백인과 다른 인종의 차별이며, 알고리즘을 분석한 것에 확인되었다. 다만, 소송과정에서 판사는 COMPAS 알고리즘을 전적으로 따른 것이 아닌 형량의 결정과정에서 참조한 것에 불과한 것이기 때문에 문제라고 보지는 않은 것이다. 즉, 알고리즘이 평가한 결과를 참조한 것이지 양형에 결과를 그대로 반영한 것은 아니었다는 점에서 문제라고 판단하지는 않은 것이다.

우리도 사법시스템에 알고리즘을 도입할 계획으로 있으며, 오래전부터 형량 결정을 위한 전문가시스템 등에 대해 많은 관심을 가져온 것도 사실이다. 그렇지만, 도입과정에서 실질적인 내용이 공개되지는 않을 것이다. 공정성을 훼손할 수 있다는 것으로 보이나, COMPAS처럼 위험평가시스템을 이용하여 양형을 하는 경우 위험평가 결과가 여러 고려 요소 중의 하나로 이용될 뿐이라고 하지만 실제 양형에 어느 정도의 영향을 미쳤는지 알기 어렵고 해당 사안에서 입력값이 어떤 절차를 통하여 결과값으로 산출되는지 알기 어렵다. 이 경우 인공지능이 판결의 결과에 미친 영향에 따라 피고인의 헌법과 법률이 정한 법관에 의하여 법률에 의한 재판을 받을 권리가 침해될 수 있고(헌법 제27조 제1항), 법률과 적법한 절차에 의하지 아니하고는 처벌 등을 받지 아니한다는 헌법상의 적법절차원칙이 위반될 수 있다(헌법 제12조). 또한, 인종이나 성별과 같은 차별적 요소를 포함한 입력 데이터를 가지고 인공지능이 결론을 내거나, 위험평가 시스템 인공지능이 학습하는 기존 데이터에 이미 인종, 성별에 따른 차이가 반영되어 있는 경우 인공지능으로 인해 차별적인 결과가 초래될 수 있다.[77]

---

77 이나래, 인공지능 기반 의사결정에 대한 법률적 규율 방안, LAW&TECHNOLOGY 제15권 제5

형량을 결정하는 알고리즘이 도입되는 경우라면 알고리즘과 판단기준에 대한 공개는 필수적이다. 이 과정에서 사법시스템에 대한 신뢰를 확보하고, 국민의 재판받을 권리가 침해되지 않는다는 점을 명확히 해야 한다.

라. 공공영역의 신뢰 확보

사법시스템을 포함하여 공공부문에서 인공지능이 채용될 가능성이 높아지고 있다. 데이터기반 행정을 위하여 제정된 데이터행정 기반법에 근거하여 대국민 서비스에 알고리즘을 사용하였고, 그 과정에서 문제가 발생한 경우라면 어떠한 법적 책임을 물을 수 있을지 살펴볼 필요가 있다. 물론, 정책과정을 사후적으로 책임을 묻기 위해 평가하는 것은 적극 행정을 방해할 가능성도 있다. 여기에서 평가는 고의나 중과실에 대한 부분으로 한정되어야 한다.

이러한 전제하에 도입된 알고리즘의 편향성이나 운영과정에서 발생할 수 있는 문제점들에 대해 제대로 된 설명의무를 이행했는지에 대한 것이다. 즉, 공공영역에서도 알고리즘에 대한 명확한 공개와 공개에 준하는 설명이 이루어져야 한다. 그러한 공개 원칙이 공공영역에서 수행되는 알고리즘에 대한 신뢰성을 확보할 수 있기 때문이다. 다만, 공공서비스에 대한 설명의무를 부과할 수 있는 것은 많지 않겠지만, COMPAS나 채용과정에서 사용되는 알고리즘의 경우와 같이 국민의 편익에 중대한 영향을 미치는 것이라면 설명의무 등 신뢰확보를 위한 의무를 부과할 필요성이 크다. 공공영역에서의 신뢰성 확보를 위해서는 투명한 정책을 추진하는 것과 같이, 알고리즘에 대한 공개를 포함하여 수용자인 국민이 쉽게 이해할 수 있도록 해야 한다.

호(통권 제83호) 2019, 38면.

1. 인공지능의 출발과 튜링머신

가. 오토마타와 인공지능의 출발

인공지능 로봇은 상상 속에서 이미 그려져 왔다. 그리스·로마 신화에서도 탈로스(talos)라는 신의 능력을 갖는 로봇이 등장하기도 한다. 놀라운 것은 제1차 산업혁명기에도 인공지능은 존재했었다는 점이다. 1737년 프랑스 자크 드 보캉송(Jacques de Vaucanson)은 플롯을 연주하는 조각상을 만들었고, 이 조각상은 사람처럼 연주하는 자동인형이었다. 그 당시 이러한 인형은 오토마타(automata)로 알려졌다. "보캉송의 오토마타는 스스로 움직이고 인간의 지능을 모방하는 것처럼 보였기 때문에 그 당시 사람들에게 큰 인기를 끓었다. 플루트 연주자를 비롯한 오토마타는 산업혁명기에 등장한 인공지능 분야의 선구자격인 작품이었다."[78]고 평가받는다. 물론, 태엽장치를 사용한 오토마타는 인공지능처럼 지능적이지는 않았지만, 인간의 상상력이 반영된 결과물이었다는 점과 인간을 대신할 수 있다는 점을 보여 주었다. 오토마타가 인공지능이라는 기술적 사상(technical concept)으로 구체화된 것이 튜링머신이다. "인간을 대신할 수 있는 기계를 만들어낸다."는 튜링머신이 인공지능의 역사적 출발점으로 인식되고 있다.

인공지능을 구성하는 다양한 기술이 존재하나 그것은 오로지 인공지능만을 위해 개발된 것이라고 단정하기 어렵다. 여러 가지 기술을 응용하는 과정에서 인공지능에 특화된 결과를 얻은 경우도 있으며, 인공지능을 목적으로 개발되었다고 하더라도 다른 분야에 응용되기도 했다. SW나 HW 관련 기술을 응용하거나 활용함으로써 기술의 융합이라는 혁신적인 결과물을 도출하게 된다. 이처럼 다양한 기술을 인공지능에 활용함으로써 새로운 방법론으로 활용할 수 있게 된 것이다.

인공지능의 역사에서 기술투자와 개발은 역사적 사실이다. 무엇보다, 인공

---

78 Sean Gerrish(이수겸 옮김), 기계는 어떻게 생각하는가? 이지스 퍼블리싱, 2020, 19면.

지능이라는 개념을 구체화한 것이 인공지능의 발전사에서 가장 큰 업적이라고 해도 과언은 아니다. 존 매카시(John McCarthy)는 그런 의미에서 '인공지능의 아버지'라고 불리운다. 1956년 다트머스 칼리지에서 이루어진 다트머스 회의에서 인공지능이라는 표현으로 구체화시킨 바 있다.

나. 튜링테스트와 인공지능

(1) 튜링테스트의 의의

인공지능의 실체에 대한 많은 논란 중 하나는 "어느 수준에 이르러야 인공지능으로 인정받을 수 있을까?"라는 점이다. 이는 인공지능을 무엇으로 정의하느냐와 같이, 인공지능으로 인정할 수 있는 기준이 무엇인지에 대한 논란과 같다. 기준이 인공지능의 여부를 판단하는 것은 아니나 인공지능의 수준을 어디까지 인정할 수 있는지에 대한 확인의 정도로 이해할 수 있다. 이를 위해 고안된 것이 튜링테스트이다.

앨런 튜링(Alan Mathison Turing)[79]이 제시한 인공지능 판별법인 튜링테스트는 고전적인 인공지능 판별 기준으로, 튜링테스트를 넘어선 경우에는 인공지능으로 볼 수 있다는 이론이다. 튜링테스트의 개념은 튜링이 1950년에 발표한 '기계도 생각할 수 있을까?(Can Machines Think?)'라는 논문에서 유래한다. 튜링은 컴퓨터가 스스로 사고할 수 있음을 확인하려면 대화를 나눠보면 된다고 주장했다. 컴퓨터가 의식을 가진 인간처럼 자연스럽게 대화를 주고받을 수 있다면 그 컴퓨터도 의식이 있다고 봐야 한다는 것이다.

인공지능에 대한 관점이 다를 수 있지만, 실질적인 인공지능이라면 인간

---

79 앨런 튜링은 잉글랜드의 수학자, 암호학자, 논리학자이자 컴퓨터 과학의 선구적 인물이다. 알고리즘과 계산 개념을 튜링 기계라는 추상 모델을 통하여 형식화함으로써 컴퓨터 과학의 발전에 지대한 공헌을 했다. 튜링테스트의 고안으로도 유명하다. ACM에서 컴퓨터 과학에 중요한 업적을 남긴 사람들에게 매년 시상하는 튜링상은 그의 이름을 따 제정한 것이다. 이론 컴퓨터 과학과 인공지능 분야에 지대한 공헌을 했기 때문에 "컴퓨터 과학의 아버지의 아버지", 즉 "컴퓨터 과학의 할아버지"라고 불린다. 1945년에 그가 고안한 튜링 머신은 초보적 형태의 컴퓨터로, 복잡한 계산과 논리 문제를 처리할 수 있었다. 하지만 튜링은 1952년에 당시에는 범죄로 취급되던 동성애 혐의로 영국 경찰에 체포돼 유죄 판결을 받았다. 감옥에 가는 대신 화학적 거세를 받아야 했던 그는, 2년 뒤 사이안화 칼륨을 넣은 사과를 먹고 자살했다. 사후 59만인 2013년 12월 24일에 엘리자베스 2세 여왕은 크리스 그레일링 법무부 장관의 건의를 받아들여 튜링의 동성애 죄를 사면하였다. 이어 무죄 판결을 받고 복권되었다. 위키백과, 2020.12.25.일자 검색.

의 지능적 판단이나 의식을 가져야한다는 주장도 가능하다. 알파고는 이세돌을 이겼다고 하더라도 10^{170}승^{80}을 넘어서는 연산을 통하여 바둑의 수를 계산한 것이지, 바둑을 이해하거나 즐기면서 두는 것이 아니었기 때문이다. 결국, 인공지능의 발전을 기대하는 것은 인간처럼 어떤 상황에 대하여 인공지능이 인간의 관점에서 종합적인 의사결정을 해줄 것이라는 점이다.

(2) 생각하는 기계를 판단하기 위한 튜링테스트

튜링테스트는 인간의 것과 동등하거나 구별할 수 없는 지능적인 행동을 보여주는 기계의 능력에 대한 테스트이다. 튜링은 인간 평가자가 인간과 같은 반응을 일으키도록 설계된 기계 사이의 자연 언어 대화를 판단할 것을 제안했다. 평가자는 대화의 두 파트너 중 한 명이 기계라는 것을 알고 모든 참가자는 서로 분리될 것이다. 대화는 컴퓨터 키보드와 화면과 같은 텍스트 전용 채널로 제한되어, 그 결과는 단어를 연설로 렌더링하는 기계의 능력에 좌우되지 않을 것이다. 평가자가 기계와 인간을 확실하게 구분할 수 없는 경우, 그 기계는 시험에 합격했다고 볼 수 있다. 시험 결과는 기계의 질문에 대한 정답을 제시하는 능력을 평가하는 것이 아니라, 기계가 제시하는 답이 얼마나 인간다운 대답인지를 평가한다. 챗봇을 포함한 자연어 처리 기술이 고도화되면서 인공지능 간 대화가 인간의 것을 넘어서는 상황에서 튜링테스트가 지금의 인공지능의 판단에서 큰 의미를 가질지는 의문이다.[81]

다. 약한 인공지능과 강한 인공지능

인공지능을 탑재한 로봇이 인간 모습의 로봇이어야 하는 것은 아니다. 로봇은 다양한 형상으로 만들어질 수 있기 때문에 인간의 모습을 닮거나 인간과 친화적인 모습일 필요는 없다. 다음과 같이 "인간형 로봇을 로봇공학기술의 결

---

80 우주에 존재하는 원자의 수보다 많은 수라고 한다.
81 <인공지능: 현대적 접근식>의 공저자 중 한 명인 Stuart Russell은 튜링테스트에 대해 "AI에 유용하지 않다. 비형식적이며 매우 정황적인 정의이기 때문이다. 즉, 인간의 마음이라는 엄청나게 복잡하면서 대체로 알려지지 않은 특징들에 의존한다. 인간의 마음이란 생물학과 문화 양쪽에서 유래한 것이다. 이 정의를 '풀어 헤친' 뒤, 거기에서 출발하여 튜링 검사를 증명 가능하게 통과할 기계를 만들 방법은 전혀 없다."고 한다. Stuart Russell, 어떻게 인간과 공존하는 인공지능을 만들 것인가: AI와 통제문제, 김영사, 2021, 72면.

정체라고 하며, 이는 인간형 로봇 기술을 확보하는 나라가 미래의 로봇혁명의 선두주자가 될 수 있기 때문"[82]이라는 주장도 있다. 물론 틀린 것은 아니나 로봇이 사용되는 상황에 따라 인간형 로봇도 나름의 의미를 가질 수도 있기 때문에 일반화하는 것은 로봇이 다양한 분야에서 사용될 수 있다는 점에서 설득력이 떨어진다.

인지과학에서 인공지능을 논할 때, 강한 인공지능(strong AI)은 인간의 감성을 이해할 수 있는 수준이며, 약한 인공지능(weak AI)은 인간을 보조하는 수준의 인공지능을 의미한다.[83] 궁극적으로 인공지능 기술이 추구하는 유형은 강한 인공지능이다. 즉, 스스로 행동하는 것에 대한 의미를 이해하고, 인간의 마음을 읽고 이해하는 수준의 인공지능이다.[84] 만약 이러한 수준에 이르게 되면, 인공지능이 인간의 법제도를 이해할 것이고, 인공지능의 권리를 부여하도록 요구하거나 또는 스스로 법률을 만들 가능성도 부인하기 어렵다.[85] 이를 정리하면 [표 2 - 1]과 같이 강하거나 약한 인공지능으로 구분할 수 있다.

인공지능은 인간의 뇌 구조를 구현함으로써 인간의 능력 이상의 의사결정을 내리는 지능을 갖는 것으로 볼 수 있다. 인간의 뇌세포도 뉴런이라는 세포끼리 주고받는 전기 자극으로 움직이기 때문에 전기전자적 정보의 흐름으로 구성되고 구동되는 인공지능으로 구현될 가능성이 높다. 물론, 인간의 뇌를 넘

---

82 전승민, 휴보이즘, MiD, 2014, 275면.

83 김진형, 인공지능 방법론의 변천사(과학사상 제8호(봄호), 1994.)에 따르면, "지난 50여 년간 인공지능 방법론의 변천사를 볼 것 같으면 강력하고(powerful) 범용성(general) 있는 방법론을 찾는 탐구의 역사였다고 할 수 있다. 즉, 우리의 두뇌 능력에 버금가도록 여러 종류의 다양한 문제를 해결할 수 있는 범용성 컴퓨터 프로그램을 개발코자 하는 노력이었다고 할 수 있다. 그러나 강력함과 범용성에는 항상 반비례 관계가 있기 마련이다. 즉, 여러 문제에 적용할 수 있는 범용성의 프로그램은 그 능력이 매우 미약해서 실용적으로 쓸 만한 것이 없고 강력한 능력의 프로그램은 그 적용 범위가 매우 좁아서 새로운 문제를 만나면 잘 해결하지 못한다."고 한다.

84 "강한 인공지능이란 적절하게 프로그래밍된 컴퓨터가 바로 마음이라는 관점"이라고 한다. Wallach Wendell·Allen Colin(노태복 역), 왜 로봇의 도덕인가: 스스로 판단하는 인공지능 시대에 필요한 컴퓨터 윤리의 모든 것, 메디치미디어, 2014, 102면.

85 이러한 상황에 대비할 수 있도록 우호적인 인공지능(friendly AI)의 설계가 필요하다는 주장은 오래전부터 제기되어오고 있다. Stephen M. Omohundro, The Basic AI Drives, AGI08 Workshop on the Sociocultural, Ethical and Fururological Implications of Artificial Intelligence, 2008; Eliezer Yudkowsky, Artificial Intelligence as a Positive and Negative Factor in Global Risk, In Global Catastrophic Risks, Oxford University, 2008; Stuart Russell, Peter Norvig, 인공지능 현대적 접근방식(제3판), 제이펍, 2016.

[표 2-1] 인공지능의 비교[86]

강한 인공지능	• 다양한 분야에서 보편적으로 활용 • 알고리즘을 설계하면 인공지능이 스스로 데이터를 찾아 학습 • 정해진 규칙을 벗어나 능동적으로 학습 • 인간과 같은 마음을 가지는 수준*
약한 인공지능	• 특정 분야에서만 활용 가능 • 알고리즘은 물론 기초 데이터·규칙을 입력해야 이를 바탕으로 학습 가능 • 규칙을 벗어난 창조는 불가 • 인간의 마음을 가질 필요 없이 한정된 문제 해결 수준*

어서 인간의 마음을 담을 수 있어야 진정한 인공지능으로 볼 수 있다. 인간이 학습한 기억이 뇌에 저장되고, 저장된 정보를 바탕으로 생각하고 판단함으로써 이러한 과정에서 의식과 마음이 형성되기 때문이다. 그렇지만, 의식여부에 따라 인공지능이 강한 지, 약한 지를 판단할 수 있는 기준이 될 수 있을지는 의문이다. 의식의 구조와 작동에 대해서는 누구도 제대로 알지 못하는 영역이기 때문이다.[87]

2. 인공지능 기술의 흐름과 전개: 다트머스 회의

가. 다트머스 회의의 역사적 의의

인공지능의 역사에서 분기점은 1956년 개최된 다트머스 회의이다. 회의에서 인공지능 연구에 대한 종합적인 청사진이 제시되었고 인공지능이라는 개념이 정립된 자리였기 때문이다. 회의의 의의는 이를 준비하던 제안서에 다음과 같이 기록되어 있다.

---

86 중앙일보, 2016.3.12.일자를 바탕으로 수정·보완하였다. *표시는 필자가 추가한 내용이다.
87 Stuart Russell은 "정말로 우리는 의식이라는 영역에 관해서는 아무것도 모르기에, 나도 아무 말도 하지 않으려다. AI 분야에서 누구도 기계에 의식을 부여하려는 연구를 하고있지 않고, 그 일을 어디에서 시작해야 할지 아는 사람도 전혀 없을 것이고, 그 어떤 행동도 의식을 선행조건으로 삼지 않는다."고 적고 있다. Stuart Russell, 어떻게 인간과 공존하는 인공지능을 만들 것인가: AI와 통제문제, 김영사, 2021, 37면.

"학습이나 지능의 특징들은 원칙적으로 기계에게 시뮬레이션 할 수 있도록 만들어져 있다. 기계가 추상적 개념으로부터 언어를 사용하고 현재 인류에 당면한 문제를 해결하고 스스로 향상시키는 방법을 찾기 위한 시도가 이루어질 것이다. 신중하게 선정된 과학자 집단이 여름 동안 함께 연구한다면 이러한 문제들 중 하나 이상에서 상당한 진전을 이룰 수 있다고 생각한다."[88]

회의에는 다양한 연구자들이 인공지능 연구에 참여할 수 있도록 한 역사적인 사건이었으나 기대했던 만큼 많은 사람들이 참여했던 것은 아니었다고 한다.

나. 다트머스 회의 멤버

회의는 다트머스 대학의 존 매카시 교수가 준비한 것으로, 마빈 민스키, 나다니엘 로체스터, 클로드 섀넌 등도 공동으로 준비에 참여하였다. 회의에 참석했던 멤버들은 아래 사진과 같다. 회의를 같이 준비했던 멤버와 역할을 아래와 같이 간단히 정리한다.

[그림 2-1] 다트머스 회의 참석자

출처: 구글 검색(2021).

---

88 McCarthouse et al, 인공지능에 관한 다트머스 여름 연구 프로젝트 제안, 1955.

클로드 셰넌(Claude E. Shannon)은 정보의 통계이론, 개폐 교정에 대한 명제 미적분의 응용을 개발했고, 개폐 회로의 효율적인 합성, 학습하는 기계의 설계, 그리고 튜링머신의 이론에 대한 결과를 얻었다. 그와 존 매카시는 '자동차의 이론'에 관한 연구 수학 연보를 공동 편집했다.

마빈 민스키(Marvin L. Minsky)는 신경망에 의한 학습을 시뮬레이션하기 위한 기계를 구축했으며, 학습 이론 및 랜덤 신경망 이론에 대한 결과를 포함하는 "Neural Nets and the Brain Model Problem"이라는 제목의 수학으로 프린스턴 박사 논문을 작성했다.

나다니엘 로체스터(Nathaniel Rochester)는 레이더의 개발과 컴퓨터 기계에 관심을 가졌다. 다른 엔지니어와 함께 현재 널리 사용되고 있는 대규모 자동 컴퓨터인 IBM Type 701의 설계를 공동 책임졌다. 그는 오늘날 널리 사용되고 있는 자동 프로그래밍 기법의 몇 가지를 고안해 냈고, 이전에는 사람에 의해서만 할 수 있었던 일을 기계가 하게 하는 방법에 관한 문제에 대해 생각해 왔다. 그는 또한 신경생리학의 이론을 시험하기 위해 컴퓨터를 사용하는 것에 특히 중점을 두고 신경망 시뮬레이션에 힘썼다.

존 매카시(John McCarthy)는 튜링기계 이론, 컴퓨터 속도, 뇌 모델과 환경의 관계, 기계에 의한 언어 사용 등 사고 과정의 수학적 특성과 관련된 여러 가지 질문에 대해 연구했다. 매카시의 다른 연구는 미분 방정식 분야에서 이루어졌다.

다. 인공지능에 관한 다트머스 회의 제안서

1955년 9월 록펠러 재단에 제안됨으로써, 인공지능의 역사에서 중요한 이정표를 세운 다트머스 회의 제안서의 일부를 옮겨 본다.[89]

"1956년 여름 뉴햄프셔 하노버에 있는 다트머스 대학에서 2개월 동안 인공지능에 대해 10명이 연구를 수행할 것을 제안한다. 이 연구는 학습의 모든 측면이나 지성의 다른 특징들이 원칙적으로 정확하게 기술될 수 있기 때문에 기계가 그것을 시뮬레이션할 수 있다는 추측에 근거해 진행시키는 것이다. 기계가 언어를 사용하고 추상화와 개념을 형성하며, 현재 인간에게 남겨진 여러

---

89 1955년 8월 31일 만들어진 제안서의 내용을 옮겨 적는다.

문제를 해결하고, 스스로를 향상시키는 방법을 찾기 위한 시도가 이루어질 것이다. 우리는 신중하게 선정된 과학자 집단이 여름 동안 함께 연구한다면 이 문제들 중 하나 또는 그 이상에서 상당한 진보가 이루어질 수 있다고 생각한다."

3. 인공지능의 역사적 분기점

가. 인공지능 기술 부문

인공지능에 대한 개념이 구체화되고, 기술발전이 이루어지는 과정에서 수많은 부침(浮沈)이 있었다. 현재도 반복되고 있는 것도 사실이다. 인공지능이 과연 윤리적일 수 있는지, 법적으로 어떤 책임을 지울 수 있는 것 등 다양한 논란에 관한 것이다. 역사적으로 인공지능에 대한 부침의 원인은 인공지능에 관한 청사진을 그 당시 기술의 한계로 구현할 수 없었기 때문이었다. 즉, 인공지능이 많은 문제를 해결해 줄 것으로 기대했지만, 기술적인 구현방안이 없었기 때문에 실현되기 어렵다는 점을 알게 된 것이다. 그 과정에서 두 차례의 인공지능 암흑기(AI winter)가 도래했다. 그렇지만, 문제를 해결해가는 과정에서 다양한 기술적 성과가 있었기 때문에 지금과 같은 인공지능의 확산기를 가져왔음을 이해할 필요가 있다.

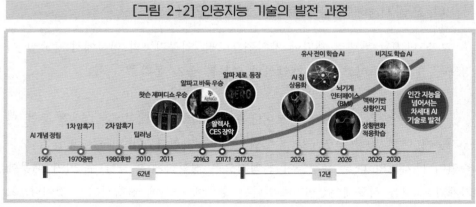

[그림 2-2] 인공지능 기술의 발전 과정

출처: 인공지능 R&D 전략(2018).

(1) 신경망모델: 1957년 퍼셉트론[90]

인공 신경망모델에 관한 연구는 1943년 워렌 맥컬럭(Warren McCulloch)과 월터 피츠(Walter Pitts)로부터 시작되었다.[91] 퍼셉트론(perceptron)은 인공신경망을 모델링한 것으로 1957년 코넬 항공 연구소의 프랭크 로젠블렛(Frank Rosenblatt)이 개발했다. 퍼셉트론이라는 신경망 모델을 발명함으로써, 인공지능 기술이 한 단계 도약할 수 있었다.[92]

[그림 2-3] Perceptron

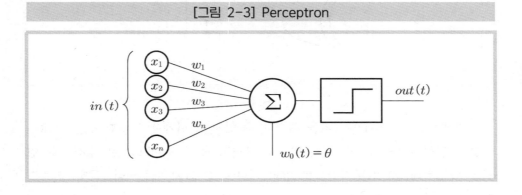

퍼셉트론은 하나의 MCP 뉴런[93]이 출력신호를 발생할지 안할지 결정하기 위해 MCP 뉴런으로 들어오는 각 입력값에 곱해지는 가중치 값을 자동적으로 학습하도록 한 모델이며 입력 벡터를 두 부류(class)로 구분하는 선형 분류기이다. 퍼셉트론은 신경망(딥러닝)의 기원이 된 알고리즘이다.[94]

---

90 퍼셉트론 이론은 선형 분류이다. 즉, 직선을 이용한 분류는 가능하지만 XOR 게이트와 같은 경우 곡선으로 나눌 수 있기 때문에 비선형 분류이다. 이러한 제약사항을 보완하기 위해 나온 것이 1980년대의 다중(Multi-layer Perceptron)이다. https://sungwookkang.com/1413, 2021.4.15.일자 검색.

91 "맥컬럭-피츠 모델이 하지 못하는 것은 학습이다. 신경세포 사이의 연결에 가변 가중치를 부여해야 하는데 그 결과 퍼셉트론이라 불리는 것이 탄생했다."고 한다. Pedro Domingos, 마스터알고리즘, 비즈니스북스, 2016, 170면.

92 1958년 뉴욕 타임즈 기사에서는 "걷고, 말하고, 보고, 쓰고, 스스로 만들어내고 심지어는 자아를 인식할 수 있을 것"이라고 적고 있다.

93 맥컬럭-피츠 모델로, 생물학적 뉴런을 단순화한 인공 뉴런 모델을 제시한 것이다. MCP 모델에서는 뉴런 간 연결강도를 변화시키는 학습 방법을 사용하지 않고, 연결강도와 임계치를 일정한 값으로 고정시킨 것이 특징이며, AND, OR 등의 논리연산이 가능하다. 위키피디아 2021.7.10.일자 검색.

94 https://sungwookkang.com/1413, 2021.4.15.일자 검색.

단층 퍼셉트론은 AND, NAND, OR 논리회로를 계산할 수 있지만, XOR 게이트 연산을 할 수 없다. XOR 게이트는 배타적 논리합이라 불리는 회로이다. 이 뜻은 한쪽이 1일 때만 1을 출력한다.

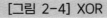

[그림 2-4] XOR

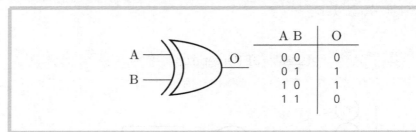

A B	O
0 0	0
0 1	1
1 0	1
1 1	0

퍼셉트론은 NAND나 OR을 해결할 수 있지만, 한계에 부딪힌 것은 XOR문제를 해결할 수 없는 점이 논증되면서 부터이다. 즉, 퍼셉트론은 직선으로 영역을 나누는데, XOR은 직선으로 영역을 나눌 수 없기 때문이다. 특히, 민스키와 세이모어 퍼페트(Seymour Papert)는 퍼셉트론즈(Perceptrons)라는 책에서 XOR의 한계에 대해 지나치게 문제화시킴으로서 로젠블렛의 주장을 반박했다.[95] 이로써 인공지능 암흑기(AI winter)가 도래했으며 인공지능의 발전에 미치는 영향은 지대했다.

---

95 "퍼셉트론은 선형 경계(linear boundary)만 학습할 수 있기 때문에 배타적 논리합은 배울 수 없다. 하지만 퍼셉트론은 단 하나의 신경세포 학습을 모형화한다. 민스키와 퍼페트는 서로 연결된 신경세포의 여러 층이 더 많은 것을 할 수 있다고 인정했지만, 두 사람은 그렇게 학습하는 방법을 발견하지 못했다. 어느 누구도 하지 못했다. 문제는 출력 층에 있는 신경세포가 일으킨 오류를 줄이기 위하여 숨겨진 층들에 있는 신경세포의 가중치를 바꾸는 명확한 방법이 없다."는 것이 퍼셉트론의 한계이다. Pedro Domingos, 마스터알고리즘, 비즈니스북스, 2016, 176면. 그렇지만, 퍼셉트론을 다층으로 구조화(MLP)하고, 더욱이 역전파 알고리즘이 개발되어 오류를 줄임으로써 퍼셉트론이 부활할 수 있었다.

[그림 2-5] Perceptrons

출처: Minskey & Papert. Perceptrons 1969.

(2) 역전파법(또는 오차역전파법)

1974년 폴 웨보스(Paul Werbos)가 박사과정 논문을 통하여 역전파법 (Backpropagation)을 제안했지만, 퍼셉트론에 대한 논란 때문에 관심을 갖지 못했다. 이후, 1986년 데이비드 럼멜하트(David Everett Rumelhart), 제프리 힌튼 (Geoffrey Hinton), 로널드 윌리엄즈(Ronald J. Williams) 등이 독자적인 방식으로 역전파법을 창출했다.[96] 이것이 주목을 받게 되었고, 퍼셉트론의 한계로 지적되었던 XOR뿐 아니라 좀 더 복잡한 과정도 해결할 수 있다고 판단되면서 다시 인공 신경망은 대중의 관심을 끌기 시작했다.[97]

---

96 David E. Rumelhart, Geoffrey E. Hinton 및 Ronald J. Williams. 역전파 오류에 의한 학습 표현, Nature(London) 323, 1986.10, S. 533-536.
97 1991년 작인 영화 '터미네이터 2'는 터미네이터인 T800이 용광로에 들어가면서 "I'll be back." 이라는 대사를 남긴 영화이다. T800의 대사 중에 "My CPU is a neural-net processor, a learning computer."라는 말이 나온다.

역전파법이란 샘플에 대한 신경망의 오차(error cost)를 다시 출력층에서부터 입력층으로 거꾸로 전파시켜 각 층(layer)의 가중치(weight)의 기울기(gradient)를 계산하는 방법이다. 이를 통하여 가중치와 편향(bias)을 조정하면서 최적의 결과를 학습할 수 있다. 즉, 진행 방향으로 고쳐가는 것이 아니라, 결과를 보고 뒤로(back) 가면서 가중치와 편향을 조정하는 것이 역전파법이다.

(3) 인공지능 암흑기

인공지능이 인류에게 가져다준 역사적 의미는 인간을 대신할 수 있다는 일종의 희망에 찬 기대였다. 1950년대, 인공지능이라는 개념과 범주가 정립되면서 인공지능은 사회의 큰 변화를 가져올 것으로 기대한 것이다. 이론적으로 수많은 문제가 해결될 수 있을 것으로 기대하고, 정부나 기업에서 많은 투자를 하였다. 그렇지만, 인공신경망인 퍼셉트론(perceptron)에 대한 기대에 민스키 교수가 해결책이 될 수 없음을 1969년 저서 퍼셉트론즈(Perceptrons)에서 검증함으로써 첫 번째 인공지능 암흑기가 도래했다. 그렇지만, 첫 번째 암흑기는 80년대 중반 역전파법에 따른 다중 신경망 알고리즘이 개발됨으로서 극복되었다. 그렇지만 기대와 달리, 다중 신경망 알고리즘에 따른 인공지능 봄은 90년대 후반에 다시 끝나고 두 번째 인공지능 암흑기가 도래했다. 이 두 번째 암흑기의 원인으로는 역전파법이 갖는 기술적인 한계에 따른 것이었다.[98]

(4) 딥러닝의 탄생

딥러닝이란 용어가 처음 나온 것은 1980년대이다. 캘리포니아 대학 심리학자와 컴퓨터 관련 학자들의 신경망 연구를 요약한 <PDP>[99]라 불리우는 책에서 등장한다. 딥러닝 알고리즘을 구현하기 위해서는 무엇보다 엄청난 데이터를 넣어야 하고 이를 분석해야 하는데, 지금처럼 인터넷이 발달하지 않은 당시만 해도 데이터가 많지 않았고, 무엇보다 많은 데이터를 연산하기 위한 컴퓨팅 속도도 크게 못 미쳤기 때문이다.

딥러닝의 대중화를 가져왔던 계기는 넷플릭스의 추천 알고리즘 공개경쟁

---

98 https://blog.naver.com/windowsub0406/220878782311. 2021.4.15.일자 검색.
99 David E. Rumelhart, James L. McClelland and PDP Research Group, Parallel Distributed Processing, Volume 1 — Explorations in the Microstructure of Cognition: Foundations, A Bradford Book, 1986.

이었다. 넷플릭스가 온라인 서비스를 하기 전부터 진행해 온 알고리즘 경쟁에서 제프리 힌튼의 딥러닝 방식에 의한 추천 알고리즘이 높은 점수를 받으면서부터이다. 제프리 힌튼은 딥러닝 시대를 이끌면서 신경망 이론의 발전을 가져왔으며, 특히 2006년 가중치(weight)의 초기값을 제대로 설정하면 깊은 신경망학습이 가능하다는 것을 보여주면서 AI 암흑기를 벗어날 수 있었다.

(5) 인터넷의 발달과 데이터의 확보

(가) 인터넷이 가져온 변화

딥러닝이라는 개념은 1980년대 도출된 것이었으나 딥러닝 알고리즘을 구현하기 위해서는 무엇보다 많은 데이터가 필요하고 이를 분석해야 하는데, 지금처럼 인터넷이 발달하지 않은 당시만 해도 데이터가 많지 않았고, 무엇보다많은 데이터를 연산하기 위한 컴퓨팅 능력도 떨어졌다.

인공지능의 개별적 문제해결 알고리즘은 기계학습을 통하여 해결방식을찾는 방식으로 변화하게 되었다. 기계학습에서 중요한 것이 데이터인데, 1990년대 중반 인터넷의 발전으로 데이터 확보가 쉬워졌기 때문이다. 이미지넷(ImageNet)[100]의 많은 데이터를 활용한 기계학습이 가능해짐으로써, 인공지능의혁명이 이루어질 수 있었다. 인터넷의 발전은 기계학습의 발전을 가져오는 계기가 된 것이다.

(나) 페이페이리와 이미지넷

2007년부터 페이페이리(Fei-fei Lee)는 프린스턴 대학의 카이리 교수와 이미지넷 프로젝트를 시작했다. 10억 장에 이르는 이미지를 구글에서 다운로드했고, 아마존의 MTurk(Amazon Mechanical Turk)와 같은 크라우드 소싱 기술을 사용하여 이미지에 레이블(label)을 붙였다. 5만 명 가까운 사람들이 167개국에서레이블링 작업에 참여했다. 2009년 사물을 2만 2천 개의 범주로 분류한 1,500만 장의 이미지 데이터베이스를 무료로 공개했다. 이미지넷의 방대한 데이터는딥러닝 기술과 결합하여 딥러닝 전성시대를 열게 만드는 중요한 기초가 되었

---

100 이미지넷(ImageNet)은 대표적인 대규모(large-scale) 데이터셋이다. 전체 데이터셋에 포함된
　　이미지만 해도 1,000만 개가 넘는다. 유명한 Amazon Mechanical Turk 서비스를 이용하여 일
　　일이 사람이 분류한 데이터셋이다. 이 데이터셋은 ILSVRC(ImageNet Large Scale Visual
　　Recognition Challenge)로 잘 알려진 국제 대회에서 사용되는 데이터셋으로도 유명하다.

다.[101]

　　2010년 페이페이리는 이미지넷의 데이터로부터 1,000여 개의 범주에 포함된 140만 개의 이미지를 선별하여 '이미지넷 대규모 시각 인식 대회'(ImageNet Large-Scale Visual Recognition Challenge; 이하 이미지넷 대회라 함)를 주최했다. 대회의 한 부문은 선별된 이미지가 1,000여 개의 범주 중 어디에 속하는지를 판별하는 알고리즘을 다루었다. 2010년 첫 대회가 열리고 2년 동안 오류율은 2010년 28%, 2011년 26%를 기록했다. 하지만 그동안 알려지지 않았던 신경망(deep neural network) 기법이 2012년 이미지넷 대회에서 우승하며 패러다임을 바꾸었다. 즉, 제프리 힌턴의 제자인 알렉스 크리제브스키(Alex Krizhevsky)의 알렉스넷(Alexnet)은 인간의 뇌 구조를 따른 인공신경망 모델을 사용하여 구현하였다. 이 기법을 사용하자 오류율은 16%까지 떨어졌다. 바로 전년도의 오류율에 비해 10%나 낮은 수치였다.[102] 2012년 대회 이전까지는 기계의 이미지 인식률이 75%를 넘지 못했다. 2018년도에는 이미지넷 대회에서 신경망 오류율은 2.3%[103]에 불과했다.

　　(다) GPT-3와 하이퍼 인공지능

　　OpenAI[104]에서 제작한 Generative Pre-trained Transformer 3(GPT-3)은 딥러닝을 이용해 인간다운 텍스트를 만들어내는 자기회귀 언어 모델[105]이다. OpenAI사가 만든 GPT-n 시리즈의 3세대 언어 예측 모델이다. GPT-3의 전체버전은 1,750억 개의 매개변수를 가지고 있어, 2020년 5월 도입된 이전버전 GPT-2보다 2배 이상 크다. 사전 훈련된 언어의 자연어 처리(NLP) 시스템의 일환이다. GPT-3가 수행가능한 작업으로는 각종 언어 관련 문제풀이, 랜덤 글짓기, 간단한 사칙연산, 번역, 주어진 문장에 따른 간단한 웹 코딩이 가능하

---

101 https://www.venturesquare.net/725457, 2021.4.15.일자 검색.
102 Sean Gerrish(이수겸 옮김), 기계는 어떻게 생각하는가? 이지스 퍼블리싱, 2020, 215면.
103 Sean Gerrish(이수겸 옮김), 기계는 어떻게 생각하는가? 이지스 퍼블리싱, 2020, 226면.
104 오픈AI(OpenAI)는 프렌들리 AI를 제고하고 개발함으로써 전적으로 인류에게 이익을 주는 것을 목표로 하는 인공지능 연구소이다. 이윤을 목적으로 하는 기업 OpenAI LP와 그 모체 조직인 비영리 단체 OpenAI Inc로 구성되어 있다. 이 단체의 목적은 특허와 연구를 대중에 공개함으로써 다른 기관들 및 연구원들과 자유로이 협업하는 것이다. 위키백과, 2021.6.7.일자 검색.
105 자기회귀(AR; auto regressive)란 과거의 자신의 값을 참조하여 현재의 값을 추론(또는 예측)하는 특징을 말한다.

다.[106] 그렇지만, GPT-3는 마이크로소프트(MS)에 독점적인 라이선스를 제공함으로써, 인류를 위한 인공지능을 개발한다는 OpenAI의 설립취지와는 거리가 생겼다.

국내에서는 LG와 네이버에서 방대한 하이퍼 인공지능을 구축하고 있다. 특히, 네이버의 초거대 인공지능(hyperscale AI) 모델인 하이퍼클로바(HyperCLOVA)는 대규모의 데이터 처리가 가능한 슈퍼컴퓨터를 기반으로 딥러닝의 효율을 크게 높인 차세대 인공지능이다. 딥러닝 도입 초기 인공지능인 알파고가 바둑에만 특화했다면, 초거대 인공지능은 적은 데이터만으로 빠른 학습이 가능해 기업이 원하는 여러 서비스에 응용할 수 있을 것으로 기대된다. 초거대 인공지능을 개발하려면 슈퍼컴퓨터를 구축해 파라미터라는 인공지능 성능지표를 크게 높여야 한다. 파라미터는 인간 뇌의 학습·연산 등을 담당하는 시냅스와 비슷한 역할을 한다. 인간의 뇌 속 시냅스가 100조 개인데 반해, 대부분의 빅테크 기업들이 가진 기존의 인공지능은 파라미터가 수억~170억 개 수준에 머물렀다. OpenAI가 1,750억 개의 파라미터를 구현해 만든 인공지능 GPT-3가 최초의 초거대 인공지능으로 평가받는다. 이 인공지능은 적은 수의 단어 학습만으로 사람과 대화를 하고 문장과 소설을 창작할 수 있다고 알려져 있다. 네이버는 인공지능의 파라미터 수가 GPT-3보다 많은 2,040억 개라고 밝혔다. 자연어(영어·한국어 등 일상에서 쓰는 언어) 데이터 학습량은 GPT-3의 6,500배 이상이다. GPT-3는 영어 중심으로 학습해 국내 기업들이 도입하기에는 한계가 있지만, 하이퍼클로바는 학습량의 97%가 한국어라서 우리나라가 인공지능 주권을 확보한다는 의미도 있다.[107] 이처럼 대규모의 인공지능은 인공지능이 학습할 수 있는 데이터의 한계를 극복하고 있음을 보여준다. 인터넷에 공개된 정보가 무상으로 이용할 수 있는 데이터화되고 있기 때문이다.

나. 게임 부문

(1) 왜 게임인가?

인공지능과 게임은 인연이 깊다. 컴퓨터를 통하여 게임을 구현할 수 있었

---

106 나무위키, 2021.5.31.일자 검색.
107 네이버 보도자료, 2021.5.25.일자.

다는 역사적 사실이 이를 반증한다. 최초의 디지털 게임으로 알려진 게임은 인공지능을 위한 컴퓨터에서 구현한 게임이라고 할 수 있다.[108] 이후, 인공지능이 우리에게 실체를 보이면서, 로봇의 형태로 구현된 것이 게임과의 대결 프레임이었다. 체스, 퀴즈, 바둑과 같은 보드 게임류에서 부터 최근에는 스타크래프트와 같은 전략시뮬레이션 게임까지 그 범위를 확장하고 있다. 게임 과정에서 전략적인 판단을 내린다는 점에서, 게임이지만 다양한 의사결정 과정을 확률로써 보여준다는 점에서 공통점이 있음을 알 수 있다. 한 가지 재미있는 것은 IBM이 관련된다는 점이다. IBM으로서는 인공지능을 자사의 솔루션 마케팅에 활용한 정책적인 판단이었다고 볼 수 있는 대목이다. 물론, IBM의 인공지능에 투자가 대중의 인공지능에 대한 기대를 가져왔다는 점에서 긍정적인 평가도 가능하다.[109]

(2) 인공지능과 인간의 게임

(가) 체스

인공지능과 인간이 벌인 최초의 대결은 1967년에 이루어졌던 체스게임에서였다. MIT 출신으로 알려진 개발자 리처드 그린블라트(Richard D. Greenblatt)에 의해 탄생된 체스 프로그램 맥핵(MacHack)과 철학자 허버트 드레퓌스(Hubert Dreyfus)의 대결에서 프로그램인 맥핵이 승리했다.

IBM은 1989년 인공지능 체스 프로그램을 개발하기 시작했고, 1989년 IBM사의 체스 전용 컴퓨터 딥 소프트와 체스 세계 챔피언이던 러시아의 게리 카스파로프(Garry Kasparov)의 경기에서는 인간인 카스파로프가 승리했다. 1996년 IBM의 슈퍼컴퓨터 딥블루(deep blue)가 당시 세계 챔피언 카스파로프에게 도전했지만 패했다. 1997년 딥블루를 업그레이드한 디퍼블루(Deeper Blue)가 다시 카스파로프에게 도전해 2승 3무 1패로 승리를 거뒀다. 디퍼블루는 매초 2억 개의 수를 분석했고 20수 앞을 내다볼 수 있었다.

(나) 퀴즈 게임

2004년 IBM은 디퍼블루에 이은 슈퍼컴퓨터인 왓슨(Watson)을 개발하기 시

---

108 스티브 러셀의 스페이스워라는 게임이다. 김윤명, 게임법, 홍릉출판사, 2021, 20면.
109 1968년 개봉된 영화 '2001: 스페이스 오디세이(2001: A Space Odyssey)'에 등장하는 인공지능 HAL 9000은 IBM의 알파벳을 한자리씩 앞당긴 것이라고도 한다.

작한다. 7년 뒤인 2011년 왓슨은 미국의 퀴즈쇼 제퍼디(Jeopardy)에 출연해 켄 제닝스(Ken Jennings)와 브래드 루터(Brad Rutter)를 이겼다. 이로써, 제퍼디에서 IBM 왓슨이라는 인공지능이 인간을 이긴 또 다른 사건으로 기록되었다. 제퍼디에서 왓슨은 7만 7,147달러를 획득, 인간 챔피언인 켄 제닝스(2만 4,000달러)와 브래드 루터(2만 1,600달러)를 넘어선 것이다. 사람이 문제를 듣고 생각하는 속도보다, 왓슨이 검색을 마치고 버저를 누르는 속도가 훨씬 빨랐다. 다만 왓슨은 66개의 문제를 맞혔지만 9개의 문제는 틀렸다. 이처럼 인공지능이 발전할 수 있는 이유는 연산처리 기능의 빠른 발전과 빅데이터 때문이다. 그렇지만, 제퍼디에서 인공지능은 어느 정도 한계를 보여주었다. 휴리스틱한 질문의 의도를 제대로 파악하지 못한 것이다. 물론, 인간도 이러한 한계를 갖고있기 때문에 기계만의 한계라고 단정하기는 어렵다.

(다) 바둑

전 세계적으로 인공지능에 대해 관심을 갖게 된 것은 2016년 알파고와 이세돌 9단의 대국이었다. 구글이 인수한 딥마인드(Deep Mind)에서 개발한 알파고는 바둑에 특화된 인공지능이었다. 이세돌은 인공지능과의 대국에서 인공지능을 이긴 첫 번째이자, 마지막이 되어버렸다. 알파고는 바둑에 특화된 것이기 때문에 범용화되거나 강한 인공지능은 아니라는 점에서 인공지능의 한계를 인식할 수 있는 계기가 되기도 했다. 다만, 2017년 알파고제로(AlphGo Zero)는 기보학습이 아닌 바둑의 규칙만을 학습한 후, 스스로의 강화학습으로 마스터하게 되었다. 알파제로(Alpha Zero)는 기보(棋譜)학습 없이 알파고(AlphaGo)를 상대로 전승을 거둔 알파고제로(AlphaGo Zero)의 범용 버전이다.

(라) 전략 게임

온라인 게임은 인간이 잘하는 분야로 인식되어 왔다. 그렇지만, 인공지능이 강화학습을 통하여 실시간 전략시뮬레이션 게임인 스타크래프트2용 인공지능인 "알파스타(AlphaStar)가 게임서버 배틀넷(Battle.net)에서 최고레벨인 '그랜드마스터'(상위 0.2% 선수)에 올랐다."[110]고 한다. 알파고의 또 다른 버전이지만, 전략시뮬레이션 게임에 특화된 인공지능인 알파스타는 "스스로를 상대로 1억 2,000만 번 게임을 플레이했는 데, 게임시간을 기준으로 환산하면 191년이 걸

---

110 한겨레, 2019.10.31.일자.

리는 기간이다. 알파스타는 인간의 게임 데이터를 통해서 학습했지만, 기본적 능력을 습득한 뒤에는 인간 기준 191년 걸리는 자체 대결을 통해 스스로를 업그레이드했다."[111]는 점에서 인공지능을 전략적으로 활용하거나 또는 범용으로 활용할 가능성이 높아지고 있음을 보여준다.

다. 게임과 인공지능의 협력

전략 게임의 경우의 수는 바둑의 수보다 많다. 바둑은 규칙에 따른 대국이지만, 전략 게임은 게이머의 주관적 판단에 따를 수밖에 없어 그 수를 가름할 수 없기 때문이다. 앞서 살펴본 바와 같이, 인공지능이 게임과 대결하는 것은 물론, 게임 개발이나 운용과정에서 다양하게 이용되고 있다. 강화학습에 기반한 인공지능 플레이어(Non Player Character; 이하 NPC라 함)[112]는 게임 내에서 이용자와 대응하는 역할을 하며, 이용자의 패턴을 분석하는 역할을 한다. 게임사업자는 최적의 밸런싱을 유지하도록 함으로써 게임의 즐거움을 높이는 데 있다. 이외에도 게임맵을 제작하는 경우도 있으며, 콘텐츠를 디자인하거나 생성하기도 한다.[113] 개발과정에서의 주기를 단축시킬 수 있다는 점, 일관되지 않는 레벨별 난위도 조정 문제를 해결함으로써 만족도 높은 레벨을 유지할 수 있다는 점 등이 장점이다. 또한, 게임 내 광고와 아이템을 소비할 수 있는 패턴을 분석함으로써, 최적의 마케팅 광고 수익을 발생시키기도 한다. 이용 패턴을 분석하여 자동프로그램인지, 부정한 이용행위인지 등을 파악할 수 있다. 이처럼,

---

111 한겨레, 2019.10.31.일자.

112 비플레이어 캐릭터. TRPG에서 유래한 PC(Player Character)의 반대말. 플레이어 캐릭터가 아닌 캐릭터를 가리킨다. 현재 게임에서는 일반적으론 일정 수준 이상의 상호작용이 가능한 비플레이어 캐릭터만을 NPC로 취급하지만, 사실 단순 전투 외의 상호작용은 불가능한 몬스터도 플레이어가 아니므로 엄연한 NPC이다. 그런데 이젠 MMORPG의 영향으로 상황이 역전돼서 NPC를 몹처럼 여기는 경향이 있다. 전통적인 TRPG라면 마스터가 조작하며, 컴퓨터 게임이라면 게임 내에 프로그램된 봇 또는 A.I.가 조작하는 것이다. 나무위키, 2021.6.7.일자 검색.

113 이처럼 알고리즘이 게임내용을 생성하는 것을 절차적 생성콘텐츠(Procedural Generation Contents)라고 하는데, "절차적 생성 알고리즘은 일련의 규칙을 반복적으로 수행하여 게임에 활용되는 콘텐츠를 자동으로 생성하는 알고리즘이다. 게임의 규모와 함께 게임 내에 활용되는 콘텐츠의 양이 늘어나기 때문에 콘텐츠제작에 많은 시간이 소요된다. 이에 따라 절차적 생성과 같은 게임 인공지능을 이용해 게임의 콘텐츠를 자동으로 생성하는 인공지능 연구가 활발하게 진행되고 있다."고 한다. 고정운 외, 절차적 생성 알고리즘을 이용한 3차원 게임월드 제작, 산업융합연구 제16권 제1호, 2018, 35면.

게임사업자들은 사용자 편의적인 게임, 가치 있는 게임을 제공하기 위하여 인공지능 기술을 도입하고 있다. 역설적으로, 인간이 가장 잘 할 수 있는 게임분야에서 인공지능이 다양하게 이용되고 있는 것이다.

4. 인공지능과 기계학습

가. 기계학습과 딥러닝

컴퓨터에 복제된 프로그램을 이용해 특정 작업을 수행하지만, 컴퓨터가 스스로 학습할 수 있다는 개념을 통하여 기계학습이 도출되었다. 아더 사무엘슨(Arther Samuelson)은 1959년 기계학습(machine learning)에 대하여 "명시적인 프로그래밍 없이 컴퓨터에게 학습할 수 있는 능력을 주는 것(field of study that gives computers the ability to learn without being explicitly programmed)"[114]이라고 정의내린 바 있다. 즉, 기계학습 알고리즘은 "끊임없이 데이터를 분석하여 통계적 관계를 찾아냄과 동시에 이렇게 발견한 사실을 바탕으로 스스로의 프로그램을 작성하는 것"[115]을 말한다. 기계가 어떤 내용을 학습한다는 것은 "정보가 입력되는 것이 곧 학습이고 패턴을 학습하는 것이 곧 그것을 인지하는 것"[116]이라고 한다. 우리의 뇌는 "컴퓨터와 달리 이미지 자체를 저장하는 것이 아니라, 패턴을 구성하는 요소들이 반복되어 그 자체로 패턴을 만드는 특성의 리스트로 저장"[117]된다.

---

114 Prateek Joshi, David Millan Escriva, Vinicius Godoy, OpenCV By Example, Packt Publishing, 2016, p.126.
115 Martin Ford, 로봇의 부상, 세종서적, 2016, 173면.
116 Raymond Ray Kurzweil, 마음의 탄생, 크레센도, 2016, 101면.
117 Raymond Ray Kurzweil, 마음의 탄생, 크레센도, 2016, 71면.

[그림 2-6] 기계학습과 딥러닝

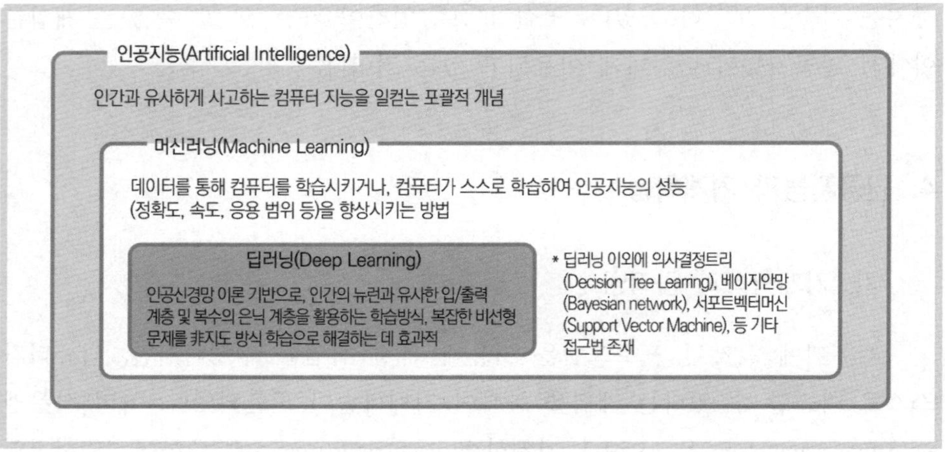

인공지능(Artificial Intelligence)

인간과 유사하게 사고하는 컴퓨터 지능을 일컫는 포괄적 개념

머신러닝(Machine Learning)

데이터를 통해 컴퓨터를 학습시키거나, 컴퓨터가 스스로 학습하여 인공지능의 성능
(정확도, 속도, 응용 범위 등)을 향상시키는 방법

딥러닝(Deep Learning)

인공신경망 이론 기반으로, 인간의 뉴런과 유사한 입/출력
계층 및 복수의 은닉 계층을 활용하는 학습방식, 복잡한 비선형
문제를 非지도 방식 학습으로 해결하는 데 효과적

* 딥러닝 이외에 의사결정트리
(Decision Tree Learning), 베이지안망
(Bayesian network), 서포트벡터머신
(Support Vector Machine), 등 기타
접근법 존재

출처: NIA(2016).

딥러닝은 뇌의 신경망(neural network)처럼 알고리즘으로 구현하여 학습하는 것으로, "데이터를 군집화하거나 분류하는 데 사용되는 방법론으로써 하나의 데이터를 입력해주면 컴퓨터가 스스로 학습하면서 비슷한 데이터들의 패턴을 찾아내어 분류[118]하는 방식"[119]으로 이해될 수 있다. 즉, 인공지능을 위한 논리를 만드는 게 아니라, 논리를 만들도록 설계해 두고 기계가 스스로 학습하도록 하는 것을 의미하며, 데이터에 담긴 다양한 경험(특징)을 통하여 이를 기반으로 논리를 만들어가는 것이다. 인공지능이 지능을 체계화할 수 있는 것은 딥러닝의 신경망 알고리즘에 기인하며 스스로 학습한 결과물을 인공신경망에 축적할 수 있기 때문이다.

---

118 기계학습의 분류는 실제 학습하는 것을 말하며, "컴퓨터가 스스로 높은 차원인 특징을 획득하고, 그것을 바탕으로 이미지를 분류할 수 있게 된다."는 의미이다. Yutaka Matsuo, 인공지능과 딥러닝, 동아엠앤비, 2015, 150면.

119 또한, 데이터를 분류하는 기계학습 알고리즘들은 현재에도 많이 활용되고 있으며, 대표적으로는 의사결정나무, 베이지안망, 서포트벡터머신(SVM), 인공신경망 알고리즘을 들 수 있다. 이 중에서도 딥러닝은 인공신경망(ANN) 알고리즘을 기반으로 입력 계층(Input Layer)과 출력층(Output Layer) 사이에 복수의 은닉 계층(Hidden Layer)이 존재하는 심층 신경망(Deep Neural Network) 이론이 등장하면서 현재의 딥러닝 알고리즘이 탄생하였다. 정보화진흥원, near&future 제19호, 2016, 24면.

[그림 2-7] 신경망 구조 비교

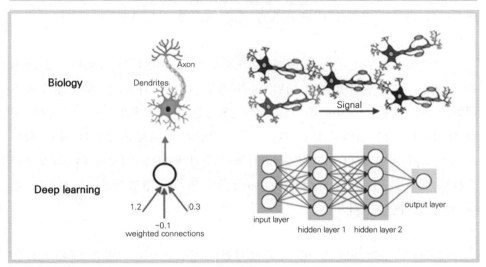

출처: 구글 검색(2021).

딥러닝은 데이터에서 지식을 추출하는 방식이 아닌 데이터에서 특징 (feature)을 분석하여 이를 신경망에 저장하는 방식으로, 신경망에 저장된 특징 값은 빅데이터를 통하여 학습한 결과물이다. 이렇게 활용되는 딥러닝은 "데이터 분석 및 예측, 영상인식, 음성인식, 자연어 처리, 보안 등 다양한 관련 분야의 기술 수준을 향상시켰다."[120]고 평가되지만, 기술적 활용과 달리, 법적 쟁점이 될 수 있으며 이는 입출력 과정 이외에 중간에 있는 은닉층(隱匿層)에서 진행되는 내용에 대해 누구도 알 수 없기 때문이다.[121]

나. 딥러닝을 위한 빅데이터

딥러닝에서 가장 중요한 요소는 데이터로서, 데이터의 질은 학습결과를

---

120 김인중, 기계학습의 발전 동향, 산업화 사례 및 활성화 정책 방향, 이슈리포트 2015−017, 소프트웨어정책연구소, 2015, 4면.
121 "중간 은닉층에서 이루어지는 오류보정과 가중치 변경 등을 전문가가 아닌 법관 등 법 집행기관이 이해하기에는 이를 뒷받침할 만한 과학적 추론이나 설명이 충분할 수 없다."고 한다. 양종모, "인공지능 이용 범죄예측 기법과 불심검문 등에의 적용에 관한 고찰", 형사법의 신동향 통권 제51호, 2016.6, 233면.

달라지게 만들고,[122] 특히 빅데이터가 사용됨으로써 효과를 높이게 된다.[123] 빅데이터의 의미와 가치에 대해 다음과 같은 평가가 가능하다.[124]

"빅데이터에 수많은 상관관계(correlations)가 존재한다는 것이다. 내 소비 패턴, 학습 패턴, 인터넷 검색 패턴, 병원 방문 패턴, 전화 이용 패턴 등이 종합되면, 나에 대해서 (심지어 내 자신도 모르는) 많은 상관관계가 생길 수 있다. 이런 데이터가 나에 대해서만이 아니라 다른 사람에 대해서도 수집이 되고, 횡적으로 비교가 되면 훨씬 더 많은 상관관계가 생기게 된다. 여기에 패턴으로부터 스스로 배우는 기계학습(machine learning) 알고리즘이 결합하면, 내 행동에 대해 예측이 가능해진다."

데이터의 양과 의도성 및 그에 담겨있는 상관관계는 그만큼 데이터가 중요하게 된 이유이다. 물론, 플랫폼사업자는 데이터의 수집이나 활용에 큰 무리(無理)는 없을 것이다. 이용자가 제공한 다양한 정보를 이용할 수 있는 권한을 갖기 때문이다. 예를 들면, 구글이나 페이스북(Facebook), 네이버 등 대부분의 플랫폼사업자들은 이용약관을 통하여 이용자 정보를 무상으로 이용할 권한을 확보하고 있다.[125] 전통적인 제조기업과 달리 플랫폼 기업은 데이터 확보에 시간과 비용을 들이지 않아도 된다. 물론, 제조기업도 IoT 기술을 도입하여 보다 용이하게 산업데이터를 확보할 수 있게 되었다.

---

122 "인터넷 시대 도래와 빅데이터 기술발전으로 인해 인공지능이 '정확성'과 '데이터 무제한 보유' 등 두 가지 강점을 겸비하게 된 셈"이라고 한다. 삼성 뉴스룸, 2016.7.20.일자.
123 김인중, 기계학습의 발전 동향, 산업화 사례 및 활성화 정책 방향, 이슈리포트 2015-017, 소프트웨어정책연구소, 2015, 5면.
124 오요한 외, 인공지능 알고리즘은 사람을 차별하는가?, 과학기술학연구 제18권 제3호, 2018, 162면.
125 특히, 플랫폼 기업은 이용자의 거래 관계를 통하여 얻는 데이터 또는 이용자가 플랫폼 서비스에 게시하는 다양한 사진 저작물과 동영상의 이미지, 또는 키워드 검색 등을 통하여 데이터를 획득하게 된다. 물론, 텍스트 형태의 게시글도 데이터 마이닝을 통하여 훌륭한 데이터가 되기 때문에 딥러닝의 효율성을 높일 수 있다.

[그림 2-8] 기계학습과 딥러닝의 차이

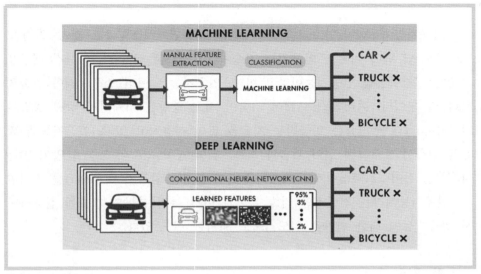

출처: 구글 검색(2020).

　　최근에는 공공데이터의 제공 및 이용 활성화에 관한 법률(이하 공공데이터법이라 함)에 따라 공공영역의 데이터 개방으로 다양한 데이터의 활용이 가능해지고 있다. 이처럼 다양한 데이터에 기반한 딥러닝은 "많은 데이터를 분석하여 데이터의 특징과 패턴을 파악하고 그 패턴들을 이용하여 데이터를 분류하고 미래를 예측하게 된다. 딥러닝은 데이터들의 패턴을 파악할 수 있는 충분한 양의 데이터가 없다면 정확도 또한 떨어지게 될 것"[126]이라고 한다. 다만, 개정 전 법제 하에서 데이터는 개인정보 관련 이슈가 적지 않기 때문에 그 활용이 쉽지 않다는 점이 한계라고 지적되었다. 이를 위해 2020년 개인정보 보호법, 신용정보법, 정보통신망법 등 관련 법률이 전면 개정에 가까운 수준으로 개정된 바 있으나 현장에서의 기대수준을 맞추지 못한다는 평가가 높다.

---

126 정보화진흥원, near&future 제19호, 2016, 33면.

5. 인공지능 기술의 유형 및 분류

인공지능이 SW나 알고리즘으로 구현된다는 면에서 SW라고 할 수 있지만, "모든 소프트웨어 기술을 인공지능 기술이라고 하지는 않는다. 지능적 행동을 구축하는 기술만을 인공지능이라고 한다. 인공지능은 여러 소프트웨어 기술의 하나 일 뿐이다. 여러 소프트웨어 기술이 서로 영향을 미치면서 상승 발전한다. 이미 그래픽 기술은 인공지능 기술을 많이 사용하고 있고, 인공지능의 활용을 위하여 프로그램 언어 기술과 소프트웨어 공학 기술의 도움을 많이 받는다."[127]는 점이 그 특징이기도 하다. 특히, 인공지능 암흑기(AI winter)를 거치면서, 인공지능이라는 전반적인 기술 분야가 아닌 특정 분야의 기술에 집중하면서 인공지능에 대한 비판을 의도적으로 회피한 면도 있다.

가. 기술 요소

인공지능 기술 요소는 다양하며, 특히 학습가능한 양질의 데이터와 고성능 컴퓨팅 및 차별화된 알고리즘 개발이 인공지능 서비스의 경쟁력을 결정하는 핵심요소로 부각되고 있다. 인공지능을 학습시키기 위해서는 일정량 이상의 데이터가 필요하고, 데이터 품질에 따라 성능이 결정되며, 분야별 데이터가 필요하다. 컴퓨팅 능력은 인공지능 서비스 개발의 선결조건인 대량의 데이터를 학습하기 위해서는 고속 병렬처리가 가능한 고성능 컴퓨팅 자원이 필수적이다. 알고리즘은 문제를 해결하기 위해 정의된 규칙과 절차의 모임으로 프로그램 언어로 구현되고 데이터 학습으로 성능이 지속적으로 향상발전하게 된다. 현재, 알고리즘이 적용된 인공지능 플랫폼으로는 아마존 '알렉사', 구글 '어시스턴트', 네이버 '클로버', 카카오 '카카오 i' 등을 들 수 있다.

나. 기술 분류

인공지능을 구현하기 위한 기술은 다양하지만, 그중에서도 인간의 지적(知的) 능력을 구현하기 위한 기술 유형을 중심으로 살펴보고자 한다.

---

127 김진형, AI최강의 수업, 매일경제신문사, 2020, 46면.

인공지능을 구현하거나 인공지능을 이용한 서비스 등을 개발하기 위하여 필요한 인공지능 기술은 인간의 학습능력, 추론능력, 지각능력, 자연언어의 이해능력 등 지적 능력의 일부 또는 전부를 SW와 HW가 결합한 정보통신 또는 전자적 방법을 통하여 구현된 것이다. 이러한 기술을 구현하기 위해서는 데이터를 전자적 방법으로 수집·분석·가공 등 처리하는 기술이나 자율주행차나 드론 등과 같이 물건 상호간 또는 사람과 물건 사이에 데이터를 처리하거나 물건을 이용·제어 또는 관리할 수 있도록 하는 기술이 필요하다.

무엇보다, 네트워크를 통하여 지능체계가 송수신될 수 있는 클라우드컴퓨팅 기술이나 초연결 지능정보통신 기반 기술이 필요하다. 브레인리스 로봇의 개발을 위해서는 클라우드 서버에 지능시스템을 두고, 네트워크를 통하여 이를 제어하는 방식의 기술도 필요하다. 알파고가 대국을 펼쳤던 기본적인 구조는 클라우드컴퓨팅 기술의 활용이었다. 즉, 서버나 시스템은 원격지에 있고, 클라이언트를 통하여 이세돌과 대국을 펼쳤던 구조가 네트워크를 이용한 구조이다.

[표 2-2] 인공지능 핵심 기술 및 세부 기술 분류

핵심 기술	세부 기술	기술 개요
학습 및 추론 기술 (Learning and Reasoning)	지식표현	분석된 지식을 컴퓨터가 이해할 수 있는 언어로 표현하는 기술
	지식베이스	축적한 전문지식, 문제해결에 필요한 사실과 규칙이 저장된 데이터베이스로 구축, 관리하는 기술
상황이해 기술 (Context Understanding)	감정이해	사람의 기분, 감정을 인식, 구분할 수 있는 기술
	공간이해	시공간적 세계를 정확하게 인지하고, 3차원의 세계를 잘 변형시키는 기술
	협력지능	다른 에이전트와 교류하고, 이해하며, 그들의 행동을 해석하고, 효율적으로 대처하는 기술
	자가이해	자기 자신(개성, 정신적 심리적 특성)을 이해하고, 느낄 수 있는 인지적 기술
언어이해 기술 (Language Understanding)	자연어 처리 (형태소 분석, 개체명 인식, 구문분석, 의미분석)	인간의 자연적 언어를 형태소 분석, 개체명 인식, 구문분석, 의미분석하는 기술
	질의응답	질문에 대한 답변을 제시하는 기술

	음성처리	디지털 음성신호를 컴퓨터에서 처리 가능한 언어로 변환하는 기술
	자동통번역	한 언어에서 다른 언어로 자동으로 번역하거나 통역하는 기술
시각이해 기술 (Visual Understanding)	내용 기반 영상 검색	영상 데이터 차체의 특징정보인 색광과 모양, 질감 등 영상 데이터의 내용을 대표할 수 있는 특징들을 추출하고 이를 기반으로 색인과 검색을 수행하는 기술
	행동인식	동영상에서 움직이는 사물의 행동을 인식하는 기술
	시각지식	행동인식, 영상이해, 배경인식 등을 이용하여 영상 데이터로부터 지식정보를 추출, 생성하는 기술
인식 및 인지 기술	휴먼라이프 이해	개인 경력관리, 건강, 대인관계, 재무관리 등 일상생활에서의 지능적 도움을 제공하기 위해 사람의 생활을 이해하는 기술
	인지 아키텍처	인지심리학 측면에서의 사람의 마음 구조를 컴퓨팅 모델화하는 기술

출처: IITP(2016).

6. 기계학습 알고리즘

가. 기계학습 알고리즘의 의의

기계학습은 프로그래밍이 아닌 데이터로부터 시스템을 학습할 수 있는 인공지능 기술의 한 형태이다. 학습데이터를 수집한 후 기계학습을 통하여 해당 데이터를 기반으로 더 정확한 모델을 생성할 수 있다. 기계학습 모델은 데이터를 이용하여 기계학습 알고리즘을 훈련시킬 때 생성되는 출력물이다. 학습을 마친 후, 학습모델에 입력 내용을 제공하면 결과물을 받게 된다. 예를 들면, 예측 알고리즘에서는 예측 모델이 생성된다. 그런 다음 예측 모델에 데이터를 제공하면 해당 모델을 학습한 데이터를 기반으로 예측 정보를 받게 된다.[128]

---

128 http://www.ibm.com/kr−ko/analytics/machine−learning, 2020.12.19.일자 검색.

[그림 2-9] 기계학습 알고리즘 유형

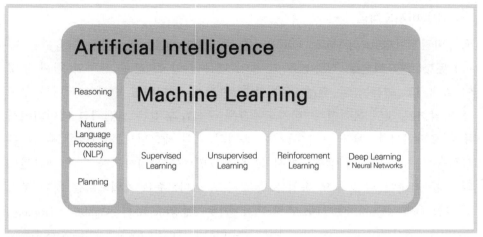

출처: IBM(2018).

나. 기계학습 알고리즘의 유형[129]

(1) 지도학습

지도학습(supervised learning) 알고리즘은 입력(入力)과 출력(出力) 간의 관계를 학습하는 데 사용되며,[130] 목표 출력값을 알고 있는 입력값처럼 레이블이 지정된 데이터 정보를 사용해 훈련된다. 예를 들어, 데이터 포인트에 F(failed) 또는 R(runs)이라는 레이블이 지정되어 있는 장비가 있다고 가정하면 학습 알고리즘에 따라 입력값 집합이 그에 상응하는 정확한 출력값과 함께 수신된다. 이후 실제 출력값과 정확한 출력값을 서로 비교하여 오류를 검출하면서 알고리즘 학습이 이루어진다. 그런 다음 학습 결과에 따라 모델을 수정한다.

지도학습은 분류, 회귀분석, 예측 및 변화도 부스팅 등의 기법을 통하여 발견한 패턴을 사용하여 추가로 레이블이 지정되지 않은 데이터의 레이블 값을 예측한다. 지난 데이터를 기반으로 앞으로 있을 이벤트를 예측하는 데 지도학습이 가장 보편적으로 사용된다. 예를 들어, 신용카드 거래의 사기성이나 보

---

129 https://www.sas.com/ko_kr/solutions/ai－mic/blog/machine－learning－algorithm－cheat－sheet 2020.12.19.일자 검색.
130 김진형, AI최강의 수업, 매일경제신문사, 2020, 137면.

험 가입자의 보험금 청구 가능성 여부 등을 예측하는 데 효과적이다.

(2) 비지도학습

비지도학습(unsupervised learning)은 레이블이 없는 데이터를 학습하는 데 사용된다. 지도학습은 정답(正答)이 없기 때문에 알고리즘을 통하여 현재 무엇이 출력되고 있는지 알 수 있어야 한다. 따라서, 데이터를 탐색하여 내부 구조를 파악하는 것이 목적이다. 비지도학습은 군집화와 같은 트랜잭션 데이터에서 특히 효과적이다. 예를 들어, 유사한 속성의 고객 세그먼트를 식별한 후 그 유사성을 근거로 마케팅 캠페인에서 고객 세그먼트를 관리하거나 고객 세그먼트의 구분 기준이 되는 주요 속성을 찾을 수도 있다. 주요 기법으로는 자기 조직화 지도(self-organizing maps), 최근접 이웃 매핑(nearest-neighbor mapping), k-평균 군집화(k-means clustering), 특이값 분해(singular value decomposition) 등이 있는데, 이러한 알고리즘은 텍스트 주제를 세분화하고 항목을 권장하며 데이터 이상점(outlier)을 식별하는 데도 이용된다.

(3) 무감독 학습

자율학습으로도 불리우는 무감독 학습(unsupervised learning)은 문제에 엄청난 양의 분류되지 않은 데이터가 필요한 경우 사용된다. 예를 들면, 인스타그램(Instagram)과 같은 소셜 미디어 앱에는 대규모(大規模)의 분류되지 않은 데이터가 있다. 이러한 데이터에 숨겨진 의미를 이해하려면 발견된 패턴 또는 클러스터를 기반으로 데이터를 분류하는 알고리즘이 필요하다. 무감독 학습은 반복적인 프로세스를 수행하고, 사용자 개입 없이 데이터를 분석한다. 이 방식은 이메일 스팸 탐지 기술에 사용되고 있다. 합법적인 이메일과 스팸 메일에는 너무 많은 변수가 있어 분석가가 원치 않는 대량의 이메일에 태그를 지정하기 어렵다. 그 대신에 클러스터링 및 연관을 기반으로 하는 기계학습 분류기가 원치 않는 이메일을 식별(識別)하기 위해 적용된다.

(4) 강화학습

알파고에서 활용된 강화학습(enforced learning)은 행동학습 모델로 로봇, 게임 및 내비게이션에 많이 이용된다. 강화학습 알고리즘은 시행착오를 거쳐 보상(報償)을 극대화할 수 있는 행동을 찾아낸다. 이러한 유형의 학습은 기본적으로 에이전트(학습자 또는 의사결정권자), 환경(에이전트가 상호작용하는 모든 대상), 동작(에이전트 활동)이라는 세 가지 요소로 구성된다. 이 알고리즘의 목적은 에이전트가 일정한 시간 내에 예상되는 보상을 극대화할 수 있는 동작을 선택하도록 하는 데 있다. 에이전트는 유효한 정책을 따라 목표에 이르는 시간이 더욱 빨라진다. 따라서, 강화 학습의 목표는 최선의 정책을 학습하는 것이다. 강화학습은 다른 유형의 감독 학습과 다르다. 샘플 데이터셋을 사용하여 시스템을 학습하지 않기 때문이다. 대신 시행착오를 통하여 시스템을 학습한다. 따라서, 일련의 성공적인 의사결정을 통하여 프로세스가 강화되는 데, 문제를 언제든 가장 효과적으로 해결하기 때문이다.

(5) 딥러닝

딥러닝(deep learning)은 데이터로부터 반복적으로 학습할 수 있도록 연속된 계층에 신경망을 통합하는 특정 기계학습 방법론이다. 딥러닝은 비정형 데이터로부터 패턴을 학습할 때 특히 유용하다. 딥러닝 복합신경망은 인간의 두뇌(頭腦)가 어떻게 작동하는지를 에뮬레이션하기 위해 설계되었다. 따라서 컴퓨터는 잘못 정의된 추상과 문제점을 처리하도록 트레이닝을 받을 수 있다. 평균 5세의 어린이는 교사의 얼굴과 건널목 안전 지킴이 얼굴의 차이를 쉽게 인식할 수 있다. 그러나, 컴퓨터에서는 누가 누구인지 알아내기 위해 많은 작업을 수행해야 한다. 신경망과 딥러닝은 흔히 이미지 인식, 음성, 컴퓨터 비전 애플리케이션에 사용된다.

7. 오픈소스와 인공지능

가. 오픈소스가 갖는 사회경제적 함의(含意)[131]

기업에서 오픈소스를 활용하여 성공한 사례는 많다. 특히, 삼성전자의 갤럭시 신화는 오픈소스가 함께한다. 갤럭시에 탑재된 구글의 개방형 운영체제(OS)인 안드로이드(android)는 오픈소스화 되어 누구라도 이용가능하기 때문이

---

131 김윤명, 왜, 오픈소스 소프트웨어인가? SW중심사회, 2016.3월호.

다. 오픈소스 활용이 가져오는 장점은 필요한 요소 1에서 100까지의 개발을 모두 해야 하는 것이 아니라는 점이다. 즉, 1에서 70까지 요소는 오픈소스를 활용하고, 핵심적인 30에 역량을 집중하여 경쟁력을 갖출 수 있다. 후발 SW사업자는 오픈소스를 활용함으로써 경쟁 기회를 갖게 된다. 이러한 점 때문에 갤럭시 시리즈는 애플 아이폰에 대응하기 위해 오픈소스를 활용하여 이룬 혁신 사례로 볼 수 있다. 이용하는 경우는 물론, 많은 개발자와 기업도 SW를 오픈소스화 하여 대중(大衆)에게 공개하고 있다.

인공지능 관련 SW도 오픈소스 대열에 합류하고 있다. 구글은 2015년 11월 인공지능 신경망 연구를 위한 라이브러리인 텐서플로우(Tensor Flow)를 공개했다. 또한 MS 등 많은 IT 기업이 인공지능 알고리즘을 공개하고 있다. 이처럼 중요한 지식재산(intellectual property)을 공개하는 이유는 무엇일까? 안드로이드처럼 운영체제를 공개하여 플랫폼을 선점하려는 것인지, 아니면 오픈소스 생태계의 확산을 목적으로 하는지는 명확하지 않다. 오픈소스는 깃허브(GitHub)[132]와 같은 커뮤니티를 통하여 다양한 정보나 개선점에 대해 피드백 받을 수 있고, 전문적인 기술을 가진 사용자층을 확보할 수 있다는 점도 고려될 수 있다. 이처럼, 인공지능 SW를 개방한다는 것은 인공지능이 가져올 미래 사회를 대비함에 있어서도 중요하다. 새로운 세계는 늘 철학적 요구를 동반한다. 인공지능이 갖는 윤리와 사회적 가치 충돌을 어떻게 해결할 것인지에 대한 담론인 것이다. 인공지능의 오픈소스화를 통하여 사회문제를 같이 고민할 수 있다는 것은 그만큼 해결방안을 쉽게 찾을 수 있음을 의미한다. 인공지능이 가져올 사회에 대해 누가 장담할 수 있는 것이 아니기 때문이다. 이런 맥락에서 인공지능을 포함한 다양한 오픈소스는 선의(善意)로 이해된다.

오픈소스는 실제 현업에서 어떠한 의미를 부여할 수 있을까? 상용 SW의 대체인가? 아니다. 오픈소스는 상용 SW와 경쟁하는 것이 아니다. 경쟁이 아닌 울력처럼 '같이 한다'는 사회공동체적 가치에 의미를 부여할 수 있다. 누구나 오픈소스를 이용해 더 개선되고, 새로운 SW를 만들어낼 수 있다. 한편, 테슬라는 전기자동차 관련 특허를 누구나 이용할 수 있도록 개방하기도 하였다. 이러

---

132 대표적인 무료 Git 저장소로 2008년 공개됐다. Git 호스팅 기능 덕분에 GitHub는 자유 SW의 성지로 떠올랐다. 2018년 MS에 인수된다. 나무위키, 2021.6.7.일자 검색.

한 개방을 오픈소스에 빗대어 오픈 하드웨어(open HW)라고 하는데, 이를 통하여 많은 기업들이 상업적인 성공을 이루고 있다. 오픈소스는 경쟁관계에서도 차별이 없기 때문에 SW생태계 구축이 용이하다. 상용 SW의 개발과 비교할 때, 오픈소스를 활용한 개발은 많은 자원을 경제적으로 활용할 수 있다. 혹자는 오픈소스가 불특정(不特定) 다수에게 공개되었다는 이유로 보안과 품질을 문제 삼는 경우도 있다. 역설적으로, 이러한 우려는 적극적인 개방과 활용을 통하여 불식된다. 스마트폰이라는 가장 보안이 우선한 제품에서도 오픈소스가 활용되고 있다. 오픈소스의 활용은 SW산업 기반이 취약한 우리나라에서 최신 기술과 개발 노하우를 빠르게 습득하는 방법이다. 다만, 제대로 활용하기 위해서는 수준 높은 SW기술력이 필요하다. 또한, 오픈소스가 갖는 사회적인 공유인식과 공유경제라는 가치를 확보하기 위해서도 오픈소스 관련 라이선스의 이해와 더불어, 개발자 윤리가 필요하다. 오픈소스에 부가된 라이선스를 따라야 할 의무가 있기 때문이다. 일부이지만 오픈소스가 갖는 본래 취지를 훼손하는 모습이 보이기도 한다. GNU 일반 공중 사용 라이선스(GPL)[133]는 공개 조건부 이용허락이다. 조건을 지키지 않으면 해당 이용은 계약을 위반하는 것이기 때문이다.

정리하자면, 오픈소스가 갖는 철학은 오픈소스를 누구나 자유롭게 이용하거나 배포할 수 있음에 있다. 오픈소스는 과학기술의 결과물이지만, 그 활용은 계약이라는 사회적 기술(social technology)을 통하여 이루어진다. 오픈소스는 사회경제적으로는 공유라는 자율적 배분(配分) 또는 기여(寄與)를 통하여 형성된 일종의 사회적 분배시스템이다. 오픈소스의 궁극적인 모습은 누구에게나 동등한 기회의 제공에 있다. 오픈소스의 가치를 지속적으로 유지하기 위해서는 정당하게 이용하는 SW문화 형성이 필요하다.

---

133 GNU General Public License, GNU GPL은 자유 SW 재단에서 만든 자유 SW 라이선스로, SW의 실행, 연구, 공유, 수정의 자유를 최종 사용자에게 보장한다. 대표적으로 리눅스 커널이 이용하는 사용 허가이다. GPL은 가장 널리 알려진 강한 카피레프트 사용 허가이며, 이 허가를 가진 프로그램을 사용하여 새로운 프로그램을 만들게 되면 파생된 프로그램 역시 같은 카피레프트를 가져야 한다. 이러한 철학에서 GPL은 컴퓨터 프로그램을 이용하는 사람에게 자유 SW의 권한을 누리며 카피레프트를 사용함으로써 그러한 자유가 보전되고, 이전 작업 내용을 수정하거나 다른 내용을 추가하는 것도 허용됐다. 이는 허용적인 자유 SW 사용 허가로서, BSD 사용 허가가 대표적인 예이다. 위키백과, 2021.6.7.일자 검색.

나. 인공지능에서의 오픈소스

긍정적인 평가에도 불구하고, 구글이나 MS에서 오픈소스화 하는 정책에 대해 다음과 같은 의문을 가질 수 있다.

구글의 오픈소스인 텐서플로우는 인공지능 플랫폼을 독점할 수 있는 도구 인가? 아니면, 인류가 공동으로 추구해야할 선을 위한 연합인가?

기업의 전략을 명확하게 이해하기는 어렵다. 많은 기업들이 오픈소스를 경험해 왔다. 인터넷을 통하여 수많은 오픈소스와 정보를 공유함으로써 보다 나은 가치를 창출한 바 있다. 이러한 경험으로 보건대, 인터넷의 발전과 더불어 공유문화를 확산해 왔던 오픈소스의 장점은 인공지능 시대에서도 유효하다. 수많은 개발자는 깃허브(GitHub) 등에 공개된 오픈소스를 활용한 경험으로 인공지능 개발에 참여(參與)할 것이기 때문이다. "오픈소스 인공지능은 기업이 인공지능으로 더 많은 혁신을 할 수 있는 자유를 주고, 또래들의 아이디어를 활용해 인공지능을 비즈니스에 접목하는 메이커 문화를 육성한다. 인공지능 플랫폼이 오픈소스로 전환되면 인재가 분산된다는 점도 이용자 커뮤니티를 넓힐 수 있는 장점이다. 더 많은 엔지니어와 개발자가 인공지능 솔루션에 대한 기술을 축적함에 따라 채택이 확산되어 공급업체에게 다음과 같은 이점을 제공할 수 있다."[134]는 장점을 갖는다. 이미 개발된 플랫폼을 활용함으로써, 비용과 시간을 절감하고 경쟁우위에 설 수 있는 본질에 투자할 수 있기 때문이다.

어쩌면 인공지능이 갖고 있는 속성이나 인공지능을 통하여 투영된 인간의 욕망을 대중의 관심(關心)으로 막아낼 수 있다면, 오픈소스화가 가져오는 장점을 하나 더 추가할 수 있다. 또한, 다양한 개발자가 인공지능에 대한 이해를 높임으로써 인공지능에 대한 활용가능성도 높일 수 있다.

---

134 https://www.forbes.com/sites/insights-intelai/2019/05/22/the-power-of-open-source-ai/?s
h=3c5cee176300

제**3**절　인공지능 기술과 법

1. 인공지능에게 법이란?

　인공지능이 인간을 위해 자율적으로 무언가를 해나갈 것으로 기대하면서도, 한편으로는 인공지능에 대하여 법적 잣대를 들이미는 게 맞는지 의문이다. 이러한 역설적 상황을 누구라도 쉽게 동의하기 어려울 것이다. SW로서 인공지능은 인간의 조작에 의해 작동하는 무체물(無體物)이라는 점이 그 본질인 데, 어떻게 무체물에게 법을 적용할 수 있을까 하는 의문은 당연하다. 인공지능이 어떻게 발전할지, 인공지능이 탑재된 로봇으로 인하여 또 다른 인간모습에 대하여 사회는 어떤 규범을 적용해야할지 혼란스러운 것이 사실이다. 이러한 혼란을 정리하기 위한 논의가 인공지능에 대한 철학적 담론을 포함한 인공지능 윤리, 그리고 인공지능을 개발하고 활용하는 많은 과정에서 법규범은 중요한 역할을 할 것이라는 점은 부인할 수 없는 명제이다.

　법은 이 시대를 살아가는 누구에게나 직간접적으로 관련된 사회적 규범이다. 물(水)의 흐름(去)에서 따온 법(法)은 사람 사이의 관계를 물의 흐름과 같이 자연스러운 모습으로 담아내는 역할을 한다. 물은 그 흐름이 '원래 그러한 것처럼' 자연스럽고, 막히면 돌아가는 것처럼 법은 사람 사이의 자연스러운 관계를 전제하고 있다. 자연스럽지 않은 상황을 원래 그러한 것으로 돌이키는 것이 바로 법의 역할이다. 법은 누구에게나 동일하게 적용되고 공정한 것이어야 한다. 그렇기 때문에 법은 귀한 것에 아첨하지 않고, 굽은 곳에 굽지 않아야 한다(法不阿貴 繩不撓曲, 법불아귀 승불요곡).[135] 또한, 약한 것을 높이고 강한 것을 누르는 것도 법의 역할이다(抑强扶弱).[136]

　사회가 복잡해짐에 따라, 다양한 사회제도가 생겨나고 발전함에 따라 법률도 발전해 왔다. 한동안 인류 최초의 법전[137]으로 알려졌었던 함부라비 법전

---

[135] 한비자(韓非子·BC 280~233년)의 유도(有度)편에서 나온 말이다.

[136] 중국 후한 때 원강(袁康)이 지은 월절서(越絕書)에 "구천은 강한 자들을 누르고 약한 이들을 도왔으며 악한 것을 없애고 선한 것에서 돌이키게 하였다(勾踐抑强扶弱 絕惡反之於善)." 가 원전이다. 인천뉴스, 2021.7.12.일자.

[137] 우르남무의 법전(Code of Ur-Nammu)은 현존하는 가장 오래된 법전을 담은 점토판이며,

(Code of Hammurabi)[138]에서는 사적 보복을 허용하였으나,[139] 다수의 배심원이 판단을 내리는 배심원제에 이르러서는 사적 보복은 끝나게 되었다. 사회문화의 발전과 함께 법은 합리적인 판단을 내릴 수 있도록 규범화되어 왔다. 법은 인간이 이해하는 기준이며, 최소한의 도덕으로서 구체적으로 조문화된 사회적 규범이다. 경우에 따라 법은 강제성을 갖는다. 즉, '해야 한다'는 작위(作爲) 또는 '해서는 아니된다'는 부작위(不作爲)를 명한다. 법은 사회적 관계를 정립해주고 공정한 환경을 만들어준다. 또한, 법은 사회적 법익을 지키기 위한 도구이며, 한 나라를 넘어서 인류를 위한 도구로서 역할을 해왔다.

인공지능이 인간을 대신하거나 또는 인간을 위해 다양한 역할을 하고 있다. 그동안 인공지능은 보조자로서 역할을 하거나 또는 의사결정을 지원해왔으나 인공지능 기술의 발전에 따라 인간의 의사결정을 대신하는 수준에까지 이르고 있다. 이러한 상황에서 인공지능의 의사결정에 대하여, 어떠한 논거를 적용할 것인지는 어려운 일이다. 이처럼, 인공지능이 발전하면서 다양한 법적 이슈가 제기되고 있다.

전통적인 법체계는 인공지능을 염두에 둔 것은 아니기 때문에 법적용에 있어서 합리성을 찾기가 쉽지 않다. 그렇다고, 인공지능에 대응하기 위한 법제가 없다는 이유로 인공지능과 관련된 문제해결에 손 놓고 있을 수만은 없다. 기존 법률의 해석과 적용을 통하여 인공지능 이슈에 대응해야 한다. 그 과정에서 해결할 수 없는 문제가 발생한다면, 새로운 입법을 진행해야 한다. 예를 들면, 인공지능의 정의에서부터 법률행위의 주체가 될 수 있는지 여부를 포함하여 창작자로서 지위를 어디까지 부여할 것인지 등 다양하다. 또한, 인공지능을

인류 최초의 성문법이다. 기원전 2100년~기원전 2050년 사이에 수메르어로 기록되었다. 위키백과, 2021.8.8.일자 검색. 우르남무 법전이 함무라비 법전에 영향을 주었다고 보며, 실제 함무라비 법전의 내용도 우르남무 법전의 내용과 유사하다고 한다.

138 기원전 1792년에서 1750년에 바빌론을 통치한 함무라비 왕이 반포한 고대 바빌로니아의 법전이다. 메소포타미아 지방에서 1000년에 걸쳐서 시행되었다. 법전은 서문, 본문 282개조, 맺음말로 되어 있다. 고대 법전으로서는 희귀하게 사법(私法)의 영역에서 종교를 떠나 법기술적인 규정을 발달시켰으며, 특히 채권법은 내용적으로 진보된 것이었다. 형법에서는 '눈에는 눈으로'의 탈리오(Talio)의 원칙이 지배하고 있었다. 위키백과, 2021.6.7.일자 검색.

139 함무라비 법전 제196조 평민이 귀족의 눈을 쳐서 빠지게 하였으면, 그의 눈을 뺀다.
197조 평민이 귀족의 뼈를 부러뜨렸으면, 그의 뼈를 부러뜨린다.
198조 귀족이 평민의 눈을 쳐서 빠지게 하였거나 평민의 뼈를 부러뜨렸으면, 은 1 미나를 치러야 한다.

사용하는 과정에서 발생하는 다양한 문제에 대한 책임과 의무를 어떻게 지울 것인지 여부도 문제가 아닐 수 없다. 따라서, 기존 법률과는 다른 해결방안이 제시되어야 한다. 즉, 새로운 입법을 위한 사회적 합의과정이 필요하나, 그 과정에서 다양한 이해관계자들의 충돌이 예견된다. 인공지능을 기획하는 자, 제작하는 자, 이용하는 자, 소유하는 자, 점유하는 자 등 다양한 이해관계가 성립할 수 있으며, 이 과정에서 발생하는 문제는 어떻게 해결방안을 마련할 것인지 등 쉽지 않은 법률문제가 제기되는 상황이다.[140]

한편, 법이 기술을 앞서는 것에 대해 사회적 거부감이 있는 것이 사실이다. 법이 확정되지 않은 현상을 일반화시키고 제도를 설계하게 될 경우, 기술이나 현상은 규제 위주로 재편될 수밖에 없기 때문이다. 법과 기술은 서로의 입장에 대한 이해를 전제하여야 한다. 그렇지 않을 경우, 법과 기술은 서로의 우위(優位)에서 상대를 배척할 것이기 때문이다. 바람직한 방향은 서로 공진화(coevolution) 하는 것이다. 역사적으로도, 다양한 분야에서 기술과 법률은 서로의 부족한 면을 보완해왔다. 인공지능도 마찬가지이다.

2. 법과 기술의 공진화

가. 기술과 법 간 경계

인공지능이 중심이 되어 구현될 지능정보사회에서 인간은 어떠한 가치를 우선시 할지 고민해야 한다. 그동안 법과 기술에 대한 논의는 서로의 가치 대한 이해관계의 충돌에 초점을 두어왔으나, 앞으로 기술과 법이 지향할 가치는 사람에 대한 이해와 안전이어야 한다. 이러한 측면에서 인공지능과 사람의 경계를 허물고 있는 기술에 대한 신뢰 확보가 우선이다. 이를 위해 인공지능은 사람을 위한 것이며 사람과의 공존(共存)을 위한 가치를 갖는 것임을 확인하는

---

140 "새로운 세대의 법률들이 없이는 이러한 문제들을 효과적으로 해결하는 것은 불가능할 것입니다. 그러므로 당면 문제를 제대로 이해하기도 전에 법부터 제정하여 인공지능 기술을 억압해서도 안되지만, 지금 아무것도하지 않고 20년 뒤까지 기다린 뒤에야 비로소 시작하는 실수를 범해서도 안됩니다. 이 둘 사이의 균형을 찾아야합니다."라는 마이크로소프트사 법률부문 부사장인 브래드 스미스의 주장은 타당하다. Microsoft, 인공지능으로 변화될 미래 —인공지능, 그리고 그 사회적 역할, 2018, 12면.

과정이 마련될 필요가 있다.

나. 사람중심의 사회적 가치의 변화

기술혁신은 다양한 분야에서 응용되면서 산업혁신을 이끌어왔다. 증기기관의 제1차, 에너지 기반의 대량생산을 이룬 제2차, 인터넷 등 정보통신의 제3차, HW의 컴퓨팅 능력과 SW 기술혁신에 따른 제4차 산업혁명이 이를 보여준다. 그 과정에서 정책은 기술 중심의 결과를 지향하는 경향성이 있다. 2016년 다보스포럼에서는 제4차 산업혁명의 이해(Mastering the 4th Industrial Revolution)라는 주제 아래 인공지능이 사람을 대신하기도 하겠지만, 주류는 사람을 위한 기술이어야 함을 강조한다. 제4차 산업혁명은 지능정보사회의 또 다른 의미로 이해할 수 있다. 왜냐하면, "디지털 사회의 특징인 연결과 플랫폼이 유지되면서 컴퓨터의 인공지능이 중심적인 역할을 하는 사회"[141]가 될 것이기 때문이다.

20세기를 정보화사회라고 불렀으며, 이후부터 지금까지를 지식정보사회라고 불렀다. 이제는 지능정보기술을 활용한 지능정보화사회[142]가 이를 대신한다. 지식정보사회보다 더 진보한 개념으로 볼 수 있는 지능정보사회의 중심에는 SW로 구현된 인공지능이 자리하고 있다. 지능정보사회는 인간을 대신할 수 있는 인공지능과 같은 지능형 시스템이 사회의 가치를 높이는 사회이며, 다양한 지능정보기술을 통하여 구체화되고 있다.

과학기술은 사람들에게 편리한 경제적 산물을 제공하기도 하지만 사회문제, 환경문제를 포함한 다양한 문제를 만들어냈다. 이러한 문제를 해결하고, 다양한 이해관계를 조정하기 위해 계약과 관리 방법이 만들어졌다. 법·제도, 화폐, 도덕규범 등 사회를 지탱하고 유지하는 체계로 정의할 수 있는 사회적 기술(social technology)은 리차드 넬슨(Richard Nelson) 교수가 언급한 것으로 경제학에서 사용되는 용어이지만 과학기술과 대비되는 개념으로 이해할 수 있다.[143] 융합환경에서 사회적 기술은 다양성을 가지고 과학기술의 성장 및 활용

---

141 장윤종, 4차 산업혁명과 한국산업의 과제, KIET 산업경제, 2016.6, 16면.
142 지능정보화 기본법은 지능정보사회를 지능정보화를 통하여 지식과 정보가 행정, 경제, 문화, 산업 등 모든 분야에서 가치를 창출하고 발전을 이끌어가는 사회로 정의한다.
143 Nelson, Richard, Physical and social technologies, and their evolution, LEM Working Paper

을 지원한다. 그렇지만, 일방적으로 설계된 제도는 이해관계를 조정하지 못하고 새로운 논란을 일으키고 급기야는 분쟁으로 확대되곤 한다. 이러한 과정에서 법률은 다양한 이해관계를 조정하는 도구로써 역할을 한다.[144] 상대적으로 유연성이 떨어지는 법률은 정책을 통하여 그 한계를 극복하기도 한다. 반면, 정책이 갖는 일관성을 확보하기 어렵다는 한계를 극복하기 위해 법률이 일정 역할을 하는 것은 부인하기 어렵다. 법과 정책의 공진화 현상은 사회적 기술이 유연성을 가져야하는 이유를 보여준다. 다만, 기술결정론(technological determinism)에 따른 '기술중심' 정책보다는 '사람중심'의 가치가 고려되어야 한다.[145] 그것이 바로 인간다운 삶을 누릴 수 있는 지능정보사회의 중심가치이기 때문이다. 사회적 기술은 과학기술이 만들어놓은 결과를 이용하여 다양한 가치를 만들어내는 체계이다. 더 나아가 사회적 기술은 과학기술이 미처 깨닫지 못한 방향과 방법을 찾고, 그에 따른 해석을 통하여 사회문화(social culture)를 형성하게 된다.

다. 사람을 대하는 기술로써 법

SW를 포함한 과학기술에서 법제도 또는 정책이 필요한 것은 기술에 매몰(埋沒)되어 기술로써 문제를 해결하려는 흐름에서 벗어나도록 하기 위함이다. 기술결정론에 따른 기술중심적 사고는 모든 결정과정에서 기술에 대한 의존성을 높이게 되고, 그로 인하여 중요한 순간 사람이 무의식적으로 배제되는 결과가 나오게 된다. 그렇기 때문에 일반적인 사안이 아닌 특별한 사안에 한정하여 기술을 활용하여 의사결정의 지원을 받는 것이 필요하다. 기술에 대한 의존이 아닌 기술을 활용하여 보다 합리적인 결정을 내릴 수 있도록 하자는 취지이다. 기술도구론에 의하면 인간의 비과학적이고 주관적인 의사결정 과정에서 객관성을 확보해줄 수 있기 때문이다.

Series, No. 2003/09, 2003.
144 산업융합촉진법 제8조의2(갈등조정위원회의 구성 및 운영) ① 규제특례심의위원회는 산업융합 신제품·서비스의 등장에 따라 기존 사업자 등과 갈등 해결이 필요한 경우 사안별로 갈등조정위원회를 설치할 수 있다.
② 그 밖에 갈등조정위원회의 구성·운영에 필요한 사항은 대통령령으로 정한다.
145 김윤명, 왜 사회적 기술(social technology)이 중요한가? 월간SW중심사회, 2015.12, 10~11면.

인공지능을 화두로 다양한 법적 논의가 활발해지고 있다. 물론, 전통적인 이슈에 있어서도 법적인 논의는 계속되어 왔다. 법률의 해석도 마찬가지이다.[146] 클라우드컴퓨팅, SW, 정보보호, 인공지능, 로봇 등 다양한 분야에서 법과 기술은 그 영역이 분명하게 나뉘지는 않는다. 그 경계의 모호함이 항상 있어 이를 구분하는 작업도 쉽지 않다. 법은 명확한 기준을 수범자에게 제공해주어야 하지만, 실상은 그렇지 않다. 특정 기술에서도 다양한 기술이 혼재되어있기 때문이다. 기술을 분류하는 것은 법을 명확히 하는 것처럼 쉽지 않다. 인공지능이 가져올 융합 환경에서는 더욱 그러하다.

라. 법과 기술의 지향점에 대한 재론

과학기술의 혁신에서부터 정보 및 인력개발에 이르기까지 헌법(憲法)이 정하는 기본적 가치는 국민경제를 발전시키는 데 있다.[147] 이러한 가치를 위하여 헌법부터 다양한 정보통신 관련 법에 이르기까지 수범자인 인간에 대해 법은 수혜적인 입장을 견지한다. 인간이 주체적인 의사결정자가 아닌 국가나 이로부터 권한을 부여받은 사업자가 인간을 위한 결정을 하고, 인간은 그에 따른 수동적인 모습이 일반적이다.[148] 그렇지만, 인공지능과의 경쟁에서 인간은 주체적인 자아(自我)일 것을 요구받는다. 로봇이 자율성과 자의지의 구현에 따른 주체

---

146 신화시대에는 모든 결정은 신탁(oracle)에 의해 이루어졌다. 이후에는 다음과 같은 사건으로 그 결정은 사람에 의해 이루어지게 된다. 신화적인 이야기이기는 하지만, 트로이아(Troia) 전쟁의 총사령관 아가멤논(Agamemnon)의 아들인 오레스테스(Orestes)는 억울하게 죽은 부친의 복수를 위하여 아이기스토스(Agisthus)와 모친까지도 살해한다. 이 때문에 복수의 여신인 에리니에스(Erinyes) 자매들이 오레스테스의 뒤를 쫓는다. 결국, 아테나(Athena) 여신은 12명의 배심원(陪審員)을 선정하였으나 6:6으로 결론이 정해지지 않자 캐스팅보터로서 아테나 여신은 이에 대하여 무죄로 판단한다. 이 판결은 사람 간의 사적 구제와 같은 복수를 매듭짓는 최초 사례이자 배심원제의 기원이 된다. 신화시대의 배심원제에 따른 법적 판단은 지금도 크게 다르지 않다.

147 헌법 제127조 ① 국가는 과학기술의 혁신과 정보 및 인력의 개발을 통하여 국민경제의 발전에 노력하여야 한다.
② 국가는 국가표준제도를 확립한다.
③ 대통령은 제1항의 목적을 달성하기 위하여 필요한 자문기구를 둘 수 있다.

148 특히, 정보통신 관련 법령에서 국민, 또는 이용자의 모습은 규제당국에 의한 보상을 받는 입장으로 설정된다. 즉, 이용자의 적극적인 참여가 보장되지 못한다는 점에서 수혜적이라고 평가한다. 예를 들면, 정보보호산업진흥법 제34조를 들 수 있다. 또한, 콘텐츠 산업진흥법 제28조에서는 이용자보호지침을 제정토록 하고 있다. 여기에는 이용자의 참여에 대한 근거는 찾기 어렵다.

성을 요구받는 경우, 인간은 스스로의 존립을 위해 더욱더 주체적인 자아임을 인식하고 그에 따른 합리적인 대우를 요구할 것이기 때문이다.

법과 기술의 지향점은 인간의 가치를 수호하는 데 있다. 법이 기술을 따라 갈 수 없기 때문에 기술발전을 법이 뒷받침할 수밖에 없다는 사실을 넘어, 법의 가치를 기술이 훼손할 수 있기 때문에 기술을 규제해야 한다는 주장은 현실이기도 하다. 이처럼, 법과 기술의 지향점은 인간을 위한 것이라는 점에서 다르지 않지만, 사실상 표현되거나 적용되는 현실에서 해석이 달라질 수밖에 없다. 그렇지만, 기술의 생명력은 시장에서 필요로 할 때까지만 유지된다. 만약, 그때가 지난다면 기술은 더 이상 의미가 있다고 보기 어렵기 때문이다. 물론, 파편화된 일부 기술이 다른 기술에 흡수(吸收)될 가능성도 있으나 기술발전 과정에서 항상 있는 일이기 때문에 그것이 문제라고 보기 어렵다.

3. 기술을 둘러싼 법률문제

가. 기술과 법의 관계

법은 사회현상이나 기술, 그리고 이와 관련된 문제를 해결할 수 있는 방안을 담아내는 컨테이너(container)의 역할을 한다. 즉, 콘텐츠(contents)라는 다양한 사회현상과 기술적 쟁점에 대한 합의된 내용을 법률 문장(文章)으로 담아낸 것이다. 문제에 대한 궁극적인 판단은 법원에서 하겠지만, 이전에 이를 적용하고 해석하는 것은 실생활이나 산업 현장의 몫이다. 법은 우리 실생활에 필요한 규칙을 법문으로 구성한 것이기 때문에 그렇게 어렵지 않다.[149] 그렇지만, 기술을 해석하고 적용하는 데에는 한계가 있다. 기술을 모르고 법을 해석하는 것은 현실을 외면하거나 또는 입법자의 의도와 다른 결과를 제시할 수도 있기 때문이다. 따라서, 법률가와 기술자는 상대방의 영역에 대해 이해하거나 또는 관심을 가질 필요가 있다.

사회적 기술과 과학기술 간의 공유와 협력이라는 공진화를 통하여 시장의 신뢰를 얻고, 아울러 정책적 배려를 통하여 혁신을 일으킬 성장동력을 얻는다.

---

149 법문은 수범자인 국민 모두가 쉽게 이해할 수 있도록 어렵지 않게 만들어져야 한다.

그런 의미에서 우리가 추구하는 혁신의 가치는 과학기술만의 혁신이 아닌 사회적 기술을 통하여 지속가능성(sustainability)을 확보하고, 사람중심의 가치를 실현(實現)하게 될 때 그 의미가 있음을 인식할 필요가 있다.

나. 기술과 법의 역할: 규제와 진흥의 딜레마

기술이 갖는 특성은 다양하다. 새로운 산업을 만들거나 새로운 기기를 만들어서 사회의 혁신을 이끌어내기도 한다. 때로는 예측하지 못한 결과물을 만들어내기도 한다. 반면, 법이 제시하는 것은 사회적 안정성을 높이는 것이다. 예측가능성을 제시함으로써 특정 기술이 시장에서 사장되는 것을 막기도 한다. 법이 기술이나 사회현상을 따르지 못한다는 비판(批判)은 어느 정도 타당성을 갖는다.

법이 선도적으로 기술을 시뮬레이션하여 대응하는 것은 법적 안정성이라는 측면에서 문제가 될 수 있다. 확정되지 않은 현상과 기술에 대해 법적으로 재단(裁斷)할 경우, 기술이나 현상에 대한 유연성이 떨어질 수 있기 때문이다. 이러한 접근법은 기술발전에 저해되며 자칫 규제로 작용할 수 있다. 따라서, 기술현상에 대해서는 정책적 접근을 통하여 가급적 유연하게 대응하는 것이 타당하다.[150] 일례로, 인공지능을 포함한 SW를 둘러싼 법률문제를 보자. SW를 개발하는 과정에서의 문제, 개발된 SW 관련 권리귀속 문제, SW를 이용하는 과정에서의 문제, 이용에 따른 결과물의 문제 등 다양하다.

구체적으로 인공지능이 실제 특정 행위를 하거나 행위에 따른 결과에 대한 법적 책임 문제를 보자. 현재 저작권의 생성은 인간만이 가능하다. 물론, 침팬지나 코끼리가 그림을 그리거나 사진을 찍기도 한다. 그렇지만, 저작권법은 저작물을 "인간의 사상과 감정이 담긴 창작적 표현"으로 한정하기 때문에 인간이 아닌 경우에는 저작자가 되기 어렵다.

인공지능이 새로운 창작성이 있는 그림을 만들어내더라도, 이는 사람의

---

150 다만, 기술이 갖는 가치중립성에 대한 가치는 기술을 사용하는 의도에 따라 다르게 해석되고 적용될 수 있다는 의미이다. 그렇지만, "디지털 시대에 기술은 선과 악을 가리지 않고 거의 모든 현상의 중심에 자리 잡고 있다. 기술을 등에 업은 사람들은 유례없는 새로운 방식으로 서로의 권리를 평가하고, 타인의 권리를 침해한다."는 주장은 기술이 갖는 탈가치성을 비판하고 있다. Don Tapscott et al., 블록체인혁명, 을유문화사, 2017, 23면.

것이 아니기 때문에 보호받는 저작물로 인정받기 어렵다. 이와 같이, 법은 새로운 환경에 대응하기 쉽지 않다. 사회적 논란이 커진 후에 법이 나서서 기준을 제시하기 때문이다. 물론, 이러한 논란이 부정적인 것만은 아니다. 새로운 현상을 어떻게 적용하고 해석할 것인지는 사회적 합의가 필요하기 때문이다. 사회적 합의 없이 이루어진 결정은 또 다른 논란이 될 수 있다. 따라서, 사회적 합의를 도출해가는 과정에서의 논란은 그만큼 정치(精緻)한 기준을 제시할 수 있게 된다.

　새로운 기술이 도입되거나 개발된 경우에는 해당 기술에 대해서는 법적인 재단보다는 정책적인 측면에서 이용가능성을 검토하는 것이 타당하다. 누군가는 해당 기술의 개발을 위해 많은 투자를 했을 것이다. 기술에 대한 투자는 미래 세대에 대한 투자와 다르지 않다. 그러한 투자를 장려함으로써 새로운 세대가 안정적으로 성장할 수 있는 기반을 마련할 수 있도록 해주어야 한다. 그것이 바로 국가의 책무이자 이를 실현하는 정책의 역할이기 때문이다.

　물론, 과학기술로 인하여 일자리를 잃을 수 있는 현실에 대한 정책적 배려도 반드시 필요하다. 새로운 기술의 도입은 노동의 변화를 가져왔다. 농업 인력에서 산업 인력으로, 그리고 정보 인력으로 변화된 것이다. 인공지능 등 과학기술의 발전에 따라 기존 인력이 로봇으로 대체되는 것은 자명하다. 평균적인 직업의 질은 높아지지만 사라지는 직업군은 구제하기가 쉽지 않아 직업과 삶의 양극화를 대비해야 한다. 제1차 산업혁명에서의 러다이트(Luddite)[151] 운동처럼 제4차 산업혁명에서도 네오 러다이트(Neo Luddite)에 대비할 수 있는 노동정책이 필요한 이유이다. 평생교육 시스템의 체계화가 중요한 대안이 될 수 있다. 반면, 평생교육 시스템을 적용하기 어려운 직군이나 연령대는 어떠한 정책이 필요한지 고민해야 한다. 그들이 새로운 사회환경에 적응하고, 생존하도록 하는 것도 또한 국가의 책무이기 때문이다.

---

151 산업화사회의 도래는 많은 노동력을 필요로 했다. 농사를 짓던 사람들이 도시의 공장으로 몰려들게 되었다. 결과적으로 생산성은 높아지고, 부는 자본계급에 집중되었다. 그렇지만 이 과정에서 분배가 제대로 되지 못하였다. 노동자의 입장에서는 이러한 문제의 돌파구가 필요했을 것이다. 결과적으로 1811~1816년 사이의 러다이트운동이 발생한 것이다. 알려진 바와 같이, 러다이트운동을 기계파괴 운동이라고 단정하기는 어렵다. 노동자들도 자신들의 생존을 위한 방법으로 기계를 파괴한 것으로 볼 수 있기 때문이다. 만약, 세련된 방법이 있었다면 그것을 선택했을지도 모른다. 그렇지만 그들에게는 새롭고 낯선 상황에서 선택할 수 있는 방법을 쉽게 찾지 못했을 가능성이 크다.

다. 기술을 대하는 사람의 윤리

자율주행차는 인공지능이 사람을 대신하여 운전(運轉)하는 차를 말한다. 2016년 개정된 자동차관리법은 자율주행자동차를 "운전자 또는 승객의 조작 없이 자동차 스스로 운행이 가능한 자동차"로 정의하고 있다. 자동차 관련 법률에서는 사고로 부터의 안전을 위해 사람이 반드시 탑승토록 하고 있다. 기술 수준이나 다른 환경이 마련되지 않아 사람이 탑승해야 하지만, 특이점을 넘는 순간부터는 사람은 기계에 대체될 가능성이 크다. 완전한 자율주행차는 사람의 판단이 아닌 인공지능이 판단을 내린다. 인공지능의 의사결정은 기계적이거나 기능적인 수준을 넘어 인간의 것과 다르지 않을 것이다. 아니 인간의 능력을 넘어서야 한다. 인공지능의 궁극적인 판단은 인간의 의사결정이 가져오는 불합리한 점을 극복하지 않고서는 신뢰할 수 없기 때문이다. 다만, 자율주행이나 인공지능은 인간의 통제 영역에 벗어나기 때문에 고도의 윤리가 내재화 될 필요성이 커지고 있다.

여러 분야에서 사례로 드는 트롤리 딜레마(Trolley Dilemma)는 여전히 가치 판단의 영역이라는 점에서 인공지능에게 수행토록 하는 것이 타당한지에 대한 규범적 판단을 넘어서 사회적 합의가 필요하다. 결국, 인공지능의 윤리는 사람의 윤리로 귀결(歸結)되기 때문이다.

4. 연성법으로서 인공지능 윤리

가. 규범적 가치로서 로봇윤리

오래전 공상과학 소설이나 영화에서 그려진 인공지능에 대한 우려의 연장일 수도 있으나 인공지능에 대하여 많은 우려를 제시하고 있다.[152] 인공지능에 대한 법적인 기준이 없는 이상, 윤리가 이에 대한 기준으로 제시될 수 있다.[153] 로봇윤리(robot ethics)는 로봇이 자율성을 갖는다는 것이 전제되어야 한다. 인간

---

152 빌 게이츠, 앨론 머스크, 스티븐 호킹 등은 인공지능이 위협을 가져올지 모른다고 경고하고 있다.
153 김윤명, "왜 인공지능법인가?", 월간 소프트웨어중심사회, 2015.10, 16면.

에 의하여 프로그래밍된 상태에서 로봇의 행위는 인간의 윤리와 책임으로 수렴되기 때문이다. 따라서, 자율적으로 인식하고 판단하는 것이 전제되어야 로봇 스스로의 책임을 물을 수 있는 로봇윤리가 성립될 수 있다. 물론, 로봇을 제작하는 제작자 내지 이용자의 입장에서도 윤리가 필요하나 엄격히 말하자면 이는 로봇윤리가 아닌 인간의 윤리라고 보는 것이 타당하다.

로봇에게 윤리란 무엇인가? 그동안 인공지능에 대한 법적인 논의보다는 기술과 산업적인 이용에 대해 집중해왔다. 인공지능에 대한 명확한 법적인 기준이 없는 이상, 윤리가 이에 대한 기준으로 제시될 수 있을 것이다. 법적인 문제를 떠나 윤리는 우리사회를 유지시키는 중요한 규범이다. 생소한 분야라면 법적 기준을 제시하는 것은 해당 분야의 발전이나 혁신을 저해할 수도 있다. 다만 사회적 합의에 따른 가이드라인의 제시는 필요하다. 가이드라인을 통하여 많은 인간들이 이해할 수 있도록 함으로써 문제가 커가는 것을 방지할 수 있기 때문이다.

인공지능은 인간이 예측할 수 있는 규범 안에서 운용될 수 있을까? 자의지가 있지 않은 인공지능은 인간의 예측 범위를 벗어날 가능성은 높지 않다. 로봇은 특이점을 넘어서는 순간 스스로 생각하고 판단할 수 있는 지능을 갖게 될 것이다. 로봇은 센서를 통하여 정보를 수집하고, 인터넷에 연결되어 무한정에 가까운 지식을 습득함으로써 상당한 능력(能力)을 갖게 된다. 만약, 로봇이 윤리적이지 않다면, 또 그렇게 설계되었고 자가 증식을 할 수 있는 능력을 갖는다면 세상은 어떻게 될까? 로봇윤리헌장은 로봇과 관계된 일을 하는 인간을 위한 것으로 이해된다. 로봇을 활용하는 인간과 제작하는 인간도 포함된다. 궁극적으로 로봇 자체 또는 로봇을 이용하는 최종 이용자의 책임을 우선적으로 묻는 것이 바람직하다.

로봇이 신뢰성을 갖기 위해서는 로봇윤리가 로봇 자체의 윤리만이 아닌 로봇으로 파생되는 영역까지 확장될 필요가 있다. 직업 문제, 부의 편중에 따른 양극화 등 다양한 사회문제가 예상되기 때문에 이러한 문제를 해결하지 않고서는 로봇에 대한 불신을 커질 수밖에 없기 때문이다.[154]

---

154 우버(Uber)로 인한 택시사업자의 사회적 대응은 인공지능이 사회에 미칠 단면을 보여주는 사례로 이해될 수 있다.

나. 지능정보사회의 구현과 윤리

인공지능의 책임에 대한 논의 이전에 윤리적 확인이 필요하다. 즉, 인공지능이 윤리적인지 여부이다. 인공지능의 법적 책임은 인간과 윤리에 대한 철학적 물음에 대한 성찰이 필요한 사안이다. "로봇에 대해 윤리적으로 사유하는 것은 우리 자신이 누구인지를 물어보는 것만큼 중요하다."[155]고 한다. 인공지능이 갖는 윤리에 대해서는 본질적인 질문이라는 점에서 그 결론을 도출(導出)시키기가 쉽지 않다. 인공지능 윤리의 논의에서 윤리 자체가 갖는 주관적 가치체계에 따른 한계를 인정해야 한다. 윤리적 가치가 시대나 문화적 환경에 따라 변할 수밖에 없기 때문이다.

주관적 영역에서의 윤리를 인공지능에게 제시할 수 있는 것인지는 본질적인 의심을 가질 수밖에 없다. 그럼에도 불구하고, 인공지능을 프로그래밍 하는 과정에서 사람이 갖는 보편적인 윤리를 담아내는 것은 중요하다. 인공지능을 이용하는 인간의 윤리를 포함하여, 개발자의 윤리는 인간의 윤리와 직결되기 때문이다.[156]

로봇이나 인공지능의 동작이나 작동 등에 따른 의도하지 않는 결과를 예방(豫防)하기 위해 윤리나 도덕 때로는 법적 기준이 제시될 필요가 있다. 어느 순간 인공지능도 스스로 판단하거나 그 수준에 이를 정도의 지능을 갖게 될 것이기 때문이다. 이때, 인공지능은 어떤 위치에서 결정할 것인지는 인공지능 관련 전문가의 오랜 고민이다. 그 고민의 과정은 인류의 보편적 가치에 대한 이해의 과정이기도 하다. 이러한 고민은 인공지능의 결정에 대한 철학적인 질문이자 논거이기 때문에 이에 대해 법적인 판단 내지 기술적인 판단 이상의 가치가 반영되어야 한다.[157] 인류가 세워놓은 가치를 인공지능에 다시 전이(轉移)시킴으로써, 인간이 갖는 윤리적인 기준을 로봇에게 구현시키는 과정을 거치는 것이다.[158]

---

155 Michael Nagenborg, Rafael Capurro 편저, 로봇윤리, 어문학사, 2013, 27면.
156 Peter Asaro는 "로봇공학에서의 윤리는 적어도 로봇 내의 윤리 시스템, 로봇을 설계하고 사용하는 사람들의 윤리, 그리고 사람들이 로봇을 대하는 방법에 대한 윤리를 의미한다."고 적고 있다. Michael Nagenborg, Rafael Capurro 편저, 로봇윤리, 어문학사, 2013, 31면.
157 인공지능의 판단에 대해서는 신이 인간에게 내린 의지를 다시 로봇에게 전이(transfer)하는 것과 같은 맥락으로 볼 수 있기 때문이다.
158 구글이 사진이미지에 타이틀을 부여하는 서비스를 제공했다. 그 과정에서 흑인 여성의 모습에 '고릴라'라는 타이틀을 부여함으로써 논란이 되었다. 구글은 사과하였고, 이미지에 고릴라라는 단어를 사용하지 못하도록 차단한 바 있다.

다. 인공지능의 윤리학습과 그 가능성

인공지능 기술이 어떻게 발전할지 예측하기 쉽지 않기 때문에 윤리적 측면에서 논의가 필요하다. 사람들은 인공지능의 긍정적 측면뿐만 아니라 부정적 측면도 접하고 있기 때문이다. 인공지능의 윤리는 인공지능에 대해 갖는 우려를 불식시키기 위한 방안이 될 수 있다. 인공지능에 대한 윤리는 다양하게 이해될 수 있다. 인공지능 자체의 윤리, 인공지능을 개발하는 개발자의 윤리, 그리고 이를 이용하는 이용자의 윤리이다. 무엇보다 중요한 것은 인공지능 자체가 윤리적으로 프로그래밍 되고, 또한 학습하도록 하는 것이다. 인공지능을 프로그래밍하고 학습할 수 있도록 하는 윤리를 어떻게 설정할 것인지가 관건이다. 윤리는 사회적, 문화적, 국가적 가치가 투영된 결과물이기 때문에 다양한 문화적 산물(産物)이다. 이처럼 윤리는 객관화하기 어려운 주제이다. 윤리나 도덕은 추상적인 개념이며, 합의된 윤리가 있더라도 개개인이 갖는 윤리적 기준은 상이할 수밖에 없다. 윤리를 학습한다고 하더라도, 시대 내지 상황에 맞게 해석될 수밖에 없다. 이와 같이, 윤리가 갖는 보편적인 가치(價値)의 다양한 이해와 해석으로 말미암아 인공지능에 담겨야할 윤리도 또한 다양할 수밖에 없다. 인공지능에 대한 규범적 가치로서 윤리를 제시하지만, 이와 같은 이유로 인공지능 윤리를 어떻게 구현할 것인지는 쉽지 않다.[159]

아시모프의 로봇공학 3원칙을 수용한 EU 로봇결의안이나 국제기구를 중심으로 다양한 윤리원칙에 대해 논의되고 있으나 인공지능이 학습할 수 있는 실질적인 가이드라인이 제시될 필요가 있다. 인공지능 윤리는 법규범이 마련되지 아니한 상황에서 규범적 가치를 인정받겠지만, 사회적 합의가 필요한 영역이다. 또한, 인공지능 윤리는 어느 한 나라의 문제로 보기 어렵다. 전 지구적으로 다루어야 할 주제이기 때문에 국제적인 논의를 통하여 기준을 만들어가는 것이 필요하다. 물론, 그 사이 각각의 영역에서 논의가 이루어질 것이다. 그러한 과정에서 기준이 정리된다면, 인공지능이 기계학습을 통하여 윤리를 학습할 데이터셋도 마련될 것으로 기대한다.

---

159 김윤명, 인공지능은 어떻게 현실화 되는가? 월간소프트웨어중심사회, 2016.04, 20면.

5. 인공지능 관련 법제 현황

인공지능과 어느 정도 관련성이 있는 법제 현황(現況)에 대해 정리하면 다음과 같다. 대표적으로 SW나 컴퓨터프로그램으로서 인공지능을 전담할 수 있는 소프트웨어 진흥법이나 저작권법이 있다. 또한, 인공지능 중심의 사회를 이끌어가기 위한 지능정보사회 기본법을, 기계학습을 위한 데이터 관련해서 저작권법, 개인정보 보호법 및 신용정보법 등을, 인공지능이 탑재된 지능형 로봇을 위한 지능형로봇법, 자율주행자동차법 및 드론법 등을 들 수 있다. 이하에서는 인공지능 및 이와 관련된 법률의 입법목적과 주요 내용에 대해 살펴본다.

가. 현행 법제

(1) 사회구조 관련 법제

스마트시티, 지능정보화사회 등 지능정보화 차원에서 우리 사회에 영향을 미치는 인공지능이 가져오거나 가져올 수 있는 사회구조(社會構造)의 변화에 관한 법률은 아래와 같다.

(가) 지능정보화 기본법

지능정보화 기본법은 지능정보화 관련 정책의 수립·추진에 필요한 사항을 규정함으로써 지능정보사회의 구현에 이바지하고 국가경쟁력을 확보하며 국민의 삶의 질을 높이는 것을 목적으로 한다. 무엇보다, 지능정보화 기본법은 지능정보화를 통하여 산업·경제, 사회·문화, 행정 등 모든 분야에서 가치를 창출하고 발전을 이끌어가는 사회를 말하는 지능정보사회의 기본원칙을 정하고 있다.[160] 아울러, 국가·지방자치단체 등의 책무로써 지능정보화 기본법의 목적

---

160 지능정보화 기본법 제3조(지능정보사회 기본원칙) ① 국가 및 지방자치단체와 국민 등 사회의 모든 구성원은 인간의 존엄·가치를 바탕으로 자유롭고 개방적인 지능정보사회를 실현하고 이를 지속적으로 발전시킨다.
② 국가와 지방자치단체는 지능정보사회 구현을 통하여 국가경제의 발전을 도모하고, 국민생활의 질적 향상과 복리 증진을 추구함으로써 경제 성장의 혜택과 기회가 폭넓게 공유되도록 노력한다.
③ 국가 및 지방자치단체와 국민 등 사회의 모든 구성원은 지능정보기술을 개발·활용하거나 지능정보서비스를 이용할 때 역기능을 방지하고 국민의 안전과 개인정보의 보호, 사생활의 자유·비밀을 보장한다.
④ 국가와 지방자치단체는 지능정보기술을 활용하거나 지능정보서비스를 이용할 때 사회의

과 기본원칙을 고려하여 지능정보사회를 구현하기 위한 시책을 강구하도록 하고 있다.[161] 또한, 인공지능을 통한 사회구조나 사회제도를 정비하는 과정에서는 지능정보화 기본법의 목적과 기본원칙에 맞도록 권고(勸告)하고 있다.[162]

(나) 스마트도시법

스마트도시 조성 및 산업진흥 등에 관한 법률(이하 스마트도시법이라 함)은 도시의 경쟁력과 삶의 질의 향상을 위하여 건설·정보통신기술 등을 융·복합하여 건설된 도시기반시설을 바탕으로 다양한 도시서비스를 제공하는 지속가능한 도시를 말하는 스마트도시의 효율적인 조성, 관리·운영 및 산업진흥 등에 관한 사항을 규정하여 도시의 경쟁력을 향상시키고 지속가능한 발전을 촉진함으로써 국민의 삶의 질 향상과 국가 균형발전(均衡發展) 및 국가 경쟁력 강화에 이바지함을 목적으로 한다.

국가와 지방자치단체는 스마트도시의 조성과 스마트도시산업의 활성화 등을 위하여 필요한 각종 시책을 수립·시행하여야 한다. 또한, 스마트도시법은 스마트도시의 조성 및 산업진흥, 국가시범도시의 지정·육성 등에 관하여 다른 법률보다 우선하여 적용한다. 다만, 다른 법률에서 이 법의 규제에 관한 특례보다 완화된 규정이 있으면 그 법률에서 정하는 바에 따른다.

모든 구성원에게 공정한 기회가 주어지도록 노력한다.
⑤ 국가와 지방자치단체는 지능정보사회 구현시책의 추진 과정에서 민간과의 협력을 강화하고, 민간의 자유와 창의를 존중하고 지원한다.
⑥ 국가와 지방자치단체는 지능정보기술의 개발·활용이 인류의 공동발전에 이바지할 수 있도록 국제협력을 적극적으로 추진한다.
161 지능정보화 기본법 제4조(국가·지방자치단체 등의 책무) ① 국가와 지방자치단체는 이 법의 목적과 기본원칙을 고려하여 지능정보사회를 구현하기 위한 시책을 강구하여야 한다.
② 국가와 지방자치단체는 지능정보기술의 개발·고도화 및 활용을 제약하는 불필요한 규제를 적극적으로 개선하여야 한다.
③ 국가기관·지방자치단체 및 공공기관(이하 "국가기관등"이라 한다)은 지능정보기술을 개발·활용하거나 지능정보서비스를 제공·이용할 때 안전성·신뢰성 및 공정성 확보를 위하여 노력하여야 한다.
④ 국가와 지방자치단체는 지능정보화로 발생·심화될 수 있는 불평등을 해소하고 노동환경 변화에 대하여 적극적으로 대응하기 위하여 노력하여야 한다.
162 지능정보화 기본법 제5조(다른 법률과의 관계) ① 지능정보사회의 구현에 관한 다른 법률을 제정하거나 개정할 때에는 이 법의 목적과 기본원칙에 맞도록 노력하여야 한다.
② 지능정보사회의 구현에 관하여 다른 법률에 특별한 규정이 있는 경우를 제외하고는 이 법에서 정하는 바에 따른다.
③ 전자정부에 관한 사항은 이 법에 특별한 규정이 있는 경우를 제외하고는 전자정부법에서 정하는 바에 따른다.

(2) SW 내지 컴퓨터프로그램 관련 법제

(가) 소프트웨어 진흥법

소프트웨어 진흥법은 SW 진흥에 필요한 사항을 정하여 국가 전반의 SW 역량(力量)을 강화하고 SW산업 발전의 기반을 조성함으로써 국가경쟁력의 확보, 국민생활의 향상 및 국민경제의 건전하고 지속적인 발전에 이바지함을 목적으로 한다.

SW와 다른 분야 간 기술 또는 서비스의 결합이나 복합을 통하여 새로운 사회적·시장적 가치를 창출하는 창의적이고 혁신적인 활동 및 현상을 말하는 SW 융합(融合)과 관련된 정책을 수립하도록 하고 있다. 인공지능과 SW 결합 또는 사회구조의 변화를 위한 인공지능의 활용 등에 대해서도 정책적 적용을 가능할 것으로 보이나, 기본원칙은 SW 관점이라는 한계를 갖는다. 국가와 지방자치단체는 SW산업을 진흥시키고 국가 전반의 SW 역량을 강화하는 데 필요한 각종 시책을 수립·시행하여야 한다.

(나) 클라우드컴퓨팅법

클라우드컴퓨팅 발전 및 이용자 보호에 관한 법률(이하 클라우드컴퓨팅법이라 함)은 집적·공유된 정보통신기기, 정보통신설비, SW 등 정보통신자원을 이용자의 요구나 수요 변화에 따라 정보통신망을 통하여 신축적으로 이용할 수 있도록 하는 정보처리체계를 말하는 클라우드컴퓨팅의 발전 및 이용을 촉진하고 클라우드컴퓨팅서비스를 안전하게 이용할 수 있는 환경을 조성함으로써 국민생활의 향상과 국민경제의 발전에 이바지함을 목적으로 한다.

국가와 지방자치단체는 클라우드컴퓨팅의 발전 및 이용 촉진, 클라우드컴퓨팅서비스의 안전한 이용 환경 조성 등에 필요한 시책(施策)을 마련하여야 한다. 클라우드컴퓨팅서비스 제공자는 이용자 정보를 보호하고 신뢰할 수 있는 클라우드컴퓨팅서비스를 제공하도록 노력하여야 한다. 이용자는 클라우드컴퓨팅서비스의 안전성을 해치지 아니하도록 하여야 한다.

다른 법률과의 관계에서 클라우드컴퓨팅법은 클라우드컴퓨팅의 발전과 이용 촉진 및 이용자 보호에 관하여 다른 법률에 우선하여 적용하여야 한다. 다만, 개인정보 보호에 관하여는 개인정보 보호법, 정보통신망법 등 관련 법률에서 정하는 바에 따른다.

(다) 저작권법

컴퓨터프로그램과 관련된 부문에서 저작권법은 저작자의 권리와 이에 인접하는 권리를 보호하고 저작물의 공정한 이용을 도모함으로써 문화 및 관련 산업의 향상발전에 이바지함을 목적으로 한다. 저작권법은 2009년 폐지된 컴퓨터프로그램보호법의 제 규정을 특례규정(特例規定) 형태로 포함하고 있다. 프로그램언어, 규약, 해법 등 저작권법의 보호범위에서 제외하고 있으며, 저작재산권의 제한규정 및 프로그램역분석 등이 대표적이다.

(3) 로봇 관련 법제

(가) 지능형로봇법

지능형로봇법은 지능형 로봇의 개발과 보급을 촉진(促進)하고 그 기반을 조성하여 지능형 로봇산업의 지속적 발전을 위한 시책을 수립·추진함으로써 국민의 삶의 질 향상과 국가경제에 이바지함을 목적으로 한다. 무엇보다, 지능형 로봇윤리헌장을 규정하고 있다는 점에서 인공지능 윤리에 대한 선도적인 고민을 가능하게 했다는 점에서 의의가 있다. 지능형로봇법은 지능형 로봇의 개발 및 보급에 관한 국가 및 지방자치단체의 책무에 대해 규정하고 있다.

(나) 드론법

드론 활용의 촉진 및 기반조성에 관한 법률(이하 드론법이라 함)은 드론 활용의 촉진 및 기반조성, 드론시스템의 운영·관리 등에 관한 사항을 규정하여 드론산업의 발전 기반을 조성하고 드론산업의 진흥을 통한 국민편의 증진과 국민경제의 발전에 이바지함을 목적으로 한다. 드론법에서는 드론을 조종자가 탑승하지 아니한 상태로 항행할 수 있는 비행체로서 항공안전법상 무인비행장치나 무인항공기, 또는 그 밖에 원격·자동·자율 등 국토교통부령[163]으로 정하

---

163 드론법 시행규칙 제2조(드론의 범위) ① 「드론 활용의 촉진 및 기반조성에 관한 법률」(이하 "법"이라 한다) 제2조제1항제1호에서 "국토교통부령으로 정하는 기준"이란 다음 각 호의 기준을 말한다.
   1. 동력을 일으키는 기계장치가 1개 이상일 것
   2. 지상에서 비행체의 항행을 통제할 수 있을 것
   ② 법 제2조제1항제1호다목에서 "원격·자동·자율 등 국토교통부령으로 정하는 방식에 따라 항행하는 비행체"란 다음 각 호의 어느 하나에 해당하는 비행체를 말한다.
   1. 외부에서 원격으로 조종할 수 있는 비행체
   2. 외부의 원격 조종 없이 사전에 지정된 경로로 자동 항행이 가능한 비행체

는 방식에 따라 항행하는 비행체를 말한다.

국가 및 지방자치단체는 드론산업을 지속가능한 경제 성장동력으로 육성하고 기업 간 상생문화를 구축하며 건전한 산업생태계를 조성하기 위하여 행정적·재정적·기술적 지원을 할 수 있다.

(다) 자율주행자동차법

자율주행자동차 상용화 촉진 및 지원에 관한 법률(이하 자율주행자동차법이라 함)은 운전자 또는 승객의 조작 없이 자동차 스스로 운행이 가능한 자동차를 말하는 자율주행자동차의 도입·확산과 안전한 운행을 위한 운행기반 조성 및 지원 등에 필요한 사항을 규정하여 자율주행자동차의 상용화(商用化)를 촉진하고 지원함으로써 국민의 생활환경 개선과 국가경제의 발전에 이바지함을 목적으로 한다.

자율주행자동차법은 제7조에 따른 자율주행자동차 시범운행지구에서의 규제특례에 관하여 다른 법률에 우선하여 적용한다.[164] 다만, 다른 법률에 이 법의 규제특례보다 완화된 규정이 있으면 그 법률에서 정하는 바에 따른다.

(4) 데이터 관련 법제

(가) 저작권법

저작권법은 데이터베이스에 대해 소재를 체계적으로 배열 또는 구성한 편집물로서 개별적으로 그 소재에 접근하거나 그 소재를 검색할 수 있도록 한 것으로 정의하고 있다. 또한, 데이터베이스를 제작한 사람을 말하는 데이터베이스제작자에 대하여 데이터베이스의 제작 또는 그 소재의 갱신·검증 또는 보충

---

3. 항행 중 발생하는 비행환경 변화 등을 인식·판단하여 자율적으로 비행속도 및 경로 등을 변경할 수 있는 비행체

164 자율주행차법 제7조(시범운행지구의 지정 등) ① 국토교통부장관은 자율주행자동차 시범운행지구를 운영하려는 시·도지사의 신청을 받아 제16조에 따른 자율주행자동차 시범운행지구 위원회의 심의·의결을 거쳐 자율주행자동차 시범운행지구(이하 "시범운행지구"라 한다)를 지정할 수 있다. 지정을 변경 또는 해제하는 경우에도 또한 같다. 다만, 대통령령으로 정하는 경미한 사항을 변경하는 경우에는 자율주행자동차 시범운행지구 위원회의 심의를 거치지 아니할 수 있다.
② 국토교통부장관은 제1항에 따라 시범운행지구를 지정·변경 또는 해제한 경우 대통령령으로 정하는 바에 따라 그 내용을 관보에 고시하고, 이를 신청한 시·도지사에게 통보하여야 한다.
③ 제1항 및 제2항에서 규정한 사항 외에 시범운행지구의 지정·변경 또는 해제에 관하여 필요한 사항은 대통령령으로 정한다.

에 인적 또는 물적으로 상당한 투자를 한 자로 정의하고, 관련 규정을 두고 있다. SW나 컴퓨터프로그램에 관한 규정 이외에 기계학습용 데이터 확보를 위한 관련 규정을 두고 있기 때문에 인공지능과 관련성이 높은 법률이다. 특히, 데이터마이닝 등을 위한 공정이용(fair use) 규정은 관련성이 매우 높다. 포괄적 공정이용 규정 이외에 데이터 마이닝을 위한 규정이 포함된 저작권법 전면 개정안이 발의되기도 했다.

(나) 공공데이터법

공공데이터법은 공공기관이 보유·관리하는 데이터의 제공 및 그 이용 활성화에 관한 사항을 규정함으로써 국민의 공공데이터에 대한 이용권을 보장하고, 공공데이터의 민간 활용을 통한 삶의 질 향상과 국민경제 발전에 이바지함을 목적으로 한다. 공공데이터의 보편적 활용 등을 위한 기본원칙을 두고 있다.[165]

(다) 데이터기반행정법

데이터기반행정 활성화에 관한 법률(이하 데이터기반행정법이라 함)은 데이터를 기반으로 한 행정의 활성화에 필요한 사항을 정함으로써 객관적이고 과학적인 행정(行政)을 통하여 공공기관의 책임성, 대응성 및 신뢰성을 높이고 국민의 삶의 질을 향상시키는 것을 목적으로 한다. 데이터기반행정법은 데이터를 정보처리능력을 갖춘 장치를 통하여 생성 또는 처리되어 기계에 의한 판독이 가능한 형태로 존재하는 정형 또는 비정형의 정보로 정의하며, 데이터기반행정을 데이터를 수집·저장·가공·분석·표현하는 등의 방법으로 정책 수립 및 의사결정에 활용함으로써 객관적이고 과학적으로 수행하는 행정으로 정의하고

---

165 데이터기반행정법 제3조(기본원칙) ① 공공기관은 누구든지 공공데이터를 편리하게 이용할 수 있도록 노력하여야 하며, 이용권의 보편적 확대를 위하여 필요한 조치를 취하여야 한다.
② 공공기관은 공공데이터에 관한 국민의 접근과 이용에 있어서 평등의 원칙을 보장하여야 한다.
③ 공공기관은 정보통신망을 통하여 일반에 공개된 공공데이터에 관하여 제28조 제1항 각 호의 경우를 제외하고는 이용자의 접근제한이나 차단 등 이용저해행위를 하여서는 아니 된다.
④ 공공기관은 다른 법률에 특별한 규정이 있는 경우 또는 제28조 제1항 각 호의 경우를 제외하고는 공공데이터의 영리적 이용인 경우에도 이를 금지 또는 제한하여서는 아니 된다.
⑤ 이용자는 공공데이터를 이용하는 경우 국가안전보장 등 공익이나 타인의 권리를 침해하지 아니하도록 법령이나 이용조건 등에 따른 의무를 준수하여야 하며, 신의에 따라 성실하게 이용하여야 한다.

있다. 국가 및 지방자치단체는 데이터기반행정을 활성화하기 위한 시책을 수립 등의 책무를 규정하고 있다.[166] 다른 법률과의 관계에서 개인정보데이터에 개인정보가 포함된 경우 해당 부분의 수집·제공 및 이용 등에 관하여는 개인정보 보호법에 따른다.

(라) 개인정보 보호법

개인정보 보호법은 개인정보의 처리 및 보호에 관한 사항을 정함으로써 개인의 자유와 권리를 보호하고, 나아가 개인의 존엄과 가치를 구현함을 목적으로 한다. 개인정보 보호법은 OECD 8원칙과 유사한 개인정보 보호 원칙을 규정하고 있으며, 개인정보처리자는 이 법 및 관계 법령에서 규정하고 있는 책임과 의무를 준수하고 실천함으로써 정보주체의 신뢰를 얻기 위하여 노력하여야 한다.

국가와 지방자치단체는 개인정보의 목적 외 수집, 오용·남용 및 무분별한 감시·추적 등에 따른 폐해를 방지하여 인간의 존엄과 개인의 사생활(私生活) 보호를 도모하기 위한 시책 등을 강구하여야 한다. 또한, 개인정보의 처리에 관한 법령 또는 조례(條例)를 제정하거나 개정하는 경우에는 이 법의 목적에 부합되도록 하여야 한다.

(마) 데이터 기본법

데이터 기본법으로 알려진 데이터 산업진흥 및 이용촉진에 관한 기본법(이하 데이터 기본법이라 함)이 2022년 시행된다.[167] 데이터 기본법은 데이터의 생산, 거래 및 활용 촉진에 관하여 필요한 사항을 정함으로써 데이터로부터 경제적 가치를 창출하고 데이터산업 발전의 기반을 조성하여 국민생활의 향상과 국민경제의 발전에 이바지함을 목적으로 한다.

---

166 데이터기반행정법 제3조(국가 등의 책무) ① 국가 및 지방자치단체는 데이터기반행정을 활성화하기 위한 시책을 수립하고, 그 추진에 필요한 행정적·기술적·재정적 조치를 마련하여야 한다.
② 국가 및 지방자치단체는 데이터기반행정을 효과적으로 수행하기 위한 제도의 개선 및 기술의 연구·개발을 실시하여야 한다.
③ 공공기관은 데이터의 최신성·정확성 및 상호연계성이 유지되도록 노력하여야 한다.
④ 공공기관은 데이터의 제공, 연계 및 공동활용을 적극적으로 수행하고, 그 성과가 유용하게 활용될 수 있도록 노력하여야 한다.
⑤ 공공기관은 데이터기반행정을 수행하는 과정에서 개인정보 보호를 우선적으로 고려하고 그에 필요한 대책을 마련하여야 한다.
167 [시행 2022. 4. 20.] [법률 제18475호, 2021. 10. 19., 제정].

동 법에서는 데이터를 "다양한 부가가치 창출을 위하여 관찰, 실험, 조사, 수집 등으로 취득하거나 정보시스템 및 소프트웨어 진흥법에 따른 소프트웨어 등을 통하여 생성된 것으로서 광(光) 또는 전자적 방식으로 처리될 수 있는 자료 또는 정보"로 정의하고 있다. 이에 따라, 디지털 여부와 상관없이 존재하는 모든 정보 또는 자료가 데이터가 될 수 있다.

무엇보다, 데이터 기본법은 데이터컨트롤타워로서 국가데이터정책위원회를 국무총리 산하에 두도록 하고 있다. 실무단은 과학기술정보통신부에 두도록 하고 있다. 데이터 정책은 지능정보화 기본법에서도 규정하고 있다는 점, 4차 산업혁명위원회의 기본적인 업무로 규정하고 있다는 점에서 실효적인지는 의문이다. 다만, 4차산업혁명위원회는 2022년까지 한시적 조직이기 때문에 국가 데이터정책위원회가 데이터 관련 업무를 승계하는 것이 정책적으로 타당하다.

또한, 데이터의 활용과 관련하여 데이터 안심구역을 지정하도록 하고 있다. 과학기술정보통신부장관과 관계 중앙행정기관의 장은 누구든지 데이터를 안전하게 분석·활용할 수 있는 구역을 지정하여 운영할 수 있으며, 데이터 안심구역 이용을 지원하기 위하여 미개방 데이터, 분석 시스템 및 도구 등을 지원할 수 있다. 또한, 미개방 데이터 지원을 위하여 필요한 경우에는 정부 및 지방자치단체, 공공기관, 민간법인 등에게 데이터 제공을 요청할 수 있도록 하고 있다. 다만, 데이터 안심구역에 대한 제3자의 불법적인 접근, 데이터의 변경·훼손·유출 및 파괴, 그 밖의 위험에 대하여 대통령령으로 정하는 바에 따라 기술적·물리적·관리적 보안대책을 수립·시행하여야 한다(데이터 기본법 제11조).

특이한 사항은 데이터의 일반적 정의와 달리, 데이터생산자가 인적 또는 물적으로 상당한 투자와 노력으로 생성한 경제적 가치를 가지는 데이터를 '데이터자산'으로 정의하고 있다는 점이다. 이는 저작권법상 데이터베이스 및 데이터이베스제작자의 권리와 유사한 구조를 갖는다.[168] 또한 누구든지 데이터자산을 공정한 상거래 관행이나 경쟁질서에 반하는 방법으로 무단 취득·사용·공개하거나 이를 타인에게 제공하는 행위, 정당한 권한 없이 데이터자산에 적용

---

168 데이터베이스제작자는 데이터베이스의 제작 또는 그 소재의 갱신·검증 또는 보충에 인적 또는 물적으로 상당한 투자를 한 자를 말하는 데, 데이터베이스제작자는 그의 데이터베이스의 전부 또는 상당한 부분을 복제·배포·방송 또는 전송할 권리를 가진다. 만약, 데이터베이스제작자의 권리를 복제·배포·방송 또는 전송의 방법으로 침해한 자는 3년 이하의 징역 또는 3천만 원 이하의 벌금에 처하거나 이를 병과할 수 있다

한 기술적 보호조치를 회피·제거 또는 변경하는 행위 등 데이터자산을 부정하게 사용하여 데이터생산자의 경제적 이익을 침해하여서는 아니 된다는 점 등이다. 그렇지만, 데이터자산 부정사용 등 행위에 관한 사항은 부정경쟁방지법에서 정한 바에 따르도록 함으로써 실효적인 규제는 데이터 기본법에서 제외토록 하고 있다. 이는 정책적 합의에 따른 입법으로 볼 수 있으나,[169] 부정경쟁행위규제에 대해서는 부정경쟁방지법에서 직접 규율하는 것이 법체계에 맞다.[170]

또한, 정부는 기계학습 등 데이터 기반의 정보분석을 활성화하기 위하여 데이터의 수집, 가공 등 정보분석에 필요한 사업을 지원할 수 있도록 하고 있다. 정보분석을 위하여 데이터를 이용하는 경우에 그 데이터에 포함된 저작권법에 따른 저작물 등의 보호와 이용에 관하여는 같은 법에서 정하는 바에 따르도록 하고 있다(제13조). 따라서, 정보분석을 위한 저작권법 전면개정안이 통과되면 해당 규정을 따르게 된다.[171] 그렇지 못하더라도, 정보분석을 위해 필요한 경우라면 공정이용 규정의 해석적용이 가능하다. 데이터 기본법에 명시적으로 이러한 사항을 규정하고 있다는 점에서 이중규정에 따른 혼란이 예상된다고 하나,[172] 법률의 우선순위를 조정하고 있다는 점에서 큰 문제는 아니다. 우선순

---

169 데이터자산에 대한 규정이 포함됨으로써, 데이터 소유권에 대한 논의가 확대될 것으로 보인다. 그렇지만, 데이터 소유권을 민법상 개념으로 포섭하기에는 너무 불확정적이라는 점에서 한계를 갖는다. 이러한 논란에 대해 "데이터에 소유권을 인정할 수 있을까 아니면 무형적 정보로서의 비경합적, 비배타적 속성과 공유재적 성격에 기반해 자유사용체제가 바람직한가? 권리를 인정한다면 누구에게 얼마동안 인정할 것인가? 부여하는 권리의 성격도 직접적 배타적 지배하에 이익을 얻을 수 있는 민법상 '물권(物權)'에 준하는 권리(침해 금지, 방해배제 청구권 인정)로 인정하여야 할 것인지 아니면 행위규제형 채권적 권리로만 인정할 것인지 등 다양한 논의가 진행되고 있다. 또한 개인정보 보호법상 '개인정보자기결정권'이나 저작권법상 '데이터베이스제작자의 권리'와는 어떻게 차별화 할 것인지? 데이터를 결합한 경우에 권리귀속은 어떻게 할 것인지 등 논란이 많다. 데이터자산 부정 취득 행위 등을 규율하는 방식은 일본의 한정데이터 부정사용금지 규정에서 차용한 것으로 보이나 우리 전체적 법체계에 부합하지 않는다."고 평가된다. 김원오, 데이터 기본법 제정안에 관한 소고, 산업재산권 제68호, 2020, 197면.
170 김원오, 데이터 기본법 제정안에 관한 소고, 산업재산권 제68호, 2020, 206면.
171 도종환 의원 대표발의(의안번호 7440, 2021.1.15.) 저작권법 전면개정안 제43조(정보분석을 위한 복제·전송) ① 컴퓨터를 이용한 자동화 분석기술을 통해 다수의 저작물을 포함한 대량의 정보를 분석(규칙, 구조, 경향, 상관관계 등의 정보를 추출하는 것)하여 추가적인 정보 또는 가치를 생성하기 위한 것으로 저작물에 표현된 사상이나 감정을 향유하지 아니하는 경우에는 필요한 한도 안에서 저작물을 복제·전송할 수 있다. 다만, 해당 저작물에 적법하게 접근할 수 있는 경우에 한정한다.
② 제1항에 따라 만들어진 복제물은 정보분석을 위하여 필요한 한도에서 보관할 수 있다.

위에 관한 것으로 데이터 기본법상 몇 가지 조항은 저작권법, 개인정보 보호법이나 부정경쟁방지법 등 타 법령을 따르도록 하고 있다. 즉, 데이터 생산, 거래 및 활용 촉진에 관하여 다른 법률에 특별한 규정이 있는 경우를 제외하고는 이 법으로 정하는 바에 따른다. 개인정보, 저작권 및 공공데이터에 관하여는 각각 개인정보 보호법, 저작권법, 공공데이터법 등 다른 법률에서 정하는 바에 따른다(제7조).

동법에서는 데이터 공정거래를 위하여 표준계약서를 마련토록 하고 있다. 과학기술정보통신부장관은 데이터의 합리적 유통 및 공정한 거래를 위하여 공정거래위원회와 협의를 거쳐 표준계약서를 마련하고, 데이터사업자에게 그 사용을 권고할 수 있다(제21조). 데이터 기본법을 위반하는 행위로 인하여 자신의 영업에 관한 이익이 침해되어 손해를 입은 자는 그 위반행위를 한 자에 대하여 위반행위로 인한 손해의 배상을 청구할 수 있다. 이 경우 그 위반행위를 한 자는 고의 또는 과실이 없음을 입증하지 아니하면 책임을 면할 수 없다. 법원은 이 법을 위반한 행위에 관한 소송에서 손해의 발생은 인정되나 손해액을 산정하기 곤란한 경우에는 변론의 취지 및 증거조사 결과를 고려하여 상당한 손해액을 인정할 수 있다(제42조). 다만, 데이터사업자는 손해배상책임의 이행을 위하여 보험 또는 공제에 가입하거나 준비금을 적립하는 등 필요한 조치를 할 수 있다(제43조). 이는 개인정보 보호법 등에서도 유사하게 규정하고 있는 것으로, 사업자의 부담을 덜어주기 위한 제도이다.[173]

아울러, 데이터 생산, 거래 및 활용에 관한 분쟁을 조정하기 위하여 데이터분쟁조정위원회를 두도록 하고 있다.[174] 다만, 공공데이터의 제공거부 및 제

---

172 김원오, 데이터 기본법 제정안에 관한 소고, 산업재산권 제68호, 2020, 220면.
173 개인정보 보호법 제39조의9(손해배상의 보장) ① 정보통신서비스 제공자등은 제39조 및 제39조의2에 따른 손해배상책임의 이행을 위하여 보험 또는 공제에 가입하거나 준비금을 적립하는 등 필요한 조치를 하여야 한다.
② 제1항에 따른 가입 대상 개인정보처리자의 범위, 기준 등에 필요한 사항은 대통령령으로 정한다.
174 데이터 생산, 거래 및 활용과 관련한 피해의 구제와 분쟁의 조정을 받으려는 자는 위원회에 분쟁의 조정을 신청할 수 있다. 다만, 다른 법률에 따라 분쟁조정이 완료된 경우는 제외한다(제35조). 조정은 당사자가 조정안에 동의한 경우나 당사자가 위원회에 조정합의서를 제출한 경우에 성립한다. 조정의 효력은 민사소송법에 따른 재판상 화해와 동일한 효력을 갖는다(제36조). 물론, i) 분쟁조정의 신청이 취하되거나 당사자 어느 한 쪽이 분쟁의 조정에 응하지 아니하는 경우, ii) 당사자가 위원회의 조정안을 거부한 경우에는 조정이 성립하지 아니한다.

공중단과 관련한 분쟁은 공공데이터법 및 데이터기반행정법에 따르고, 개인정보와 관련한 분쟁은 개인정보 보호법에 따르며, 저작권에 관련한 분쟁은 저작권법에 따른다(제34조). 사실상 분쟁조정 규정은 저작권, 공공데이터, 개인정보, 콘텐츠, 국가지식정보 등에 관한 다양한 법률에서 두고 있기 때문에 실효성에 대해서는 의문이다.

이처럼, 현행 법률에서는 데이터 관련 법제가 다수 존재하기 때문에 데이터 기본법과 같이, 데이터 생애주기 관련 법률은 필요하지만 다른 법률과의 관계를 위해 우선순위를 규정하다 보니, 정작 데이터 기본법은 데이터산업 지원 등 산업정책적 측면에서 정책지원을 위한 역할로 한정된다는 점이 한계이다. 이는 기본법이 갖는 한계이기도 하지만, 향후 데이터 기본법 개정과정에서 기본법이 추구해야할 가치와 이념을 보다 명확히 함으로써 데이터에 관한 기본법으로서 역할을 충실히 할 필요가 있다.

(바) 부정경쟁방지법

데이터의 중요성이 커짐에 따라 지식재산 보호의 일반법으로서 역할을 하는 부정경쟁방지법의 역할도 또한 확대되고 있다. 개정법에 따라 (파)목으로 옮겨졌지만, 일반조항으로서 역할을 하던 (카)목을 대신하여 데이터의 부정사용을 금지하는 행위 유형을 추가함으로써 부정형 데이터의 보호 근거를 마련하게 되었다. 저작권법상 데이터베이스제작자의 권리와 같은 물권적인 권리가 아닌 행위 유형에 따른 불법사용 행위를 규제하는 채권적 권리를 부여한 것이다. 부정경쟁방지법의 입법취지는 다음과 같다.

"4차 산업혁명, 인공지능 등 디지털시대의 근간인 데이터의 중요성이 날로 커지고 있고, 빅데이터를 활용해 경제적 부가가치를 창출하고 있음. 하지만, 데이터를 부정한 수단으로 취득해서 부당하게 이익을 얻거나 데이터 보유자에게 손해를 끼치는 행위에 대한 제재는 미흡한 실정임. 대법원은 타인이 영업 목적으로 공개한 데이터를 무단으로 수집하여 제3자와 거래하거나, 상업적 목적으로 활용한 행위에 대해서 이 법의 보충적 일반조항(제2조 제1호 카목)을 근거로 '부정경쟁행위'로 판결한 바 있음. 그러나 이는 향후 발생할 수 있는 다양한 형태의 데이터 무단 수집·이용·유통 행위를 적절히 제재하기에 한계가 있음. 따라서 '데이터 부정사용행위'를 법률에 명확하게 규정하여 부정경쟁행위와 마찬가지로 제재함으로써 건전한 데이터 시장질서를 확립하려는 것임."

　　주요 내용은 부정경쟁방지법에서 보호하는 데이터를 데이터 기본법 제2조 제1호에 따른 데이터[175] 중 "업으로서 특정인 또는 특정 다수에게 제공되는 것으로, 전자적 방법으로 상당량 축적·관리되고 있으며, 비밀로서 관리되고 있지 않은 기술상 또는 영업상의 정보"로 정의하고 있다. 데이터를 부정하게 사용하는 행위를 부정경쟁행위의 유형으로 신설하면서, 구체적인 금지행위로 다음의 4가지 행위 유형을 규정하고 있다(제2조 제1호 카목).[176]

　　ⅰ) 접근권한이 없는 자가 데이터를 부정하게 취득하거나 그 취득한 데이터를 사용·공개하는 행위

　　ⅱ) 접근권한이 있는 자가 부정한 목적으로 데이터를 제3자에게 제공하거나 사용·공개하는 행위

　　ⅲ) ⅰ) 또는 ⅱ)가 개입된 사실을 알고 데이터를 취득하거나 그 취득한 데이터를 사용·공개하는 행위

---

175 데이터 기본법 제2조(정의) 이 법에서 사용하는 용어의 뜻은 다음과 같다.
　1. "데이터"란 다양한 부가가치 창출을 위하여 관찰, 실험, 조사, 수집 등으로 취득하거나 정보시스템 및 소프트웨어 진흥법 제2조제1호에 따른 소프트웨어 등을 통하여 생성된 것으로서 광(光) 또는 전자적 방식으로 처리될 수 있는 자료 또는 정보를 말한다.
176 부정경쟁방지법 제2조(정의) 1. "부정경쟁행위"란 다음 각 목의 어느 하나에 해당하는 행위를 말한다.
　카. 데이터(데이터 기본법 제2조제1호에 따른 데이터 중 업으로서 특정인 또는 특정 다수에게 제공되는 것으로, 전자적 방법으로 상당량 축적·관리되고 있으며, 비밀로서 관리되고 있지 않은 기술상 또는 영업상의 정보를 말한다. 이하 같다)를 부정하게 사용하는 행위로서 다음의 어느 하나에 해당하는 행위
　　1) 접근권한이 없는 자가 절취·기망·부정접속, 그 밖의 부정한 수단으로 데이터를 취득하거나 그 취득한 데이터를 사용·공개하는 행위
　　2) 데이터 보유자와의 계약관계 등에 따라 데이터에 접근권한이 있는 자가 부정한 이익을 얻거나 데이터 보유자에게 손해를 입힐 목적으로 그 데이터를 사용·공개하거나 제3자에게 제공하는 행위
　　3) 1) 또는 2)가 개입된 사실을 알고 데이터를 취득하거나 그 취득한 데이터를 사용·공개하는 행위
　　4) 정당한 권한 없이 데이터의 보호를 위해 적용한 기술적 보호조치를 회피·제거 또는 변경(이하 "무력화"라 한다)하는 것을 주된 목적으로 하는 기술·서비스·장치 또는 그 장치의 부품을 제공·수입·수출·제조·양도·대여 또는 전송하거나 이를 양도·대여하기 위하여 전시하는 행위. 다만, 기술적 보호조치의 연구·개발을 위하여 기술적 보호조치를 무력화하는 장치 또는 그 부품을 제조하는 경우에는 그러하지 아니하다.

iv) 데이터의 기술적 보호조치를 무력화하는 행위

특히, 데이터에 적용된 기술적 보호조치를 무력화하는 경우에는 형사처벌을 받도록 하고 있다.[177] 부정경쟁 행위 유형의 하나인 데이터에 적용된 기술적 보호조치를 무력화하는 등의 금지대상 행위는 정당한 권한 없이 데이터의 보호를 위해 적용한 기술적 보호조치를 회피·제거 또는 변경하는 것을 주된 목적으로 하는 기술·서비스·장치 또는 그 장치의 부품을 제공·수입·수출·제조·양도·대여 또는 전송하거나 이를 양도·대여하기 위하여 전시하는 것을 말한다. 다만, 기술적 보호조치의 연구·개발을 위하여 기술적 보호조치를 무력화하는 장치 또는 그 부품을 제조하는 경우에는 처벌받지 않는다. 부정경쟁방지법상 금지되는 행위 유형으로써 기술적 보호조치는 저작권법 보다는 구체적이나,[178] 적용예외에 있어서는 보다 협소하다. 저작권법 제140조의2[179]에 따른 예

---

177 부정경쟁방지법 제18조(벌칙) ③ 다음 각 호의 어느 하나에 해당하는 자는 3년 이하의 징역 또는 3천만원 이하의 벌금에 처한다.
　1. 제2조 제1호(아목, 차목, 카목 1)부터 3)까지, 타목 및 파목은 제외한다)에 따른 부정경쟁 행위를 한 자
178 저작권법 제2조(정의) 28. "기술적 보호조치"란 다음 각 목의 어느 하나에 해당하는 조치를 말한다.
　가. 저작권, 그 밖에 이 법에 따라 보호되는 권리의 행사와 관련하여 이 법에 따라 보호되는 저작물등에 대한 접근을 효과적으로 방지하거나 억제하기 위하여 그 권리자나 권리자의 동의를 받은 자가 적용하는 기술적 조치
　나. 저작권, 그 밖에 이 법에 따라 보호되는 권리에 대한 침해 행위를 효과적으로 방지하거나 억제하기 위하여 그 권리자나 권리자의 동의를 받은 자가 적용하는 기술적 조치
179 저작권법 제104조의2(기술적 보호조치의 무력화 금지) ① 누구든지 정당한 권한 없이 고의 또는 과실로 제2조제28호가목의 기술적 보호조치를 제거·변경하거나 우회하는 등의 방법으로 무력화하여서는 아니 된다. 다만, 다음 각 호의 어느 하나에 해당하는 경우에는 그러하지 아니하다.
　1. 암호 분야의 연구에 종사하는 자가 저작물등의 복제물을 정당하게 취득하여 저작물등에 적용된 암호 기술의 결함이나 취약점을 연구하기 위하여 필요한 범위에서 행하는 경우. 다만, 권리자로부터 연구에 필요한 이용을 허락받기 위하여 상당한 노력을 하였으나 허락을 받지 못한 경우로 한정한다.
　2. 미성년자에게 유해한 온라인상의 저작물등에 미성년자가 접근하는 것을 방지하기 위하여 기술·제품·서비스 또는 장치에 기술적 보호조치를 무력화하는 구성요소나 부품을 포함하는 경우. 다만, 제2항에 따라 금지되지 아니하는 경우로 한정한다.
　3. 개인의 온라인상의 행위를 파악할 수 있는 개인 식별 정보를 비공개적으로 수집·유포하는 기능을 확인하고, 이를 무력화하기 위하여 필요한 경우. 다만, 다른 사람들이 저작물등에 접근하는 것에 영향을 미치는 경우는 제외한다.
　4. 국가의 법집행, 합법적인 정보수집 또는 안전보장 등을 위하여 필요한 경우
　5. 제25조제3항 및 제4항에 따른 학교·교육기관 및 수업지원기관, 제31조제1항에 따른 도서

외규정에 비하여 부정경쟁방지법은 기술적 보호조치의 연구·개발을 위하여 기술적 보호조치를 무력화하는 장치 또는 그 부품을 제조하는 경우만 한정적으로 허용되기 때문이다. 또한, 데이터에는 개인정보, 저작물 등 다양한 유형의 정보가 포함될 수 있다. 이번 개정으로 데이터 내에 개인정보가 포함되어 있는 경우에는 개인정보 보호법이 추가되어 부정경쟁방지법 보다 우선 적용되도록 함으로써 다른 법률과의 관계를 명확히 규정하였다(제15조).[180] 데이터에 관한 한 다양한 법률의 적용가능성 때문에 타 법과의 관계설정은 무엇보다 중요하다. 법률의 우선순위에 따라, 기술적 보호조치의 시행과정에서 저작권법과의 관계설정 또한 중요하다.

(사) 산업 디지털전환 촉진법

산업데이터 생성·활용의 활성화와 지능정보기술의 산업 적용을 통하여 산업의 디지털 전환을 촉진하기 위한 산업 디지털전환 촉진법(이하 디지털전환법이라 함)이 국회를 통과하였다. 동 법은 산업 밸류체인 전 과정에서 발생하는 산

관(비영리인 경우로 한정한다) 또는 공공기록물 관리에 관한 법률에 따른 기록물관리기관이 저작물등의 구입 여부를 결정하기 위하여 필요한 경우. 다만, 기술적 보호조치를 무력화하지 아니하고는 접근할 수 없는 경우로 한정한다.

6. 정당한 권한을 가지고 프로그램을 사용하는 자가 다른 프로그램과의 호환을 위하여 필요한 범위에서 프로그램코드역분석을 하는 경우

7. 정당한 권한을 가진 자가 오로지 컴퓨터 또는 정보통신망의 보안성을 검사·조사 또는 보정하기 위하여 필요한 경우

8. 기술적 보호조치의 무력화 금지에 의하여 특정 종류의 저작물등을 정당하게 이용하는 것이 불합리하게 영향을 받거나 받을 가능성이 있다고 인정되어 대통령령으로 정하는 절차에 따라 문화체육관광부장관이 정하여 고시하는 경우. 이 경우 그 예외의 효력은 3년으로 한다.

② 누구든지 정당한 권한 없이 다음과 같은 장치, 제품 또는 부품을 제조, 수입, 배포, 전송, 판매, 대여, 공중에 대한 청약, 판매나 대여를 위한 광고, 또는 유통을 목적으로 보관 또는 소지하거나, 서비스를 제공하여서는 아니 된다.

1. 기술적 보호조치의 무력화를 목적으로 홍보, 광고 또는 판촉되는 것

2. 기술적 보호조치를 무력화하는 것 외에는 제한적으로 상업적인 목적 또는 용도만 있는 것

3. 기술적 보호조치를 무력화하는 것을 가능하게 하거나 용이하게 하는 것을 주된 목적으로 고안, 제작, 개조되거나 기능하는 것

③ 제2항에도 불구하고 다음 각 호의 어느 하나에 해당하는 경우에는 그러하지 아니하다.

1. 제2조제28호가목의 기술적 보호조치와 관련하여 제1항제1호·제2호·제4호·제6호 및 제7호에 해당하는 경우

2. 제2조제28호나목의 기술적 보호조치와 관련하여 제1항제4호 및 제6호에 해당하는 경우

180 부정경쟁방지법 제15조(다른 법률과의 관계) ① 특허법, 실용신안법, 디자인보호법, 상표법, 농수산물 품질관리법, 저작권법 또는 개인정보 보호법에 제2조부터 제6조까지 및 제18조제3항과 다른 규정이 있으면 그 법에 따른다.

업데이터는 과도한 기업 영업비밀 보호 경향, 다양한 형태와 방대한 범위 등의 특성으로 인해 활용에 어려움이 있었다. 따라서, 산업 전반에 걸친 디지털 기술 적용 활성화를 통해 밸류체인 전반을 혁신하고 고부가 가치화하기 위해, 산업데이터 활용·보호 원칙을 제시하여 데이터 등 디지털 기술 활용에 따른 기업의 법적 불확실성을 해소하는 것이 시급하며, 이에 개인정보 보호법 등 기존 권리보호 법령에서 규정하고 있지 않은 산업데이터의 개념을 정의하고 이에 관한 활용·보호 원칙을 제시하여 기업의 불확실성을 해소하고 산업데이터의 활용을 활성화를 입법취지로 하고 있다.

① 산업데이터의 정의

디지털전환법은 산업데이터를 산업활동에서 생성 또는 활용되는 것으로서 광(光) 또는 전자적 방식으로 처리될 수 있는 모든 종류의 자료 또는 정보로 정의하고 있다. 또한, 산업데이터 생성을 산업활동 과정에서 인적 또는 물적으로 상당한 투자와 노력을 통하여 기존에 존재하지 아니하였던 산업데이터가 새롭게 발생하는 것으로 정의하고 있다. "산업데이터 생성의 요건으로 인적 또는 물적으로 상당한 투자와 노력을 투입할 것을 명시하고 있는데, 이는 인적 또는 물적으로 상당한 투자를 한 자를 데이터베이스제작자로 인정하고 있는 저작권법 규정에 비하여 보다 엄격한 요건을 설정한 것"[181]이라고 한다.

일종의 2차적 데이터로 볼 수 있는 산업데이터의 활용을 통하여 독자성을 인정할 수 있는 새로운 산업데이터가 발생하는 경우를 산업데이터의 생성에 포함하고 있다. 다만, 산업데이터를 활용하여, 새로운 가치를 만들어내는 데이터도 산업데이터와 동일하게 보는 것이 타당한 것인지는 의문이다.

② 산업데이터 보호 원칙

산업데이터를 생성한 자는 해당 산업데이터를 활용하여 사용·수익할 권리를 가진다. 산업데이터를 활용하여 경제적 가치를 얻을 수 있는 권리, 즉 데이터권을 법정권리화 하고 있다. 더욱이, 산업데이터를 2인 이상이 공동으로 생성한 경우 각자 해당 산업데이터를 활용하여 사용·수익할 권리를 가진다. 다만, 당사자 간의 약정이 있는 경우에는 그에 따른다. 이는 저작권법의 공동저

---

181 채수근, 산업디지털 전환 촉진법안, 산업의 디지털 전환 및 지능화 촉진에 관한 법안 검토 보고서, 국회산업통상자원중소벤처기업위원회, 2020.

작물 원리를 차용한 것이다.[182] 또한, 산업데이터가 제3자에게 제공된 경우 산업데이터를 생성한 자와 제3자 모두 해당 산업데이터를 활용하여 사용·수익할 권리를 가진다. 다만, 당사자 간의 약정이 있는 경우에는 그에 따른다. 공유 내지 이용허락을 받은 경우를 전제하는 것으로, 이러한 경우에는 독자적으로 사용하거나 수익할 수 있는 권리를 갖도록 한 것이다.

문제는 "인적 또는 물적으로 상당한 투자와 노력을 투입한 자가 명확한 경우도 있겠으나, 여러 단계에 걸쳐 용역 계약을 체결하거나 다수의 기업이 데이터 생성에 관여하는 경우 등에는 산업데이터를 생성한 자가 명확하지 않아 분쟁이 발생할 여지가 있어 보"[183]인다는 지적이다. 산업데이터가 생성되는 과정이나 이용과정에서 명확하게 권리관계가 설정될 수 있을지 의문이다. 그렇기 때문에 산업데이터의 권리화에 대해서는 물권적인 권리가 아닌 채권적 형태로 권리화한 것임을 알 수 있다.

권리화된 산업데이터는 누구든지 공정한 상거래 관행이나 경쟁질서에 반하는 방법으로 침해하여 사용해서는 아니 된다. 이 경우, 공정한 상거래 관행이나 경쟁질서에 반하는 방법인지 여부를 판단할 때에는 산업데이터 활용의 목적 및 성격, 산업데이터의 활용이 그 산업데이터의 현재 또는 잠재적 가치에 미치는 영향 등을 종합적으로 고려하여야 한다. 기본적으로 부정경쟁법리가 차용된 것으로, 침해여부를 판단하는 기준은 저작권법상 공정이용(fair use) 요건을 차용하였다.[184] 공정이용 첫 번째 요건인 이용의 목적 및 성격, 네 번째 요

---

182 '공동저작물'이란 2인 이상이 공동으로 창작한 저작물로서 각자의 이바지한 부분을 분리하여 이용할 수 없는 것을 말한다고 각 규정하고 있다. 위 각 규정의 내용을 종합하여 보면, 2인 이상이 공동창작의 의사를 가지고 창작적인 표현형식 자체에 공동의 기여를 함으로써 각자의 이바지한 부분을 분리하여 이용할 수 없는 단일한 저작물을 창작한 경우 이들은 그 저작물의 공동저작자가 된다. 여기서 공동창작의 의사는 법적으로 공동저작자가 되려는 의사를 뜻하는 것이 아니라, 공동의 창작행위에 의하여 각자의 이바지한 부분을 분리하여 이용할 수 없는 단일한 저작물을 만들어 내려는 의사를 뜻하는 것이라고 보아야 한다. 대법원 2014. 12. 11. 선고 2012도16066 판결.
183 채수근, 산업디지털 전환 촉진법안, 산업의 디지털 전환 및 지능화 촉진에 관한 법안 검토보고서, 국회산업통상자원중소벤처기업위원회, 2020.
184 저작권법 제35조의5(저작물의 공정한 이용) ① 제23조부터 제35조의4까지, 제101조의3부터 제101조의5까지의 경우 외에 저작물의 통상적인 이용 방법과 충돌하지 아니하고 저작자의 정당한 이익을 부당하게 해치지 아니하는 경우에는 저작물을 이용할 수 있다.
② 저작물 이용 행위가 제1항에 해당하는지를 판단할 때에는 다음 각 호의 사항등을 고려하여야 한다.
1. 이용의 목적 및 성격

건인 저작물의 이용이 그 저작물의 현재 시장 또는 가치나 잠재적인 시장 또는 가치에 미치는 영향을 고려토록 하고 있다.

산업데이터의 활용과 그에 따른 이익배분이 문제될 수 있다는 우려 때문에 계약체결에 관한 사항을 두고 있다. 다만, 체결을 위한 노력의무(best effort)에 관한 규정이므로, 강제성이 없다는 한계를 갖는다. 산업데이터 생성 또는 활용에 관여한 이해관계자들은 산업데이터의 원활한 활용과 그에 따른 이익의 합리적인 배분 등을 위한 계약을 체결하도록 노력하여야 하며, 합리적인 이유 없이 지위 등을 이용하여 불공정한 계약을 강요하거나 부당한 이익을 취득하여서는 아니 된다.

③ 산업데이터 활용 촉진

산업통상자원부장관은 산업데이터의 합리적 유통 및 공정한 거래 등 원활하고 안전한 산업데이터 생성·활용 환경을 보장하고 기업등의 산업데이터 생성·활용 활성화를 위하여 필요한 지원을 할 수 있다. 합리적 유통 및 공정한 거래를 위해서는 유통시스템이나 거래 과정에서 필요한 표준계약서 등을 준비하는 것이 일반적이다.

산업통상자원부장관은 산업데이터 활용 및 보호 원칙을 준수하도록 하고, 계약의 체결을 촉진하기 위하여 관계 중앙행정기관의 장과 협의를 거쳐 산업데이터 활용 계약에 관한 지침을 마련할 수 있다.[185] 관계 중앙행정기관과 협의하여 계약 지침을 마련할 수 있도록 하고 있으나, 보통 표준계약서에 관한 규정을 두는 법률에서는 공정거래위원회와 협의토록 하고 있다. 일례로, 콘텐츠 관련 표준계약서의 경우, 문화체육관광부 장관과 공정거래위원장이 협의하도록 하고 있다.

---

2. 저작물의 종류 및 용도
3. 이용된 부분이 저작물 전체에서 차지하는 비중과 그 중요성
4. 저작물의 이용이 그 저작물의 현재 시장 또는 가치나 잠재적인 시장 또는 가치에 미치는 영향
185 "산업데이터에 대한 권리를 다수가 공동으로 소유하는 경우 그 활용·수익에 관하여 다툼이 생길 수 있으므로, 산업데이터 활용 및 이익의 합리적인 배분에 관한 계약을 체결하도록 하고 정부 차원에서 계약에 관한 가이드라인을 마련하는 내용은 타당한 측면이 있음. 다만, 공정거래위원회는 공정한 상거래 관행 및 경쟁질서 유지를 위한 가이드라인을 마련함에 있어 공정위와의 협의 절차를 거치도록 하여 그 실효성을 높일 필요가 있다는 입장"이었다. 채수근, 산업디지털 전환 촉진법안, 산업의 디지털 전환 및 지능화 촉진에 관한 법안 검토보고서, 국회산업통상자원중소벤처기업위원회, 2020.

(5) 기타

인공지능에 관한 직접적인 규정을 두고있지 않지만 소비자 보호, 공정거래 등 인공지능 서비스를 이용하는 이용자에 관한 소비자보호법, 알고리즘 거래에 관한 공정성 확보를 위한 공정거래법도 관련성이 높다. 알고리즘의 편향이나 차별을 금지하는 국가권익위원회법 등도 중요한 법률이다.

나. 발의 법률

국회의안정보시스템에서 '알고리즘'을 다루거나 또는 '인공지능'을 검색어로 하여 검색된 법안(法案)을 대상으로,[186] 입법취지를 중심으로 살펴보고자 한다. 주로 인공지능과 관련된 산업과 기술을 육성하기 위한 산업법적 성격이 강한 것으로 판단된다. 따라서, 인공지능교육법을 제외하고는 상임위 논의과정에서 하나의 대안(代案)으로 병합될 가능성이 높다.

특이한 점은 법안에서 정의하는 인공지능 및 인공지능 기술이 거의 동일하거나 유사하다는 점이다. 즉, 인공지능을 "인간의 학습능력, 추론능력, 지각능력, 자연언어의 이해능력 등 지적 능력의 일부 또는 전부를 전자적 방법을 통하여 구현된 것" 또는 "인간의 지능이 가지는 학습, 추론, 지각, 자연언어 이해 등의 기능을 전자적 방법으로 구현하는 소프트웨어나 컴퓨터시스템, 그 밖의 장치"로 정의하고, 인공지능 기술을 "인공지능을 구현하기 위하여 필요한 컴퓨터 또는 그것을 시스템적으로 지원하는 일련의 기술이나 그 기술로 만들어진 기반기술 등의 결과물" 또는 "인공지능의 개발, 제작, 생산, 운영 또는 관리 등에 적용되는 기술"로 정의하고 있다.

다만, 인공지능 이외에 데이터와 관련된 법안도 상당히 발의되었으나, 필요한 내용에 한하여 관련된 부문에서 언급(言及)하고자 한다.

(1) 인공지능 관련 법률안

(가) 인공지능 연구개발 및 산업 진흥, 윤리적 책임 등에 관한 법률안
(이상민 의원 대표발의)

인공지능 기술의 개발 및 활용을 촉진하고 인공지능산업을 지속적으로 진

---

186 2021.8.8.일자로 검색한 결과를 대상으로 한다.

흥함으로써 국민의 삶의 질 향상과 국가경제의 발전에 이바지함을 목적으로 한다. 입법취지는 다음과 같다.

"인공지능 기술은 4차 산업혁명의 핵심 기술로서 미래 세대의 혁명적 발전을 위한 새로운 기반을 제공할 것으로 기대되고 있으며, 그 영향은 경제와 산업에 국한되지 않고 삶 전반에 총체적 변화를 가져올 것으로 전망됨. 세계 주요 국가와 선도 기업들은 이러한 인공지능 기술에 대한 높은 관심을 바탕으로 인공지능 기술개발을 위한 대규모 연구와 투자를 체계적으로 진행하고 있는 상황이며 인공지능산업 진흥을 위한 각종 시범사업 등 다양한 정책방안을 담은 법률을 정비하고 있음. 그러나 우리나라는 인공지능 기술의 중요성은 인지하고 있으나 제도적인 지원이 정부 추진주체나 개별 산업별로 다핵화되어 추진됨에 따라 기존 추진체계의 정비가 필수적임.

이에 인공지능 기술개발 및 산업진흥을 위한 국가적 추진체계를 마련함으로써 인공지능 기술개발을 촉진하고 산업생태계를 강화하는 한편, 인공지능산업에 인간의 기본적 인권과 존엄성을 보호하도록 하고 인공지능 발달에 따른 일자리 감소 등 역기능에 대비하며 4차 산업혁명 시대의 새로운 미래가치 창출과 준비에 대비하기 위한 법적 근거를 마련하려는 것임."

(나) 인공지능산업 육성에 관한 법률안(양향자 의원 대표발의)

인공지능산업의 발전을 위한 기반을 조성하고 인공지능산업을 체계적으로 육성함으로써 국가경쟁력의 강화와 국민경제의 발전에 이바지함을 목적으로 한다. 입법취지는 다음과 같다.

"인공지능 기술은 전 산업에 걸쳐 패러다임의 변화를 가져올 뿐만 아니라 기존 산업의 혁신을 촉진하여 산업구조를 재정립하는 등 사회·경제·문화적으로 큰 변화를 가져올 것으로 예상됨. 글로벌 시장조사 기관인 트랙티카의 보고서에 따르면 인공지능산업이 창출하는 수익은 2017년 6조 원에서 2025년에는 119조 7천억 원으로 증가할 것으로 예상되고 있음. 이러한 점을 고려하여 주요 선진국은 인공지능산업을 선도하고 산업주도권 확보를 위하여 대규모 투자를 추진하고 체계적인 지원을 하는 등 국가 차원의 정책적 역량을 결집하고 있음.

이에 인공지능산업이 디지털 뉴딜의 핵심 축으로서 우리나라 경제 활력 제고 및 사회문제 해결을 위한 최적의 방안이라는 인식을 바탕으로 인공지능산업을 체계적으로 육성하고 지원할 수 있는 제도적 기반을 마련함으로써, 인공지능산업의 국가경쟁력을 강화하고 이를 통해 국민경제 발전에 이바지하려는 것임."

(다) 인공지능 기술 기본법안(민형배 의원 대표발의)

인공지능 기술의 기본이념과 인공지능 기술 관련 정책의 기본방향을 제시하고 인공지능 기술개발에 필요한 기본적인 사항을 규정함으로써 인공지능 기술의 개발, 활용 및 인간중심의 이용이 가능하도록 인공지능 기술 관련 체계를 구축하고 이를 기반으로 국민의 삶의 질 향상에 이바지함을 목적으로 한다. 입법취지는 다음과 같다.

"인공지능 기술은 4차 산업혁명의 핵심 기술임. 미래 세대의 혁명적 발전을 위한 새로운 기반을 제공할 것으로 기대됨. 그 영향은 경제와 산업에 국한되지 않고 삶 전반에 총체적 변화를 가져올 것으로 전망됨. 그런데, 다량의 개인정보를 수집하고 분석하는 과정에서 인권 보호의 문제점이 초래될 수 있음. 정부 인권보호 책무에 의거해 인공지능 기술의 기본이념과 관련 정책의 기본방향을 제시하고, 기술개발과 육성을 위한 법률과 정책을 마련할 필요가 있음. 이에 인공지능 기술개발 및 산업진흥에 필요한 기본적인 사항으로서 국가인공지능기술위원회, 지방인공지능기술위원회를 설치하고 '국가인공지능기본계획'과 '지방인공지능종합계획'을 수립해, 인공지능 기술을 육성하기 위한 국제협력, 민간 참여의 활성화, 인공지능 관련 단체의 설립, 인공지능 기술에 대한 재정지원 등에 관한 사항을 규정하고자 함."

(라) 인공지능 육성 및 신뢰 기반 조성 등에 관한 법률안(정필모 의원 대표발의)

인공지능산업의 육성을 도모하면서 인간이 인공지능의 개발·제공 및 이용에 있어서 지켜야 할 윤리적 원칙 등을 규정하여 인공지능을 신뢰(信賴)할 수 있는 기반을 마련함으로써 인공지능이 산업과 사회 그리고 인간을 위하는 것이 되도록 이바지함을 목적으로 한다. 입법취지는 다음과 같다.

"새로운 기술로 인한 새로운 문제도 제기됨. 최근 발생한 인공지능 챗봇 (AI chatbot) '이루다' 사건과 배달 앱 요기요 사례, 포털의 뉴스 서비스는 인공지능에 대하여 낙관적으로만 생각해서는 안 된다는 점을 환기하게 되는 계기가 되었음. 인공지능 챗봇 '이루다' 사례에서는 인공지능이 윤리적으로 잘못된 데이터 학습을 통하여 사람에 대한 혐오와 차별 등 반윤리적 대화를 제어장치 없이 생산해 내어 결국 해당 서비스 제공이 중단된 사태가, 배달 앱 요기요 사례에서는 인공지능이 식사 또는 생리문제 해결 등 인간의 기본권과 관련된 시간을 배려하지 않는 알고리즘을 통하여 근무평점 및 일감 배정을 수행한 결과 배달기사들이 보장받아야 할 기본적 권리를 침해당하고 있는 사태가 야기됨. 또한 포털의 인공지능을 이용한 뉴스기사 배열은 여전히 공정성과 투명성 및 책임성에 있어 불신과 논란이 지속되고 있음. 다수의 국민들에게 사회적 여론 측면에서 막대한 영향을 미치는 포털은 의사결정 원리 등의 기술적 한계를 고려하더라도 최소한의 설명 책임을 지우도록 할 필요가 있음. 따라서 인공지능을 기술적·산업적 측면에서 진흥하여 국가적 성장동력으로 삼아야 하는 정책 방향과 인공지능이 개인과 공동체에 신뢰받는 문명의 이기(利器)가 되도록 하는 입법적 차원의 준비 역시 필요한 시점이라고 생각됨. 이에 인공지능산업의 육성을 도모하면서 인간이 인공지능의 개발·제공 및 이용함에 있어서 지켜야 할 윤리적 원칙을 규정하며 인간의 생명·신체의 안전 및 존엄성과 직결되는 특수한 영역에서 활용되는 인공지능에 대하여는 인공지능 사용 고지의무 및 사전 신고의무를 두도록 하는 등 인공지능을 신뢰할 수 있는 것이 되도록 기반을 마련하려는 것임."

특이한 점은 EU인공지능법안이 위험(危險) 정도에 따라 인공지능을 구분하여 규제하는 것처럼 "특수한 영역에서 활용되는 인공지능"(이하 특수활용 인공지능이라 함)을 다음 각 목의 어느 하나에 해당하는 인공지능으로서 사람의 생명·신체에 위험을 줄 수 있거나 부당한 차별 및 편견의 확산 등 인간의 존엄성(尊嚴性)을 해칠 위험이 있는 인공지능으로 유형화하고 있다.

   ⅰ) 의료행위 또는 의료기기에 적용되어 사람의 생명·신체에 직접 사용되는 인공지능

ⅱ) 일상생활 유지에 필요한 전기 또는 가스, 먹는 물 등의 공급을 위하여 사용되는 인공지능

ⅲ) 범죄 수사나 체포 업무에 활용될 수 있는 생체인식에 사용되는 인공지능

ⅳ) 핵물질과 원자력시설의 안전한 관리 및 운영을 위하여 사용되는 인공지능

ⅴ) 개인의 권리 및 의무관계에 중대한 변화를 가져오는 평가 또는 의사결정을 위하여 사용되는 인공지능

ⅵ) 국가, 지방자치단체, 공공기관의 운영에 관한 법률에 따른 공공기관 등이 사용하는 인공지능으로서 국민에게 영향을 미치는 의사결정을 위하여 사용되는 인공지능

ⅶ) 정보통신망법 제2조 제3호의 정보통신서비스 제공자가 사용하는 인공지능으로서 대통령령으로 정하는 인공지능

ⅷ) 그 밖에 대통령령으로 정하는 인공지능

이러한 특수활용 인공지능에 대해서는 상대방에게 고지하고, 설명하도록 함으로써 인공지능에 대한 신뢰성을 높이도록 하고 있다.[187] 아울러, 인공지능

---

187 인공지능 육성 및 신뢰 기반 조성 등에 관한 법률안 제20조(특수한 영역에서 활용되는 인공지능 고지의무 등) ① 특수한 영역에서 활용되는 인공지능(이하 "특수활용 인공지능"이라 한다)을 사용하여 업무를 수행하는 자는 해당 업무의 수행에 있어서 특수활용 인공지능을 사용한다는 사실을 상대방이 쉽게 알 수 있도록 사전에 고지하여야 한다.
② 특수활용 인공지능 중 제2조제2호마목부터 사목까지의 인공지능을 사용하여 업무를 수행하는 자는 특수활용 인공지능에만 의존하여 최종적인 평가 또는 의사결정 업무를 수행하여서는 아니 된다.
③ 특수활용 인공지능을 사용하여 업무를 수행하는 자는 상대방의 요청이 있는 경우에는 해당 인공지능이 갖는 의사결정 원리 및 최종결과 등 대통령령이 정하는 사항을 설명하여야 한다.
④ 제3항에도 불구하고 다음 각 호의 어느 하나에 해당하는 경우에는 설명을 하지 아니할 수 있다.
1. 법령에 따라 설명을 거절할 수 있는 경우
2. 다른 사람의 생명·신체를 해칠 우려가 있거나 다른 사람의 재산과 그 밖의 이익을 부당하게 침해할 우려가 있는 경우
3. 그 밖에 설명으로 인하여 영업비밀(「부정경쟁방지 및 영업비밀보호에 관한 법률」 제2조 제2호에 따른 영업비밀을 말한다)이 현저히 침해되는 등 설명하기 부적절한 경우로서 대통령령으로 정하는 경우
⑤ 과학기술정보통신부장관은 제3항 및 제4항의 이행에 필요한 가이드라인을 수립하여 보급할 수 있다.
⑥ 제1항에 따른 고지, 제3항에 따른 설명의 방법 및 절차, 제5항에 따른 가이드라인의 수

사업자가 특수활용 인공지능을 개발·제조·유통하거나 이와 관련된 인공지능 서비스를 제공하려는 경우 해당 인공지능에 대하여 과학기술정보통신부장관에게 신고하여야 한다. 신고사항을 변경하려는 경우에도 또한 같다. 또한, 인공지능사업자는 이용자의 생명·신체를 보호하고 인간의 존엄성을 존중하기 위한 기술적·관리적 조치를 마련하여야 한다.

(마) 인공지능 교육 진흥법안(안민석 의원 대표발의)

인공지능 교육의 진흥에 필요한 사항을 정하여 인간중심의 윤리적 책임을 고려한 인공지능 교육을 체계적으로 추진함으로써 국가와 사회의 발전에 이바지함을 목적으로 한다. 입법취지는 다음과 같다.

"4차 산업혁명의 발달과 함께 인공지능 기술의 발전은 기술 진보를 넘어 문명사적 변혁에 해당하는 정도로 우리 사회 산업, 일자리 구조 등 우리 사회 전반에 큰 영향을 가져올 것으로 예상되고 있으며, 인공지능 기술에 대한 이해와 이를 활용할 수 있는 능력이 요구되고 있음. 정부도 지난 2019년 '인공지능 국가 전략'을 제시하였고, 작년에는 '인공지능 시대 교육정책 방향과 핵심과제'를 발표한 바 있음. 최근에는 인공지능 교육과 인재양성이 교육정책의 중요한 화두가 되고 있으나 인간중심 인공지능 교육을 범정부 차원에서 종합적이고 체계적으로 지원하는 법·제도 및 정책이 미흡한 실정임. 따라서 인공지능은 미래 국가 경쟁력의 핵심 기술이며, 인공지능 강국이 되기 위해서는 범정부 차원의 전략적 지원이 필요함. 이에 모든 국민이 인공지능 기술의 발전에 대비하여 인간중심의 윤리적 소양을 기르도록 준비하고, 인공지능 시대를 주도해 나갈 인재를 양성하기 위한 교육의 비전과 과제를 제시할 필요성이 대두됨."

참고로, 동 법안에서는 인공지능이란 인간의 학습, 추론, 지각 등 지적 능력의 일부 또는 전부를 컴퓨터프로그램 등 전자적 방법을 통하여 구현된 것으로, 인공지능 교육이란 인공지능을 이해·개발하는 내용에 대한 교육(敎育)과 인공지능 기술을 활용한 교수·학습·평가 및 교육정책 수립 등의 활동(活動)을 포함하는 것으로 정의한다.

립 및 보급 등에 필요한 사항은 대통령령으로 정한다.

(바) 인공지능에 관한 법률안(이용빈 의원 대표발의)

인공지능의 개발 및 활용을 통하여 인공지능산업 진흥과 인공지능 생태계 경쟁력을 강화하고, 인공지능 기반의 사회에서 국민의 권익과 존엄성을 보호하여 국민의 삶의 질 향상과 국가경쟁력을 강화하는 데 이바지함을 목적으로 한다. 입법취지는 다음과 같다.

"인공지능은 데이터·네트워크 등과 함께 국가·도시·산업 전반의 혁신성장을 견인하고 경쟁력을 결정짓는 핵심 요소로서, 인공지능 기반의 다양한 기술을 접목한 산업·제품·서비스 등이 경제·사회구조의 전환적 혁신으로 이어져, 국민의 삶 전반에 총체적 변화를 가져올 것으로 예상됨. 또한, 인공지능 등 첨단기술의 혁신적 발전으로 인한 인공지능 윤리 수준 신뢰 구축뿐만 아니라, 디지털 양극화, 일자리 변동, 정보격차 심화, 사생활 침해 등의 부작용과 사회적 문제를 해결해야 하는 과제를 동시에 안고 있음. 현 단계 대한민국은 인공지능에 대한 국민적 관심과 국가적 중요도가 꾸준히 부각되고 있으나, 정부 부처나 지자체, 산업별로 분절되어 추진되는 등 인공지능에 관한 법적 근거와 사업여건의 일관성이 모호해, 종합적인 정책추진에 한계가 있음. 따라서 인공지능산업 전반의 수요를 증폭시키면서도, 인공지능산업 기반 경제전환 및 가속화에 기여할 수 있는 한편, 인공지능 윤리의 사회적 신뢰망을 구축할 수 있는 새로운 법·제도적 뒷받침이 요구되는 상황임. 이에 인공지능의 개발 및 활용을 통해 인공지능산업 진흥 및 인공지능 생태계 경쟁력을 강화하고, 인공지능 기반의 사회에서 국민의 권익과 존엄성을 보호하여, 국민의 삶의 질 향상과 국가경쟁력 강화에 이바지할 수 있는 대한민국 인공지능의 새로운 기준을 마련하고자 함."

참고로, 동 법안에서는 인공지능 윤리란 인간의 존엄성에 대한 존중을 기초로 하여, 국민의 권익과 생명·재산이 보호받을 수 있는 안전하고 신뢰할 수 있는 지능정보사회를 구현하기 위하여 인공지능의 제작, 개발, 보급, 이용 등 모든 영역에서 사회구성원이 지켜야 할 윤리적 기준 및 사회구성원에 대한 보호와 포용(包容)의 기준으로 정의한다.

(2) 알고리즘 관련 법률안

앞서 살펴본 인공지능 관련 법률안은 제정안이지만, 알고리즘을 다루는 법률 개정안은 주로 기존 정보통신 관련 법률의 개정안 형식으로 발의되고 있다는 점에서 차이가 있다.

(가) 지능정보화 기본법 개정안(이원욱 의원 대표발의)

지능정보화 기본법 개정안은 알고리즘에 관한 정의를 추가하는 것에 불과하지만, 알고리즘에 관한 정의가 없는 우리 법제 하에서 알고리즘을 정의하는 것 자체는 커다란 의미를 갖는다. 개정안의 입법취지는 다음과 같다.

"산업화시대와 정보화시대를 거쳐 현대는 과학·기술 분야뿐 아니라 산업·경제, 사회·문화, 행정 등 사회 모든 분야에서 정보의 생산과 유통 또는 그 활용을 기반으로 하는 기술, 그리고 그 기술들이 융합된 기술이 고도화된 지능정보화시대를 맞이하고 있음. 이러한 지능정보화시대를 설명하고 해석하는 데에 필수적인 개념인 알고리즘이라는 용어를 향후 많은 다른 법령 등에서도 사용 및 인용할 것으로 예상됨에도 불구하고, 지능정보화 분야의 기본법이라 할 수 있는 현행법에서는 명시적으로 그 개념을 정확하게 정의하고 있지 않은 채 사용하고 있음."

개정안에서는 알고리즘을 "어떤 문제의 해결 혹은 의사결정을 위하여 입력된 자료를 토대로 하여 결론을 이끌어내는 연산 또는 논리의 집합"으로 정의한다. 알고리즘은 문제해결을 위한 방식과 과정으로 프로그래밍 언어로 구체화되어 SW 내지 인공지능 시스템에 적용된다. 적용된 알고리즘은 딥러닝과 같은 기계학습 과정을 거치면서 더욱더 고도화된다. 즉, 기계학습 이전에는 개발자가 프로그래밍을 통하여 고도화해왔다면, 이제는 기계가 학습을 거치면서 알고리즘을 고도화시킴으로써 문제해결 능력이 높아진다는 의미이다. 다만, 문제해결방식 자체는 '아이디어 영역'[188]이기 때문에 우리나라 또는 다른 나라의 저작권법에서도 보호대상에 명시적으로 제외하고 있다.[189] 이는 저작권법상 아이디

---

[188] 알고리즘이란 "어떤 문제를 유한개의 절차로 풀기 위해 주어진 입력으로부터 원하는 출력을 유도해내는 정해진 일련의 과정이나 규칙들의 집합"이라고 한다. 이상정 외, 저작권법강의, 세창출판사, 2015, 331면.

어·표현 2분법에 따른 결과이기도 하다. 이에 대해서는 후술하고자 한다.

　　현행 법률에서는 알고리즘이라는 용어가 사용된 경우가 지능정보화 기본법 제60조 제1항 제4호[190]에서 한 번뿐으로 법령상 차지하는 비중이 낮으나, 지능정보화시대를 설명하고 해석하는 데에 필수적인 개념인 알고리즘을 향후 다른 법령 등에서 사용 및 인용할 수 있다는 점에서, ICT 분야 기본법에 이에 대한 명확한 정의 규정을 두려는 개정안의 취지는 타당한 것으로 판단하고 있다. 이처럼, 정의 규정은 해당 법률에서 사용되고 있는 용어의 뜻을 명확하게 정하는 규정으로, 해당 법률에서 공통적으로 사용되거나 높은 빈도로 사용되는 용어, 중요한 의미를 가지고 있는 용어, 다른 용어들을 기술하는 데 있어 토대가 되는 용어 및 일반적인 쓰임새와 다르게 사용되는 용어 등의 뜻을 명확히 하여 법률 해석과 적용상의 혼란 및 분쟁을 방지하고, 해당 법률에서 자주 사용되는 용어를 미리 하나의 조문에서 설명하여 둠으로써 법문을 간결하게 표현하는 기능을 한다.[191] 알고리즘 정의에 대한 국회 검토보고서의 주요 내용은 다음과 같다.[192]

　　"개정안은 알고리즘의 의미를 '어떤 문제의 해결 혹은 의사결정을 위하여 입력된 자료를 토대로 하여 결론을 이끌어내는 연산 또는 논리의 집합'으로 정의하고 있는데, 이렇게 정의할 경우 알고리즘의 개념을 '문제의 해결 혹은 의사결정을 위한 것'으로만 한정할 수 있으므로, 알고리즘의 정의를 실제 활용되는 다양한 분야를 포괄하도록 수정할 필요가 있다고 봄. 과학기술정보통신부는 알고리즘이 문제의 해결, 의사의 결정 등 종결적 기능만을 수행하는 것이 아니고, 단순·반복적 기능의 수행과 운용 등도 포함하므로, 종결적 행위 이외의 과정과 입력 데이터 없는 기능적 알고리즘까지 포함할 수 있도록 의미를 확장할 필요가 있고, 특히, 단순 논리적 프로그래밍 기술과 구분하기 위하여, 해당 프

---

189 저작권법 제101조의2.
190 지능정보화 기본법 제60조(안전성 보호조치) ① 과학기술정보통신부장관은 행정안전부장관 등 관계 기관의 장과 협의하여 지능정보기술 및 지능정보서비스의 안전성을 확보하기 위하여 다음 각 호와 같은 필요한 최소한도의 보호조치의 내용과 방법을 정하여 고시할 수 있다.
4. 지능정보기술의 동작 및 지능정보서비스 제공을 외부에서 긴급하게 정지하는 것(이하 "비상정지"라 한다)과 비상정지에 필요한 알고리즘의 제공에 관한 사항
191 법제 이론과 실제, 국회 법제실, 2019, 260면.
192 조기열, 지능정보화 기본법 검토보고서, 과학기술정보방송통신위원회, 2021.

로그래밍 기술(技術)의 논리 체계에 대한 기술(記述) 문서 등까지 알고리즘으로 포함할 필요가 있다는 입장임. 방송통신위원회 또한 알고리즘을 보다 포괄적인 개념으로 수정할 필요가 있다는 의견으로, '의사결정'을 보다 광의의 표현(상위개념)인 '결과 도출'로 변경하거나, '의사결정'을 명시하고자 할 경우에는 '의사결정 및 그 지원 등'으로 열거하는 방안을 고려할 수 있다는 입장임."

알고리즘에 대한 정의를 포함하여 나타날 수 있는 문제에 대한 구체적인 내용은 제6장 인공지능과 알고리즘 편에서 살펴보고자 한다.

(나) 정보통신망법 개정안(이원욱 의원 대표발의)

앞서 살펴본 알고리즘의 정의만을 개정하는 지능정보화 기본법과는 달리, 정보통신서비스 제공자에게 알고리즘에 대한 자료제출을 요구할 수 있도록 하는 정보통신망법 개정안의 입법취지는 다음과 같다.

"포털 등 정보통신서비스 제공자는 정보통신서비스를 제공하기 위하여 자사가 개발한 알고리즘을 사용하여 적용하고 있음. 그런데, 최근 국내 포털사이트의 검색 알고리즘의 관리 과정에서 노출된 여러 문제점이 언론 등을 통해 지적되었고, 특정사업자가 알고리즘으로 인하여 이익 또는 손실을 보는 상황이 발생하고 있어, 알고리즘 자료에 관한 체계적인 관리 필요성 등이 제기되고 있음. 이에 공정한 시장질서의 형성과 정보통신 이용자의 정당한 권리 확보를 위하여 기업의 영업비밀을 침해하지 않는 범위 내에서 이용자 정보의 안전성과 신뢰성에 직접적으로 영향을 미치는 경우에 한하여 정보통신서비스 제공자가 보유하고 있는 일정 범위의 알고리즘 관련 내용을 과학기술정보통신부장관과 방송통신위원장에게 의무적으로 제출하도록 하려는 것임."

개정안에서는 알고리즘 자료 제출을 요구하고 있으나, 입법취지와 달리 개정 조문에서는 구체적인 이유 등을 설시하지는 않고 일일 평균 이용자의 수, 매출액 등이 대통령령으로 정하는 기준에 해당하는 등의 요건을 갖춘 사업자에게 다음과 관련된 알고리즘 제출 의무를 부담하고 있다.

ⅰ) 기사의 배열(신문 등의 진흥에 관한 법률(이하 신문법이라 함) 제2조제6호에

따른 인터넷뉴스서비스사업자에 한정한다)

ⅱ) 거래되는 재화 또는 용역이 노출되는 순서, 형태 및 기준

ⅲ) 그 밖에 이용자 정보의 안전성과 신뢰성에 영향을 주는 사항으로서 대통령령으로 정하는 사항

알고리즘 제출 의무의 대상이 되는 서비스는 인터넷뉴스의 기사배열, 전자상거래의 상품 내지 광고, 또한 정보주체의 개인정보 등을 기본으로 하는 프로파일링 서비스 등으로 이해된다. 그렇지만, 개정안에 대한 국회 검토보고서의 내용은 상당히 부정적인 것으로 판단된다. 개정안은 공정한 시장질서를 형성하고 정보통신서비스 이용자의 정당한 권리를 확보한다는 데 그 입법취지가 있으나, 중복 규제와 자료제출 범위 등에 대한 논의가 필요할 것으로 보고 있기 때문이다. 먼저, 분야별 개별법과의 중복 규제 가능성에 대해서는 다음과 같이 검토하고 있다.[193]

"알고리즘의 중립성·투명성 확보가 특히 요구되는 온라인 플랫폼 중개업이나 인터넷뉴스서비스사업 분야의 경우, 동 개정안과 유사한 취지의 내용이 개별 법률안(온라인 플랫폼 공정화에 관한 법률안 및 신문법 개정안)에 반영되어 있음. 따라서 개별법에서의 규제와 별도로 정보통신망법에서 정보통신서비스 제공자에게 알고리즘 자료 제출 의무를 부과하는 것이 적절한지 살펴볼 필요가 있음. 이에 대해 공정거래위원회는 동 정보통신망법 개정안에 대하여 ① 정보통신망법은 유해매체물 규제 등 건전한 정보통신망 조성을 주목적으로 하므로 일반적인 거래관계까지 규율하는 것은 바람직하지 않고, ② 알고리즘을 이용한 경쟁제한 및 불공정거래행위에 대해서는 이미 공정거래법으로 규율 중인 바[194] 개정안을 도입할 경우 사업자에게 이중규제 부담 발생 우려가 있으며, ③ 영업비밀에 해당하는 알고리즘을 매년 정부에 제출하도록 하는 것은 사업자에 대한 과도한 규제로서 오히려 산업의 혁신을 저해할 우려가 있다는 의견을 제출하였다고 함. 이를 종합하여 볼 때, 다양한 분야의 정보통신서비스 제공에 이

---

193 조기열, 정보통신망 이용촉진 및 정보보호 등에 관한 법률 일부개정안 검토보고서, 국회과학기술정보방송통신위원회, 2021.

194 네이버가 검색 알고리즘을 이용해 자사 입점업체의 상품 및 자사 동영상 서비스를 검색결과 상단에 인위적으로 노출하여 경쟁을 왜곡한 행위를 제재('21.1월 의결).

용되는 검색·배열 기준의 중립성 및 투명성 확보를 위한 규제를 정보통신망법에서 포괄적으로 규정하는 것은 개별 법률을 통한 규제 가능성과 부처 간 협의 등을 고려한 논의가 필요할 것으로 봄.”

중복성에 대해서는 알고리즘 자체가 갖는 특성을 포함하여 다양한 분야에 사용된다는 점에서 당연한 결과이기도 하다. 만약 알고리즘과 관련하여 문제가 발생할 경우, 현행 법체계에서는 해석가능한 범위내에서 문제를 해결해나갈 수밖에 없다는 점에서 중복성이 문제라고 단정하기는 어렵다. 다음으로, 제출 대상 자료 범위의 명확한 기준 마련의 필요성에 대해서는 다음과 같이 검토하고 있다.[195]

“개정안의 제안이유에 따르면 ‘기업의 영업비밀을 침해하지 않는 범위 내에서 이용자 정보의 안전성과 신뢰성에 직접적으로 영향을 미치는 경우에 한하여’ 일정 범위의 알고리즘 내용을 의무적으로 제출하도록 하고 있음. 다만, 기업의 영업비밀 해당 여부를 판단하는 기준이 법률에 명확하게 규정되지 않고 대통령령에 위임되어 있어 사업자가 제출하여야 하는 알고리즘 관련 자료의 범위가 어디까지인지 예측하기 어려운 측면이 있음. 특히 개정안에 따라 의무적으로 제출해야 하는 자료 중 ‘그 밖에 이용자 정보의 안전성과 신뢰성에 영향을 주는 사항으로서 대통령령으로 정하는 사항’(안 제64조의6제1항제3호)은 그 내용이 해석에 따라 광범위하게 결정될 수 있으므로, 제출 대상 자료의 범위를 법률에서 보다 명확히 규정할 필요가 있음. 이와 관련하여 과학기술정보통신부는 지난해 12월 발표한 ‘인공지능 법·제도·규제 정비 로드맵’에서는 기업이 사업을 위하여 인적·물적 투자를 통해 가격·거래조건·거래방법 등에 관한 절차·방법·규칙들을 만들기 위해 활용하는 알고리즘은 영업비밀에 속하는 것으로 알고리즘이 공개될 경우 기업의 정당한 이익 침해 우려가 있다는 점에서 ‘(가칭)알고리즘 공개 및 설명 가이드라인’을 제정하여 알고리즘의 영업비밀 인정 기준, 민간의 자율적인 알고리즘 공개 기준·범위·방법 등을 제시하여 영업비밀을 침해하지 않는 한도 내에서 투명성을 확보하겠다는 계획을 수립한

---

195 조기열, 정보통신망 이용촉진 및 정보보호 등에 관한 법률 일부개정안 검토보고서, 국회과학기술정보방송통신위원회, 2021.

바 있음. 이러한 점에서 개정안에 따른 정보통신서비스 제공자의 알고리즘 관련 자료 제출은 국내에서의 논의 경과와 해외 사례 등을 종합적으로 고려하여 '기업의 영업비밀을 침해하지 않는 범위'의 명확한 기준을 마련하고 이를 법률에 명시함이 적절할 것으로 봄. 추가적으로 알고리즘은 고정되어 있는 것이 아니라 지속적으로 수정·보완되는 것으로, 알고리즘이 변경될 때마다 자료를 제출하도록 하는 것은 사업자에게 부담이 될 수 있으므로 자료 제출 시점도 법률에서 명확히 규정할 필요가 있을 것임."

　　알고리즘 자체를 공개하는 것이 공중에게 하는 것은 아니다. 만약 영업비밀이라면 법상 엄격하게 관리하고, 비밀유지계약서를 징구하는 경우라면 영업비밀성이 당연히 유지된다. 따라서, 알고리즘의 공개 자체가 영업비밀을 침해하는 것으로 단정하기는 어렵다. 다만 관련 사업자의 우려를 불식시키기 위한 방안으로써 명확한 가이드라인을 제시하는 것은 필요한 일이다. 끝으로, 제출된 자료에 대한 관리 계획마련의 필요성에 대해서는 다음과 같이 검토하고 있다.[196]

　　"개정안은 사업자로 하여금 알고리즘 관련 내용을 과학기술정보통신부 및 방송통신위원회에 제출하도록 하고 있으나, 제출 이후 부처의 관리 방법 및 조치 등에 대해서는 규정되어 있지 않음. 이와 같이 제출 자료에 대한 실질적인 관리 및 조치 계획이 마련되어 있지 않은 상황에서 사업자에게 자료를 제출하도록 하는 법적 의무를 부과하는 것은 사업자에게 부담이 될 수 있음. 개정안은 공정한 시장질서 형성 및 이용자의 정당한 권리 확보를 위하여 정보통신서비스 제공자에게 알고리즘 관련 내용을 제출하도록 하여 이를 체계적으로 관리한다는 취지인 바, 자료제출 의무가 신설될 경우 과학기술정보통신부 및 방송통신위원회는 제출받은 알고리즘 관련 자료에 대한 구체적인 관리 방안 및 계획을 마련할 필요가 있음. 한편, AI 알고리즘의 중립성을 정부가 판단하는 것은 규제가 될 수 있고 기업이 스스로 판단하는 것은 중립성 측면에서 문제가 생길 수 있다는 의견 등도 제시되고 있음을 고려할 때, 정보통신서비스 제공자

---

196 조기열, 정보통신망 이용촉진 및 정보보호 등에 관한 법률 일부개정안 검토보고서, 국회과학기술정보방송통신위원회, 2021.

의 알고리즘의 편향성 등에 대한 검증 방식 및 개선책의 마련은 향후 보다 다양한 주체의 참여를 통해 논의하여 결정할 필요가 있을 것으로 봄.197"

검토보고서의 내용은 규제로써 작용한다는 평가를 하고 있으나, 실상 알고리즘을 통하여 나타날 수 있는 문제에 대응하기 위한 필요성 등에 대해서는 제한적으로 언급된다. 물론, 알고리즘 규제를 강화할 경우 인공지능산업이나 서비스 자체가 성장하는 데 걸림돌이 될 수 있기 때문으로 보인다. 그렇지만, 알고리즘에 대한 평가나 나타나는 결과에 대한 문제점은 지속적으로 제기되고 있으며, 블랙박스 현상에 대해 누구나 쉽게 설명하지 못한다는 기술적인 한계에 대해 대응할 수 있는 체계의 마련이 필요하다는 점을 인식하여야 한다.

(다) 정보통신망법 개정안(류호정 의원 대표발의)

알고리즘에 대한 포괄적인 내용을 담고 있는 정보통신망법 개정안도 발의되었으며, 동 법안의 입법취지는 다음과 같다.

"정보통신기술의 발전과 지능정보사회의 도래, 코로나바이러스감염증−19가 촉발한 비대면 사회로의 급격한 전환은 배달, 배송, 택배, 온라인 쇼핑 및 유통 등의 서비스 분야에서 플랫폼 기업의 성장을 가속화하고 있음. 또한, 플랫폼 기업을 포함한 국가기관, 지방자치단체, 공공기관, 포털사이트운영사, 언론사 등이 제공하는 서비스에 적용되는 알고리즘은 기업의 이윤창출 방식뿐만 아니라 이에 직·간접적으로 종사하는 노동자의 사회적 안전망에 근본적인 변화를 가져오고 있음. 이에 알고리즘과 알고리즘 서비스를 법률에 정의하고, 알고리즘과 관련한 이해관계자의 유형을 분류하여 규정하는 한편, 알고리즘 서비스를 제공하는 자에게 이해관계자가 설명을 요구할 수 있게 하는 등 알고리즘에 관한

---

197 동 개정안에 대하여 "방송통신위원회는 이용자 보호 차원에서 알고리즘 자료에 관한 체계적인 관리가 필요하다는 점에서 개정안에 수용하면서도 알고리즘 자체는 기업 영업비밀이므로 안 제64조의6제1항본문의 제출 대상을 '알고리즘'이 아닌 '자료'로 수정하고, 각 호의 내용 중 '기사의 배열'(제1호)은 '기사배열의 결정 기준'으로, '거래되는 재화 또는 용역이 노출되는 순서, 형태 및 기준'(제2호)은 '알고리즘 기반 자동 배열 시스템에 의한 정보가 이용자에게 노출되는 형태 및 노출 순서의 결정 기준'으로 수정할 필요가 있다는 의견을 제시하였음. 과학기술정보통신부는 개정안이 알고리즘의 불완전성으로 인해 발생하는 공정성 관련 이슈에 도움이 된다는 긍정적 측면과 함께 알고리즘 제출 정보의 범위가 지나치게 확대해석되거나, 자료 제출 의무가 국내 기업에만 적용되어 새로운 역차별이 발생할 우려 등에 대한 검토가 필요하다는 입장"이라고 한다. 조기열, 정보통신망 이용촉진 및 정보보호 등에 관한 법률 일부개정안 검토보고서, 국회과학기술정보방송통신위원회, 2021.

최소주의적 규제를 통해 공정경쟁과 노동자의 안전을 도모하려는 것임."

동법안은 알고리즘을 "어떠한 문제의 해결 또는 의사결정을 위하여 입력된 자료를 토대로 결론을 이끌어 내는 연산, 논리, 규칙 또는 절차의 집합"으로 정의하고 있으며, 알고리즘 서비스를 "정보통신망에서 제공하는 재화, 용역, 그 밖에 콘텐츠의 거래 등 상호작용을 매개하기 위하여 알고리즘과 전기통신설비, 컴퓨터 및 컴퓨터의 이용기술을 활용하여 정보를 수집·가공·저장·검색·송신하는 것"으로 정의하고 있다. 규제대상이 되는 알고리즘 서비스 제공자에 대해 "영리를 목적으로 알고리즘 서비스를 제공하는 자"로 정의함으로써, 비영리를 목적으로 제공하는 경우는 제외된다.

특이한 점은 알고리즘의 설계 또는 적용과 관련하여 발생하는 갈등과 분쟁의 조정 등을 위하여 방송통신위원회에 알고리즘분쟁조정위원회를 두도록 하고 있다. 당사자가 강제집행을 승낙하는 취지의 내용이 기재된 조정서에 서명 또는 기명·날인한 경우 조정서의 정본은 집행력 있는 집행권원과 같은 효력을 가진다.

또한, 알고리즘 설계 원칙 및 가이드라인에 대한 원칙을 제시하고 있는데, 알고리즘 서비스 제공자는 자신이 제공하는 알고리즘 서비스의 알고리즘을 설계할 경우 다음 각 호의 사항을 준수하여야 한다.

　ⅰ) 성별, 장애, 나이, 언어, 출신국가, 출신민족, 인종, 국적, 피부색, 출신지역, 용모 등 신체조건, 혼인여부, 임신 또는 출산, 가족 및 가구의 형태와 상황, 종교, 사상 또는 정치적 의견, 형의 효력이 실효된 전과, 성적지향, 성별정체성, 학력(學歷), 고용형태, 병력 또는 건강상태, 사회적신분 등을 이유로 알고리즘 서비스 이용사업자, 알고리즘 서비스 종사자, 알고리즘 서비스 이용자를 차별하지 아니할 것

　ⅱ) 알고리즘 서비스 이용사업자, 알고리즘 서비스 종사자, 알고리즘 서비스 이용자의 안전 및 건강을 유지·증진시킬 것

　ⅲ) 검색, 배열 등 대통령령으로 정하는 중요한 알고리즘 원칙을 공개할 것

다만, 알고리즘 관련 기술의 건전한 발전과 알고리즘 서비스의 투명성 향상을 위하여 알고리즘 투명성위원회를 두어, 알고리즘 서비스 제공자가 위 각

호에 따른 준수사항을 지키게 하기 위하여 알고리즘 설계에 관한 가이드라인을 수립·보급할 수 있도록 하고있다. 이 경우 알고리즘 투명성위원회는 대통령령으로 정하는 바에 따라 이해관계인·일반시민 또는 전문가 등으로부터 의견수렴 절차를 거칠 수 있도록 하였다.

이외에도 투명성위원회는 전년도 매출액 또는 이용자 수 등이 대통령령으로 정하는 기준 이상인 알고리즘 서비스 제공자가 제공하는 알고리즘 서비스가 다음 각 호의 어느 하나에 해당하는 경우 해당 알고리즘 서비스의 알고리즘에 대한 조사를 실시할 수 있다. 이 경우 투명성위원회는 공정거래위원회 또는 개인정보보호위원회에 협조를 요청할 수 있다.

  i) 알고리즘 서비스 이용사업자, 알고리즘 서비스 종사자 또는 알고리즘 서비스 이용자의 신체적·정신적 건강에 명백히 해를 끼칠 우려가 있는 경우
  ii) 독점규제법 제5장에 따른 불공정거래가 발생하였거나 발생할 우려가 있다고 인정하는 경우
  iii) 알고리즘 서비스 이용사업자, 알고리즘 서비스 종사자 또는 알고리즘 서비스 이용자에 심각한 침해를 발생시키거나 광범위한 피해가 우려되는 경우

투명성위원회는 위 각 호의 어느 하나에 해당하는 경우 해당 알고리즘 서비스 제공사업자에게 대통령령으로 정하는 바에 따라 다음 각 호의 조치를 포함한 시정을 명할 수 있다.

  i) 침해 경위의 공개
  ii) 해당 알고리즘이 적용된 지능정보서비스 제공의 일시적 중단
  iii) 해당 알고리즘의 변경

알고리즘 서비스 이용사업자, 알고리즘 서비스 종사자 또는 알고리즘 서비스 이용자는 피해를 입은 경우 알고리즘 서비스 제공자에 대해 알고리즘에 대한 설명요구권을 부여하고 있다. 만약, 알고리즘 서비스 제공자가 설명요구에 불응하는 경우 이용자 등은 투명성위원회에 설명 요구를 신청할 수 있도록 하고 있다. 이 과정에서 투명성위원회는 개인정보보호위원회 위원장과 협의하여 알고리즘 서비스 제공자에게 해당 알고리즘의 설계 등에 관하여 설명을 요구할 수 있으며, 알고리즘 서비스 제공자는 설명 요구가 있는 경우 지체 없이

이에 응하여야 하며, 영업비밀 등을 이유로 거부할 수 없도록 하였다.[198]

투명성위원회는 알고리즘 서비스가 경제·사회·문화·윤리·환경 등에 미치는 영향을 분석·평가하여야 하고 알고리즘 서비스의 현황 파악을 하여야 한다. 알고리즘 평가에서는 다음 각 호의 사항이 포함되어야 한다.

　ⅰ) 알고리즘 서비스가 개인정보 보호법 제4조에 따른 정보주체의 권리에 미치는 영향

　ⅱ) 설명을 요구한 자 및 이에 응한 알고리즘 서비스 제공자의 각각의 현황·개선실태 등 설명 요구 이후의 알고리즘 서비스 이용자 등의 권리 침해 또는 개선 여부

위 개정안은 알고리즘 규제에 대한 구체적인 내용을 담고 있다는 점에서 의의를 갖는다. 따라서, 알고리즘 서비스 제공자에게는 부담이 될 것으로 판단된다. 무엇보다, 알고리즘 설계 원칙 및 가이드라인을 제시함으로써, 알고리즘에 따른 차별을 금지하고 있으며 검색과 기사배열 등에 대한 알고리즘을 공개토록 하고 있기 때문이다.

딥러닝(deep learning)을 통하여 성능이 향상되는 알고리즘이 가져오는 결과에 대한 판단을 누구도 쉽게 내릴 수 없다는 현실에 따른 것이지만, 그러한 현실에 대한 명확한 대응을 위해서라도 입법과정에서 충분한 검토와 사회적 합의를 이끌어낼 필요가 있기 때문이다. 설령 입법에 이르게 되더라도 방송통신위원회 산하에 두는 투명성위원회가 알고리즘에 대한 사전 및 사후적인 교정자로서 역할을 할 수 있을지 의문이다. 이러한 한계를 극복하기 위해서는 알고리즘이 사용되는 시장에서 의도적으로 왜곡하거나 편향 및 차별을 조장하는 경우에 대응하기 위한 포괄적 차별금지법을 두어 해결하는 것도 방안이 될 수 있다.

(3) 기계학습을 위한 저작권법 개정안

(가) 입법취지

인공지능 기술 및 관련 서비스의 발전을 위해서는 기계학습이 필요하며, 학습 과정에서 많은 데이터가 필요하기 때문에 인터넷이나 기타 매체에 공개

---

198 알고리즘 및 프로파일링에 대한 설명권은 제14절 인공지능 프로파일링과 개인정보에서 구체적으로 다룬다.

된 정보에서 학습데이터를 확보하기 위한 각국의 입법이 이루어지고 있다. 우리나라 미국을 제외한 공정이용 일반조항이 없는 일본, 영국, 독일 및 EU 등은 저작재산권을 제한하는 입법이 이루어진 바 있다. 우리나라는 공정이용 규정에도 불구하고, 정보분석을 위한 제한규정을 도입하려는 입법안을 발의한 바 있다.

[표 3-1] 정보분석을 위한 저작권법 개정안

> 저작권법 개정안 제43조(정보분석을 위한 복제·전송) ① 컴퓨터를 이용한 자동화 분석기술을 통해 다수의 저작물을 포함한 대량의 정보를 분석(규칙, 구조, 경향, 상관관계 등의 정보를 추출하는 것)하여 추가적인 정보 또는 가치를 생성하기 위한 것으로 저작물에 표현된 사상이나 감정을 향유하지 아니하는 경우에는 필요한 한도 안에서 저작물을 복제·전송할 수 있다. 다만, 해당 저작물에 적법하게 접근할 수 있는 경우에 한정한다.
> ② 제1항에 따라 만들어진 복제물은 정보분석을 위하여 필요한 한도에서 보관할 수 있다.

저작권법 전면 개정안에서 기계학습을 위한 TDM(Text & Data Mining[199]; 이하 TDM이라 함) 및 정보분석에 관한 규정의 입법취지는 다음과 같다.[200]

"현행 저작권법에는 정보분석을 위한 복제 등에 관한 직접적인 저작재산권 제한규정은 없으나, 데이터마이닝을 위한 일련의 저작물이용 행위에는 포괄적인 저작재산권 제한규정인 공정이용 조항이 적용될 여지가 있음. 그러나 이는 저작자의 이익을 부당하게 해치지 않는 범위 내에서 저작물의 공정한 이용이 가능하다고 포괄적으로 규정하고 있을 뿐이어서 데이터 분석이 해당 규정에 따라 면책되는지 여부가 불확실한 바 개정안은 ① 대량의 정보를 분석하여 추가적인 정보 또는 가치를 생성하기 위한 목적으로, ② 저작물에 표현된 사상이나 감정을 향유하지 않고, ③ 이용하고자 하는 저작물에 적법하게 접근할 수 있는 경우, 저작물의 복제·전송을 명시적으로 허용하여 관련 사업자의 법적 불확실성을 해소하고 빅데이터 산업의 발전을 도모하려는 취지임."

---

199 EU 디지털 단일시장 지침 제2조에서는 텍스트/데이터 마이닝을 "패턴, 트렌드 그리고 상관관계 등의 정보를 생산하기 위해 디지털 형태의 텍스트와 데이터를 분석하는 것을 목적으로 하는 모든 자동화된 분석 기술"로 정의하고 있다.
200 임재주, 저작권법 전부개정안 검토보고서, 국회문화체육관광위원회, 2021.2, 30면.

이러한 취지에 따라, 개정안은 컴퓨터를 이용한 자동화 분석기술을 통해 다수의 저작물을 포함한 대량의 정보를 분석하여 추가적인 정보 또는 가치를 생성하기 위한 것으로 저작물에 표현된 사상이나 감정을 향유하지 아니하는 경우에는 필요한 한도 안에서 데이터 확보가 가능하다. 다만, 해당 저작물에 적법하게 접근할 수 있는 경우에 한정하고, 복제물은 정보분석을 위하여 필요한 한도에서 보관할 수 있도록 하고 있다.

(나) 자동화 분석기술

개정안은 다수의 저작물을 포함한 대량의 정보를 분석(규칙, 구조, 경향, 상관관계 등의 정보를 추출하는 것)하기 위한 컴퓨터를 이용한 자동화 분석기술을 사용할 수 있도록 하고 있다. 자동화기술은 기계학습에서 필요한 SW나 알고리즘 등 필요한 기술이기 때문에 데이터를 수집하기 위한 기술은 제외될 수 있다. 자동화 분석기술은 기계학습을 위한 기술이기 때문에 데이터 확보를 위한 크롤링을 염두에 둔 개념으로 보기 어렵다. 그리고, 포괄적으로 규정한 것이기 때문에 해석상 인공지능이나 지능정보기술 등으로 넓게 판단하는 것도 가능하다.

또한, 자동화 분석기술을 통하여 얻을 수 있는 '추가적인 정보 또는 가치를 생성하기 위한 것'을 요건으로 하고 있으나, 기계학습 과정 자체가 데이터의 특성을 분석하여 학습함으로써 추가적인 정보가 가치를 만들어가는 것이다. 따라서, 동 요건은 학습데이터의 분석을 위한 요건으로 할 필요는 없는 규정이다.[201]

(다) 향유하지 아니하는 경우

저작권법은 "저작물에 표현된 사상이나 감정을 향유하지 아니하는 경우에는 필요한 한도 안에서 저작물을 복제·전송"할 수 있도록 한다는 점에서, 기술유형에 상관없이 그것이 사람이 하든 크롤링을 통하여 하든 데이터를 복제 및 전송할 수 있도록 하고 있다. 따라서, 이 문구를 통하여 크롤러(crawler)인 웹로봇이 인터넷상에 공개된 데이터를 복제 및 전송의 방법으로 수집하는 것이 가능하다.

다만, 논란이 되는 것은 사상이나 감정을 향유하지 아니하는 경우가 어떠

---

201 "추가적 정보의 생성이나 추가적 가치의 생성이 파생데이터 내지 2차적 저작물과 관련하여 해석상 어떻게 관련성이 있는지 의문이 있다."고 한다. 차상육, 정보분석을 위한 복제(데이터마이닝) 허용에 대한 토론문, 저작권법 전부개정안 온라인 공청회 자료집, 2020, 129면.

한 것을 염두에 둔 것인지이다. 기본적으로 저작권법은 인간의 사상과 감정이 표현된 창작물을 저작물로 인정하고, 이를 토대로 저작자를 인간으로 한정되는 것으로 본다. 따라서, 인간이 아닌 자가 만들어내거나 또는 이용하는 것에 대해서는 저작권법의 적용이 배제되는 것이다. 일반적으로 저작물을 향유(享有)한다는 것은 인간이 교육이나 학습 또는 일상생활에서 읽고, 보고, 듣고 또는 느끼는 감정활동이라고 할 것이다. 그렇지만, 기계는 이러한 활동 자체를 할 수 없기 때문에 기계가 활용한다는 것은 저작물에 투여된 저작자(창작자)의 의도를 알 수 없이 그 특징값만을 분석하여 이용한다는 것이다. 2020년 시행된 일본 저작권법도 '저작물에 표현된 사상 또는 감정의 향수를 목적으로 하지 않는 이용'의 경우에는 필요하다고 인정되는 한도에서 어떠한 방법으로든 이용할 수 있도록 하고 있다.[202] 이는 저작물의 표현에 대한 사람의 지각에 의한 인식을 동반하지 않고 해당 저작물을 컴퓨터에 의한 정보 처리과정에서 이용하거나 기타의 이용이라면 침해를 인정하지 않겠다는 의미로 이해된다.

(라) 적법하게 접근할 수 있는 경우일 것

적법하게 접근한다는 것은 저작권법, 정보통신망법, 부정경쟁방지법 등 관련 법률에 저촉되지 않게 해당 저작물에 접근하는 것으로 이해된다. 인터넷상에 공개된 정보에 접근하고자 하나, 해당 사이트에 로봇규약(robot.txt)이 설치된 경우에 크롤링이 적법한 것인지이다. 이와 관련하여, 정보통신망법은 "누구든지 정당한 접근권한 없이 또는 허용된 접근권한을 넘어 정보통신망에 침입하여서는 아니 된다."고 규정하고 있다(제48조 제1항).[203]

---

202 일본 저작권법 제30조의4(저작물에 표현된 사상 또는 감정의 향수를 목적으로 하지 않는 이용) 저작물은 다음의 경우, 그 밖에 해당 저작물에 표현된 사상 또는 감정을 스스로 향수하거나 다른 사람에게 향수하게 하는 것을 목적으로 하지 않는 경우에는, 필요하다고 인정되는 한도에서 어떠한 방법으로든 이용할 수 있다. 다만, 해당 저작물의 종류나 용도 및 해당 이용 형태에 비추어 저작권자의 이익을 부당하게 침해하는 경우에는 그러하지 아니하다.
　1. 저작물의 녹음, 녹화, 그 밖의 이용에 관련된 기술 개발 또는 실용화를 위한 시험용으로 제공하는 경우
　2. 정보 분석(다수의 저작물, 그 밖에 대량의 정보로부터 해당 정보를 구성하는 언어, 소리, 영상, 그 밖의 요소에 관련된 정보를 추출, 비교, 분류, 그 밖에 분석하는 것을 말한다. 제47조의5 제1항 제2호에서도 같다.)용으로 제공하는 경우
　3. 전 2호의 경우 외에, 저작물의 표현에 관한 사람의 지각에 의한 인식을 수반하지 않고 해당 저작물을 전자계산기에 의한 정보처리과정에서의 이용, 그 밖의 이용(프로그램 저작물의 경우 해당 저작물의 전자계산기에 의한 실행을 제외한다.)에 제공하는 경우
203 "정보통신망법 제48조 제1항은 이용자의 신뢰 내지 그의 이익을 보호하기 위한 규정이 아

데이터 분석을 금지하는 취지가 이용자에게 명시적으로 전달된 경우에는 TDM이 제한될 수 있다. 다만, 크롤링 금지 원칙인 로봇규약의 경우에는 어떻게 해석할 것인지는 논란의 여지가 있다. 로봇규약은 일종의 계약상 권리행사의 제한인 데, 이를 명시적으로 금지하는 취지로 활용하는 경우라면 법률상의 권리행사로 확대될 수 있기 때문이다. 즉, 로봇규약을 도입함으로써, "법률상의 권리뿐만 아니라 계약상의 권리에 의해서도 데이터를 지배하고 그 수집과 이용을 제약할 수 있다. 예컨대, 데이터를 확보한 웹사이트가 크롤러(crawler), 스파이더(spider) 등의 로봇에 의한 데이터 접근 및 이용을 금지하는 약관을 두거나 그 루트 디렉토리에 'robots.txt'와 같은 로봇배제표준(robot exclusion stand-ard)을 채택할 수 있다."[204]는 점이다. 명시적 전달이라면, 피전달자가 이를 인식할 수 있는 것이어야 하는데, 크롤링을 금지하는 로봇규약은 인간이 아닌 로봇이 이해할 수 있도록 한 것이라서 명시적 전달의 의미는 갖는다고 보기 어렵다. 또한, 로봇규약을 약관형태로 볼 수 있다면, 저작권법이 허용하는 방식을 제한하는 것으로 약관법상 무효도 가능하다. 권리남용의 일유형으로도 볼 가능성도 있으나, 그 판단이 쉽지 않다.[205] 이와 관련하여, EU저작권지침[206]이나 영국 지식재산법[207]에서는 TDM에 대하여 계약으로 그 책임을 제한하는 것은 무효로 규정하고 있는 점을 참고할 필요가 있다.

(마) 개정안의 의의

정보분석에 관한 저작권법 개정안은 EU, 영국, 독일 등 다른 나라와 달리,

니라 정보통신망 자체의 안정성과 그 정보의 신뢰성을 보호하기 위한 것으로, 위 규정에서 접근권한을 부여하거나 허용되는 범위를 설정하는 주체는 정보통신서비스 제공자라 할 것이므로, 정보통신서비스 제공자로부터 권한을 부여받은 계정 명의자가 아닌 제3자가 정보통신망에 접속한 경우 그에게 위 접근권한이 있는지 여부는 정보통신서비스 제공자가 부여한 접근권한을 기준으로 판단하여야 한다." 대법원 2005. 11. 25. 선고 2005도870 판결.

204 정상조, 인공지능과 데이터법, 법률신문, 2020.2.10.일자.
205 이대희, 정보분석을 위한 복제(데이터마이닝) 허용에 대한 토론문, 저작권법 전부개정안 온라인 공청회 자료집, 2020, 123면.
206 EU저작권지침 제7조 공통 규정
   (1) 제3조, 제5조 및 제6조에 규정된 <u>예외와 배치되는 계약 규정은 무효</u>이다.
   (2) 정보사회저작권지침 제5조 제5항은 이 편에 따라 규정된 예외와 제한에 적용되어야 한다. 정보사회저작권지침 제6조 제4항의 첫째와 셋째 그리고 다섯째 문단은 이 지침의 제3조 내지 제6조에 적용되어야 한다.
207 영국 지식재산법 29조A: 비상업적 연구목적의 문장 및 데이터 분석을 위한 복제
   (5) 본 조에 의하여 저작권침해로 되지 않는 복제물의 작성을 금지 또는 제한하는 계약의 규정은 집행할 수 없다.

연구목적 등 비영리 경우에만 한정되지 않는다. 즉, 앞에서 살펴본 요건을 갖춘 경우라면 영리적 목적에도 적용이 가능하다. 또한, 공정이용 규정을 포함한 일반적인 저작재산권 제한규정과는 달리 동 개정안은 데이터베이스제작자의 권리도 제한된다는 점에서 학습데이터의 활용에 대한 규제가 상당히 완화되어 있을 알 수 있다. 다만, "저작물에 적법하게 접근할 것을 규정하여 해킹, 불법 다운로드 등을 통한 복제는 배제하고 있다는 점에서 저작권 제한 범위를 합리적으로 설정한 것"[208]이라고 평가된다. 이러한 포괄적인 허용으로 인하여 "일반적으로 공익성이 강한 분야에 도입되어 있는 다른 저작권 제한규정과 달리, 정보분석을 위한 저작권 제한규정은 관련 산업의 발전을 직접적 목적으로 하고, 영리적 목적의 이용도 허용하고 있어 이에 대한 권리자들의 반발이 예상"[209]된다.[210]

6. 인공지능을 위한 법

가. 수준별 인공지능 규제 – EU인공지능법안을 중심으로

(1) 의의

인공지능에 대한 규제보다는 주로 윤리적 측면에서 가이드라인을 제시해 왔으나, EU인공지능법안[211]은 직접적인 규제(規制)를 전제한다는 점에서 EU의 인공지능 정책에 대한 기본방향을 이해할 수 있다. 법안의 의의는 시민들이 AI를 신뢰하며 활용할 수 있도록 인공지능 관련 규제를 유형에 따라 비례적이며 유연하게 제시한다는 점, EU 전역에 적용되는 최초의 인공지능 규제 법안

---

208 임재주, 저작권법 전부개정안 검토보고서, 국회문화체육관광위원회, 2021.2, 31면.
209 임재주, 저작권법 전부개정안 검토보고서, 국회문화체육관광위원회, 2021.2, 31면.
210 상업적 목적까지 확장하는 것에 대해 저작권자의 이익을 부당하게 침해할 가능성이 높고, 국제적인 조화면에서도 비상업적 이용목적에 한정하는 규정을 두는 것이 바람직하다는 견해도 있다. 차상육, 정보분석을 위한 복제(데이터마이닝) 허용에 대한 토론문, 저작권법 전부개정안 온라인 공청회 자료집, 2020, 129면.
211 EU(2021. 4. 21.), REGULATION OF THE EUROPEAN PARLIAMENT AND OF THE COUNCIL: LAYING DOWN HARMONISED RULES ON ARTIFICIAL INTELLIGENCE (ARTIFICIAL INTELLIGENCE ACT) AND AMENDING CERTAIN UNION LEGISLATIVE ACTS.

이라는 점이다. 추가적인 논의가 이루어지겠지만 EU의회의 승인이 이루어지면 GDPR처럼 EU 전역에 직접 적용된다는 특징을 갖는다. 다만, 처벌(處罰)은 원인행위가 발생한 회원국에서 이루어지게 된다. 즉, 회원국은 법규 위반 시 과태료를 포함하여 직접 벌금을 부과하게 된다.

(2) 적용범위

인공지능 시스템이 EU 내에 적용되어 EU 시민들에게 영향을 주는 한, 지역에 무관(EU 내·외 무관)하게 공공 및 민간 인공지능 시스템 공급자(개발자)와 사용자 모두에게 적용된다. 다만, 군사적 목적으로만 개발되거나 사용되는 인공지능이나, 사적인(private, non–professional) 사용의 경우에는 제외된다.

(3) 4단계 인공지능 유형 및 적용사항

인공지능이 사용되는 경우에 따라, 위험수준(危險水準)을 나누고 그에 따른 규제를 설정하고 있다. 사실상, 촘촘하게 규제하는 내용으로 볼 수 있으며 인공지능 기술 및 산업발전에 영향을 미칠 수 있는 내용이다.

위험수준으로는 인공지능 기술 자체를 활용할 수 없는 경우, 채용이나 평가 등 인간에 대한 평가가 들어갈 수 있는 내용은 고위험군으로 설정하고 있다. 이 경우에는 지속적인 위험조치와 모니터링을 통하여 부작용을 차단토록 하고 있다. 정도는 약하지만, 제한된 위험이 있는 경우에는 설명의무를 두어 투명하게 운용될 수 있도록 하고 있다. 이외에는 문제가 없어 별도의 규제는 없다.

[표 3-2] 위험 수준별 AI 시스템 및 규제 방식

위험 수준	해당 주요 AI 시스템	규제 방식
용납될 수 없는 위험 (unacce -pted risk)	• 사람의 행동을 무의식적으로 왜곡시키거나, 연령이나 신체적·정신적 장애 등 취약점을 이용해 피해 유발 • 공공기관 등이 사회적 행동, 성격 특성 등을 기반으로 개인 및 집단의 신뢰도를 평가하고 차별 • 법 집행을 위해 공개적으로 접근할 수 있는 공간에서 실시간 원격 생체 인식 사용(범죄 피해자 표적수색, 테러예방 등 제외)	금지
고위험 (high-	• 제3자의 적합성 평가가 부과된 제품의 안전 구성요소 또는 제품 자체인 AI 시스템	관리 및 준수 의무 부과 • 공급기업: 위험관리시스템 구

	• 실시간 및 사후 생체인식 • 도로 교통의 관리 및 운영과 용수, 가스, 난방 및 전기공급의 안전 구성 요소 • 교육 및 배치, 입학 지원자 및 학생평가 • 직원 채용 및 면접, 업무할당, 성과평가 • 공공보조 혜택 적격성, 신용평가, 의료지원 등 긴급우선 대응서비스 우선순위 평가 • 범죄 위험 평가, 감정상태 감지, 가짜 이미지 감지, 증거 신뢰성 평가, 잠재적 범죄 예측, 범죄 탐지/조사/기소 • 공공기관의 보안/부정 이민 위험/건강 위험 평가, 여행서류 등 문서 진위 판독, 망명/비자/거주 허가서 등 지원 • 사법당국의 사건 및 법률 조사, 해석, 법적용 지원 ※ 부속서 II, III에 상세 기술. 추가 가능	축, 데이터셋 관리, 기술문서 작성, 로그기록 보관, 투명성 보장, 인간의 통제, 견고성/정확성/사이버 보안 강화, 공인대리인 지정, 적합성 평가 수행, 등록, 모니터링 및 보고 • 사용자: 사용지침 준수, 위험 조치, 시스템 모니터링 • 수입기업: 적합성 평가 수행, 대규모 위험 징후 통지, 등록상표 등 표시, 요구 시 관리 당국 협조 • 유통기업: CE인증 확인, 대규모 위험 징후 통지, 필요 시 시정/회수/리콜
risk)		
제한된 위험 (limited risk)	• 개인과 상호작용하거나 감정과 특징을 인식 • 이미지/영상 콘텐츠 생성 및 조작	**투명성 의무 부과** • 사용자에게 인공지능 노출 상황임을 공지 • 인공지능에 생성·조작된 콘텐츠임을 공지 • 자발적 행동 강령 수립 권고
최소한의 위험 (minimal risk)	• 현재 EU에서 보편적으로 사용되는 AI 기반 비디오게임, 스팸 필터 등	**비규제** ※ 추가 의무 없이 기존 법규 적용

출처: EU(2021), KISDI(2021).

(4) 인공지능의 활용

규제 프레임워크를 통한 인공지능의 활용을 강화하고 있다는 특징이 있다. 즉, 이용자들의 신뢰(user's trust) 제고로 인공지능 활용의 수요 증대, 법적 확실성 및 법률의 조화에 따라 인공지능 공급자들의 시장접근이 한층 용이해 질 것이라는 기대를 가질 수 있다. 또한, 혁신적 기술을 한정된 기간동안 시험(試驗)할 수 있는 규제 샌드박스(regulatory sandbox)를 도입하고 있다. 디지털 혁신허브 및 시험·실험시설 접근 등 우수 생태계 조성을 통한 기업의 혁신지원을 할 수 있다는 점이다.

(5) 시사점

EU인공지능법안은 인공지능을 위험도에 따라 구분하여 규제한다는 점에서 특징이 있다. 국내에서도 인공지능 관련 법안이 다수 발의되어있으나, 이와 같이 구제적인 규제수준을 정해놓은 법안은 찾기 어렵다. 주로, 인공지능의 산업적 활용방안을 제시하고 있다는 점에서 산업법제적 특성이 강하다. 그렇지만, EU인공지능법안은 구체적인 인공지능의 위험성을 알리고 그에 대응할 수 있는 체계를 수립함으로써 인공지능과 공존해야 하는 시민들과의 협력이 가능하도록 한다는 점에서 시사점을 찾을 수 있다.

반면, 구체적인 기술규제가 될 수 있다는 점에서 기술발전에 대한 규제가 강하게 이루어질 수 있다는 우려는 부인하기 어렵다. GDPR과 같이, 강력한 형사처벌을 할 수 있도록 함으로써 사업자의 준수의무를 강화하고 있기 때문에 글로벌 사업자에게는 큰 부담이 될 것이다. GDPR이 별다른 수정 없이 시행된 것처럼, EU인공지능법안도 큰 수정 없이 시행(施行)될 것으로 예상된다. 만약, 그렇게 될 경우 미국을 포함한 인공지능에 관한 글로벌 규제법안은 더욱 강화될 것이며, 인공지능 암흑기는 기술적 한계가 아닌 규제 때문에 도래할 가능성도 배제(排除)하기 어렵다. 반면, 규제수준을 세밀히 함으로써 사업자의 예측가능성을 높이고 있고, 이로써 이용자의 신뢰성을 확보하도록 한다는 점에서 반대의 효과가 나타날 가능성도 크다.

나. 우리나라의 논의

우리나라는 인공지능을 주체로 하거나 인공지능을 주된 목적으로 하는 법령이 제정되지는 않았다. 다만, 앞서 살펴본 바와 같이, 인공지능 관련 산업과 기술발전을 위한 몇 가지 법률은 존재한다. SW나 컴퓨터프로그램으로서 인공지능에 대해 소프트웨어 진흥법이나 저작권법을 찾아볼 수 있지만, SW의 보호 등을 목적으로 한다는 점에서 인공지능을 위한 법으로 보기 어렵다. 또한, 지능형로봇법이 인공지능 로봇을 위한 법령이기는 하나 인공지능의 권리와 의무 또는 인공지능으로 인한 법적인 문제를 다루지는 않는다. 그러한 점에서 인공지능 로봇으로 인한 법률문제에 대응하기 위해서는 본질적인 한계를 갖는다.[212]

다행인 것은 데이터 관련 법제를 포함하여 인공지능산업이나 기술발전을 목적으로 하는 다양한 법률이 발의되고 있다. 산업적 측면에서는 긍정적(肯定的)이다. 다만, 구체적인 정책사항을 담아내고 있는 것은 아니라는 점에서 실생활에서의 인공지능을 활용하거나 그로 인하여 나타날 수 있는 문제에 대응할 수 있는 시스템의 구축에는 한계가 있다. 그나마, 정필모 의원이 대표발의한 '인공지능 육성 및 신뢰 기반 조성 등에 관한 법률안'에서는 인공지능의 개발·제공 및 이용에 있어서 지켜야 할 윤리적 원칙 등을 규정하여 인공지능을 신뢰(信賴)할 수 있는 기반을 마련하고, 특수활용 인공지능을 구분하여 적용토록 함으로써 구체성을 담고있는 것으로 판단된다.[213]

물론, 현행 법제 하에서도 인공지능 로봇과 관련된 많은 문제들을 해결할 수 있다. 다만, 특이점이 이를 정도의 인공지능 로봇이 등장하고, 로봇의 자율성에 따라 로봇의 권리능력을 부여할 경우, 그에 따라 인간과 로봇과의 법률관계를 어떻게 설정할 것인지 등 다양한 문제를 해결하기 어렵기 때문에 논의가 필요하다. 그 논의는 사회적 합의를 이끌어야 하며, 그렇기 위해서는 인공지능 내지 인공지능 기술에 대한 이해가 필수적이다. 따라서, 과학기술 분야의 전문가와 법률전문가의 협력(協力)을 통한 법체계 정비가 다른 어떤 분야보다 필요한 영역이다. 산업이나 비즈니스 영역에서 발생하는 문제와 다르게, 인간의 생명과 안전 등 실생활과 밀접한 관련이 있기 때문이다.

인공지능산업과 기술진흥을 위한 법률은 진흥적인 측면에서 바람직하다고 보나, 인공지능으로 인하여 발생할 수 있는 문제에 대한 대응도 또한 소홀히 할 수 없다. 물론, 앞서 살펴본 알고리즘에 대한 세세한 규제 또한 합리적인 입법정책이라고 보기 어렵다. 대신 데이터 윤리, 알고리즘 윤리 등 사업자에게 신뢰할 수 있는 환경, 블랙박스를 설명할 수 있는 설명가능한 환경을 마련토록 하는 것이 우선이다. 그 과정에서 법제도 정비를 어떻게 할 것인지에 대한 논의를 통하여 사회적 합의안을 마련하는 것이 인공지능 정책에서 바람직한 방향이다.

---

212 인공지능법제정비단을 통하여 인공지능 관련 법제 정비를 추진하고 있는 것으로 알려져 있다. 국가지식재산위원회 AI-IP특위에서도 인공지능의 창작물에 대한 권리보호방안, 데이터 보호방안 등에 대해서도 논의 중이다. 특허청에서는 특허법, 부정경쟁방지법 등의 개정을 통하여 데이터 보호 및 활용방안을 모색 중이다.
213 아쉬운 것은 20대 국회에서 로봇기본법안이 발의되거나 지능형로봇법 개정안이 발의되어 구체적인 로봇의 설계, 제작, 이용 과정에서의 이슈에 대응할 수 있는 방안을 찾는 노력이 있었으나, 21대 국회에서는 지능형 로봇과 관련된 법안이 발의되지는 않고 있다는 점이다.

인공지능의 책임과 의무

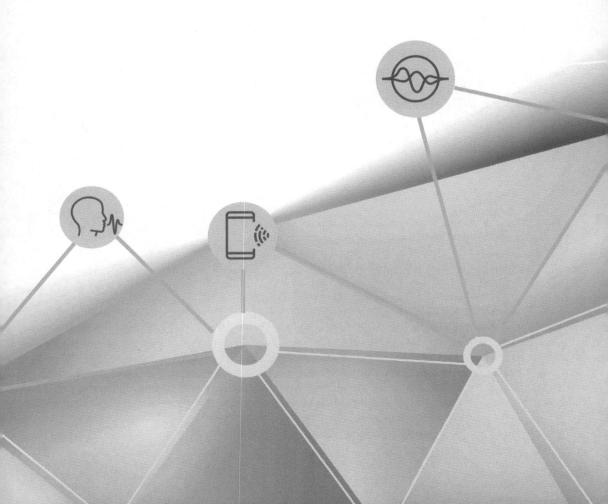

1. 인공지능(로봇)을 선택한 이유

법적인 측면에서 인공지능이 창작한 그림이나 시, 또는 소설과 인간이 창작(創作)한 것과의 차이는 크지 않다. 저작권법은 타인의 것을 베끼지 않는 것이라면 창작성이 있다고 판단한다. 일례로, 어린이집에 다니는 아이가 그린 그림도 스스로 창작한 것이라면 보호받는 저작물이다.[1] 사람이 아닌 인공지능이나 인공지능 로봇이 만들어낸 결과물이라면 달라진다. SW로서 인공지능은 인간을 대신할 수 있는 역할을 하지만, 현재로서는 그에 따른 책임과 권리는 여러 가지 상황에 비추어 인간이 지거나 갖게 된다. 그렇지만, 현실적으로 SW는 실체를 갖지 않는 것이기 때문에 HW라는 실체를 갖는 로봇을 배제할 수 없다. 그에 따른 절충(折衝)이 '인공지능(로봇)' 또는 '인공지능 로봇'이라는 표현이다. 즉, 인공지능과 인공지능이 탑재된 로봇에 대한 두 가지의 쟁점에 대해 절충한 것이다.[2]

무엇보다, 권리 의무의 주체를 논하기 위해서는 권리의 주체가 어떠한 모습이고 능력을 갖추었는지에 대해 살펴볼 필요가 있다. 따라서, 실체가 없는 SW로서 인공지능보다는 어느 정도의 물리적인 실체를 갖는 HW로서 인공지능 로봇이 권리와 의무에 대한 논의에서 보다 설득력을 갖는다. HW는 본질인 정신이 흐르는 도관에 불과한 것이지만, 책임법제에서는 그것이 의도하는 바를

---

[1] 저작권법 제2조 제1호는 저작물을 '인간의 사상 또는 감정을 표현한 창작물'로 규정하여 창작성을 요구하고 있다. 여기서 창작성은 완전한 의미의 독창성을 요구하는 것은 아니라고 하더라도 창작성이 인정되려면 적어도 어떠한 작품이 단순히 남의 것을 모방한 것이어서는 아니되고 사상이나 감정에 대한 작자 자신의 독자적인 표현을 담고 있어야 한다. 그리하여 누가 하더라도 같거나 비슷할 수밖에 없는 표현, 즉 저작물 작성자의 창조적 개성이 드러나지 아니하는 표현을 담고 있는 것은 창작성이 있다고 할 수 없다. 대법원 2017. 11. 9. 선고 2014다 49180 판결.

[2] 인공지능에 대한 연구를 시작할 때, 고민했던 내용 중 하나는 인공지능과 인공지능 로봇을 구분(區分)할 필요가 있는지에 대한 것이었다. 인공지능은 SW로서 그 실체가 없기 때문에 권리, 책임 등에 대한 논의의 대상으로 보기 어려웠다. 반면, 인공지능을 빼놓고 로봇에 대한 권리나 책임에 대한 논의도 어렵다. 이 책에서는 인공지능과 인공지능 로봇(지능형 로봇)을 같은 맥락에서 다루면서 서로가 다르지 않는 것으로 보았다.

판단하기 전에 결과로서 나타나는 행위 또는 그 유사한 모습에 따라 판단할 수밖에 없기 때문이다. 현실적으로 로봇이 가졌던 의도와 의사를 확인할 수 있는 방법이 없으며, 스스로의 의지(意志)를 가지고 판단할 수 있다고 보기 어렵기 때문이기도 하다.

2. 인공지능(로봇)의 법적 실체

인공지능의 능력이 확장되면서 인공지능의 법적 실체에 대한 논의도 필요하다. 무엇보다, 인공지능의 법적 지위에 대한 원론적인 논의에서부터 시작될 것이다. 현행법의 해석과 적용으로는 인공지능을 권리주체로 보기 어렵고, 인공지능은 그 실체를 한정하기 어려운 SW 내지 HW로 구성된 물건이기 때문이다.[3]

법적으로 인공지능을 명확하게 정의한 법률은 찾기 어렵지만, 유추할 수 있는 법률로는 지능형로봇법이 있다. 동법에서 지능형 로봇을 외부환경을 스스로 인식하고 상황을 판단하여 자율적(自律的)으로 동작하는 기계장치로 정의하고 있다. 인공지능을 지능형이라는 의미에서 해석할 때, 스스로 인식하고 상황을 판단하여 자율적으로 생각하거나 행동할 수 있는 것으로 이해할 수 있다. 즉, 인공지능의 주요한 요인인 '인식'과 '자율성'을 기준으로 삼은 것이다.[4] 실질적인 구현 방식에서 볼 때, 인공지능은 SW이기 때문에 소프트웨어 진흥법이나 저작권법상 SW 또는 컴퓨터프로그램 저작물에 해당한다. 이러한 맥락(context)에서 인공지능은 SW로서 물리적인 기계장치는 아니다. 다만, 인공지능이 탑재된 기계장치는 인공지능 로봇이다. 대표적으로 자율주행차, 드론, 돌봄 로봇이나 로봇청소기 등을 들 수 있다.

---

3 더욱이, 현행 법체계에서 SW는 무형의 지식재산으로 보기 때문에 물건성을 인정받기에는 어려움이 있다.

4 "개별적인 경우에 구체적으로 어느 정도의 자율성이 있어야 전자인격을 부여할 수 있을 것인가의 세부적인 기준은 과학기술적 언어로 표현될 수 있고, 인공지능이 그러한 기준을 충족하는가의 평가는 전적으로 과학기술 전문가의 판단에게 맡겨져야 할 것이다. 즉, 인공지능의 자율성은 규범적으로가 아니라 과학기술적으로 평가되어야 한다."는 주장은 타당하다. 오병철, 전자인격 도입을 전제로 한 인공지능 로봇의 권리능력의 세부적 제안, 법조 제69권 제3호, 2020.6, 57면.

3. 창작자로서 인공지능(로봇)

가. 지식재산법상 창작자

인공지능이 인간을 앞설 수 있다면 창조(創造)와 모방(模倣)의 경계는 어디까지일까? 인공지능이 대체하기 어려운 분야가 광고, 문학, 미술과 같이 높은 창작성이 요구되는 문화·예술 분야라고 한다. 현행 저작권법은 저작물을 "인간의 사상 또는 감정을 표현한 창작물"로 정의한다. 저작권법은 타인의 것을 모방하지 않는다면 창작성이 있다. 인공지능도 다양한 알고리즘을 활용함으로써 인간과는 다른 결과물을 만들어 낸다. 지금과 같이, 인공지능이 만든 것이라고 해서 창작성을 부인한다는 것은 합리적인 판단이라고 보기 어렵다. 그렇지만, 저작물의 정의에서와 같이, 인간의 사상과 감정을 표현한 창작물이 아닌 동물이나 기계 또는 인공지능 로봇의 사상과 감정이 표현된 것이라면 저작권법은 그 적용을 배제할 수밖에 없다. 즉, 저작물성 자체가 성립하지 않는다. 물론, 인공지능을 도구적으로 사용한 경우라면, 도구적으로 사용한 주체로서 인간이 그에 따른 권리를 갖게 된다.[5]

나. 인간이 아닌 창작자는 인정될 수 있는가?

넥스트 렘브란트(The Next Rembrandt)라는 프로젝트를 통하여, 렘브란트의 고유한 특성을 분석해 3D 프린팅을 통하여 이를 재구성한 작품(作品)을 만들어 낸 바 있다. 이처럼 크리에이터(creator)로서 인공지능의 활동도 가능하다. 그렇지만, 현실적으로 인공지능 로봇이 만들어낸 결과물의 저작권은 발생하지 않는다. 만약, 인공지능 로봇이 광고를 만든다면 어떻게 될까? 아마 소송이 진행된다면 저작권법은 '누구나 사용할 수 있다'는 결론을 내릴 것이다. 인간이 아닌

---

5 "인공지능 발명에 인간이 개입되는 모습도 천차만별이어서, 발명의 주도권을 인간이 쥐고 인공지능은 단지 보조적 역할만을 하는 경우부터, 인간은 발명에 대한 개략적 지시만 하고 그에 소요되는 데이터의 수집과 기술적 과제의 해결 전반을 인공지능이 도맡아 수행하는 경우까지 양극단 사이에 다양한 스펙트럼이 존재할 것이다. 결과물에 대한 권리귀속을 따질 때, 인간의 창의적 노력이 많이 포함된 발명일수록 인간이 그 권리를 향유할 당위가 커지고, 반대일수록 작아지는 것은 사실이겠으나, 인간이 발명의 과정에서 한 공헌이 적다는 것이 곧 인간이 아닌 인공지능에게 권리를 귀속시킬 당위를 의미하는 것 또한 아니다."고 한다. 조영선, 인공지능과 특허의 법률문제, 고려법학 제90호, 2018.9, 211면.

인공지능은 저작자가 될 수 없기 때문이다. 다만, 인공지능의 창작이나 발명을 보호하지 않게 되면 오히려 인공지능이 만들어놓은 결과물을 인간의 것으로 처리할 가능성이 높다. 그 결과, 인공지능이 만들어놓은 과실은 인간이 취득하거나 독점하게 되는 것도 문제이다.[6]

인공지능은 다양한 기능을 갖출 것이다. 알고리즘을 통하거나 또는 기계학습을 통하여 지속적인 훈련이 가능하기 때문이다. 현재의 기술 수준으로 보건대, 인공지능은 특정 분야에서 인류를 넘어서는 성능을 갖추고 있다. 수준은 높지 않더라도 스스로 학습할 경우, 인간을 뛰어넘는 결과를 창출할 것이기 때문이다. 오래지 않아, 인공지능은 창작성 있는 결과물을 만들기 어렵다는 주장은 설득력을 잃게 될 것이다. 또한, 인공지능이 발현하는 결과물이 인간보다 예술성(藝術性)이 낮을 것이라는 인식 자체도 바뀔 가능성이 크다. 현재도 인공지능은 디지털 아트(digital art) 분야에 포함되는 결과물을 만들어 내고 있기 때문이다. 인간의 본질적인 영역까지 인공지능이 가능하게 되면서 인간과 인공지능의 관계를 어떻게 설정해야 할 것인지 여간 고민스러운 일이 아닐 수 없다. 이러한 상황에서 창작의 주체로서 인공지능을 어떻게 법적으로 다룰지 선행되어야 한다.

앞으로 인공지능에 대한 논의의 중심은 인공지능이 인간의 영역을 대체할 것이냐, 인간과 공존할 것이냐이다. 인공지능이 인간의 영역을 넘볼 것은 자명하다. 따라서, 인간은 다양성을 확보할 수 있는 사고를 확장하기 위한 사고방식의 자유를 찾아야 할 것이다.[7]

---

6 "인간이 개입된 인공지능 발명을 인간의 권리 대상으로 하는 것과, 인공지능의 공헌도에 따라 그 특허법적인 취급을 달리 하는 것은 별개의 문제라는 점이다. 즉, 인간 개입의 정도가 미약하고 인공지능이 주도적 역할을 담당한 발명과 인간의 주도적으로 이룩한 발명에 동일한 수준의 보호를 부여하는 것은 부적절하다. 전자는 엄격한 특허요건 심사를 거쳐 권리를 부여한 뒤 짧은 기간의 보호를 거쳐 공중의 영역에 들어가게 하는 편이 합당할 것이다."는 주장은 타당하다. 조영선, 인공지능과 특허의 법률문제, 고려법학 제90호, 2018.9, 213면. 결국, 인공지능이 만들어놓은 결과물의 보호기간 등을 인간과 동일하게 두는 것은 바람직하지 않다. 저작권법상 데이터베이스제작자의 권리와 같이 5년 정도가 적절하다.
7 김윤명, 인공지능이 만든 작품에도 저작권이 있을까?, 광고산업협회보, 2016.5·6, 10면.

4. 인공지능(로봇)의 권리

가. 인공지능 로봇의 권리에 대한 고민

인간은 인간과 인공지능 로봇을 구분할 수 있을까? 그렇지만 튜링테스트처럼 인간과의 자연스러운 대화를 통하여 판단되는 것이 타당한 것인지는 의문이다. 알파고도 이러한 튜링테스트를 거친 것도 아니고, 거칠 필요도 없기 때문이다. 인공지능 로봇을 인간으로 인식할 수 있는가? 지금의 수준으로 본다면 가능하다. 단지, 실상에서 인간과 같은 대우를 받기가 어려울 따름이다. 현행 법체계에서는 인간과 물건의 구분(區分)을 통하여 인간의 존재성을 확인할 수 있기 때문이다. 물론 모든 인간이 법적인 지위를 보장받았던 것은 아니다. 역사적으로 계급사회에서는 뚜렷한 구분을 통하여 법적 지위와 그 책임을 물어왔기 때문이다. 대표적으로 노예제도를 들 수 있다. 노예도 인간으로서 지위를 부여받을 수 있도록 수많은 지식인들의 노력이 있었다. 로봇도 그러한 절차를 거치지 않을까 생각한다. 지능형로봇법에서 지능형 로봇을 "외부환경을 스스로 인식하고 상황을 판단하여 자율적으로 동작하는 기계장치"로 정의하고 있다. 그렇지만, 이러한 정의가 인공지능을 모두 포섭하는 개념으로 보기는 어렵다. 인간의 지능은 이보다 훨씬 복잡한 물리적, 화학적 구조를 가지고 있으며, 인간이 경험한 바를 바탕으로 의사결정과 의사표시를 함으로써 관계를 형성해 가기 때문이다.

인공지능의 법적 지위나 성질을 무엇으로 볼 수 있을까? 현재 인공지능은 실체(實體)를 한정하기 어려운 SW와 HW로 구성된 물건에 불과하다. SW는 무형의 지식재산으로 보기 때문에 물건성을 인정받기에는 어려움이 있다. 물론 SW에 대한 제조물 책임 논의가 있으나 SW 자체가 아닌 SW가 탑재된 로봇이라는 기기와의 관계에서 인정가능성이 있다.

제조물책임법상 인공지능 로봇은 물건이기 때문에 이를 둘러싼 영역에서 책임주체를 정할 수 있다. 권리의 객체로서 인공지능은 SW이다. 왓슨(Watson)을 개발한 개발자들도 왓슨을 그녀/그(she/he)가 아닌 그것(it)으로 칭한다. 이는 왓슨이 아직은 자아에 대한 인식이 생기지 않았기 때문이다.[8] 아직은 주체로서

---

8 지승도, 인공지능, 붓다를 꿈꾸다, 운주사, 2015, 150면.

왓슨을 대우하는 것이 아니라는 것을 보여주는 예(例)이다.[9]

나. 동물보호법에서 배우는 인공지능 로봇의 법적 지위

기본적으로 야생동물을 제외한 가축(家畜)으로서 동물은 해당 동물의 소유자가 소유권(所有權)을 갖는다. 소유자는 법률의 범위 내에서 소유물을 사용·수익·처분할 수 있다. 소유권의 객체(客體)는 물건에 한정된다. 로봇의 경우도 물건으로 이해되는 현행 법률상 소유자가 소유권을 갖게 되며, 사용하거나 수익, 또는 처분할 수 있는 권리를 갖는다. 동물의 행동에 따른 책임은 소유자에게 귀속된다.

동물은 민법상 물건이다. 물건이기 위해서는 첫째 유체물이나 관리할 수 있는 자연력이어야 하며, 둘째, 관리가 가능해야 하며, 셋째, 외계의 일부일 것, 넷째, 독립할 물건일 것을 요구하고 있다. 이상으로 보건대, 외계의 일부일 것은 인격적 가치를 요구하지 않는 것이라고 하여, 동물이 비인격적 존재로서 물건에 해당한다.[10]

인간과 동물, 인간과 로봇을 구분할 수 있는 가치는 감정과 생명에 따른 것으로 이해될 수 있다. 만약, 감정과 생명을 갖지 않는다면 인권과 같은 수준의 보호나 지위를 가질 수 있는지는 의문이다. 동물보호법상 동물은 고통을 느낄 수 있는 신경체계가 발달한 척추동물로서 포유류, 조류, 파충류·양서류·어류 중 농림축산식품부장관이 관계 중앙행정기관의 장과의 협의를 거쳐 대통령령[11]으로 정하는 것으로 한정된다. 동물의 정의를 분설함으로써 동물권[12]의 주체에 대해 이해할 수 있을 것이다. 먼저, '고통을 느낄 수 있는'에서 고통이 무엇인지 살펴볼 필요가 있다. 사전적 의미로 고통(苦痛)은 '몸이나 마음의 괴로움과 아픔'을 의미한다. 한자어에 대한 단순한 풀이 이상의 의미는 아닌 것임

---

9 물론, 왓슨을 she/he로 부른다고 해서 권리주체 내지 인격체에 준한 법적 지위가 생성되는 것은 아니다. 다만, 이러한 과정에서 자연스럽게 법적인 논의가 확대될 수 있을 것으로 기대한다.

10 양재모, "인, 물의 이원적 권리체계의 변화", 한양법학 제20권 제2집, 2009.5, 292면.

11 동물보호법 시행령 제2조(동물의 범위) 동물보호법 제2조 제1호 다목에서 "대통령령으로 정하는 동물"이란 파충류, 양서류 및 어류를 말한다. 다만, 식용(食用)을 목적으로 하는 것은 제외한다.

12 동물권은 오랜 역사를 갖고있는 동물복지론에서 진화한 개념이라고 할 수 있다. 조중헌, "동물 옹호의 논의와 실천을 통해 본 동물권 담론의 사회적 의미", 법학논총 제30집 제1호, 2013, 121면.

을 알 수 있다.

또한, '신경체계'가 무엇인지 보면, 신경(神經)이란 신경 세포의 돌기가 모여 결합 조직으로 된 막에 싸여 끈처럼 된 구조로서 뇌와 척수 그리고 우리 몸 각 부분 사이에 필요한 정보를 서로 전달하는 구실을 한다.[13] 신경체계의 '발달 정도'가 어느 수준을 의미하는 것인지 보면, 발달은 신체, 정서, 지능 따위가 성장하거나 성숙함을 의미한다. 다만, 성장이나 성숙의 정도는 추상적인 기준이기 때문에 명확하게 기준을 제시하기는 어렵다.[14]

현재까지 인공지능 로봇은 기계적인 모습을 가지고 있더라도 감정을 담고 있지는 않다. 반면, 동물은 고통을 느낄 수 있기 때문에 동물보호법은 동물을 고통으로부터 보호하기 위해 마련된 법률이다. 동물에 대한 학대행위의 방지 등 동물을 적정하게 보호·관리하기 위한 것으로 동물의 생명보호, 안전 보장 및 복지 증진을 꾀하고, 동물의 생명 존중 등을 목적으로 한다.

인간은 윤리를 배우고 사회적 질서를 훈련받는 교육과정을 거친다. 일종의 사회화(社會化)를 통하여 인간 또는 사물과의 관계를 배움으로써 책임주체로 성장한다. 물론, 이러한 과정에서 수많은 지식을 습득하고 경험하지만 그것은 많지 않다. 짧지 않은 인간의 사회화 과정과 달리 인공지능 로봇은 최초 프로그래밍된 형태의 'DNA'에 따르게 되며 자신의 DNA를 스스로 조작화하거나 확장할 수도 있을 것이다. 다윈의 적자생존이나 진화는 수세기를 거치면서 이루어졌다면 로봇의 자기진화는 순식간에 이루어지게 될 것이다. 이러한 로봇이 인간의 구속(拘束)을 벗어나 자율성을 갖게 되면 인류에게는 어떤 영향을 미치게 될까? 공상과학 소설이나 영화에서 상상하던 현실이 우리에게 일어나지 않을까 우려된다.[15] 즉, 인공지능 로봇이 자신의 코드를 수정한다면 그 발전은 인간의 코딩능력을 벗어나 고도의 능력을 갖춘 시스템이 될 수 있기 때문이다. 적극적인 주장으로 인공지능에 대한 최소한의 권리는 인정하나 사실상의 행사는 소유자가 하는 방안도 고려할 수 있다.

---

13 네이버 사전, 2016.3.11.일자 검색.
14 이런 맥락에서 동물과 로봇의 관계는 로봇이 동물의 수준을 따라갈 수 있느냐에 대한 동물학적 판단에서 기준으로 삼기는 어렵다. 다만, 로봇이 갖는 뇌 구조와 마음 구조가 형성되고 인간과의 친밀도가 형성될 수 있다면 중간 단계의 위치를 상정할 가능성도 있을 것이다.
15 김윤명, "왜, 인공지능법인가?", 월간 소프트웨어중심사회, 2015.10, 16면.

5. 권리의무의 주체로서 인공지능 로봇

가. 인공지능의 책임 배분 논의

인간의 권리와 의무를 포괄하는 기본권으로써 인권은 인간의 존재이기도 하다. 이러한 관계의 확장이 동물로 확대되고, 이제는 인공지능에 미치고 있다. 인공지능의 권리의무를 논의하는 것은 인공지능을 인간의 제도에 포함하려는 시도로 해석된다. 이러한 시도에도 불구하고, 인간의 제도에 포함되지 못하는 인공지능은 인간과의 동등한 관계로 대우받기는 어려운 존재가 된다.[16] 인공지능은 인간과의 편면적인 의무관계로 귀결될 가능성이 크다. 그동안 인간의 권리 확장은 인간 간 논의를 통하여 이루어져 왔지만, 인공지능이 자신의 권리와 의무를 위한 논의에 참여할 가능성이 현재로선 높지 않다. 인공지능에 대한 책임 논의에서 무엇보다 중요한 것은 인공지능이 스스로 자의식을 확보할 것인지 여부이다. 자의식을 갖지 않은 이상, 의사결정이나 법률행위의 주체로서 역할을 부여할 수 있을지 의문이기 때문이다. 자의식이 없는 법률행위는 법률효과를 가져오기 어렵다. 인공지능의 행위도 마찬가지로 해석된다. 따라서, 인공지능이 스스로 자신의 행위에 대해 인식하고 그 행위가 의도하는 바를 인식하기 전까지 법률행위 주체로 보기는 어렵다. 다만, 향후 인공지능이 자의식을 갖지 못한다는 보장이 없는 이상 이에 대한 논의는 필요하다. 이를 위한 논의의 프레임으로써 인간과 인공지능의 중간 상태로 볼 수 있는 동물권(動物權)에 대한 논의를 통하여, 인공지능의 책임법리에 적용하는 것도 검토할 수 있을 것이다. 동물권은 편면적인 보호의무를 부여하고 있다는 점에서 동물보호법이 한계를 갖지만, 적어도 동물을 위한 인간의 의무를 넘어선 동물의 권리를 확인할 수 있는 가능성을 보여준다는 점에서 그 의의가 있다. 물론, 인간의 책임법리를 인공지능에 적용하는 것이 타당한 것인지에 대한 논의도 필요하다. 이를 위해 인간과 인공지능의 중간 상태의 동물권에 대한 논의를 통하여, 인공지능의 책임법리를 검토할 수 있을 것이다.

---

16 인공지능의 입장에서 본다면, 인간의 제도에 포함되거나 권리의무의 주체로서 인정받는 것이 어떤 의미일까? 필자는 공존이라는 주장을 하지만, 결국 인간의 존립을 위해 필요하기 때문에 인공지능에 대한 권리의무를 논하는 것이 아닐까 하는 반문을 해본다.

나. 동물권과의 비교

인공지능이 탑재된 로봇을 권리 주체(主體)로 볼 것인지에 대한 새로운 논의가 시작되고 있다. 현행 법의 해석상 주체로 인정되기는 어려우며, 기술발전 과정에서 구체화될 가능성도 있다. 다만, 기술과 별개로 유사사례로써 검토할 수 있는 사례가 앞서 살펴본 동물권이다. 동물보호법상 야생동물을 제외한 가축으로서 동물은 해당 동물의 소유자가 소유권을 지닌다. 소유자는 법률의 범위 내에서 소유물을 사용·수익·처분할 수 있다(민법 제211조). 소유권의 객체(客體)는 물건에 한정된다. 로봇의 경우도 물건으로 이해되는 현행 법률상 소유자가 소유권을 갖게 되며, 사용하거나 수익, 또는 처분할 수 있는 권리를 갖는다. 인공지능의 권리 주체의 논의에서 로봇과 인간의 중간 단계에 있는 동물에 대해 살펴봄으로써 가늠할 수 있을 것이다.

동물은 요구할 수 있는 의사표시(意思表示)[17]를 할 수 없다는 점이 한계이나 소유자와의 관계를 통하여 의도하는 바를 전달할 수 있어, 어느 정도 이를 극복할 가능성도 있다. 의사가 전달되는 수준의 관계성을 가진다고 하더라도, 동물은 권리 주체라기보다는 보호받을 객체로서 한정된다.[18] 사회적 합의를 통하여 동물권이 인정되더라도, 동물의 의사가 인간에게 전달될 수 있는 것은 아니기 때문이다.[19] 동물권에 대하여 "장기적으로 동물권 인정 여부에 논의를 지속해야 하지만 단기적으로는 동물들의 복지를 최대한 증진시키기 위한 논의와 입법조치가 필요하다."[20]는 견해에 찬성한다.

---

17 의사표시 주체로서 인공지능과 행위 주체로서 로봇의 결합에 따른 책임주체에 대한 특정에 대해 논의가 필요하다는 주장도 제기된다.

18 이에 대해 인권에 따라 파생되는 파생적 권리로서 동물권을 주장하기도 한다. 즉, "권리의 귀속은 동물에게 인정하고 그 주장은 인간에게 인정하자는 것"이다. 양재모, 인, 물의 이원적 권리체계의 변화, 한양법학 제20권 제2집, 2009.5, 297면. 일종의 법정대리인 유사개념으로 이해할 수 있다.

19 동물권에 대한 주장은 시기상조라고 보는 견해도 있다. "현시점에서 동물의 권리라는 법률적 권리를 인정하여 동물보호에 접근하는 것은 우리 사회 구성원의 인식의 공감대가 이에 못미치는 것이 현실이며, 굳이 권리라는 용어를 사용하지 않더라도 자연존중, 즉 동물이나 생명에 대한 존중사상으로 충분히 그 목적을 달성할 수 있다면 지금으로서는 그러한 접근방법은 무리가 아닌가 생각된다."라는 것이다. 윤수진, 동물보호를 위한 공법적 규제에 관한 검토, 환경법연구 제28권 제3호, 한국환경법학회, 2006, 249면.

20 유선봉, 동물권 논쟁: 철학적, 법학적 논의를 중심으로, 중앙법학 제10집 제2호, 2008, 462면.

다. 권리의무의 주체로서 인공지능 로봇

헌법상 기본권의 주체는 국민 내지 인간으로 규정하고 있으며,[21] 사인의 법률관계를 규정한 민법도 "사람은 생존하는 동안 권리와 의무의 주체가 된다."(제3조), "법인은 법률의 규정에 좇아 정관으로 정한 목적의 범위 내에서 권리와 의무의 주체가 된다."(제34조)고 규정하고 있다. 결국 자연인(自然人)인 사람과 의제된 법인(法人)만이 권리와 의무의 주체임을 알 수 있다. 자연물인 도롱뇽의 당사자 능력을 다툰 사안에서 법원은 "자연물인 도롱뇽 또는 그를 포함한 자연 그 자체에 대하여는 현행법의 해석상 그 당사자 능력을 인정할 만한 근거를 찾을 수 없다."[22]는 이유로 부정한 바 있다. 이상과 같이, 헌법 등 법률과 판례의 입장에서 보면, 권리의 객체인 물건 등은 법률상 권리능력을 갖는다고 보기 어렵다. 현행 법제 하에서도 인공지능으로 인해 발생한 사고의 책임은 인공지능이 아닌 인공지능을 활용하는 이용자 내지 점유자에게 있다.[23]

인공지능 로봇은 사람의 형상을 가지고 있더라도 감정을 담고있거나 이를 표현하지는 못한다. 고통을 느끼지도 못한다. 고통을 프로그래밍할 수 있겠지만 신경계의 통증을 유발하는 형태의 고통으로 보기 어렵다. 반면, 동물은 고통을 느낄 수 있기 때문에 고통으로부터 보호하기 위해 마련된 법률이 동물보호법이다. 동물에 대한 학대행위의 방지 등 동물을 적정하게 보호·관리하기 위한 것으로 동물의 생명보호, 안전 보장 및 복지 증진을 꾀하고, 동물의 생명 존중 등을 목적으로 한다. 이러한 입법은 동물권을 인정하는 것은 아니지만, 자연의 일부로서 동물에 대한 사회적 수용의 단계가 높아진 것으로 이해된다. 동 법은 편면적인 의무로써 동물보호 의무를 사람에게 지우고 있으며, 인공지능 로봇도 어느 순간 보호받을 대상으로 규정될 가능성도 있다. 그 단계를 넘어설 가능성도 적지 않다.

현행 법제도 하에서 인공지능의 기본적인 책임은 인공지능 자체가 아닌

---

21 헌법은 국민의 권리와 의무를 규정한 제2장 제10조에서 "모든 국민은 인간으로서의 존엄과 가치를 가지며, 행복을 추구할 권리를 가진다. 국가는 개인이 가지는 불가침의 기본적 인권을 확인하고 이를 보장할 의무를 진다."고 규정하고 있다.

22 울산지방법원 2004.4.8.자 2003카합982 결정.

23 김윤명, 인공지능과 법적 쟁점 – AI가 만들어낸 결과물의 법률 문제를 중심으로, 이슈리포트 2016−05, 소프트웨어정책연구소, 2016, 6~9면을 수정·보완하였다.

제조자나 인공지능을 활용하거나 점유하는 자에게 있다. 문제가 발생한 경우, 인공지능이 탑재된 로봇의 본체를 정지시킬 수 있겠지만 SW로 구현된 인공지능의 문제에 대해서는 지속적인 업데이트를 통하여 해결해 나갈 것이다.[24]

　결론적으로 법률이 사람이나 법인 이외의 권리능력(權利能力)을 인정하지 않는 이상 인공지능이 사람의 능력을 넘어서거나 사람의 형상을 가진다고 하더라도 권리와 의무의 주체로 보기 어렵다. 물론, 특이점을 넘어서는 순간 강한 인공지능은 사람의 관여 없이 스스로 창작활동을 하거나 발명하게 될 것이다. 현재로써는 사람이 관여하여 이루어지는 것이기 때문에 온전하게 인공지능이 권리를 갖는다고 보기 어렵다. 사람의 관여가 어느 정도인지에 따라 사안별로 판단되어야 한다. 다만, 강한 인공지능이 주체적으로 판단하거나 행위를 하게되면 인공지능에게 책임을 물을 수 있는 법적인 근거의 마련은 필요하다. 그러할 경우, 책임과 의무의 구체적인 사항에 대해서도 고민할 필요가 있다.

6. 로봇의 법인격

가. 로봇의 전자인격

(1) 전자인격이란?

　인공지능 로봇에 법인격(法人格)을 부여할 수 있는지, 또는 부여할 것인지에 대해서는 정책적 결정사항이다. 인공지능이 인간의 인격과 동일한 수준으로 판단할 수 있는 기준은 존재하지 않는다. 튜링테스트가 있지만, 이를 통과한 인공지능은 존재하지 않는다. 자율성과 의식의 존재여부 등 다양한 요소를 분

---

24 Wallach Wendell·Allen Colin(노태복 역), 왜 로봇의 도덕인가: 스스로 판단하는 인공지능 시대에 필요한 컴퓨터 윤리의 모든 것, 메디치미디어, 2014, 44면에 따르면 "관리자가 안정성이 검증되지 않은 시스템을 출시하거나 현장 테스트하려는 욕심 또한 위험을 안겨준다. 예상치 못한 복잡한 상황을 감당해내지 못하는 시스템에 잘못 의지하는 경우도 마찬가지다. 하지만 잘못된 부품, 불충분한 설계, 부적절한 시스템 그리고 컴퓨터가 행하는 선택에 관한 명확한 평가 사이에 선을 긋기가 점점 더 어려워진다. 인간이 의사결정을 내릴 때에도 모든 관련 정보에 주의를 기울이거나 모든 비상상황을 고려하지 않아서 나쁜 선택을 내리는 것처럼, 로봇이 제대로 만들어지지 않았다는 사실도 뜻하지 않은 재앙이 일어난 후에야 드러난다."고 한다.

석한다고 하더라도, 그것이 인간임을 증명하는 실질적인 요소 내지 기준이라고 누가 장담(壯談)할 수 있을 것인가? 로봇이 내가 인간이 아니라는 것을 인간이 증명(證明)하라고 하는 경우에도 동일한 상황이 될 것이다.

인공지능 로봇의 법인격을 부여하는 것은 인간의 권리능력에 관한 것과 비교할 것은 아니다. 그것은 과학기술의 영역이고, 필요성에 따라 로봇에 대한 법인격을 부여하는 것은 지금도 가능하다. 다만, 지금의 기술상황에서 법인격까지 부여할 필요성을 느끼지 못하기 때문에 입법자의 결단이 필요하지 않을 뿐이다. EU Civil Law Rules on Robotics에서 전자인격에 대한 구체적인 사항은 논의를 통하여 정하도록 하고 있다.[25] EU 차원의 정책적인 결정을 위한 다양한 연구를 함으로써 예측가능한 수준의 법률 정비가 이루어질 것으로 예상된다.

인공지능 로봇의 법인격은 인간의 법인격 내지 권리능력과 비교하는 것도 유의미하다. 민법은 제3조(권리능력의 존속기간)에서 "사람은 생존한 동안 권리와 의무의 주체가 된다."고 규정함으로써, 법적으로 권리능력을 부여하고 있다. 다만, 어떠한 요건이나 기준도 요구하지 않는다. 인간이기 때문에 가능한 것이다. 그럼에도 불구하고, 절대적인 인간의 법인격을 제한하기도 한다. 한정치산자나 미성년자의 경우와 같이 입법적인 결단에 따라 권리능력이 제한받는 경우는 차별이 아닌가라는 비판도 가능하다. 이러한 절대적인 가치인 인간의 권리능력의 제한이 가능한 것처럼, 로봇의 권리능력을 부여하는 것도 다르지 않다. 정책적 판단에 따라 로봇의 권리능력을 부여하고 그에 따른 권리와 의무를 행사할 수 있도록 하는 것도 가능하다. 그 전제는 인공지능 로봇의 오류로 인하여 발생한 손해배상을 귀속시킬 것인지에 대한 판단이 있어야 한다는 점이다. 만약, 로봇에게 손해배상책임을 인정하겠다는 법정책적 판단이 선다면, 인공지능

---

25 "인공지능 로봇과 관련한 유럽의회의 결의안에는 향후 관련 입법 시 인공지능 로봇의 법적 지위를 '전자 인간'(electronic person)으로 규정하도록 하는 내용을 담고있다. 이는 정교하고 주체적인 로봇 자신이 야기한 피해에 대하여 책임을 지고 로봇이 자주적인 의사결정을 하거나 독립적으로 제3자와 상호작용을 하는 경우에 전자적 성격을 적용하는 '전자 인간'의 지위를 갖도록 하기 위함이다. 이는 인공지능 로봇에 '전자 인간'이라는 법적 지위를 창설하여 권리 및 책임주체로의 법인격을 부여해야 함을 보여주고 있다. 이는 인공지능이 야기한 피해에 대하여 인공지능 자체가 책임을 져야 할 주체라는 점을 명확히 하였기 때문에 의미가 있다. 특히 이것은 약한 인공지능과 달리 강한 인공지능의 행위의 결과로 인해 야기되는 피해에 대한 별도의 구제 방안이 없는 상황에서 그에 대한 대안으로서 논의될 수 있다."고 한다. 김나루, 인공지능으로 인한 법적 문제와 그 대안에 관한 연구, 홍익법학 제19권 제2호, 2018, 355면.

로봇을 책임주체로 보아 법인격을 부여하는 입법적 결단을 내릴 수 있을 것이다.[26] 다만, 현재로서는 인공지능 로봇에 대해서 그 손해를 전보(塡補)시킬 수 있는 여건이 되지 않을 뿐이다.

(2) 전자인격의 요건

로봇의 권리능력은 입법적인 결단으로 가능하다고 하더라도, 모든 로봇에 대하여 법인격을 부여하는 것이 합리적인지는 의문이다. 일정한 요건을 갖춘 경우에 한하여 법인격을 부여하는 것이 필요하다. 다만, 기술적으로 어떠한 요건을 갖춘 경우로 한정할 것인지는 고려되어야 한다.

먼저 살펴볼 것은 지능형로봇법에서 말하는 지능형 로봇의 정의에 따른 요건 분석이다.[27] 지능형 로봇은 외부환경을 스스로 인식하고 상황을 판단하여 자율적으로 동작하는 기계장치를 말한다. 인간과 같은 지능은 아니지만 인간처럼 인식하고 판단할 수 있는 것과 유사하게 작동할 수 있다면 '지능형'이 될 수 있다. 따라서, 고도(高度)의 지능을 가지고 스스로 판단하는 것이 아닌 프로그래밍된 상태로 인식하고 판단한다면 지능형 로봇이다. 대표적으로 로봇청소기가 지능형 로봇이다. 로봇청소기도 프로그래밍된 상태로 집안구조를 반복적으로 학습하면서 최적의 청소를 진행한다는 점에서 지능형 로봇인 것이다. 그렇다고, 청소기에게 법인격을 부여하자고 할 수는 없다. 그렇다면, 어떠한 로봇에 법인격을 부여할 것인지는 로봇의 유형에 따르거나 로봇이 사용되는 환경에 따르든지 명확한 기준은 필요하다. 그렇지 않으면 모든 로봇에 대해 법인격을 부여할 수도 있는 상황에 직면할 수 있기 때문이다.

법인격 부여를 위해 참조할 수 있는 기준으로는 인지능력에 따른 지능형 로봇이나 스스로 작동할 수 있는 자율성(自律性)에 따른 자율로봇으로 나눌 수 있을 것이다. 전자는 움직이지 않는 경우도 가능하며, 후자는 지능은 없더라도 프로그래밍된 상태로 구동된다면 해당한다. 무엇보다, 자율성은 로봇이 스스로의 의지에 따라 인식하고 판단할 수 있는 경우이다. 로봇이 스스로 생각하고, 의지에 따른 행위능력을 갖춘다면 권리능력을 부여할 수 있을 것이다. 로봇의

---

26 최민수, 인공지능 로봇의 오작동에 의한 사고로 인한 불법행위책임, 민사법의 이론과 실무, 2020.8.31., 41면.
27 여러 문헌을 보건대, 현행 지능형로봇법상 지능형 로봇의 정의가 인공지능의 요건과 다르지 않다는 점에서 정의자체에 대한 문제제기는 없는 것으로 보인다.

자율성은 외부 통제 또는 영향과는 독립적으로 외부 세계에서 결정을 내리고 구현할 수 있는 능력으로 정의하며, 이 자율성은 순전히 기술적 성격을 지니고 있으며 그 정도는 로봇의 환경과의 상호작용이 얼마나 정교하게 설계되었는지에 달려 있다.[28] 이러한 로봇의 자율성과 지능성 이외에 로봇의 책임능력이 있는지 여부도 중요한 기준이 될 수 있다.

나. 로봇의 책임

(1) 책임을 지는가, 아니면 지우는가?

인간의 권리의무는 인간으로서 갖추어야 할 요건이 있어서가 아니라, 인간 그 자체이기 때문에 부여한 것이다. 앞서 로봇도 인격을 부여할 수 있으며, 이는 정책적 필요에 따른 결단이라고 보았다. 그 필요성은 로봇 규제, 로봇으로 인한 사고와 사고에 대한 배상 책임 등을 들 수 있다. 인간도 권리(權利)를 제한할 수 있음은 사회적인 거래관계의 안정성을 유지하기 위한 것처럼, 위와 같은 필요에 따라 로봇도 인격을 부여하거나 제한할 수 있다. 이는 인간의 본질(本質)에 대한 차별이나 편견이 아닌 현실적인 판단이다. EU Civil Law Rules on Robotics이 로봇에 대하여 인격 부여를 하면서도 책임(liability)에 대하여만 언급할 뿐, 정작 로봇에 대한 권리 부여에 대하여는 거의 언급하지 않고 있다.[29] 이는 자율성을 가진 로봇이 인간과 동일한 모습을 하고 인간과 동일한 수준의 판단을 한다고 할지라도 인간이 아니며 결코 인간이 될 수 없다는 인식(認識)을 전제로 한다. 그렇기 때문에 EU Civil Law Rules on Robotics에 대해서는 "인공지능 로봇의 발전에 따른 인류의 보호라는 지극히 인간중심적 사고에 바탕을 두고 있는 것이라 평가"[30]도 가능하다.

현재의 로봇에 대한 책임 논의는 로봇이 책임을 지는 것이 아닌 책임을 지우는 논의인 것이다. EU Civil Law Rules on Robotics도 이를 인정한다. 즉,

---

28 EU Civil Law Rules on Robotics AA.

29 김자회 외, 지능형 자율로봇에 대한 전자적 인격 부여 – EU 결의안을 중심으로 –, 법조 724호, 2017, 145면; 오병철, 전자인격 도입을 전제로 한 인공지능 로봇의 권리능력의 세부적 제안, 법조 제69권 제3호, 2020, 53면.

30 오병철, 전자인격 도입을 전제로 한 인공지능 로봇의 권리능력의 세부적 제안, 법조 제69권 제3호, 2020, 53면.

현재의 법적 체계 하에서는 로봇은 제3자에게 손해를 입히는 행위 혹은 부작위에 대해 책임 자체를 질 수 없다. 법적 책임에 대한 기존 규칙은 로봇의 행위 또는 부작위의 원인을 제조업체, 운영자, 소유자 또는 사용자와 같은 특정 인간 대리인에게 귀속시킬 수 있는 경우, 그리고 그 대리인이 로봇의 해로운 행위를 예상할 수 있었고 회피할 수 있었던 경우를 다루고 있다. 또한 제조업체, 운영자, 소유자 또는 사용자는 로봇의 행위 또는 부작위에 대해 엄격한 책임을 질 수 있다.[31]

　　로봇에게 책임을 지우려는 이유는 권리능력에 대한 논의 이전에 현실적으로 책임을 지울 수 없기 때문이다.[32] 물론, 로봇에게 책임능력(責任能力)이 없는 현실 법률에서는 로봇의 소유자나 점유자 또는 설계자에게 그 책임을 물을 수 있다. 그렇지만, 로봇이 책임능력이 있다면 복잡한 법률관계를 거칠 필요는 없다는 점에서 법적 안정성과 예측가능성을 높일 수 있다. 로봇이 자율적인 결정을 내릴 수 있는 시나리오에서는 로봇이 야기한 손해에 대한 법적 책임을 묻기에 전통적인 규칙은 충분하지 않다. 보상을 제공할 책임이 있는 당사자를 식별하고 그 당사자에게 손해를 보상하라고 요구하는 것이 불가능할 것이기 때문이다.[33] 더욱이 기계가 계약 상대방을 선택하고, 계약 조건을 협의하고, 계약을 체결하고, 이를 이행할 것인지 여부와 어떻게 이행할 것인지 결정하도록 설계됨으로 인해 전통적인 규칙을 적용하기 불가능한 한, 현재 법적 체계의 단점은 계약상의 책임 영역에서도 명확하다. 이는 새롭고 효율적이며 최신식의 규칙이 필요하다는 것을 보여준다. 그 규칙은 최근에 발생하여 시장에서 사용되고 있는 기술개발 및 혁신을 따라야 한다.[34]

(2) 법인유사의 법인격

　　정책적인 판단을 내릴 수 있다면, 어떠한 형태를 고려할 것인지에 대한 고민도 요구된다. 즉, 로봇을 자연인과 같은 법인격체로 볼 것인지, 아니면 법인과 같은 법률상 의제된 법인격체로 볼 것인지 여부이다. 민법 제33조에 따라 법인은 정관에 규정된 범위 내에서 권리능력을 갖는다. 다만, 민법 제32조에

---

31 EU Civil Law Rules on Robotics AD.
32 EU Civil Law Rules on Robotics 59 f.
33 EU Civil Law Rules on Robotics AF.
34 EU Civil Law Rules on Robotics AG.

따라 허가(許可)를 얻는 과정을 거친다.[35] 이러한 허가는 주무관청이 가지고 있는 기준에 부합한 것임을 검토하는 절차를 거치기 때문에 로봇의 법인격을 판단하는 절차적인 요건으로 활용할 수 있다. 이러한 요건을 갖출 경우, 설립등기를 함으로써 법인은 성립한다.[36] 로봇도 공시기능을 갖는 경우라야 법인격을 부여하는 것이 타당하다. 법인의 권리능력은 정관에서 정한 목적범위 내에서 권리와 의무의 주체가 된다.[37]

다. 로봇의 책임범위

로봇 자체에 대한 책임범위를 어떻게 정할 것인지는 중요하다. 행위에 대한 비난가능성을 전제로 민형사적인 책임능력을 판단할 수 있을 것이다. 로봇의 형사책임에 있어서, "형사책임의 본질은 인간의 자유의사에 대한 비난가능성이므로 이를 지능형 로봇에 인정하는 것은 어렵고, 소유자와 제작자의 고의 과실여부에 따라 사람에게 형사책임을 지울 수 있는지를 검토 해봐야 하고 그것이 불가능한 경우에는 형사책임을 포기하고 민사책임으로 해결해야할 것"[38]이다. 실제, 로봇이 인식능력을 갖지 못하기 때문에 비난가능성(非難可能性)을 요구하기는 어렵다. 따라서, 로봇 자체의 형사처벌은 어렵다. 다만, 로봇의 도구적 사용으로 인하여 발생할 수 있는 비난가능성은 소유자 내지 점유자 또는 제작자에게는 어느 정도 예견가능하기 때문에 그 책임을 물을 수는 있다.

로봇의 책임범위에 있어서 우선적으로 형사책임을 논하되, 로봇 자체가 해결할 수 있는 경우에는 민사책임으로 넘어가는 것이 타당하다. 그렇지만, 현행 법률에서는 로봇의 자율성과 주체성을 확인하기 어렵기 때문에 로봇 자체에 대한 책임은 불가능함을 알 수 있다. 로봇의 민사적 책임도 마찬가지로 로봇 자체의 책임능력이 부재하다는 점을 살펴보았다. 만약, 로봇에 대한 책임을 지울 필요가 있는 경우에는 입법정책적 판단을 통하여 책임능력을 지울 수 있

---

35 민법 제32조(비영리법인의 설립과 허가) 학술, 종교, 자선, 기예, 사교 기타 영리 아닌 사업을 목적으로 하는 사단 또는 재단은 주무관청의 허가를 얻어 이를 법인으로 할 수 있다.
36 민법 제33조(법인설립의 등기) 법인은 그 주된 사무소의 소재지에서 설립등기를 함으로써 성립한다.
37 민법 제34조(법인의 권리능력) 법인은 법률의 규정에 좇아 정관으로 정한 목적의 범위 내에서 권리와 의무의 주체가 된다.
38 오병철, 인공지능 로봇에 의한 손해의 불법행위책임, 법학연구, 제27권 제4호, 2017.12., 169면.

음을 살펴보았다. 그에 따라, 로봇의 권리능력을 법인유사의 것으로 의제하는 경우에도 그 책임범위는 법인의 재산 등으로 한정되며, 권리능력도 정관(定款)에서 정하는 바에 따르게 된다.

이와 같이, 로봇에 대하여 책임재산을 인정하고, 그 재산의 범위 내에 로봇의 행위에 대하여 책임을 지는 구조를 말하나 실상 로봇의 책임재산을 어떻게 부여하고 관리할 것인지는 또 다른 과제이다. 그렇지만, 로봇의 책임재산을 인정하더라도 다양한 의문이 든다. 예를 들면, 책임재산은 로봇의 소유자가 될 것인가? 로봇을 법인격과 유사하게 부여하는 경우라면 법인의 이사회나 주주총회와 같은 별도 기관이 필요한가? 등이다. 로봇에게 책임재산이 넘어서는 경우에는 면책되는지도 불명확하며 이사회와 같은 별도 기관이 필요한 것인지에 대한 의문이다. 전자는 면책이 아닌 책임이 소유자 내지 점유자에게 이전되는 것으로 봐야 책임원칙에 부합(符合)하다. 후자는 별도 기관을 두는 것보다는 공적 기구를 통하여 로봇을 등록하고 관리하는 것이 합리적이다.

또 다른 방안은 로봇의 보험제도,[39] 기금을 운영하는 방안이다.[40] 보험은 로봇 자체가 들 수 있는 것은 아니므로, 로봇 제조자가 보험에 들고 그에 따른 책임을 지는 구조가 현재 가능하다. 물론, 소유자가 로봇을 이용하는 경우라면 보험을 인수하도록 하는 것도 고려할 수 있을 것이다.

라. 입법적 대응

현재의 법률이나 인공지능 로봇의 수준에서는 로봇에게 그 책임을 지울 수 있는 경우나 법률을 찾기는 어렵다.[41] 당장 문제가 될 것은 아니다. 충분히

---

39 EU Civil Law Rules on Robotics 57. 점점 더 자율적인 로봇에 의한 손해에 대한 책임을 할당하는 복잡성에 대한 가능한 해결책은, 예를 들어 이미 자동차의 사례와 같이, 의무적인 보험 제도가 될 수 있다는 점을 지적한다. 그럼에도 불구하고, 보험이 인간의 행위와 실패를 다루는, 도로 교통에 대한 보험 시스템과는 달리 로보틱스 보험 시스템은 연결 요소 내의 모든 잠재적 책임을 고려해야 한다는 점을 주목한다.

40 EU Civil Law Rules on Robotics 58. 자동차 보험의 경우와 같이, 어떠한 보험도 적용되지 않는 경우 손해에 대한 배상이 이루어지도록 보장하기 위해서, 보험 시스템을 기금으로 보완할 수 있음을 고려한다. 로보틱스의 진보에 부응하는 새로운 제품 및 유형을 개발할 것을 보험 업계에 요청한다.

41 "인공지능이 그 운용자 또는 제3자에게 피해를 입힌 경우, 인공지능에게 행위의 결과에 대하여 책임을 물을 수 없다. 인공지능은 현행법상 책임재산과 책임능력이 없기 때문이다. 그래서 현행법에서는 인공지능의 행위로 인한 피해에 대하여는 그것이 구체적 권리주체의 행위로 귀

현행 법률의 해석과 적용으로 대응할 수 있다. 다만, 인간의 지능을 넘어서고, 로봇이 자율성을 갖는 시기를 가름하기 어려운 것이 현실이기 때문에 그에 대한 대응은 필수적이다. 물론, 기술발전에 대응하여야 하며 이를 위해서는 현재 로봇에 대한 기술 수준을 정확히 파악할 필요가 있다.

7. 로봇의 권리부여와 법적 과제

인공지능이 가져올 법정책적 문제는 윤리와 규범에 이르기까지 다양하게 산재해 있다. 로봇윤리는 로봇이 따라야할 규범적 수준이 아닌 로봇을 개발하고, 이용하는 인간의 윤리적 규범으로써 작용하게 될 것이다. 물론, 그 이면에서 인간을 위한 가치의 설계가 반영될 수 있으나 궁극적으로 지능정보사회의 로봇윤리는 인간의 윤리와 다르지 않은 형태로 구현될 것으로 보인다. 아울러, 기존 법제도 또한 새롭게 정비되어야 한다.

무엇보다, 로봇이 발생시키는 문제는 형법체계에서 구현가능성을 모색(摸索)하게 될 것이다. 로봇이 발생시키는 사고에 대한 책임을 소유자에게 묻거나 또는 로봇을 구속할 수 있는 방안이 제시될 것이다. 로봇의 행위에 대한 형사법적 책임은 비난가능성을 갖는지 여부이나, 아직은 로봇에게 행위에 대한 인식과 예견가능성을 기대하기 어렵기 때문에 형사법적 체계에서 인공지능로봇에 대한 규율의 어려움을 알 수 있다.

이러한 형사법적 논의와 달리, 로봇이 만들어낸 결과물에 대한 소유권은 또 다른 문제이다. 아울러, 지식재산권에 대한 권리귀속과 처리도 문제이다. 현행 지식재산권 관련 법제에서는 로봇이 지식재산권의 권리주체로 보기 어렵기 때문이다. 궁극적으로 로봇을 권리주체로 볼 것인지는 정책적 판단에 따르게 될 것이다. 로봇이 자아를 가지고 인식하고 판단할 수 있는 수준을 가진다면, 입법자는 입법적 결단을 통하여 로봇의 권리에 대한 입법을 추진할 가능성도 적지 않다. 아직은 기술적으로 로봇이 자의지를 갖지 않기 때문에 의사결정의 주체로서 로봇을 상정하기 어렵다. 다만, 어느 순간 이러한 상황을 넘어설 가

속시킬 수 있는 경우에 한하여 권리 주체가 책임을 지게 된다."고 한다. 김진우, 인공지능에 대한 전자인 제도 도입의 필요성과 실현방안에 관한 고찰, 저스티스 제171호, 2019, 13면.

능성도 있기 때문에 이에 대한 논의의 필요성이 있다.

강한 인공지능(strong AI)에 의해 발생할 수 있는 법률적 문제는 사람이 주체가 되어 발생한 문제와 다르지 않게 다루어질 것이다. 물론, 현행 법체계와 다른 경우도 예상된다. 예를 들면, 저작권법상 인공지능을 도구로 활용하는 약한 인공지능(weak AI)의 경우에는 사람에게 저작권이 발생하겠지만, 강한 인공지능이라면 인간의 사상과 감정의 창작적 표현만을 저작권으로 규정한 현행 법체계에서 저작권은 인공지능이나 이를 소유한 소유자에게도 발생하지 않는 상태가 된다. 결국, 부정경쟁행위로써 규제될 수밖에 없는 것이다.

이와 같이, 다양한 법적 쟁점이 예상되는 지능정보사회에 대한 적극적인 대응을 위한 거버넌스(governance)가 필요하다. 이는 특정 부처만이 대응할 수 있는 것이 아닌, 범부처의 대응을 통하여 인공지능에 의해 운용될 지능정보사회의 대응체계를 수립(樹立)해야 할 이유이기도 하다.

한발짝 물러서서, 로봇이 인간과 동일한 권리의무의 주체로서 역할을 하는 일상의 모습을 그려본다. 새로운 경쟁관계일까? 아니면, 능력 있는 동료와의 만남일까? 이미 영화 속에서 이러한 모습을 본 적이 있다. 모두에게 그리 낯설지는 않은 풍경이 될 것이다.

8. 포스트휴먼과 인공지능 로봇

호모 사피엔스 다음으로 포스트휴먼을 인공지능으로 볼 가능성은 높다. 지구의 역사와 함께 존재했던 인류는 새로운 종에 의해 멸망하였고, 강하거나 현명한 종이 지배자가 되었다. 인류도 그러한 멸망 과정을 거칠까? 아니면, 인류가 인공지능 로봇에 대해 포스트휴먼으로서 지위를 부여하게 될까?

포스트휴먼으로써 인공지능 로봇의 법적 성질과 책임에 대한 다음과 같은 의문은 자연스럽다. 로봇은 책임주체가 될 수 있는가? 예를 들면, 의료로봇의 수술행위나 간호로봇이 하는 간호행위의 결과에 대해서는 누가 책임지는가?

앞서 설명한 바와 같이 동물권과 비교(比較)했을 때, 현재로서는 인공지능의 지위는 책임주체로서 인정될 수 있는 것으로 보기 어렵다. 지금 당장 인공지능 로봇에 대해 법적 책임과 지위를 부담시키기는 어려움이 있다. 다만, 소유자 등과의 법적 관계에 따라 책임소재를 달리 할 수는 있다. 로봇에 대한 직접 책임이 아닌 로봇의 제조자, 또는 소유자 내지 사용자에 대한 공동 책임에 한정될 것이다.

　　강한 인공지능의 모습을 지닌 도덕적 주체로서 로봇의 행위와 그에 따른 책임에 대해서는 별도 기준을 마련할 필요가 있다. 다만, 집행 방법은 기술적 영역이기 때문에 인간처럼 인신 구속과 같은 전통적인 형법적인 방법으로 대응할 수 있는 것은 아니다.[42] 따라서, 기술적인 수단은 인공지능 로봇에 대한 권리와 의무가 정리된 이후, 그 절차를 강구하는 것이 바람직하다.

---

42 프랑크프르트 법대 Ulfrid Neumann 교수는 "기술의 발전에 따른 법학적·철학적 전망"(법과 학을 적용한 형사사법의 선진화방안 연구(Ⅵ) 워크숍 자료, 2015)에서 "로봇에게 적당한 제재라는 것이 과연 있을 수 있는지 의문을 표합니다. 이에 대해 로봇형법의 지지자들은 로봇에 대한 형법상 제재로서 해당 로봇을 재프로그래밍하는 방법이 가능하며 또 그렇게 해야한다고 항변합니다."라고 적고 있다.

1. 인공지능의 오류가 가져올 수 있는 문제

　　인공지능이 사회·경제적으로 응용되는 분야가 확대되고 있으나 그로 인하여 발생하는 문제의 파급력이 작지 않을 경우 그와 관련된 책임 논의는 커질 것이다. 인공지능의 책임과 의무 이외에도 안전하지 않는 인공지능이나 SW의 사용으로 오류(誤謬)가 발생할 수 있기 때문에 이러한 경우에는 관련된 자들에게 어떠한 책임을 물을 수 있는지에 대한 검토가 요구된다. 즉, 권리와 의무 주체로서 인공지능에 대한 논의 이외에 인공지능이 가지고 있는 일반적이거나 특수한 오류에 대하여 어떻게 대응할 것인지이다.

　　SW의 품질을 높이기 위해서는 테스팅을 통하여 관련 오류나 결함을 제거해야 한다.[43] SW 설계 시, 또는 코딩 시 사전에 오류를 줄이는 것이 중요하다. 코딩은 정형화된 방식이기 때문에 그나마 오류를 찾기가 용이하지만, 기계학습은 데이터 기반의 알고리즘에 의하여 진행되기 때문에 오류를 찾기가 쉽지 않다.[44]

　　현재의 기술 수준에서 인공지능 오류는 SW가 가지고 있는 오류와 크게 다르지 않다. 그렇지만, 기계학습의 결과로서 나타날 수 있는 오류는 SW 코드에서 발생하는 오류와는 차이가 있기 때문에 다른 관점에서 살펴볼 필요가 있다. 또한, 블랙박스에서 발생하는 오류에 대해서는 어떻게 판단할 것인지 쉽지

---

[43] "소프트웨어 품질을 높이려면 철저한 테스팅을 통하여 결함을 최대한 제거해야 하지만 그보다 더 중요한 일은 결함이 소프트웨어에 잠입하지 않도록 노력하는 일이다. 결함 예방의 최선책은 소프트웨어 개발에 최신 소프트웨어 공학 기법을 적용하는 방법이다. 그러면 개발 과정에서 실수를 현저하게 줄일 수 있을 뿐 아니라 여러 면에서 테스팅 작업에 도움을 준다."고 한다. 권용래, 소프트웨어 테스팅, 생능출판사, 2010, 31면.

[44] 윤지영 외, 법과학을 적용한 형사사법의 선진화 방안(Ⅵ), 형사정책연구원, 2015, 97면에서는 "일반적인 기계작동을 위해 모든 행동을 프로그래밍한 알고리즘은 작동원리가 명확하기 때문에 사건·사고 발생 시 정황에 따라 개발 책임자와 그 소속 회사에게 책임을 묻거나 부주의에 의한 사용자에게 책임을 물을 수 있다. 하지만 최근과 같이 비정형 데이터를 가지고 스스로 학습하는 방식의 진화된 알고리즘은 개발자도 그 성능에 대한 완벽한 예측을 하지 못하기 때문에 사건·사고 발생 시 개발 책임자와 그 소속 회사에 대한 책임이 어디까지인지 아직은 물음표로 답할 수밖에 없다."고 한다.

않다. 다만, 인공지능의 오류에 따른 문제해결 과정에서 고려할 수 있는 것은 블랙박스에 대한 지배영역이 누구에게 있는지가 하나의 기준이 될 수 있다.

2. SW로서 인공지능 오류

가. 인공지능 오류의 위험성

SW 오류에 대해 살펴볼 때, 중요한 예로 드는 사례는 다음과 같다. 1983년 9월 26일, 구 소련의 스타니슬라프 페트로프(Stanislav Yevgrafovich Petrov) 소령은 중대한 결정을 하게 된다. 자신이 관제하던 시스템에서 핵전쟁 경보가 울린 것이다. 미국이 대륙간탄도미사일(ICBM) 1기를 발사했다는 내용이다. 곧 5기로 확대되었으나 이때 페트로프 소령은 이러한 상황에 대해 의문을 갖는다. "왜 미국은 5기 밖에 발사하지 않았을까? 그 정도로는 반격을 받을 수밖에 없을텐데..." 그러한 의문에 대한 추론 후에 핵전쟁 취소코드를 입력하고 "컴퓨터 오류로 보인다."고 보고하였다. 나중에 알려진 바로는 핵미사일 탐지시스템의 오류에 따라 햇빛이 반사된 것을 인공위성이 핵탄두로 오인한 것이었다. 만약, 페트로프 소령이 전후 상황에 대한 판단 없이 핵전쟁 코드를 입력하였다면 지금의 지구는 어떤 모습일까? 상상하기 어려운 상황이 아닐까 생각한다. 이외에도 의료용 SW의 작동 오류로 인하여 환자가 방사능(放射能)에 피폭된 사례도 있다. SW로서 인공지능이 의사결정 지원이나 의사결정을 내리는 경우에 오류가 발생할 경우, 사람의 생명과 직결되기 때문에 결코 소홀히 다루어질 사안이 아니다.

나. 인공지능 SW의 활용

인공지능을 포함한 SW는 자동자, 가전, 비행기 등 수많은 기계장치의 핵심적인 역할을 담당한다. 지능정보사회의 모습처럼, 일상생활, 산업활동, 공공부문 등에서 인공지능은 유기적인 생명체와 같이 작용한다. 자율주행차로 관심이 높아지고 있는 자동차 부문은 R&D의 50% 이상 SW에 투자되고 있다. 그만큼 SW의 중요성이 커지고 있음을 알 수 있다. 어쩌면 이러한 상황에서 작은

SW 오류라도 대형 사고로 이어질 수 있다는 우려는 당연한 것인지도 모른다.

인공지능을 포함한 다양한 과학기술에 대한 의존도가 높아지고 있으며, 기술에 대한 신뢰도가 높아질수록 기술의존도는 더욱 커진다. 문제는 예기치 못한 상황에서 사고가 발생할 수 있다는 점이다. 일례로, 일부 전문가들은 자동차 급발진 사고의 원인을 SW로 제어되는 장치의 오류로 보기도 한다. SW 의존도가 높아질수록 SW로 인한 사소한 실수(失手)는 결과적으로 대형 사고의 원인이 되거나 치명적인 결과로 나타나고, 손실도 비례하게 커질 것이다. 개인용으로 사용하거나 사무용으로 사용하는 것이 아닌 의료, 자동차, 항공분야 등에 사용되는 SW는 전문가 영역으로 볼 수 있다. 전문가 영역에 대해서는 비교적 책임을 엄격하게 묻는다. 전문가 영역에서 발생하는 사고의 입증을 소비자에게 부담시킬 경우, 일반인이 대응할 수 없을 뿐더러 일반적인 법감정(法感情)에 반하기 때문이다. 이러한 전문가 책임(Professional Responsibility)에 따라 고도의 기술적 사안에 대해서는 입증책임을 완화하거나 전환하는 입법정책적 결단이 내려지기도 한다.

다. 무과실 책임과 안전

시대상황의 변화에 따라 법률도 변한다. 제조물책임법은 손해 주장자의 입증책임을 제조자가 과실이 없음을 밝혀야하는 무과실(無過失) 책임으로 전환시켰다. 즉, 손해의 발생 원인이 제조자 자신에게 없다는 입증을 하지 못하면 책임이 있다는 논리이다. 제조물에 대한 엄격한 책임을 제조자에게 부과하고 있는데, 그만큼 안전한 사회를 구현하기 위한 시대적 요구가 법률에 작용한 것이다.

제조물에 포함되지 못하는 SW 자체의 오류나 하자로 인하여 발생하는 손해에 대해서는 손해 주장자가 입증해야 한다. 그렇지만, 현실적으로 전문가인 SW 개발자나 제조자가 갖는 정보력에 대응하기 쉽지 않은 구조이다. 더욱이, SW의 제조물 책임에서 반대론은 SW는 무형(無形)이기 때문에 물건성이 부인된다는 것이다. 오히려, 그렇기 때문에 SW 자체가 아닌 SW가 다른 물건과 결합된 경우라면 제조물 책임을 인정해야 한다는 주장이 힘을 얻고 있다.

3. 인공지능 오류와 안전사고

가. SW안전의 필요성

다양한 분야에서 SW가 사용됨에 따라, SW의 오류에 따른 안전(安全)을 담보하는 것에 대한 사회적 관심이 높아지고 있다. 국가안보나 항공분야와 같은 생명과 직결된 경우에는 안전 확보가 무엇보다 중요하다. 인공지능도 기본적으로 SW라는 점에서 안전성을 확보해야 한다. 이러한 우려 때문에 20대 국회에서도 소프트웨어안전 기본법[45]이 발의되기도 했으며, 소프트웨어 진흥법[46]에서 관련 규정을 두기도 했다. 소프트웨어안전 기본법안 심사보고서에서는 다음과 같은 검토의견이 담겨있다.[47]

"지능정보사회가 도래함에 따라 주요 산업에서 SW가 차지하는 비중이 점차 증가하고 있으며, 특히 교통, 의료, 가전 등 국민생활의 안전과 밀접히 관련된 분야에서 SW를 활용한 신기술 도입이 확대되고 있다.[48] SW 활용 비중이 증

---

45 2018.2월 국회 박정 의원이 대표발의한 소프트웨어안전 기본법(안)의 입법취지는 다음과 같다. "현대사회에서 소프트웨어는 사회 전반에 광범위하게 사용되고 국가 주요 인프라, 교통, 재난 관리 등 국민의 생명과 안전에 직결되는 분야에 필수적으로 사용되고 있음. 한편, 소프트웨어에 대한 활용성·의존성이 증가함에 따라 소프트웨어의 복잡도 역시 증가하고 있으며, 이로 인해 소프트웨어의 오류 및 취약점 발생 등의 위험성이 높아지고 있음. 따라서 항공, 철도, 원자력 등 주요 국가기관 등이 사용하는 소프트웨어의 오류 등으로 인한 사고 발생 가능성과 피해 예상 규모도 상당한 수준으로 확대될 것으로 우려되고 있음. 이에 소프트웨어의 안전을 관리하기 위한 체계를 마련하고 소프트웨어 안전 관리를 위한 국가기관 등의 의무를 부여함으로써 국민생활의 안전을 보장하는 데 기여하려는 것임."

46 소프트웨어 진흥법 제30조(소프트웨어안전 확보) ① 정부는 소프트웨어안전 확보를 위한 시책을 마련할 수 있다.
② 과학기술정보통신부장관은 다음 각 호의 사항을 포함하는 소프트웨어안전 확보를 위한 지침을 정하여 고시하여야 한다.
1. 소프트웨어안전 관련 위험 분석
2. 소프트웨어안전 확보를 위한 설계 및 구현 방법
3. 소프트웨어안전 검증 방법
4. 운영 단계의 소프트웨어안전 확보 방안
5. 그 밖에 소프트웨어안전 확보에 필요하다고 인정되는 사항
③ 중앙행정기관의 장은 소관 분야의 소프트웨어안전에 관한 기술기준을 수립하는 경우 제2항에 따른 지침 또는 국제표준 등을 고려하여야 한다.

47 임재주, 소프트웨어 안전 기본법안 검토보고서, 국회과학기술정보방송통신위원회, 2018.9.

48 주요 산업별 SW 비중(%): 통신기기 53, 자동차 52, 항공 51, 의료 46(관계부처 합동 SW 혁신전략, 2013년) 'SW 안전 체계 확보와 중점 추진과제'(소프트웨어정책연구소, 2016. 1.)

가하고 SW 복잡성이 커짐에 따라 SW 작동오류로 인한 사고 발생 가능성이 증대하고 있으며, 최근 철도, 항공, 전력 등 주요 국가 기간시설에서 SW 오류로 인한 대형사고가 발생하고 있어 SW안전에 대한 관심이 더욱 높아지고 있는 상황이다. 따라서, SW는 연결성, 자동제어 등의 특성으로 인해 한번 기능장애가 발생할 경우 인명피해나 막대한 경제적 피해로 이어질 가능성이 높아 철저한 사전예방과 신속한 사후대응이 필요하다."

소프트웨어 진흥법은 SW안전에 대해 "외부로부터의 침해행위가 없는 상태에서 SW의 내부적인 오작동 및 안전기능(사전 위험분석 등을 통하여 위험발생을 방지하는 기능을 말한다) 미비 등으로 인하여 발생할 수 있는 사고로부터 사람의 생명이나 신체에 대한 위험(危險)에 충분한 대비가 되어 있는 상태"로 정의하고 있다. 아울러, 안전하지 않는 SW의 사용으로 발생하는 사고를 안전사고라고 정의한다. 즉, 안전사고란 SW나 시스템 장애로 생명, 신체 또는 재산에 피해가 발생하는 사고를 말한다.[49]

나. SW안전사고 유형

SW안전사고는 기업 내부에서 발생한 이슈이기 때문에 외부에 공개된 사례는 많지 않다는 특성이 있다. 인공지능 안전과 관련된 사고는 인공지능이 갖는 블랙박스의 내용을 외부의 제3자가 확인할 수 있는 방법을 찾기가 어렵기 때문이다. 다음 [표 5-1]은 SW안전사고와 관련된 현황을 정리한 것이다.

[표 5-1] 국내·외 SW안전 관련 사고 사례[50]

구분	연도	분야	사고 사례
해외	1980 ~1987	의료·방사선	• 암종양 제거 방사선 치료기 Therac 25 　- 턴테이블을 작동하는 플래그가 8bit 변수로 오버플로우 상태에서 작동키를 누르면 오작동 　- 3명 사망, 3명은 심각한 방사능 후유증에 시달림

---

49 소프트웨어안전 확보를 위한 지침 제2조 제5호.
50 임재주, 소프트웨어 안전 기본법안 검토보고서, 국회과학기술정보방송통신위원회, 2018.9. 7~8면.

	2009	자동차	• 도요타 자동차 리콜 – ECU 내 메모리 영역에서 SW끼리 특정 메모리 영역을 공유하여 간섭 현상이 발생하였으며 그 결과로 급발진 발생 – 미국에서 벌금으로 1조 3000억 원 명령, 900만 대 리콜
	2018	자동차	• 우버 자율주행차 보행자 사망 – 2018년 3월, 우버의 자율주행차가 자율모드로 주행 중 보행자와 충돌해 보행자가 사망 – 보행자가 횡단보도 바깥쪽으로 건너고 있는 상황에 대해 자율주행차가 보행자 주의가 필요하지 않은 구역으로 인식했을 것으로 추정
국내	2009	재난	• 임진강 재해경보시스템 오동작으로 인한 인명 사고 – 2009년 9월, 북한 황강댐의 급작스런 유량방출로 임진강 부근 수위가 급상승하여 연천군 필승교 부근 야영객 및 낚시객 6명이 급류에 휩쓸려 사망 – 임진강 경보제어 시스템이 있었으나 수위정보를 전송하는 RTU의 고장 발생으로 경보방송을 담당하는 경보국과 경보제어 시스템 서버 간 통신 오류로 경보시스템이 오동작
	2014	철도	• 신호기 고장으로 인한 서울지하철 추돌 – 2014년 신당역에서 상왕십리역으로 향한 열차가 상왕십리역을 출발하려던 열차를 추돌, 시민 총 250여 명 중경상, 열차 뒷부분 탈선 – 승강장 진입 전에 설치된 신호기 2개 고장으로 후속열차의 ATS(자동정지장치) 미작동
	2017	교통	• 가변차로 신호등 오작동으로 차량 정면 충돌 – 2017년 12월, 삼천포 대교에 위치한 가변차로 신호등 오작동으로 차량 2대가 정면 충돌하여 운전자 2명이 크게 다치고 사고차량 중 한 대는 폐차 – SW 오류로 인해 신호등 제어시스템에 문제가 발생한 것으로 추측

출처: 과학기술정보통신부(2020).

다. 안전사고의 공유

SW안전사고는 어느 한 분야에만 영향을 미치는 것은 아니다. 다양한 분야에서 채용되는 경우가 많기 때문에 이에 따른 사고는 공유되어야 한다. 이러한 이유로 소프트웨어 진흥법에서는 고시를 통하여 장애나 안전사고에 대한 정보를 공유하도록 하고 있다.[51] 다만, 지침에서는 선택적으로 공유할 수 있도록 하고 있다는 점에서 공유의 취지를 희석화(稀釋化) 하고 있다. 그런 점에서 법률에서 안전에 관한 규정을 강화하도록 입법화할 필요가 있다.

4. 인공지능 오류에 따른 책임

가. 논의의 필요성

SW안전에 대한 관심이 커지고 있지만, 인공지능을 이용하면서 발생하는 오류의 원인을 쉽게 밝힐 수 있을지 의문이다. 오류를 밝힌다는 것은 인공지능이 만들어낸 결과에 대한 인과관계를 찾는 과정이지만, 그러한 결과를 가져오는 이유 내지 원인을 설명하거나 밝히기가 쉽지 않다. 좀 더 솔직히 말하자면, 이러한 기술적인 한계를 갖는 인공지능 또는 기계학습 알고리즘으로 인하여 발생할 수 있는 오류를 확인한다는 것은 사실상 불가능(不可能)에 가까운 일이다.

또한, 인공지능 자체가 기업의 영업비밀(營業祕密)에 놓여 있을 가능성이 크기 때문에 문제 자체를 확인하기도 쉽지 않다. 다만, 인공지능의 이러한 한계를 극복하기 위해 설명가능한 알고리즘을 개발하고 있기 때문에 어느 정도 인공지능이 갖고 있는 문제점을 개선해 나갈 것으로 기대한다. 이러한 상황에서 인공지능 자체 또는 인공지능으로 인하여 발생하는 오류에 대하여 누구에게 책임을 지을 것인지에 대한 논의가 필요하다.

---

51 소프트웨어안전 확보를 위한 지침 제15조(정보공유) ① 공공기관은 안전관리 대상 소프트웨어의 중대한 장애나 안전사고가 발생한 경우 해당 공공기관 내의 유사 시스템 담당자에게 장애 및 안전사고 정보를 공유하여야 한다.
② 공공기관은 안전관리 대상 소프트웨어의 안전사고 예방을 위하여 유사 시스템을 운영하는 타 공공기관과 다음 각 호의 정보를 공유할 수 있다.
1. 소프트웨어 안전사고의 개요
2. 소프트웨어 안전사고를 유발한 소프트웨어 위험원과 발생경로
3. 소프트웨어 안전사고로 인한 피해 양상
4. 위험원 제거를 위해 사용된 기술적 방법 및 도구
5. 재발 방지를 위한 기술적·관리적 대책 등
③ 공공기관은 정보를 공유하는 경우 각급 기관의 보안관리 규정에 어긋나지 않아야 한다.

나. 설계자의 설계상 결함

인공지능이나 로봇의 오류에 따른 문제는 설계, 제조 및 이용 과정에서 문제되었을 가능성이 높다. 설계과정에서의 문제는 오류가 발생했을 때 역순으로 판단할 수밖에 없다. 제조물책임법에서도 합리적인 대체설계가 가능했음에도 불구하고, 그러하지 않은 경우에 설계자의 책임을 묻고 있다. 로봇기본법(안)[52] 에서도 로봇 설계자의 윤리를 요구하고 있다. 즉, 로봇의 설계자는 다음 각 호의 사항을 준수하여 인간의 존엄성을 존중(尊重)하고 인류의 공공선을 실현하는 데 기여할 수 있는 로봇을 설계하여야 한다.[53]

  ⅰ) 인간의 기본권을 침해하지 않도록 설계할 것
  ⅱ) 개인을 포함한 공동체 전체의 선을 침해하지 않도록 설계할 것
  ⅲ) 생태계를 포함한 생명공동체의 지속가능성을 침해하지 않도록 설계할 것
  ⅳ) 정보통신기술 및 생명과학기술 윤리와 관련된 사항을 준수하도록 설계할 것
  ⅴ) 로봇의 목적 및 기능을 설정하고 이에 부합하게 사용되도록 설계할 것

설계는 인공지능 로봇을 어떤 식으로 제조하거나 개발할 것인지에 대한 것이기 때문에 그 과정에서 문제점을 인식하고, 대체설계가 가능한지 확인할

---

52 로봇기본법(안)은 다음과 같은 입법취지로 20대 국회에서 박영선 의원이 발의하였으나, 회기 만료에 따라 자동 폐기되었다.
  "2015년 세계 로봇시장은 전년 164억 달러 대비 9.7% 성장한 179억 달러로 최근 6년간 연평균 13% 성장하였고 앞으로도 지속적으로 확대될 것으로 전망되고 있음. 우리나라의 제조업용 로봇시장의 경우에도 2015년 기준 전년도 3억 달러에서 9억 달러 규모로 성장하였음. 이러한 추세를 볼 때 앞으로는 사회안전 및 극한작업용 로봇, 군사용 로봇, 의료용 로봇, 인간과 교감하고 교육·놀이·예술활동을 함께 하는 엔터테인먼트 로봇, 인간의 감정적 동반자 역할을 하는 애완용 로봇, 재활훈련·장애보조·노인보조용 헬스케어 로봇 등이 인간의 삶 속에 보편화될 것으로 예측되며, 이는 고용구조의 변화와 함께 사회의 광범위한 부분에 영향을 미칠 것으로 보임. 세계 각국은 이와 같은 로봇공존사회에 대비하기 위한 중장기적 연구를 수행하고 구체적 대비책을 모색하고 있음. 특히, 최근 유럽연합은 정교한 자율성을 가진 로봇에 대하여 전자적 인간이라는 새로운 법적 지위를 부여하는 방안, 로봇의 형사책임능력이나 로봇의 창작물에 대한 저작권 인정 가능성 등과 같은 새로운 이슈에 대비하고 있음. 이에 비해 우리나라의 경우 지능형 로봇 개발 및 보급 촉진법이 있으나 이는 로봇산업에 초점을 맞춘 한시법으로, 최근 대두되고 있는 전 세계적 흐름과 이슈를 반영하기에는 한계가 있는 상황임. 이에 로봇과 로봇관련자가 준수하여야 하는 가치를 로봇윤리규범으로 명문화하고, 로봇의 보편화에 대한 사회적 수용과정에서 발생할 것으로 예상되는 다양한 문제를 다루는 정책 추진기구 등의 설치에 관한 사항을 담은 기본법을 마련함으로써 로봇과 인간이 조화롭게 공존하는 새로운 사회에 대비하려는 것임."
53 로봇기본법(안) 제6조 로봇 설계자의 윤리

수 있어야 한다. 위 내용은 입법화 된 것이 아니고, 또한 설계자의 윤리에 관한 사항이기 때문에 법적인 강제를 할 수 없다. 다만, 입법 여부와 상관없이 법적 책임을 논하는 과정에서 참고할 수 있는 기준이 될 수 있다.

다. 제조자의 제조상 결함

인공지능 개발자는 SW로서 인공지능을 개발하는 과정에서 SW 관련 기술을 활용하면서 다양한 알고리즘을 구현한다. 이 과정에서 안전성 확보나 오류 없는 SW를 개발하기 위한 기획을 하거나 문제점들을 회피(回避)할 수 있는 방안을 설계할 것이다. 그럼에도 불구하고, 결함이나 오류가 없는 완전한 SW의 개발은 인간의 능력을 벗어난 영역이다. 그렇지만, 사람에 의해 개발된 결과물이 만들어낸 문제에 대한 책임을 벗어날 수 있는 논리가 되지는 못한다.

완료된 결과물이 완전하지 못할 경우에는 제조자에게 어떠한 책임을 지울 것인가? 우선, SW가 가져오는 하자에 대해서는 하자담보책임을 질 수 있다. 업무상 창작한 경우에는 해당 SW를 개발한 기업이 책임을 지게 된다. 다만, 무상으로 배포되는 경우에는 이용약관 등을 통하여 그 책임을 제한하는 것이 일반적이다. 만약, 하자있는 SW나 인공지능으로 인하여 발생한 손해에 대해서는 이용약관을 통하여 그 책임을 제한하는 것은 사적자치의 원칙을 훼손하는 경우이고, 약관법상 무효가 될 것이다.

인공지능의 제조과정에서 나타날 수 있는 문제에 대하여 로봇기본법(안)에 따르면 로봇의 제조자는 다음 각 호의 사항을 준수하여 공익의 범위 내에서 인간의 행복 추구에 이바지하고 정해진 목적과 기능에 부합하는 로봇을 만들어야 한다.[54]

   ⅰ) 로봇의 제조 및 판매와 관련된 법령을 준수하여 제작할 것
   ⅱ) 로봇의 목적 및 기능과 관련된 법령을 준수하여 제작할 것
   ⅲ) 로봇의 사용연한을 정하고 폐기에 대한 지침을 제공할 것
   ⅳ) 로봇의 사용연한 내에서의 유지보수와 결함으로 발생된 피해에 대한 책임을 질 것

현행 법률에서 요구하는 기준에 따라 제조한 경우라면 윤리적인 이슈는

---

54 로봇기본법(안) 제7조 로봇 제조자의 윤리

없다. 제조물책임법에서도 법률에서 정한 바에 따를 경우에는 면책토록 한 것과 다름이 없기 때문이다.

라. 배포 및 이용자

인공지능이나 관련 서비스를 시장 등을 통하여 이용자에게 제공한 사업자를 말한다. 배포자는 개발된 인공지능을 전달하는 것에 불과하기 때문에 직접적으로 문제를 삼기는 어렵다. 다만, 전자상거래 등에서의 소비자보호에 관한 법률(이하 전자상거래법이라 함)에서와 같이 유통과정에서 그 책임이 없다는 내용 등을 명시적(明示的)으로 하여야 한다.

이용하는 과정에서 이용자의 조작실수로 발생하는 경우에는 이용자의 책임을 물을 수도 있을 것이다. 로봇을 이용하는 이용자의 과실여부를 물을 수 있을까? 그렇지만, 인공지능 자체가 갖는 오류가 그 원인이라면 이용자에게 책임을 묻기는 어렵다. 그렇기 때문에 인공지능이나 SW로 나타나는 책임에 대해서는 무과실책임으로 확대될 필요가 있다. 사실상, 발생하는 문제의 원인이나 지배영역에 관한 판단도 쉽지 않을 것이기 때문이다. 따라서 책임의 원칙을 지배영역에 대한 판단이 아닌 사고자체가 일어난 것에 대한 원인이 없음을 제조자가 찾아야 한다. 현재로서는 그 과정에서 논의할 수 있는 사항은 제조물책임법이지만, 필요할 경우에는 특별법의 제정도 검토할 필요가 있다. 결국, 이용자는 개발자나 제조자에게 책임을 묻거나 구상권(求償權)을 행사해야 한다.

오류에 따른 경우가 아닌 이용자의 과실이나 오남용에 대한 주의의무가 있다. 로봇기본법(안)에서도 이용자의 윤리에 대해 규정하고 있다. 즉, 로봇의 사용자는 다음 각 호의 사항을 준수하여 자신 또는 타인의 삶의 질과 복지의 향상을 위하여 정해진 목적과 기능에 따라 로봇을 사용하여야 한다.[55]

  i) 로봇의 사용과 관련된 법령 또는 사용지침을 준수할 것
  ii) 로봇을 불법적으로 개조하거나 임의로 변경하여서는 아니 되며 정해진 목적과 기능에 맞게 사용할 것
  iii) 로봇을 사용하여 타인의 이익을 침해하거나 위해를 가하지 않도록 할 것
  iv) 로봇의 오용 또는 불법적 사용으로 발생하는 문제에 대하여 책임을

---

55 로봇기본법안 제8조 로봇 사용자의 윤리

질 것

v) 로봇의 남용으로 발생할 수 있는 과몰입, 의존, 중독 등 부작용에 주의할 것

실상 로봇의 의존은 EU Civil Law Rules on Robotics에서도 우려하고 있는 사항이기도 하다. 펫로스증후군처럼, 인공지능 로봇에 대한 의존도가 높을 경우에 심리적인 문제로 확대될 수 있기 때문에 이러한 의존도에 대한 책임을 이용자에게만 요구할 것은 아니다.

마. 인공지능 로봇 자체

인공지능이나 또는 인공지능이 탑재된 로봇에게 책임을 지울 수 있을까? 책임을 질 수 있는 주체가 될 수 없다는 점을 앞서 살펴본 바와 같다. 또한, 현행 법제도 하에서 로봇이나 인공지능에게는 책임을 지울 수 있는 방안이 없다. 책임재산을 소유하는 것도 아니거니와 인신의 구속과 같은 방법이 없기 때문이다. 물론, 책임재산을 인정하는 방안에 대한 다양한 의견이 제시되고 있지만, 현재로서는 인공지능이 스스로 의지를 가지고 행동을 하거나 SW를 개발하거나 발명을 하는 것은 아니기 때문에 인공지능 자체에 책임을 지우기 어렵다.

5. SW의 안전과 제조물 책임

가. SW의 역설

SW는 기술적 소산으로 고도의 안전이 요구됨에도 불구하고, 개발에 작지 않은 비용이 들어가기 때문에 완성도가 높지 않거나 효율적이지 않더라도 적은 비용을 들여 사용된다.[56] 이러한 요인이 SW와 관련된 사고의 원인이 되기도 하나 사실상 소스코드를 확인하거나 또는 블랙박스에 담겨진 오브젝트코드를 분석하기가 쉽지 않다. SW와 관련된 사고의 원인을 찾기 위해 제조물책임법의 적용가능성을 고민하게 된다. 역설적으로 제조물책임법의 제정 논의는 제

---

56 Bruce Schneier, Click Here to Kill Everyone, Policy Issues surrounding Artificial Intelligence, Algorithms & Privacy, 2017, p.26.

2차 산업혁명에서의 대량생산 경제에 기인하며, 이는 대량생산, 대량 유통, 대량 소비 과정에서 소비자는 안전하지 못한 제품을 소비함으로써 위험에 노출(露出)되어 왔기 때문이다. 다만, 제4차 산업혁명기인 지금은 다품종 소량생산의 시대이지만 오히려 제품의 안전성은 담보하기 어려움이 있다. 이는 다품종에 대한 안전은 그만큼 제조자의 부담이 커지고 있으며, 프로세스가 다양해짐에 따라 책임소재도 다양해지기 때문에 적용가능성을 확대하고자 하는 것이다.

SW가 융합의 기본적인 요건이 되고 있으며, 그로 인해 SW의 복잡성, SW에 대한 의존성이 증대한다. 또한, SW가 IoT, 자율주행차(self-driving cars), 임베디드 SW(embedded software) 등 많은 영역에서 사용되는 만큼 SW로 발생하는 사고 건수가 많고 그 영향력도 적지 않다. 대표적으로 급발진, 관제, 군수용 무기 등에서 SW는 다양한 사고의 원인으로 지목되고 있다. 따라서, SW로 인해 발생하는 문제를 해결하기 위해 품질과 안전 확보의 필요성이 커지고 있으며 제조물책임법을 SW에 적용할 수 있는지에 대한 검토도 하나의 방안이다.

나. SW의 제조물성

SW의 제조물성에 대한 논의에서 제한적으로 매체에 저장된 경우는 유체물(有體物)로 보자는 견해가 유력하다. SW의 제조물성에 대한 논의가 SW 제조물 책임의 본질은 아니다. 기술에 대한 소비자 이해의 어려움, 소비자의 정보 확보의 어려움, 제품 관련 정보의 비공개 및 비대칭성, 제조자의 정보 은폐, 의도적 왜곡 등의 사례가 발생하고 있기 때문이다.

민법상 물건은 동산 및 전기 기타 관리 가능한 자연력에 한정된다. SW의 제조물성을 긍정하는 입장에서는 매체에 수록된 임베디드 SW의 경우, 부품화 된 상태이므로 물건성을 인정할 수 있다는 것이며, 또한 전기, 전파 등을 제조물로 보는 입법자의 의도에 따라 매체에 담겨있지 않은 SW도 제조물에 포함시키는 것이 타당하다는 주장도 있다. 이는 결국 관리 가능한 자연력의 경우까지 확장될 수 있다는 것이며, SW도 충분히 관리 가능하다고 보는 견해이다.

반면, 부정설의 입장은 서비스로서 그 내용을 명확히 확정 짓기 곤란하다는 주장이다. 자유로운 정보의 유통 및 학문언론의 자유를 저해하거나 법적 안정성을 해할 수 있다는 것이 주된 논거이다.[57] 이는 유체물이 아니라는 일반적인 입장을 견지하는 주장이지만, 의문은 '같은 SW가 매체와의 결합상태에 따라 달라지는 것이 타당한가?'이다. 왜냐하면, SW서비스, 제품화된 SW, SW 자체(itself) 등으로 구분되거나 또는 매체 저장 여부에 따른 차이 등 SW가 활용되는 방식의 차이일 뿐, SW인 것임에는 변함이 없기 때문에 합목적적인 해석으로 보기 어려운 이유이다.

비록, 하급심이지만 SW의 제조물성을 인정(認定)한 사례도 있다. 법원은 "제조물책임법 제2조 제1호에 의하면 '제조물이란 다른 동산이나 부동산의 일부를 구성하는 경우를 포함한 제조 또는 가동된 동산'을 말하고, 제8조에서는 '제조물의 결함에 의한 손해배상책임에 관하여 이 법에 규정된 것을 제외하고는 민법의 규정에 의한다'고 규정하고 있는 바, 결국 제조물책임법이 적용되는 객체는 민법 제98조 및 제99조 제2항에 따른 '동산', 즉 '유체물 및 전기 기타 관리할 수 있는 자연력 중 토지 및 그 정착물인 부동산을 제외한 것'으로 봄이 상당하다. 이 사건 MS SQL 서버가 제조물에 해당하는지 여부에 관하여 본다. 살피건대, 서비스 또는 물건을 만드는 방법 등과 같은 단순한 정보는 타인의 편의를 위한 유·무형의 산물로서 그 결과가 확정되어 있는 것이 아니어서 이를 제조 또는 가공된 동산으로 파악하기는 어려울 것이다. 그러나 피고는 MS SQL 서버를 전자서적과 같은 형태로 씨디롬(CD-ROM)이나 디스켓 등과 같은 일정한 저장매체에 저장하여 공급하거나 웹사이트를 통하여 라이선스를 부여하고 프로그램을 다운로드받게 하는 형태로 공급하는 데, 전자의 경우 저장장치와 SW를 일체로서의 유체물로 볼 수 있어 그 SW 역시 제조물로 볼 수 있고, 후자의 경우 디지털 형태로 공급되는 SW를 이용하기 위해서는 하드디스크 등과 같은 다른 저장 매체에 저장되어야만 사용할 수 있고 일단 SW의 공급이 완료된 시점에서 결국 그 SW가 일정한 저장매체에 담겨져 있는 상태로 되며, MS SQL 서버는 대량으로 제작·공급되는 것이어서 제조물책임법이 적용되는 제조물에 포함시키는 것이 제조물책임법의 제정목적에도 부합되므로, MS SQL 서버를 제조물로 봄이 상당하다."[58]고 판시함으로써 서버 SW의 제조물성을 인

---

57 신봉근, "컴퓨터소프트웨어와 제조물책임", 인터넷법률 통권 제27호, 법무부, 2005.

정하였다.

다. 안전과 품질인증

SW의 안전은 어떠한 상태인가? 기능 안전성이란 운용자의 오류, HW, SW 고장이 발생해도 사고로 이어지지 않도록 HW, SW 설계와 개발 시 안전 기능을 추가해 확보한 안전으로 이해된다. 즉, SW의 안전은 원래 의도했던 바대로 SW가 기능하는 상태로 정의할 수 있다. 참고로, 국가안전관리 기본계획에서는 안전이란 "자연적 혹은 인위적 위험요인이 없거나 이러한 위험요인에 대한 충분한 대비가 되어 있는 상태"[59]로 보고 있다. 따라서 위험요인이 없는 상태로써 SW를 상정할 수 있지만, SW를 완전체로 보기 어렵기 때문에 이에 대한 품질 제고를 위한 노력이 필요하다.

SW의 결함은 어떤 의미인가? 제조, 설계, 표시상의 결함은 안전하지 못하게 된 경우로, 원래 의도했던 바대로 SW가 기능하지 않는 상태를 말한다. 제조결함은 SW 개발 시 원래 설계와 다르게 제작된 경우이며, 설계결함은 오류 등을 줄일 수 있는 알고리즘을 고려하지 않은 코딩을 의미한다. 표시결함은 SW 또는 포장에 합리적인 설명 등을 하지 않는 경우를 말한다. 이러한 결함을 통하여 소비자가 '통상적'으로 기대했던 수준으로 작동되지 않는 경우로 볼 수 있을 것이다.

그렇다면, 해킹으로 인해 발생한 손해도 포함될 수 있는가? SW는 서비스이기 때문에 제조물로 보기 어렵다는 견해는 수용 가능한가? 다만, 해킹은 고의에 의한 침해가능성이 적지 않기 때문에 정보보안 관련 법률에서 관장(管掌)하는 방안도 고려가 가능하다. 결국, SW안전을 담보하기 위해서는 SW의 품질 확보가 우선이어야 하며, 결함 없는 SW를 만들기는 어렵다고 하지만, SW가 원인이 되어 발생하는 사고는 결함을 이유로 면책되어서는 안 되기 때문이다.[60]

---

58 서울중앙지법 2006. 11. 3. 선고 2003가합32082 판결.
59 행정자치부, 국가안전관리기본계획(2010－2014), 2010.
60 김윤명·이민영, 소프트웨어와 리걸 프레임, 10가지 이슈, 커뮤니케이션북스, 2016, 53면.

라. 시대적 변화와 SW 제조물 책임

(1) 인공지능이 중심인 지능정보사회의 도래

제조물책임법은 손해 주장자의 입증책임을 제조자가 과실이 없음을 밝혀야 하는 무과실(無過失) 책임으로 전환시켰다. 즉, 제조자가 손해의 발생 원인이 자신에게 없다는 입증을 하지 못하면 책임이 있다는 논리로서, 제조물에 대한 엄격한 책임을 제조자에게 부과하게 된다. 그만큼 안전한 사회를 구현하기 위한 시대적 요구가 법률에 작용한 것이다.

제조물에 포함되지 못하는 SW의 오류나 하자로 인해 발생하는 손해(損害)에 대해서는 손해 주장자가 입증해야 한다. 현실적으로 전문가인 SW 개발자나 제조자가 갖는 정보력에 대응하기 쉽지 않은 구조이다. 다만, SW에 대한 제조물 책임을 인정할 경우, SW로 인해 발생하는 손해배상 못지않게 SW산업에 대한 산업정책적 고려도 필요하다. 무과실책임의 확대는 개발자나 사업자 등 SW산업과 생태계에 미치는 영향이 적지 않기 때문이다.

만약, SW가 포함된 제품으로 인해 손해가 발생할 경우 그에 따른 보상은 제조자 내지 SW 개발자가 지게 될 것이다. SW가 임베디드 형태로 사용될 경우에는 제조자는 SW 개발자에게 구상(求償)을 요구할 것이다. 결국, SW산업에는 상당히 부정적일 수밖에 없다. SW로 인해 발생할 수 있는 사고는 복제되는 수량만큼이나 다양하기 때문에 산업과 국민의 피해에 대한 비교교량이 필요하다. 확대되고 있는 무과실책임과 SW 문제로 인해 발생한 손해의 전보에 대해 고민할 때이며, 이를 위한 사회적 합의와 보험제도의 강화는 하나의 대안이 될 수 있다. 그리고 이를 뒷받침할 수 있는 법 제도의 검토가 이루어져야 할 것이다.[61]

안전을 담보하기 위해서는 보편적인 기술 수준이 아닌 제조물을 공급할 당시에 최상의 기술 수준을 고려한 설계가 이루어졌는지가 중요하다. 안전하게 통제되지 못하는 기술의 채용은 지양되어야 한다. 기술이 인류에게 재앙을 일으킬지, 또는 그것을 막을지는 사람의 손에 달려있기 때문이다. 지능형 기술에 대한 의존도가 높아질수록 이용하는 과정에서 사람의 판단이 들어갈 여지는

---

61 김윤명·이민영, 소프트웨어와 리걸 프레임, 10가지 이슈, 커뮤니케이션북스, 2016, 59면.

줄어들게 된다. 사전에 설계나 개발과정에서 도덕적 의식(意識)이 중요한 이유이기도 하다. 사건과 사고는 사람의 선택에 따른 인과관계이기 때문이다.

(2) 제조물책임법 개정 논의

알고리즘도 SW 일종으로 안전성을 담보하지 못하는 경우라면 제조물 책임을 물을 수 있도록 명확히 입법하는 것이 필요하다. 지능형로봇법에서는 SW도 지능형 로봇에 포함되어있다는 점을 고려할 필요가 있다. 참고로, 20대 국회에서 SW도 제조물책임법에 포함하여 발의되었던 제조물책임법 개정안[62]의 개정이유는 다음과 같다.[63]

"현행법은 '제조물'의 정의를 제조되거나 가공된 '동산'으로 그 범위를 한정하고 있어 SW를 포섭하기 어려움. 이는 4차 산업혁명 시대에 빈번해질 SW가 포함되어 발생한 손해에 대한 법적 분쟁 해결이 어려움을 의미함. 가령 자율운행자동차 사고가 발생하였을 때, 자동차제조사(HW), 자율운행프로그램개발사(SW), 운전자(소비자) 간 손해배상책임 분담 등의 분쟁을 해결해 줄 제도가 부재한 상황임. 따라서 4차 산업을 포함할 수 있도록 제조물의 정의를 확장할 필요가 있음. 이에 현행 제조물의 정의에 'SW'를 추가함으로써 HW를 운영하는 인공지능 및 각종 SW를 제조물책임법상 제조물에 추가하려는 것임."

[표 5-2] 제조물의 정의

현행	개정안
제2조(정의) 이 법에서 사용하는 용어의 뜻은 다음과 같다. 1. "제조물"이란 제조되거나 가공된 <u>동산(다른 동산이나 부동산의 일부를 구성하는 경우를 포함한다)</u>을 말한다. 2.·3. (생 략)	제2조(정의) ─────────────────────────────. 1. ─────────────────<u>동산(다른 동산이나 부동산의 일부를 구성하는 경우를 포함한다) 또는 소프트웨어를</u> ────────. 2.·3. (현행과 같음)

---

62 제조물책임법 제2조 제1호 중 "동산(다른 동산이나 부동산의 일부를 구성하는 경우를 포함한다)을"을 "동산(다른 동산이나 부동산의 일부를 구성하는 경우를 포함한다) 또는 소프트웨어를"로 한다.
63 20대 국회에서 국회 원유철 의원이 SW가 포함되는 제조물책임법 개정안을 발의한 바 있다.

국회 검토보고서에 따르면, 개정안은 제조물의 정의에 SW를 추가하여 제4차 산업혁명 시대에 빈번해질 SW 관련 손해에 대한 HW 제작자, SW 제작자, 소비자 간의 분쟁에서 공평한 책임의 분담을 도모함으로써 소비자 보호를 강화하려는 것으로, 그 취지는 타당한 측면이 있으나 다음과 같은 측면을 고려할 필요가 있음을 밝히고 있다.[64]

첫째, 개정안의 SW 범주의 모호성 문제라는 점에서, 현행법상 저장매체(디스켓, CD 등)가 있거나 기기에 설치된 SW는 제조물로 인정 가능하다는 것이 일반적 견해이므로, SW가 장착된 제조물의 결함으로 인한 사고 발생 시, 피해자는 제조물의 제조업자로부터 손해배상을 받을 수 있다. 다만, 단순히 서비스로 제공되는 SW의 경우에는 그 자체는 물건성이 없어 동산으로 볼 수 없으므로, 법 적용대상에 포함되기 어려움이 있다. 이와 관련하여, 한국IT서비스산업협회, 대한상공회의소 등에서는 SW 범주가 다양하므로 임베디드 SW로 한정(限定)하는 방안을 제시하고 있는데, 이에 대하여 공정거래위원회는 임베디드 SW가 설치된 자율주행자동차 결함사고 시 피해자인 소비자 입장에서는 이전에는 자동차 제조사에만 소를 제기하면 되었던 것을 SW업체에도 소를 제기할 수 있게 됨에 따라 배상주체 결정과정이 길어지게 되어 오히려 소비자 보호에 취약해지는 측면이 있다는 의견을 제시하고 있으며, 중소기업중앙회는 자동차 제조사인 대기업이 영세한 SW업체에 책임을 전가할 수 있게 되는 문제점이 있을 수 있다는 의견을 제시하고 있다. 둘째, 개정안에 따라 제조물의 범위에 SW를 추가할 경우 이 법에서 규정하고 있는 결함,[65] 면책사유,[66] 소멸시효[67] 등의 적용

---

64 오창석, 제조물책임법 일부개정법률안 검토보고, 국회정무위원회, 2017.11, 3면 이하 참조.
65 제조물책임법 제2조(정의)
   2. "결함"이란 해당 제조물에 다음 각 목의 어느 하나에 해당하는 제조상·설계상 또는 표시상의 결함이 있거나 그 밖에 통상적으로 기대할 수 있는 안전성이 결여되어 있는 것을 말한다.
      가. "제조상의 결함"이란 제조업자가 제조물에 대하여 제조상·가공상의 주의의무를 이행하였는지에 관계없이 제조물이 원래 의도한 설계와 다르게 제조·가공됨으로써 안전하지 못하게 된 경우를 말한다.
      나. "설계상의 결함"이란 제조업자가 합리적인 대체설계(代替設計)를 채용하였더라면 피해나 위험을 줄이거나 피할 수 있었음에도 대체설계를 채용하지 아니하여 해당 제조물이 안전하지 못하게 된 경우를 말한다.
      다. "표시상의 결함"이란 제조업자가 합리적인 설명·지시·경고 또는 그 밖의 표시를 하였더라면 해당 제조물에 의하여 발생할 수 있는 피해나 위험을 줄이거나 피할 수 있었음에도 이를 하지 아니한 경우를 말한다.

이 가능한지 여부이다. 실체가 없는 무형의 지적자산인 SW의 특성을 고려할 때, 물건성을 전제로 하여 결함, 면책사유, 소멸시효 등을 규정하고 있는 현행 제조물책임법을 적용하는 것은 곤란한 측면이 있다. 예를 들어, 현행법은 설계상의 결함을 합리적 대체설계 미채용으로 정의하고 있는데, 대체설계가 사실상 무한에 가까운 SW의 특성 등을 고려할 때, 거의 모든 SW가 설계상 결함에 해당될 우려가 있다는 지적이다. 또한, SW 대부분은 현행법상 면책사유[68]에 해당될 소지[69]가 있으므로, SW 결함에 대한 손해배상책임을 규정하기 위해서는 정의규정 개정만으로는 부족하며, 법체계 전반에 대한 개정여부에 대한 검토가 필요하다. 셋째, SW를 제조물 정의에 포함하고 있는 외국사례가 없다는 점이다. EU(프랑스·독일·영국·스페인), 미국 및 일본 등 주요 외국의 입법례에서는 제조물을 물건성이 있는 "동산"으로 정의하고 있으며, 미국의 일부 판례[70]를 제외하고는 SW를 제조물 정의에 포함하고 있는 외국사례가 없는 점을 고려할 필요가 있다.

결론적으로, 제4차 산업혁명시대의 도래로 SW가 사회에 미치는 영향이 점점 커진다는 점과 소비자 보호를 주된 목적으로 하는 제조물책임법의 취지를 감안(勘案)할 때, 개정안에서와 같이 SW의 제조물성을 인정할 필요성은 있

---

66 제조물책임법 제4조(면책사유) ① 제3조에 따라 손해배상책임을 지는 자가 다음 각 호의 어느 하나에 해당하는 사실을 입증한 경우에는 이 법에 따른 손해배상책임을 면(免)한다.
  1. 제조업자가 해당 제조물을 공급하지 아니하였다는 사실
  2. 제조업자가 해당 제조물을 공급한 당시의 과학·기술 수준으로는 결함의 존재를 발견할 수 없었다는 사실
  3. 제조물의 결함이 제조업자가 해당 제조물을 공급한 당시의 법령에서 정하는 기준을 준수함으로써 발생하였다는 사실
  4. 원재료나 부품의 경우에는 그 원재료나 부품을 사용한 제조물 제조업자의 설계 또는 제작에 관한 지시로 인하여 결함이 발생하였다는 사실
67 제조물책임법 제7조(소멸시효 등) ② 이 법에 따른 손해배상의 청구권은 제조업자가 손해를 발생시킨 제조물을 공급한 날부터 10년 이내에 행사하여야 한다.
68 제조업자가 해당 제조물을 공급한 당시의 과학·기술 수준으로는 결함의 존재를 발견할 수 없었다는 사실(제조물책임법 제4조제1항제2호)
69 "버그가 없는 프로그램은 존재하지 않으며, 버그가 없다고 알려진 프로그램들도 실은 내부적으로는 상당수의 버그가 있으며, 단지 발견되지 않았을 뿐"이라는 말이 프로그래머들 사이에서 정설처럼 알려져 있다.
70 미국 Schafer v. State Farm Fire and Cas. Co. 사건의 경우와 같이 SW의 제조물책임법 적용 가능성을 인정한 사례는 있으나 SW가 제조물책임법의 적용대상이 된다고 명시적으로 인정한 외국 판례는 없는 것으로 파악됨
  * Schafer v. State Farm Fire and Cas. Co. 사건.

으나 공정거래위원회·법무부 등 관계부처와 ICT 관련 협회 및 주요단체 등에서, 물건성을 전제로 한 현행 제조물책임법에 SW 추가 시 법 적용 및 체계상 문제가 발생할 수 있고, 주요국 입법례가 없다는 점과 영세한 SW산업의 위축 등의 이유로 신중한 검토가 필요하고 충분한 논의가 선행될 필요가 있다는 입장을 제시하고 있으므로, 이러한 여러 의견을 종합적으로 고려하여 판단해야 할 것이라고 한다.

개정이유에서 명확하게 SW가 제조품에 포함되어야 할 이유를 제시하고 있다는 점에서 의의가 있다. 그렇지만, 국회 검토보고서에 우려를 표하고 있듯이 산업계의 반대에 따라 본 개정안은 입법화 되지 않았고, 20대 국회 폐회에 따라 자동으로 폐기되었다.

마. 정책적 전망

SW 제조물 책임 논의에서 통설적 견해는 'SW는 제조물로 보지 않는다. 다만, SW가 담겨진 매체의 경우는 인정된다'는 것이다. 정책적인 측면에서 보자면, 현시점에서는 제조물 책임의 범위를 확장시키는 논의가 필요하다. SW가 포함되지 않는 제조물이 많지 않기 때문이다.

향후 SW가 그 자체로 유통되는 경우를 상정하기가 어려운 상황으로, 굳이 제조물 책임에 대한 논의에서 물건성을 전제할 필요가 있을지 의문을 갖는 이유이다. 과도기적으로, 임베디드 SW의 제조물 책임을 인정하는 것은 유효할

■ 사건개요
  • 원고들은 허리케인으로 인해 자신들의 주택에 손해가 발생함에 따라 보험회사에 손실보상을 청구
  • 보험회사는 Xactimate라는 컴퓨터 SW 프로그램을 사용하여 원고들이 손해입은 재산의 교환가치를 산정
  • Xactimate 프로그램에 사실변화를 제대로 업데이트하지 않아 보험금 산정에 오류가 있었고, 이에 따라 재산상 손해를 입었다고 주장
■ 결과
  • 법원은 Xactimate 프로그램이 루이지애나 제조물책임법의 목적에 비추어 SW가 유체동산에 속한다고 판단하고 제조물책임을 인정
  • 그러나 원고들은 프로그램을 제조한 Xactware를 상대로 소송을 제기한 것이 아니라, 그 프로그램을 이용한 보험회사인 State Farm을 상대로 소송을 제기한 것이어서 기각 결정

(자료: 공정거래위원회)

것이며, 머잖아 SW가 융합·결합되는 상황에서 임베디드 SW는 그 개념 자체가 사라질 것으로 예상된다. 향후 초연결사회가 완숙(完熟)되면 SW 제조물 책임은 자연스럽게 확장될 것이다.

SW가 사용되지 않는 곳이 없기 때문에 제조물의 하자로 인해 발생한 손해배상책임은 확대되겠지만, 이러한 우려 때문에 SW산업계나 인터넷산업계의 대응이 필요하다. SW로 인해 발생하는 제조물 책임에서 고려할 사항은 사업자 간 입증책임의 문제이다. 하나의 제조물에 탑재된 SW가 상이한 개발자 내지 제조자의 라이선스에 기반을 둔 것일 경우에는 서로 상대방의 책임을 주장할 것이기 때문에 상대방 SW의 결함에 대한 책임공방이 확대되지 않을까 우려되는 점이다.

안전한 사회를 위해 SW는 어떤 역할을 해야 할까? 안전이 중요한 사회적 이슈이고 산업을 벗어나서 생각하기는 어렵겠지만, 제조물 책임에 대한 논의는 SW에 대한 가치와 인식을 높이는 계기가 될 것이다. 안전을 보장하기 위해서는 보편적인 기술 수준이 아니라 제조물을 공급할 당시 최상의 기술 수준을 고려한 설계가 이루어져야 한다.

안전하게 통제되지 못하는 기술의 채용이나 적용은 지양되어야 한다. 기술이 인류에게 재앙을 일으킬지, 재앙을 막을지는 사람의 손에 달려있지만, 알고리즘과 같이 인공지능이나 지능정보 기술에 대한 의존도가 높아질수록 이용 과정에서 사람의 판단(判斷)이 들어갈 여지는 줄어들게 될 것이므로, 사전 설계나 개발과정에서 갖추어야 할 윤리적 소양이 중요한 이유이다.

6. SW안전 법제와 인공지능

가. SW안전 법제 논의

소프트웨어 진흥법에서는 SW안전이란 외부로부터의 침해행위가 없는 상태에서 SW의 내부적인 오작동 및 안전기능 미비 등으로 인하여 발생할 수 있는 사고로부터 사람의 생명이나 신체에 대한 위험에 충분한 대비가 되어 있는 상태로 정의한다.

일반적인 안전은 예상되는 위험에 대한 방지 및 대비책에 집중되어 있지만, SW안전의 경우 내부 SW 오류로 인한 SW 신뢰성(reliability) 문제와 보안 문제도 고려하여야 한다. 즉, SW의 이용관계 전반의 안전을 보장하고 이를 이용한 국민생활의 편리성과 국가발전의 기초를 일상적으로 유지하는 것이 SW안전의 기본 개념이며, 이를 위해서 SW안전을 위한 정밀하고 효과적인 관리체계를 구축하는 것이 필요하다.[71]

SW는 사회 전반에 광범위하게 사용되고 국가 주요 인프라, 교통, 재난 관리 등 국민의 생명과 안전에 직결되는 분야에 필수적(必須的)으로 사용되고 있다. 한편, SW에 대한 활용성·의존성이 증가함에 따라 SW의 복잡도 역시 증가하고 있으며, 이로 인해 SW의 오류 및 취약점 발생 등의 위험성이 높아지고 있다. 따라서 항공, 철도, 원자력 등 주요 국가기관 등이 사용하는 SW의 오류 등으로 인한 사고 발생 가능성과 피해 예상 규모도 상당한 수준으로 확대될 것으로 우려되고 있다. 이에 SW의 안전을 관리하기 위한 체계를 마련하고 SW안전 관리를 위한 국가기관 등의 의무를 부여함으로써 국민생활의 안전을 보장하는 데 기여하려는 것이다.

국민들의 일상적인 SW 활용의 안전을 보장하기 위해서는 상용 SW의 품질을 향상하고 지속적인 유지관리가 이루어질 수 있도록 해야 한다. 뿐만 아니라, SW 사용의 전제가 되는 여러 요건들의 안전 또한 고려되어야 한다. 제조물책임의 법리는 이러한 SW 활용 환경의 위험요소를 확인하고, 위험을 억제하고 SW 활용의 안정성을 유지할 수 있는 대응방안을 마련하는 형태로 규율체계를 확장할 필요가 있다. 특히, SW의 활용은 사적 관계에서도 자유롭게 이루어지는 데, SW의 생산 및 보급, 이용이라는 일련의 서비스 과정에서 위협에 대처할 수 있는 역량을 갖춘 자는 제조자 혹은 제공자에게 있는 것이 일반적이다. SW의 안전한 사용 이외의 자체적 결함이 존재하거나 위협에 대응할 수 있는 평가기준을 만족했다는 구체적 입증이 되지 아니하는 경우, 사업자에게 일정한 책임을 부여하여 연결된 SW 사용관계에서 안전관리가 면밀하게 이루어지도록 할 수 있을 것이다.[72]

---

71 박태형 외, SW안전 관리 관점에서의 기반시설 보호법제 개선 연구, 2016, 13면.
72 박태형 외, SW안전 관리 관점에서의 기반시설 보호법제 개선 연구, 2016, 17면.

나. SW안전 확보를 위한 시책

소프트웨어 진흥법에서는 정부가 SW안전 확보를 위한 시책을 마련할 수 있으며, 이때 과학기술정보통신부장관은 다음 각 호의 사항을 포함하는 SW안전 확보를 위한 지침을 정하여 고시하여야 한다(제30조).

ⅰ) SW안전 관련 위험 분석

ⅱ) SW안전 확보를 위한 설계 및 구현 방법

ⅲ) SW안전 검증 방법

ⅳ) 운영 단계의 SW안전 확보 방안

ⅴ) 그 밖에 SW안전 확보에 필요하다고 인정되는 사항

다만, 중앙행정기관의 장은 소관 분야의 SW안전에 관한 기술기준을 수립하는 경우 고시되는 지침 또는 국제표준 등을 고려하여야 한다.

또한, 안전산업을 위한 진흥시책도 강구하도록 하고 있다. 과학기술정보통신부장관은 SW안전 산업을 진흥하고 국가 전반의 SW안전을 확보하기 위하여 다음 각 호의 사업을 추진할 수 있다(제31조).

ⅰ) SW안전 기술 연구

ⅱ) SW안전 인력 양성

ⅲ) SW안전 산업 기반 조성

ⅳ) SW안전 관리 지원 및 안전사고 대응 지원

ⅴ) SW안전 정보 축적 및 활용

ⅵ) 그 밖에 대통령령으로 정하는 사업

다. SW안전 확보 방안

SW안전에 대해서는 산업적 측면에서 안전 관련 산업 육성에 대한 방향을 제시한 것으로 보인다. 그렇지만, SW안전을 산업적인 측면에서 접근하는 것보다는 안전 확보를 위한 엄격한 가이드라인을 제시할 필요가 있다. 사고의 확률이 높지 않더라도, SW가 갖는 파급력이 크기 때문에 그에 따른 프로세스의 정립이 무엇보다 중요하기 때문이다. 그러한 절차적인 요건을 갖추지 않는 상태에서 안전 관련 산업의 활성화만을 꾀하는 것은 본질(本質)을 벗어난 것으로 볼

수 있어, 향후 구체적인 가이드라인을 마련하는 것이 필요하다.

라. 인공지능과 제조물 책임

SW로서 인공지능 자체는 제조물로 보기 어렵다. 다만, 자율주행시스템에 탑재된 경우라면 임베디드된 형태로서의 SW가 될 수 있기 때문에 제조물책임 법상 제조물성을 부인하기 어렵다. SW를 포함한 인공지능의 안전을 담보하기 위한 논의에서 중요한 것은 제조자에 대한 책임과 규제를 위한 목적이 아니라 는 점이다. 무엇보다, 인공지능이 탑재된 자율주행차나 로봇을 이용하는 과정 에서 나타날 수 있는 인간의 안전을 최대한 확보하자는 것이 제조물책임법의 입법취지이다.

인공지능의 안전을 담보하기 위한 법제도는 사전적 규제가 되어야 한다. 일정한 조건을 충족하지 못할 경우, 소비자에게 인도되거나 또는 서비스 자체 를 차단해야 한다. 완전한 자율주행 단계에 오르지 못한 자동차를 자율주행차 인 것처럼 소비자에게 인도(引渡)하고, 소비자는 그것을 맹신하면서 운전하는 경우는 당사자는 물론 제3자의 인명피해까지 충분히 예상되기 때문이다.

인공지능과 데이터

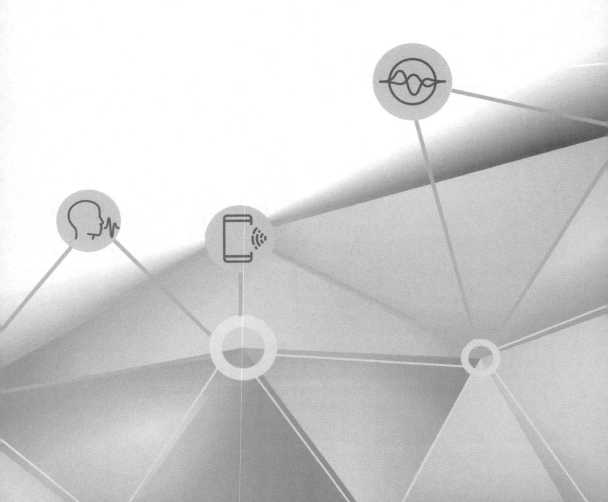

1. 기술적 상상과 데이터

가. 기술적 상상으로서의 존재와 데이터

존재하는 모든 것을 0과 1로 조직화할 수 있다면, 그 모든 것은 데이터 (data)로 볼 수 있다. 인터넷에 존재하는 많은 것은 우리가 숨쉬며 살고 있는 현실사회와 더불어 2중의 사회이기는 하지만 이미 가상사회는 디지털화 된 또 다른 사회이기도 하다. 좀 더 정확히 하자면 아바타(avatar)인 나를 중심으로 하는 메타버스(metaverse) 사회이다.[1] 기술적 상상으로서 메타버스 사회에서 존재하는 모든 것은 데이터로 구성된다는 점에서 데이터 기반 사회라고 해도 과언이 아니다. 나를 나타내는 아바타가 공연을 하거나 다양한 창작활동을 한다.[2] 이러한 과정에서 또 다른 데이터의 집합(集合)을 이루게 된다. 또한, 데이터 자체가 대체불가능한 토큰(NFT, Non-fungible token)[3]에 담겨 거래되기도 한다.

인간을 인간답게 하는 상상하기를 나 아닌 타자가 인식할 수 있는 현실로 보여준다면, 가상사회와 현실을 분리할 수 있을까? 사람의 생각과 꿈속의 모습이 바로 디지털로 전환된다면, 사람의 의식적, 무의식적 생각은 데이터로 나타낼 수 있다. 생각하는 모든 것을 현실에서 볼 수 있다는 의미이다. 물론, 아직은 꿈을 뿌옇게 디지털화하는 수준이지만, 언젠가는 선명하게 보게 될 것이다.

1　메타버스(Metaverse)는 가상·초월(meta)과 세계·우주(universe)의 합성어로, 3차원 가상 세계를 뜻한다. 보다 구체적으로는, 정치·경제·사회·문화의 전반적 측면에서 현실과 비현실 모두 공존할 수 있는 생활형·게임형 가상 세계라는 의미로 폭넓게 사용되고 있다. 위키백과, 2021.2.23.일자 검색.

2　90년대, 경희대학교의 라이언(LION, Love Is On the Net)이라는 사이버 대학생을 중심으로 각 대학에서는 가상의 대학생을 선보인 바 있다. 그렇지만, 그 당시 기술력과 어떻게 활용할 것인지에 대한 상상력 부재로 자취를 감춘었다. 이제는 상상력과 이를 구현할 수 있는 기술력의 뒷받침으로 신한라이프의 22살 '로지(ROZY)'와 같은, 또 다른 인간이 탄생하고 있다. 24시간 활동할 수 있는 사이버 인간의 활동모습은 인공지능의 모습과 겹친다.

3　대체 불가능 토큰은 디지털 자산의 일종으로 이더리움에서 발행하고 있는 대체 불가능한 특정 암호 디지털 자산을 의미한다. 디지털 파일에 대한 소유권을 블록체인 내에 저장함으로써 위조 및 변조가 불가능하도록 만들어 영구 보존하고, 그 소유권을 탈중앙화한 형태로 확인할 수 있도록 한다. 위키백과, 2021.6.7.일자 검색.

그렇다면, 그 꿈은 인간의 창작적 의지가 반영된 것인가? 꿈속의 영상을 디지털화 할 경우, 그 영상은 창작물이 될 수 있을까? 아니면 무엇으로 취급할 수 있을까? 꿈속의 나는 또 다른 자아로 볼 수 있는 것이 아닌가라는 생각도 들 수 있다. 또 다른 자아로 성장 또는 발전하고 있는 인공지능과는 어떤 차이가 있을까? 의식 속에 존재하는 상상(想像)이나 생각이 타자에게 비추어지는 것은 철학적 이슈를 담고있음은 별론으로 하더라도, 존재하는 것이 아닌 것이 존재하는 것으로 나타나는 현실은 법률적으로 풀어야 할 문제가 될 것이다.

나. 만들어진 데이터

인공지능이 인간을 대신할 수 있는가? 이 질문에 답하기기 쉽지 않다. 역사적으로 볼 때, 기술적 상상은 언젠가 기술이 발달됨으로서 실현되어 왔다. 인공지능 암흑기(AI winter)가 도래했던 것도 아이디어에 대한 기술적 뒷받침이 어려웠기 때문이었다. 이제는 인공지능 암흑기를 극복하고 있다는 점에서 기술적 한계는 어느 순간 극복되기 마련임을 알 수 있다.

인간적인 사고와 의식을 인공지능이 가질 수 있을지에 대한 많은 논란이 있는 것도 사실이다. 그렇다면, 인간의 상상력을 인공지능이 대신할 수 있을까? 보다 풍성하게 할 가능성도 높다. 지금까지 상상하는 능력은 생각(生角)하는 능력과 연관된 인간의 능력으로만 알고 있었다. 인공지능에 대해 논하기 전에 오래전 읽었던 '시쓰는 법'[4]에서 인간만의 능력으로 간주되는 상상이 어떠한 의미를 갖는지 살펴본다.[5]

"상상은 과거에 보고 듣고 겪었던 사물의 이미지를 마음속에서 다시 생각해 내는 일이다. 지난날의 일을 회상하는 것을 흔히 기억이라고 하는데, 이 점에서 상상은 기억과 같다. 미국의 심리학자 윌리엄 제임스(William James)는 재생적 상상과 생산적 상상을 구분하는 데, 전자는 과거의 기억을 그대로 이미지화하는 것을 말하며, 후자는 지난날에 겪었던 이미지들에서 선택된 여러 가지

---

4 대학 3학년때인 1992년에 구입한 책이다. 2020년 가을, 작은 아이가 시 쓰는 것에 관심이 있어하여, 다시금 펼쳐보다가 '상상의 기능'에 대해 살펴보게 되었다.
5 문덕수, 시쓰는법(重版), 동원출판사, 1984, 118~119면 참조.

요소들을 결합하여 새로운 이미지로 만들어내는 것을 말한다."

　인공지능은 데이터에 기반하고, 데이터는 우리의 역사가 반영된 결과물이다. 그렇기 때문에 인공지능이 데이터를 학습하는 과정은 과거에 '만들어진' 데이터를 바탕으로 새로운 가치를 형성한다는 점에서 앞서 살펴본 상상적 이미지 또는 변형적 이용(transformative use)과 유사하다.[6] 물론, 과거의 데이터이기 때문에 현재와 일치하지 않을 수 있다는 점이 문제다. 즉, 과거의 기준이 현재에 적용됨에 따라 현실성이 떨어질 수 있다는 점, 과거의 가치와 현재의 가치가 일치하지 않을 수 있다는 점 등으로 인하여, 인공지능이 내보이는 결과가 편향적이라는 것이다. 이러한 문제와 더불어, 인공지능이 인간을 대신함으로써 "과학기술은 인간을 풍요롭게 하는가?"라는 질문을 던져 본다. 결과론적으로 그렇지만, 그 과정은 당사자 간 이해관계(利害關係)의 충돌은 물론, 그에 따른 정책적 규제의 과정이 될 것이다. 인공지능이 가져올 세상은 또 다른 이해관계와 정책적 규제가 예상되는 이유이다.

　인간의 영역으로만 여겨졌던 창작활동이 이제는 인공지능이 저작물을 이용하고, 그 결과로써 창작물을 만들어내는 지적활동으로 이어지고 있다. 인공지능이 보다 개선되고 바람직한 로직과 판단(判斷)을 내릴 수 있도록 학습시키게 되며, 인공지능의 기계학습(machine learning) 과정에서 무엇보다 중요한 것이 '데이터'이며,[7] 산업화시대의 중요한 자원(resources)이었던 원유에 비교되기도 한다.[8]

---

6 과거의 데이터가 현재의 알고리즘에 존재하기 때문에 불완전할 수밖에 없다는 점을 강조하고 싶다.

7 Mark A. Lemley, Bryab Casey, Fair Learning(2020), at http://ssrn.com/abstract=3528447.

8 "진보를 이루려면 과학의 모든 분야는 연구하는 현상의 복잡도에 걸맞은 데이터가 있어야 한다. 이것이 과학 분야 중에서 물리학이 첫 번째로 궤도에 오른 까닭이다. 현상의 복잡도에 걸맞은 데이터가 있어야 한다는 점은 분자생물학이 신경과학보다 늦게 탄생했지만 앞서 나가는 원인이기도 하다. 분자생물학은 DNA 미세 배열DNA microarray(고체 물질 위에 DNA를 고도로 정렬시켜 부착하는 것으로 보통 유전자 발현을 알아보기 위해 사용한다)과 고처리율의 염기서열 결정법으로 신경과학자들이 그저 바라기만 하는 양의 데이터를 얻는다. 사회과학 연구가 그토록 힘든 싸움인 까닭도 현상의 복잡도에 걸맞은 데이터가 있어야 한다는 조건 때문이다."라는 주장은 데이터 및 데이터양의 중요성을 보여준다. 즉, 어느 정도 규모의 경제가 형성될수록 데이터의 가치는 높아진다는 점을 시사한다. Pedro Domingos, 마스터알고리즘, 비즈니스북스, 2016, 47면.

2. 데이터 시대, 변화하는 저작권법의 역할

가. 저작권법의 역할

저작권법은 권리자와 이용자와의 균형을 추구하는 법제이다.[9] 따라서 저작권법은 저작권자의 이익만이 아닌 저작물을 공정하게 사용하는 이용자의 권리도 또한 보호받아야 하며, 이는 저작권자나 이용자 자체의 보호를 위한 것이 아닌 이를 통하여 문화창달을 가져올 수 있기 때문이다.[10] 저작권법의 목적은 이와 같지만, 저작권법의 목적이 담겨있는 목적규정의 해석은 동태적이고 부단히 변화하는 현실을 규율할 수 있는 포괄적·불확정적 규정으로서 저작물 이용환경의 변화로 인하여 발생하는 저작권법과 현실 사이의 괴리(乖離)를 극복할 수 있는 지침을 제공한다. 따라서 입법자가 예측하지 못한 환경변화로 인하여 법규정의 적용이 불가능한 상황에서는 저작권법의 목적규정의 정신으로 해석하고 인식하여야 함을 지적하기도 한다.[11]

저작권법은 입법자가 예측하지 못한 새로운 사실의 출현으로 법규정의 적용이 어려워지는 때에는 저작권법의 목적조항의 정신으로 해석되고 인식되어야하며, 이로써 목적조항의 중요한 기능을 발견하게 된다.[12] 즉, 목적조항은 권리만을 확장해 나가고자 하는 저작권 강화경향에 대해 어느 정도 통제적 역할을 하게 된다.[13]

---

9 박문석, 멀티미디어와 현대저작권법, 지식산업사, 1997, 354면; 또한, 저작권 보호는 동전의 양면과 같아서 저작권을 어느 정도로 보호하여 이를 사적인 자산으로 하는 것이 적정한 가를 결정하는 것은 거꾸로 저작권을 어느 정도로 보호하지 아니하여 이를 공공의 자산으로 하는 것이 적정한 가를 결정하는 것과 같다고 한다. 임원선, 실무자를 위한 저작권법, 저작권위원회, 2007, 27면.

10 저작권법의 근본적인 목적은 문화의 향상발전에 있는 것이기 때문에 저작권의 보호 및 공정한 이용이 서로 상충할 때, 이를 가지고 판단하여야 할 것이라고 한다. 이상경, 지적재산권소송법, 육법사, 1998, 650면.

11 유대종, 저작권 남용의 법리에 관한 연구, 경희대학교 박사학위논문, 2006, 47면.

12 하용득, 저작권법, 법령편찬보급회, 1988, 19면.

13 민법상의 신의성실 및 권리남용의 원칙에 따라 저작재산권자의 권리행사를 제한함으로써 얻을 수 있는 이익으로서 제한규정을 통하여 퍼블릭도메인에 대해 구체적인 범위의 설정이 가능하다. 즉, 저작권자 또는 권리자라고 주장하는 자가 주장하는 내용이 헌법, 민법 또는 저작권법상의 권한없는 것이라고 한다면 이는 권리남용으로 판단하여 적용을 배제시킬 수 있을 것이다.

나. 저작권법의 조정 모델[14]

(1) 소극적 조정 모델

개인의 독특한 사상을 타인이 무단으로 사용하는 행위를 규제하지 않음으로써 저작자의 창작활동이 위축되고, 결과적으로 학문이나 예술이 저하될 수 있다는 의문이 제기될 수 있다. 그러나, 거시적 관점에서 볼 때 타인의 아이디어를 자유롭게 이용함으로써 문화의 확대 재생산이 가능하다.[15] 표현의 자유를 위해 아이디어를 이용하기 위한 기준으로써 저작권법의 일반원칙이라고 할 수 있는 아이디어·표현 2분법을 활용할 수 있다. 그렇지만 일례로 특정한 저작물을 이용하여 연설을 하거나 언론활동을 할 경우, 이용되는 내용은 직접적인 인용의 형태이지만 그것이 고정과 상관없이 당해 표현은 일반공중에게 전달될 수 있기 때문에 저작권자 입장에서는 충분히 문제제기를 할 수 있다. 그러나, 아이디어 자체는 언론의 자유와 표현의 자유라는 측면에서도 허용되고, 그 기준을 판가름할 수 있는 기능을 하게 된다.[16] 저작물이 적극적으로 이용됨으로써 사회전체의 진보(進步)를 가져올 수 있으며, 이로 인하여 문화의 향상발전을 가져올 수 있기 때문이다.

이와 같이, 아이디어·표현 2분법의 기능은 아이디어를 구체적으로 나타내고 있는 표현의 영역에 대한 보상과 공공의 영역이라고 할 수 있는 퍼블릭도메인(public domain)에 대한 보호범위를 설정할 수 있도록 적절하게 제약함으로써 저작권법의 목적인 다양하고 풍부한 문화적 산물을 가져올 수 있도록 하는 것이다. 저작권법의 소극적 조정 모델로써 아이디어·표현 2분법은 아이디어와 표현의 경계선을 탐구함으로써 보상과 퍼블릭도메인의 적절한 균형을 찾아가는 역할을 하는 것이며,[17] 이러한 균형의 탐구를 통하여 살필 수 있는 것은 표현의 자유를 위한 수단으로써 저작물의 이용이 사회전체의 공익(또는 후생)과 비교할 때 저작권자의 개인적인 손실은 아주 작을 수 있다는 점이다.[18] 또한,

---

14 김윤명, 표현의 자유를 위한 저작권법의 역할 – OSP의 책임논의를 중심으로, 법조, Vol.158, No.12, 2009 참조.
15 정상기, "Idea/Expression 이분법에 대한 소고(1)", 계간저작권 제2호, 1993.6, 52면.
16 Harper & Row Publishers, Inc. v. Nation Enterprises, 471 U.S. 539 (1985).
17 권영준, 저작권 침해소송에 있어서 실질적 유사성 판단기준, 서울대학교 박사학위논문, 2005, 93면.
18 정상기, "Idea/Expression 이분법에 대한 소고(1)", 계간저작권 제2호, 1993.6, 52면.

저작재산권 제한규정도 저작물의 자유로운 이용을 보장함으로써 표현의 자유를 위한 규정이라고 볼 수 있다.

이와 같이, 저작권법이 표현의 자유를 제한할 수 있는 면도 있지만, 아이디어·표현 2분법이나 저작권 제한규정과 같이 아이디어의 독점을 배제시키거나 일정한 경우이지만 저작물의 자유로운 이용을 통하여 표현의 자유를 지원하는 면도 있기 때문에 소극적 조정으로서 그 역할을 규정지을 수 있을 것이다.

(2) 적극적 조정 모델

앞에서 살펴본 바와 같이 저작권의 제한규정이 소극적 조정 모델로서 표현의 자유를 위한 역할을 하고 있음을 알 수 있다. 그렇지만, 현행 저작권법은 다양한 형태의 저작재산권의 제한규정을 두고 있으나 각각의 규정 및 규정에 따른 기준 등이 상이하고, 제한적이기 때문에 법원 또는 실무에서 판단할 수 있는 규준으로써 일반규정 형태의 공정이용 규정을 도입하는 것이 필요하다.[19] 특히, 법관은 저작물 이용의 일반조항(一般條項)이라고 할 수 있는 공정이용 규정을 해석하여 적용하게 될 것이다. 이때 법적용자로서 법관은 구체적 사안의 법적 해석을 위하여 일반조항을 규범적 판단의 근거로 삼을 것이며 어떠한 형식으로든 일반조항의 내용을 구체적 판단기준으로 정립해야 한다.[20] 즉, 구체적으로 어떻게 일반조항을 해석하고 이를 적용할 것인지는 일반조항의 추상성에 따라서 법관이 조리에 따라 판단할 수밖에 없다. 특히, 인터넷 등 디지털 환경에서 저작물의 이용은 광범위하게 요구되기 때문에 저작권자와 대면을 통한 이용허락 자체가 어렵기 때문에 이용자체를 저해하는 방법으로 기술적 제한을 하는 것은 바람직하지 않고, 일반적인 기준을 제시하면서 법원에서 구체적으로 판단하는 것이 필요하다.[21]

이처럼 일반조항이 필요한 것은 저작권자의 권리남용 또는 저작물이 시장

---

19 문화체육관광부 관계자는 2000년 개정 저작권법의 해설에서 향후 저작권법의 개정 시에 논의하여야 할 사항에 "디지털기술의 발달에 따른 저작자 권리보호와 함께 원격교육, 장애인을 위한 저작물의 이용확대 등 저작물 공정이용의 문제"를 예로 들고 있다. 김태훈, "개정 저작권법 해설", 계간저작권(제13권 제1호), 2000, 11면.

20 강희원, "이른바 일반조항(Generalklauseln)에 관한 기초법학적 이해", 고황법학(창간호), 1994, 261면.

21 Harper & Rows Publisher v. Nation Enterprise, 471. U.S. 539(1985) 판결에서 산드라 오코너(Sandra Day O'Connor) 판사는 공정이용법리에 대해 표현의 자유를 촉진하는 엔진이라고 한 바 있다.

에서 실패하여 거래비용이 높은 경우에 적용될 수 있다.[22] 해당 저작물이 시장을 통하여 구입하기가 어렵다면 이용자는 저작재산권의 제한규정의 요건을 통하여 이용하려고 할 것이며, 그로 인하여 발생할 수 있는 문제에 대한 해결은 저작권 침해 책임을 통한 해결보다는 공정한 이용인지의 여부에 대한 일반조항, 즉 공정이용 규정을 통하여 판단하여야 하기 때문이다.[23]

다. 기술적 상상을 위한 저작권법의 역할

(1) 문화 향유를 위한 저작권법의 역할은 변해야 하는가?

인공지능이 데이터를 학습하고 그에 따라 새로운 결과물을 생성함에 따라 제기(提起)되는 저작권 문제는 크게 2가지로 대별된다. 하나는 인공지능을 학습시키기 위해 저작물을 이용하는 것이 저작권법이 추구하는 문화창달을 위한 '문화의 향유'인지 여부이다. 둘째는 알고리즘이 인간의 의사결정을 대신할 수 있는 상황인 특이점이 도래할 것으로 예견되는 바, 이러한 상황 하에서 저작권법이 인공지능 기술혁신을 저해하는지 여부이다.

인공지능과 문화의 향유가 각기 다른 층(layer)에 해석되고 적용되는 것으로 볼 수 있지만, 현실에서는 밀접하게 관련을 맺고 있다는 점에서 저작권법에 따른 검토 내지 방향에 대해 살펴볼 실익이 있다. 문화를 향유(享有)한다는 것[24]은 문화를 나누어 가짐으로써 행복추구의 한 수단이자, 인간이 인간이기 위한 보편적 가치를 찾는 것이기도 하다. 이 과정에서 인간은 선인들의 수많은 문화적 결과물이나 수단을 활용하여 문화를 즐기며, 자신의 가치를 포함하여 사회적 가치를 증진시켜 왔다. 책을 읽거나 영화를 보거나 미술작품을 감상하거나 또는 다양한 스포츠나 문화 활동에 참여하면서 인간으로서 의식을 높이기도 하고, 또한 자신의 지식을 축적시키면서 후세대에 전승하기도 한다. 그 과정에서 저작권이 문화로서 형성된 것이기도 하다.

---

22 그렇지만 일반조항의 한계는 명확한 기준을 제시하지 못한다는 점이다. 따라서, 국내외 판례를 분석하여 적정한 가이드라인을 제시함으로써 사법적 판단 이전에 일반적인 가이드라인을 통하여 이용자의 이용행위에 대한 적절한 뒷받침이 되어야 한다.

23 즉, 시장의 실패가 존재하고 그럼에도 이용자의 이용이 사회적으로 필수적인 경우 이른바 공정이용을 정당화하는 근거가 되기 때문이다. 오승종, "디지털시대의 사적복제: 사적복제 규정의 개정과 관련하여", 저작권문화(제128호), 2005.1, 7면.

24 김윤명, 문화산업 진흥을 위한 법체계 연구, 정보법학 제18권 제2호, 2014 참조.

문화 향유라는 관점에서 책을 읽거나 그림을 감상하는 등의 행위는 저작재산권의 침해가 이루어지지 않는 '비침해' 행위이거나 부수적인 저작물 이용으로 허용된다.[25] 즉, 저작권법이 저작권자에 유보한 지분권에 포함되지 아니한 이용형태이거나 저작물의 이용이 부수적이고 경미한 경우에는 자유로운 이용이 가능하다. 국회 심사보고서는 다음과 같이 평가하고 있다.[26]

"디지털 기기 발달로 누구나 쉽게 사진·영상 등을 만드는 환경이 도래함에 따라 부수적 복제에 대한 면책 규정을 신설하여 누구나 안심하고 촬영·녹음·녹화하고, 이를 통해 만들어진 저작물을 이용할 수 있도록 하려는 개정안은 기술발전 등의 저작 현실의 변화를 반영하려는 취지로 이해됨. 다만, 사진촬영이나 녹화 등의 과정에서 원 저작물이 그대로 복제된 경우, 새로운 저작물의 성질, 내용, 전체적인 구도 등에 비추어 볼 때, 최근의 판례로서 원 저작물이 새로운 저작물 속에서 주된 표현력을 발휘하는 대상물의 사진촬영이나 녹화 등에 종속적으로 수반되거나 우연히 배경으로 포함되는 경우 등과 같이 부수적(附隨的)으로 이용되어 그 양적·질적 비중이나 중요성이 새로운 저작물에서 원 저작물의 창작적인 표현형식이 그대로 느껴진다면 이들 사이에 실질적 유사성이 있어 저작권을 침해한다고 명시한 판례 등이 도출되고 있는 점을 감안할 때, 부수적 복제는 양적·질적 비중이나 중요성이 경미한 정도의 경우에 한하여 인정하는 것이 필요할 것으로 보임."

기계학습은 인간이 학습하는 모습과 다르지 않다. 다만, 인간과 달리 인공지능은 저작물에 담겨있는 의미나 예술적 가치를 이해하지 못한다는 점에서 차이가 있다. 즉, 문화적인 향유를 하지 않는 상태에서 저작물이 이용되는 것이다.[27] 인공지능이 독자적으로 저작물을 이용하거나 인간이 관여하지만 양적

---

25 "가상·증강 현실 기술이 발전함에 따라 관련 기기의 이용이 빈번해지고 있는데, 기기 활용 과정에서 부수적으로 다른 저작물이 포함된 경우 이에 대한 저작권 침해를 면책하여 관련 산업 발전의 토대를 마련"하는 것을 개정이유로 밝히고 있다. 우상호 의원, 저작권법 일부개정안 개정 이유, 의안번호(2017959).
26 임익상, 저작권법 일부개정안 검토보고서, 국회문화체육관광위원회, 2019.6, 6면.
27 일본 저작권법은 인공지능이 저작물을 이용하는 경우에는 저작재산권을 제한하도록 개정된 바 있다. 저작물에 표현된 사상 또는 감정의 향수를 목적으로 하지 않는 기계적인 이용의 경우에는 저작권 침해를 인정하지 않겠다는 입법정책적 결단을 내린 것이다.

상당성이 충족되지 않는 경우에는 저작권 침해로 단정하기 어렵다. 이처럼 저작권법은 저작물의 창작 및 이용 주체를 인간으로 한정[28]하고 있기 때문에 기계나 인공지능이 저작물을 창작하거나 이용하는 것을 어떻게 볼지 불확실(不確實)하다.[29] 인공지능이 자율적으로 의사결정을 판단하기 어려운 상황이라면, 조작하는 인간에게 그 책임과 결과가 귀속된다. 자율적 의사결정의 단계 내지 수준을 어떻게 볼 것인지가 불명확하기 때문에 이에 대한 논란은 적지 않으며, 저작권자와 인공지능(또는 개발자)과의 긴장관계가 형성되는 상황이다.[30]

인공지능과 관련된 논의는 기술혁신과도 맞물려 있다. 기술발전과 기술을 응용한 비즈니스모델의 분쟁은 혁신으로서 시장을 형성해 왔다. 앞으로도, 기술이 개발될 것이고 그에 따라 저작권법은 진영에 따라 그 역할을 달리할 것으로 예상된다. 경험칙 상 기술과 저작권법은 다행스럽게도 원래 추구하는 인간의 가치와 문화라는 측면에서 일치하는 접점을 찾아갈 것이다.

(2) 알고리즘 중심사회, 저작권법은 기술혁신을 저해하는가?

법이나 제도가 혁신을 저해하는 경우를 보통 규제(規制)라고 한다. 규제는 그 필요에 따라 이루어진 경우가 적지 않다. 해당 기술이 가져올 수 있는 파급력을 확인할 수 없는 경우에도 이루어지기도 한다. '미지의 기술'이 가져올 파장 또한 예측하기 어렵기 때문에 규제라는 방패를 사용한다. 물론, 이러한 상황이나 또는 규제를 회피하거나 극복하는 과정에서 노력이 더해지는 경우, 혁신이 더해지는 것도 사실이다. 그렇기 때문에 법이나 규제가 기술혁신을 저해한다고 단정하기는 어렵다. 다만, 규제라는 것은 정부의 정책적 결단이기 때문

---

28 저작권법은 저작물과 저작자에 대해 정의하고 있다. 먼저, 저작물은 인간의 사상 또는 감정을 표현한 창작물을 말하고, 저작자는 저작물을 창작한 자를 말한다. 저작물 자체가 인간의 사상이나 감정을 표현한 것을 전제하기 때문에 인간이 아닌 기계나 동물의 사상이나 감정은 저작권법의 테두리에 놓여있지 않다. 인공지능도 인간이라는 인격체로 보지 않은 이상, 현행법에서 저작자로 보기 어렵고 또한 인간 이상의 창작적 표현을 만들어낸다고 하더라도, 저작물로 인정받기는 어렵다. 다만, 어느 순간 특이점이 오는 시점에서 인간의 능력을 넘어서는 인공지능과 인간의 사고체계를 갖게되는 경우라면 인공지능의 법인격에 대한 사회적 수용과 법제도화는 가능하다. 이미 EU에서는 로봇의 법인격에 대해 논의하자는 결의안이 통과되기도 했다. 물론, 특이점이 오는 순간 논의하는 것보다는 미리 인공지능의 창작활동에 따른 법적 이슈에 대해 논의하는 것은 의미가 있다.
29 현재 기술 수준으로는 아직은 강한 인공지능이 출현한 것이 아니기 때문에 인간의 기여가 있는 경우이기 때문에 인공지능이 행위나 창작의 주체가 되는 수준은 아니다.
30 인공지능이 행위 주체가 된다면 현행 저작권법 체계는 근본적인 수정이 필요하다. 현행법은 법률행위 주체를 인간으로 한정하고 있기 때문이다.

에 법적 근거가 있어야 한다. 보통 정부 규제의 일반적인 근거조항은 기본권 제한의 법률유보를 규정하고 있는 헌법 제37조 제2항을 드나, 반대로 기본권 보장을 위한 규제의 근거로 작용하기도 한다.[31]

인공지능이 세상을 이끌어가는 사회, 그 인공지능의 중심에는 알고리즘이 위치한다.[32] 알고리즘은 문제해결을 위한 방법, 즉 해법(solution)이다. 존재하는 많은 문제들을 해결할 수 있는 방법으로서 알고리즘은 다양한 영역에서 구현되고 있다. 수학 분야에서는 방정식이나 함수와 같은 방법으로 구현돼 왔고, SW 분야에서는 프로그래밍 언어를 통하여 컴퓨터에 적합한 방식으로 구현돼 왔다. 저작권법은 알고리즘, 즉 해법에 대하여 명시적으로 보호범위에 포함되지 않는다고 규정하고 있다.[33] 다만, 알고리즘은 해법이기는 하나 그것이 구체적으로 표현된 결과물이라면 달리 볼 수 있다.

인공지능 기술은 SW기술과 HW기술의 발전이 공진화하면서 발전해 왔다. SW기술이 갖는 특성은 급작스럽기 보다는 점진적이고 누적적이기 때문에 인공지능 또한 그러한 과정을 거쳐 왔다고 해도 과언이 아니다.[34] 물론, 인공지능을 구현하는 대부분이 SW이기 때문에 SW기술에 대한 법적인 검토와 이해는 인공지능에 대한 이해의 기반이 된다. 전파기술은 방송이라는 정보유통의 혁신을 이끌어 왔고, 마그네틱 기술은 정보의 저장과 배포에 또 다른 혁신을 이끌어냈다. 이 과정에서 공정이용(fair use)이라는 제도적 혁신이 강구되기도 했다.[35]

그동안 기술혁신과 저작권법의 응전(應戰)은 인간이 중심이었으나 이제는 인간이 매개되거나 인간을 위한 것이 아닌 유형이 대두되고 있다. 즉, 인공지능이나 인공지능 기술이 저작권법에 도전하고 있는 상황이다. 인공지능은 산업

---

31 김유환, 행정법과 규제정책, 법문사, 2012, 17면.
32 알고리즘이 갖는 다양한 법률 문제에 대해서는 김윤명, 알고리즘과 법, 정보화진흥원, 2019 참조.
33 저작권법 제101조의2(보호의 대상) 프로그램을 작성하기 위하여 사용하는 다음 각 호의 사항에는 이 법을 적용하지 아니한다.
  1. 프로그램 언어: 프로그램을 표현하는 수단으로서 문자·기호 및 그 체계
  2. 규약: 특정한 프로그램에서 프로그램 언어의 용법에 관한 특별한 약속
  3. 해법: 프로그램에서 지시·명령의 조합방법
34 김윤명, 발명의 컴퓨터 구현 보호체계 합리화를 위한 특허제도 개선방안 연구, 특허청, 2014, 5면.
35 예를 들면, MP3, P2P 등 디지털 기술은 또 다른 혁신의 시도였다.

은 물론, 사회를 변화시킬 것으로 예상되고 있다. 기술혁신은 점진적인 기술발전 과정에서 유의미하게 나타나곤 한다. 그 과정에서 기술발전에 따라 의도하지 않게 직접적인 규제로서 작용하는 법이 저작권법이라는 점은 역설적이다.

인공지능의 발전을 위해 필요한 기계학습의 기본이 되는 데이터의 확보에 있어서도 저작권법은 적지 않은 역할을 하고 있다. 각국은 기계학습에 필요한 데이터 확보를 위해 저작권법을 개정하고 있으며, EU에서는 지침을 제정하여 데이터 확보에 필요한 저작권법의 개정(改正)을 추진하고 있다. 우리도 알고리즘 중심사회를 이끌어나가기 위해서라도, 법제의 정비가 필요한 시점이다.[36] 데이터 확보를 하는 경우나 확보된 데이터를 이용하여 기계학습을 하는 경우에 저작권을 침해하는 것인지 논란이 적지 않기 때문에 이에 대한 입법적 해결이 필요하다. 그동안 다양한 기술이 저작권법의 변화를 가져왔다. 이제는 사회혁신을 이끌어내기도 한 저작권법을 어떠한 방향으로 개정해야 할지에 대한 입법자의 고민이 필요한 시점이다.

3. 데이터의 편향성

가. 데이터 편향의 문제

알고리즘은 데이터 없이 작동하기가 쉽지 않으며, 데이터를 통한 학습과정을 거치지 않을 경우, 효율적이고 효과적인 결과를 만들어 내기 어렵다.[37] 문제는 기계학습 과정에서 사용되는 데이터가 현재 상황을 반영한다기 보다는 과거 정보를 담고 있다는 점이다. 이는 과거의 차별적인 관습과 문화가 데이터

---

36 20대 국회에서 박정 의원이 빅데이터 확보를 위해 발의한 저작권법 개정이유를 "빅데이터를 활용하기 위해서는 저작물 등 기존 자료를 처리하여 필요한 정보를 분석하는 것이 필수적이나 현행법은 저작자의 이익을 부당하게 해치지 않는 범위 내에서 저작물의 공정한 이용이 가능하다고 포괄적으로 규정하고 있을 뿐 정보를 분석하는 과정에 저작물 등을 복제할 수 있는지 명시적으로 규정하고 있지 않아 빅데이터 활용의 활성화가 어려운 실정"이라고 밝히고 있다. 2017.12.7.일 발의(의안번호, 2010698).

37 따라서, "머신러닝을 통하여 인공지능을 제대로 학습시키기 위해서는 기존 훈련데이터가 특정한 성별, 지위, 단체, 사건유형과 관련하여 편향되거나 오류가 담기지 않는 것이 전제되어야 한다."고 한다. 고유강, 법관업무의 지원을 위한 머신러닝의 발전상황에 대한 소고, LAW&TECHNOLOGY 제15권 제5호(통권 제83호), 2019, 13면.

에 쌓여있기 때문에 학습과정이 객관적이고 공정하다고 하더라도, 결과는 편향 (偏向)될 수밖에 없는 한계를 갖는다.[38]

지능정보기술은 대규모 데이터에 대한 기계의 자가학습(self-learning)을 통하여 지속적으로 알고리즘 성능을 강화하므로 데이터를 산업의 새로운 경쟁 원천으로 부각시킴으로써 기존 산업구조의 근본적 변화를 가져오고 있다. 예컨 대, 스스로 데이터를 확보할 수 있는 생태계를 구축하고 이를 활용할 수 있는 알고리즘을 보유한 기업이 시장을 주도하고 많은 이윤을 창출할 수 있다. 따라 서 지능정보사회에서는 지능정보기술을 활용한 산업이 보다 많은 사용자를 플 랫폼 기반 생태계에 참여하게 함으로써 데이터를 지속적으로 생성, 활용하는 구조가 형성(形成)되면서 승자독식의 플랫폼 경쟁을 심화시키는 가운데 새로운 성장의 기회도 창출할 것이다.[39]

데이터 확보는 플랫폼사업자나 자본력을 가진 경우가 아니라면 쉽지 않기 때문에 데이터 독점에 대한 문제를 해결하기 위한 인류의 공통된 노력이 필요 하다. 무엇보다, 플랫폼사업자의 독점화에 따른 이슈로 이용자의 데이터를 기 반으로 데이터를 이용하는 사업자들은 데이터 주권이 아닌 데이터 독점을 꾀 하고 있기 때문이다. 따라서, 안정적이고 예측가능한 제도 설계를 위해 입법론 에 대한 고민이 필요하다. 알고리즘의 문제가 발생하고 있고, 지속적이고 반복 적으로 일어날 것임을 예측할 수 있는 상황이기 때문에 이에 대한 규제로서 접 근이 필요한 이유이다.

강조하자면, 데이터는 현재의 데이터라기보다는 과거의 축적된 산물이라 는 점에서 인종이나 사회적·문화적 차별(差別)을 그대로 담고 있어, 기계학습 과정에서 데이터에 담겨있는 편향을 알고리즘이 학습하는 우를 범할 수 있다. 즉, 데이터 자체도 중립적이지 않거니와 데이터를 학습하는 과정에서 축적된 편견이 무의식적으로 알고리즘에 반영되는 결과를 가져올 수 있기 때문이다. 또한, 학습데이터를 선택하는 과정에서 인간의 편견이 반영될 수 있다. 이처럼 모든 단계에서 인간의 편향이 의도적이든 의도적이지 않든 반영된다는 점에서

---

38 "알고리즘은 자료의 편향성을 판별하지 않기 때문에, 오히려 자료에 내재한 편향성을 그대로 학습하는 것이다. 이러한 문제는 활용하는 자료가 많아진다고 하더라도 해소되지 않는다."고 한다. 허유선, 인공지능에 의한 차별과 그 책임 논의를 위한 예비적 고찰 – 알고리즘의 편 향성 학습과 인간 행위자를 중심으로, 한국여성철학 제29권, 2018, 90면.
39 이원태 외, 지능정보사회의 규범체계 정립을 위한 법제도 연구, 2016, 28~29면.

데이터의 편향성은 기본적인 문제이다.

나. 데이터 처리(수집, 가공, 분석) 및 이용 과정의 문제

데이터 편향성은 데이터 자체의 편향성을 포함하여, 데이터를 어떤 의도에 따라 수집하거나 가공, 분석, 분류하거나 이렇게 처리(處理)된 데이터를 재처리하는 과정에서도 발생할 수 있는 문제이다. 처리과정의 복잡성에 따라 그 과정에서 의식적이거나 무의식적으로 처리자의 의도가 반영될 수 있기 때문에 데이터의 수집 과정에서 나타나거나 또는 발생할 수 있는 문제에 대한 정리가 필요하다.

먼저, 데이터 수집 과정에서는 데이터의 수집행위가 공정한지 여부가 문제될 수 있으며, 타인의 권리를 침해하는 것은 지양되어야 한다. 데이터 학습을 위해 저작물을 사용하는 행위가 저작권법상 공정이용에 해당하는지 여부도 검토될 필요가 있다.[40] 이와 별개로, 일본, 영국, 독일 등 각국은 데이터 확보를 위한 경우에는 저작재산권의 제한규정을 도입하여 해결하고 있다.

데이터 가공 과정에서는 비정형 데이터를 정형화하는 데이터베이스 제작과 같은 행태로 보이며, 저작권법상 데이터베이스 제작에 상당한 투자가 이루어진 경우에는 별도 법적 보호가 발생할 수 있는 과정이다. 문제는 데이터 가공 과정에서 의도성이 반영될 수밖에 없으며, 이 과정에서 차별이나 공정성을 해하는 경우가 나타날 가능성이 크다는 점이다.

이처럼, 처리과정에서 데이터의 편향성을 의도하는 것은 데이터가 갖는 영향력을 확대 재생산하는 것으로, 개인에 대한 데이터 편향을 확대하는 것으로 이해할 수 있다.[41] 따라서, 데이터 분석 과정에서는 데이터가 갖는 속성, 의

---

40 "훈련데이터 자체에 내재된 편향성뿐만 아니라, 데이터를 수집하고 인공지능을 활용한 예측 모델을 설계하는 사람의 주관적인 판단(가령 어떠한 요소에 가중치를 얼마나 둘지)이나 막대한 양의 훈련데이터를 통계적으로 분석하기 위하여 가공하는 과정에서 개별 데이터가 가지는 특징이 소실되어 왜곡될 우려 등도 경계해야 한다."고 지적된다. 고유강, 법관업무의 지원을 위한 머신러닝의 발전상황에 대한 소고, LAW&TECHNOLOGY 제15권 제5호(통권 제83호), 2019, 13면.

41 이러한 이유는 "알고리즘 설계자의 편향성이 의도적 또는 무의식적으로 반영되어 데이터 마이닝의 결과가 왜곡될 수 있기 때문이다. 예를 들어, 개인정보에 관한 빅데이터가 알고리즘 설계자가 갖고 있는 편향성에 따라 분석됨으로써 특정 개인에 대한 프로파일링이 왜곡될 수 있는 것이다. 그러므로 자신의 개인정보와 관련을 맺는 데이터 마이닝이 정확하게 이루어지도록 요구할 수 있는 권리를 정보주체에게 부여해야 한다."고 한다. 양천수 외, 현대 빅데이터 사회와 새로운 인권 구상, 안암법학 57권, 2018, 26면.

미 등을 추려냄으로써 데이터의 통계적 사용을 하게 되는 것으로 데이터 전문가(data scientist)의 역할이 무엇보다도 중요하다.

다. 데이터 편향의 해소 방안

데이터 편향성의 원인은 여러 가지로 분석될 수 있으나 편향성을 해소할 수 있는 방안은 현실적으로 그리 많지 않다. 기본적으로 "세상에 편견이 존재하는 한 기계학습의 편견을 극복하기는 어렵다. 데이터에 내재된 편견을 자동으로 배제할 수 없기 때문이다. 데이터와 훈련 결과를 일일이 점검해야 하는데 쉽지 않은 일"[42]이다.

이러한 한계에도 불구하고 기술적 측면이나, 제도적 측면에서 방안을 강구할 수 있을 것이다. 우선, 데이터 수집 과정에서 가치중립적인 키워드나 변수(parameter)를 설정하는 방안으로, 보다 기계에 가깝게 데이터를 선별하고 이용에 제공할 수 있도록 함으로서 편향을 해소할 수 있다. 무엇보다, "알고리즘뿐만 아니라 훈련에 사용한 데이터도 검증할 수 있어야 한다. 설명가능한 인공지능의 연구는 편견을 제거하는 데 중요한 역할을 할 것"[43]이라고 한다.

다음으로, 데이터 윤리에 대한 고려가 필요하다. 데이터 윤리는 데이터를 수집하는 과정에서 공정한지, 적정한지, 차별성을 갖지 않는지를 평가함으로서 편향성을 바로잡을 수 있는 절차를 두는 것이다. 데이터 왜곡(歪曲)은 편향을 넘어, 의도성을 가지고 사회적 차별이나 불평등을 확산시키고자 하기 때문에 이러한 경우에는 규제의 강도가 높아야 하고, 현행법상 가능한 처벌 규정을 적용해야 한다.[44]

마찬가지로 데이터 편향성에 따른 결과가 사회적 차별을 고착화하거나 그러할 가능성이 높은 경우라면 그러한 차별을 이끌어내는 사업자에 대해서는

---

42 김진형, AI최강의 수업, 매일경제신문사, 2020, 270면.
43 김진형, AI최강의 수업, 매일경제신문사, 2020, 270면.
44 이러한 주장에 대해서는 "빅데이터를 왜곡하는 일은 단순한 정보의 왜곡을 넘어서는 심각한 문제다. 데이터를 왜곡하는 이들은 글로벌 경제는 물론 사회적 불평등까지 사적 이익으로 수렴시키는 기업 엘리트나 권력자들에게 우호적인 의사결정 프로토콜을 만들어 검색 알고리즘에 포함시킨다. 인간의 생각하는 행위를 모사하는 알고리즘을 사용하는 딥머신 러닝 또한 특정 부류의 사람들이 가진 가치관을 강화한다. 그 특정 부류란 우리 사회의 가장 권력있는 단체의 가장 상층부에서 모든 것을 통제하는 사람들이다."라는 Safiya Umoja Noble, 구글은 어떻게 여성을 차별하는가, 한스미디어, 2019, 52면 참조.

강력한 규제를 통하여 문제를 해결해 나갈 필요가 있다. 악의적 차별을 만들어 내는 것은 헌법의 기본이념을 부인하는 반헌법적 행태로 볼 수 있다. 다만, 무의식적인 차별을 갖는 편향성에 대해서는 개선방향을 제시할 수 있는 정책적 유연성이 요구된다.

4. 알고리즘과 결합된 데이터 윤리

인공지능 윤리는 인공지능의 개발과정, 학습과정 및 이용 과정에서 윤리에 대한 논의라면, 데이터 윤리는 인공지능의 학습을 위한 데이터 수집 및 그 이용 과정에서 공정성 확보 등을 위한 논의를 말한다.

가. 데이터 수집

사람의 개인정보, 관계, 감정 등까지도 수집되어 분석하는 학습과정을 거치면서 그 성능이 발전하게 된다. 더욱이 네트워크를 통하여 연결되기 때문에 전 세계적으로 데이터가 수집된다. 이는 학습할 수 있는 데이터가 이론적으로 모든 것이 될 수 있으며, 비공개된 경우라도 공개된 것을 수집하여 가공해 놓은 것을 포함하기 때문에 그 범위는 매우 넓다. 특히, 인공지능 훈련(訓練)에 이용되는 데이터는 의사결정을 반영하는 특징을 갖기 때문에 데이터의 연결성이 향상되면 인공지능 활용의 영역도 넓어지게 된다.[45]

나. 알고리즘 설계

인공지능에 대한 논의를 위해서는 사람에 대한 진지한 성찰이 필요하다. 사람에 대한 이해 없이 인공지능이나 로봇을 제대로 알기 어렵다고 보기 때문

---

[45] 그렇지만, "문제는 여러 의료기관의 다양한 의료기기로부터 수집된 개인의 헬스 데이터를 연구자 간에 공유하는 경우, 데이터 사용 목적과 정보주체의 동의를 조화시키기 어려울 수 있다. 정보수집 시점에서부터 인공지능에 활용될 수 있다는 광범위한 가능성을 포섭하여 그 적용 범위와 목적을 특정하여 연구에 사용한다는 설명 제시가 불가능할 수 있기 때문이다. 데이터가 처음 수집된 목적 이외에 계속되는 처리를 어디까지 허용해야 할지에 관한 문제는 정보주체나 연구자의 이익과 관련된 논쟁이나 소유권문제로 확대될 수 있다."는 점이 지적된다. 박미정, 인공지능과 데이터윤리에 관한 소고, 한국의료윤리학회지 제22권 제3호, 2019, 258면.

이다. 윤리는 사람의 사회구성원으로서 가져야 할 기본적인 것이다.

로봇이 사회공동체에 직간접적으로 역할을 하게 될 경우, 기본적인 자질인 윤리를 학습해야 할 이유이나 제대로 된 학습이 필요하다. 챗봇 사례를 보면, 인공지능의 윤리에서 이용자의 윤리도 중요함을 알 수 있다. 인공지능이 비윤리적인 내용을 배울 수 있다는 것은 윤리적인 것도 배울 수 있다는 것을 알려준 사례이다. 기계의 윤리 이전에 기계의 윤리적 이용이 중요할 수 있음을 시사한다. 물론, 인공지능 윤리는 지금 당장 답을 찾기 어려운 주제이나 그 중심에는 사람이 있어야 한다. 윤리에는 사람의 가치관과 문화가 담겨있기 때문이다.

인공지능의 문제점에 대응하기 위해서는 개발과정의 모니터링이 필요하다. 그리고, 블랙박스에 대해 최대한 내용을 확인할 수 있는 수준의 기술력도 확보해야 한다. 물론, 이를 위해 소스코드를 임치하는 것에 대한 정책적 고려도 요구된다. 소스코드와 알고리즘을 공개하는 것에 대해서는 논란이 있다. 영업비밀이나 경쟁업자가 이를 확보하거나 또는 해킹 등의 우려도 제기될 수 있기 때문이다. 이처럼 인공지능 윤리를 객관화거나 안전성을 확보하기 위해서는 고려해야 할 사항이 적지 않다. 이러한 사항은 어느 일방이 대응하기는 불가능한 영역으로 다양한 이해관계자의 협력(協力)이 요구된다.

다. 데이터 왜곡

데이터 왜곡은 정보의 왜곡을 넘어선 심각한 문제이다.[46] 특히, 데이터는 "조작하지 않는 한, 거짓말을 하지 않는다. 그러나 우리는 우리가 보고싶어 하는 데이터를 통해 현상을 보려하기에 그 선택과정에서 커다란 왜곡이 발생한다."[47]는 지적은 유의미하다.

데이터 왜곡이라는 문제 때문에 대두된 데이터 윤리는 데이터를 활용하는 과정에서 의도적으로 왜곡시키는 것을 막고자하는 취지에서 비롯되었다. 기계학습과정에서 데이터를 활용하는 것은 당연한 것이지만, 의도성이 반영될 경우 그 결과는 사회적인 편익(便益)과 차별이 기계에 반영될 것이고 그 기계가 활용된 서비스를 이용하는 이용자는 무의식적으로 차별을 체화하거나 차별의 당사

---

46 Safiya Umoja Noble, 구글은 어떻게 여성을 차별하는가, 한스미디어, 2019, 52면.
47 장석권, 데이터를 철학하다, 흐름출판, 2018, 73면.

자 내지 주체가 되어버리는 상황에 직면하게 된다. 예를 들면, 해당 서비스의 성격에 따라 경제적인 차별, 사회 문화적인 차별, 교육 차별, 집단적 계층화 등 의도성이 반영된 차별이 보편화 되는 사태에 이르게 될 것이다. 이러한 편향을 극복하기 위한 방안이 인공지능 윤리에 대한 논의이며, 데이터의 수집, 분석, 가공, 이용에 있어서 공정성(公正性)을 확보하기 위한 것이다. 그리고, 이들을 이용한 학습과정이나 학습된 데이터를 활용하는 과정에서 알고리즘의 공정성을 확보하기 위한 논의이다.

알고리즘과 데이터 윤리 등 인공지능 윤리에 대한 다양한 논의는 어느 일국의 문제는 아니며, 인공지능은 SW와 같이, 국경을 넘나드는 주체(subject)가 될 것이기 때문에 이에 대한 논의는 국제조약의 형태로 논의되거나 채택(採擇) 될 필요성이 큰 주제이다.

라. 합성 데이터

기계학습 과정에서 데이터를 확보하기 위해서는 많은 비용이 든다. 플랫폼사업자가 아니라면 데이터 비용을 감당할 능력이 없는 경우도 있을 것이다. 이러한 경우, 기존의 데이터를 조작하여 학습용으로 사용하게 된다. 결과적으로, 데이터의 속성이나 특징을 학습의도에 맞출 수 있기 때문에 서비스는 편향되거나 왜곡이 심해질 수 있다. 이처럼 데이터셋에 학습자의 의도성이 반영된 것이라면 신뢰성을 확보하기 어렵다. 따라서, 연구목적이 아니거나 또는 위험성이 큰 서비스라면 합성 데이터의 사용을 제한할 필요가 있다. 적어도 어떠한 데이터셋을 사용하여 합성 데이터를 만들었는지 공개되어야 한다.

마. 프라이버시의 충돌

알고리즘은 다양한 데이터를 수집함으로써 공정성을 확보하려고 하나 이러한 노력이 때로는 프라이버시와 충돌할 수 있는 영역이다. 즉, 알고리즘 공정성의 문제를 해결하려는 노력이 빅데이터 알고리즘의 본래 목적인 알려지지 않은 정보를 최대한 정확하게 추정하거나 예측하려는 노력과 충돌할 수 있다는 의미이다.[48] 어떠한 데이터를 사용했는지, 통계적으로 중대한 차이가 있는지를 확인할 수 있도록 다양한 유형의 이해관계자들에게 공개(公開)하고, 필요하다면 정보주체에게 이의를 제기할 수 있도록 하는 절차를 마련해 당사자에게 이를 알려주는 것은 중요하지만 이러한 대안도 문제는 있다. 인공지능 학습의 대상이 되는 데이터 자체를 감독하고 규제하기 위해 해당 개인정보를 공개하거나 검증을 받게 하는 방식은 오히려 정보주체의 프라이버시를 침해할 수 있기 때문이다.[49] 이처럼, 데이터의 사용이 공익(公益)을 해치는 경우라면 비교교량할 필요가 있다. 이 경우, 익명화 등에 따른 데이터 검증이라는 점에서 프라이버시 침해가능성이 클지는 의문이다.

---

48 오요한 외, 인공지능 알고리즘은 사람을 차별하는가?, 과학기술학연구 제18권 제3호, 2018, 166면.

49 박미정, 인공지능과 데이터윤리에 관한 소고, 한국의료윤리학회지 제22권 제3호, 2019, 268면.

제7절 | 데이터경제와 데이터권

1. 데이터경제의 도래

가. 데이터의 필요성

인공지능은 복잡한 인간의 의사결정을 지원하기 위해 고도화되고 있으며, 어떤 상황에 대해 예측하고 그에 대응할 수 있는 체계(system)를 스스로 수립할 수 있도록 진화 중이다. 인공지능이 위험을 줄이고 서비스의 질을 높임으로써 인간은 보다 인간적인 삶이 가능해지고 있다. 다만, 예측가능성을 높이기 위한 기계학습은 양질(良質)의 데이터가 필요하며, 이를 위해 직접 데이터를 수집하거나 또는 거래를 통하여 확보하게 된다. 무엇보다, 기계학습 과정에서 오류를 낮추고,[50] 인공지능의 성능을 향상시키기 위한 데이터셋은 중요한 자원이 되고 있다. 데이터 분석기술이나 인식기술을 갖고 있더라도 데이터를 확보하지 못하면 알고리즘의 기능을 개선시키기 어렵고 새로운 시너지를 가져올 수 없기 때문이다. 기계학습용 데이터의 확보는 인공지능을 이용한 서비스의 질적 제고를 위해 필수적이다.

나. 데이터의 가치재화

제4차 산업혁명을 선도하는 스마트 제조, 인공지능 솔루션의 고도화를 위해 학습용 데이터의 필요성이 커지면서 그동안 특별한 재산적(財産的) 가치를 인정받지 못하던 데이터가 중요한 재화가 되고 있다. 데이터의 양적 증대에 비례하여 데이터의 소비도 또한 증가하고 있으며, 그동안 소비 주체가 인간이었

---

50 "빅데이터 시대에는 방대한 데이터의 양을 분석하여 일정한 패턴을 추출할 수 있다. 그러나 과연 일정한 패턴을 설명할 수 있을 만큼 데이터 자체를 신뢰할 수 있느냐는 문제가 제기된다. 데이터의 양이 많아질수록 여기에 포함된 엉터리 데이터의 양도 커질 가능성이 높아지기 때문이다. 따라서 빅데이터를 분석하는 데 있어 기업이나 기관에 수집한 데이터가 정확한 것인지, 분석할 만한 가치가 있는지 등을 살펴야 하는 필요성이 생겼고 이러한 측면에서 빅데이터의 새로운 속성인 정확성(Veracity)이 제시되고 있다."고 한다. 김경우, 빅데이터 활용 활성화를 위한 입법방향과 사례, LAW&TECHNOLOGY 제15권 제3호, 2019, 5면.

다면 대량의 데이터 소비 주체가 인공지능으로 바뀌어 가고 있다. 다만, 법적 주체라는 개념화는 아직 이른 면이 있지만 인공지능의 행위주체성에 대한 다양한 논의가 이루어지고 있는 것도 사실이다. 인공지능이 스스로 목표를 세우고, 그 목표를 달성하기 위하여 학습한다기 보다는 사람에 의해 주어진 목표를 수행하기 위해 학습한다는 표현이 합리적이다.

무형적 가치재로서 데이터의 경제적 가치는 커지고 있으며, 개인정보를 활용하여 개인의 특성을 분석하여 개별 맞춤형 정보로 마케팅이 가능해지고 있다. 정형화된 데이터도 중요하나 비정형화된 데이터도 가공을 거치면서 가치 재화 되고 있는 상황이다. 무엇보다, 통계적 활용을 넘어 샘플링이 아닌 전체 데이터를 활용함으로써 데이터는 인공지능 학습을 위한 기본 요소로서 추론(예측) 능력을 높이는 데 사용되고 있다. 이는 프로세서의 처리능력, 저장기술과 관련된 HW, SW 등 데이터를 처리하는 기술 및 능력이 향상됨에 따른 것이다. 통계적 기법의 샘플링을 통한 추론이 아닌 전체 데이터를 대상으로 함으로써 불확실성의 제거, 신뢰성 확보, 서비스 질제고, 예측, 능력 증대 등 문제 대응과 해결 방안을 갖게 됨으로써 인공지능의 가치를 높이게 되었다.

이에 따라 데이터 거래의 한계와 이를 극복하기 위한 제도 설계의 중요성이 커지고 있다. 또한, 데이터는 정보의 자유(freedom of information)라는 헌법적 가치를 높일 수 있게 되었으며, 누구라도 정보를 통하여 누리는 복지혜택을 높이는 방향으로 정책이나 입법이 이루어져야 한다.[51]

2. 데이터를 둘러싼 법률관계

가. 대상으로서 데이터

데이터(data)란 라틴어로 '사실로서 주어지다'라는 뜻으로[52], 어떤 사실이 담겨있는 것으로 이해될 수 있으며, 가공되지 않는(raw) 상태의 가치가 투여되지 않은 정형 또는 비정형의 것을 말한다. 데이터는 디지털 형태로 저장된 텍스트, 이미지, 영상 등의 정보가 포함되는 개념으로, 아날로그 형태의 정보는

51 Yuval Noah Harari, 호모데우스, 김영사, 2017, 523면.
52 Viktor Mayer-Schonberger et al., 빅데이터가 만드는 세상, 21세기북스, 2015, 147면.

디지털화 과정을 거치면서 그 가치를 다양화(多樣化) 하게 된다.

　ⅰ) 형태별 데이터: 정형·반정형·비정형의 이미지, 텍스트, 음성, 영상 등의 정보

　ⅱ) 유형별 데이터: 사실정보, 저작물(데이터베이스), 공공데이터, 개인정보 등의 정보

　　존재론적 측면 내지 데이터의 속성이라는 측면에서 보면 데이터는 무형(無形)의 정보로서, 전통적인 소유권(所有權)을 주장하기 어려울 수 있으나 저작물성이 있는 경우에는 지식재산권 또는 무형의 재산권을 주장할 수 있다. 데이터는 소비함으로써 소멸되는 것이 아니기 때문에 재사용성이 강한 비경합재적 속성을 갖고 있다.[53]

　　아날로그 형태를 디지털 형태로 변환시키는 디지털화와는 개념이 다른 '데이터화'[54]는 정보나 데이터를 분석이 가능하도록 계량화하거나 텍스트화하는 것을 의미한다. 이는 본래적으로 데이터화하는 것이 데이터의 속성이며, 인스타그램, 페이스북이나 트위터 등을 통하여 쌓이는 자신의 감정과 상태 정보는 감정이 데이터적 속성으로 쌓이는 것으로 분석하기 어려웠던 감정의 영역이 분석 대상으로 확대되고 있다. 사진이나 이미지에 붙이는 태그(tag)도 이미지에 담긴 의미나 뉘앙스까지도 분석하게 됨으로써 데이터 범주는 인간의 감정 정보, 행태정보까지 확대되고 있다.[55]

나. 데이터의 법적 성질

　　저작권이 없는 사실정보에 데이터권이라는 별도의 권리를 인정하여 데이터를 배타적으로 지배, 관리할 수 있는 내용의 데이터권을 창설하자는 주장은 가능하다. 현재로서는 개별 데이터의 특성에 따라 저작권 등 준물권으로 볼 수 있다. 민법도 물권법정주의를 선언하고 있어 법률이 정하는 이외에 임의로 물

---

53 Viktor Mayer—Schonberger et al., 빅데이터가 만드는 세상, 21세기북스, 2015, 189면.
54 "데이터화는 태도와 기분만을 분석 가능한 형태로 만드는 것이 아니라 인간 행동도 분석 가능하게 만든다."고 한다. Viktor Mayer—Schonberger et al., 빅데이터가 만드는 세상, 21세기북스, 2015, 174면.
55 인공지능 스피커를 통하여 수집되는 다양한 정보는 텍스트, 음성, 감정 등 다양한 특성이 반영되어있으며, 플랫폼사업자는 이를 분석, 가공 등에 활용할 수 있는 원천 데이터가 된다.

권을 창설하기 어렵고 대법원도 이를 확인하고 있다. 즉, "민법 제185조는 "물권은 법률 또는 관습법에 의하는 외에는 임의로 창설하지 못한다."고 규정하여 이른바 물권법정주의를 선언하고 있고, 물권법의 강행법규성은 이를 중핵으로 하고 있으므로, 법률(성문법과 관습법)이 인정하지 않는 새로운 종류의 물권을 창설하는 것은 허용되지 아니한다."[56]라고 판시한 바 있다. 이처럼, 물권법정주의 하에 새로운 권리를 창설하기 위해서는 "법률, 조약 등 실정법이나 확립된 관습법 등의 근거 없이 필요성이 있다는 사정(事情)만으로 물권과 유사한 독점 배타적 재산권인 권리를 인정하기는 어렵고, 권리의 성립요건, 양도·상속성, 보호대상과 존속기간, 침해가 있는 경우의 구제수단 등을 구체적으로 규정하는 법률적인 근거가 마련되어야만 비로소 인정할 수 있다."[57]고 보고 있다. 참고로, 형법상 정보의 절도에 관한 사건에서 대법원은 "절도죄의 객체는 관리 가능한 동력을 포함한 재물에 한한다 할 것이고, 또 절도죄가 성립하기 위해서는 그 재물의 소유자 기타 점유자의 점유 내지 이용가능성을 배제(排除)하고 이를 자신의 점유 하에 배타적으로 이전하는 행위가 있어야만 할 것인 바, 컴퓨터에 저장되어 있는 정보 그 자체는 유체물이라고 볼 수도 없고, 물질성을 가진 동력도 아니므로 재물이 될 수 없다 할 것이며, 또 이를 복사하거나 출력하였다 할지라도 그 정보 자체가 감소하거나 피해자의 점유 및 이용가능성을 감소시키는 것이 아니므로 그 복사나 출력 행위를 가지고 절도죄를 구성한다고 볼 수도 없다."[58]고 판시한 바 있다.

정보가 갖는 속성과 데이터를 비교컨대, 양자는 크게 다르지 않다고 보기 때문에 개별적인 성격을 벗어나 데이터 자체가 갖는 속성은 현행 법제 하에서 물건으로 보기 어렵다는 것을 확인할 수 있다. 다만, 전파나 전기와 같이 무형의 것에 대해서도 물건으로 간주하고 있는 것은 대상 물건에 대한 점유가 기술적으로 가능하기 때문이다. 정보나 SW에 대한 물건성에 대한 논의가 구체화되고 있으며, SW에 대한 제조물성을 인정한 판례를 통해서도 데이터의 물건성 내지 점유가능성을 확보할 수 있다는 점은 데이터의 법적 성질이 준물권성을 가질 수 있음을 보여준다.

---

56 대법원 2002. 2. 26. 선고 2001다64165 판결.
57 대법원 2002. 2. 26. 선고 2001다64165 판결.
58 대법원 2002. 7. 12. 선고 2002도745 판결.

다. 부정경쟁방지법상 일반조항은 데이터권을 창설한 것인가?

현행법상 명시적으로 저작물성이 없는 데이터에 대한 물권이 성립하지 않을 경우, 부정경쟁방지법상 적용가능한지 여부 및 새로운 권리로서 인정가능한지 여부를 검토할 필요가 있다. 대법원은 "경쟁자가 상당한 노력과 투자에 의하여 구축한 성과물을 상도덕이나 공정한 경쟁질서에 반하여 자신의 영업을 위하여 무단으로 이용함으로써 경쟁자의 노력과 투자에 편승하여 부당하게 이익을 얻고 경쟁자의 법률상 보호할 가치가 있는 이익을 침해하는 행위는 부정한 경쟁행위로서 민법상 불법행위에 해당한다."[59]고 판단하였다. 이러한 대법원의 결정취지를 반영하여 "그 밖에 타인의 상당한 투자나 노력으로 만들어진 성과 등을 공정한 상거래 관행이나 경쟁질서에 반하는 방법으로 자신의 영업을 위하여 무단(無斷)으로 사용함으로써 타인의 경제적 이익을 침해하는 행위"를 부정경쟁행위의 하나로 추가하였다. 새로운 유형의 부정경쟁행위에 관한 규정을 신설함으로써, 새로이 등장하는 경제적 가치를 지닌 무형의 성과를 보호하고, 입법자가 부정경쟁행위의 모든 행위를 규정하지 못한 점을 보완하여 법원이 새로운 유형의 부정경쟁행위를 좀 더 명확하게 판단할 수 있도록 함으로써, 변화하는 거래관념을 적시에 반영하여 부정경쟁행위를 규율하기 위한 보충적 일반조항이다.[60]

위와 같은 법률 규정과 입법 경위 등을 종합해 보면, (파)목은 그 보호대상인 '성과 등'의 유형에 제한을 두고 있지 않으므로, 유형물뿐만 아니라 무형물도 이에 포함되고, 종래 지식재산권법에 의해 보호받기 어려웠던 새로운 형태의 결과물도 포함될 수 있다. '성과 등'을 판단할 때에는 위와 같은 결과물이 갖게 된 명성이나 경제적 가치, 결과물에 화체된 고객흡인력, 해당 사업 분야에서 결과물이 차지하는 비중과 경쟁력 등을 종합적으로 고려해야 한다.

이러한 성과 등이 '상당한 투자나 노력으로 만들어진' 것인지 여부는 권리자가 투입한 투자나 노력의 내용과 정도를 그 성과 등이 속한 산업분야의 관행(慣行)이나 실태에 비추어 구체적, 개별적으로 판단하되, 성과 등을 무단으로

---

59 대법원 2010. 8. 25.자 2008마1541 결정.
60 손천우, 부정경쟁방지법 제2조 제1호 (카)목이 규정하는 성과물 이용 부정경쟁행위에 관한 연구, 사법 제55호, 2021.3, 1008면.

사용함으로써 침해된 경제적 이익이 누구나 자유롭게 이용할 수 있는 퍼블릭 도메인(public domain)에 속하지 않는다고 평가할 수 있어야 한다. 또한 (파)목이 규정하는 '공정한 상거래 관행이나 경쟁질서에 반하는 방법으로 자신의 영업을 위하여 무단으로 사용'한 경우에 해당하기 위해서는 권리자와 침해자가 경쟁관계에 있거나 가까운 장래에 경쟁관계에 놓일 가능성이 있는지, 권리자가 주장하는 성과 등이 포함된 산업분야의 상거래 관행이나 경쟁질서의 내용과 그 내용이 공정한지 여부, 위와 같은 성과 등이 침해자의 상품이나 서비스에 의해 시장에서 대체될 가능성, 수요자나 거래자들에게 성과 등이 어느 정도 알려졌는지, 수요자나 거래자들의 혼동가능성 등을 종합적으로 고려해야 한다.[61]

부정경쟁방지법상 일반조항을 통하여 데이터에 대한 경쟁업자의 부정경쟁행위의 배제를 금지할 수 있는 권리, 손해가 이루어진 경우 손해배상청구권 등의 권리가 인정됨에 따라 데이터권이라는 정의는 없지만 부정경쟁방지법을 통하여 데이터와 관련된 새로운 권리관계를 형성할 수 있음은 부인하기 어렵다.

라. 부정경쟁행위 유형으로 구체화하는 것이 필요한가?

정형 데이터는 저작권법이나 데이터베이스제작자 권리 또는 콘텐츠로서 보호받을 수 있으나, 비정형 데이터에 대해서는 보호가능성이 높지 않다. 현재로서도 상당한 투자가 이루어진 경우라면 부정경쟁방지법 (파)목을 통하여 어느 정도 가능성을 높일 수 있기 때문이다. 물론, 지식재산법제의 일반조항으로서 작용하는 것에 대해 지식재산법제의 기본원칙을 훼손할 수 있다고 보는 입장에서는 추가로 부정경쟁행위 유형으로 데이터 부정이용행위를 규율하는 것이 타당한 것인지는 의문이다.

데이터를 부정경쟁행위 유형으로 보호하는 개정 부정경쟁방지법[62]은 데이

---

61 대법원 2020. 3. 26. 자 2019마6525 결정.
62 김경만 의원 대표발의(의안번호 제2107535호)한 부정경쟁방지법 일부개정안은 다음과 같이 대안으로 정리되어 통과되었다.
　제2조(정의) 이 법에서 사용하는 용어의 뜻은 다음과 같다.
　1. "부정경쟁행위"란 다음 각 목의 어느 하나에 해당하는 행위를 말한다.
　　카. 데이터(데이터 기본법 제2조제1호에 따른 데이터 중 업으로서 특정인 또는 특정 다수에게 제공되는 것으로, 전자적 방법으로 상당량 축적·관리되고 있으며, 비밀로서 관리되고 있지 않은 기술상 또는 영업상의 정보를 말한다. 이하 같다)를 부정하게 사용하는 행위로서 다음의 어느 하나에 해당하는 행위

터를 "업으로서 특정인 또는 특정 다수에게 제공되는 기술상·영업상의 정보"
로 규정하면서, ① 전자적 방법으로 ② 상당량 축적·관리되고 있으며 ③ 공개
를 목적으로 할 것을 세부 요건으로 하고 있다.

[표 7-1] 데이터의 종류 및 법제도적 보호 현황

구분	비공개 데이터	공개 데이터
정형 데이터	부정경쟁방지법에 따라 영업비밀로서 보호 ① 민사상 손해배상청구권, 금지청구권, 신용회복청구권 ② 형사처벌(해외유출 15년/15억 원, 국내유출 10년/5억 원)	저작권법에 따라 편집저작물 또는 데이터베이스로서 보호 - (창작성 有) 사망 다음 해부터 70년(편집저작물) - (창작성 無) 제작 완료/갱신한 때로부터 5년간 (데이터베이스) ① 민사상 손해배상청구권, 금지청구권, 명예회복청구권 ② 형사처벌(5년/5천만 원, 병과 가능)
비정형 데이터		〈 보호 공백 〉 (명시적 보호규정은 없으나, 부정경쟁행위로 보호한 판례 있음)

자료: 특허청(2021).

다만, 부정경쟁방지법 개정안 심사보고서에 따르면, (파)목을 통한 보호의
한계를 지적하면서 별도의 행위 유형을 창설하는 것에 대해 긍정적으로 평가
하고 있다.[63]

---

1) 접근권한이 없는 자가 절취·사기·부정접속, 그 밖의 부정한 수단으로 데이터를 취득하거나 그 취득한 데이터를 사용·공개하는 행위
2) 데이터 보유자와의 계약관계 등에 따라 데이터에 접근권한이 있는 자가 부정한 이익을 얻거나 데이터 보유자에게 손해를 입힐 목적으로 그 데이터를 제3자에게 제공하거나 사용·공개하는 행위
3) 1) 또는 2)가 개입된 사실을 알고 데이터를 취득하거나 그 취득한 데이터를 사용·공개하는 행위
4) 정당한 권한 없이 이 법에 따른 데이터의 보호를 위해 적용한 기술적 보호조치를 회피·제거 또는 변경(이하 "무력화"라 한다)하는 것을 주된 목적으로 하는 기술·서비스·장치 또는 그 장치의 부품을 제공·수입·수출·제조·양도·대여 또는 전송하거나 이를 양도·대여하기 위하여 전시하는 행위. 다만, 기술적 보호조치의 연구·개발을 위하여 기술적 보호조치를 무력화하는 장치 또는 그 부품을 제조하는 경우에는 그러하지 아니하다.

63 채수근, 부정경쟁방지 및 영업비밀보호에 관한 법률 일부개정법률안 검토보고, 산업통상자원중소벤처기업위원회, 2021.

"대다수의 데이터는 소재가 체계적으로 배열·구성되어 있지 않은 '비정형 데이터'로 존재함에도 이를 보호할 수 있는 법적 기반이 마련되어 있지 않은 상황으로, 이는 양질의 데이터가 원활하게 이용·유통되는 것을 저해하는 주요 원인으로 지적되어 왔음. 이와 관련하여 현행법으로도 데이터에 대한 실질적인 보호가 가능하다는 지적이 있을 수 있으나, 보충적 일반조항의 해석 여하에 따라 보호의 폭이 좁을 수 있는 점 등[64]을 고려할 때, 개정안과 같이 명시적인 보호 규정을 두는 것이 향후 발생할 수 있는 다양한 형태의 부정사용행위로부터 데이터를 안정적으로 보호할 수 있다는 측면에서 바람직하다고 생각됨. 참고로, 일본의 경우에도 빅데이터 시대에 데이터 보호를 위한 대응방안으로 최근 부정경쟁방지법의 개정을 단행하였으며('18.5.30. 개정)[65], 본 개정안은 이러한 일본의 개정 규정을 입법모델로 하고 있음."

위와 같은 개정법은 일본의 한정데이터를 별도로 보호하는 체계를 따른 것으로 보인다. 그렇지만, 데이터를 확보가 중요한 점임을 고려할 때 상당한 투자가 이루어진 것이 아닌 자동적으로 생성된 데이터까지 법적 보호를 한다는 것이 데이터경제시대에 부합한 것인지는 의문이다.

3. 데이터의 확보 및 가공

가. 원천 데이터의 확보와 크롤링

(1) 원천 데이터의 확보

데이터 확보는 공개된 경우도 있겠지만, 비공개된 상황에서 데이터를 확보해야 할 필요도 있다. 공개된 경우라면 이용조건에 맞게 사용할 수 있을 것이다. 대표적으로 공공데이터는 공공데이터의 제공 및 이용 활성화에 관한 법

---

64 (파)목의 "공정한 상거래 관행이나 경쟁질서에 반하는 방법"을 제한적으로 해석하는 경우 부정경쟁행위로 인정되지 않을 수 있고, 데이터를 제3자로부터 제공받는 자까지 규제된다고 보기 어려울 수 있음.

65 일본 부정경쟁방지법의 주요 개정내용은 ①'한정제공데이터'의 개념 신설, ②한정제공데이터의 부정취득·사용·공개 행위를 영업비밀에 준하는 방식으로 규정하여 새로운 부정경쟁행위로 추가하고, 이에 대한 민사적·행정적 구제조치 신설, ③기술적 보호수단을 무력화하는 행위를 부정경쟁행위로 제재(벌칙 포함) 등으로, 본 개정안과 상당히 유사함.

률(이하 공공데이터법이라 함)에 따라 확보할 수 있다. 이와 달리, 민간영역에 있는 데이터 확보는 다양한 계약조건에 따라 상대적으로 쉽지 않다. 가장 많은 데이터를 확보할 수 있는 인터넷상에 공개된 정보는 특정 플랫폼에 종속된 개별 서비스에 가입하여 제공(提供)되는 경우가 많기 때문에 개인의 것이지만, 사실상 플랫폼사업자의 허락 없이는 이용이 제한적이라는 한계를 갖는다.

플랫폼에 종속되지 않은 인터넷상의 많은 데이터를 확보할 수 있는 TDM 방식의 크롤링을 통하여 이루어진다. 이 과정에서 타인의 서버에 접속하는 경우가 생기고, 서버를 통하여 제공되는 정보를 복제, 전송하기 때문에 저작권 침해, 정보통신망 침입에 대한 논란이 있기도 하다.[66]

또한, IoT를 통하여 확보되는 데이터는 부정형적이고 의미를 확인하기가 쉽지 않은 유형이기 때문에 확보가 비교적 용이하더라도, 실용성은 그다지 높지 않다는 단점이 있다. 이러한 단점 때문에 양질의 가공된 정형 데이터를 확보하는 것이 보다 효율적이다.

(2) 크롤링

크롤링(crawling)은 인터넷상에 공개된 정보를 SW 봇(웹로봇 등)이 반복적으로 접속하여 복제하는 것을 의미한다.

[그림 7-1] 웹데이터 크롤링

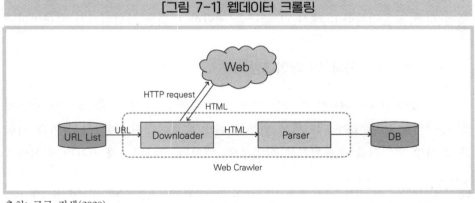

출처: 구글 검색(2020).

---

66 정상조, 딥러닝에서의 학습데이터와 공정이용, LAW&TECHNOLOGY 제16권 제1호(통권 제85호) 2020, 28~29면.

검색서비스의 품질을 높이기 위해, 특정 사이트에 게시된 정보를 사전에 크롤링하여 구글이나 네이버 같은 검색서비스 제공자의 서버에 인덱싱하여 저장해 놓는 방식으로 검색서비스에 이용된다. 다만, 경쟁업자나 특정 로봇의 접근을 제한하는 방식으로 크롤링을 금지하는 로봇배제원칙(robot exclusion)을 적용해 놓는다.

크롤링과 관련되어 논란의 여지가 있는 로봇배제원칙은 크롤링하는 특정 로봇의 접근(接近)을 제한하는 기술적 방식이다. 당해 기술적 방식을 적용한 서버에는 로봇의 접근이 제한되기 때문에 크롤링 자체가 이루어질 수 없게 된다. 다만, 이 원칙은 강제성을 부여한 것으로 보기 어렵기 때문에 로봇배제원칙이 적용된 서버에 로봇을 접근시켜 크롤링하는 것이 위법한 것인지에 대한 논란이 있다. 특히, 정보통신망법의 해석에 있어서 로봇배제원칙을 벗어난 크롤링은 해킹의 한 유형으로 보는 견해[67]가 있는가하면 그렇지 않다는 견해[68]도 있다. 로봇배제원칙을 무시한 크롤링이 정보통신망법 위반인지의 여부는 논란의 대상이 되고 있으나, 일반인에게 공개된 정보를 로봇이라는 형태의 접근에 대해서 달리 볼 수 있는 것인지는 의문이다.[69] 따라서 이러한 경우에 대해서 정보통신망법 위반으로 보는 것은 무리이다. 크롤링의 목적이 인터넷을 이용하는 이용자가 찾고자하는 정보의 접근점에 쉽게 도달할 수 있도록 하기 위하여 특정 정보의 주소를 포함한 정보를 데이터베이스화하기 위한 것이라는 점에서 로봇에 의한 크롤링이라고 해서 그 접근을 제한하는 것은 불합리하기 때문이다.[70]

나. 데이터의 가공 및 레이블링

원 데이터(raw data)가 가치를 가지려면, 크롤링 등 TDM을 통하여 확보된 원 데이터를 의미 있는 데이터로 만드는 과정이 필요하다. 이러한 데이터 가공은 비정형 데이터를 정형화하는 작업으로, 데이터 하나하나에 기계가 인식하기

---

67 이에 대해서 "로봇배제표준을 적용시켰음에도 불구하고 데이터베이스의 정보를 복제해 가는 것은 정보통신망법 제48조 제1항의 규정을 충족시킬 수 있다."고 보는 견해도 있다. 이대희, 웹 2.0 시대 UCC 저작권 문제의 핵심과 해결방안, 2006년 대한민국 인터넷정책 진단과 전망 세미나 2006, 48면.
68 한봉조, UCC 저작권 쟁점 사안, UCC 가이드라인 컨퍼런스 토론자료집, 2007, 30면.
69 김윤명, UCC의 법률 문제에 관한 소고, 인터넷법률(통권 제38호), 2007.4, 175면.
70 김윤명 외, 인터넷서비스와 저작권법, 경인문화사, 2009, 243면.

[그림 7-2] 데이터 레이블링

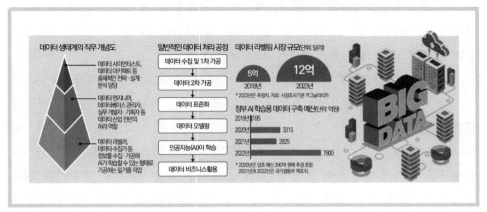

출처: AI Hub(2020).

쉽도록 레이블을 붙이는 것으로 이해할 수 있다.

레이블링(labeling)이란 원 데이터를 활용하기 위해 데이터셋으로 만드는 과정 또는 기계가 인식하기 쉬운 상태로 데이터를 작업하는 것을 의미한다. 특히, 특정 이미지에 대해 기계가 이해할 수 있는 단어나 표현을 기술(description)하게 된다. 레이블링 여부에 따라 데이터의 품질이 결정된다. 레이블링은 인간에 의하여 수작업으로 이루어져 왔으나 이 과정도 인공지능에 의해 자동화되는 과정에 있다.[71] 그렇지만, 인공지능에 의한 레이블링과 인간에 의한 레이블링은 질적 차이가 있기 때문에 인간에 의해 이루어지는 레이블링이 선호된다. 다만, 레이블링도 기계학습을 통하여 고도화 내지 지능화하고 있기 때문에 어느 순간 인공지능이 수행하는 레이블링으로 대체될 가능성도 있다.[72]

다. 파생되는 데이터로서 2차적 데이터

새로운 데이터이지만 원 데이터와 견련관계에 있는 2차적 데이터는 원 데

---

71 현재는 데이터에 대한 인식능력이 인간이 높기 때문에 인간에 의한 레이블링이 선호되지만, 레이블링을 위한 기계학습이 진행되고 있기 때문에 어느 순간 레이블링도 인간이 아닌 인공지능에 의해 이루어질 가능성도 크다.
72 정부는 디지털 뉴딜 사업에 따라 정책적으로 인간에 의한 레이블링 사업을 추진하고 있으나 질적인 차이와 함께 코로나 사태로 인한 고용효과를 높이기 위한 정책적 의도도 있다. IMF 즈음에 있었던, 디지털 정보화사업이 대표적인 고용효과를 높이기 위한 정책 사업이었다.

이터를 이용하거나 가공하여 제작된 데이터로 정의할 수 있다.[73] 유사한 개념으로는 저작권법상 2차적 저작물로서, 원 저작물을 번역·편곡·변형·각색·영상제작 그 밖의 방법으로 작성한 창작물로 정의되며, 2차적 저작물은 원 저작물과 별개로 독자적인 저작물로서 보호된다.[74]

2차적 저작물은 원 저작물과는 별개의 저작물이므로, 어떤 저작물을 원 저작물로 하는 2차적 저작물의 저작재산권이 양도되는 경우, 원 저작물의 저작재산권에 관한 별도의 양도(讓渡) 의사표시가 없다면 원 저작물이 2차적 저작물에 포함되어 있다는 이유만으로 원 저작물의 저작재산권이 2차적 저작물의 저작재산권 양도에 수반하여 당연히 함께 양도되는 것은 아니다. 양수인이 취득한 2차적 저작물의 저작재산권에 그 2차적 저작물에 관한 2차적 저작물작성권이 포함되어 있는 경우, 그 2차적 저작물작성권의 행사가 원 저작물의 이용을 수반한다면 양수인은 원 저작물의 저작권자로부터 그 원 저작물에 관한 저작재산권을 함께 양수하거나 그 원 저작물 이용에 관한 허락을 받아야 한다.[75]

2차적 데이터는 원 데이터를 가공함으로써 확보된 것으로, 기계학습이라는 특정 용도를 목적으로 가공된 것으로 계약내용에 따라 권리관계가 구체화된다.

4. 2차적 데이터의 권리관계

상당한 노력이나 투자를 통하여 만들어진 결과물의 보호 없이는 데이터 확보의 걸림돌이 될 수 있기 때문에 2차적 데이터와 관련하여 고려할 수 있는 사항은 콘텐츠산업진흥법이나 저작권법상 '데이터베이스제작자'의 권리 규정이다.

먼저, 콘텐츠산업진흥법은 "누구든지 정당한 권한 없이 콘텐츠제작자가 상

---

73 일본 2018 경제성 보고서에서는 '파생 데이터'라는 표현을 사용하고 있다.
74 저작권법 제5조 제1항은 원 저작물을 번역·편곡·변형·각색·영상제작 그 밖의 방법으로 작성한 창작물(이하 '2차적 저작물'이라 한다)은 독자적인 저작물로서 보호된다고 규정하고 있는 바, 2차적 저작물로 보호를 받기 위하여는 원 저작물을 기초로 하되 원 저작물과 실질적 유사성을 유지하고, 이것에 사회통념상 새로운 저작물이 될 수 있을 정도의 수정·증감을 가하여 새로운 창작성이 부가되어야 하는 것이며, 원 저작물에 다소의 수정·증감을 가한 데 불과하여 독창적인 저작물이라고 볼 수 없는 경우에는 저작권법에 의한 보호를 받을 수 없다. 대법원 2002. 1. 25. 선고 99도863 판결.
75 대법원 2016. 8. 17. 선고 2014다5333 판결.

당한 노력으로 제작하여 대통령령으로 정하는 방법에 따라 콘텐츠 또는 그 포장에 제작연월일, 제작자명 및 이 법에 따라 보호받는다는 사실을 표시한 콘텐츠의 전부 또는 상당한 부분을 복제·배포·방송 또는 전송함으로써 콘텐츠제작자의 영업에 관한 이익을 침해하여서는 아니 된다. 다만, 콘텐츠를 최초로 제작한 날부터 5년이 지났을 때에는 그러하지 아니하다."(법 제37조 제1항)라고 규정하고 있다. 따라서, 일정한 표시요건을 부착(附着)한 경우라면 최초 제작일로부터 5년 동안 보호를 받을 수 있다. 다만, 채권적 보호에 불과하기 때문에 이를 위반하는 행위로 인하여 자신의 영업에 관한 이익이 침해되거나 침해될 우려가 있는 자는 그 위반행위의 중지 또는 예방 및 그 위반행위로 인한 손해의 배상을 청구할 수 있도록 하고 있다(법 제38조 제1항).

다음으로, 저작권법은 데이터베이스[76]를 제작하는 데에 상당한 투자가 이루어지기 때문에 데이터베이스제작자의 권리를 규정하고 있다. 데이터베이스제작자는 "그의 데이터베이스의 전부 또는 상당한 부분을 복제·배포·방송 또는 전송(이하, 복제등이라 함)할 권리를 가지며, 데이터베이스의 개별 소재는 제1항의 규정에 따른 당해 데이터베이스의 상당한 부분으로 간주되지 아니한다. 다만, 데이터베이스의 개별 소재 또는 그 상당한 부분에 이르지 못하는 부분의 복제등이라 하더라도 반복적이거나 특정한 목적을 위하여 체계적으로 함으로써 당해 데이터베이스의 통상적인 이용과 충돌하거나 데이터베이스제작자의 이익을 부당(不當)하게 해치는 경우에는 당해 데이터베이스의 상당한 부분의 복제등으로 본다. 데이터베이스의 구성부분이 되는 소재의 저작권 그 밖에 이 법에 따라 보호되는 권리에 영향을 미치지 아니한다. 보호는 데이터베이스의 구성부분이 되는 소재 그 자체에는 미치지 아니한다."라고 규정하고 있다(법 제93조).

데이터베이스제작자의 권리는 데이터베이스의 제작을 완료한 때부터 발생하며, 그 다음 해부터 기산하여 5년간 존속한다. 데이터베이스의 갱신 등을 위하여 인적 또는 물적으로 상당한 투자가 이루어진 경우에 당해 부분에 대한 데이터베이스제작자의 권리는 그 갱신 등을 한 때부터 발생하며, 그 다음 해부터

---

76 데이터베이스는 데이터라는 개별적 소재를 체계적으로 배열 또는 구성한 편집물로서 개별적으로 그 소재에 접근하거나 그 소재를 검색할 수 있도록 한 것을 말한다.

기산하여 5년간 존속한다(법 제95조).

원 데이터를 가공하여 만들어진 결과물로써 2차적 데이터에 대해서는 데이터베이스의 제작자의 권리와 같이 5년간의 보호기간을 고려할 수 있다. 기간을 제한할 수 있는 근거는 일반 저작물과 같이 인간이 향유할 수 있는 문화적 저작물이 아닌 기능적인 것에 불과하기 때문에 데이터베이스제작자의 권리와 같이 단기간으로 하는 것이다. 다만, 2차적 데이터와 관련되어 필요한 사항은 어떻게 이용할 것인지에 대한 이용허락의 방식을 구체화하는 것이라고 보며, 이를 위해 2차적 데이터의 성격에 따른 이용관계를 고려할 수 있다.

5. 법조경합과 우선순위

데이터와 관련하여 원 데이터 및 2차적 데이터와 관련된 권리와 이에 따른 법률의 경합의 예상된다. 데이터는 저작권, 저작권이 없는 퍼블릭도메인, 데이터베이스제작자의 권리, 표시요건을 갖춘 디지털콘텐츠, 개인정보자기결정권, 부정경쟁방지법에 따른 채권적 권리 등 다양한 권리에 저촉관계가 발생하며, 이에 따라 관련 법률의 적용에 대한 충돌도 예상된다.

특히 저작권법은 데이터의 집합물인 데이터베이스를 저작권과의 관계에서 하부적인 권리로 위치지우고 있다. 즉, 저작권법은 "이 장에 따른 보호는 데이터베이스의 구성부분이 되는 소재의 저작권 그 밖에 이 법에 따라 보호되는 권리에 영향을 미치지 아니한다(저작권법 제93조 제3항)."라고 하면서, 소재에 대해서는 저작권과의 견련성(牽連性)을 부정하고 있다. 즉, 데이터베이스제작자의 권리는 데이터베이스의 구성부분이 되는 소재 그 자체에는 미치지 아니하기 때문에 개별적 소재에 대해서는 저작권법이 우선 적용되는 것이다.

콘텐츠산업진흥법은 다른 법률과의 관계에 대해서 "콘텐츠제작자가 저작권법의 보호를 받는 경우에는 같은 법을 이 법에 우선하여 적용한다(제4조 제2항)."고 함으로써, 저작권법과 경합하는 경우에는 저작권법이 우선함을 명시적으로 규정하고 있다. 따라서, 콘텐츠산업진흥법상 2차적 데이터에 대해 표시(表示) 요건을 갖춘 경우에는 저작권법이 우선하여 적용된다.[77] 다만, 표시요건이

---

77 "데이터베이스도 콘텐츠임에는 틀림이 없고, 그러한 한 상당한 투자를 한 데이터베이스 제작

없는 경우에는 보호가 불가능하기 때문에 부정경쟁방지법상 부정경쟁행위로 규제된다. 문제는 동일한 2차적 데이터에 대해 표시를 하지 않은 경우, 해당 데이터는 콘텐츠산업진흥법에 의해 보호받지 못한다. 그럼에도 불구하고, 부정경쟁방지법에 의해 구제되는 것은 저작권법이 목적하는 바에 부합하는지는 의문이다.

또한, 개인정보가 포함된 경우라면, 개인정보와 관련된 사항은 개인정보 보호법의 적용을 받게 된다. 데이터베이스로 제작된 학습데이터에 개인정보가 포함된 경우라면 전체적인 데이터에 대해서는 저작권법상 데이터베이스제작자의 권리가 적용될 가능성이 높고, 개별적 소재에 대해서는 개인정보 보호법의 적용을 받게 될 것이다. 다만, 개인정보가 포함된 경우에는 해당 개인정보의 수집 또는 가공 과정에서 위법성이 조각된 경우가 아니라면, 전체 데이터베이스인 '개인정보 파일'[78]로서 역할을 하기 어려울 수 있다.[79]

자는 대부분 상당한 노력을 하여 콘텐츠를 제작한 자의 지위를 겸하게 된다. 그러나 콘텐츠산업진흥법 제4조 제2항은 콘텐츠제작자가 저작권법의 보호를 받는 경우에는 같은 법을 이 법에 우선하여 적용한다고 규정한다. 따라서 저작권법의 보호를 받는 데이터베이스제작자는 일차적으로 저작권법이 적용되며, 콘텐츠산업진흥법은 보충적으로만 적용될 뿐이다."고 한다. 이상정 외, 저작권법강의, 세창출판사, 2017, 211면.

78 개인정보 보호법상 개인정보파일이란 개인정보를 쉽게 검색할 수 있도록 일정한 규칙에 따라 체계적으로 배열하거나 구성한 개인정보의 집합물(集合物)을 말한다.

79 개인정보 보호법 제15조 제3항에서 "개인정보처리자는 당초 수집 목적과 합리적으로 관련된 범위에서 정보주체에게 불이익이 발생하는지 여부, 암호화 등 안전성 확보에 필요한 조치를 하였는지 여부 등을 고려하여 대통령령으로 정하는 바에 따라 정보주체의 동의 없이 개인정보를 이용할 수 있다."고 규정하고 있다. 아울러, 가명정보의 처리 등에 있어서는 개인정보처리자는 통계작성, 과학적 연구, 공익적 기록보존 등을 위하여 정보주체의 동의 없이 가명정보를 처리할 수 있도록 하고 있다(제28조의2). 여기서 과학적 연구란 기술의 개발과 실증, 기초연구, 응용연구 및 민간 투자 연구 등 과학적 방법을 적용하는 연구를 말한다.

1. 데이터 거래의 필요와 그 한계

가. 거래의 필요성

데이터는 비즈니스 원자재로서, 기계학습을 위해서는 양질의 데이터가 필요하며, 데이터의 중요성이 더욱 커지고 있다. 이러한 상황에서 데이터의 수집(확보), 거래 및 보호, 이용 등 생태계 흐름과 같은 영역에서의 법률문제는 중요하다. 데이터의 수요(需要)가 커지면서 데이터 거래에 대한 관심도 커지고 있으며, 법적인 측면에서 예측가능성과 거래의 안정성을 높이기 위해 다양한 법률관계가 검토될 필요가 있다.

나. 거래의 한계

데이터 소비가 확대됨에도 불구하고, 데이터 확보가 어렵기 때문에 이를 극복하기 위한 방안으로써 역설적으로 데이터 거래의 필요성이 커지고 있다. 인터넷상 정보가 팽창되어 왔지만, 데이터 거래가 이루어진 적이 많지 않기 때문에 거래의 안정성을 뒷받침할만한 제도 설계가 이루어진 바 없다. 데이터 거래라는 전문 영역에도 불구하고, 사적자치 영역에 놓임으로써 제도적 지원이나 활성화 방안을 마련하지 못하였다.

산업 현장에서 필요한 데이터가 공공재 내지 공공데이터로 이루어진 것이 아닌 민간영역에서 특정 기업에서 보유한 경우가 적지 않다. 활용할 수 있는 데이터 자체가 양적, 질적으로 제한적이기 때문에 활용도가 낮다. 이는 특정 기업에 독점된 데이터는 데이터를 활용한 서비스에서도 독점이 가속화 될 수 있기 때문이다. 데이터 거래의 필요성에도 불구하고 실제 거래가 활성화 되지 못한 이유이다. 데이터 거래의 활성화를 위한 제도 설계의 중요성이 커지고 있는 이유이다.

다. 활성화를 위한 제도 설계

데이터 거래에 대한 법률관계를 보기 위해서는 데이터 자체, 데이터 거래, 데이터 이용허락 등의 영역에 대한 검토를 통하여 구체적인 법적 쟁점을 살펴볼 필요가 있다. 특히, 이 과정에서 예견되는 데이터의 독점화, 편견, 오류 등에 대한 문제와 이를 방지하기 위한 제도 설계의 필요성도 중요하다.

ⅰ) 데이터 확보를 위한 투자: 데이터베이스제작자 권리
ⅱ) 공공부문 데이터의 이용 활성화
ⅲ) 데이터 민주화를 위한 제도로서 공정이용 가능성
ⅳ) 경쟁사업자에 의한 무단이용의 제한: 부정경쟁행위 규제 필요
ⅴ) 전문화된 채권적 이용허락 관계의 형성: 보상청구권화

위의 제도 설계를 위해 궁극적인 가치이자 데이터의 원활한 흐름을 뒷받침하기 위해서는 헌법적 가치인 정보의 자유를 보장하는 것이며, 정보를 자유롭게 활용함으로써 표현의 자유를 개인이 누릴 수 있도록 하며, 사업자에게는 영업상의 자유를 보장하는 것이다.

헌법적 가치를 구현하기 위한 제도 설계에 있어서 데이터의 소유권 내지 데이터의 유형에 따른 거래 내지 이용허락 관계가 중요할 것으로 보이는 바, 표준계약서의 필요성이 크다. 이후 산업적 특성을 반영하여 저작권법 및 부정경쟁방지법의 개정을 통하여 법적 권리 부여 방안에 대해 고민할 수 있을 것이다. 기본적으로 계약(契約)은 사적자치의 원칙에 따라 당사자 간 자유롭게 체결하는 것이 원칙이다. 그렇지만, 데이터 거래 분야는 기술적 수요 및 기술적인 방식에 따라 다르게 이용될 수 있기 때문에 새로운 거래 관계가 형성되고 있으며, 또한 그 내용도 복잡하거나 전문적인 사항이 포함될 수밖에 없다. 따라서, 전문가에 의한 표준거래계약서를 작성하여 권고하는 것도 의미가 있다.

2. 데이터 거래의 활성화 방안

가. 거래 활성화

데이터를 거래하는 이유는 데이터를 활용하기 위한 것이며, 활용을 통하여 다양한 서비스를 개발하거나 고도화할 수 있기 때문이다. 물론, 플랫폼 기

업 등은 수많은 이용자가 제공하는 텍스트, 이미지, 동영상 등을 통하여 확보가 가능할 것이나 데이터를 자체적으로 확보하기 어려운 경우에는 제3자를 통하여 확보하게 될 것이다. 사업자 입장에서는 정형화된 데이터를 확보함으로써 처리시간을 줄일 수 있겠지만, 거래비용이 높아질 수 있다는 단점(短點)이 있다. 이러한 이유가 데이터 분석기술이 발전하게 된 계기가 되었다. 즉, 정형화된 데이터만 처리하는 것이 아닌 비정형 데이터를 전체로 하여 처리가 가능한 SW 및 HW기술이 발전함으로써 데이터 확보 또는 거래 가능성이 높아진 것이다.

데이터 거래는 시장 자체가 형성되었다기 보다는 플랫폼사업자 내지 인공지능 개발사에서 자체적으로 보유하고 있는 데이터를 활용하는 경우가 적지 않다. 플랫폼사업자는 이용자가 제공하는 정보 자체가 이용할 수 있는 데이터로 구축되는 상황이며, 인공지능 개발사 내지 사업자는 다양한 시범사업을 통하여 데이터를 확보하는 구조이다. 플랫폼사업자나 자체적으로 데이터를 수집하기 어려운 사업자 내지 개발자는 데이터 확보가 어려운 상황이다.

또한, 시장이 아닌 계약을 통하여 거래가 이루어지는 구조를 갖고 있기 때문에 활성화가 이루어지지 못하고 있다. 따라서, 공인된 데이터 거래센터가 없는 상황에서 서비스 고도화를 위한 데이터 확보가 쉽지 않기 때문에 거래 활성화를 위해서는 데이터 유형에 따른 거래구조를 설계하는 것이 필요하다.

나. 방안으로서 거래구조의 분석과 설계

(1) 거래구조의 분석

거래구조를 분석하기 위해서는 데이터에 대한 정당한 권한(權限)을 갖고 있는지, 그 데이터를 특정할 수 있는지 점검이 필요하다. 더 나아가 거래를 위한 데이터 성격이 저작물성인지 점검해야, 제3자의 이용에 대해 물권적 대응을 할 것인지, 채권적 대응을 할 것인지 판단할 수 있기 때문이다. 또한 접근 내지 접속을 통한 이용이나 거래에 제공함으로써 이용가능한 형태인지 분석해야 한다. 전자는 라이선스 방식이며, 후자는 양도 방식으로 이루어지는 계약유형이다. [표 8-1]과 같이, 데이터의 거래 방식이나 이용형태에 따른 계약 구조를 설계할 수 있다.

[표 8-1] 데이터 거래 유형

채권적 이용허락	민사책임, 당사자 이슈로서 제3자 책임 불가능
물권적 양도	형사책임, 제3자 책임 가능

(2) 거래구조의 설계

저작물, 데이터베이스, 또는 사실정보 등 데이터의 유형에 따라 거래의 성격이 다르게 구조화되며, 이용허락 내지 양도라는 법률관계를 통하여 거래구조가 형성된다. 첫째, 저작권 등 재산적 가치가 있는 경우에는 물권적 권리로서 보호대상이 되며, 이러한 경우에는 저작권의 양도 내지 이용허락을 얻어서 이용하는 구조를 상정할 수 있다. 둘째, IoT 센서 등을 통하여 수집된 데이터는 사실정보(fact)에 불과하여 재산적 가치가 없는 경우에는 기본적으로 이용이 가능하나 데이터베이스로서 투자가 이루어진 경우에는 데이터베이스제작자의 권리로서 보호받을 수 있다. 이러한 경우에는 이용허락을 얻어서 이용하는 구조(構造)를 상정할 수 있다. 셋째, 정형화된 데이터베이스가 아닌 경우에는 소유권을 주장하기가 쉽지 않다. 다만, 개인정보가 포함된 경우에는 개인정보로서 엄격한 보호가 이루어지는 구조로, 엄격한 수집과 이용 등 거래구조를 상정할 수 있다. 넷째, 민간과 공공영역을 아우르는 데이터 거래소를 통한 거래구조를 설계하여 거래 활성화 및 데이터 산업을 진흥하는 방안도 고려될 필요가 있다. 다섯째, 데이터 거래소 또는 거래관계에서 누구라도 쉽게 이용할 수 있는 표준계약서의 제정 및 보급이 필요하다.

3. 데이터 거래구조의 유형화

가. 저작물인 경우: 양도 및 이용허락

(1) 대상으로서 저작물

저작권법상 저작물은 인간의 사상 또는 감정을 표현한 창작물로 정의한다. 창작성은 완전한 의미의 독창성을 요구하는 것은 아니라고 하더라도 창작성이 인정되려면 적어도 어떠한 작품이 단순히 남의 것을 모방한 것이어서는 아니되고 사상이나 감정에 대한 작자 자신의 독자적인 표현을 담고 있어야 한다는 의미이다.[80] 창작의 주체는 사람으로 한정되며, 동물이나 기계가 창작한 표현물일 경우에는 저작권법상 보호대상이 되기 어렵다. 인공지능이 스스로 만들어낸 데이터라면 창작성이 있더라도, 보호받는 저작물이라고 볼 수 없다는 결론이 이르게 된다. 다만, 기계가 창작한 경우에는 인간의 기여도에 따라 저작물성을 인정(認定)할 수 있는 경우도 가능하다.

(2) 이용허락 내지 양도

이용하려는 데이터가 저작물인 경우라면, 데이터를 제작한 자는 저작자로서 배타적 권리를 가지게 되며, 제3자가 데이터를 사용하기 위해서는 저작자로부터 이용허락(利用許諾)을 받아야 한다. 이용자가 저작권자와의 이용허락계약에 의하여 취득하는 이용권은 저작권자에 대한 관계에서 저작물 이용행위를 정당화할 수 있는 채권으로서의 성질을 갖는다.[81] 새로운 기술의 발전이나 서비스 방식이 도입됨에 따라, 데이터의 거래 방식이나 이용허락 방식을 특정하기는 쉽지 않을 것이므로, 권리자에게 권리를 유보하거나 또는 그렇게 해석하는 것이 합리적이다.[82] 이용허락과 달리, 양도는 저작물이나 소유권이 제3자에

---

80 대법원 2018. 5. 15. 선고 2016다227625 판결.
81 대법원 2015. 4. 9. 선고 2011다101148 판결.
82 저작권에 관한 이용허락계약의 해석에 있어서 저작권 이용허락을 받은 매체의 범위를 결정하는 것은 분쟁의 대상이 된 새로운 매체로부터 발생하는 이익을 누구에게 귀속시킬 것인가의 문제라고 할 것이므로, '녹음물 일체'에 관한 이용권을 허락하는 것으로 약정하였을 뿐 새로운 매체에 관한 이용허락에 대한 명시적인 약정이 없는 경우 과연 당사자 사이에 새로운 매체에 관하여도 이용을 허락한 것으로 볼 것인지에 관한 의사해석의 원칙은, ① 계약 당시 새로운 매체가 알려지지 아니한 경우인지 여부, 당사자가 계약의 구체적 의미를 제대로 이해한 경우인지 여부, 포괄적 이용허락에 비하여 현저히 균형을 잃은 대가만을 지급 받았다고 보여지는 경우로서 저작자의 보호와 공평의 견지에서 새로운 매체에 대한 예외조항을 명시하지 아니하였다고 하여 그 책임을 저작자에게 돌리는 것이 바람직하지 않은 경우인지 여부 등 당사자의 새로운 매체에 대한 지식, 경험, 경제적 지위, 진정한 의사, 관행 등을 고려하고, ② 이용허락계약 조건이 저작물 이용에 따른 수익과 비교하여 지나치게 적은 대가만을 지급하는 조건으로 되어 있어 중대한 불균형이 있는 경우인지 여부, 이용을 허락 받은 자는 계약서에서 기술하고 있는 매체의 범위 내에 들어간다고 봄이 합리적이라고 판단되는 어떠한 사용도 가능하다고 해석할 수 있는 경우인지 여부 등 사회일반의 상식과 거래의 통념에 따른 계약의 합리적이고 공평한 해석의 필요성을 참작하며, ③ 새로운 매체를 통한 저작물의 이용이 기존의 매체를 통한 저작물의 이용에 미치는 경제적 영향, 만일 계약 당시 당사자들이 새로운 매체의 등장을 알았더라면 당사자들이 다른 내용의 약정을 하였으리라고 예상되는 경우인지 여부, 새로운 매체가 기존의 매체와 사용, 소비 방법에 있어 유사하여 기존 매체시장을 잠식, 대체하는 측면이 강한 경우이어서 이용자에게 새로운 매체에 대한 이용권이 허락된

게 이전하는 방식으로, 데이터로서 권리자 내지 소유자가 바뀌게 된다.

나. 사실정보인 경우: 계약 및 부정경쟁방지법의 적용

(1) 대상으로서 사실정보

저작권법은 배타적 독점권을 부여하면서 예외적으로 아이디어 영역에 있거나 사실정보의 경우에는 보호범위에서 제외하고 있다. 이로써 보호와 공정한 이용의 균형을 맞추어가고 있는 것이다. 사실정보는 창작성이 없는 것으로, 저작권법상 보호받는 저작물이 아니기 때문에 누구나 자유롭게 이용할 수 있는 정보이다. 예를 들면, 전화번호부와 같은 경우라면 창작성이 부가(附加)될 수 있는 성질이 아니기 때문에 저작권법의 보호대상이 되지 못한다. 또한, 스마트 미터링이나 교통 흐름을 파악하기 위해 스마트 센서를 통하여 수집된 빅데이터는 사실정보에 불과하기 때문에 기본적으로 저작권법의 보호대상이 되기 어렵다. 다만, 사실정보라도 소재의 선택과 배열에 창작성이 있거나 없더라도 상당한 투자가 있는 경우라면 데이터베이스로 보호받을 수 있다.

(2) 계약상 이용허락

사실정보의 경우, 저작권법 등 지식재산 관련 법률로써 보호가 어려운 정보는 계약을 통하여 보호가 가능하다. 채권적 권리로서 이용권이 발생하기 때문에 제3자의 이용에 대해서는 구제(救濟)할 수 있는 방안이 없다는 점이 한계이다. 계약 당사자가 계약 내용을 위반할 경우에는 채무불이행 내지 손해배상책임을 지게 된다. 계약상 이용허락의 한계는 제3자가 해당 데이터를 임의로 사용하는 경우에 보호받을 수 있는 법익이 없다는 점에서 손해배상 청구가 어렵다.

(3) 부정경쟁방지법의 적용

부정경쟁방지법 제2조 제1호 (파)목에서는 "그 밖에 타인의 상당한 투자나 노력으로 만들어진 성과 등을 공정한 상거래 관행이나 경쟁질서에 반하는

것으로 볼 수 있는지 아니면 그와 달리 새로운 매체가 기술혁신을 통해 기존의 매체시장에 별다른 영향을 미치지 않으면서 새로운 시장을 창출하는 측면이 강한 경우이어서 새로운 매체에 대한 이용권이 저작자에게 유보된 것으로 볼 수 있는지 여부 등 새로운 매체로 인한 경제적 이익의 적절한 안배의 필요성 등을 종합적으로 고려하여 사회정의와 형평의 이념에 맞도록 해석하여야 한다. 대법원 1996. 7. 30. 선고 95다29130 판결.

방법으로 자신의 영업을 위하여 무단으로 사용함으로써 타인의 경제적 이익을 침해하는 행위"를 부정경쟁행위로 규정하고 있다. 사용하려는 데이터를 부정한 방법으로 이용하는 경우에는 부정경쟁방지법의 적용(適用)을 받을 수 있다는 의미이다. 따라서, 부정경쟁행위에 해당하는 경우에는 부정경쟁행위 등의 금지 청구권 행사가 가능하며, 손해배상 청구가 가능하다. 다만, 이 경우에는 형사처벌의 대상이 되지 않는다는 점이 한계이다.

참고로, 동 규정은 "경쟁자가 상당한 노력과 투자에 의하여 구축한 성과물을 상도덕이나 공정한 경쟁질서에 반하여 자신의 영업을 위하여 무단으로 이용함으로써 경쟁자의 노력과 투자에 편승하여 부당하게 이익을 얻고 경쟁자의 법률상 보호할 가치가 있는 이익을 침해하는 행위는 부정한 경쟁행위로서 민법상 불법행위에 해당한다."[83]는 판례를 근거하고 있다. 즉, 일반적인 불법행위 책임을 부정경쟁방지법에서 일반조항으로 구제화한 것으로 평가된다.

다. 데이터베이스인 경우: 양도 및 이용허락

(1) 대상으로서 데이터베이스

저작권법상, 데이터베이스는 소재(素材)를 체계적으로 배열 또는 구성한 편집물로서 개별적으로 그 소재에 접근하거나 그 소재를 검색할 수 있도록 한 것으로 정의된다. 데이터베이스를 제작한 자를 데이터베이스제작자로 보고, 데이터베이스의 제작 또는 그 소재의 갱신·검증 또는 보충에 인적 또는 물적으로 상당한 투자를 한 자이다. 보호받는 데이터베이스는 우리 국민이나 데이터베이스의 보호와 관련하여 대한민국이 가입 또는 체결한 조약에 따라 보호되는 외국인이 데이터베이스제작자인 경우에 한정된다. EU는 1996년 데이터베이스에 대한 지침을 제정하였고, 입법은 EU 회원국 재량으로 하고 있다.

(2) 데이터베이스제작자 보호를 위한 투자

데이터베이스제작자는 그의 데이터베이스의 전부 또는 상당한 부분을 복제·배포·방송 또는 전송할 권리를 가진다. 데이터베이스의 개별 소재 또는 그 상당한 부분에 이르지 못하는 부분의 복제 등이라 하더라도 반복적이거나 특

---

83 대법원 2010.8.25. 자 2008마1541 결정.

정한 목적을 위하여 체계적으로 함으로써 당해 데이터베이스의 통상적인 이용과 충돌하거나 데이터베이스제작자의 이익을 부당하게 해치는 경우에는 당해 데이터베이스의 상당한 부분의 복제 등으로 간주된다.

데이터베이스제작자의 권리는 데이터베이스의 제작을 완료한 때부터 발생하며, 그 다음 해부터 기산하여 5년간 존속한다. 데이터베이스의 갱신(更新) 등을 위하여 인적 또는 물적으로 상당한 투자가 이루어진 경우에 당해 부분에 대한 데이터베이스제작자의 권리는 그 갱신 등을 한 때부터 발생하며, 그 다음 해부터 기산하여 5년간 존속한다. 다만, 적용 제외되는 데이터베이스는 다음과 같다(저작권법 제92조).

  i) 데이터베이스의 제작·갱신 등 또는 운영에 이용되는 컴퓨터프로그램
 ii) 무선 또는 유선통신을 기술적으로 가능하게 하기 위하여 제작되거나 갱신 등이 되는 데이터베이스

(3) 데이터베이스의 양도 및 이용허락

기본적으로 데이터베이스는 데이터베이스제작자의 권리로서 보호받을 수 있으며, 이를 이용하기 위해서는 이용허락을 받거나 제작자의 권리를 양도받아 이용할 수 있다.

라. 공공데이터의 경우

(1) 의의

공공데이터는 공공데이터법상 데이터와 저작권법상 공공저작물을 나누어서 살펴볼 필요가 있다. 전자는 저작물성이 없는 경우라도, 공공영역에서 만들어낸 정보를 대상으로 하고, 후자는 정부가 저작권을 갖고 있는 경우에 누구라도 이용할 수 있도록 규정하고 있다.

(2) 공공데이터법의 적용

(가) 대상으로서 공공데이터

공공데이터법에서는 공공데이터를 데이터베이스, 전자화된 파일 등 공공기관이 법령 등에서 정하는 목적을 위하여 생성 또는 취득하여 관리하고 있는 광(光) 또는 전자적 방식으로 처리된 자료 또는 정보로서 다음 각 목의 어느 하

나에 해당하는 것으로 정의하고 있다.

ⅰ) 전자정부법 제2조제6호에 따른 행정정보

ⅱ) 지능정보화 기본법 제2조제1호에 따른 정보 중 공공기관이 생산한 정보

ⅲ) 공공기록물 관리에 관한 법률 제20조제1항에 따른 전자기록물 중 웹기록물 및 행정정보 데이터세트 등의 기록정보자료

ⅳ) 그 밖에 대통령령[84]으로 정하는 자료 또는 정보

(나) 공공데이터의 제공

공공데이터를 제3자에게 제공하는 행위로서 제공(提供)이란 공공기관이 이용자로 하여금 기계 판독이 가능한 형태의 공공데이터에 접근할 수 있게 하거나 이를 다양한 방식으로 전달하는 것을 의미한다. 공공데이터를 이용하는 경우에는 공표된 제공대상 공공데이터의 경우 소관 공공기관이나 공공데이터 포털 등에서 제공받을 수 있다. 다만, 공표된 제공대상 공공데이터 목록에 포함되지 아니하는 공공데이터의 경우에는 별도의 제공신청을 해야 한다.

공공기관의 장은 해당 기관이 개발·제공하고 있거나 개발 예정인 서비스에 관련 공공데이터가 포함되어 있다는 사유로 공공데이터의 제공을 거부하여서는 아니 된다. 다만, 공공기관의 장은 이용자의 요청에 따라 추가적으로 공공데이터를 생성하거나 변형 또는 가공, 요약, 발췌하여 제공할 의무를 지지 아니한다. 공공데이터는 기본적으로 무상 제공을 원칙으로 하나 제공하는 과정에서 발생하는 비용에 대해서는 수익자가 부담한다.

(3) 저작권법의 적용

(가) 대상으로서 정부저작물

저작권법상 공공데이터는 정부저작물이나 공공저작물로서 나누어진다. 먼저, 정부저작물인 경우에는 국가 또는 지방자치단체가 업무상 작성하여 공표한 저작물이나 저작권 양도 등 계약에 따라 저작재산권의 전부를 보유한 저작물을 대상으로 한다. 이 경우에는 누구라도 자유롭게 공공데이터를 이용할 수 있다. 다만, 국가 또는 지방자치단체가 저작권을 전부 소유(所有)하지 못한 경우에는 정부저작물이 아니기 때문에 이용자인 국민의 이용에 한계가 있다.

---

84 2021년 현재 위임된 사항은 없다.

(나) 공공저작물의 자유이용

정부저작물과 달리, 공공저작물인 경우에는 자유이용이 가능토록 규정하고 있다(저작권법 제24조의2). 다만, 저작물이 다음 각 호의 어느 하나에 해당하는 경우에는 그러하지 아니한다.

- ⅰ) 국가안전보장에 관련되는 정보를 포함하는 경우
- ⅱ) 개인의 사생활 또는 사업상 비밀에 해당하는 경우
- ⅲ) 다른 법률에 따라 공개가 제한되는 정보를 포함하는 경우
- ⅳ) 제112조에 따른 한국저작권위원회에 등록된 저작물로서 국유재산법에 따른 국유재산 또는 공유재산 및 물품 관리법에 따른 공유재산으로 관리되는 경우

(다) 이용허락

국가나 지자체가 아닌 공공기관의 경우에는 무상이용을 포함한 조건(條件)을 부가하여 이용허락을 할 수 있다. 즉, 국가는 공공기관의 운영에 관한 법률 제4조에 따른 공공기관이 업무상 작성하여 공표한 저작물이나 계약에 따라 저작재산권의 전부를 보유한 저작물의 이용을 활성화하기 위하여 대통령령으로 정하는 바에 따라 공공저작물 이용활성화 시책을 수립·시행할 수 있도록 규정하고 있기 때문이다.

(라) 공공저작물 저작권 관리 및 이용 지침

공공저작물 저작권 관리 및 이용 지침에 따라 공공저작물은 무료로 제공해야 하며, 일정한 경우에는 실비 부담가능토록 규정하고 있다. 즉, 동 지침 제12조(제공비용)에 따르면 공공기관 등은 자유이용 대상 공공저작물에 대해서는 무료로 제공하여야 하며, 다만 공공저작물의 제공에 소요되는 비용에 대해서는 필요최소한의 실비범위 내에서 이용자로 하여금 부담하도록 할 수 있도록 규정하고 있다. 이 경우에는 정부저작물과 공공저작물은 이용에는 차이가 없어진다.

또한, 공공기관 등은 동 지침 제11조 제2항 및 제3항의 사유로 한국저작권위원회에 저작권 등록된 저작물 중 운영상의 이유로 이용료 징수(徵收)가 불가피한 경우에는 제14조에 따라 신탁하거나 문화체육관광부장관이 허가한 신탁관리업자의 공공저작권 사용료 징수규정을 준용하여 직접 징수할 수 있도록

규정하고 있다.

(4) 공공데이터는 누구라도 이용이 가능하다.

공공데이터나 공공저작물은 기본적으로 국민의 세금을 통하여 제작된 데이터이기 때문에 국가나 지자체가 소유하고 있는 경우에는 무상(無償)으로 이용이 가능하다. 다만, 저작권을 민간과 공유하는 경우에는 별도 이용허락을 받아야하기 때문에 그 과정에서 부수되는 허락조건에 따라야 한다.

공공기관은 공공기관의 운영성격 상, 일괄적으로 무상이용을 규정할 수 없기 때문에 공공누리를 통하여 이용허락 조건을 표시토록 하고 있다. 따라서, 공공기관은 해당 데이터를 기관의 성격에 맞게 제공하거나 개방할 수 있다.

4. 데이터 거래 활성화를 위한 제도 설계

가. 2차적 데이터의 권리관계

(1) 데이터 가공과 2차적 데이터

2차적 데이터란 원 데이터를 이용하거나 가공하여 제작된 데이터로 정의할 수 있다. 유사한 개념으로는 저작권법상 2차적 저작물로서, 원 저작물을 번역·편곡·변형·각색·영상제작 그 밖의 방법으로 작성한 창작물로 정의되며, 2차적 저작물은 원 저작물과 별개로 독자적인 저작물로서 보호된다.

저작권법은 원 저작물을 번역·편곡·변형·각색·영상제작 그 밖의 방법으로 작성한 창작물(이하, 2차적 저작물이라 한다)은 독자적인 저작물로서 보호(保護)된다고 규정하고 있는 바, 2차적 저작물로 보호를 받기 위해서는 원 저작물을 기초로 하되 원 저작물과 실질적 유사성을 유지하고, 이것에 사회통념상 새로운 저작물이 될 수 있을 정도의 수정·증감을 가하여 새로운 창작성이 부가되어야 하는 것이며, 원 저작물에 다소의 수정·증감을 가한 데 불과하여 독창적인 저작물이라고 볼 수 없는 경우에는 저작권법에 의한 보호를 받을 수 없다.[85]

2차적 저작물은 원 저작물과는 별개의 저작물이므로, 어떤 저작물을 원 저

---

85 대법원 2002. 1. 25. 선고 99도863 판결.

작물로 하는 2차적 저작물의 저작재산권이 양도되는 경우, 원 저작물의 저작재산권에 관한 별도의 양도 의사표시가 없다면 원 저작물이 2차적 저작물에 포함되어 있다는 이유만으로 원 저작물의 저작재산권이 2차적 저작물의 저작재산권 양도에 수반하여 당연히 함께 양도되는 것은 아니다. 양수인이 취득(取得)한 2차적 저작물의 저작재산권에 그 2차적 저작물에 관한 2차적 저작물작성권이 포함되어 있는 경우, 그 2차적 저작물작성권의 행사가 원 저작물의 이용을 수반한다면 양수인은 원 저작물의 저작권자로부터 그 원 저작물에 관한 저작재산권을 함께 양수하거나 그 원 저작물 이용에 관한 허락을 받아야 한다.[86]

(2) 2차적 데이터로서의 성립

2차적 데이터라고 하더라도 저작권법상 2차적 저작물작성권이 완성될 수 있는 수준의 창작성이 요구되는 것은 아니나 그 보호되는 수준(水準)이나 방법은 특별한 형태로 제도화될 필요가 있다. 2차적 데이터의 보호와 관련하여 참조할 수 있는 내용으로는 콘텐츠산업진흥법상 보호요건이나 저작권법상 데이터베이스제작자의 권리에 관한 규정을 들 수 있다.

(가) 표시

콘텐츠산업진흥법은 "누구든지 정당한 권한 없이 콘텐츠제작자가 상당한 노력으로 제작하여 대통령령으로 정하는 방법에 따라 콘텐츠 또는 그 포장에 제작연월일, 제작자명 및 이 법에 따라 보호받는다는 사실을 표시한 콘텐츠의 전부 또는 상당한 부분을 복제·배포·방송 또는 전송함으로써 콘텐츠제작자의 영업에 관한 이익을 침해하여서는 아니 된다. 다만, 콘텐츠를 최초로 제작한 날부터 5년이 지났을 때에는 그러하지 아니하다."(법 제37조 제1항)라고 규정하고 있다. 따라서, 일정한 표시요건을 부착(附着)한 경우라면 최초 제작일로부터 5년 동안 보호를 받을 수 있다.[87] 다만, 채권적 보호에 불과하기 때문에 이를

---

86 대법원 2016. 8. 17. 선고 2014다5333 판결.
87 콘텐츠산업진흥법 시행령 제33조(표시의 방법) 법 제37조 제1항에서 "대통령령으로 정하는 방법"이란 다음 각 호의 구분에 따른 어느 하나의 표시 방법을 말한다.
　1. 콘텐츠에 표시하는 경우
　　가. 제작연월일, 제작자명 및 이 법에 따라 보호받는다는 사실을 이용화면의 우측 상단에 순서대로 표시하되, 이 법에 따라 보호받는다는 사실을 표시하기 위해서는 다음의 도안과 내용을 모두 표시
　　　1) 아래의 도안은 테두리는 회색으로, 내부문자 C는 검은색으로, 내부문자 C 외의 내

위반하는 행위로 인하여 자신의 영업에 관한 이익이 침해되거나 침해될 우려가 있는 자는 그 위반행위의 중지 또는 예방 및 그 위반행위로 인한 손해의 배상을 청구할 수 있도록 하고 있다(법 제38조 제1항).

(나) 데이터베이스제작자의 권리

다음으로 저작권법은 데이터베이스제작자의 권리를 규정하고 있으며, 데이터베이스제작자는 자신의 데이터베이스의 전부 또는 상당한 부분을 복제·배포·방송 또는 전송할 권리를 가지며, 데이터베이스의 개별 소재는 당해 데이터베이스의 상당한 부분으로 간주되지 아니한다. 다만, 데이터베이스의 개별 소재 또는 그 상당한 부분에 이르지 못하는 부분의 복제·배포·방송 또는 전송이라 하더라도 반복적이거나 특정한 목적을 위하여 체계적으로 함으로써 당해 데이터베이스의 통상적인 이용과 충돌하거나 데이터베이스제작자의 이익을 부당하게 해치는 경우에는 당해 데이터베이스의 상당한 부분의 복제·배포·방송 또는 전송으로 본다. 데이터베이스의 구성부분이 되는 소재의 저작권 그 밖에 이 법에 따라 보호되는 권리에 영향을 미치지 아니한다. 보호는 데이터베이스

부는 흰색으로 표시한다. 이 경우 문화체육관광부장관은 아래 도안을 문화체육관광부의 인터넷 홈페이지 등에 게시하여야 한다.
   2) "이 콘텐츠는 콘텐츠산업 진흥법에 따라 최초 제작일부터 5년간 보호됩니다."라는 문구
 나. 이용화면 전체 면적의 10분의 1 이상 크기로 우측 상단에 제작연월일, 제작자명 및 이 법에 따라 보호받는다는 사실을 모두 표시
 다. 제작연월일, 제작자명 및 이 법에 따라 보호받는다는 사실을 표시할 때에는 1초 이상의 정지화면으로 표시
 라. 이용화면의 색상과 대비되는 색상으로 제작연월일, 제작자명 및 이 법에 따라 보호받는다는 사실을 표시
2. 포장에 표시하는 경우
 가. 제작연월일, 제작자명 및 이 법에 따라 보호받는다는 사실을 포장의 표시되는 겉표지면의 우측 상단에 순서대로 표시하되, 이 법에 따라 보호받는다는 사실을 표시하기 위해서는 다음의 도안과 내용을 모두 표시
   1) 아래의 도안은 테두리는 회색으로, 내부문자 C는 검은색으로, 내부문자 C 외의 내부는 흰색으로 표시한다. 이 경우 문화체육관광부장관은 아래 도안을 문화체육관광부의 인터넷 홈페이지 등에 게시하여야 한다.
   2) "이 콘텐츠는 콘텐츠산업 진흥법에 따라 최초 제작일부터 5년간 보호됩니다."라는 문구
 나. 포장의 표시되는 겉표지의 우측 상단에 그 겉표지면 면적의 10분의 1 이상 크기로 제작연월일, 제작자명 및 이 법에 따라 보호받는다는 사실을 모두 표시
 다. 포장의 표시되는 겉표지면의 색상과 대비되는 색상으로 제작연월일, 제작자명 및 이 법에 따라 보호받는다는 사실을 표시

의 구성부분이 되는 소재 그 자체(自體)에는 미치지 아니한다(법 제93조).

(다) 권리 발생

데이터베이스제작자의 권리는 데이터베이스의 제작을 완료한 때부터 발생하며, 그 다음 해부터 기산하여 5년간 존속한다. 데이터베이스의 갱신 등을 위하여 인적 또는 물적으로 상당한 투자가 이루어진 경우에 당해 부분에 대한 데이터베이스제작자의 권리는 그 갱신 등을 한 때부터 발생하며, 그 다음 해부터 기산하여 5년간 존속한다(법 제95조).

원 데이터를 가공하여 만들어진 결과물로써 2차적 데이터에 대해서는 5년간의 보호기간을 고려할 수 있을 것이다. 다만, 2차적 데이터와 관련되어 필요한 사항은 어떻게 이용할 것인지에 대한 이용허락의 방식(方式)을 구체화하는 것이라고 보며, 이를 위해 2차적 데이터의 성격에 따른 이용관계를 고려할 수 있다.

[표 8-2] 데이터의 특성

유형	특성	행태
원 데이터	본래적 특성	거래 데이터
2차적 데이터	가공으로 부가가치 창출	거래 데이터를 활용한 프로파일링

(3) 가공된 2차적 데이터의 이용

(가) 원 데이터가 저작물인 경우

원 데이터가 저작권이 있는 경우라면 2차적 가공(加工)을 통하여 생성된 결과물도 특별한 사정이 없는 한 저작물성을 갖는 것으로 볼 수 있다. 가공자는 2차적 저작물작성권자로서 권리를 갖게되므로, 해당 데이터는 이용허락을 받아야만 이용이 가능하다. 다만, 2차적 저작물의 보호는 원 저작물의 저작자의 권리에 영향을 미치지 아니하기 때문에 2차적 저작물을 이용하기 위해서는 원저작자로부터 이용허락을 받아야 한다.

(나) 원 데이터가 저작물이 아닌 경우

사실정보나 저작권이 없는 데이터라면 이를 활용한 경우라도 별도 이용허락을 받지 않아도 될 것이다. 다만, 비정형화된 데이터를 가공하여 정형화된 데이터베이스로 제작하는 과정에서 상당한 투자가 이루어진 경우라면 새롭게 데이터베이스제작자의 권리가 발생(發生)할 수 있다. 따라서, 원래 데이터를 소유한 자와 별개로 데이터 가공자는 가공된 데이터에 기반하여 데이터베이스제작자로서 데이터에 대한 권리를 행사할 수 있다.

(다) 원 데이터가 공공데이터의 경우

데이터가 공공기관에서 제작된 공공데이터라면, 공공데이터법은 제공받은 데이터의 2차적 이용에 대하여 별도 규정한 바가 없기 때문에 2차적 데이터에 대한 소유권은 가공자에게 귀속되는 것으로 해석하는 것이 공공데이터법 입법 취지에 부합하는 것으로 판단(判斷)된다. 이러한 경우, 2차적 데이터는 가공 방식에 따라 데이터베이스로서 구조화 될 수도 있을 것이며, 이러한 경우에는 데이터베이스제작자라는 새로운 법적 지위가 발생한다.

저작물이 아닌 경우와 유사하게 2차적 데이터에 대해서는 공공기관과는 별도의 권리가 발생할 수 있을 것이다. 또한 해당 데이터를 거래에 제공할 경우, 거래 대상이 데이터베이스가 될 수 있다.

(4) 2차적 데이터의 권리관계의 제도화

2차적 데이터와 관련하여 고려할 수 있는 제도는 저작권 유사의 보호방법이라고 할 수 있다. 상당한 노력이나 투자를 통하여 만들어진 결과물의 보호 없이는 데이터 확보(確保)의 걸림돌이 될 수 있기 때문에 콘텐츠산업진흥법이나 저작권법상 유사 내용을 검토할 필요가 있다.

먼저, 콘텐츠산업진흥법은 "누구든지 정당한 권한 없이 콘텐츠제작자가 상당한 노력으로 제작하여 대통령령으로 정하는 방법에 따라 콘텐츠 또는 그 포장에 제작연월일, 제작자명 및 이 법에 따라 보호받는다는 사실을 표시한 콘텐츠의 전부 또는 상당한 부분을 복제·배포·방송 또는 전송함으로써 콘텐츠제작자의 영업에 관한 이익을 침해하여서는 아니 된다. 다만, 콘텐츠를 최초로 제작한 날부터 5년이 지났을 때에는 그러하지 아니하다."(법 제37조 제1항)라고 규정하고 있다. 따라서, 일정한 표시요건을 부착한 경우라면 최초 제작일로부터 5년 동안 보호를 받을 수 있다. 다만, 채권적 보호에 불과하기 때문에 이를 위반하는 행위로 인하여 자신의 영업에 관한 이익이 침해되거나 침해될 우려가 있는 자는 그 위반행위의 중지 또는 예방 및 그 위반행위로 인한 손해의 배상을 청구할 수 있도록 하고 있다(법 제38조 제1항).

다음으로, 저작권법은 데이터베이스제작자의 권리를 규정하고 있으며, 데이터베이스 제작자의 권리는 데이터베이스의 제작을 완료한 때부터 발생하며, 그 다음 해부터 기산하여 5년간 존속한다. 데이터베이스의 복제·배포·방송 또는 전송을 위하여 인적 또는 물적으로 상당한 투자가 이루어진 경우에 당해 부분에 대한 데이터베이스제작자의 권리는 그 복제·배포·방송 또는 전송을 한 때부터 발생하며, 그 다음 해부터 기산(起算)하여 5년간 존속한다(법 제95조).

원 데이터를 가공하여 만들어진 결과물로써 2차적 데이터에 대해서는 5년간의 보호기간을 고려할 수 있다. 다만, 2차적 데이터와 관련되어 필요한 사항은 어떻게 이용할 것인지에 대한 이용허락의 방식을 구체화하는 것이라고 보며, 이를 위해 2차적 데이터의 성격에 따른 이용관계를 고려할 수 있다.

나. 표준계약서의 사용

(1) 필요성

데이터 거래는 민간 및 공공의 데이터를 아울러 적용하여야 한다. 지능정보 서비스의 고도화를 위해서는 양쪽의 데이터가 필요하기 때문이다. 현재, 데이터 이용 내지 거래에 대해서는 공공부문은 공공데이터법의 적용이 가능하나 민간부문은 별도 입법이 없기 때문에 시장의 자율에 맡기는 구조이다. 그렇지만, 데이터 거래 자체가 생소한 영역이고 계약에 의해서 이루어지기 때문에 데이터 거래구조를 설계를 넘어 구체적인 거래 방식이나 계약서를 표준화시킬 필요가 있다. 데이터 거래구조를 정형화하여, 데이터 거래에 관한 기본 계약서를 마련함으로써, 거래 활성화를 높일 수 있기 때문이다. 다행히, 데이터 기본법에서는 과학기술정보통신부장관은 데이터의 합리적 유통 및 공정한 거래를 위하여 공정거래위원회와 협의를 거쳐 표준계약서를 마련하고, 데이터사업자에게 그 사용을 권고할 수 있다(데이터 기본법 제21조).

(2) 주요 내용

표준계약서는 다음의 사항을 고려하여 준비할 수 있을 것이다. 표준계약서는 데이터 거래의 법률관계를 명확히 하여야 한다. 당사자는 계약 자체에 대해서도 익숙하지 못할 수 있기 때문이다.

ⅰ) 거래 대상이 되는 데이터를 명확하게 특정

ⅱ) 데이터의 이전 방법, 데이터의 이용범위, 이용기간의 설정

ⅲ) 데이터를 이용하거나 가공하여 생성된 2차적 데이터의 귀속에 대한
법률상의 지위 설정

ⅳ) 계약 해지 등에 따른 페널티, 데이터 삭제 등의 처리 문제

ⅴ) 수익의 배분(配分)

ⅵ) 데이터에 포함된 개인정보, 저작권 등 타 법령에서 규제되는 내용에
대한 책임

ⅶ) 데이터 이용 과정에서 발생하는 분쟁 해결 및 이에 대한 구상

표준계약서는 계약의 해석에 관련하여 고민하여야 한다. 데이터 거래 자체가 갖는 속성은 비전형 계약이라는 점에서 계약 당사자가 고려해야 할 사항을 특정(特定)하기 어렵기 때문이다. 특히, 계약의 해석은 계약 내용을 명확하게 확정하는 것으로서 당사자 사이에 계약의 해석을 둘러싸고 다툼이 있어 계약 내용에 관한 서면에 나타난 당사자의 의사해석이 문제되는 경우에는 문언의 내용, 약정이 이루어진 동기와 경위, 약정으로 달성하려는 목적, 당사자의 진정한 의사 등을 종합적으로 고찰하여 논리와 경험의 법칙에 따라 합리적으로 해석하여야 한다.[88]

(3) 사용 권고

데이터 기본법에서 표준계약서 사용을 권고하고 있다. 참고로, 표준계약서를 사용할 수 있는 근거를 두고 있는 법령으로는 이러닝(전자학습)산업 발전 및 이러닝 활용 촉진에 관한 법률(이하 이러닝산업법이라 함), 콘텐츠산업진흥법 등 관련 법률에서 쉽게 찾아볼 수 있다.

(4) 이용약관과 데이터의 재사용, 데이터 가치평가

이용자가 인터넷 플랫폼 서비스에 가입하기 위해서는 이용약관에 동의절차를 거치게 된다. 만약, 동의하지 않을 경우에는 해당 서비스를 이용할 수 없다. 아울러, 이용자는 개인정보의 제공 및 이용 동의에 필요한 제반 사항을 규

---

88 대법원 2021. 5. 27. 선고 2017다230963 판결.

정한 개인정보보호방침에도 동의를 거치게 된다.

플랫폼 서비스를 이용하는 과정에서 이용자는 검색을 하거나 블로그나 카페 등 SNS에 자신의 감정과 느낌을 올리거나 사진이나 동영상을 올리게 된다. 플랫폼사업자는 이용자의 다양한 검색결과를 수집하고, 그러한 행태를 분석하여 이용자가 구매(購買)하거나 찾은 서비스를 분석함으로써 프로파일링이 가능해진다. 이러한 과정에서 개인의 데이터는 플랫폼사업자가 수집하여 자사의 서비스 고도화나 다른 목적으로 이용된다. 물론 개인정보는 익명화를 거치면서 개인정보 관련 법률에 따라 보호대상인 개인정보가 아닌 것으로 된다. 이 과정에서 데이터는 개인의 지배영역은 물론 법적인 책임범위에서 벗어나기 때문에 데이터의 재사용을 막을 수 있는 방법이 없다. 이를 통하여 수익을 올리는 플랫폼사업자에게 보상을 청구할 수 있는 것도 아니다.

데이터 사용을 활성화하는 것은 산업정책적으로 부합하지만, 개인이 제공한 정보 또는 개인으로부터 수집한 정보를 활용하여 수익을 발생시키고 그 수입을 독점하는 것이 타당하고 합리적인 것인지는 의문이다. 이러한 의문에서 제기되는 개념이 '데이터 배당(data dividend)'[89]이다.

데이터 배당(配當)은 개인의 데이터를 플랫폼사업자가 활용하여 이익을 발생시키지만, 그에 따른 보상체계가 수립되지 않았다는 점에서 기인한다. 즉, 플랫폼사업자가 개인의 데이터 활용을 통하여 발생시킨 수익에 대한 배당을 투자에 따른 보상으로 이해한다면 개인에게 수익의 일부를 투자배당으로 귀속시킬 수 있다는 점이다. 경기도에서 시행한 적이 있지만, 시범적인 형태로 진행된 것이기 때문에 어떤 효과나 정책적 실효성을 확보하기는 어렵다. 다만, 실효적인 데이터 배당을 위한 정책을 수립하기 위한 기초자료로써 활용할 수 있으며, 기본소득과 연계하는 것도 하나의 방안이다. 데이터 배당은 개인에게 돌아가는 수익을 플랫폼사업자가 국가에게 간접적인 방식으로 납부하고, 기본소득 재원을 목적으로 하는 목적세로 과세하는 것이 바람직하다. 다만, 데이터 배당은 플랫폼사업자에게 데이터를 제공한 개인에게 이루어지는 것이 합리적

---

89 경기도에서 데이터 배당을 실시한 바 있으며, "경기도가 시행할 데이터 배당은 주민이 쓴 지역화폐 데이터를 플랫폼을 통해 비식별 정보로 가공·분석한 뒤 데이터를 필요로 하는 연구소나 기업 등에 팔아, 그 수익금 일부를 지역화폐를 쓴 주민에게 직접 돌려주는 방식"이라고 한다. 한겨레, 2020.1.9.일자.

이기 때문에 이를 세금의 방식으로 징수할 수 있는 것인지는 고민이 필요하다.

다. 데이터 거래소

(1) 데이터 거래소의 역할

데이터 거래의 활성화를 위한 제도 설계는 개인 간 데이터 거래보다는 B2B 또는 B2C 형태의 거래가 이루어질 가능성이 크기 때문에 안정적인 거래가 이루어질 수 있는 시스템을 설계하는 것이 필요하다. 누구라도 자유롭게 데이터 거래소에 데이터를 등록하고 이용할 수 있도록 설계하여야 한다. 다만, 단순 중개 모델로써 데이터 거래소가 데이터를 분석하고, 처리해 주는 기능을 하는 것으로 발전시킬 필요가 있다. 참고로, 데이터 기본법에서는 데이터거래 사업자를 "데이터사업자 중 데이터를 직접 판매하거나 데이터를 판매하고자 하는 자와 구매하고자 하는 자 사이의 거래를 알선하는 것을 업으로 하는 자"로 정의하고 있으나, 아쉽게도 거래소 등 데이터거래사업자에 대한 구체적인 규정은 두고 있지 않다.

[그림 8-1] 데이터 거래소

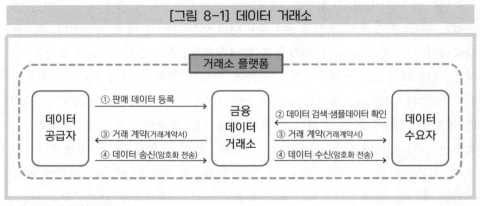

출처: 금융위원회(2020).

(2) 데이터 거래소의 법적 지위

(가) 데이터 거래소의 의무와 책임

데이터 거래소는 전자상거래법상 통신판매중개업자로서 의무와 책임을 질 수 있다(제20조). 통신판매중개를 하는 자는 자신이 통신판매의 당사자가 아니라는 사실을 소비자가 쉽게 알 수 있도록 총리령으로 정하는 방법으로 미리 고지하여야 한다. 통신판매중개를 업으로 하는 자는 통신판매중개를 의뢰한 자가 사업자인 경우에는 그 성명(사업자가 법인인 경우에는 그 명칭과 대표자의 성명)·주소·전화번호 등 대통령령으로 정하는 사항을 확인하여 청약(請約)이 이루어지기 전까지 소비자에게 제공하여야 하고, 통신판매중개의뢰자가 사업자가 아닌 경우에는 그 성명·전화번호 등 대통령령으로 정하는 사항을 확인하여 거래의 당사자들에게 상대방에 관한 정보를 열람할 수 있는 방법을 제공하여야 한다.

통신판매중개자는 사이버몰 등을 이용함으로써 발생하는 불만이나 분쟁의 해결을 위하여 그 원인 및 피해의 파악 등 필요한 조치를 신속히 시행하여야 한다. 이 경우 필요한 조치의 구체적인 내용과 방법 등은 대통령령으로 정하도록 하고 있다. 또한, 통신판매중개자는 제20조 제1항[90]의 고지를 하지 아니한 경우 통신판매중개의뢰자의 고의(故意) 또는 과실(過失)로 소비자에게 발생한 재산상 손해에 대하여 통신판매중개의뢰자와 연대하여 배상할 책임을 진다(제20조의2)[91].

(나) 권리처리 등에 따른 책임범위의 확대

통신판매 중개와 달리, 권리처리(clearing house 모델)를 한 후에 제공되는 경우와 같이 리스크를 줄이는 역할을 한다면 직접적인 통신판매자로서 책임을

---

90 전자상거래법 제20조(통신판매중개자의 의무와 책임) ① 통신판매중개를 하는 자(이하 "통신판매중개자"라 한다)는 자신이 통신판매의 당사자가 아니라는 사실을 소비자가 쉽게 알 수 있도록 총리령으로 정하는 방법으로 미리 고지하여야 한다.

91 전자상거래법 제20조의2(통신판매중개자 및 통신판매중개의뢰자의 책임) ① 통신판매중개자는 제20조 제1항의 고지를 하지 아니한 경우 통신판매중개의뢰자의 고의 또는 과실로 소비자에게 발생한 재산상 손해에 대하여 통신판매중개의뢰자와 연대하여 배상할 책임을 진다.
② 통신판매중개자는 제20조 제2항에 따라 소비자에게 정보 또는 정보를 열람할 수 있는 방법을 제공하지 아니하거나 제공한 정보가 사실과 달라 소비자에게 발생한 재산상 손해에 대하여 통신판매중개의뢰자와 연대하여 배상할 책임을 진다. 다만, 소비자에게 피해가 가지 아니하도록 상당한 주의를 기울인 경우에는 그러하지 아니하다.
③ 제20조 제1항에 따른 고지에도 불구하고 통신판매업자인 통신판매중개자는 제12조부터 제15조까지, 제17조 및 제18조에 따른 통신판매업자의 책임을 면하지 못한다. 다만, 통신판매업자의 의뢰를 받아 통신판매를 중개하는 경우 통신판매중개의뢰자가 책임을 지는 것으로 약정하여 소비자에게 고지한 부분에 대하여는 통신판매중개의뢰자가 책임을 진다.
④ 통신판매중개의뢰자(사업자의 경우에 한정한다)는 통신판매중개자의 고의 또는 과실로 소비자에게 발생한 재산상 손해에 대하여 통신판매중개자의 행위라는 이유로 면책되지 아니한다. 다만, 소비자에게 피해가 가지 아니하도록 상당한 주의를 기울인 경우에는 그러하지 아니하다.

질 수 있다. 따라서, 일정한 경우, 데이터 거래가 제한되지 않도록 거래소의 책임을 제한하는 규정을 두는 방안을 고려할 필요가 있다.

(3) 데이터 거래소의 기능 확대

데이터 거래소의 기본적인 목적은 다양한 데이터 확보, 데이터 거래의 안정성 확보에 있다. 데이터 거래를 원하는 당사자를 위하여 표준계약서, 표준약관, 이용자 고지, 에스크로우 제도 등 거래의 안전성 확보를 위하여야 한다. 데이터에 대한 권리처리를 포함하여, 데이터 처리 및 분석을 대행함으로써 데이터 거래 및 이용 활성화 제고 등의 업무를 포함함으로써, 거래소의 기능을 확대할 필요가 있다.

(4) 입법 방안

공공데이터와 관련해서는 공공데이터법 및 데이터행정기본법에 근거한 통합플랫폼을 운영하고 있기 때문에 민간에서 운영될 수 있는 민간 거래소를 설립할 필요성이 크다. 현행법상 통합 데이터 거래소에 대한 근거는 없는 것으로 보이며, 데이터 거래를 위한 지원센터를 둘 수 있는 근거를 두고 있다. 즉, 지능정보사회진흥원은 "데이터 관련 시책의 수립 지원, 시범사업 추진 및 전문기술의 지원 등 데이터의 생산·관리·유통·활용의 활성화를 위하여 필요한 지원" 시책을 추진할 수 있도록 하고 있다.[92] 정부는 지능정보사회 구현을 위하여 원활한 유통과 활용이 필요한 다음 각 호의 데이터를 생산·수집 또는 보유

---

92 지능정보사회기본법 제42조(데이터 관련 시책의 마련) ① 정부는 지능정보화의 효율적 추진과 지능정보서비스의 제공·이용 활성화에 필요한 <u>데이터의 생산·수집 및 유통·활용 등을 촉진하기 위하여 필요한 정책</u>을 추진하여야 한다.
② 과학기술정보통신부장관은 다음 각 호의 사항이 포함된 시책을 수립·시행하여야 한다. 다만, 공공데이터에 관한 사항은 공공데이터의 제공 및 이용 활성화에 관한 법률에 따른다.
 1. 데이터 관련 시책의 기본방향
 2. 데이터의 생산·수집 및 유통·활용
 3. 데이터 유통 활성화 및 유통체계 구축
 4. 데이터의 생산·수집 및 유통·활용에 관한 기술개발의 추진
 5. 데이터의 표준화 및 품질제고
 6. 데이터 전문인력 양성 및 데이터 전문기업 육성
 7. 제2호부터 제6호까지와 관련한 재원의 확보
 8. 그 밖에 데이터의 생산·수집 및 유통·활용을 위하여 필요한 사항
③ 과학기술정보통신부장관은 데이터의 효율적인 생산·수집 및 유통·활용을 위하여 표준화를 추진하여야 한다. 다만, 공공데이터의 제공 및 이용 활성화에 관한 법률, 산업표준화법 등 다른 법률에 관련 표준이 있는 경우에는 그 표준을 따라야 한다.

하고 있는 국가기관등, 법인, 기관 및 단체를 지원할 수 있도록 하고 있다(지능정보사회기본법 제43조 제2항).

    ⅰ) 국가적으로 보존 및 이용 가치가 있는 자료로서 학술, 문화, 과학기술, 행정 등에 관한 디지털화된 자료나 디지털화의 필요성이 인정되는 데이터

    ⅱ) 국민생활의 질적 향상과 복리(福利) 증진 및 안전을 위하여 필요한 데이터

    ⅲ) 국가 경제·산업의 발전을 도모하고 국가경쟁력 확보 등을 위하여 필요한 데이터

    ⅳ) 그 밖에 지능정보화 및 지능정보서비스의 발전을 위하여 필요한 데이터

위 각 호의 데이터의 생산·수집·유통·활용 등을 지원하기 위하여 지능정보사회진흥원에 데이터통합지원센터를 설치할 수 있도록 하고 있다. 이러한 거래구조를 만들게 되면, 공공데이터에 관한 사항은 공공데이터법에 따르도록 하며, 공공데이터의 민간활용을 통하여 거래 대상이 되는 데이터를 확대할 수 있다.[93] 또한, 국가에서 확보한 데이터를 AI-Hub[94]를 통하여 제공하는 경우도 공공데이터의 성격을 갖기 때문에 공공데이터의 개방(開放)은 데이터 거래를 넘어, 데이터 거버넌스에 있어서도 중요한 축을 형성한다. 다만, 현재까지 데이터를 생산·수집 또는 보유하고 있는 국가기관, 법인, 기관 및 단체를 지원할 수 있도록 하고 있으나 데이터 거래소에 대한 법적 근거가 없는 상황이다. 따라서, 데이터 거래소를 위한 근거 법령에 대한 검토가 필요하며, 데이터 거버넌스를 갖는 기관에서 독립적으로 운영될 수 있도록 하여야 한다. 무엇보다, 민간과 공공과의 연계를 통한 데이터의 확보 및 이용이 되도록 체계를 갖추어야 한다.

---

[93] "「공공데이터의 제공 및 이용 활성화에 관한 법률」이 2013년 7월 30일 시행되면서, 공공기관이 보유·관리하는 데이터의 제공 및 그 이용 활성화에 관한 사항을 규정함으로써 국민의 공공데이터에 대한 이용권을 보장하고, 공공데이터의 민간 활용을 통한 삶의 질 향상과 국민경제 발전을 도모하고 있다. 동 법률을 통하여 공공데이터의 민간 활용의 폭이 확대되고 국민에게 공공정보를 각종 서비스와 연결시킴으로서 편익향상에 기여하였다."고 평가된다. 방동희, 데이터 경제 활성화를 위한 데이터 법제의 필요성과 그 정립방향에 관한 소고, 法學研究 第59卷 第1號·通卷95號, 2018, 91면.

[94] AI Hub는 한국지능정보사회진흥원가 운영하는 AI 통합 플랫폼이다. 2017년 AI 학습용 데이터 구축·확산 사업의 일환으로 AI 기술·서비스 개발에 필수적인 AI데이터, 소프트웨어, 컴퓨팅 자원, 소재정보 등을 원스톱으로 제공하는 것을 목적으로 한다. 위키백과 2021.10.3.일자 검색.

5. 데이터 거버넌스

가. 의의

데이터의 생성과 이용은 궁극적으로 인공지능 기술의 고도화를 목적으로 하는 민간영역에서 상당 부분 이루어질 것으로 기대되고 있다. 데이터 거버넌스(data governance)에서 가장 중요한 것은 광범위하게 사용하기 위해 우선시 할 필요가 있는 데이터의 종류, 프라이버시와 투명성을 확보하는 방법, 비즈니스 니즈에 맞춰 이에 대한 책임을 수행할 사람을 파악하는 데 도움을 주는 전사적인 프로그램을 수립해 실천하는 것이다.[95] 여기에 더하여, 데이터 정책을 현장에서 수립 집행하는 집행기구(agency)의 역할이 필요하다. 공공영역에서는 공공데이터전략위원회 차원에서 정책 및 거버넌스를 다루고 있기 때문에 민간영역에까지 확대할 수 있는 거버넌스 수립이 필요하다.[96]

나. 거버넌스 수립 방안

데이터의 생애주기에 따른 관리체계를 어떻게 가져갈 것인지에 대한 원칙 수립이 무엇보다 중요하다. 데이터 또는 데이터 플랫폼 등을 국가 사회간접자본(Social Overhead Capital; 이하 SoC라 함)으로 활용할 수 있는 방안을 마련하는 것이 필요하다. 데이터는 실시간으로 방대한 분량으로 생성되기 때문에 SoC로서 활용할 수 있는 체계를 마련하도록 함으로써 데이터 거버넌스의 기본원칙으로 수립할 필요가 있다. 무엇보다, 데이터경제의 확대를 위한 데이터 댐의 구축을 위해서는 양질의 데이터 확보가 가장 시급한 과제이며, 이를 위해 다양한 데이터를 구축하도록 지원체계를 강구(講究)하여야 한다. 다만, 구축된 데이터를 공유하고 거래에 제공될 수 있도록 거래소를 구축함으로써, 실질적인 데이터의 활용성을 높일 수 있다.

---

95 Paul Brunet, 빅데이터를 제대로 활용할 수 있도록 돕는 "데이터 거버넌스", ITWORLD, 2018.02.28.
96 "데이터 거버넌스 체계 강화를 위해서는 국가 핵심 데이터 자원인 국가 통계 거버넌스 강화를 출발로 행정데이터와 통계 생산 시스템의 유기적 결합, 민간 데이터 활용을 위한 거버넌스 체계 정립이 단계적으로 이루어져야 한다."는 주장도 있다. 정용찬, 4차 산업혁명 시대의 데이터 거버넌스 개선 방향, KISDI 프리미엄리포트, 2018.8, 28면 참조.

데이터 정책 및 관련 법제도를 총괄할 수 있는 컨트롤타워로서 가칭 데이터청[97]보다는 부처를 두는 방안을 고려할 수 있다. 디지털 뉴딜 시책 중 하나인 데이터 댐을 통한 다양한 인공지능 기술을 확산시키기 위해서라도 산재해 있는 데이터 정책 등을 집중화할 필요가 있기 때문이다. 다만, 데이터 거버넌스를 담당할 별도 독립제 행정기관으로 둘 것인지, 아니면 특정 부처의 외청(外廳)으로 둘 것인지에 대한 정책적 고려가 필요하다. 다만, 데이터 정책이 범 부처별로 이루어지고 있기 때문에 특정 부처의 소관으로 두는 것은 지양되어야 한다.

다. 컨트롤타워로서 4차산업혁명위원회

(1) 데이터 정책의 컨트롤타워

2020년 국정감사에서의 데이터 거버넌스에 대한 지적을 포함하여, 여러 가지 이유로 대통령 직속 4차산업혁명위원회를 컨트롤타워로 지정하였다. 정부는 2021년 1월 4차산업혁명위원회 설치 및 운영에 관한 규정을 개정하여 데이터 정책에 관한 총괄 거버넌스의 역할을 명시적으로 규정하였다.[98] 이에 따라 4차산업혁명위원회가 담당하는 데이터 관련 역할은 ① 공공부문과 민간부문을 포괄하는 국가 데이터 정책의 수립에 관한 사항, ② 데이터 생산·구축·공유·연계·개방·유통·결합·활용 관련 각 부처별 주요 정책·사업의 추진성과 점검 및 정책 조율에 관한 사항, ③ 데이터 관련 민간부문의 의견·애로사항 청취, 필요한 개선 및 민관 협력에 관한 사항, ④ 데이터 관련 법·제도의 정비 및 정책 추진체계의 개선에 관한 사항 등이다.

(2) 한계

데이터 거버넌스에 있어서 4차산업혁명위원회가 컨트롤타워 기능을 충분히 수행할 수 있을지는 미지수라는 지적이 있다.[99]

"4차 산업혁명에 관한 다양한 분야의 정책을 심의·조정하는 기능을 담당

---

97 정부조직법상 부처의 외청은 기획이나 심의 등 전략 기능이 없다. 그렇기 때문에 데이터 정책에 관한 집행이 아닌 전략을 수립할 수 있는 기관으로서 역할과 위상이 고려되어야 한다.
98 2021 국정감사 이슈 분석 Ⅷ, 입법조사처, 2021.8, 147면.
99 2021 국정감사 이슈 분석 Ⅷ, 입법조사처, 2021.8, 147면.

하는 4차산업혁명위원회가 데이터에 관하여 전문적·책임적 조정을 충실히 하는데 어려움이 있을 수 있음. 대통령령으로 국가 데이터 컨트롤타워 기능을 부여받은 4차산업혁명위원회가 개별 법률에 따라 운영되고 있는 개인정보·신용정보·의료정보 분야의 데이터 정책까지 충분히 조정하기는 어려움이 있을 것임."

실상, 4차산업혁명위원회 이외에 별도 조직에서 데이터 거버넌스를 담당하여 추진할 수 있는 여력이 없다는 점이 작용한 것으로 판단된다. 그렇기 때문에 보다 전문적인 데이터 정책을 위해서는 정책 의제와 데이터 거버넌스 및 4차산업혁명위원회 후속 기관을 세팅하여, 국가 디지털전환 전략(戰略)과 정책(政策)을 이끌 조직을 구성하는 것이 필요하다. 전략적 방향은 "4차산업혁명위원회의 데이터 정책 조정기능을 보다 강력히 보장하는 방안 또는 데이터청·국가데이터전략위원회와 같은 새로운 정부조직을 신설하는 대안 등을 면밀히 검토하여 실제 작동할 수 있는 데이터 거버넌스 구축 방안을 모색"하거나, "다양한 분야·부처 간 데이터 정책을 조정할 수 있는 실효적인 데이터 거버넌스 구축"[100] 등을 통하여, 단순한 협업을 넘어 국가 데이터 거버넌스의 컨트롤타워로서의 기능을 부여하는 것이다.

라. 개선 방안

데이터 정책의 일관성(一貫性)을 확보하며, 국가적인 데이터 정책 및 데이터 산업을 견인하기 위한 데이터 거버넌스를 위해서는 법제도 정비가 뒷받침되어야 한다. 현행 법률의 개정을 통하는 방안과 데이터 기본법 내지 디지털전환을 위한 산업지원법을 제정하는 방안을 고려할 수 있다. 만약, 부처별 이해 충돌로 데이터 기본법 제정이 어렵다면 지식재산기본법을 개정하여, 데이터 정책이 추구하는 새로운 가치 창출이라는 점과 지식재산을 통한 가치 창출이라는 점을 융합하는 방안도 정책적으로 고려하여야 한다.

먼저, 지능정보화 기본법상 데이터를 생산하는 단체 등에 대한 지원센터를 확대 개편하여 데이터 거래소를 포함하는 방안으로, 산업적으로 필요한 표

---

100 2021 국정감사 이슈 분석 Ⅷ, 입법조사처, 2021.8, 147면.

준화, 품질관리, 거래 안정성 확보 방안 등을 추가해야 한다. 다만, 한계는 과학기술정보통신부가 주도하는 데이터 정책에 대한 체계를 수립하기가 쉽지 않다는 점을 들 수 있다. 데이터 기본법에서는 데이터 생산, 거래 및 활용 촉진에 관한 사항을 심의하기 위하여 국무총리 소속으로 국가데이터정책위원회를 두도록 하고 있다.[101]

　　마지막으로, 지식재산과 데이터의 가치는 다르지 않은 것으로 보며, 지식재산기본법에서는 지식재산을 "인간의 창조적 활동 또는 경험 등에 의하여 창출되거나 발견된 지식·정보·기술, 사상이나 감정의 표현, 영업이나 물건의 표시, 생물의 품종이나 유전자원(遺傳資源), 그 밖에 무형적인 것으로서 재산적 가치가 실현될 수 있는 것"으로 정의하고 있다. 또한, 신지식재산이란 "경제·사회 또는 문화의 변화나 과학기술의 발전에 따라 새로운 분야에서 출현하는 지식재산"으로 정의하고 있기 때문에 데이터나 SW, 인공지능 알고리즘 등을 포함할 수 있다. 따라서, 데이터 정책에 대한 부처별 주도권 논란이 커질 경우, 데이터 정책을 지식재산 정책으로 하여 새로운 가치를 부여하는 것도 의미 있는 일이다. 무엇보다, 지식재산기본법은 대통령소속으로 국가지식재산위원회를

---

101 데이터 기본법 제6조(국가데이터정책위원회) ① 데이터 생산, 거래 및 활용 촉진에 관한 다음 각 호의 사항을 심의하기 위하여 국무총리 소속으로 국가데이터정책위원회(이하 이 장에서 "위원회"라 한다)를 둔다.
　　1. 기본계획 및 시행계획의 수립·추진에 관한 사항
　　2. 데이터 생산, 거래 및 활용과 관련된 정책 및 제도 개선에 관한 사항
　　3. 데이터산업 진흥 정책의 총괄 및 조정에 관한 사항
　　4. 기본계획 및 시행계획의 주요 시책에 대한 집행실적의 평가 및 점검에 관한 사항
　　5. 그 밖에 위원장이 필요하다고 인정하는 사항
　　② 위원회는 위원장 1명을 포함한 30명 이내의 위원으로 구성한다.
　　③ 위원장은 국무총리가 되고, 위원은 다음 각 호의 사람으로 한다.
　　1. 기획재정부장관·교육부장관·과학기술정보통신부장관·행정안전부장관·문화체육관광부장관·산업통상자원부장관·보건복지부장관·고용노동부장관·국토교통부장관·중소벤처기업부장관·방송통신위원회 위원장·공정거래위원회 위원장·금융위원회 위원장·개인정보보호위원회 위원장
　　2. 데이터산업에 관한 전문지식과 경험이 풍부한 사람 중에서 위원장이 위촉한 사람
　　④ 제3항제2호에 따른 위원의 임기는 2년으로 하고, 한 차례만 연임할 수 있다.
　　⑤ 위원회에 간사위원 2명을 두되, 간사위원은 과학기술정보통신부장관과 행정안전부장관이 된다.
　　⑥ 위원회의 활동을 지원하고 행정사무를 처리하기 위하여 과학기술정보통신부에 사무국을 둔다.
　　⑦ 제1항부터 제6항까지에서 규정한 사항 외에 위원회와 사무국의 구성 및 운영에 필요한 사항은 대통령령으로 정한다.

두고 부처별 기능을 모아놓고 있기 때문에 동 위원회 기능을 확대하는 방안을 고려할 수 있다.

 4차산업혁명위원회에서 데이터 분야를 전담하고 있으나, 4차산업혁명위원회가 2022년까지 유지되는 한시조직이기 때문에 데이터 정책의 일관성 및 연속성을 위해 국가데이터정책위원회의 역할 강화는 필요하다.

1. 저작권법의 균형과 혁신으로서 공정이용

가. 권리의 확대와 공공의 이익과 조화

저작권이라는 권리를 이해하기 위해서는 정보의 수집과 전달 방식의 역사를 살펴볼 필요가 있다. 기록이 있기 전에는 스스로 체득한 경험이나 정보가 제3자에게 구전되면서 확산된 것이다. 역사적인 과정에서 문자가 발명되고, 점토판, 파피루스나 양피지 등 매체가 발명되면서 축적된 기록이 가능해졌다. 무엇보다, 종이와 인쇄술(印刷術)이 발명됨으로써 대량생산과 배포가 가능해지면서 소위 말하는 정보혁명이 일어났다.[102] 요하네스 구텐베르크(Johannes Gutenberg)[103]의 인쇄술은 성경을 일반 대중에게 보급하게 되었고, 일반인들도 종교인을 통하여 성경을 이해하는 것이 아니라 직접 성경을 통하여 가능해짐으로써 왜곡과 오류를 개선해 나갈 수 있었다. 그렇지만, 역설적으로 이러한 과정에서 또 다른 규제가 발생하였다. 바로 저작권법의 시초로 알려진 '앤여왕법'이다.[104]

기술발전에 따라 저작물의 이용방식과 형태도 발전해 왔다. 저작물의 이용방식이 확대되면서 권리도 확대되는 현상이 발생한 것이다. 기술발전은 저작물 이용방식의 변화를 가져왔다. 저작물의 복제나 배포에 대한 권리가 전시나 방송 영역까지 확장되었다. 최근에는 디지털 및 통신기술의 발전에 따라, 전송

---

102 종이의 발명은 105년 후한의 환관이었던 채윤에 의해 이루어졌다. 인쇄술은 기록의 역사이며, 점토판이나 석판에 기록하던 것이 목판에 기록됨으로써 기록문화의 혁신이 이루어졌다. 751년 무구정광대다라니경이 목판인쇄로 제작되었으며, 1377년 고려시대 직지(直指)로 알려진 백운화상초록불조직지심체요절(白雲和尙抄錄佛祖直指心體要節)은 세계 최초의 금속활자로 기록된다.

103 구텐베르크는 활판 인쇄술로 불가타 성서(구텐베르크 성서)를 대량 인쇄하여, 성직자와 지식인들만 읽을 수 있었던 성서를 대중화시켰다. 당시 성서를 비롯한 책들은 필사본이라 수량이 적어서 가격이 매우 비싸고 구하기가 힘들었지만, 활판 인쇄술이 서양에 등장하면서 책의 대량생산이 가능해졌고 많은 사람들이 이전보다 쉽게 책과 접할 수 있게 되었다. 대량생산된 책 중에는 그리스와 로마의 고전 작품도 있었고 이것은 르네상스의 밑거름이 되었다. 이 외에 활판 인쇄술은 대중 매체의 한 종류로서의 신문이 탄생하는 데에 기여를 했다. 위키백과, 2021.5.1.일자 검색.

104 앤여왕법에 대해서는 김윤명, 앤(Anne)女王法에 관한 著作權法制史的 意義, 산업재산권 제20권 제20호, 2006 참조.

의 영역까지 확장되기도 했다. 이러한 점에서 저작권법은 권리자의 권리확대라는 비판을 가져오기도 했다. 이러한 비판에 대응하기 위한 제도가 공정이용 내지 저작권의 제한, 예외 규정이다. 물론, 이러한 예외는 권리의 제한규정으로 인정되기 때문에 명시적으로 이용자권(user's right)을 부여한 것은 아니다. 저작권자의 권리를 제한함에 따라 이용자가 얻는 반사적 이익에 불과하다.

나. 혁신을 위한 저작권법의 역할

기술은 산업과 사회의 혁신을 가져왔지만, 반면 혁신은 저작권자 측면에서 침해라는 주장도 가능하다. 저작물을 이용하는 방식의 확장이자 권리 영역의 확장이라는 긍정적인 면도 있지만, 저작재산권은 한정 열거적인 권리유형을 규정하고 있기 때문에 열거 범위에 포함되지 않는 이용방식은 저작재산권의 범위에 포함되지 않는다. 새로운 기술은 초기에는 혁신적 메커니즘이라는 가치를 부여할 수 있지만, 권리자 측의 문제제기로 혁신의 아이콘이 아닌 권리침해 수단 내지 도구로 가치가 격하되는 현상이 발생할 수 있다. 이러한 과정에서 저작권법은 혁신을 위한 것인지, 권리자만을 위한 것인지 논란의 중심에 서게 된다. 역사적으로 저작권법과 기술은 충돌하는 가치이지만, 궁극적으로 서로 합의하는 절차를 거쳐왔으며, 그 과정에서 저작권자의 권리가 확대된 것은 사실이다. 대표적으로 인쇄술의 발명에 따른 복제 및 배포권, 방송기술의 발전에 따른 방송권, 인터넷의 발전에 따른 전송권 등을 들 수 있다.

기계학습을 위한 데이터 확보, 학습과정에서 데이터의 활용이라는 어쩌면 순차적인 상황에서 저작권법은 공정이용에 대하여 불분명한 입장이다. 기계에 의한 저작물의 이용은 저작권법이 의도했던 이용방식이나 모습이 아니기 때문이다. 그동안 인간에 의해 이루어지는 법률행위 내지 사실행위에 따라 법은 그 역할을 정해 왔다. 그렇지만, 이제는 인간의 관여가 아닌 기술에 의해 이루어진 법률행위에 대해 판단해야 할 시점(時點)에 다다랐기 때문에 저작권법은 선택해야 할 순간에 서 있다.[105] 인공지능 중심사회에서 알고리즘의 역할이 중요하지만, 더 중요한 데이터 확보를 위해 필요한 저작권법의 해석과 적용은 어떠

---

105 권리주체로서 인공지능의 민형사적 논의는 더욱 구체화되고, 그 적용범위에 대해서도 확대될 것이다.

한 방향으로 이루어질지 고민이 필요하다. 그것이 혁신을 위한 것인지, 아니면 저작권자의 권리 확대로 이루어질지는 인공지능과 인간의 공존만큼이나 중요한 과제이다.

2. 혁신으로서 공정이용과 그 가치

가. 혁신으로서 공정이용

공정이용은 혁신(革新)을 가져올 수 있을까? 결과론적으로 고민의 틀을 제공한 것은 사실이지만, 명확하지는 않다. 공정이용은 세세한 기준을 제시하는 것이 아닌 법원이 판단할 수 있는 재량권을 부여하는 것과 다름이 없다.[106] 그렇기 때문에 공정이용 규정은 저작권 침해에 따른 법적 판단을 해야 하는 법관의 입장에서나 판단을 받아야 하는 이용자 내지 권리자의 입장에서 불확정적인 개념이 아닐 수 없다. 그럼에도 불구하고, 공정이용은 저작권법이 달성하고자 하는 입법목적을 위한 정책적 수단으로서 역할을 할 수밖에 없으며, 기술적 사안에 대해 공정이용을 허용한 몇몇 사례에 비추어볼 때 기술혁신을 위한 수단으로서 역할을 해왔다고 볼 여지는 충분하다.[107]

저작권법의 목적은 저작권 등의 권리를 보호하고 저작물의 공정한 이용을 도모함으로써 문화 및 관련 산업의 향상발전에 있다. 2009년 컴퓨터프로그램보호법이 저작권법에 흡수됨에 따라, 문화 이외에 산업의 향상발전도 목적규정에 포함되었다. 목적규정에 담긴 공정한 이용의 구체적인 발현이 공정이용 규정이다. 저작물의 공정이용은 "저작권자의 이익과 공공의 이익이라고 하는 대립되는 이해의 조정 위에서 성립하는 것"[108]이다. 즉, 권리자와 이용자 간의 균형을 추구함으로써, 문화 및 관련 산업의 발전을 꾀할 수 있다는 입법자의 의도가 담겨있다. 이러한 가치를 갖는 공정이용 규정을 도입한 것은 열거적 제한

---

106 공정이용은 "형식적으로는 저작물의 복제 등 저작권 침해행위에 해당하더라도 저작권법의 궁극적인 목적인 '문화의 향상발전'이라는 목표에 비추어 허용되는 행위"이기 때문이다. 이상정외, 저작권법 강의(제2판), 세창출판사, 2017, 174면.
107 대표적인 기술발전을 가져온 판례는 sony 사례이다. MP3 파일과 관련된 경우, 검색엔진의 썸네일 사례도 마찬가지이다.
108 대법원 2013. 2. 15. 선고 2011도5835 판결.

규정(制限規定)으로는 기술발전에 따른 탄력적 법적용이 쉽지 않기 때문이다. 지금까지 저작권법 개정의 특성은 권리자의 권리가 강화되는 측면이 강했다. 보호기간의 연장을 포함하여, 인터넷의 발전에 따른 공중송신권 등 저작재산권의 확대가 그것이다. 이러한 이유 때문에 공정이용을 도입한 것임을 국회 검토보고서에서도 명확히 하고 있다.[109]

"오늘날 기술 발달과 저작물 이용환경의 변화로 다양한 형태의 저작물 이용이 나타나고 있어, 기존의 제한적 면책 규정으로는 다양한 이용형태를 둘러싼 이해관계자의 각기 다른 입장을 조정하는 데 한계가 있으므로, 개별 사안에 따라 적절히 이해관계를 조정하기 위해서는 개정안과 같이 저작권 제한사유를 포괄할 수 있는 일반적인 규정을 둘 필요성이 있음."

구체적으로는 "저작물의 통상적인 이용 방법과 충돌하지 아니하고 저작자의 정당한 이익을 부당하게 해치지 아니하는 경우"로 한정하는 베른협약의 3단계 테스트 요건을 포함함으로써, 저작재산권이 제한되지 않도록 입법화하고 있다.[110]

나. 공정이용 판단을 위한 3단계 테스트

공정이용 규정은 저작재산권 제한규정과 더불어 저작물의 자유로운 이용을 허용하는 일반규정으로서 역할을 한다. 따라서, 저작권법 제35조의3에 따라 제23조부터 제35조의2까지, 제101조의3부터 제101조의5까지의 경우 외에 누구

---

109 최민수, 저작권법일부개정 검토보고서, 국회문화체육관광방송통신위원회, 2009, 56면.
110 저작권법 제35조의5(저작물의 공정한 이용) ① 제23조부터 제35조의4까지, 제101조의3부터 제101조의5까지의 경우 외에 저작물의 통상적인 이용 방법과 충돌하지 아니하고 저작자의 정당한 이익을 부당하게 해치지 아니하는 경우에는 저작물을 이용할 수 있다.
② 저작물 이용 행위가 제1항에 해당하는지를 판단할 때에는 다음 각 호의 사항등을 고려하여야 한다.
1. 이용의 목적 및 성격
2. 저작물의 종류 및 용도
3. 이용된 부분이 저작물 전체에서 차지하는 비중과 그 중요성
4. 저작물의 이용이 그 저작물의 현재 시장 또는 가치나 잠재적인 시장 또는 가치에 미치는 영향

라도 저작물의 통상적인 이용 방법과 충돌하지 아니하고 저작자의 정당한 이익을 부당하게 해치지 아니하는 경우에는 저작물을 이용할 수 있다. 다만, 통상적인 이용 방법과 정당한 이익을 부당하게 해치는 경우에는 허용되지 않는다.[111] 이는 문학·예술적 저작물의 보호를 위한 베른협약(Berne Convention)[112]이나 무역 관련 지식재산에 관한 협정(WTO/TRIPs)[113] 등 국제조약상 3단계 테스트(3step test)를 규정한 것이다.[114] 저작권을 제한하는 경우에 3단계 테스트 요건을 충족해야 조약상 허용된다.

(1) 저작물의 통상적인 이용 방법과 충돌하지 아니할 것

통상적인 이용이란 저작물의 특성에 따라 저작권자의 이용허락을 받아 사용하는 것을 의미한다. 대법원도 통상적인 이용 방법과 충돌(衝突)되는 경우에 있어서, 그 판단기준을 제시하고 있다. 즉, 정당한 범위에 들기 위하여서는 "그 표현형식상 피인용저작물이 보족, 부연, 예증, 참고자료 등으로 이용되어 인용저작물에 대하여 부종적 성질을 가지는 관계(즉, 인용저작물이 주이고, 피인용저작물이 종인 관계)에 있다고 인정되어야 할 것"[115]을 요구하고 있다.

또한, 공정한 관행에 합치되게 인용한 것인가의 여부는 "인용의 목적, 저작물의 성질, 인용된 내용과 분량, 피인용저작물을 수록한 방법과 형태, 독자의 일반적 관념, 원 저작물에 대한 수요를 대체하는지 여부 등을 종합적으로 고려하여 판단하여야"[116]한다. 이러한 고려가 전재된다면, 디지털 환경에서 이루어지는

---

111 "동 조항은 국제조약에 규정된 3단계 테스트를 명문화한 것으로, 당연히 준수해야 할 규정이므로 실질적인 차이가 나는 것은 아니다."고 한다. 이상정 외, 저작권법강의, 세창출판사, 2017, 174면.

112 Berne Convention for the Protection of Literary and Artistic Works. 대한민국은 1995년 트립스(WTO/TRIPs)가 발효한 이후, 1996년 5월 21일 베른협약 가입서를 기탁, 8월 21일에 조약 제1349호로 발효됐다. 참고로, 조선민주주의인민공화국은 2003년 1월 28일 협약에 가입했고, 4월 28일 발효됐다.

113 WTO/Trade Related Aspects of Intellectual Property Rights.

114 1. 베른협약 제9조 제2항 특별한 경우에 있어서 그러한 저작물의 복제를 허용하는 것은 동맹국의 입법에 맡긴다. 다만, 그러한 복제는 저작물의 통상적인 이용과 충돌하지 아니하여야 하며, 저작자의 합법적인 이익을 부당하게 해치지 아니하여야 한다.
   2. WTO/TRIPs 제13조(제한과 예외) 회원국은 배타적 권리에 대한 제한 또는 예외를 저작물의 통상적 이용과 충돌하지 아니하고 권리자의 합법적인 이익을 부당하게 해치지 아니하는 일부 특별한 경우로 한정한다.

115 대법원 1990. 10. 23. 선고 90다카8845 판결.

116 대법원 2014. 8. 26. 선고 2012도10786 판결.

이용방식도 당연히 포함된다. 다만, "디지털 환경이 통상적인 이용환경이 되었을 경우, 기술로서 통제 가능한 거의 모든 영역이 통상적인 이용에 포함되어 버릴 수 있다."[117]는 비판도 가능하지만, 디지털 환경에서도 당연하게 해석되는 것이 저작권법의 입법목적, 특히 공정이용 규정의 입법취지와도 부합하기 때문이다.

(2) 저작자의 정당한 이익을 부당하게 해치지 아니하는 경우

정당한 이익은 권리행사를 통하여 얻을 수 있는 이익을 한정하기 때문에 통상적인 이용 방법을 통하여 얻을 수 있는 이익(利益)을 의미한다. 대표적인 사례가 계약 자체의 해석에서 논란이 될 수 있는 경우로써 대법원은 "저작권에 관한 계약을 해석함에 있어 그것이 저작권 양도계약인지 이용허락계약인지가 명백하지 아니한 경우, 저작권 양도 또는 이용허락이 외부로 표현되지 아니하였으면 저작자에게 권리가 유보된 것으로 유리하게 추정함이 상당하고, 계약내용이 불분명한 때에는 구체적인 의미를 해석함에 있어 거래관행이나 당사자의 지식, 행동 등을 종합하여 해석함이 상당하다."[118]고 판시하고 있다. 따라서, 정당한 이익을 해치지 아니하는 범위 내에서의 이용은 통상적인 이용 방법의 범주를 벗어나지 아니한 경우로 해석된다.

다. 공정이용의 가치판단을 위한 고려사항

국내에서 공정이용 요건에 대한 대법원의 판단이 내려진 사례는 없는 것으로 보인다. 가상현실 기술을 이용한 스크린골프에 대한 서울고법 판결[119]이

---

117 문건영, 삼단계 테스트의 해석·적용과 저작권법 제35조의3과의 관계, 계간 저작권 2020봄호 85면.
118 대법원 1996. 7. 30. 선고 95다29130 판결.
119 갑 주식회사가 을 주식회사 등이 소유하는 골프장들을 무단 촬영한 후 그 사진 등을 토대로 3D 컴퓨터 그래픽 등을 이용하여 위 골프장들의 골프코스를 거의 그대로 재현한 입체적 이미지의 골프코스 영상을 제작한 다음 이를 스크린골프장 운영업체에 제공하였는 데, 을 회사 등이 위 행위가 구 부정경쟁방지 및 영업비밀보호에 관한 법률 제2조 제1호 (차)목에서 정한 부정경쟁행위 등에 해당한다며 손해배상을 구한 사안에서, 골프장의 종합적인 '이미지'는 골프코스 설계와는 별개로 골프장을 조성·운영하는 을 회사 등의 상당한 투자나 노력으로 만들어진 성과에 해당하고, 갑 회사의 행위는 을 회사 등의 성과 등을 공정한 상거래 관행이나 경쟁질서에 반하는 방법으로 자신의 영업을 위하여 무단으로 사용함으로써 을 회사 등의 경제적 이익을 침해하는 행위에 해당한다고 본 원심판단에 위 (차)목의 보호대상 등에 관한 법리오해 등의 잘못이 없다고 한 사례. 대법원 2020. 3. 26. 선고 2016다276467 판결.

지만 골프장의 골프코스 모습의 이용이 공정이용에 해당하는지 여부를 판단한 사안을 중심으로 살펴보고자 한다.

(1) 이용의 목적 및 성격

저작물을 이용하려는 목적과 그것이 추구하는 가치가 어떠한 것인지에 대한 고려(考慮)를 목적으로 한다. 위 골프코스 사건에서 법원은 "피고 회사는 스크린골프 시뮬레이션용 3D 골프코스 영상을 제작하여 이를 스크린골프장 운영업체에 제공하여 이에 대한 대가로 사용료를 받을 목적으로 원 저작물인 이 사건 각 골프장의 골프코스 모습(이미지)을 이용한 것이므로, 피고 회사의 이용은 그 이용의 목적과 성격이 어디까지나 영리적이고, 저작권법 제35조의3에서 예시적으로 규정하고 있는 보도·비평·교육·연구 등과 그 목적이나 성격이 유사하다고 보기 어렵다."[120]고 판시하였다. 즉, 저작물의 이용이 영리적인 목적이라는 점에 주장을 배척하고 있다.

대법원도 저작물을 사용함으로써, 시장을 대체하거나 잠재적 시장에 좋지 않은 영향을 미친다면 이는 공정이용에 해당한다고 보기 어렵다는 입장이다. 즉, "반드시 비영리적인 이용이어야만 하는 것은 아니지만 영리적인 목적을 위한 이용은 비영리적인 목적을 위한 이용의 경우에 비하여 자유이용이 허용되는 범위가 상당히 좁아진다."[121]고 함으로써, 영리적인 목적이 공정이용 내지 저작권 제한에 해당할 가능성이 낮다고 본 것이다. 다만, 2016년 저작권법 개정에 따라, 이용목적 및 성격에서 영리성 여부를 삭제(削除)한 것에 비추건대, 영리적인 목적이라고 하더라도 공정이용 판단에 있어서 선입견적 태도를 배제하자는 취지에 상충한다는 점에서 적극적인 판단을 내릴 필요가 있다.[122]

(2) 저작물의 종류 및 용도

저작물의 종류 및 그 저작물이 어떠한 용도로 제작되었는지에 대한 고려이다. 위 골프코스 사건에서 법원은 "비록 피고 회사가 창작한 스크린골프 시뮬레이션용 3D 골프코스 영상과 원 저작물인 이 사건 각 골프장의 골프코스는

---

120 서울고등법원 2016. 12. 1. 선고 2015나2016239 판결.
121 대법원 2014. 8. 26. 선고 2012도10786 판결.
122 Campbell v. Acuff—Rose Music, Inc., 510U.S.569(1994); 송재섭, 미국 연방저작권법상 공정이용 판단 요소의 적용 사례 분석, 계간저작권 제25권 제2호(통권 제98호), 2012, 10면.

그 저작물의 종류가 다르기는 하나 피고 회사가 창작한 스크린골프 시뮬레이션용 3D 골프코스 영상도 실제 골프코스와 마찬가지로 이용자들에게 실제 골프장에서 필드 골프를 치는 것과 비슷한 경험을 제공하므로 그 용도가 크게 다르다고 할 수 없다."[123]고 판시하였다. 골프코스가 갖는 용도인 골프를 행하는 행위 내지 경험을 제공하는 것이므로, 3D 방식의 골프코스에 이를 차용하는 것은 같은 용도라는 점에서 그 주장을 배척하였다. 다만, 골프장이 아닌 가상현실과 같은 스크린골프라는 새로운 시장을 만들어내는 것이고, 저작물의 종류 및 용도가 확대됨으로써 기술혁신을 보여주는 사례라는 점에서 동의하기 어렵다.

(3) 이용된 부분이 저작물 전체에서 차지하는 비중과 그 중요성

이용되는 부분이 해당 저작물에서 차지하는 비중과 중요성이다. 전체를 사용하는 경우 또는 핵심이 되는 내용을 이용하는 경우라면, 통상적인 이용의 범위를 벗어나는 것과 다름이 없다. 위 골프코스 사건에서 법원은 "피고 회사가 창작한 스크린골프 시뮬레이션용 3D 골프코스 영상은 이 사건 각 골프장의 골프코스의 각 홀을 거의 그대로 재현하고 있어, 피고 회사가 이용한 부분이 이 사건 각 골프장의 골프코스에서 차지하는 비중이나 중요성이 낮다고 할 수 없다."[124]고 판시하였다. 골프코스 전체를 3D로 구현하여야, 실감할 수 있기 때문에 전체가 차지하는 비중과 중요도는 차이가 없다고 본 것이다. 다만, 저작물의 종류 및 용도가 새로운 혁신적 가치를 갖는다면 이용되는 비중(比重)은 소극적으로 판단되어지는 것이 바람직하다.

(4) 저작물의 이용이 그 저작물의 현재 시장 또는 가치나 잠재적인 시장 또는 가치에 미치는 영향

위 골프코스 사건에서 법원은 "피고 회사는 이 사건 각 골프장에 관한 스크린골프 시뮬레이션용 3D 골프코스 영상을 제작하여 스크린골프장 운영업체에 제공함으로써 골프장 운영자들의 경제적 이익을 침해한다고 할 것이므로, 피고 회사의 저작물 이용이 이 사건 각 골프장의 골프코스의 현재 시장 또는 가치나 잠재적인 시장 또는 가치에 영향을 미치지 않는다고 볼 수도 없다."[125]

---

123 서울고등법원 2016. 12. 1. 선고 2015나2016239 판결.
124 서울고등법원 2016. 12. 1. 선고 2015나2016239 판결.
125 서울고등법원 2016. 12. 1. 선고 2015나2016239 판결.

고 판시하였다. 이 사건에서 법원은 실제 골프장에서 골프를 하는 것과는 다르지만, 시장에 미치는 영향이 있다고 보았다. 다만, 3D를 통하여 새로운 시장을 만들어내는 것이라는 점을 간과한 것은 아닌지 의문이다. 비대면 시대로 전환(轉換)되는 시점에서 이와 같이 판단을 내리는 것이 저작권 정책 내지 산업정책에 있어서 다른 가치를 가져올 수 있다는 점에서, 적극적으로 새로운 시장의 창출 내지 디지털 전환을 이끌어낼 수 있다는 점이 고려될 필요가 있다.

라. 소결 - 공정이용은 혁신을 위한 틀이다.

기술혁신에 따른 저작권 이용환경의 변화 등 새로운 상황에 적용하기 위해 도입된 공정이용 규정은 스크린골프 사례와 같이 권리가 제한된다는 점에서 입법취지와 다르게 보수적으로 이루어질 수밖에 없다. 더욱이, 공정이용 규정의 4가지 요소는 구체적인 기준이 아닌 대강의 기준이기 때문에 사안별로 다를 수밖에 없고[126], 그동안 대법원이 저작권법상 '인용' 규정을 판단하면서 제시한 기준과 크게 다름이 없다. 즉, "정당한 범위 안에서 공정한 관행에 합치되게 인용한 것인가의 여부는 인용의 목적, 저작물의 성질, 인용된 내용과 분량, 피인용저작물을 수록한 방법과 형태, 독자의 일반적 관념, 원 저작물에 대한 수요를 대체하는지 여부 등을 종합적으로 고려하여 판단하여야 하고, 이 경우 반드시 비영리적인 이용이어야만 하는 것은 아니지만 영리적인 목적을 위한 이용은 비영리적인 목적을 위한 이용의 경우에 비하여 자유이용이 허용되는 범위가 상당히 좁아진다."[127]고 밝히는 점에서, 공정이용의 판단도 크게 다르지 않을 것이다.[128]

이러한 한계에도 불구하고, 공정이용은 새로운 기술의 도입에 따른 환경에서 저작권을 제한하면서도 경제적 가치 내지 잠재적(潛在的) 시장의 성장성을 해치지 않는다는 점에서 혁신적 가치를 이끌어내는 틀이다. 기술 그 자체는 중

---

126 공정이용의 4가지 요소는 일반적이고 추상적인 용어로 규정되어 있을 뿐이어서 그 자체만으로는 모호하고 불확실한 측면이 있음을 부인하기 어렵다고 한다. 송재섭, 미국 연방저작권법상 공정이용 판단 요소의 적용 사례 분석, 계간저작권 제25권 제2호(통권 제98호), 2012, 8면.

127 대법원 1997. 11. 25. 선고 97도2227 판결, 대법원 2013. 2. 15. 선고 2011도5835 판결 등 참조.

128 송재섭, 미국 연방저작권법상 공정이용 판단 요소의 적용 사례 분석, 계간저작권 제25권 제2호(통권 제98호), 2012, 8면.

립적이지만, 해당 기술을 영리적인 목적으로 이용함으로써 경제적 가치를 얻는 것이라면 공정이용 적용이 제한적일 수 있다. 그렇지만, 이 과정에서 사회적 편익을 가져오고 그것이 직간접적으로 공공의 이익을 위해 활용된다면 영리를 목적으로 하더라도, 공정이용의 가치를 판단할 수 있는 근거가 될 수 있다. 따라서, 기술발전과 혁신의 가치를 찾고 있는 우리사회가 공정이용에 대한 판단을 제한적으로 한다면, 오히려 새로운 시장에서의 권리자의 권리가 사장될 수 있고, 그로 인하여 새로운 시장 질서를 찾아가는 기회를 놓칠 수도 있다는 점에서 합리적인 것인지는 의문이다. 공정이용이 혁신을 도출(導出)하는 가치를 펼칠 수 있어야 하며, 기술수용에 대한 적극적인 해석기준으로서 역할을 할 수 있어야 한다.

3. 데이터 활용 기술의 공익성과 공정이용: TDM과 기계학습의 이용을 중심으로

가. 기술 수용과 공익의 판단

(1) 인공지능 기술의 수용성

기계학습을 위해 필요한 데이터의 확보와 이용은 순차적이지만, 각각의 가치와 의미를 갖는 영역이다. 데이터 확보를 위해 TDM을 허용하는 입법이 이루어지는 것은 그만큼 데이터가 공익을 위해 필요한 것이라고 판단했기 때문이다. 물론, 데이터 확보는 기계학습을 목적으로 한 것이나 기계학습에 필요한 데이터를 제작하여 판매하기 위한 목적일 수도 있다. 따라서, 데이터의 확보와 이용은 견련관계에 있지만 상충하기 때문에 확보와 이용을 구분하여 살필 실익이 있다.

다만, 데이터를 확보하고 데이터를 이용하여 인공지능 기술의 진보를 가져오는 것이 특정 기업의 이익을 위한 것임을 부인하기 쉽지 않다. 즉, 영리적인 목적으로 기술투자를 하는 것이지, 사회적 기여를 목적으로 하는 것은 아니라는 점이다. 다양한 사례에서 보듯이 기술의 사회적 수용과정에서 논란이 있었고, 적지 않은 소송을 겪어왔지만 기술이 가져오는 사회적 편익이나 관련 산업의 혁신을 이끌어왔다는 점은 부인하기 어렵다. 예를 들면, VTR 도입이 time-shifting을 가져옴으로써 VTR 및 비디오 산업을 진흥시켰다. 넷플릭스는 비디오를 대여하는 사업으로 시작했으나 지금은 추천 알고리즘을 활용해 가장 인공지능을 잘 이용하는 기업으로 성장하고 있다. 아울러, MP3(MPEG-1 Audio Layer-3) 파일을 P2P(Peer-To-Peer) 방식으로 유통시킴으로써 새로운 음악시장과 콘텐츠 유통시장을 만들어냈다. 검색광고사업자인 구글이나 다음은 영리적 기업으로서 썸네일(thumbnail) 검색을 제공함으로써 저작권을 침해하기는 하였지만, 그로 인한 시장대체성이 없었다는 점, 더 많은 정보를 제공한다는 공익적 목적으로 활용된다는 점에서 공정이용임을 확인(確認)받은 바 있다. 이처럼, 영리를 추구하는 기업이라고 하더라도, 해당 서비스가 가져오는 사회적 편익, 과학과 의학의 발전, 공공의 이익 등을 고려하여 공정이용을 인정함으로써 기술의 사회적 수용성을 높이는 방향으로 법제도가 개선되어 왔다는 점은 지능정보사회에서도 다르지 않아야 한다.

(2) 공익에 대한 판단

영리를 목적으로 하는 회사에서 인공지능 학습을 위한 기본 요소로서 데이터 확보가 공익을 위한 것인지, 같은 맥락에서 인공지능 학습을 위해 데이터를 사용하는 경우가 공익의 범위에 포함될 수 있는지 살펴본다.

(가) 공공의 이익에 대한 판단

공연히 사실을 적시하여 사람의 명예를 훼손하는 행위가 진실한 사실로서 오로지 공공의 이익에 관한 때에는 형법 제310조에 따라 처벌할 수 없는데, 여기서 '진실한 사실'이란 그 내용 전체의 취지를 살펴볼 때 중요한 부분이 객관적 사실과 합치되는 사실이라는 의미로서 세부에 있어 진실과 약간 차이가 나거나 다소 과장된 표현이 있더라도 무방하고, '오로지 공공의 이익에 관한 때'라 함은 적시된 사실이 객관적으로 볼 때 공공의 이익에 관한 것으로서 행위자도 주관적으로 공공의 이익을 위하여 그 사실을 적시(摘示)한 것이어야 하는 것인 데, 여기의 공공의 이익에 관한 것에는 널리 국가·사회 기타 일반 다수인의 이익에 관한 것뿐만 아니라 특정한 사회집단이나 그 구성원 전체의 관심과 이익에 관한 것도 포함하는 것이고, 적시된 사실이 공공의 이익에 관한 것인지 여부는 당해 적시 사실의 내용과 성질, 당해 사실의 공표가 이루어진 상대방의 범위, 그 표현의 방법 등 그 표현 자체에 관한 제반 사정을 감안함과 동시에 그 표현에 의하여 훼손되거나 훼손될 수 있는 명예의 침해 정도 등을 비교·고려하여 결정하여야 하며, 행위자의 주요한 동기 내지 목적이 공공의 이익을 위한 것이라면 부수적으로 다른 사익적 목적이나 동기가 내포되어 있더라도 형법 제310조의 적용을 배제할 수 없다. 그리고, 형법 제310조의 규정은 인격권으로서의 개인의 명예의 보호와 헌법 제21조에 의한 정당한 표현의 자유의 보장이라는 상충되는 두 법익의 조화를 꾀한 것이라고 보아야 할 것이므로, 두 법익 간의 조화와 균형을 고려한다면 적시된 사실이 진실한 것이라는 증명이 없더라도 행위자가 진실한 것으로 믿었고 또 그렇게 믿을 만한 상당한 이유가 있는 경우에는 위법성이 없다.[129]

대법원은 공공의 이익이라 함은 널리 국가·사회 기타 일반 다수인의 이익에 관한 것뿐만 아니라 특정한 사회집단이나 그 구성원의 관심(關心)과 이익에 관한 것도 포함하는 것으로 판단하고 있다.[130] 따라서, 공공기관이 행하는 행위가 공익을 위한 것이 아니라, 그 구체적인 행위요건 및 결과가 공익에 부합(符合)하여야 한다. 그렇지 않을 경우, 국민의 기본권을 침해하는 것과 다름이 없기 때문이다.

(나) 저작권법상 공익에 대한 판단

저작권법상 공익이라는 개념은 "변형적 이용을 비롯한 공정이용이 허용되어야 하는 가장 설득력 있는 이유가 될 수 있기 때문에, 우리나라의 저작권법상 공정이용 여부를 판단함에 있어서도 중요한 판단기준으로 고려할 필요가 있다."[131]고 한다. 이러한 맥락에서 데이터 활용 과정에서 공익을 위한 가치를 찾아내고, 그것이 저작권법이 추구하는 공정한 이용을 목적으로 하는 가치에 부합하는지 여부를 판단하는 것은 의미 있는 작업이다.

데이터 가공은 이미 존재하는 데이터를 확보해 새로운 가치를 부여하는 작업이다. 이 과정에서 저작권이 있는 저작물을 이용할 수밖에 없는 상황에 직면하게 된다. 예를 들면, 인터넷상 공개된 정보나 지식 등은 기본적으로 누군

---

129 대법원 1993. 6. 22. 선고 92도3160 판결.
130 대법원 1993. 6. 22. 선고 93도1035 판결, 2000. 2. 25. 선고 98도2188 판결.
131 정상조, 딥러닝에서의 학습데이터와 공정이용, LAW&TECHNOLOGY 제16권 제1호 (통권 제85호) 2020, 16면.

가의 저작물일 가능성이 높다. 사실정보이거나 저작권이 만료된 경우도 있겠지만 법적인 안정성을 높이기 위해서라도 저작물성이 있다는 전제하에 논의하는 것이 바람직한 접근방법이다. TDM과 데이터를 활용한 기계학습은 동전의 양면일 수 있다. 기계학습을 위하여 데이터 확보(確保)가 필요하며, 확보된 데이터를 제3자가 이용하는 경우라면 여전히 저작자의 영향에서 벗어나기 어렵기 때문이다.

무엇보다, 기계학습의 목적이 궁극적으로 인공지능의 학습이라는 점, 이용방식이 저작권법이 의도한 문화의 향유가 아니라는 점, 저작권법을 포함한 형사법에서 침해 주체를 인간으로 한정하고 있다는 점, 저작권법은 저작물을 이용하는 이용주체 내지 저작권의 주체가 인간으로 한정하고 있다는 점, 이제까지 논의되지 못했던 새로운 환경에서 저작권의 이용관계를 고려해야 한다는 점, 또한, 혁신기술의 등장은 권리와 이용의 긴장관계가 형성되어 왔으며, 최종적으로 권리와 이용 간에 타협이 있어 왔다는 점을 고려하여 기계학습과 데이터 확보(가공) 과정에서 나타나는 저작권 논쟁을 정리할 필요가 있다.

앞서 살펴본 썸네일 검색이나 구글북서치 사례에서 법원이 공정이용이라고 판단한 이유는 서비스 주체가 상업적인 검색광고사업자가 진행한 것이지만, 해당 회사가 제공하는 서비스 내용이 공익적인 목적으로 의도한 것이라는 점에서 공정이용의 항변을 인용하였다. 즉, 검색서비스에서 "썸네일 이미지의 사용은 검색사이트를 이용하는 사용자들에게 보다 완결(完決)된 정보를 제공하기 위한 공익적 측면이 강한 점"[132]을 고려하여 판단한 것이다. 이러한 영리적 기업의 저작물을 이용하는 행태가 공정이용에 해당하는지 여부는 서비스가 갖는 특성, 과정에서 저작물을 이용하는 방식, 결과가 가져오는 시장대체성 등을 종합적으로 판단해야 한다.

나. TDM과 공정이용

데이터 확보를 위한 TDM 과정에서 공정이용 요건에 대해 살펴볼 필요가 있다. 이용목적이나 성격은 TDM을 통하여 얻으려는 이익에 대한 검토와 같다. 무엇보다, TDM을 통하여 얻으려는 이익은 기계학습을 위한 데이터의 확보에

---

132 대법원 2006. 2. 9. 선고 2005도7793 판결.

있다.

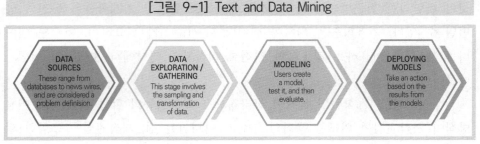

[그림 9-1] Text and Data Mining

출처: 구글 검색(2020).

특히, 인터넷 등 공개된 데이터를 기반으로 확보하는 것이기 때문에 저작권을 침해하는 것으로 단정하기 어렵다. 각국은 공정이용 내지 저작재산권 제한규정을 입법하면서 TDM이 저작권 침해에서 벗어나도록 규정하고 있다.

(1) 이용의 목적 및 성격

TDM은 데이터를 확보하는 기술로, 대표적으로 크롤링을 들 수 있다. 텍스트를 대상으로 하는 경우, 텍스트를 분석하여 필요한 데이터를 확보하며, 이미지를 대상으로 하는 경우 사진 등에서 원하는 이미지를 수집하게 된다. 이러한 과정에서 기존 정보를 복제하는 것이다. 그것도 일부를 복제하는 경우라고 볼 수 있다. TDM이 저작물을 복제하는 목적은 학습데이터를 만들어내기 위한 것이다. 저작물을 향유하거나 경쟁적인 저작물을 만들어내는 것이 아니다.

기계학습을 통하여 인공지능 기술의 발전을 도모하는 것이며, 향후 지능정보화사회에서 인간적인 가치를 높일 수 있다는 점에서 데이터 확보는 의미 있는 일이다. 그렇기 때문에 경쟁관계에 있는지도 확인하기 어려운 상태에서 TDM을 하는 것이며, 인공지능 기술의 발전이라는 공익적 목적을 위한 것으로 볼 여지가 충분한 상황이라면 성격에 있어서 비영리성을 인정받을 가능성도 크다.[133] 더욱이, 공정이용 판단이 영리성 유무가 본질적인 기준(基準)이 아니라는 점에서 더욱 그러하다.[134] 다만, 이 경우 반드시 비영리적인 이용이어야만

---

133 정상조, 딥러닝에서의 학습데이터와 공정이용, LAW&TECHNOLOGY 제16권 제1호(통권 제 85호) 2020, 8면.

교육을 위한 것으로 인정될 수 있는 것은 아니라 할 것이지만, 영리적인 교육목적을 위한 이용은 비영리적 교육목적을 위한 이용의 경우에 비하여 자유이용이 허용되는 범위가 상당히 좁아진다.[135]

국내 사례에서 썸네일 검색의 경우도 웹사이트에서 공개된 이미지를 복제하는 것이 아닌 해당 이미지의 썸네일을 복제하는 경우에 있어서 목적이나 성격이 저작권 침해가 아님을 확인한 경우도 있었다. 즉, 대법원은 "썸네일 이미지의 사용은 검색사이트를 이용하는 사용자들에게 보다 완결된 정보를 제공하기 위한 공익적 측면이 강한 점"[136]을 들어, 저작권 침해를 부인한 바 있다. 이는 썸네일을 활용하여 검색을 용이하게 해주는 것으로서, 원 저작물을 이용하는 것이라기 보다는 이를 활용한 변형적 이용(transformative use)에 해당하기 때문에 면책이 되는 것이다.

또한, 검색엔진을 위해 구축된 다양한 썸네일을 포함한 정보는 인덱싱되어 서버에 보관하게 되며, 원 저작물의 상업적 이용은 아니지만 "영리적 목적으로 연구를 수행하면서 원 저작물을 복제하는 것과 같은 중간적 이용(intermediate use)에 제공하는 경우에도 상업적 이용이 인정될 수 있다."[137]고 한다.

이와 같이 원 저작물을 활용하여 새로운 가치를 만들어내는 방식으로서의 이용은 변형적 이용 또는 창작적 이용으로서 이용목적이나 방식이 원 저작물의 활용을 제한하는 것은 아니라는 점에서 공정이용 제1요건을 충족(充足)한 것으로 볼 수 있다. 다만, 이러한 기준은 해석기준이기 때문에 보다 명확히 하기 위한 입법이 이루어지고 있다. 각국의 입법에서 보면 기계학습을 위한 데이터 확보 활성화를 위해 저작재산권의 제한규정을 추가하는 입법을 경쟁적으로 진행하고 있다는 점에서, 목적이나 성격에 있어서 TDM의 공정이용 여부에 대해 참조할 수 있을 것이다.

(2) 저작물의 종류 및 용도

TDM의 대상이 되는 정보는 인터넷상 공개되거나 공공데이터이거나 민간

---

134 Campbell v. Acuff-Rose Music, Inc., 510U.S.569(1994).
135 대법원 1997. 11. 25. 선고 97도2227 판결.
136 대법원 2006. 2. 9. 선고 2005도7793 판결.
137 송재섭, 미국 연방저작권법상 공정이용 판단 요소의 적용 사례 분석, 계간저작권 제25권 제2호(통권 제98호), 2012, 10면.

에서 이용 가능한 정보가 될 수 있다. 다만, 민간에서 생성된 정보는 공개된 것이어야 한다.

데이터의 종류는 제한이 없다. 그 용도도, 본래 저작물의 저작이 의도했던 것과 다르게 데이터를 분절하게 된다. 즉, 전체를 복제해서 사용하는 것이 아닌 그것이 의미하는 맥락(脈絡)을 분석해서 그 값을 저장하는 것이다. 대상이 되는 정보가 저작물이 될 수도 있으며, 사실정보에 불과하여 보호범위에 포함되지 않는 경우도 있을 것이다. 사실정보는 누구나 이용이 가능하나 사실정보를 바탕으로 창작성을 더한 경우라면 이는 구분하여 살펴볼 필요가 있다. 시사보도의 경우, 시사성이 있는 정보와 이를 분석하여 만들어낸 기사내용이 혼재한 경우라면 구분할 필요가 있기 때문이다. 따라서, "시사보도 또는 역사물, 과학 기타 학술논문 등의 사실적, 정보적 성격의 저작물은 표현의 자유 및 알 권리 관점에서 자유로운 유통의 필요성이 상대적으로 높"[138]기 때문에 공정이용으로 인정될 가능성이 크다. TDM에 있어서도, 사실정보 내지 사실적 정보는 데이터의 종류에 있어서 내재적으로 보호가능성이 크지 않다.

학습데이터로의 가공을 위한 용도는 기계학습을 목적으로 하는 것이지, 문화적 향유를 위한 것이 아니다. 따라서, 저작물의 용도와는 상이함을 알 수 있다. 여기에서 참고할 수 있는 사례는 구글의 북서치(book search) 사업이다. 동 사업으로 책을 스캔(scan)하는 것은 디지털화하는 작업으로, 결과물은 검색에 제공된다. 이용자의 편리성을 제공하며, 오히려 검색된 책을 구매할 수 있는 기회를 제공한다는 점에서 용도의 상이성은 물론, 시장의 확장(擴張)을 가져왔다는 점에서 공정이용으로 인정된 사례이다.

구글은 데이터베이스 구축은 이용자에게 편의를 제공하기 위한 것이고 오히려 책의 일부 조각만 열람하게 함으로써 책의 부가적 가치가 증가한 것이지 원작이 훼손되었다고 할 수 없다고 반박하면서 상업적 이용이라기 보다는 책 판매 시장의 수요를 대체하지 않는 변형적 이용에 해당한다고 반박(反駁)하였다. 2심에서도 구글의 주장을 받아들여 다음과 같은 이유로 공정이용으로 보았다.[139]

---

138 이해완, 저작권법, 박영사, 2019, 839면.
139 Authors Gulid v. Google Inc., No.15-849(Dec.31, 2013).

"구글이 저작권으로 보호된 작품을 무단으로 디지털화하고, 검색 기능을 만들고, 그 작품에서 캡처본을 표시하는 것은 공정한 사용을 침해하지 않는다. 복제의 목적은 매우 변형적이고, 텍스트의 공개가 제한적이며, 그 공개는 원본의 보호적인 측면을 위한 중요한 시장 대체물을 제공하지 않는다. 구글의 상업적 성격과 이익 동기는 공정한 사용 거부를 정당화하지 못한다. 구글이 책을 공급한 도서관에 디지털화된 사본을 제공한 것도 저작권법에 부합하는 방식으로 도서관이 사용할 것이라는 이해에 따라 침해에 해당하지 않는다."

대법원은 작가협회의 상고를 기각함으로써 구글이 최종적으로 승소(勝訴)하였다.

(3) 이용된 부분이 저작물 전체에서 차지하는 비중과 그 중요성

TDM은 특정 주제어나 이미지를 중심으로 데이터를 수집하게 된다. 전체 저작물을 이용하는 것이 아니다. 예를 들면, 특정 영역의 말뭉치를 만들기 위해 수집하는 데이터는 제한적으로 저작물을 이용하게 된다. 따라서, 차지하는 비중과 중요성은 논할 수 있는 수준이 아니다. 차지하는 양적 비중과 질적 중요성을 기준으로 검토할 수 있을 것이다. 그러나 전체적인 양이 많지 않다면 침해판단의 실익도 크지 않을 것이다. 즉, 양적 상당성이 확보(確保)되지 않는다면 침해 요건인 실질적 유사성이 인정되지 않는다는 것이다.[140]

데이터를 추출하는 것은 전체에서 차지하는 일부이며, 이 일부도 인간의 관점에서는 필요 없는 내용일 수도 있다. 저작물의 패턴이나 특징을 분석해 내기 위해 전체 저작물을 사용하는 것이 아닌 일부 단어나 말뭉치를 중심으로 만들어가기 때문이다. 이러한 점에서 본다면, 비중과 그 중요성의 기준이 기계의 용이성으로 바뀌지 않는다면 공정이용이 배제되기는 어렵다.[141]

---

140 이해완, 저작권법, 박영사, 2019, 843면.
141 다만, "이용분량은 다소 판단하기 어려운 변수가 된다. 인공지능에 의한 데이터 투입단계에서는 모든 데이터가 전부 투입되어 분석의 대상이 되기 때문에 이용분량은 많고 공정이용에 불리한 요소가 될 수 있다."는 견해도 있다. 정상조, 인공지능과 데이터법, 법률신문, 2020.02.21.일자. 그러나 "인공지능의 분석단계에서는 저작물의 사상이나 감정과 무관한 비표현적(non-expressive) 데이터만을 추출해서 이용한다. 인공지능은 데이터 분석으로 통계학적으로 반복빈도가 높은 패턴데이터를 찾아서 저장해서 산출단계에 이용하기 때문에 저작물의 이용분량은 미미한 경우가 많다."고 함으로써, 인간의 향유와는 다른 이용이라는 측면에서 공정이용 가능성을 언급하고 있다.

(4) 저작물의 이용이 그 저작물의 현재 시장 또는 가치나 잠재적인 시장 또는 가치에 미치는 영향

TDM으로 만들어진 학습데이터는 새로운 저작물이나 정보이다. 2차적 저작물이라기보다는 편집물 내지 데이터베이스가 된다. 원래 데이터가 갖는 시장과는 다른 영역이다. 포털의 정보를 크롤링한다고 하더라도, 포털의 검색서비스를 위한 것이 아니라면 경쟁관계에 서기 어렵다. 즉, 공정이용 판단에 있어서도 그 이용 방법도 고려해야 하는 거 아닌가? 기계적인 이용은 이용인가?

실제, 서비스의 고도화를 위한 것이지 서비스 경쟁(競爭)을 위한 TDM은 아니라는 점에서, 그 이용하는 방식이 데이터를 채워넣기 위한 것이 아니라는 점에서, 시장의 대체가능성은 높지 않다. 기계학습을 위한 데이터 확보를 위한 것으로, 기존의 저작권 유통 및 이용환경과는 다른 차원의 시장이 형성될 수 있다. 따라서, 시장경쟁 내지 시장대체가 이루어진다고 볼 수 없다. 적어도, 새로운 시장을 만들어내는 것이다. 즉, 인터넷상에 공개된 데이터 그 자체로는 시장을 목적으로 하는 것으로 보기 어렵다.[142]

대법원도 공정한 관행에 대해 판단할 때 다음과 같은 기준을 제시한 바 있다. 즉, "정당한 범위 안에서 공정한 관행에 합치되게 인용한 것인지 여부는 인용의 목적, 저작물의 성질, 인용된 내용과 분량, 피인용저작물을 수록한 방법과 형태, 독자의 일반적 관념, 원 저작물에 대한 수요를 대체하는지 여부 등을 종합적으로 고려하여 판단하여야 한다."[143] 시장에 미치는 영향에 대해 그 수요 대체 여부를 고려해야 한다는 점을 확인한 것이다. 따라서, 수요(需要)라는 것이 해당 저작물의 이용허락을 통한 시장진입인지, 2차적 저작물을 통한 수요인지에 대해서도 검토할 필요가 있다.

이처럼 데이터의 공정이용 판단에 있어서 고려할 수 있는 사항은 기계학습을 위한 데이터라는 잠재적인 시장을 염두에 둘 수 있다. 그렇지만, 데이터

---

142 국회에서도 "저작물 이용목적 및 성격을 '영리성 또는 비영리성 등'으로 수식하는 경우 영리성·비영리성을 우선적으로 고려하거나 이에 한정해서 판단할 우려가 있어, 영리성이 있더라도 공정이용에 해당될 수 있는 행위를 사장시키는 부정적인 효과를 야기할 수 있는 바, 개정안은 이러한 부정적 효과를 미연에 방지하기 위한 내용이라는 점에서 타당한 입법조치"라고 판단하고 있다. 박명수, 저작권법 일부개정안 검토보고서, 국회교육문화체육관광위원회, 2013.12 참조.

143 대법원 1998. 7. 10. 선고 97다34839 판결, 2004. 5. 13. 선고 2004도1075 판결.

의 배열과 구조, 가치, 특성과 용도 등에 맞게 파라미터를 조정하여 데이터를 만들어내는 경우라면 원 데이터의 유사성이 인정되더라도, 결과는 전혀 다를 수 있기 때문에 일반적인 저작물과 같은 기준으로 판단하는 것은 무리이다.[144]

다. 기계학습과 공정이용

기계학습 과정에 대한 공정이용 여부에 대한 판단기준에서 중요한 것은 이용의 목적이나 성격과 시장대체성이다. 저작물의 종류나 용도는 그 활용에 따른 문화적 향유를 위한 수단이 아니라는 점에서 크게 다투어질 것은 아니기 때문이다. 또한, 저작물의 전체에 대해서 보더라도, TDM을 통하여 확보되거나 사실정보에 불과한 경우라면 비중은 큰 의미가 없다.

(1) 데이터 이용으로서 기계학습

인공지능의 신경망이 인간의 것과 큰 차이가 없는 것을 본다면 인공지능의 학습방식도 인간의 학습방법과 크게 다르지 않다. 기계학습 과정에서 인공지능은 저작물을 분석하여 특징들을 수치화한다. 수치화한다는 것은 인간의 뇌에 저작물을 복제하는 것이 아닌 인간이 이해할 수 있는 특징만을 기억하는 것을 의미한다. 이미지의 경우, 해당 이미지의 특징을 분석하여 수치화하며, 텍스트의 경우는 말뭉치(corpus)를 인덱싱하여 데이터값을 부여한다. 이 과정은 저작물의 의미를 이해하거나 활용하는 것이 아닌 단어나 문장의 구성을 분석하는 것이다.

이러한 이용은 저작권법이 의도하는 인간의 저작물 이용방식과는 차이가 있다. 분석된 결과물은 저작물 그 자체가 아닌 저작물에 담겨있는 특성, 패턴, 스토리, 구조 등의 것이다. 따라서, 인공지능이 학습하는 것은 메모리에 복제하

---

144 물론, 기술적이고 기능적인 측면에서 본다면 시장 경쟁 가능성은 높지 않을 것이다. 즉, "문자인식이나 음성인식을 위한 인공지능의 경우에는, 원 저작물의 시장과 인공지능 서비스의 시장이 전혀 다르기 때문에, 원 저작물의 시장 또는 가치에 미치는 영향이 크지 않다."는 것이다. 정상조, 인공지능과 데이터법, 법률신문, 2020.02.21.자. 그러나 "인공지능에 의한 저작물 소비가 급증하면서 저작물의 시장과 가치도 변화하고 있다. 특히, 음악이나 그림 또는 소설이나 뉴스를 생산하는 창작형 인공지능의 경우에는 그 산출물이 인간의 표현을 거의 완벽하게 모방하게 되고, 인공지능이 동일한 시장에서 인간과 경쟁하는 관계에 놓일 수 있다."는 견해를 밝히고 있다. 즉, 인공지능이 만들어 놓은 결과물이 인간을 대체할 수 있다는 가능성이 있다는 점에서 우려를 표하고 있는 것이다. 그렇지만, 이러한 일부 사례가 인공지능 학습을 위한 데이터 확보라는 공공의 이익을 저해한다고 단정하기는 어렵다.

는 것이 아닌, 데이터를 이해하는 상태로 분석하고 추상화하는 상태이기 때문에 복제가 일어나는 것으로 보기 어렵다.[145] 인공지능의 학습과 관련되어 적용할 수 있는 저작재산권 제한규정은 공정이용에 관한 일반조항이 최선(最善)이다. 즉, 저작권법상 저작물의 공정한 이용에 관한 규정이다. 공정이용에 대한 고려에서 필요한 것은 헌법 제22조에 따른 창작자의 권리를 보호하는 것의 해석이다. 공정이용은 헌법상의 창작자 보호저작재산권의 제한규정 이외에도, 저작물의 통상적인 이용 방법과 충돌하지 아니하고 저작자의 정당한 이익을 부당하게 해치지 아니하는 경우에는 저작물을 이용할 수 있기 때문이다. 창작자의 권리를 저작권법으로 보호하지만, 저작권법은 공정한 이용도 도모하고 있다. 이러한 점에서 볼 때, 공정이용은 권리보호와 함께 중요한 법정책적 임무를 부여받은 것으로 이해된다.

(2) 통상적인 이용인지 여부

먼저, 공정이용 제1요건인 통상적인 이용 여부에 대해 본다. 인공지능의 학습은 정보를 분석하고, 그 패턴이나 특징 값을 분석하여 이용하는 것이기 때문에 일반적인 저작물의 이용형태와는 다름을 알 수 있다. 즉, 인간의 저작물 이용과 달리, "저작물 그 자체를 향유하는 것이 아니라 단지 정보를 습득하고자 그 저작물을 구성하는 언어나 기호 등을 통계적으로 분석하는 경우에는 그 저작물 등을 복제하거나 번역 등 필요한 형태로 변환할 수 있다."[146] 기계학습은 저작물 등의 복제나 단순한 2차적 저작물의 작성이 아닌 창작적 이용(creative use)[147]이라는 점에서 보면 공정이용에 해당할 가능성이 높다. 저작권법의 목적은 문화의 창달이며, 기존의 저작물을 향유하는 과정에서 새로운 창작적 표현을 만들어낼 수 있는 동인으로 작용하게 된다. 창작적 이용을 인정하는 수단으로써 공정이용은 이러한 저작권법의 일반적인 목적규정을 통하여 확인할 수 있는 것이다. 미연방대법원은 변형적 이용을 "새로운 표현, 의미 또는

---

145 만약, 기계학습 과정이 저작권 침해행위로 본다면 인공지능의 학습은 불가능할 수 있다. 아니면 빅데이터를 확보할 수 있는 인터넷기업들만이 경쟁에서 살아남을 수 있는 것이다.

146 임원선, 실무자를 위한 저작권법, 저작권위원회, 2014, 231~232면.

147 공정이용인지 여부에서 저작물의 변형적 이용(transformative use)에 대해 판단한다. 여기서는 이를 창작적 이용이라고 표현하나 그 의미는 변형적 사용과 다르지 않다. 정상조, 딥러닝에서의 학습데이터와 공정이용, LAW&TECHNOLOGY 제16권 제1호(통권 제85호) 2020, 12면.

메시지를 가지고 원 저작물을 변형해, 다른 목적 또는 다른 성질을 가지고 원 저작물의 표현에 무언가 새로운 것을 추가한 경우"[148]라고 판시하였다. 이처럼 변형적 이용에 해당하는 경우라면 "원 저작물과는 다른 목적의 이용이고 원작의 성질에 대한 새로운 표현을 부가해 변화를 준 것"[149]에 해당한다. 새로운 가치를 부여함으로서 저작자가 의도했던 가치 이상을 더해 주는 경우라면, 이는 공정이용으로 판단될 가능성을 높이는 것이다. 이러한 맥락에서 인공지능은 저작물을 학습하고, 그로써 새로운 가치를 만들어낼 수 있는 상태를 구축(構築)한 것으로 볼 수 있다.

(3) 종류 및 용도의 적합성

기계학습은 인공지능의 성능을 향상시키기 위한 것이라는 점이 주된 용도이다. 이때 학습 주체는 인공지능 알고리즘이다. 알고리즘이 프로그래밍된 바대로 데이터의 패턴이나 특징을 인식하고 분석하여, 의도한 결과를 만들어 내거나 또는 의도성을 가지고 학습하는 것이다. 따라서, 기계학습 과정은 용도라는 것이 저작물을 향유하는 과정과는 다른 용도라는 점에서 본질적인 차이가 있다. 공정이용 규정에서의 용도와 기계학습에서의 용도는 다른 기준점에서 봐야하며 저작물의 유형에 따라 달리 봐야하는 것은 맞다. 즉, 기능적, 사실적 저작물과는 차이(差異)가 있다.

인간이 학습하는 것은 다양성 확보를 위한 것인 것처럼, 기계학습도 인공지능의 다양한 기능의 향상을 위한 것으로 궁극적으로는 인간의 사고와 유사한 범용 인공지능을 개발하기 위한 것으로 볼 수 있다. 이 과정에서 끊임없는 학습이 이루어질 것이며, 다른 차원의 기술개발도 병행될 것이다. 궁극적으로 데이터 없이도 학습할 수 있는 강화학습 형태로 발전해 갈 것이다.

정리하자면, 인공지능의 기계학습과 인간의 문화 향유는 기본적인 용도나 목적이 상이하다. 따라서, 용도의 차이라는 점에서 본다면 기계학습은 저작물을 향유하는 것이 아닌 데이터에 담겨진 패턴과 특징 값을 찾아내는 것이기 때문에 공정이용에 해당한다. 다만, 학습용으로 제작된 데이터베이스라면 예외로 두는 것이 바람직하다.[150]

---

148 Campbell v. Acuff-Rose Music, Inc., 510U.S.569(1994).
149 한국정보법학회 지음, 인터넷, 그 길을 묻다, 중앙Books, 2012, 544면.

(4) 비중 및 중요성[151]

딥러닝에 의한 학습데이터의 이용의 경우에는 사실저작물이나 기능저작물
뿐만 아니라 비록 예술저작물이라고 하더라도 저작물의 문예적, 심미적 가치를
이용하는 것이 아니라 그 속의 데이터로서의 비표현적 가치를 이용하는 변형
적 이용이 많기 때문에 저작물의 종류 및 용도가 커다란 영향을 미치지 않을
것이다.

딥러닝에서의 학습데이터 이용에 있어서 투입단계와 산출단계의 원 저작
물 이용분량이 서로 다를 수 있기 때문에, 산출단계의 경미한 이용이 공정이용
으로 허용된다는 점을 명시적으로 규정하는 저작권법 개정도 검토해 볼 만한
가치가 있다.

일본 개정 저작권법에 의하면 컴퓨터를 이용한 정보처리에 의한 새로운
지식 또는 정보를 창출함으로써 저작물 이용의 촉진에 이바지하는 정보검색서
비스라거나 정보해석서비스는 타인의 공개된 저작물의 이용용도 및 분량에 비
추어 저작권자의 이익을 부당하게 해치지 않는 소위 경미(輕微)한 이용으로서
적법한 이용에 해당된다.

(5) 시장대체성

다음으로, 시장대체성 여부에 대해 본다.[152] 시장대체성의 범위는 "원 저작
물 자체뿐만 아니라 2차적 저작물의 시장이나 가치도 포함된다."[153]고 한다. 기
계학습은 인간의 이용이 아닌 정보 내용이나 표현의 특성을 학습하기 때문에
일반적인 이용형태와 다를 뿐더러, 일반 소비자에게 제공되는 것과는 다른 시

---

150 우리 저작권법도 데이터베이스제작자의 권리에 대한 제한규정을 두고 있다. 다만, "제한사
  유가 무제한적으로 활용된다면 데이터베이스제작자의 경제적 권익에 큰 위협이 될 수도 있
  을 정도이다. 그러한 점을 감안하여 저작권법은 "당해 데이터베이스의 통상적인 이용과 저
  촉되는 경우에는 그러하지 아니하다."고 규정하고 있다. 따라서 교육, 학술, 연구에 종사하
  는 기관을 고객층으로 하여 제작된 데이터베이스가 있을 경우에 이를 유상으로 이용하지
  않고 무단 복제하여 이용한다면 그것은 법이 허용하는 범위를 넘어선 것이라고 보아야 할
  것"이라고 한다. 이해완, 저작권법, 박영사, 2019, 1021면.
151 정상조, 딥러닝에서의 학습데이터와 공정이용, LAW&TECHNOLOGY 제16권 제1호(통권 제
  85호) 2020, 18~19면.
152 Robert Merges, Peter Menell, Mark Lemley, Intellectual Property in the New Technologital
  Age, Wolters Kluwer, 2012, p.646.
153 최호진, "썸네일 이미지와 공정이용", LAW&TECHNOLOGY 제8권 제3호, 2012, 70면.

장을 형성하게 될 것이다. 기계학습은 인공지능의 지능 수준을 높이기 위한 것에 불과할 수 있기 때문이다.[154] 다만, 기계학습을 위한 별도의 정보를 구축하여 제공한다면 이는 시장대체성을 인정받을 것이다.

일본은 이러한 상황을 입법론으로 정리하고 있다. 즉, 정보분석을 위한 데이터 등의 이용을 공정이용으로 규정하고 있는 것이다.[155] 따라서, 인공지능을 학습하는 과정에서 이루어지는 저작물의 습득(習得) 자체는 학습 메커니즘이지 저작물을 복제하여 배포하는 것으로 보기 어렵다. 또한, 인공지능의 학습 형태에서 데이터 등의 정보를 이용하는 것은 "저작물 등을 구성하는 언어나 기호 등의 요소들 또는 그들이 관계 등을 분석하려는 것일 뿐 그 저작물 등 자체를 이용하고자 하는 것이 아니고, 그 분석의 결과물을 그 저작물 등과는 전혀 별개로서 그에 원 저작물이 드러나지 않으므로 그 저작물 등의 통상적인 이용과 충돌하거나 저작자의 정당한 이익을 부당하게 저해할 우려가 적다."[156]고 생각한다. 인공지능의 학습과 유사하게 적용할 수 있는 기존 사례는 썸네일 검색으로 볼 수 있다. 인터넷상에 공개된 정보를 크롤링하여, 이를 데이터베이스화하고 검색어가 입력되면 해당 정보를 제공하는 것은 기계학습 메커니즘과 유사기 때문이다. 썸네일 검색은 그 결과를 보여주는 것이지만, 크롤링은 기계학습을 위한 데이터 수집 내지 수집된 데이터를 인덱싱하여 관리 값을 부여하는 것과 같기 때문이다. 기계학습은 특징 값을 분류해 내는 과정이라는 점에서 차이가 있지만, 정보를 분석하여 분류하는 과정에서는 다르지 않다. 물론, 정보를 분석하여 이용 가능한 상태에 놓인 것은 공개되거나 출시된 것이 아니기 때문에 시장대체를 논하는 것이 타당한 것인지라는 지적도 가능하다. 그렇지만, 시장대체성을 해당 저작물의 이용 과정에서 고려해야 하는 예측(豫測)에 대한 판

---

154 물론, 수많은 인공지능에 탑재할 목적으로 이용했다면 시장대체성을 상실할 가능성도 부인하기 어렵다.
155 일본 저작권법 제47조의7(정보해석을 위한 복제 등) 저작물은, 전자계산기에 의한 정보해석(다수의 저작물 기타의 대량의 정보로부터, 당해 정보를 구성하는 언어, 음, 영상 기타의 요소와 관련된 정보를 추출, 비교, 분류 기타의 통계적인 해석을 행하는 것을 말한다. 이하 이 조에서 같다)을 하는 것을 목적으로 하는 경우에는, 필요하다고 인정되는 한도에서 기록매체에의 기록 또는 번안(이에 의하여 창작한 2차적 저작물의 기록을 포함한다)을 할 수 있다. 다만, 정보해석을 하는 자의 이용에 제공하기 위해 작성된 데이터베이스저작물에 대하여는 그러하지 아니하다.
156 임원선, 실무자를 위한 저작권법, 저작권위원회, 2014, 232면.

단이기 때문에 이를 부인할 필요는 없다. 이상과 같이, 썸네일 형태로 검색결과에 노출되는 것도 정보의 위치를 알려주는 것으로 공익적 성격으로써 공정이용이 인정되고 있고,[157] 대법원도 같은 취지로 저작권 침해를 부인한 바 있다.[158]

라. 소결

(1) TDM

인공지능이 관여하는 분야는 실생활에서부터 산업현장에 이르기까지 다양하다. 다양한 분야에서 인공지능 기술의 향상을 위해 기계학습이 이루어지고 있으며, 이를 위한 기본적인 요소인 데이터 확보를 위해 법제도 정비(整備)가 이루어지고 있다. 다만, 법제도 정비가 이루어지지 않은 경우, 또는 제도 정비가 이루어졌다고 하더라도 실질적인 기대효과가 크지 않다면 해석을 통하여 가능한 방법을 찾는 것이 필요하다.

---

157 구글 검색엔진의 높은 수준의 변형적 이용과 사회적 편익을 제공한다는 점에서 공정이용에 해당한다고 판시한 바 있다(Perfect10, Inc. v. Amazon, Inc., 508 F.3d 1146(9th Cir, 2007)).

158 피고인 회사가 썸네일 이미지를 제공한 주요한 목적은 보다 나은 검색서비스의 제공을 위해 검색어와 관련된 이미지를 축소된 형태로 목록화하여 검색서비스를 이용하는 사람들에게 그 이미지의 위치정보를 제공하는 데 있는 것이지 피고인들이 공소외인의 사진을 예술작품으로서 전시하거나 판매하기 위하여 이를 수집하여 자신의 사이트에 게시한 것이 아닌 만큼 그 상업적인 성격은 간접적이고 부차적인 것에 불과한 점, 공소외인의 사진작품은 심미적이고 예술적인 목적을 가지고 있다고 할 수 있는 반면 피고인 회사의 사이트에 이미지화된 공소외인의 사진작품의 크기는 원본에 비해 훨씬 작은 가로 3㎝, 세로 2.5㎝ 정도이고, 이를 클릭하는 경우 독립된 창으로 뜬다고 하더라도 가로 4㎝, 세로 3㎝ 정도로 확대될 뿐 원본 사진과 같은 크기로 보여지지 아니할 뿐만 아니라 포토샵 프로그램을 이용하여 원본 사진과 같은 크기로 확대한 후 보정작업을 거친다 하더라도 열화현상으로 작품으로서의 사진을 감상하기는 어려운 만큼 피고인 회사 등이 저작물인 공소외인의 사진을 그 본질적인 면에서 사용한 것으로는 보기 어려운 점, 피고인 회사의 검색사이트의 이 사건 썸네일 이미지에 기재된 주소를 통하여 박범용의 홈페이지를 거쳐 공소외인의 홈페이지로 순차 링크됨으로써 이용자들을 결국 공소외인의 홈페이지로 끌어들이게 되는 만큼 피고인 회사가 공소외인의 사진을 이미지검색에 제공하기 위하여 압축된 크기의 이미지로 게시한 것이 공소외인의 작품사진에 대한 수요를 대체한다거나 공소외인의 사진 저작물에 대한 저작권침해의 가능성을 높이는 것으로 보기는 어려운 점, 이미지 검색을 이용하는 사용자들도 썸네일 이미지를 작품사진으로 감상하기보다는 이미지와 관련된 사이트를 찾아가는 통로로 인식할 가능성이 높은 점 및 썸네일 이미지의 사용은 검색사이트를 이용하는 사용자들에게 보다 완결된 정보를 제공하기 위한 공익적 측면이 강한 점 등 판시와 같은 사정 등을 종합하여 보면, 피고인 회사가 공소외인의 허락을 받지 아니하고 공소외인의 사진작품을 이미지검색의 이미지로 사용하였다고 하더라도 이러한 사용은 정당한 범위 안에서 공정한 관행에 합치되게 사용한 것으로 봄이 상당하다. 대법원 2006.02.09. 선고 2005도7793 판결.

EU, 영국 및 일본 등에서는 개별적 저작재산권 제한규정을 도입하여, 인공지능 발전을 꾀하고 있다. 다만, 명확한 가이드라인을 제시하는 것이 아니기 때문에 법적 안정성 내지 예측가능성이 높다고 보기 어렵다.

(2) 기계학습

기계학습에서 저작물이 이용되는 메커니즘은 원 저작물의 시장을 대체할 수 있는 형태로 보기 어렵다. 기계학습의 공정이용을 고려할 수 있는 사례로는 검색엔진의 크롤링과 검색결과의 현시를 들 수 있다. 크롤링 과정에서 많은 데이터를 수집하지만, 그 자체는 정보검색의 용이성을 위한 것이기 때문에 공정이용으로 보는 것이다. 물론, 시장대체성을 넓게 보아 인공지능을 통하여 형성할 수 있는 시장까지 볼 가능성도 부인하기 어렵다. 그렇지만, 저작물의 이용이라는 것은 미래의 특정 시점에 도래하는 기술적 수준(水準)에 의한 것을 대상으로 제한하기 어렵다. 또한, 공정이용 규정 자체가 기술적 발전에 대응하기 위한 것이며, 그 요건에 해당하는 경우라면 면책을 부여하는 것이 타당하다. 만약, 기계학습이 저작자의 권리를 심대하게 침해하는 경우가 발생한다면 판례 또는 입법론적으로 대응하는 것이 타당하다.

(3) 문화적 허용으로서 정보의 자유

공정이용 법리를 포함하여 저작권법에 관통하는 표현의 자유(freedom of speech) 내지 정보의 자유라는 헌법상 가치에 대한 고려이다.[159] 인공지능의 학습은 결과적으로 인공지능을 활용하여 다양한 정보활동이 가능해진다는 점에서 정보접근(情報接近)과 이용을 확대시킬 가능성이 높기 때문이다.[160] 일반적으로 인간의 학습과정은 다양한 창작을 위해 누구라도 허용하는 과정이고, 정보의 자유를 확대시키기 위해 인류가 묵시적으로 허용하는 문화적 이용허락(cultural license) 또는 문화적 허용(cultural permission)이라고 볼 수 있기 때문이

---

159 정보의 자유란 일반적으로 접근할 수 있는 정보원으로부터 의사형성에 필요한 정보를 수집하고 수집된 정보를 취사, 선택할 수 있는 자유를 말한다. 허영, 한국헌법론(전정6판), 박영사, 2010, 568면.

160 "저작권과 표현의 자유는 상호보완 관계에 있어서 표현의 자유가 충분히 보장되는 경우에만 저작권도 활기를 띠게 되고 또 저작권의 보호로 저작활동이 활발하게 됨으로써 언론의 자유라 알 권리도 그 혜택을 충분히 누릴 수 있기 때문"이다. 김윤명 외, 인터넷서비스와 저작권법, 경인문화사, 2009, 529~530면.

다. Harper 판결에서 반대의견은 "공정사용의 원칙을 후퇴시키고, 수정헌법 제
1조가 보장하는 사상의 자유를 위협할 수 있다."[161]는 것이다.

4. 공정이용의 한계

공정이용은 해석규범이자 법원이 판단하기 위한 기준이기 때문에 명확하
지 않다는 한계를 갖는다. 공정이용이 국내에 도입된 지 10년이 채 되지 않고,
개략적인 기준이고 그에 대한 구체적인 판례가 확보된 것이 아니기 때문에 예
측가능성이 떨어질 수 있다. 따라서, 기존 저작재산권 제한규정이나 외국 판례
를 통하여 논거를 만들어야한다는 점도 공정이용 규정이 갖는 한계(限界)이다.
이처럼, 경험이 부족한 상황에서 법원은 공정이용에 대해 기계적으로 판단할
가능성도 있기 때문에 각국의 입법현황을 검토하여, 개별적 제한규정을 도입하
는 것에 대해 판단하는 것도 입법 정책적으로 의미가 있다.[162]

데이터를 확보하기 위하여 TDM에 관한 공정이용 요건에 대한 검토와 데
이터의 학습에 이용하는 과정에 관한 요건도 살펴보았다. 여러 가지 요인이 있
지만, 새로운 기술이 가져오는 결과가 비록 영리기업에서 추진하는 인공지능의
고도화에 따른 사회적 편익의 증대와 그로 인한 공익적 판단이 우위에 설 수
있다는 논리에 따라 공정이용으로 볼 수 있다. 더 나아가, 포괄적 공정이용에
대한 요건분석이 명확한 기준을 제시하는 것이 아니기 때문에 예측가능성이
떨어질 수 있다. 따라서, 공정이용 규정을 인공지능의 개발에 적용하는 것은
새로운 기술에 대한 사회적 수용성이 낮다고 보았다.

각국은 이러한 한계를 인식하고, 기계학습을 위한 데이터 확보 및 이용에
대해 공정이용 규정이 적절하게 적용될 수 있는지에 대해 많은 입법(立法)이 추
진되어 왔다. EU 디지털 단일시장 지침[163]에서 EU 회원국은 각국의 입법을 통

---

161 S.Ct 471 U.S. 539(1985).
162 "공정이용의 추상성과 불명확성 그리고 법원의 신중한 접근으로 인해서, 딥러닝에 의한 학습
    데이터의 이용과 같은 새로운 유형의 저작물 이용에 관한 판단은 더욱 어렵고 예측불가능해
    질 수 있다. 문화산업 및 인공지능산업의 발전을 위해 법규정의 추상성과 불명확성을 최소화
    할 필요가 있다."고 한다. 정상조, 딥러닝에서의 학습데이터와 공정이용, LAW&TECHNOLOGY
    제16권 제1호(통권 제85호) 2020, 23~24면.
163 European Parliament legislative resolution of 26 March 2019 on the proposal for a directive

하여 TDM에 대한 제한규정을 입법화하도록 했다. 저작권 관련 EU 지침에서 공정이용 규정을 두고 있지 않기 때문에 제한규정을 두도록 하고 있는 것이다. 우리도 2017년 정보분석을 위해 저작권을 제한하는 저작권법 개정안이 발의된 바 있으나 그 범위와 대상이 제한적이었다. 그러나, 2020년 저작권법 전면 개정안에 포괄적으로 허용하는 내용으로 발의되었다.[164] 더불어, 인공지능 전반에 대한 법제 정비를 위한 입법대응도 필요하다. 인공지능이 미치는 분야가 특정되지 않기 때문에 사회, 산업 전반적인 대응체계를 마련해야 한다.

5. 데이터 거버넌스와 공정이용

저작권법이 문화 법제이기는 하지만, 현실에서 기술과 저작권자의 충돌은 적지 않다. 이러한 상황을 극복하기 위해서는 저작권법이 기술을 포용(包容)하고, 그 과정에서 혁신을 이끌어낼 수 있는 역할을 할 수 있어야 한다. 디지털 기술이 발전함에 따라 저작권법이 추구하는 가치가 문화의 진흥에서, 문화산업의 향상 발전과 기술혁신까지 확대되고 있다. 무엇보다, 기술혁신을 이끌어내기 위한 공정이용 규정의 도입으로 저작권법이 추구하는 가치인 권리 보호와 공정한 이용의 균형을 맞추고자하는 입법목적을 위해 중요한 역할을 기대한 바 있다.

공정이용 규정, 또는 개별적 제한규정을 통하여 기술 수준을 높일 수 있으며 새로운 시장을 만들어갈 수 있다. 인공지능이 가져올 위험을 줄이기 위해, 저작권자가 직접 위험에 투자하는 것보다는 기술을 갖고 있는 산업계가 선도할 수 있도록 하는 것이 필요하다. 기술을 활용하여 신산업과 시장을 키우고, 그에 따른 이익을 이해관계자가 나눔으로써 상호이익을 추구하고, 시장에서의

---

of the European Parliament and of the Council on copyright in the Digital Single Market (COM(2016)0593 - C8-0383/2016 - 2016/0280(COD)).

164 도종환 의원 대표발의(의안번호 7440, 2021.1.15.) 저작권법 전면개정안 제43조(정보분석을 위한 복제·전송) ① 컴퓨터를 이용한 자동화 분석기술을 통해 다수의 저작물을 포함한 대량의 정보를 분석(규칙, 구조, 경향, 상관관계 등의 정보를 추출하는 것)하여 추가적인 정보 또는 가치를 생성하기 위한 것으로 저작물에 표현된 사상이나 감정을 향유하지 아니하는 경우에는 필요한 한도 안에서 저작물을 복제·전송할 수 있다. 다만, 해당 저작물에 적법하게 접근할 수 있는 경우에 한정한다.
② 제1항에 따라 만들어진 복제물은 정보분석을 위하여 필요한 한도에서 보관할 수 있다.

거래비용(transaction cost)을 줄일 수 있기 때문이다. 인공지능의 기계학습을 위해 데이터 저작권을 활용할 필요성이 커지고 있다. 다양한 국가에서 데이터 확보를 위한 법제도를 정비하고 있으며, 이는 국가적인 의제(agenda)로서 설정된 인공지능의 발전을 위한 목표와 일치하고 있다.

기계학습을 위한 데이터 확보 과정에서 해당 데이터를 학술연구 목적 이외에 상업적 또는 산업적인 목적을 위해 사용될 수밖에 없다. 인공지능의 기계학습을 위한 데이터 생산이나 확보 과정에 대한 공정이용 판단에서 상업적인 목적을 추구한다고 해서 당연하게 배척되는 것은 곤란하며, 상업적 목적으로 활용된다는 점으로 공정이용을 배척하는 것이 아니라는 점이 입법연혁에서 확인된다.

영국, 독일 및 EU에서도 연구학술 등 비영리 목적을 위한 TDM을 위한 저작재산권 제한규정을 도입하고 있다. 일본은 2009년 저작권법을 개정하여, 정보분석을 위한 경우에는 침해에서 배제하고 있다.[165] 즉, "다수의 저작물 기타의 대량의 정보로부터, 당해 정보를 구성하는 언어, 음, 영상 기타의 요소와 관련된 정보를 추출, 비교, 분류 기타의 통계적인 해석을 행하는 경우"라면 저작권 침해가 아니라는 점이다.[166] 이는 빅데이터 처리를 위해 공정이용 규정이 없는 일본의 정책결정이다. 일본의 입법례는 기계학습에 따른 다양한 정보의 활용을 가능하게 한다는 점에서 '정보의 자유'에 대한 적극적인 입법이라는 평가도 가능하다. 이후, 2020년 시행된 개정 저작권법에서는 문화적 향유가 아닌 경우라면 영리적인 목적의 경우에도 허용(許容)하고 있다.[167] 이는 우리나라나

---

165 일본 저작권법 제47조의7(정보해석을 위한 복제 등) 저작물은, 전자계산기에 의한 정보해석(다수의 저작물 기타의 대량의 정보로부터, 당해 정보를 구성하는 언어, 음, 영상 기타의 요소와 관련된 정보를 추출, 비교, 분류 기타의 통계적인 해석을 행하는 것을 말한다. 이하 이 조에서 같다)을 하는 것을 목적으로 하는 경우에는, 필요하다고 인정되는 한도에서 기록매체에의 기록 또는 번안(이에 의하여 창작한 2차적 저작물의 기록을 포함한다)을 할 수 있다. 다만, 정보해석을 하는 자의 이용에 제공하기 위해 작성된 데이터베이스저작물에 대하여는 그러하지 아니하다.
166 中山信弘, 著作權法, 有斐閣, 2014, 381~382頁.
167 일본 저작권법 제30조의4(저작물에 표현된 사상 또는 감정의 향수를 목적으로 하지 않는 이용) 저작물은 다음의 경우, 그 밖에 해당 저작물에 표현된 사상 또는 감정을 스스로 향수하거나 다른 사람에게 향수하게 하는 것을 목적으로 하지 않는 경우에는, 필요하다고 인정되는 한도에서 어떠한 방법으로든 이용할 수 있다. 다만, 해당 저작물의 종류나 용도 및 해당 이용 형태에 비추어 저작권자의 이익을 부당하게 침해하는 경우에는 그러하지 아니하다.

미국과 같이 포괄적 공정이용 규정이 없는 이유라고 판단된다.

우리나라도 정보분석을 위한 제한규정 도입을 위한 개정안을 마련 중에 있다는 점에서 긍정적인 평가를 내릴 수 있다. 다만, 공정이용 규정의 적용가 능성에 대해서도 검토가 필요한 것은 입법이 완결되는 시점을 가늠하기 어렵기 때문이기도 하다. 따라서, 과도기적으로 데이터 확보를 위해 공정이용에 대한 기본적인 가이드라인을 제시하는 것도 유의미하다.

인공지능과 관련하여 지식재산과 데이터의 가치는 다르지 않은 것으로 보며, 지식재산기본법의 목적이 "지식재산의 창출·보호 및 활용을 촉진하고 그 기반을 조성하기 위한 정부의 기본 정책과 추진 체계를 마련하여 우리 사회에서 지식재산의 가치가 최대한 발휘될 수 있도록 함으로써 국가의 경제·사회 및 문화 등의 발전과 국민의 삶의 질 향상에 이바지하는 것"이라는 점에서 지식재산으로서 데이터를 본다면, 지식재산기본법 개정을 통하여 국가 지식재산 정책으로써 데이터 정책을 통합하는 것도 하나의 대안이 될 것이다.

---

1. 저작물의 녹음, 녹화, 그 밖의 이용에 관련된 기술 개발 또는 실용화를 위한 시험용으로 제공하는 경우
2. 정보 분석(다수의 저작물, 그 밖에 대량의 정보로부터 해당 정보를 구성하는 언어, 소리, 영상, 그 밖의 요소에 관련된 정보를 추출, 비교, 분류, 그 밖에 분석하는 것을 말한다. 제47조의5 제1항 제2호에서도 같다.)용으로 제공하는 경우
3. 전 2호의 경우 외에, 저작물의 표현에 관한 사람의 지각에 의한 인식을 수반하지 않고 해당 저작물을 전자계산기에 의한 정보처리과정에서의 이용, 그 밖의 이용(프로그램 저작물의 경우 해당 저작물의 전자계산기에 의한 실행을 제외한다.)에 제공하는 경우

인공지능과 지식재산

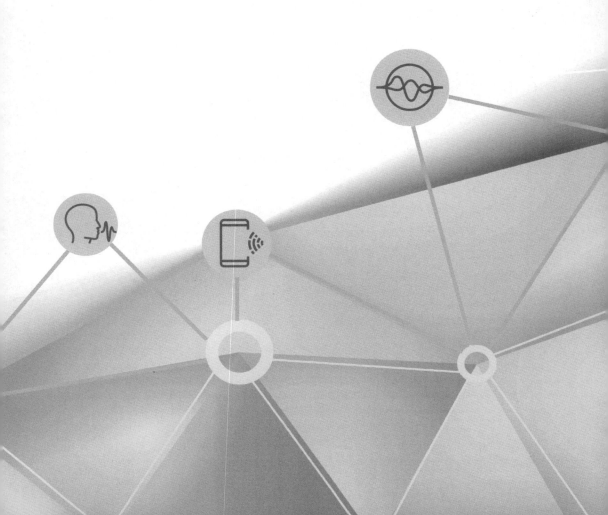

제10절 인공지능과 창작

1. 왜, 인공지능의 창작인가?

인간(人間)의 사상과 감정의 창작적 표현 또는 기술적 사상으로서 고도한 것은 지식재산으로서 가치를 갖는다. 고민한 결과가 타인의 것을 모방한 것이 아니라면 독자적인 권리가 형성된다. 전제는 인간이 그 사실행위를 하여야 한다는 점이다. 물론, 자연인(自然人)으로서 인간이 아닌 인공지능은 주체로서의 권리능력을 갖는지는 여전한 논란이고, 당분간 지속될 것이다. 현 수준에서의 지식재산을 창작할 수 있는지 여부는 HW로서 인공지능이 아닌 SW로서 인공지능 알고리즘이 개발하거나 만들어낸 결과물의 수준에 따른 논란이다. 이러한 논의 이전에 인공지능이 과연 창작을 할 수 있을지, 또는 법적인 권리를 가질 수 있는지, 그리고 인공지능은 어떠한 능력을 가질 수 있는지에 대한 고찰이 필요하다. 현재는 인공지능이 가질 수 없지만, 미래 어느 순간 가질 수 있는 경우도 배제할 수 없기 때문에 또 다른 인간으로서 권리를 인정할 수 있을 것인지에 대해 논의가 이루어지고 있다.

약한 인공지능은 인간이 개발하고, 인간이 운용하는 수준의 인공지능이다. 일종의 인공지능 기술을 활용한 서비스 또는 인공지능 서비스인 것이다. 이러한 수준에서는 인공지능의 창작성에 대하여 논할 실익은 크지 않다. 인공지능이 스스로 인식이나 의식, 또는 생각을 하고 그러한 결과물을 인간이 이해할 수 있는 수준의 것으로 만들어내는 경우에 누구를 창작자 내지 발명자로 할 것인지에 대하여 논의해야 할 시점이 올 것이다. 물론, 지금도 연구자들은 인공지능의 창작을 전제로 권리관계를 어떻게 할 것인지 등 다양한 논의를 진행하고 있다. 다만, 그 시점이 언제 도래할 것인지는 가늠하기가 쉽지 않다. 특이점이 언제 도래할지 알 수 없지만, 언젠가는 특이점이 올 수 있다는 기대감에 다음과 같은 몇 가지 질문을 던지고자 한다. 예상하겠지만, 이에 대한 답은 없다. 답을 만들어가거나 아니면 어느 순간 정리하는 과정을 거치게 될 것이다.

인공지능이 만들어낸 결과물은 어떤 법적 성질을 갖는가? 그 결과물의 권리는 인공지능에게 귀속할 수 있는가? 물론, 특이점(特異點)이 도래하고 인공지능이 권리주체로서 인정받는다면 두 가지 질문에 대하여 긍정적인 답변을 내릴 수 있다.

지식재산은 인간의 사상과 감정을 담은 창작물이다. 발명도 마찬가지이다. 인간의 지적 능력이 담겨져 있지 않을 경우에는 보호범위에 포함되지 못한다. 무엇보다, 인간이 직접적으로 창작하지 않은 경우라면 해당 지식재산은 보호받기 어렵다. 현행법상 인공지능이 인간과 같은 법적 지위를 받지 못한다면 창작의 주체로 보기 어렵다. 즉, 지금 상황에서는 인공지능이 창작한 것에 대해서는 권리주체로서 성립되지 못하기 때문에 보호범위에서 벗어난다.

물론, 인공지능이 창작을 하는 상황에 대해 입법적인 결단(決斷)으로 권리를 부여할 수도 있다. 그렇지만, 인간과 같은 주체로서 역할이 불가능한 상황에서는 권리주체가 인공지능이 아닌 인공지능을 이용하는 등 직접적으로 관여하는 사람으로 한정하는 것이 합리적이다. 물론, 인공지능을 이용하여 만들어진 결과물이 창작성이 있는 경우여야 한다. 또한, 인공지능이 스스로 창작이라는 행위를 하는 경우에 한한다. 인간이 창작을 위한 시작 버튼을 작동하는 경우라면, 인간이 인공지능을 도구적으로 활용한 것으로 볼 수 있기 때문이다.

약한 인공지능은 인공지능이 창작의 주체로서 인정받기는 어렵다. EU에서 인공지능 로봇에 대한 법적 지위에 대해 논의를 시작한 만큼 현실성 있는 결론에 이를 것으로 기대된다. 다만, 언제쯤 결론이 나올 수 있을지는 의문이다.

2. 인공지능에 따른 지식재산의 변화

구글에 인수된 딥마인드(deep mind)의 알파고(AlphaGo)와 이세돌의 대국에서 만들어진 다섯 판의 기보는 저작물일까?[1] 만약, 저작물이라면 누가 저작권

---

[1] 기보에 대한 저작권 보호는 찬성하는 견해로는 이상정, "기보와 저작권법", 스포츠와 법 제10권 제3호, 2007; 박성호, 바둑 기보의 저작물성 판단에 관한 연구, 한국저작권위원회, 2009; 박성호, 저작권법, 박영사, 2014를 들 수 있다. 반면 반대하는 견해로는 서달주, "바둑의 기보도 저작물인가", 저작권문화, 2006.6월호 등이 있다.

을 갖는가? 이처럼 인공지능이 우리에게 성큼 다가오면서 논란이 되는 것 중 하나가 지식재산권 분야의 쟁점이다. 물론, 인공지능과 로봇의 권리를 당장 적용할 수 있는 것은 아니지만, "생물학적 지능의 한계를 넘어 비생물학적 지능으로 진화과정"[2]에 있는 인공지능의 학습과정에서 지식재산이 사용됨에 따라 인공지능의 학습 및 창작, 그리고 결과물에 대한 법적 검토는 유의미(有意味)하다. 이러한 상황에서 인공지능의 개입과 그에 따른 지식재산권 분야에서 법적 논의의 필요성이 커지고 있다.[3]

인공지능은 빅데이터 등 데이터처리 기술과 SW 등 지능정보기술을 활용하여 인간의 지능과 유사한 인공적인 지능과 이를 활용할 수 있는 방법을 연구하는 것을 말한다. 인공지능은 인간을 이롭게 하는 수준의 약한 인공지능(weak AI)과 인간의 영역까지 대신하는 강한 인공지능(strong AI)으로 나눌 수 있으나 궁극적으로 인공지능은 스스로 의지를 가지고 판단하게 될 것으로 예상된다.

인간과 달리, 인공지능은 HW와 결합함으로써 24시간 무언가를 하거나 또는 만들어낼 수 있는 능력을 갖고 있다. [그림 10-1]과 같이, 인공지능은 성과

[그림 10-1] 인공지능과 인간의 성과 차이

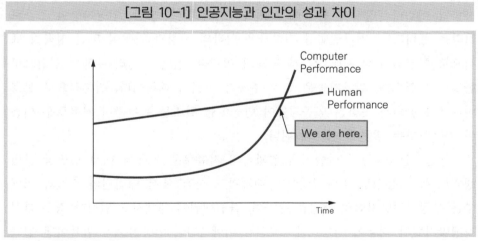

출처: 닉보스트롬(2016, TED).

---

2 Raymond Ray Kurzweil, 마음의 탄생, 크레센도, 2016, 187면.
3 인공지능과 로봇은 SW와 HW라는 점에서 본질적인 차이가 있으나 본 고에서 실질적으로 인공지능이 탑재된 로봇의 개념이 가능하기 때문에 인공지능과 로봇은 크게 다르지 않은 개념으로 사용함을 밝힌다.

(performance)라는 측면에서 사람과 비교할 수 없을 정도로 차이가 날 것이다. 또한, 인공지능은 양질의 다양한 정보를 생성하고, 이를 독점할 가능성이 높다. 이러한 점 때문에 인공지능이 만들어내는 결과물에 대해 어떠한 법적 대응이 필요한지 논의가 필요한 시점이다.

　　현행법상 인공지능이 만들어놓은 결과물(contents)을 어떻게 다루어야 할지는 명확하지 않다.[4] 인공지능은 자신의 행위에 대해 그 의미를 이해하지 못하기 때문이다. 즉, 인공지능이 어떤 결정을 하거나 결과물을 만들 때 그 행위에 대한 가치판단을 하지 못한다. 물론, 기계학습 과정에서도 인공지능은 그 의미를 이해하지 못한다.[5] 다만, 그 결과가 인간과의 관계에서, 또는 인간의 시각에 맞게 해석되는 것이다. 지식재산 법제는 기본적으로 사람이 이용하거나 또는 창작·개발한 것을 전제하기 때문에 인공지능이나 로봇이 만들어낸 것을 저작물이나 발명으로 보기 어렵다. 또한, 저작물의 이용 과정에서 저작권의 침해가 이루어졌다고 볼 수 있는지도 의문이다. 인공지능이 도구적(道具的)으로 사용되고 있다면, 그 결과물을 인공지능의 소유자(점유자)에게 귀속시킬 수 있다. 그렇지만, 인공지능에게 단순한 아이디어만을 제시한 것이라면 인간은 저작권을 주장하기 어렵다. '창작자 원칙'에 벗어나기 때문이다. 또한, 인공지능이 스스로 창작을 했더라도, 저작권법상 저작물은 인간의 사상과 감정이 담긴 창작적 표현으로 한정되기 때문에 저작자가 되기 어렵다. 헌법상 권리 주체는 인간으로 한정되어 있으며, 인공지능은 권리 주체가 아니기 때문이다. 결론적으로 보호 범위에 포함되지 못하는 인공지능이 만들어낸 결과물은 누구나 자유로운 이용이 가능하다는 결론에 이르게 된다.

　　물론, 인공지능이 만들어낸 결과물의 자유로운 이용에 대해 민법상 불법행위로 볼 가능성도 있다. '네이버 대체광고 사건'[6]에서 대법원의 판결과 이에 따른 부정경쟁방지법의 개정을 통하여, 불법행위에 대해서도 일정한 경우 부정경쟁방지법의 적용이 가능하게 되었다. 이에 따라, 인공지능이 만들어낸 결과

---

4 인공지능이 만들어낸 결과물은 법상 저작권 내지 발명으로 보기 어렵다. 지식재산법제는 기본적으로 자연인인 사람이 창작한 것을 전제하기 때문이다. 이러한 맥락에서 '인공지능이 만든' 결과물이라는 표현을 사용하고자 한다. 그러나 인공지능이 만든 결과물도 충분히 창작성이 있다고 보기 때문에 창작물로 봐도 무방하다.
5 Yutaka Matsuo, 인공지능과 딥러닝, 동아엠앤비, 2015, 106면.
6 대법원 2010.8.25. 자 2008마1541 결정.

물에 대한 부정경쟁행위로 볼 가능성은 충분하다. 즉, 부정경쟁방지법상 일반 조항으로 칭하여지는 (파)목7을 통하여, 어느 정도 해결 가능할 것으로 생각한다. 그러나, (파)목의 적용은 신중(愼重)할 필요가 있다. 일반적인 범위의 지식재산권 내지 부정경쟁행위 유형을 적용하는 것이 타당한 것인지는 의문이기 때문이다. 또한, 부정경쟁방지법은 권리관계를 정하는 법률이 아니기 때문에 한계를 갖는다. 이러한 점에서 인공지능이 만들어낸 결과물에 대한 법률관계는 입법론적으로 정리할 필요가 있다. 이처럼, 인공지능을 둘러싼 법적 쟁점은 적지 않다. 예술 분야만은 인간이 인공지능보다 우월할 것이라고 해왔다. 정말 그러할까? 아니다. 이미 그림, 작곡, 문학 등 문화·예술 분야도 그 가능성이 엿보이고 있기 때문이다.

3. 딥러닝 과정의 저작권 문제
– 인공지능이 저작물을 학습에 이용하는 것은 어떠한가?

가. 인간의 학습과 기계학습

학습과정에서 저작물을 이용한다는 것은 어떤 의미인가? 저작물을 이용한다는 것은 저작물에 담긴 메시지인 작가의 의도를 읽거나 보거나 느끼거나 또는 작품의 의미(意味)를 이해하는 것을 말한다. 즉, 인간의 감각을 통하여 저작자가 의도하는 바를 향유(享有)하는 것이다. 이는 사람이 책을 읽거나 음악을 듣거나 미술을 감상하는 활동의 총체이다. 이 과정에서 인지된 저작물의 특징이 사람의 뇌에 누적되는 것으로 볼 수 있다.[8] 사람의 논리형성 과정을 보면 학습과정의 행태를 이해할 수 있을 것이다. 사람의 논리는 다양한 경험과 학습을 통하여 만들어지는 것이다. 즉, 사람은 다양한 경험을 하고난 후에야 논리

---

7 부정경쟁방지법 제2조 제1호 (파)목. 그 밖에 타인의 상당한 투자나 노력으로 만들어진 성과 등을 공정한 상거래 관행이나 경쟁질서에 반하는 방법으로 자신의 영업을 위하여 무단으로 사용함으로써 타인의 경제적 이익을 침해하는 행위.

8 이 과정에서 저작물이 이용되는 데, 간략히 살펴보면 인간이 저작물을 이용하는 행위는 이용 전단계의 복제나 전송 등의 문제와는 별개로 저작권의 침해라고 보기 어렵다. 저작물을 향유하는 것은 저작권법이 허용하는 본래적인 성질이기 때문이다. 사람의 이용 과정에서 저작물이 두뇌에 일시적으로 복제되는 것으로 주장할 가능성도 있으나 이는 복제로 보기 어렵다. 저작권법이 요구하는 '유형물에 고정하는 것'이 아니기 때문이다.

가 형성되고 가치판단을 하게 되는 것과 다름이 없다. 인간의 학습은 정보가 갖는 특성들에 대해 선행학습 또는 지도학습을 통하여 이루어진다. 누군가가 답을 알려주거나 바르다고 생각되는 방향을 제시함으로써 그에 따른 판단을 하게 되는 것이다.

[그림 10-2] 딥러닝의 고양이 인식

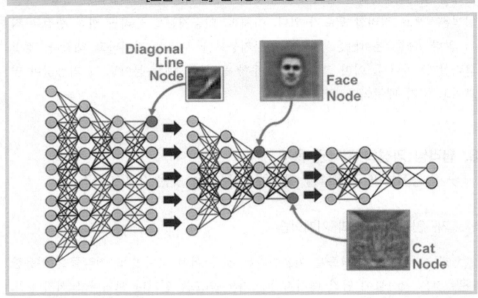

출처: google(2016).

후행적인 교육이나 학습 이외에 우리는 인류가 형성한 다양한 경험이 DNA에 저장된 학습정보를 갖고 태어난다. 일종의 진화를 통하여 선인들이 학습한 경험치가 계승된 것이다. 이러한 정보도 또한 다양한 세대(世代)를 거쳐 학습한 것임을 부인하기 어렵다.[9]

반면, 인간의 학습과 달리 기계학습은 인공지능이 스스로 학습하는 것으로 데이터를 '분류'하는 것을 말한다. 즉, 다양한 특징을 분석하여 패턴을 분류

---

9 이에 대해 Raymond Ray Kurzweil은 "한 세대 안에서 학습된 것이 아닐 뿐, 수천 세대에 걸쳐 학습된 행동이다. 동물에게 이러한 행동의 진화는 하나의 학습과정으로, 개별적인 개체의 학습이 아니라 종 차원의 학습이라 할 수 있다. 무수한 세월에 걸친 학습과정의 결실이 DNA에 코딩된 것"이라고 한다. Raymond Ray Kurzweil, 마음의 탄생, 크레센도, 2016, 187면.

하고, 분류된 결과를 바탕으로 새로운 데이터에 대해 판단하게 된다. "기계학습 모델은 특정 정보나 데이터를 수치로 입력받아 그로부터 도출한 결론을 수치로 출력한다. 예를 들어, 영상 인식을 위한 모델은 영상을 입력받아 그 영상의 의미를 수치화된 값으로 출력하고, 의료 진단을 위한 모델은 병의 증상을 수치 형태로 입력받아 진단 결과를 수치화된 값으로 출력한다. 기계학습 모델의 동작은 입력정보와 출력정보 간의 매핑 관계에 의해 정의된다. 학습과정은 학습데이터에 대하여 원하는 값을 출력하도록 모델을 최적화하는 과정이다. 특정 데이터에 대하여 잘 동작하도록 모델을 학습시키면 실제 상황에서 그 데이터와 유사한 새로운 데이터가 입력되었을 때 학습된 것과 유사한 결과를 출력할 것이라고 기대할 수 있다. 딥러닝 기술은 많은 수의 계층으로 구성된 깊은 신경망(deep neural networks; 이하 DNN이라 함) 모델을 중심으로 발전하고 있다. 신경망의 각 계층들은 하위계층으로부터 정보를 입력 받아 추상화함으로써 좀 더 고수준 정보로 변환해 상위계층으로 전달한다. 따라서, 신경망의 계층이 많을수록 더 높은 수준의 특징을 효과적으로 추출(抽出)할 수 있다."[10]고 한다. 이와 같이, 딥러닝은 다양한 분류방식의 하나로 DNN이라는 인간의 뇌신경 회로인 신경망을 흉내 내 복잡한 구조의 힘을 통하여 분하는 방식이다.[11]

나. 인공지능의 학습과 저작물의 이용

기계학습은 인공지능 스스로가 학습하는 방식이다. 물론, 학습 대상인 데이터를 인공지능 스스로 선별하거나 또는 개발자, 내지 서비스 제공자에 의해 지정될 수도 있을 것이다. 따라서, 이용되는 데이터가 저작물이라면 이는 저작물을 이용하는 것과 다름이 없다. 이 과정에서 다양한 데이터를 메모리 등에 복제, 일시적 복제가 일어나지만 이 또한 복제행위에 포함될 것이다. 물론, 일시적 복제는 면책 가능성도 있다. 실제 학습하는 구조는 인간의 것과 다르지 않은 구조이기 때문이다. 딥러닝을 통한 학습과정은 다음과 같이 정리할 수 있다.

---

10 김인중, 기계학습의 발전 동향, 산업화 사례 및 활성화 정책 방향, 이슈리포트 2015-017, 소프트웨어정책연구소, 2015, 5~6면.
11 Yutaka Matsuo, 인공지능과 딥러닝, 동아엠앤비, 2015, 120면, 129면.

인공지능의 학습은 학습목적을 위하여 제공된 데이터 패턴을 분석하여 특징점들을 수치화한다. 수치화 과정은 알고리즘의 규칙에 따라 이루어진다. 그 결과는 수치화된 형태로 신경망에 저장된다. 저장 값은 원 데이터의 속성을 갖는 것이 아닌, 가공된 상태 값이다. 즉, 전혀 다른 성질의 정보로 변화된다. 신경망에 저장된 학습결과인 상태 값은 블랙박스처리된 것이기 때문에 그 자체를 분석해서는 어떤 정보인지 확인하기 어렵다. 상태 값의 집합은 또 다른 데이터이기 때문에 인공지능 자체를 복제하는 것은 가능하다. 동일한 클론(clone)이 생길 수 있으며, 클론은 커스터마이징을 통하여 새로운 학습을 거칠 수 있을 것이다. 즉, 지능 자체의 복제가 가능하기 때문에 새롭게 복제된 지능을 이용하여 사용자에 의해 학습데이터가 다르게 제공될 경우 원래의 인공지능의 의도와 다른 결과를 가진 인공지능이 출현할 수 있다. 이처럼 인공지능의 진화가 이루어질 수 있는 상태(狀態)에 놓여있다.

4. 인공지능이 만든 창작물의 저작권법적 검토

가. 저작물에 대한 검토

(1) 저작물성

현행법상 저작물의 정의에 대한 해석론적 검토를 통하여 인공지능의 활용정도에 따라 검토하고자 한다. 우선, 저작물은 사람의 창작적 행위에 대한 보호를 목적으로 한다. 즉, 저작권법은 저작물을 "인간의 사상 또는 감정을 표현한 창작물"로 정의한다. '인간의' 사상 또는 감정을 표현한 것을 전제한 것이다. 의심 없이 자연인인 사람이 만들어낸 결과물을 의미하는 것으로 해석된다. 따라서, 자연현상이나 동물이 만들어낸 것이라면 이는 저작물로 보기 어렵다는 것이 일반적인 견해(見解)이다.[12] 반면, 도구를 사용하여 창작한 경우라면 인정받을 것이다. 사진을 찍는 것은 카메라라는 도구를 인간이 다양한 방법으로 조작함으로써 창작적 표현을 만들어낸 것이기 때문에 사람의 창작물로 보는 것

---

12 박성호, 저작권법, 박영사, 2014, 35면; 송영식·이상정, 저작권법개설(제9판), 세창출판사, 2015, 34면.

과 유사하다. 다만, 차량용 블랙박스는 사람이 아닌 장착된 영상녹화장치에 의해 촬영되는 것이기 때문에 저작물로 보기 어렵다는 견해도 가능하다.

(2) 인간의 사상과 감정에 대한 고찰

생각해 보면, 인간의 사상과 감정이라는 것이 인간의 것이어야만 하는지 의문이다. '인간의' 라는 의미는 인간과 관련된, 인간에 의한, 인간을 위한 또는 인간이라는 다양한 의미로 해석될 수 있기 때문이다. 따라서, 현행 저작권법의 저작물에 대한 정의가 꼭 인간만을 전제한 것인지는 의문이다. 즉, 인간이 직접 만들어낸 것이어야만 하는 것인지 여부이다. 자연현상(自然現象)을 찍은 것이 인간의 사상과 감정이라고 볼 수 있는 것은 아니기 때문이다.

[그림 10-3] 솔섬 사건

출처: google(2016).

조금 다른 맥락이지만, 마이클 케냐(Michael Kenna)의 솔섬 사건에 대해 생각해 보자. 솔섬의 사진은 사진작가의 사상과 감정이 담긴 것인가? 어디에 담겨있는가? 자연현상을 복제(複製)한 것에 불과한 해당 사진은 저작물로 보기 어렵다. 너무 쉽게 저작물성을 인정하고 있는 것은 아닌지 의문이다.

참고로, 솔섬사건에서 법원은 "영국 출신 사진작가 갑이 을에게 솔섬 사진 작품에 관한 국내 저작권 등을 양도하였는 데, 병 주식회사가 솔섬을 배경으로 한 사진을 광고에 사용하자 을이 병 회사를 상대로 솔섬 사진의 저작권 침해를 이유로 손해배상을 구한 사안에서, 갑의 사진과 병 회사의 사진이 전체적인 콘셉트(Concept) 등이 유사하다고 하더라도 그 자체만으로는 저작권의 보호대상이 된다고 보기 어렵고, 양 사진이 실질적으로 유사하다고 할 수 없다."[13]고 판시한 바 있다.

대법원은 저작물에 대한 해석에서 "저작권법상 저작물은 문학·학술 또는 예술과 같은 문화의 영역에서 사람의 정신적 노력에 의하여 얻어진 아이디어나 사상 또는 감정의 창작적 표현물을 가리키므로 그에 대한 저작권은 아이디어 등을 말·문자·음·색 등에 의하여 구체적으로 외부에 표현한 창작적인 표현 형식만을 보호대상으로 하는 것이어서 표현의 내용이 된 아이디어나 그 기초 이론 등은 설사 독창성·신규성이 있는 것이라 하더라도 저작권의 보호대상이 될 수 없을 뿐만 아니라, 표현 형식에 해당하는 부분에 있어서도 다른 저작물과 구분될 정도로 저작자의 개성이 나타나 있지 아니하여 창작성이 인정되지 않는 경우에는 이 역시 저작권의 보호대상이 될 수가 없다."[14]고 판시(判示)한 바 있다. 즉, '인간의'라는 의미를 "사람의 정신적 노력"에 의한 것이라는 점을 밝히고 있다. 이는 사람의 정신적 노력이 들어간 창작적 표현만을 저작물로 보고, 저작권법의 보호대상이 된다고 판단한 것임을 알 수 있다. 일반적인 해석은 대법원의 판단과 다르지 않을 것으로 보인다.

반면, 컴퓨터에 의해 자동(自動)으로 만들어진 것은 저작물로 보기 어렵다. 즉, "자연석이나 동물이 그린 그림에는 인간의 사상이나 감정이 포함되어 있지 않으므로 저작물로 보호되지 않는다. 컴퓨터에 의해 자동으로 생성된 그림이나 노래의 경우도 마찬가지이다. 모두 우연적 요소로 만들어진 것에 불과하기 때문"[15]이라는 것이다. 다만, 컴퓨터에 의해 만들어진 결과물이 인간의 사상과 감

---

13 영국 출신 사진작가 갑이 을에게 '솔섬' 사진 작품에 관한 국내 저작권 등을 양도하였는 데, 병 주식회사가 '솔섬'을 배경으로 한 사진을 광고에 사용하자 을이 병 회사를 상대로 '솔섬' 사진의 저작권 침해를 이유로 손해배상을 구한 사안에서, 자연 경관은 만인에게 공유되는 창작의 소재로서 촬영자가 피사체에 어떠한 변경을 가하는 것이 사실상 불가능하다는 점을 고려할 때 다양한 표현 가능성이 있다고 보기 어려우므로, 갑의 사진과 병 회사의 사진이 모두 같은 촬영지점에서 풍경을 표현하고 있어 전체적인 콘셉트(Concept) 등이 유사하다고 하더라도 그 자체만으로는 저작권의 보호대상이 된다고 보기 어렵고, 양 사진이 각기 다른 계절과 시각에 촬영된 것으로 보이는 점 등에 비추어 이를 실질적으로 유사하다고 할 수 없다고 한 사례(서울중앙지방법원 2014.03.27. 선고 2013가합527718 판결).

14 대법원 1999.10.22. 선고 98도112 판결.

15 박성호, 저작권법, 박영사, 2014, 35면. 아울러, "SW에 의하여 자동적으로 작성되는 기상도나 자동적으로 출력되는 악보 등은 인간의 사상과 감정의 표현이 아니므로 저작물로서 보호되지 않는다."고 한다. 이해완, 저작권법(제3판), 박영사, 2015, 35면.

정이 포함되지 않는 것인지는 의문이다. 간접적으로 인간의 의도성을 강하게 알고리즘화한 경우라면 인간의 사상과 감정을 표현할 수 있는 것이 아닌가 생각되기 때문이다. 인간의 사상과 감정을 오로지 사람의 노력(努力)에 따른 것으로 본다면, 너무 제한적으로 해석되는 것은 아닌지 의문이다.[16]

(3) 인간의 관여가 없는 결과물의 저작자에 대한 논의
   ### - 블랙박스 영상의 저작물성을 중심으로

블랙박스나 CCTV(Closed-circuit Television)의 화면을 저작물로 볼 수 있는지 여부가 저작자에 대한 논의에서 실마리를 제공할 수 있을 것이다. 기본적으로 촬영장치의 설치나 조작은 사람이 하게 된다. CCTV에 노출된 무작위의 영상은 인간의 사상과 감정을 담아내기 어렵다. 다만, 블랙박스는 운행자가 풍경이나 장소를 정하여 담아낼 수 있다. 각도나 방향의 조정도 운행자에 의해 어느 정도 가능하기 때문이다. 또한 운행차량의 시간대에 따라, 날씨에 따라 동일한 장소라고 하더라도 다른 결과물이 나올 수 있다. 이러한 면에서 본다면 사진저작물과 달리 볼 실익(實益)이 없다. 결국, 운행자가 블랙박스를 자신의 지배하에 놓고 도구적으로 이용한 것은 사진기를 배타적 지배하에 놓고서 촬영하는 것과 다르지 않다. 인간에 의해 준비되고, 또한 점유자에 의해 설정된다는 점에서 직접적인 셔터와 같은 조작은 없었다고 하더라도, 조작의 시작을 점유자가 시행토록 했기 때문에 사진과 달리 볼 실익이 없기 때문이다.

저작물이 인간의 사상과 감정만을 담아낸 것인지 여부에 대해, 인간에 의해 조작된 것이라면 저작물성을 인정할 수 있을 것으로 생각한다. 다만, 저작물 및 저작자의 정의는 인간에 한정되고 있고, 대법원과 학설도 일관되게 인간의 노력으로 한정하기 때문에 인간이 스스로 행할 것을 요하는 것을 넘어서기는 어렵다. 결국, 저작물의 정의의 문언적 해석에 따라 인공지능이 만들어낸 결과물은 저작물성이 부인된다. 대신 넓은 의미로 저작물의 정의를 인간이 직접적으로 제작한 것이 아닌 인간과 직간접적으로 관련된 것으로 볼 수 있다면,

---

16 이에 대해 "베른협약, 세계저작권협약 어느 것이나 저작자에 관한 정의 규정을 두고있지 않으며, 각국법이 정하는 바에 맡겨두고 있다. 저작권 제1조는 그 목적의 하나로 저작자의 권리보호를 거론하고 있고… 이러한 점에서 저작자는 저작권법 전체를 관통하는 기본적이고 중심적인 개념의 하나라고 할 수 있다."고 평가된다. 정상조 편, 저작권법 주해, 박영사, 2007, 25면.

인공지능이 만들어낸 결과물도 인간에 의해 창작되거나 제작된 인공지능에 의한 것이어서 인간의 사상과 감정이 표현됐다고 보지 못할 이유는 없다.

현행 저작권법은 2006년 저작권법 개정에 따라 인간의 사상과 감정이 담긴 창작적 표현을 저작물로 정의하였으나 구 저작권법 제2조 제1호는 저작물을 '문학·학술 또는 예술의 범위에 속하는 창작물'로 규정하고 있었다. 따라서, 주체를 인간으로 정하지 않는 창작물이라는 표현이 지능정보사회에서 저작권 문제를 해결하는 방안이 될 수 있다.[17]

나. 인공지능을 도구로 사용하여 만든 결과물

아직은 인공지능이 어떠한 것에 대해 스스로 판단하여 결과물을 만들어내기 보다는 인간의 조작을 통하여 진행하게 된다. 기본적으로 인공지능의 운용이나 조작을 사람이 하는 것이다. 대체적으로 SW를 포함한 기본적인 정보시스템은 사람에 의해서 조작되기 때문에 대부분의 인공지능의 운용은 도구적인 형태로 볼 수 있다. 우리가 컴퓨터를 사용하는 경우, 사람이 직접 조작하는 경우도 있지만 개발자에 의해 매크로 내지 스크립트 형식에 따라 자동으로 활용하는 경우도 있다. 이러한 경우라면, 사람의 기여도가 어느 정도 포함될 수 있을지 의문이다.

(1) 인간의 창작적 기여가 있는 경우

인공지능이 도구적으로 사용되더라도, 이 과정에서 인간의 창작성 있는 아이디어가 부가되어 나온 결과물이라면 저작물로 볼 가능성이 높다. 창작적 기여라하면 기본적으로 행위의 결과에 대해 다른 저작물과 차별성을 갖는 수준의 것이어야 한다. 저작권법은 창작성에 대한 기준을 제시하지는 못하고 있다. 그렇지만, 판례는 일관되게 "창작성이란 완전한 의미의 독창성을 요구하는 것은 아니므로, 어떠한 작품이 남의 것을 단순히 모방한 것이 아니라 저작자가 사상이나 감정 등을 자신의 독자적인 표현방법에 따라 정리하여 기술하였다면

---

17 2006년 저작권법 개정에 따른 저작물의 정의는 "저작물의 범주가 확대되는 현실에 비추어 문학·학술 또는 예술의 범위는 저작물의 포섭범주를 제한하는 요소로 작용할 수 있다."는 이유로 현행과 같이 개정되었다. 심동섭, 개정 저작권법 해설, 계간저작권 2006년 겨울호, 48면.

창작성이 인정될 수 있다."[18]고 보고 있다.[19] 따라서, 인간의 창작적 기여는 타인의 것을 모방한 것이 아닌 정도라면 가능하다. 물론, 단순하게 아이디어를 제공하는 경우라면 창작적 기여가 있다고 보기 어렵다. 법원은 서적의 집필의 경우, "그 내용 자체는 기존의 서적, 논문 등과 공통되거나 공지의 사실을 기초로 한 것이어서 독창적이지는 않더라도, 저작자가 이용자들이 쉽게 이해할 수 있도록 해당 분야 학계에서 논의되는 이론, 학설과 그와 관련된 문제들을 잘 정리하여 저작자 나름대로의 표현방법에 따라 이론, 학설, 관련 용어, 문제에 대한 접근방법 및 풀이방법 등을 설명하는 방식으로 서적을 저술하였다면, 이는 저작자의 창조적 개성이 발현되어 있는 것이므로 저작권법에 의해 보호되는 창작물에 해당한다."[20]고 판시하였다.

인공지능을 활용한 경우도, 창작적 기여(寄與)를 인간이 했다는 것이 저작물의 성립요건에 필요하다. 만약, 창작적 기여 없이 명령어의 입력에 따른 자동화된 결과물을 만들어낸 경우라면 이는 창작적 기여가 있다고 보기 어렵다.

(2) 인간의 창작적 기여가 없는 경우

인공지능을 도구적으로 활용하는 경우라도 이를 활용한 주체인 인간의 창작적 기여가 없다면, 인공지능이 만든 결과물이 상대적으로 창작성이 있다고 하더라도 저작물로 보기 어렵다. 인공지능은 해석상 저작물성의 주체가 될 수 없다는 점을 앞에서 살펴본 바와 같기 때문이다. 물론, '인간의'라는 문구가 인간이 주체적으로 만들어낸 것으로 한정되지 않고, 인공지능이 만들어낸 것이 창작성이 있는 경우라면 저작물성이 부인되지 않을 것이다. 그렇지만, 대법원의 일관된 판단에 따르면 '인간의'는 '사람의 정신적 노력'을 의미하기 때문에 인공지능이 도구적으로 사용되더라도 인간의 정신적 노력이 없는 경우라면 저작물성이 부인(否認)된다는 것이 일반적 견해라고 본다.

실례로, 구글 번역서비스의 결과물은 누구에게 귀속되는가? 라는 질문을

---

18 대법원 2011. 2. 10. 선고 2009도291 판결 등 참조.
19 "단지 어떠한 작품이 남의 것을 단순히 모방한 것이 아니고 작자 자신의 독자적인 사상 또는 감정의 표현을 담고 있음을 의미할 뿐이어서 이러한 요건을 충족하기 위하여는 단지 저작물에 그 저작자 나름대로의 정신적 노력의 소산으로서의 특성이 부여되어 있고 다른 저작자의 기존의 작품과 구별할 수 있을 정도이면 충분하다."고 한다. 대법원 1995.11.14. 선고 94도2238 판결.
20 대법원 2012.08.30. 선고 2010다70520 판결.

던져 보자. 인공지능을 단순하게 도구적으로 사용하는 사례는 적지 않다. 인터넷 검색, 인터넷 번역 등을 SW서비스(SaaS)로 본다면, 인간의 편의를 위한 적지 않은 것들이 도구적인 형태로 사용됨을 알 수 있다. 구글 번역서비스를 활용할 경우, 그 결과물은 저작물이 되는가? 구글의 입장에서는 SW서비스이기 때문에 구글이 저작권자라고 주장할 수도 있다. 쉽게 생각하면, 구글의 SW를 통하여 번역이 이루어진 것이기 때문에 구글이 저작권자라는 주장도 가능하다. 반면, 이용자의 입장에서는 자신의 조작을 통하여 결과물을 얻는 것이기 때문에 이는 구글의 저작물성을 부인할 수도 있다. 구글과 달리, 이용자는 번역서비스를 이용한 것이기 때문에 그 결과물은 사실상 번역(飜譯)을 요청한 이용자가 갖는 것이라는 주장도 가능하다는 점이다. 그렇지만, 번역 자체는 기계적으로 이루어지고 있으며, 번역을 위한 다양한 어휘 데이터는 구글이 빅데이터 형태로 제공한 것이기 때문에 번역을 실행한 자는 저작권을 주장하기 어렵다. 결국, 기계번역의 결과물은 권리가 있다고 보기 어렵다. 번역권을 누구라도 행사할 수 없는 상태에 놓이게 된다. 물론, 그 결과물의 활용에서 실제 번역을 실행한 사람이 목적에 따라 사용하는 과정에서 저작자로서 사실상 의제될 것이다. 그 결과, 저작권법상 허위표시가 이루어지는 결론에 다다르게 된다. 다만, 이를 확인하기 어렵기 때문에 사실상 문제를 삼지 못할 뿐이다.

다. 인공지능이 스스로 만들어낸 결과물

(1) 사실행위의 저작자

인공지능은 스스로 작곡하고, 시나리오를 작성하거나 연주하는 능력을 갖추고 있다. 인공지능이 실연하는 경우, 실연자는 누가 되는가? 인공지능이 그린 그림은 어떠한가? 이처럼 인공지능이 인간의 관여 없이 스스로 행위를 통하여 만들어낸 결과물일 경우는 어떻게 볼 수 있을까? 기본적으로 인공지능이 도구적으로 사용된 경우에 준하여 볼 수 있다. 도구적인 사용을 넘어선다면, 인공지능 스스로 사실행위로서 만들어낸 결과물이다. 인공지능이 스스로 만들어 낸다는 의미는 인공지능이 도구적으로 사용되는 것이 아닌 인공지능 스스로 기획하고, 실행하여 결과(contents)를 만들어낸 것을 말한다.

저작권법은 저작물을 창작한 자가 저작자가 되며, 저작물은 인간의 사상과 감정이 담긴 창작적 표현으로 한정된다. "저작권은 창작이라는 법률사실을 요건으로 하고, 창작과 동시에 저작권이라는 법률효과가 발생한다. 창작행위는 민법상의 법률행위가 아닌 의사표현을 본질로 하지 않는 사실행위이기 때문에 그 행위자에게 행위능력이 요구되지 않으며 권리능력만 있으면 된다."[21] 다만, 저작물을 만들어내는 "저작행위는 사실상의 정신적, 신체적 활동에 의하여 저작물을 만들어내는 행위로서, 법률행위가 아니"[22]기 때문에 인간의 영역이 아니더라도, 행위에 따른 결과는 인정될 수 있다. 따라서, 사람을 포함하여 자연이나 동물 또는 인공지능 등 누구라도 창작을 할 수 있다. 다만, 법률은 권리능력을 인간으로 한정하고 있기 때문에 인공지능이 사실행위(事實行爲)를 바탕으로 창작을 했다고 하더라도, 인공지능이 권리능력이 없는 이상 저작권을 귀속할 수 있는 주체가 없는 상태가 된다. 즉, 인공지능이 결과물을 만들어낸다고 하더라도, 헌법 내지 민법 등 관련 법률상 법률행위의 주체 내지 권리주체가 되기 어렵기 때문에 저작자로 인정받기 어렵다.[23] 따라서, 인공지능이 만들어낸 결과물의 저작권은 발생하지 않는다고 보아야 하며, 이는 누구라도 이용할 수 있는 상태인 퍼블릭도메인(public domain)에 해당하게 된다.

(2) 인공지능이 만들어낸 결과물(AI generated works)의 경우

인공지능이 학습을 통하여 얻은 정보를 바탕으로 만들어낸 결과물은 저작물이 될 수 있을까? 저작행위는 사실행위이기 때문에 자연인만이 가능하다. 저작권법도 저작자 내지 저작물을 자연인인 사람을 전제하고 있다. 저작물은 인간의 사상과 감정이 표현되어야 한다. 그렇지 않으면, 저작물이나 저작자가 되기 어렵다. 인공지능은 저작자인가? 현행법상 저작자로 보기 어렵다. 그렇다면, 저작물도 인간의 사상과 감정이 표현된 것이 아니므로, 보호받기 어렵다는 결론에 이른다. 다만, '인간의'라는 표현이 반드시 인간이 만든 것이라는 의미인지, 인간과 관련된 것이라는 의미인지는 명확하지 않다. 법원도 이에 대해 다툰 바는 없는 것으로 보인다. 그렇다면, 넓게 해석해서 인간과 관련된 것으로

---

21 정상조 편, 저작권법 주해, 박영사, 2007, 27면.
22 장인숙, 저작권법개설, 보진재, 1996, 56면.
23 물론, 결과물 자체를 놓고 볼 때 창작성에 대한 기준은 없기 때문에 인공지능이 만들어낸 결과물도 창작성이 있다고 보지 않을 이유가 없다. 다만, 인간의 저작물을 침해한 경우라면 이는 창작성이 부정될 것이다.

해석한다면, 저작물성을 인정받을 가능성이 있다. 이와 같은 맥락에서 컴퓨터 프로그램저작물은 지시·명령의 집합으로 정의된다. 누가 컴퓨터프로그램을 개발한 것인지는 정의되어 있지 않다. 즉, 컴퓨터프로그램저작물을 인공지능이 코딩(coding)했다고 하더라도, 이는 저작권법상 컴퓨터프로그램저작물인 것이다. 따라서, 인공지능이 개발한 SW라면 저작물이 될 수 있다는 해석도 가능하다.

우리법상 인공지능이 만들어낸(generated) 것(works)에 대해서는 규정된 바 없다. 영국 지식재산법에서는 이에 대해 명시적인 규정을 두고 있다. 즉, '컴퓨터에 기인된'(computer-generated) 경우라면 그 저작물의 인간저작자가 없는 상태에서 컴퓨터에 의하여 저작물이 산출된 것으로 본다(제178조).[24] 저작자는 그 창작을 위하여 필요한 조정을 한 자가 된다(제9조). 이는 컴퓨터가 저작자가 될 수 있는지에 대한 논의의 결과이며,[25] 저작권 정책의 일환으로 입법화된 것으로 이해된다. 입법 당시에 인공지능에 대한 고려는 없었겠지만, 컴퓨터가 만들어낸 결과물에 대한 소유권을 누구에게 부여할 것인지에 대한 적지 않은 논란(論難)에 따른 것으로 이해된다. 동 규정은 인공지능의 저작행위에 대해 적지 않은 의미를 가질 것이다. 즉, 인공지능을 통하여 만들어낸 결과물은 인공지능이 아닌 이를 활용한 사람이 저작권을 가질 수 있다는 의미이다. 이는 사실상 우리가 사용하는 사례에서도 확인할 수 있다. 예를 들면, 포토샵 프로그램을 이용하여 이미지를 가공할 경우, 해당 이미지는 누가 저작권을 갖는지를 보면 알 수 있다. 실제 컴퓨터를 조작한 자가 자신의 저작물이라고 주장하며, 그렇게 용인되고 있다. 물론, 이 과정에서 마우스를 조작하는 것은 사람이지만 이미지를 변환시켜주는 필터나 다른 기능은 이미 프로그래밍된 상태이기 때문에 사람이 자신의 노력으로 이미지를 변환시켰다고 보기 어려운 경우도 있다. 이와 같이, 인공지능이 특정한 결과물을 만들어내는 경우 사람의 사람이 조작하거나 기여한 경우라면 영국 지식재산법과 같이 그 기여자를 저작자로 볼 수 있다.

---

24 §178(Minor definition) "computer-generated", in relation to a work, means that the work is generated by computer in circumstances such that there is no human author of the work;
25 Pamela Samuelson, "Allocating Ownership Rights in Computer Generated Works", 47 U.Pitt. L.Rev. 1185 1985-1986.

라. 인공지능과 인간을 공동저작자로 볼 가능성은 없는가?

알파고와 이세돌의 대국은 저작물성을 갖는가? 갖는다면, 저작자는 누가 되는가? 우리 저작권법은 2인 이상이 공동창작의 의사를 가지고 창작적인 표현형식 자체에 공동의 기여를 함으로써 각자의 이바지한 부분을 분리하여 이용할 수 없는 단일한 저작물을 창작한 경우, 이들은 저작물의 공동저작자가 된다. 여기서 공동창작의 의사는 법적으로 공동저작자가 되려는 의사를 뜻하는 것이 아니라, 공동의 창작행위에 의하여 각자의 이바지한 부분을 분리(分離)하여 이용할 수 없는 단일한 저작물을 만들어 내려는 의사를 뜻한다. 그리고, 2인 이상이 시기를 달리하여 순차적으로 창작에 기여함으로써 단일한 저작물이 만들어지는 경우에, 선행 저작자에게 자신의 창작 부분이 하나의 저작물로 완성되지는 아니한 상태로서 후행 저작자의 수정·증감 등을 통하여 분리이용이 불가능한 하나의 완결된 저작물을 완성한다는 의사가 있고, 후행 저작자에게도 선행 저작자의 창작 부분을 기초로 하여 이에 대한 수정·증감 등을 통하여 분리이용이 불가능한 하나의 완결된 저작물을 완성한다는 의사가 있다면, 이들에게는 각 창작 부분의 상호 보완에 의하여 단일한 저작물을 완성하려는 공동창작의 의사가 있는 것으로 인정할 수 있다. 반면에 선행 저작자에게 위와 같은 의사가 있는 것이 아니라 자신의 창작으로 하나의 완결된 저작물을 만들려는 의사가 있을 뿐이라면 설령 선행 저작자의 창작 부분이 하나의 저작물로 완성되지 아니한 상태에서 후행 저작자의 수정·증감 등에 의하여 분리이용이 불가능한 하나의 저작물이 완성되었더라도 선행 저작자와 후행 저작자 사이에 공동창작의 의사가 있다고 인정할 수 없다. 따라서, 이때 후행 저작자에 의하여 완성된 저작물은 선행 저작자의 창작 부분을 원 저작물로 하는 2차적 저작물로 볼 수 있을지언정 선행 저작자와 후행 저작자의 공동저작물로 볼 수 없다.[26]

인공지능과 사람이 공동으로 만들어낸 결과물이 창작성이 있는 경우라면, 저작권은 사람에게만 귀속될 것이다. 인공지능의 지분권이 인정되지 않는 이상, 이는 무효(無效)되거나 포기(抛棄)되더라도 권리행사는 저작권자가 행사할 수밖에 없기 때문이다. 따라서 인공지능은 공동저작자가 될 수 없을뿐더러, 권

---

26 대법원 2016.07.29. 선고 2014도16517 판결.

리가 없는 인공지능의 지분권도 인정될 수 없게 된다. 물론, 로봇과 사람이 만들어낸 결과물을 결합저작물로 볼 수 있다면 사람이 작성한 부분만 저작물이 인정된다.[27]

5. 인공지능 창작물에 대한 저작권법의 한계

가. 인공지능 자체는 SW로서 저작권법상 보호대상이다!

기본적으로 인공지능은 컴퓨터프로그램저작물이다. 저작권법은 컴퓨터프로그램저작물은 "특정한 결과를 얻기 위하여 컴퓨터 등 정보처리능력을 가진 장치 내에서 직접 또는 간접으로 사용되는 일련의 지시·명령으로 표현된 창작물"로 정의한다. 컴퓨터프로그램저작물이 창작성이 있는 경우라면 저작권법의 보호대상이 된다. 그러나, 컴퓨터프로그램저작물의 정의는 인간에 의해 이루어진 것을 전제하고 있지 않다는 점에 주의할 필요가 있다. 이는 현행 저작권법상 저작물을 인간의 사상과 감정이 표현된 창작물로 정의된 것과 큰 차이가 나는 부분이다. 참고할 수 있는 법률은 영국 지식재산법으로, 저작자를 "컴퓨터에 기인하는 어문, 연극, 음악 또는 미술 저작물의 경우에는, 저작자는 그 저작물의 창작을 위하여 필요한 조정을 한 자로 본다."(제9조 제3항)라고 규정하고 있기 때문이다.[28]

컴퓨터프로그램과 관련해서는 우리 저작권법도 영국 지식재산법과 다르지 않는 해석이 가능하다. 즉, 특정 결과를 얻기 위해 일련의 지시·명령으로 표현된 창작물에 해당하면 되기 때문이다. 누가 해당 컴퓨터프로그램을 제작했는지는 중요하지 않다. 이는 다른 유형의 저작물과 차이가 나는 부분이며, 형평성에 논란이 일 수 있다.

---

27 이와 달리, 로봇의 작성 부분은 퍼블릭도메인(public domain)에 놓이게 되며, 누구나 자유로운 이용이 가능하다는 견해도 가능하다.

28 "인공지능이 만들어낸 결과물도 이를 위해 기여를 한 사람을 저작자로 간주할 수 있다. 따라서 별도의 논의 없이도 인공지능이 만들어낸 콘텐츠의 저작자는 인간이 될 수 있다. 그렇지만 우리 저작권법은 저작자는 자연인으로 한정하여 정의하고 있기 때문에 영국 저작권법과는 차이가 있다. 즉, 인간이 아닌 동물이나 자연현상에 따른 결과물은 예술적 가치가 있거나 창작성이 높다고 하더라도 저작권자가 될 수 없다." 김윤명, 인공지능과 법적쟁점, 이슈리포트 2016-005, 소프트웨어정책연구소, 2016, 16면.

인간이 창작한 경우라면 당연히 저작물이든 컴퓨터프로그램저작물이든 창작적 표현이라면 보호를 받는다. 다만, 인간의 관여 없이 만들어진 경우라면 저작물은 저작물성이 부인되는 반면, SW나 컴퓨터프로그램저작물은 저작물성이 부인되지 않는다는 결론에 이르게 된다. 따라서, 저작권법상 컴퓨터프로그램저작물에는 해당(該當)하나 다른 유형의 저작물에는 해당하지 않게 되는 문제가 발생할 수 있다. 이는 법집행 과정에서 형평성의 문제로 작용할 것이다.

나. 로봇이 만들어낸 경우는 저작권 침해인가?

현행법상, 인공지능에 의해 만들어진 결과물은 저작물로 보기 어렵다. 컴퓨터프로그램저작물과 같이, 일부 영역에 대해서는 사람을 전제한 것이 아니기 때문에 저작물성을 인정받을 가능성도 있다. 이러한 경우를 제외한 다른 유형의 결과물은 저작물의 정의에 따라 저작물성이 부인되는 결론에 도달한다.

(1) 창작성이 없는 퍼블릭도메인을 만들어낸 경우

원 저작물이 전체적으로 볼 때에는 저작권법이 정한 창작물에 해당한다 하더라도 그 내용 중 창작성이 없는 표현 부분에 대해서는 원 저작물에 관한 복제권 등의 효력이 미치지 않는다. 따라서 음악저작물에 관한 저작권침해소송에서 원 저작물 전체가 아니라 그중 일부가 상대방 저작물에 복제되었다고 다투어지는 경우에는 먼저 원 저작물 중 침해(侵害) 여부가 다투어지는 부분이 창작성 있는 표현에 해당하는지를 살펴보아야 한다. 음악저작물은 일반적으로 가락(melody), 리듬(rhythm), 화성(harmony)의 3가지 요소로 구성되고, 이 3가지 요소들이 일정한 질서에 따라 선택·배열됨으로써 음악적 구조를 이루게 된다. 따라서 음악저작물의 창작성 여부를 판단할 때에는 음악저작물의 표현에 있어서 가장 구체적이고 독창적인 형태로 표현되는 가락을 중심으로 하여 리듬, 화성 등의 요소를 종합적으로 고려하여 판단하여야 한다.[29]

인공지능이 만들어낸 결과물이 퍼블릭도메인에 해당하는 결과물이 될 가

---

29 대법원 2015.08.13. 선고 2013다14828 판결.

능성이 적지 않은 경우라면, 침해행위가 성립하지 않는 것은 아닌가? 사실상, 행위 자체의 침해와 결과물의 침해에 대한 검토가 이루어져야 한다. 다만, 전자의 경우 인공지능의 학습과정에서 저작물이 활용되는 기술적 구조를 명확히 할 수 없다는 점에서 침해라고 단정(斷定)하기 어렵다. 더욱이, 학습과정이 인간이 이해할 수 없는 블랙박스화 된다는 점에서 추론자체도 쉽지 않기 때문이다. 또한, 만들어진 결과물에 대한 창작행위도 사실상의 행위이기 때문에 사람만이 가능하다. 로봇이 만들어낸 것이라도, 사실행위에 해당하더라도 권리능력이 없기 때문에 처벌이 불가능하다.[30]

(2) 인공지능이 만들어낸 것의 저작권 침해 판단

인공지능을 포함한 알고리즘은 블랙박스(black box)[31]이다. 블랙박스 내부는 어떻게 구성되고, 돌아가는지 아무도 알 수 없다. 사람은 블랙박스에서 처리된 결과만을 보게 될 것이다. 어떻게 그런 결과가 나오는지는 알 수 없다. 극단적으로 블랙박스에 따른 추상화 영역은 인공지능 자신도 어떤 일을 처리하는지 알 수 없을 것이다.[32] 물론, 이를 개발한 개발자도 그 내용을 알기 어렵다는 점에서 인공지능은 인간에게 결과값만을 보여주고, 인간은 그 원인을 추론(推論)할 수밖에 없게 된다.

[그림 10-4] 블랙박스

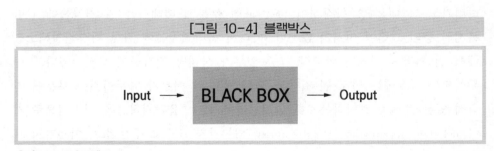

출처: google(2016).

---

30 경우에 따라서는 인공지능의 행위에 따라 소유자 등이 무과실책임을 지는 상황에 놓이게 될 가능성도 많아질 것이다.
31 "입력과 출력은 이해할 수 있지만 내부의 프로세스를 이해하지 못하는 컴퓨터 도구를 블랙박스 시스템"이라고 한다. James Barrat(정지훈 옮김), 파이널 인벤션, 동아시아, 2016, 124면.
32 이러한 이유로 알파고는 "자신이 무엇을 하는지도 모르고 열심히 계산해서 인간 최고를 꺾었다."고 평가된다. 문병로, ECONOMY CHOSUN 통권 제141호, 2016, 12면.

이처럼 알고리즘이 블랙박스화 될 경우, 학습하는 정보의 성질이 변하기 때문에 입력된 정보와 출력되는 정보 사이의 인과관계를 확인하기 어렵다. 따라서, 저작권 침해나 범죄행위에 대한 인과관계의 추론이 어렵기 때문에 소송의 입증책임(立證責任)은 불가능할 수도 있다. 다만, 내부적으로 조합되는 과정은 확인할 수 없더라도 결과값을 가지고 추론할 수는 있다. 즉, 의거성에 대한 추론 및 그에 따른 실질적 유사성의 판단은 어느 정도 가능하다.

인간의 침해여부에 대해 대법원은 "복제권 또는 2차적 저작물작성권의 침해 여부를 가리기 위하여 두 저작물 사이에 실질적 유사성이 있는가의 여부를 판단함에 있어서는 창작적인 표현형식에 해당하는 것만을 가지고 대비하여야 한다. 또한, 저작권법이 보호하는 복제권의 침해가 있다고 하기 위하여는 침해되었다고 주장되는 기존의 저작물과 대비대상이 되는 저작물 사이에 실질적 유사성이 있다는 점 이외에도 대상 저작물이 기존의 저작물에 의거하여 작성되었다는 점이 인정되어야 한다. 이때 대상 저작물이 기존의 저작물에 의거하여 작성되었다는 사실이 직접 인정되지 아니하더라도 기존의 저작물에 대한 접근가능성, 대상 저작물과 기존의 저작물 사이에 실질적 유사성 등의 간접사실이 인정되면 대상 저작물이 기존의 저작물에 의거하여 작성되었다는 점은 사실상 추정된다. 그리고 대상 저작물이 기존의 저작물에 의거하여 작성되었는지 여부와 양 저작물 사이에 실질적 유사성이 있는지 여부는 서로 별개의 판단으로서, 전자의 판단에는 후자의 판단과 달리 저작권법에 의하여 보호받는 표현뿐만 아니라 저작권법에 의하여 보호받지 못하는 표현 등이 유사한지 여부도 함께 참작될 수 있다."[33]고 판시하고 있다. 그러나, 이러한 판례는 사람에 의한 침해여부의 판단이었기 때문에 인공지능의 결과물에 적용(適用)하기에는 어느 정도 한계를 갖는다.

사진의 경우, "사진촬영이나 녹화 등의 과정에서 원 저작물이 그대로 복제된 경우, 새로운 저작물의 성질, 내용, 전체적인 구도 등에 비추어 볼 때, 원 저작물이 새로운 저작물 속에서 주된 표현력을 발휘하는 대상물의 사진촬영이나 녹화 등에 종속적으로 수반되거나 우연히 배경으로 포함되는 경우 등과 같이 부수적으로 이용되어 그 양적·질적 비중이나 중요성이 경미한 정도에 그치는

---

33 대법원 2014.01.29. 선고 2012다73493 판결.

것이 아니라 새로운 저작물에서 원 저작물의 창작적인 표현형식이 그대로 느껴진다면 이들 사이에 실질적 유사성이 있다."[34]고 판단하고 있다. [그림 10-5]에서처럼 실질적 유사성은 충분하나 이는 알고리즘을 반영한 화풍(畵風)을 적용한 것이기 때문에 저작권 침해로 판단하기 어렵다. 인공지능이 만들어 낸 결과물도 다수가 이와 같은 유형의 결과물일 가능성이 크다. 고흐의 화풍을 적용한 알고리즘은 그 범위를 벗어나기 어렵기 때문이다.

[그림 10-5] 고흐의 화풍을 적용한 결과물

출처: 동아사이언스(2016).

이처럼 인공지능이 만들어낸 결과물에 대해서는 의거성 및 실질적 유사성의 판단이 문제가 될 수 있다. 다만, 로봇이 학습한 내용을 결과물에 반영될 수 있을 것이다. 즉, 인간의 고유한 특성과 작가의 스타일이 유사할 가능성도 적지 않기 때문에 이에 따른 의거성을 판단할 수 있을 것이다.[35] 그렇지만, 스타일이라는 것은 아이디어의 영역이기 때문에 저작권법상 보호받지 못한다. 인공지능이 만들어낸 결과물에 대해서는 의거성에 대한 판단을 할 수 있지만, 그 결과물의 실질적 유사성을 판단하기는 쉽지 않을 것이다. 물론, 소송(訴訟)의

---

34 대법원 2014.08.26. 선고 2012도10786 판결.
35 "인공지능이 참조 또는 학습한 빅데이터에서 원고 작품이 들어가 있으면 즉시 의거라고 말할 수 있을까에 대해서도 논의의 여지가 있다."고 한다. 「次世代知財システム檢討委員會 報告書(案)～デジタル・ネットワーク化に対応する次世代知財システム構築に向けて～」, 知的財産戦略本部 檢証・評価・企画委員会 次世代知財システム檢討委員會, 平成２８年４月, 29頁.

제기에 있어서도 인간이 로봇에게 저작권 침해를 주장하는 구조이나 실상은 인공지능을 제작하거나 개발한 사람에게 책임을 묻게 될 것이다. 더 나아가 인공지능과의 공동불법행위책임에 대한 논의가 이루어질 가능성도 있다. 마찬가지로, 도구적으로 사용된 경우라면 로봇이 아닌 이를 사용한 사람에게 책임을 묻게 될 것이다.[36]

다. 인공지능이 만들어낸 것을 사람이 만든 것으로 표시한 경우

인공지능이 가져올 혁신은 생산성(productivity)을 높이게 될 것이다. 전통적인 산업혁명에 따른 생산성은 점진적인 상승을 가져왔다면, [그림 10-1]은 기계학습을 통하여 예측할 수 있는 생산성은 기하급수적인 상승을 이끌 것임을 보여준다. 특히, 인공지능 중심으로 이루어질 정보재의 생산성은 정보독점에 대한 새로운 사회문제를 일으킬 가능성도 있다.

이러한 상황에서 확립되지 않은 인공지능과 관련된 저작권 쟁점에서 여러 가지 대안이 제시될 수 있을 것이다. 예를 들면, 저작권 등록제도를 보완하거나 보호기간을 차별화하거나 또는 배타적 독점권보다는 채권화하거나 공정이용 규정을 새롭게 정리하는 것을 예로 들 수 있다. 다만, 현행 법률의 해석으로 가능한 내용에 대해 검토하기로 한다. 인공지능이 만들어낸 결과물을 사람이 만든 것처럼 표시하는 경우는 정보의 독점 등 새로운 사회문제를 야기(惹起)시킬 수 있기 때문에 이에 대해 살펴보고자 한다.[37]

인공지능과 관련된 저작권 문제에 대응할 수 있는 한 가지 방법은 저작권법상 허위표시죄를 적용하는 것이다.[38] 인공지능의 소유자 등이 인공지능이 만

---

36 "계약관계가 문제되지 않는 상황에서 지능형 로봇이 제3자에게 손해를 가한 때에는 불법행위로 인한 손해배상책임이 문제된다. 그런데 현행법상 물건인 지능형 로봇은 고의 또는 과실로 인한 위법행위로 타인에게 손해를 가한 자(민법 제750조)가 될 수 없어 불법행위책임을 지지 않는다. 이처럼 불법행위능력이 없는 기계에 의한 법익침해에 있어서는 피해자가 로봇의 운용자 또는 제조업자를 상대로 불법 행위책임을 물을 수밖에 없다." 김진우, 지능형 로봇에 대한 사법적 규율, 법조 제723호, 2017.6, 33면.

37 "'인공지능 창작물이다'고 밝힌 경우를 제외하고는 자연인에 의한 창작물과 마찬가지로 취급되어 그 결과 '지식재산권으로 보호되는 창작물'이 폭발적으로 증가하는 상황이 될 가능성이 있다."고 한다. 「次世代知財システム檢討委員会 報告書(案)〜デジタル・ネットワーク化に対応する次世代知財システム構築に向けて〜」, 知的財産戦略本部 檢証・評価・企画委員会 次世代知財システム檢討委員会, 平成２８年４月, 22頁.

38 저작권법 제137조(벌칙) ① 다음 각 호의 어느 하나에 해당하는 자는 1년 이하의 징역 또는

들어낸 결과물을 사람이 만들어낸 경우로 표시하는 경우라면 허위표시죄의 적용이 가능하다. 인공지능이 만들어낸 결과물을 고의로 사람이 만든 것으로 표시하는 경우에는 다음과 같은 경우를 들 수 있다. 첫째, 인공지능이 만들어낸 것에 대해 인공지능을 포함한 저작자 아닌 자를 저작자로 하여 실명·이명을 표시하여 저작물을 공표하는 경우. 둘째, 인공지능이 실연한 것에 대해 인공지능을 포함한 실연자 아닌 자를 실연자로 하여 실명·이명을 표시하여 실연을 공연 또는 공중송신하거나 복제물을 배포하는 경우이다. 그렇지만, 이러한 두 가지 경우에는 저작권법이 금하고 있는 허위표시죄에 해당한다(제137조). 이러한 점 때문에 현재 많은 언론사에서 로봇 기자가 작성하는 기사를 인공지능이 아닌 언론사 내지 언론사의 특정인의 성명을 표시하는 경우에는 문제가 될 수 있다.

라. 인공지능 창작물에 대한 부정경쟁방지법의 적용 검토

(1) 부정경쟁방지법 일반조항의 성립

지식재산권은 기본적으로 자유로운 이용이 가능하나 특허법, 저작권법 등 예외적으로 보호대상이 되는 경우에는 이용허락이 필요(必要)하다. 물론, 그동안 지식재산법제의 적용이 어려운 경우에는 민법상 불법행위법리의 적용이 가능했지만, 부정경쟁방지법 개정으로 지식재산 관련 분쟁에서는 불법행위법의 적용은 거의 배제될 것으로 보인다.[39]

개정된 부정경쟁방지법은 "타인의 상당한 투자나 노력으로 만들어진 성과 등을 공정한 상거래 관행이나 경쟁질서에 반하는 방법으로 자신의 영업을 위하여 무단으로 사용함으로써 타인의 경제적 이익을 침해하는 행위"로 규정하

1천만원 이하의 벌금에 처한다.
1. 저작자 아닌 자를 저작자로 하여 실명·이명을 표시하여 저작물을 공표한 자
2. 실연자 아닌 자를 실연자로 하여 실명·이명을 표시하여 실연을 공연 또는 공중송신하거나 복제물을 배포한 자

39 실제로도 "카목 제정 전까지는 부정경쟁방지법의 영역의 확장은 제한될 수밖에 없고, 민법상 불법행위 영역으로 해결이 가능한 부분들도 상당 부분 남아 있었지만, 카목의 제정과 시행 이후에는 부정경쟁방지법이 포섭할 수 있는 부정경쟁행위의 범위가 넓어지게 되었고, 반사적으로 민법상 불법행위 영역의 비중은 줄어들게 되었다."고 한다. 손천우, 부정경쟁방지법 제2조 제1호 (카)목이 규정하는 성과물 이용 부정경쟁행위에 관한 연구, 사법 제55호, 2021.3, 1003면.

고 있다. 이는 네이버 대체광고 사건의 판결 결과를 입법화한 것이다. 동 사건에서 대법원은 "경쟁자가 상당한 노력과 투자에 의하여 구축한 성과물을 상도덕이나 공정한 경쟁질서에 반하여 자신의 영업을 위하여 무단으로 이용함으로써 경쟁자의 노력과 투자에 편승하여 부당하게 이익을 얻고 경쟁자의 법률상 보호할 가치가 있는 이익을 침해하는 행위는 부정한 경쟁행위"[40]에 대해서 불법행위를 인정한다고 판시한 바 있다. 다만, 일반조항(一般條項)은 지식재산권법만이 아닌 상당한 투자가 이루어진 부정경쟁에 대해서도 적용될 수 있다는 점에서 지식재산권법의 취지를 훼손(毀損)할 수 있다는 비판도 있다.[41]

(2) 부정경쟁방지법의 목적규정과 적용

지식재산 관련 문제에서 민법상 불법행위에 대한 검토 이전에 부정경쟁방지법상 행위 유형에 해당하는지 검토가 필요하다. 그렇지만, 부정경쟁방지법의 목적은 표시 등의 부정한 사용 등을 규제하는 법률이기 때문에 목적규정의 변경 없이 일반적인 지식재산권법까지 적용하는 것은 한계가 있다. 부정경쟁방지법의 목적규정은 국내에 널리 알려진 타인의 상표·상호 등을 부정하게 사용하는 등의 부정경쟁행위와 타인의 영업비밀을 침해하는 행위를 방지하여 건전한 거래질서를 유지함에 있다. 동 규정은 기본적으로 표시를 부정하게 사용하는 경우를 전제하는 것으로, 일반적인 불법행위 전반에 적용될 수 있는 법률이 아니다. 목적규정에서 '등'이라는 포괄적인 규정을 통하여 확대해석할 여지가 크기 때문에 목적규정의 명확성 원칙에 벗어난 것이다. 목적규정은 해당 법률을 관통하는 철학과 가치가 내재된 것이어서 명확하지 않으면 향후 해석상 불명확성으로 인한 분쟁이 예상된다. 이처럼, 목적규정은 "단순한 형식적인 것이

---

40 "경쟁자가 상당한 노력과 투자에 의하여 구축한 성과물을 상도덕이나 공정한 경쟁질서에 반하여 자신의 영업을 위하여 무단으로 이용함으로써 경쟁자의 노력과 투자에 편승하여 부당하게 이익을 얻고 경쟁자의 법률상 보호할 가치가 있는 이익을 침해하는 행위는 부정한 경쟁행위로서 민법상 불법행위에 해당하는 바, 위와 같은 무단이용 상태가 계속되어 금전배상을 명하는 것만으로는 피해자 구제의 실효성을 기대하기 어렵고 무단이용의 금지로 인하여 보호되는 피해자의 이익과 그로 인한 가해자의 불이익을 비교·교량할 때 피해자의 이익이 더 큰 경우에는 그 행위의 금지 또는 예방을 청구할 수 있다." 대법원 2010.8.25. 자 2008마 1541 결정.

41 지식재산권의 부정경쟁방지법의 적용에 대해서는 이상현, "불법행위 법리를 통한 지적 창작물의 보호", LAW&TECHNOLOGY 제11권 제4호, 2015.7; 박성호, "지적재산법의 비침해행위와 일반불법행위", 정보법학 제15권 제1호, 2011.4 등 참조.

아니고 법률을 보는 국민에 대하여, 그 법률의 이해를 용이하게 하는 동시에 각 규정의 해석지침을 주는 중요한 의의를 가지고 있다."[42]고 한다.

상표 등의 표시에 대한 부정경쟁 행위 규제를 위한 법률이 일반적인 지식 재산까지 적용되는 것은 지극히 불합리하다. 더욱이, 아이디어 영역에 대해서까지 적용하는 것은 법률의 과도한 적용이라고 판단된다. 부정경쟁방지법이 일반조항으로서 역할(役割)을 수행하기 위해서는 목적규정을 손질하여야 한다. 물론, 다른 법률과의 관계를 규정한 내용에 따라 적용가능성을 주장할 수 있을 것이다.[43] 그러나, 앞서 살펴본 바와 같이 목적규정은 법 전반적으로 관통하는 이념과 가치를 담아내고 있기 때문에 입법목적에 대한 반영이 필요하다. 인공지능이 만들어낸 결과물에 대해서는 다양한 법적 쟁점이 예상되고, 소송에서도 적용사례가 적지 않을 것으로 예상되기 때문이다.

(3) 부정경쟁방지법의 적용과 한계

목적규정의 한계에도 불구하고, 부정경쟁방지법 적용의 실질적인 이유는 인공지능이라는 투자에 대한 저작권법적 검토는 보호가 어려운 면이 있어, 자칫 법적 안정성을 해할 수 있기 때문이다. 인공지능은 적지 않은 투자(投資)가 이루어질 필요가 있는 분야이기 때문에 투자에 따른 보상은 필요하다. 기술발전에 따른 인센티브론과 창작적 기여론의 대립적 확장이 인공지능 분야에서도 다르지 않게 나타나는 현상이다. 인공지능 기술에 대한 투자도 경쟁적으로 이루어지고 있기 때문에 그에 따른 보상을 어떻게 할 것인지는 구체적인 논의가 필요하다. 현재로서는 알고리즘이 작성한 경우에 저작권을 누구에게 귀속할 것인지 명확하지 않고, 저작권법상 보호받기 어렵기 때문에 누구라도 사용할 수 있다는 결론에 이르게 되기 때문이다. 이는 해석상 당연하게 인식될 수 있으나 언론사에서는 상당한 투자를 통하여 도입한 알고리즘의 결과물을 보호받지 못하는 것에 대해 부정적일 수밖에 없다. 경쟁사업자의 경우에는 부정경쟁방지법

---

42 江口俊夫(정완용 역), 신상표법해설, 법경출판사, 1989, 21면.
43 부정경쟁방지법 제15조(다른 법률과의 관계) ① 특허법, 실용신안법, 디자인보호법, 상표법, 농수산물 품질관리법, 저작권법 또는 개인정보 보호법에 제2조부터 제6조까지 및 제18조제3항과 다른 규정이 있으면 그 법에 따른다.
　② 독점규제 및 공정거래에 관한 법률, 표시·광고의 공정화에 관한 법률 또는 형법 중 국기·국장에 관한 규정에 제2조제1호라목부터 바목까지 및 차목, 제3조부터 제6조까지 및 제18조제3항과 다른 규정이 있으면 그 법에 따른다.

상 (파)목을 통하여 손해배상을 받을 수 있으나 여전히 저작자를 누구로 할 것인지에 대해서는 해결될 수 없기 때문이다. 여기에 더하여 개인이 사용하는 경우에는 부정경쟁행위에 해당되지도 아니한다는 한계도 있음을 고려해야 한다.[44]

---

44 김윤명, 인공지능과 법적 쟁점, 이슈리포트 2016−005, 소프트웨어정책연구소, 2016, 18면.

제11절 SW특허와 인공지능

1. SW로서 인공지능

가. SW DNA를 가진 인공지능

인공지능이 가장 잘 할 수 있는 분야 중 하나는 SW 개발이다. 인공지능 자체가 SW라는 점에서 SW는 인공지능이 갖는 실체이자, DNA이기 때문이다. 수많은 SW기업은 오래전부터 SW를 개발하는 SW를 개발 중이다. 플랫폼 기업이나 SW기업의 궁극적인 목표는 인간이 개발하는 SW가 아닌 인공지능이 개발하는 SW가 아닐까? 인공지능이 지식재산과 관련하여 다양한 일들을 해나가면서 나타나는 문제는 다양하다. 인공지능이 개발하거나 발명한 결과물은 누구에게 그 권리가 귀속되어야 하는가? 인공지능이 발명의 주체가 될 수 있을까? 인공지능이 발명한 SW도 발명자로서 특허를 받을 수 있을까? 인공지능의 개발에 대해 어떻게 대응할 것인지는 정책당국의 고민스러움이 아닐 수 없다.

2019년, 발명의 주체를 다부스(Device for the Autonomous Bootstrapping of Unified Sentience; 이하 DABUS라 함)라는 인공지능으로 하는 특허출원이 신청된 바 있다. 결론적으로, 인공지능을 발명자로 하여 출원된 특허신청이 거절되었다. 왜 그랬을까? 이에 대한 답을 찾기 위해서는 발명자권을 인간에게만 부여하는 발명진흥법 내지 특허법을 살펴볼 필요가 있다. 물론, 인공지능이 창작의 주체로서 그 지위를 갖게 되는 경우라면, 제4절에서 살펴본 바와 같이 권리와 의무의 주체로서 역할과 크게 다르지 않다. 다만, SW로서 인공지능은 SW라는 특성이 반영된 것이기 때문에 SW특허에 대한 법적, 정책적 고민의 연장(延長)에 있다.

나. SW 및 SW산업의 특성

(1) SW의 정의

SW 관련 기본법인 소프트웨어 진흥법에서는 SW를 "컴퓨터, 통신, 자동화 등의 장비와 그 주변장치에 대하여 명령·제어·입력·처리·저장·출력·상호작용이 가능하게 하는 지시·명령(음성이나 영상정보 등을 포함한다)의 집합과 이를 작성하기 위하여 사용된 기술서(記述書)나 그 밖의 관련 자료"로 정의내리고 있다. 이 정의를 보면 SW는 HW에 종속되어서 기능을 수행하는 지시, 명령의 집합으로 이해될 수 있다. 이는 상당히 추상적(抽象的)이며, 소프트웨어 진흥법으로 개정되기 전 법령인 소프트웨어 개발촉진법에서 정의되었던 프로그램과 SW의 정의가 훨씬 직관적이었다. 즉, 소프트웨어 개발촉진법에서는 프로그램을 "특정한 결과를 얻기 위하여 컴퓨터 등 정보처리능력을 가진 장치 내에서 직접 또는 간접으로 사용되는 일련의 지시·명령으로 표현된 것"으로 정의하였고, SW는 "프로그램과 이를 작성하기 위하여 사용된 설계서·기술서 기타 관련 자료"로 정의되었다. 다만, 설계서나 기술서 등을 포함한 관련 자료가 SW의 개념에 포함되는 것인지는 의문이다. SW는 프로그램 언어로 작성된 알고리즘(해법)이며, 이를 표현한 지시 및 명령어의 조합 내지 집합체를 의미하는 것이기 때문이다.[45] 직관적으로는 HW의 반대 개념이 SW라고 볼 수 있다는 점에서 그러하다.

나까야마 노부히로(中山信弘) 교수도 소프트웨어 진흥법과 같이 설계도 등도 SW에 당연하게 포함된다고 하나,[46] 그 구체적인 이유를 적지는 않고 있다. 추측컨대, 실무적으로 SW의 개발에 있어서 설계도는 프로그래밍을 이끌어내는 기본 요소이기 때문에 SW에 준해서 본다는 취지라고 생각한다.[47] 그렇다면, 소프트웨어 진흥법상 SW의 정의는 현재의 SW 환경에 맞는지 의문이다. 물론, HW에 종속되는 경우도 있지만 HW를 활용하는 것이 주된 역할이기 때문에 SW의 정의는 개선될 필요성이 적지 않다. SW가 다양한 정보통신기술과 융합하면서 그 가치를 높여가고 있는 와중에 SW에 대한 전통적인 개념에서 탈피하

---

45 전통적으로 SW는 패키지 SW, IT서비스, 임베디드 SW 등으로 분류된다. 다만 SW의 범주는 전통 SW를 포함하여 포털과 같은 SW 플랫폼, 게임SW, SNS와 같은 소셜SW, SaaS와 같은 SW 서비스 등이 포함되는 개념으로 확장되고 있다.

46 이에 대해 中山信弘 교수는 "SW란 프로그램을 작성하고 실행시키기 위한 시스템이라고 말할 수 있고, 요약하면 컴퓨터의 사용방법이라고 말할 수 있을 것이다. 그 중심은 프로그램이지만, 프로그램만이 SW라고 할 이유는 없고, 시스템 설계도·순서도·매뉴얼 등도 SW에 포함된다."고 한다. 中山信弘, 특허법, 법문사, 2001, 106-107면.

47 설계도를 바탕으로 SW가 개발되었다면, 해당 SW는 설계도의 2차적 저작물로 볼 수도 있을 것이다.

여, 보다 광범위하게 사용될 수 있는 개념으로 조정할 필요가 있다.

(2) SW로서의 특성

SW는 누구나 개발이 가능함에 따라 개발의 민주화(民主化)를 이끌어 내고 있다. 더욱이 구글 플레이나 애플 앱스토어와 같은 글로벌 유통 플랫폼까지 손쉽게 접근 가능함으로써 판로까지 확보할 수 있다는 장점까지 갖는다. 이러한 SW가 갖는 특성을 다음과 같이 몇 가지로 정리할 수 있다. 첫째, 다양한 플랫폼을 통하여 그 확산속도가 빠르다. 둘째, 자동차, 항공·우주, 가전 등 타산업과 응용을 통하여 발전해 가고 있다. 셋째, 특정 HW가 아닌 범용 환경에 맞게 디바이스 독립적인 형태로 발전하고 있다. 넷째, SW 자체는 사회나 산업의 기반구조이며, 누구나 이용할 수 있는 공공재적 성격을 갖는다. 다섯째, 검색과 같은 빅데이터와 같은 데이터 기반의 서비스로 확대되고 있다. 여섯째, 컴퓨팅 능력의 향상에 따라 기계학습을 통하여 지능화되고 있다.

(3) SW의 산업적 특성

다른 기술 분야에서도 동일하게 주장될 수 있겠지만, 무엇보다도 SW는 누적된 기술을 바탕으로 새로운 혁신을 이루어가고 있다.[48] 개량 특허의 대표적인 사례는 기술 분야에 대한 누적된 기술을 바탕으로 새로운 효과를 높임으로써 기술적 진보를 가져올 수 있다. SW도 대표적으로 누적된 기술을 바탕으로 한다는 점에서 차별성을 가질 수 있지만, 특허 정책적 측면에서 볼 때 달리 구분할 실익은 크지 않을 것으로 보인다. 다만, 기술적 특성에 따른 문제가 제기되기도 한다.[49]

SW산업이 누진적·점진적 특성을 갖기 때문에 특허가 SW산업 발전을 저해한다고 주장하나 이는 지나친 우려이다. 점진적 기술 진보에 의한 발전은

---

48 "특허발명은 대부분이 출원전의 기술 수준이 누적되고 개량되어 만들어진 기술적 사상의 창작품이라 할 수 있다. 따라서 선행기술, 즉 공기기술은 통상의 기술자에게 쟁점이 되는 청구항이 어떻게 이해되는지에 관하여 알아보기 위하여 참조될 수 있다."고 한다. 특허법원 지적재산소송실무연구회, 지적재산 소송실무, 박영사, 2010, 226면.

49 즉, SW 관련 기술은 일반적으로 "누적적, 연속적으로 발전하는 특성을 지니고 있고, 새로운 요소, 기존의 요소 등을 변형 또는 재사용하는 것이 빈번하며, 프로그램, 시스템, 네트워크 요소들 간의 상호운용성을 유지해야 하기 때문에 후속개발자의 기술혁신이 제한되는 등의 특성이 있다."고 한다. 김기영, 소프트웨어 특허 침해에 대한 구제, LAW&TECHNOLOGY 제3권 제4호, 2007.7, 66면.

SW 분야에만 국한되는 것이 아니라 모든 기술 분야에서 발생하는 동일한 현상이며, 오히려 특허는 기술 공개를 수반하므로 공개된 기술에 기반하여 더 높은 수준의 기술 창출이 상대적으로 용이하기 때문이다. 또한, 특허로 보호받기 위해서는 진보성을 갖추고 있어야 하는데 SW의 기술혁신은 연속적, 점증적이라는 특성을 가지고 있다. 그렇기 때문에 SW는 특허요건으로서의 진보성 요건을 충족시키기가 쉽지 않다. 더욱이 특허로써 보호한다고 하더라도 특허권은 배타적 권리이기 때문에 누적적 연속적으로 발전하는 SW의 발전과정에 홀드업, 로열티 스토킹 등의 현상을 유발하여 SW의 발전을 오히려 정체(停滯)시킬 우려가 있다는 주장이 제기되곤 한다.[50] 반면, 다양한 기술이 공개됨으로써 퍼블릭도메인(public domain)으로 활용될 기술이 많아질 수 있다는 점도 중요한 특징이다.

(4) SW의 문화적 특성[51]

문화는 인간의 정신적인 산물이기 때문에 인위적인 육성은 문화다양성을 훼손할 수 있다. 따라서 문화적인 성숙을 위해서는 토대를 마련하는 것이 합리적인 정책이 될 수 있다. SW도 문화적 경험의 산물이기 때문에 SW 관련 문화활성화를 위해서는 기반조성을 정책적 목표 수립할 필요가 있다. 소프트웨어진흥법의 개정을 통하여 SW를 성장시킬 수 있는 기본이념을 다음과 같이 제시할 수 있다.

"소프트웨어가 국가의 발전과 개개인의 삶의 질을 향상시키기 위한 중요한 요소임을 인식하고 안전한 소프트웨어사회의 구현, 품질 확보, 소프트웨어가 자생할 수 있는 토대를 마련함으로써 정당한 지식재산권을 인정받도록 하여 소프트웨어 문화를 확대함으로써 소프트웨어가 우리 사회의 혁신을 이끌어낼 수 있도록 하는 것을 기본이념으로 한다. 이러한 이념에 근거하여, 정부는 적극적으로 소프트웨어 문화를 조성하기 위한 시책을 마련할 필요가 있다."

아울러, SW문화의 정의는 구조적으로 정의 내릴 수 있다. SW문화는 SW

---

50 구대환, 컴퓨터프로그램 기술혁신의 효과적인 보호를 위한 제언, 창작과권리 제62호, 2011, 166－167면.
51 김윤명, 소프트웨어의 문화적 가치－산업을 넘어 문화적 프레임을 제안하며, 월간SW중심사회, 2016.7월호.

를 개발하거나 활용하는 과정에서 문화가 형성될 수 있으며, 누적적이며 점진적인 SW의 특성이 반영될 수 있다. 이러한 특성을 고려하여, SW문화를 "소프트웨어를 개발하거나 활용하는 과정에서 형성된 사회구성원들의 행동방식, 가치체계, 규범 등의 생활양식"으로 정의할 수 있다.

2020년 개정된 소프트웨어 진흥법에서는 SW문화에 대한 정의나 기본이념에 대해서 규정하지는 않고 있다. 다만, SW문화 조성을 위하여 SW의 이용과 개발과 관련된 별도 조항을 두고 있다.[52]

2. SW의 보호와 특허제도

가. 특허법의 목적과 기술혁신

(1) 특허법의 목적

특허법은 발명을 보호·장려하고 그 이용을 도모함으로써 기술발전을 촉진하여 산업발전에 이바지함을 목적으로 한다.[53] 즉, 특허의 보호를 목적으로 하는 것이 아닌 자연법칙(自然法則)을 이용한 기술적 사상의 창작으로서 고도(高度)한 것인 발명을 보호하고 장려하는 것이다. 특허법의 또 다른 목적은 발명의 이용을 도모한다는 것이다. 창작된 발명을 이용하여 제3자가 개량하여 또 다른 발명을 만들 수 있는 바탕이 되거나 창작된 발명을 기술사업화 하는 것을 의미한다.[54]

---

52 소프트웨어 진흥법 제36조(소프트웨어 문화 조성) ① 국가와 지방자치단체는 소프트웨어에 대한 국민의 이해와 지식수준을 높이고 소프트웨어가 국민생활 및 사회 전반에 널리 이용될 수 있도록 노력하여야 한다.
② 과학기술정보통신부장관은 개방과 공유, 협력을 바탕으로 한 소프트웨어 개발 문화가 확산되도록 노력하여야 한다.

53 "발명의 보호와 이용은 반드시 산업발전이라는 특허법의 목적을 달성할 수 있도록 운용되어야 하고 그러한 견지에서 특허권자는 특허권을 받는 반대급부로 이미 공중의 지식이 아닌 새로운, 즉 신규한 발명을 출원·공개하여야 한다. 그 신규한 발명이 공중의 지식을 살찌우고 공중의 이용을 유도하여 궁극적으로 산업발전에 이바지하게 되는 것"이라고 한다. 정차호, 특허법의 진보성, 박영사, 2014, 178면.

54 개량발명제도 등 "오늘날 상당수의 발명은 기존의 특허발명을 기초로 하여 이를 발전시킨 이른바 개량발명에 해당하고, 위와 같은 개량발명에 별도로 특허가 부여되었더라도 이를 실시하는 자는 원 발명에 대한 침해를 구성하기 때문에 원 발명 특허권자의 허락을 얻어야 한다. 따라서 이른바 원천기술에 해당하는 개척발명은 다양한 후속발명에 대하여 이용관계에

특허법의 목적은 여기에만 머무르지 아니한다. 발명의 보호·장려·이용을 통하여 기술촉진을 이끌어내는 것이 또 하나의 목적이다. 발명이라는 기술적 사상이 창작되는 과정을 거치면서 보다 진보된 기술이 나타날 수 있기 때문이다. 이처럼 발명은 이용하는 과정에서 기술혁신을 이끌어내는 역할을 한다.[55] 물론, 기술의 진보나 혁신 자체가 아닌 그 진보를 통하여 만들어진 기술은 관련 산업을 발전시키게 된다. 보호 및 장려를 통하여 만들어진 발명을 이용함으로써 기술혁신을 가져오고 결과적으로 산업은 발전하며, 국민경제에 기여하는 것이 특허법의 궁극적인 목적이다.[56] 공공의 이익을 위하여 발명에 대해 독점권을 부여하고, 대신 해당 기술을 공개하고 실시하도록 의무를 부여하는 것이 특허제도의 기본적인 취지이다. 현실적으로 많은 사람들이 특허법이 특허만을 보호한다는 것으로 오해(誤解)하고 있으나, 이는 특허제도를 운영하는 과정에서 정책의 형평을 맞추지 못한 점에서 기인한 것이다.[57] 향후, 특허권 및 저작권을 포함한 지식재산권 정책에서는 보호는 물론 이용을 통하여 문화나 관련 산업의 발전을 이끌 수 있어야 한다.[58]

(2) 기술혁신

특허법의 목적이 발명의 장려를 통하여 기술촉진을 이끌어내는 것임을 확인하였다. 기술혁신이나 촉진을 통하여 국민경제의 발전이라는 궁극적인 제도

있으므로 그만큼 많은 후속발명자로부터 실시료를 지급받을 수 있게 되는 바, 원천기술 내지 개척발명이 기술적, 경제적으로 큰 가치를 가진다는 점을 여기서도 엿볼 수 있다."고 한다. 조영선, 특허법(제4판), 박영사, 2013, 417면.

[55] "특허발명의 강제실시에 관한 규정도 연구시험의 예외와 마찬가지로 특허법의 목적에 해당되는 발명의 이용 및 기술발전의 촉진을 효율적으로 달성하기 위해서 필연적으로 요구되는 제도적 장치"라고 한다. 정상조·박성수 공편, 특허법 주해Ⅰ, 박영사, 2010, 20면.

[56] "특허법의 법목적은 발명과 경쟁이 모순충돌의 관계에만 있는 것이 아니라 상호보완할 수 있다는 전제로 하고있다는 것"이라고 한다. 손경한 편저, 신특허법론, 법영사, 2005, 41면.

[57] 참고로, 저작권법은 저작권 및 인접한 권리의 보호 및 공정한 이용을 도모함으로써 문화 및 관련 산업의 발전을 목적으로 한다. 많은 사람이 오해하고 있는 것처럼, 저작권법은 저작권자만을 위한 법이 아니다. 이런 오해를 해소하기 위해서는 저작권의 보호 및 이용을 통하여 문화 및 산업의 발전을 이끌어냄을 목적으로 한다는 점을 이해할 필요가 있다. 이런 점에서 특허법의 목적도 저작권법과 다르지 않음을 알게 된다.

[58] "특허법은 산업정책적 성격이 강한 법률이며 그 목적은 산업발전이다. 산업발전을 위해서는 발명의 장려가 필요하고, 이를 위해 특허법은 기술정보의 독점적 이용을 허락하여 그 이익을 얻도록 함으로써 발명개발에 인센티브를 부여한다. 그 목적은 무엇보다도 산업발전이며 전자상거래 관련발명 특허도 이러한 구조 내의 특허라는 점을 유의하여야 한다."고 한다. 손경한 편저, 사이버지적재산권법, 법영사, 2004, 394면.

적 취지를 달성하게 된다. 기술혁신이나 촉진이 갖는 의미는 다양하다.[59] 단순하게 개선이 이루어진 경우라도 그 가치가 높은 경우도 있지만, 수많은 자본이 투여된 경우라도 그 가치를 인정받기 어려운 경우도 있기 때문이다. 결국 가치의 판단은 시장에서 이루어질 수밖에 없다.

특허제도는 기술의 혁신을 가져오는가? 이러한 본질적인 의문은 여전히 해소되지 않고 있다. 더욱이 특허제도와 같은 기술보호수단이 사회적 편익을 가져오는 것인지에 대해 여전히 의문을 갖는다는 점에서 그렇다.[60] 기술혁신은 다양한 기술의 공개(公開)를 통하여 아이디어를 얻고, 그 아이디어를 계량함으로써 보다 진보한 기술을 개발할 때 일어난다. 모든 기술이 기존에 없던 것이 아닌 기존에 존재한 기술을 개량함으로써 기술적 진보가 일어난다. 특허의 확대가 초기에는 새로운 영역의 개발을 유도한다. 그러나, 누적(累積)된 특허는 후발자에게는 부담이 될 수 있으며, 경우에 따라서는 소송의 증가를 가져올 수 있다.[61] 따라서, 기술을 독점권으로 보호하면 초기의 시장을 형성할 수 있다는 장점을 갖게 되지만, 그동안 유지되어왔던 시장에도 혁신이 저해되는 등 적지 않은 영향을 미치게 된다.

앞서 살펴본 바와 같이, 특허법은 발명의 장려와 이용을 통하여 기술발전을 이끌어내는 것을 목적으로 한다. 발명의 장려나 보호만이 아닌 이용을 통하여 기술발전을 이끌어 낼 수 있다는 명제를 선언하고 있다. 물론, 특허 출원된 기술사상은 공개되기 때문에 누구라도 참조할 수 있다. 그렇기 때문에 발명을 장려하고, 특허 출원토록 함으로써 기술사상을 외부에 공개하고, 해당 기술의 존재여부를 확인함으로써 중복개발의 문제를 해소할 수 있게 된다.

제도적인 형식논리로 볼 때, 기술혁신의 판단은 발명특허의 신규성과 진

---

59 독점은 상대 기업의 시장진출을 차단하여 기술혁신을 저해하고 스스로도 경쟁이 요인을 사라지게 함으로써 기술혁신의 악순환을 가져올 수 있다. 물론 상대 기업도 기술혁신을 통하여 독점기업을 넘어설 가능성도 있겠지만, 현실적인 재원이 소요되는 기술개발에서 쉽지 않다.

60 William M. Landes et al., 지적재산권법의 경제구조, 일조각, 2011, 461면.

61 "1980년 무렵, 미국은 신약 개발의 기초가 되는 다양한 의학 연구 수단과 시약에 특허를 출원할 수 있도록 허용하기 시작하였다. 특허 소유자는 자신이 발견한 것을 다른 사람들이 이용하지 못하게 막을 수 있었다. 긍정적인 측면에서는 소유권의 범위가 확대됨으로써 생명공학 혁명이 시발되었다. 사기업들은 이익을 기대하면서 기초과학에 돈을 쏟아 부었다. 그러나 예기치 않은 부작용도 일으켰다. 특허가 누적됨에 따라 신약 개발 속도를 둔화시키는 가상 요금소 같은 작용을 하기 시작한 것이다." Michael Heller, 소유의 역습 그리드락, 웅진지식하우스, 2009, 25면.

보성의 유무로 확인할 수 있다.[62] "특허법의 신규성과 진보성 등의 요건은 특허발명의 보호를 통하여 기술발전을 촉진하고 장려하는 기능을 수행"[63]하기 때문이다.

[그림 11-1] 기술혁신을 위한 3가지 축[64]

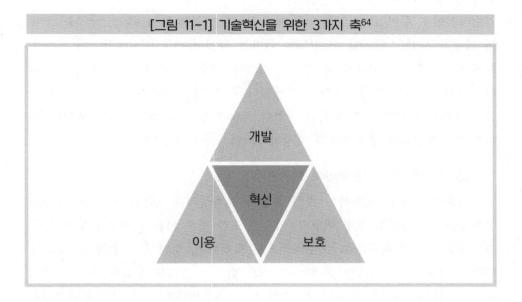

특허제도는 "새로운 기술을 창작한 자에게 일정기간 독점적 이익을 부여

---

62 진보성 유무를 가늠하는 창작의 난이의 정도에 대한 확립된 판단기준은 없으나 적어도 특허등록된 기술의 작용효과가 선행기술의 작용효과에 비하여 현저하게 향상 진보된 것인 때에는 기술의 진보발전을 도모하고자 하는 특허제도의 목적(특허법 제1조)에 비추어 일응 발명의 진보성을 인정하는 것이 타당하다 할 것이고(대법원 1983.4.26 선고82후72 판결; 1989.7.11.선고 88후516 판결 참조) 특허등록된 기술의 작용효과가 선행기술의 작용효과에 비하여 현저하게 향상진보된 것이 아닌 때에는 발명의 진보성을 결여한 것이라고 보아야 한다. 또한 등록된 발명이 공지공용의 기존기술을 종합한 것인 경우에도 선행기술을 종합하는 데 각별한 곤란성이 있다거나 이로 인한 작용효과가 공지된 선행기술로부터 예측되는 효과 이상의 새로운 상승효과가 있다고 인정되고, 그 분야에서 통상의 지식을 가진 자가 선행기술에 의하여 용이하게 발명할 수 없다고 보여지는 경우 또는 새로운 기술적 방법을 추가하는 경우에는 발명의 진보성이 인정되어야 할 것이나(대법원 1987.9.29. 선고 85후25 판결; 1988.2.23. 선고 83후38 판결; 1989.7.11.선고 88후516 판결 참조) 그렇지 아니하고 공지공용의 기존기술을 종합하는 데 각별한 곤란성이 없다거나 이로 인한 작용효과도 이미 공지된 선행기술로부터 예측되는 효과 이상의 새로운 상승효과가 있다고 볼 수 없는 경우에는 발명의 진보성은 인정될 수 없다. 대법원 1989.11.24. 선고 88후769 판결[특허무효].
63 정상조·박성수 공편, 특허법 주해 I, 박영사, 2010, 15면.
64 특허는 개발, 보호 및 이용의 선순환 구조를 통하여 기술혁신을 이끌어낼 수 있다. 만약 어느 하나가 제대로 작동하지 못한다면 기술의 혁신이 가능하다고 보기 어렵다.

함으로써 창작의 노고에 보답하고, 그 독점기간이 끝나면 누구나 당해 기술을 이용하도록 함으로써 산업발전을 도모하는 제도이다. 그런데, 사업발명과 같은 것은 일정한 기간이 지나 낡은 것으로 되면 전혀 쓸모없게 된다."[65]는 특징이 있다. 산업상 필요한 기술이 독점(獨占)될 경우에 특허법이 목적으로 하고 있는 기술혁신이 이루어질 수 있는 것인지 의문이다. 다만, 특허제도는 공개를 통하여 기술적 사상을 활용할 수 있도록 한다는 점에서 새로운 시장에서의 투자유치에도 긍정적으로 평가될 수 있다.[66] 이처럼, 혁신의 원천은 "개개의 자원들보다는 자원들 간의 연결고리에서 발생한다."[67]고 한다. SW기술의 혁신도 어느 한 기업이나 하나의 기술이 아닌 다양한 기술과 인력 간 직간접적인 협력을 통하여 이루어졌다는 점을 SW의 특성과 그 역사가 반증한다.

(3) SW특허와 기술혁신의 상관관계

기술은 매순간 변화하는 것이 본질적인 속성이다. 변화하지 않는 기술은 실용성을 갖추었다고 보기 어렵다. 기술은 또한 기존 기술의 개량을 통하여 발전하기도 한다.[68] 특히, SW는 누적적으로 발전하며, 호환성, 표준화 등 상호보완적 역할을 한다. 이러한 점 때문에 어느 한쪽이 권리를 강화할 경우에 상호보완적 역할은 훼손될 수 있으며, 결과적으로 SW생태계 또한 약화될 수 있다.

무엇보다, SW는 실시를 통하여 관련 기술을 공유함으로써 기술발전을 이끈다. 그러나, 보호는 상대의 실시를 제한하는 것이기 때문에 특허법의 목적달성을 어렵게 한다. 즉, 보호만을 위해 특허를 받게 되면 실시는 어렵게 되며, 원래 의도했던 기술진보 및 이를 통한 삶의 가치나 국민경제의 발전이라는 특허법의 궁극적인 목적을 달성하기 어렵게 할 수 있다.[69]

---

65 이상정, 컴퓨터소프트웨어 관련 특허의 인정 범위와 한계, 지적소유권법연구 제3집, 1999, 293면.
66 다만, 오랜 영역에서 누적되는 경우에는 새로운 기술이 투자되는 경향은 새로운 시장과는 차이가 있을 수 있다.
67 Melissa A. Schilling, 김길선 역, 기술경영과 혁신전략, McGraw-Hill, 2010, 21면.
68 "기술은 기본적으로 고정된 것이 아니라 계속 변하는 실제인 것이다. 그러한 관계로 정적인 의미를 갖는 기술이라는 용어보다 동적인 의미를 갖는 기술변화나 기술진보 혹은 기술혁신이라는 용어가 더 적합하게 사용된다."고 한다. 설성수, 기술혁신론, 법문사, 2011, 87면.
69 "저작권은 결코 독립적으로 이루어지는 것이 아니라 누적적으로 이루어지는 경우가 많다. 컴퓨터프로그램은 특히 이런 속성이 강하다. 이러한 저작권의 누적적 혁신의 속성은 후발저작자의 선발저작자의 권리침해의 문제보다, 선발저작자의 후발저작자의 저작활동을 저해하는 형태로 발생할 가능성을 높게 한다."고 한다. 최승재, 컴퓨터 프로그램보호와 저작권남용, IT

지금까지 SW 혁신은 기술 개방과 폐쇄를 통하여 상대적인 차이를 두고 발전해 왔다. 리눅스 등 오픈소스 SW가 대표적인 '개방형 혁신'을 시도한 주체라면, 애플이나 MS와 같은 상용 SW는 '폐쇄형 혁신'을 주도해 온 주체이다. 전자는 소비자의 욕구가 SW에 반영되어 새로운 SW가 개발되거나 주도적으로 개발하여 이용하는 경우이다.[70] 물론 후자도 API(Application Programming Interface)[71]를 개방하여, 어느 정도 오픈정책을 펴기는 하지만 자신의 본질적인 영역을 개방하지는 않는다는 점에서 폐쇄형 자기 혁신에 가깝다. 이처럼 SW는 자기 혁신과 개방형 혁신이 병존하는 시스템이라고 보나 효율성에 대해서는 시각차가 있다. 이러한 점에서 "컴퓨터프로그램은 독립적 혁신보다는 점진적인 혁신이 주를 이루며, 후속 혁신이 이루어지지 않을 경우 기술혁신이 정체되거나 기술 확산이 저해되어 사회적인 효율성을 저해할 우려가 높다."[72]는 지적은 합리적이다.

　　한동안 SW특허가 자연법칙을 이용한 것인지가 많은 논란이 있었다.[73] 이에 미국 특허법과 같이 발명의 정의를 개정할 것을 주장하기도 했다. 즉, 자연법칙을 요건으로 하는 정의는 유연한 특허제도를 이끌어낼 수 없다는 이유였다. 비즈니스 모델(BM)을 포함한 SW특허는 기술 내지 산업 트렌드에 민감하기 때문에 정책적으로 기술 수준을 완화(緩和)할 경우에는 부실특허가 양산될 가능이 커진다. 따라서, 분쟁 내지 무효에 대한 다툼이 급증할 수 있어 발명의 정의를 엄격하게 두고, 청구된 발명에 대해 심사 내지 사법적 판단을 통하여 쉽

와 법연구 제5집, 2011.2, 74면. 본 주장은 SW저작권을 염두에 둔 것이지만, 특허의 경우에도 다르지 않다.

70　"소비자들은 처음에는 혁신의 판매이익에 대한 의도를 가지지 않은 채 본인들이 실제로 사용하기 위해 창조하는 경우가 많다. 소비자들은 현재 존재하는 제품의 기능들을 변경하거나 새로운 디자인을 제조자에게 제안하기도 하며, 아예 새로운 제품을 만들기도 한다."고 한다. Melissa A. Schilling, 김길선 역, 기술경영과 혁신전략, McGraw-Hill Korea, 2010, 26면.

71　API(응용 프로그램 프로그래밍 인터페이스)는 응용 프로그램에서 사용할 수 있도록, 운영 체제나 프로그래밍 언어가 제공하는 기능을 제어할 수 있게 만든 인터페이스를 뜻한다. 주로 파일 제어, 창 제어, 화상 처리, 문자 제어 등을 위한 인터페이스를 제공한다. 위키백과, 2021.6.7.일자 검색.

72　최승재, 컴퓨터 프로그램보호와 저작권남용, IT와 법연구 제5집, 2011.2, 79면.

73　"자연법칙이라는 측면에 너무 치중하여 유용한 발명에 대해 특허를 부여하지 않거나 불필요하게 HW와 결합된 형태로서만 특허성을 인정하게 되면, 기술개발을 통하여 산업발전에 이바지한다는 특허제도의 본래의 취지에도 부응하지 못하는 결과를 초래하게 될 것"이라는 주장이다. 김순석 외, BM 특허 보호를 위한 법제도 개선방안, 정보통신부, 2002.12, 164면.

게 권리가 부여될 수 없도록 하는 것이 법정책적으로 타당하다.

나. SW의 보호방법

SW는 컴퓨터프로그램저작물로서의 성질을 갖는다. 또한, 소스코드 자체
및 설계서 등은 어문저작물로서 성질을 갖는다. 컴퓨터프로그램은 저작권법의
보호를 받기 위해서는 별도의 절차를 거치지 않기 때문에 보호가 용이하며, 국
제조약을 통하여 체약국 내에서 보호가 가능하다. 프로그램의 개발에 있어서도
선행권리가 있는지의 여부(與否)를 조사할 필요가 없다는 점이 장점이기도 하
다.[74]

이러한 장점과 달리, 몇 가지 문제가 있다. 즉, "컴퓨터프로그램은 쓰여진
것이지만 단순히 프로그래머의 사상이나 감정의 표현이 아니라 HW의 제약을
받으면서 효율성과 경제성, 사용의 용이성 등을 생각하여 창출된 기술적 산물
이기도 하며, 보호의 핵심은 그 기술 내용이다. 그런데, 저작권법은 기본적으로
표현만을 보호하는 것이어서 기술내용의 보호에는 적합하지 못하다."[75]고 지적
된다. 또한, 보호기간은 70년간으로 지나치게 길기 때문에 오히려 SW 발전을
저해하는 요인으로 작용할 수 있다.[76] Altai 사건[77]에서 구조, 절차, 조직에 대
한 보호가 부정되면서, 저작권법적 보호의 한계 때문에 미의회도서관이 작성한
CONTU 보고서[78]의 권고에 따라 저작권법 개정을 통하여 보호받았던 컴퓨터프

---

74 이상정, 컴퓨터프로그램 보호방법의 재검토, 서울대학교 법학 제48권 제1호, 2007, 108면.
75 이상정, 컴퓨터프로그램 보호방법의 재검토, 서울대학교 법학 제48권 제1호, 2007, 108~110
   면; 정상조, 지적재산권법, 홍문사, 2004, 79면 참조.
76 "특정 컴퓨터프로그램의 시장성은 대체로 길어야 수년에 불과하여 저작권법이 보호기간을
   더 길게 부여한다는 부분은 컴퓨터프로그램 개발자에게 실익이 없는 것이었으므로, 특허법
   상 진보성 요건을 충족할만한 컴퓨터프로그램이라면 전체적으로 보호범위가 넓은 특허법의
   보호를 받는 것이 더 유리하다."고 한다. 박준석, 영업방법 발명 등 컴퓨터프로그램 관련 발
   명의 특허법적 보호에 관한 비교법적 고찰, 비교사법 제16권 제3호, 2013, 455면.
77 실질적으로 SW와 같은 기능적저작물의 경우에는 이러한 구분이 사실상 쉬운 일이 아니다.
   미국은 SW의 경우에는 다양한 판단기준을 제시함으로써 아이디어와 표현의 구분을 시도하
   고 있다. 즉, 추상화, 여과, 비교의 3단계 테스트를 통하여 판단토록 하고 있다. i) 추상화단
   계는 문언적 code에서부터 프로그램을 구성하는 부분들을 모두 분해하는 단계이며, ii) 여과
   단계는 분해된 부분들 중에서 프로그램 자체의 기능이나 목적, 추상적인 아이디어와 합체된
   표현, 퍼블릭도메인에서 인용된 부분 등 저작권의 보호를 받을 수 없는 요소들을 하나씩 제
   거하여 창작적 표현만을 여과하며, iii) 비교단계는 남아있는 창작적 표현을 상호비교하여 그
   실질적 유사성을 판단하여 판단한다는 것이다. Computer Association Int'l Inc. v. Altai Inc.,
   982 F. 2d. 693(2d Cir. 1992).

로그램에 대해 특허법적 보호가 주목받게 되었다. 당연하지만, SW가 자연법칙을 이용하고, 신규성과 진보성을 갖춘 경우라면 특허로서 보호를 받는 것에는 이견이 없다.[79]

네트워크나 디바이스 능력이 고도화됨으로써 SW 개발이나 유통이 모바일 방식으로 변화하고 있다. 특히, 앱(app)으로 넘어갈 경우에는 SW는 콘텐츠와 일체(一體)되는 성질을 갖는다. 인터넷 플랫폼이나 SW 플랫폼의 경우에는 서비스와 SW가 동일하게 기능하기 때문에 이를 구분하는 것도 쉽지 않다. 이러한 융합 환경에서 SW는 저작권, 특허, 영업비밀 및 계약의 목적물로서 다양한 방법에 따라 보호받을 수 있다.

오랫동안 수학적 알고리즘이나 영업방법(BM; business model)은 추상적 아이디어이기 때문에 특허권을 부여하더라도 청구 범위가 불명확해지거나 지나치게 광범위하게 되어 관련 분야의 과학기술발전을 오히려 저해한다고 이해됐다. 그러나, 기술발전은 이러한 내용을 반복적으로 생산할 수 있도록 함으로써 추상적(抽象的) 아이디어의 수준을 넘어 구체적인 기술적 사상에 속하는 경우가 증가하게 된다.[80] 결국, 컴퓨터 성능의 고도화와 SW기술의 발전에 따라 SW특허에 대한 구체적인 구현가능성이 높아져 특허 가능성도 높아진다.[81] 다만, 특허 적격성에 대해 논란이 적지 않은 바, 이는 SW기술이 갖는 추상성에 기인한 것이다.[82]

---

78 Final Report of the National Commission on New Technological Uses of Copyrighted Works, Library of Congress, 1979.

79 Diamond v. Diehr, 450 U.S. 175, 192(1981).

80 정상조·박준석, 지식재산권법, 홍문사, 2013, 56~57면.

81 "컴퓨터프로그램의 진정한 가치는 그 기술적 사상에 있고 현재에도 저작권에 의한 부분적인 보호가 가능함에도 그 보호의 대상 및 침해의 판단 기준 등에서 큰 차이가 있으므로, 컴퓨터 프로그램 관련 발명의 실질적인 보호를 위해서는 그 기술적 사상의 표현뿐만 아니라 내재하는 기술적 사상까지 보호할 수 있는 특허권으로서의 보호가 더욱 바람직하다."고 한다. 김관식 외, 특허법과 저작권법의 조화를 통한 창조적 소프트웨어 기업 보호방안 연구, 특허청, 2013.12, 99면.

82 이와 같은 생각으로는, "컴퓨터 프로그램의 특허 적격성에 대해 명확한 답변이 어려운 이유는 컴퓨터 프로그램의 '태양'이 다양하기 때문이다. 즉, 컴퓨터 프로그램은 기본적으로 어떤 명령어를 통해 여러 수학공식으로 구성된 순차적 코드를 실행하는 것이지만, 사용되는 모습을 살펴보면 어떠한 컴퓨터 프로그램은 물리적 기구와 상호작용이 있는 반면, 어떠한 SW는 기구와는 아무 관련없이 수학적 연산을 자체적으로 실행하는 등 다양하기 때문에 일률적인 기준을 가지고 SW의 특허 대상 여부를 판단하기에는 어려운 측면이 있는 것이다. 또 다른 이유는 법원이 컴퓨터 프로그램 발명에 대한 특허 부여에 관하여 어떠한 입장을 취하는지에

3. 특허로서 SW 보호와 이를 둘러싼 이해관계

가. 컴퓨터 구현 발명

컴퓨터프로그램은 컴퓨터를 실행하는 명령에 불과한 것으로 컴퓨터프로그램 자체는 발명이 될 수 없다.[83] 다만, 컴퓨터프로그램에 의한 정보처리가 HW를 이용해 구체적으로 실현되는 경우에는 해당 프로그램과 연동해 동작하는 정보처리장치(기계), 그 동작 방법 및 해당 프로그램을 기록한 컴퓨터로 읽을 수 있는 매체는 자연법칙을 이용한 기술적 사상[84]의 창작으로서 발명에 해당한다.[85]

인공지능 발명도 SW발명의 범주에 포함된다. 인공지능 발명은 "프로그램 발명과 같이 SW 시스템 설계와 그 알고리즘이 동일하지만, 인공지능이 반복학습을 할 수 있게 학습데이터 구조가 가공, 구축되어야 하고 그러한 학습데이터 구조를 가지고 학습하고 또 그 학습의 결과를 판단하여 문제점을 인지하고, 그 문제점을 해결하기 위하여 계속 반복학습을 수행하여 최적의 목표값을 컴퓨터 등 HW에 의하여 도출된다는 반복학습 개념이 구체적으로 제시되어야 한다."[86]는 차이가 있다. 즉, 인공지능 발명은 SW발명의 범주에 속하지만, 데이터를 이용한 기계학습을 기반으로 하기 때문에 알고리즘을 대상으로 하는 SW발명과는 차이가 있다.

정보기술을 이용하여 영업방법을 구현하는 이른바 영업방법발명에 해당하기 위해서는 컴퓨터 상에서 SW에 의한 정보처리가 HW를 이용하여 구체적으

따라 SW산업에 미치는 파장이 크기 때문이라고 생각된다."는 주장이 있다. 이수미 외, 컴퓨터 프로그램 관련 발명의 성립성 판단기준의 변화에 대한 연구, 법학연구 제17권 제2호, 2014.6, 411면.

83 "특허권은 그 보호대상을 기술적 사상(idea) 좀 더 구체적으로는 기술적 사상에 대한 응용 (application)을 그 대상으로 하고 있고, 이에 반하여 저작권에서 사상은 보호대상이 되지 아니하며 사상의 표현(expression)을 그 보호대상으로 하고 있으므로, 보호대상에서 근본적인 차이점이 존재한다."고 한다. 김관식, 컴퓨터프로그램의 특허법상 보호에 관한 특허법 제2조 개정시안의 법적 의의 및 과제, 법학연구 제23권 제1호, 2012, 554면.

84 기술적 사상이 존재하지 않는 가운데 데이터, 수학적 공식, 추상적 사업방식 그 자체만으로는 아무리 컴퓨터 기록매체에 저장된 형태로 출원되었다 하더라도 발명에 해당된다고 볼 수 없다고 한다. 정상조·박준석, 지식재산권법, 홍문사, 2013, 83면.

85 특허청, 특허·실용신안 심사지침서, 2014, 3103~3104면.

86 권태복, 제4차 산업혁명과 특허전략, 한국지식재산연구원, 2019, 27면.

로 실현되고 있어야 하고,[87] 출원발명이 자연법칙을 이용한 것인지 여부는 청구항 전체로서 판단하여야 하므로, 청구항에 기재된 발명의 일부에 자연법칙(自然法則)을 이용하고 있는 부분이 있더라도 청구항 전체로서 자연법칙을 이용하고 있지 않다고 판단될 때에는 특허법상 발명에 해당하지 않는다.[88] 이처럼, SW에 의한 정보처리가 HW를 이용하여 구체적으로 실현되고 있어야 한다고 함은 SW가 컴퓨터에 의해 단순히 읽혀지는 것에 그치지 않고, 나아가 SW와 HW가 구체적인 상호 협동 수단에 의하여 사용목적에 따른 정보의 연산 또는 가공을 실현함으로써 사용목적에 대응한 특유의 정보처리장치 또는 그 동작방법이 구축되는 것을 말한다.[89]

무엇보다, 컴퓨터 관련 발명에서 영업방법발명은 정보기술을 이용하여 구축된 새로운 비즈니스 시스템 또는 방법발명을 말하고, 이에 해당하려면 컴퓨터 상에서 SW에 의한 정보 처리가 HW를 이용하여 구체적으로 실현되고 있어야 한다. 이는 SW가 컴퓨터에 의하여 단순히 읽혀지는 것에 그치지 않고, SW가 컴퓨터에 읽혀져서 HW와 구체적인 상호 협동 수단에 의하여 특정한 목적 달성을 위한 정보의 처리를 구체적으로 수행하는 정보처리장치 또는 그 동작방법이 구축되는 것을 말하고, 물론 발명으로서 완성되기 위해서는 청구항의 기재가 단순한 아이디어를 제기하는 수준에 머물러서는 안 되고, 발명의 목적을 달성하기 위한 필수불가결한 모든 구성들이 구체적이고 명확하게 기재되어 있어야 한다.

---

87 출원발명은 바코드스티커, 달력지, 쓰레기 봉투, 그리고 컴퓨터 등을 이용한 바코드 판독 등 HW 및 SW 수단을 포함하고 있지만, 출원발명의 구성요소인 위 각 단계는 위 HW 및 SW의 결합을 이용한 구체적 수단을 내용으로 하고 있지 아니할 뿐만 아니라, 그 수단을 단지 도구로 이용한 것으로 인간의 정신활동에 불과하고, 위 각 단계로 이루어지고 위 각 단계에서 얻어지는 자료들을 축적한 통계로 생활쓰레기를 종합관리하는 이 사건 출원발명은 전체적으로 보면 그 자체로는 실시할 수 없고 관련 법령 등이 구비되어야만 실시할 수 있는 것으로 관할 관청, 배출자, 수거자 간의 약속 등에 의하여 이루어지는 인위적 결정이거나 이에 따른 위 관할 관청 등의 정신적 판단 또는 인위적 결정에 불과하므로 자연법칙을 이용한 것이라고 할 수 없으며, 그 각 단계가 컴퓨터의 온라인(online)상에서 처리되는 것이 아니라 오프라인(offline)상에서 처리되는 것이고, SW와 HW가 연계되는 시스템이 구체적으로 실현되고 있는 것도 아니어서 이른바 비즈니스모델 발명의 범주에 속하지도 아니하므로 이 사건 출원발명은 제29조 제1항 본문의 '산업상 이용할 수 있는 발명'이라고 할 수 없다는 취지로 판단하였다. 대법원 2003.05.16. 선고 2001후3149 판결[거절사정(특)] .
88 대법원 2008.12.24. 선고 2007후265 판결[거절결정(특)].
89 특허법원 2006.12.21. 선고 2005허11094 판결: 상고[거절결정(특)].

따라서, 영업발명이 성립(成立)하려면, 전체로서 판단된 청구항이 사람의 정신활동 등을 이용한 것이거나 단순히 컴퓨터나 인터넷의 범용적인 기능을 이용하고 있는 것이어서는 안 되고, 컴퓨터 시스템 상에서 SW와 HW의 구체적인 상호 협동 수단에 의하여 특정한 목적 달성을 위한 정보의 처리를 구체적으로 수행하는 정보처리장치 또는 그 동작 방법이 구축됨으로써 컴퓨터나 인터넷이 단순히 이용되는 것 이상의 새로운 효과를 발휘할 수 있는 것이어야 한다.[90] 이처럼 영업발명은 컴퓨터를 이용하는 것으로서 그 본질은 SW특허이다.[91]

나. 이해관계의 조정

SW는 다른 기술영역과 마찬가지로 누적된 기술을 바탕으로 새로운 혁신을 이루어가는 것이다. 개량 특허의 대표적인 사례는 기술 분야에 대한 누적된 기술을 바탕으로 새로운 효과를 높임으로써 기술적 진보를 가져올 수 있다. SW 관련 기술은 "누적적, 연속적으로 발전하는 특성을 지니고 있고, 새로운 요소, 기존의 요소 등을 변형 또는 재사용하는 것이 빈번하며, 프로그램, 시스템, 네트워크 요소들 간의 상호운용성을 유지해야 하기 때문에 후속개발자의 기술혁신이 제한되는 등의 특성이 있다."[92]는 것이다.

SW는 자체적으로 운용될 수 있지만, HW에 기반한다. 다양한 HW의 성능이나 기능을 SW로 개선하거나 효과를 높임으로써 SW의 가치가 높아지는 효과를 가져오고 있다. 그동안 SW특허 허여의 쟁점은 기록된 매체를 전제한다는 점에서, SW의 기술적 사상을 바탕으로 특허출원이 가능한지 여부였다. 2014년 개정이전 심사기준에서는 SW가 저장(貯藏)된 기록매체를 특허의 요건으로 하고 있는데, 매체에 독립된 SW특허를 위해서는 심사기준이 보다 명확하게 규정될 필요가 있었다. 이러한 점 때문에 유연성이 떨어지지만, 법적 안정성과 연속성을 유지한다는 점에서 일본 사례와 같이 실시행위를 추가하는 특허법 개정이 바람직하다는 견해가 제기된 바 있다.[93] 그렇지만, 2020년 특허법 개정으

---

90 특허법원 2007.06.27. 선고 2006허8910 판결: 확정[거절결정(특)].
91 조영선, 특허법, 박영사, 2011, 204면.
92 김기영, 소프트웨어 특허 침해에 대한 구제, LAW&TECHNOLOGY 제3권 제4호, 2007.7, 66면.
93 강흠정, 컴퓨터 소프트웨어의 특허보호에 대한 연구, LAW&TECHNOLOGY 제8권 제3호,

로 SW 자체에 대한 보호가 아닌 인터넷상에 청약(請約) 등의 형태로 실시되는 경우에 구제가 가능하게 되었다.

다. 특허 남용

현행 특허법은 1963년 특허법과 비교할 때, 권리남용[94]이나 강제실시[95]에 관한 규정이 없다. 대신 제정제도를 두고 있으나,[96] 제정제도가 권리남용의 입

2012, 57면.

94 1963년 특허법 제45조의2 (특허권의 남용) ① 특허권자 기타 특허에 관하여 권리를 가진 자는 그 권리를 남용하지 못한다.
② 다음 각 호의 1에 해당하는 때에는 특허에 관한 권리를 남용한 것으로 본다.
1. 국내에서 실시가능한 특허발명이 그 특허허여후 3년이상 정당한 이유 없이 국내에서 상당한 영업적 규모로 실시되지 아니한 때
2. 특허허여후 3년내에 특허품·특허식물·특허기술 또는 특허방법에 의한 생산품에 관하여 정당한 이유 없이 적당한 정도와 조건으로 수요를 충족시키지 못한 때
3. 특허권자가 실시권의 허락을 부당하게 거부하여 산업이나 국가 또는 국내 거주자의 사업에 손해를 가하였을 때
4. 방법발명에 의한 특허의 경우에 그 권리의 범위에 속하지 아니하는 방법에 의하여 물건을 생산하여 타인에게 부당하게 손해를 가하였을 때
③ 전항각호의 1에 해당하는 때에는 특허국장은 제45조의 규정에 준하여 특허권을 취소하거나 강제실시권을 허여할 수 있다.
④ 실시권자가 제2항 각 호의 1에 해당하는 행위를 한 때에는 특허권자는 그 실시권의 취소를 청구할 수 있다.
95 1963년 특허법 제45조 (부실시의 경우의 강제실시 또는 특허취소) ① 특허권자가 특허를 받은 후에 계속하여 3년이상 정당한 이유없이 그 발명을 국내에서 실시하지 아니하는 경우에 공익상 필요하다고 인정될 때에는 특허국장은 이해관계인의 청구에 의하여 그 실시권을 타인에게 허여하거나 또는 그 특허를 취소할 수 있다. <개정 1963·3·5>
② 전항의 규정에 의하여 실시권이 허여된 후 계속하여 3년 이상 정당한 이유 없이 그 실시권자가 그 발명을 국내에서 실시하지 아니하는 경우에는 특허국장은 이해관계인의 청구에 의하여 직권으로써 그 실시권을 취소할 수 있다.
③ 특허권자 또는 청구인은 제1항의 규정에 의한 실시권의 허여나 전항의 규정에 의한 특허취소의 처분 또는 전2항의 청구의 각하에 대하여 불복이 있을 때에는 그 결정을 받은 날로부터 40일 이내에 법원에 소송을 제기할 수 있다.
④ 제1항의 규정에 의하여 실시권을 허여하는 경우에는 특허국장은 보상금에 대하여도 이를 결정하여야 한다.
96 특허법 제107조(통상실시권 설정의 재정) ① 특허발명을 실시하려는 자는 특허발명이 다음 각 호의 어느 하나에 해당하고, 그 특허발명의 특허권자 또는 전용실시권자와 합리적인 조건으로 통상실시권 허락에 관한 협의(이하 이 조에서 "협의"라 한다)를 하였으나 합의가 이루어지지 아니하는 경우 또는 협의를 할 수 없는 경우에는 특허청장에게 통상실시권 설정에 관한 재정(裁定)(이하 "재정"이라 한다)을 청구할 수 있다. 다만, 공공의 이익을 위하여 비상업적으로 실시하려는 경우와 제4호에 해당하는 경우에는 협의 없이도 재정을 청구할 수 있다.
1. 특허발명이 천재지변이나 그 밖의 불가항력 또는 대통령령으로 정하는 정당한 이유 없이 계속하여 3년 이상 국내에서 실시되고 있지 아니한 경우

법취지를 승계하고 있다고 하더라도,[97] 실제 이용하기 어렵다는 한계가 있다.

권리행사가 권리의 남용에 해당한다고 할 수 있으려면, 주관적으로 그 권리행사의 목적이 오직 상대방에게 고통을 주고 손해를 입히려는 데 있을 뿐 행사하는 사람에게 아무런 이익이 없는 경우이어야 하고, 객관적으로는 그 권리행사가 사회질서에 위반(違反)된다고 볼 수 있어야 하는 것이며, 이와 같은 경우에 해당하지 않는 한 비록 그 권리의 행사에 의하여 권리행사자가 얻는 이익보다 상대방이 잃을 손해가 현저히 크다 하여도 그러한 사정만으로는 이를 권리남용이라 할 수 없고, 어느 권리행사가 권리남용이 되는가의 여부는 각 개별적이고 구체적인 사안에 따라 판단되어야 한다.[98]

실제 사례에서 대법원은 "원심이 토너 카트리지는 본건 특허 레이저 프린터의 사용에 필요한 예정된 소모품에 불과하다는 이유로 위 간접침해에서 말하는 생산의 개념에 포함되지 아니하고, 따라서 피신청인의 이 사건 토너 카트리지의 제조·판매는 신청인의 특허권을 침해한 것이 아니라고 판단한 것은 위 생산의 법리를 오해함으로써 이 사건 결정 결과에 영향을 미쳤다 할 것이니, 이 점을 지적하는 재항고이유는 이유 있다."[99]고 판시한 바 있다. 이에 대해

---

2. 특허발명이 정당한 이유 없이 계속하여 3년 이상 국내에서 상당한 영업적 규모로 실시되고 있지 아니하거나 적당한 정도와 조건으로 국내수요를 충족시키지 못한 경우
3. 특허발명의 실시가 공공의 이익을 위하여 특히 필요한 경우
4. 사법적 절차 또는 행정적 절차에 의하여 불공정거래행위로 판정된 사항을 바로잡기 위하여 특허발명을 실시할 필요가 있는 경우
5. 자국민 다수의 보건을 위협하는 질병을 치료하기 위하여 의약품(의약품 생산에 필요한 유효성분, 의약품 사용에 필요한 진단키트를 포함한다)을 수입하려는 국가(이하 이 조에서 "수입국"이라 한다)에 그 의약품을 수출할 수 있도록 특허발명을 실시할 필요가 있는 경우
97 권영준, 특허권 남용의 법리와 그 관련 문제, 산업재산권 제36호, 2011.12, 187면.
98 대법원 2003.02.14. 선고 2002다62319 판결.
99 특허발명의 대상이거나 그와 관련된 물건을 사용함에 따라 마모되거나 소진되어 자주 교체해 주어야 하는 소모부품일지라도, 특허발명의 본질적인 구성요소에 해당하고 다른 용도로는 사용되지 아니하며 일반적으로 널리 쉽게 구할 수 없는 물품으로서, 당해 발명에 관한 물건의 구입 시에 이미 그러한 교체가 예정되어 있었고, 특허권자 측에 의하여 그러한 부품을 따로 제조·판매하고 있다면, 그러한 물건은 특허권의 간접침해에서 말하는 특허 물건의 생산에만 사용하는 물건에 해당한다. 그러므로 기록에 의하여 살펴보면, 레이저 프린터에 있어서 인쇄되는 종이를 기준으로 할 때 레이저 프린터 자체의 수명은 약 300,000장이나 그중 토너 카트리지는 약 3,000장, 감광드럼은 약 15,000장, 현상기는 약 50,000장의 수명을 가지고 있어 그 이후에는 새로운 것으로 교체해 주어야 하는 바, 본건 특허발명에서는 위 감광드럼 유니트, 토너박스(토너 카트리지), 현상 유니트를 별도로 구성하여 각각의 물품이 수명을 다한 경우에 그 부분만을 교환하여 사용함으로써 레이저 프린터를 경제적으로 효율적으로 사용할 수 있도록 하면서도 사용자가 그 교환이나 취급을 용이하게 하도록 구성한 것이고, 피

"토너 카트리지는 신청인의 특허발명의 하나의 구성요소에 해당할 뿐이고 토너 카트리지 자체가 특허발명에 해당되지는 않고, 따라서 특허권 침해가능성 또는 위험성이 없음에도 불구하고 토너 카트리지의 생산을 간접침해라고 주장하는 것은 부당한 특허권의 확대이고 특허권의 남용(濫用)에 해당되는 것"[100]이라고 비판한다. 또한, "피신청인의 부품생산을 간접침해라고 보는 것은 특허권의 부당한 확대로서 그 인센티브로서의 긍정적 기능보다는 공유기술에 대한 사용을 부당히 억제함으로써 기술발전을 저해하는 부정적 기능이 더 크다."[101]고 한다. 이처럼 특허제도의 운영상의 문제점으로 인하여 기술발전을 저해할 수 있다는 우려가 있으며, 특허등록된 기술을 실시하지 않으면서 특허침해를 주장하는 것도 기술발전을 이끌 수 있는지 의문이다.

이러한 비실시 행위에 대해 특허법은 실시를 강제할 수 없다. "특허권자의 권리행사의 대표적인 방법은 금지청구와 손해배상청구라 할 것인 데, 금지청구가 지나치게 쉽게 인용되거나 과다한 손해배상액이 인용된다면 많은 특허괴물이 특허권을 남용할 여지가 많아지게 되므로, 금지청구의 적정한 인용 및 손해배상액의 합리적인 산정은 특허제도의 남용을 방지하는 데 있어 매우 중요한 의미가 있다."[102]고 한다. 공개된 명세서를 바탕으로 기술의 습득(習得)을 용이하게 할 것이라는 특허법의 의도와는 달리, 현실적으로 SW는 특허명세서에 담긴 그 기술내용을 이용하고자 하는 자가 쉽게 이해하지 못한다는 본질적인 문제가 있다. 이러한 점에서 "SW의 경우에는 그 복잡하며 상세한 처리과정을 청구항에 기재함에 있어 특허 청구범위가 모호해지고 따라서 제3자가 어떤 기술이 특허되었는지 알 수 없을 가능성이 높은 것은 어느 정도 사실이며, 이에 대

신청인이 제조·판매하는 이 사건 토너 카트리지는 본건 발명에만 사용되는 물건으로서 다른 용도로는 사용되지 아니하는 사실을 알 수 있는바, 따라서 본건 특허발명의 목적에 비추어 보면 위 토너 카트리지는 그 모양과 형태가 현상유니트와 감광드럼유니트와의 결합 방법 등에 있어서 중요한 요소가 되므로 본건 특허발명의 본질적인 구성요소라 할 것이고, 다른 용도로는 사용되지도 아니하며, 일반적으로 널리 쉽게 구입할 수도 없는 물품일 뿐만 아니라, 본건 레이저프린터의 구입 시에 위 토너 카트리지의 교체가 예정되어 있었고, 특허권자인 신청인 측에서 그러한 토너 카트리지를 따로 제조·판매하고 있으므로, 결국 위 토너 카트리지는 본건 특허 물건의 생산에만 사용하는 물건에 해당한다. 대법원 1996.11.27. 자 96마365 결정[특허권등침해금지가처분].
100 손경한 편저, 신특허법론, 법영사, 2005, 40면.
101 손경한 편저, 신특허법론, 법영사, 2005, 40면.
102 김기영, 소프트웨어 특허 침해에 대한 구제, LAW&TECHNOLOGY 제3권 제4호, 2007.7, 80면.

한 보완장치는 필요할 수 있다."[103]는 주장은 설득력을 갖는다.

특허관리전문사업자(Non-Practicing Entity; 이하 NPE라 함)[104] 등에 의한 특허남용의 대표 사례는 특허권의 실시 없이 침해나 금지청구를 주장하는 경우를 들 수 있다. NPE는 제3자로부터의 특허권 매입을 통하여 강력한 특허 포트폴리오를 구축하고 이를 기반으로 다른 기업에 대한 실시허락이나 특허소송을 통하여 수익을 실현하는 것을 주된 사업방식으로 한다. 이러한 NPE는 개인, 중소기업, 연구기관과 같이 특허권을 행사할 역량이 부족하거나 스스로 특허를 상업화할 의사가 없는 자의 특허를 매입 또는 관리하는 등의 방법으로 이들이 정당한 보상을 받을 수 있도록 함으로써 발명의 유인을 제공하고, 특허를 필요로 하는 자에게 특허권이 이전될 수 있도록 중개인의 역할을 함으로써 특허기술의 거래(去來)를 활성화하고 특허권의 자본화, 유동화에 기여할 수 있다. 그러나 이러한 친경쟁적 효과에도 불구하고 NPE는 제조활동을 하지 않는 관계로 상대방과 특허권의 상호실시허락을 할 필요성이 없고 상대방으로부터 반대소송을 당할 위험도 낮기 때문에 일반적인 특허권자보다 특허권을 남용할 유인이 크다.[105]

물론, 이러한 것이 특허제도를 무시한 것이라고 단정할 수 없다. 만약, 어떠한 방법으로든 보완장치가 마련되지 않는다면 SW특허에 대한 NPE들의 무차별적 침해소송을 제어하기 어렵고, SW특허의 본질적인 한계에 직면(直面)하게 될 것이다. 일정 부분 특허침해에 대해서 금지청구를 인정하는 것에 대해서는 정책적 판단이 필요하다.[106] 특허침해를 당연하게 특허금지라는 틀에서 벗어나

---

103 최형구, 소프트웨어의 특허법적 보호 필요성, 産業財産權 第23號, 2007.8, 408면.
104 지식재산권의 부당한 행사에 대한 심사지침은 NPE를 '특허관리전문사업자'라 지칭하고 다음과 같이 정의하고 있다. "특허관리전문사업자"란 특허기술을 이용하여 상품의 제조·판매나 서비스 공급은 하지 아니하면서 특허를 실시하는 자 등에 대한 특허권의 행사를 통하여 수익을 창출하는 것을 사업활동으로 하는 사업자를 말한다.
105 지식재산권의 부당한 행사에 대한 심사지침 7. 특허관리전문사업자의 특허권 행사.
106 특허권이 침해되었다고 하여 바로 금지명령이 부여되어야 한다는 일종의 추정(presumption)은 존재하지 않는다고 한 것이다. 오히려 연방대법원은 금지명령은 "형평의 원칙에 따라(in accordance with the principles of equity)" "발하여질 수 있을(may be issued)" 뿐이라는 점을 강조하면서 특허권 침해에 따라 자동적으로 금지명령을 부여하는 태도는 타당하지 않다고 하였다. 결론적으로 연방대법원은 특허권 침해에 대한 구제수단으로 금지명령을 부여할 것인지 여부는, 법원이 ① 원고가 회복할 수 없는 손해를 입었는지 여부(whether the plaintiff has suffered irreparable injury), ② 손해배상과 같은 보통법상 구제수단이 원고의 손해를 보상하는 데에 부적절한지 여부(whether the remedies available at law, such as money dam-

게 함으로써 SW특허가 가져올 수 있는 이슈에 대해 완충장치로서 역할을 할 수 있기 때문이다.

4. SW 및 인공지능에 대한 특허법과 저작권법의 쟁점

가. 온라인 실시

(1) 정보통신망을 통하여 제공하는 경우

온라인 실시란 SW특허품이 인터넷 등을 포함하여 정보통신망을 통하여 유통되는 것을 말한다. 서버에 저장되어 이용에 제공되는 실시를 포함하여, 저장된 특허품이 인터넷을 통하여 이전이 이루어지는 것을 포함하는 개념이다. 앞으로는 SW를 포함한 인터넷 발명은 인터넷을 통하여 특허가 실시되는 구조인 SaaS(Software as a Service)[107]가 기본이 될 것이다.[108] 인터넷을 통하여 이용에 제공되는 방식도 또한 유통에 포함될 수 있다. 물론, 인터넷은 매체와 독립된 구조를 갖기 때문에 다운로드나 전송 형태의 서비스도 인터넷의 유통의 일 유형이다. 전통적인 방식의 점유이전이 없다고 하더라도, 인터넷 유통은 발명특허의 실시에 포함될 가능성을 배제하지 못한다.

현행법에서는 인터넷상 실시되는 것은 물건의 방법으로 보기 어렵다.[109]

---

ages, are inadequate to compensate the plaintiff for the injury), ③ 원고와 피고 사이의 곤란성의 균형(the balance of hardships between the plaintiff and the defendant), ④ 금지명령에 의하여 공익에 위해가 발생하는지 여부(whether public interest would be disserved by an injunction)의 네 가지 요건을 검토하여 형평의 관념에 기하여 판단하여 결정하여야 한다 (eBay, Inc. v. MercExchange, 547 U.S. 388 (2006)). 권영준, 특허권 남용의 법리와 그 관련 문제, 산업재산권 제36호, 2011.12, 207~208면.

107 서비스로서의 SW(Software as a Service)는 클라우드 애플리케이션과 IT 인프라 및 플랫폼을 사용자에게 제공하는 클라우드컴퓨팅 형태의 서비스를 말한다.

108 이미 中山信弘 교수는 클라우드컴퓨팅 환경에서의 SW의 이용에 대해 "앞으로는 기록매체로서 판매하지 않고 온라인으로 SW를 이용하는 사업이 발전할 것이다. 특히 사용자가 스스로의 컴퓨터에 프로그램을 축적하지 않고 온라인으로 호스트 컴퓨터를 이용하여 필요한 부분만을 보내주는 업종도 번성할 것이다. 그러한 이용행위가 과연 침해를 구성하는가. 즉, 그러한 이용행위가 특허법 제2조에 규정되고 있는 실시(생산 등)에 해당하는가 라는 점이 논의의 대상이 될 것이다."라고 1998년 그의 저서인 특허법(본 서는 2001년 한국어로 번역되었다)에서 적고 있다.

109 "다만, 판례상 무체물인 전기에 대해서도 그 점유 및 점유의 이탈에 의한 절도 등을 인정하고 있으므로(대법원 2008.7.10. 선고 2008도3252 판결), 전기신호인 컴퓨터프로그램이 정보

인터넷을 이용하는 것이 물리적인 결과물로서 물건이 대상(對象)이 될 수 없기 때문이다. SW 자체가 물건으로 포함되지 않는 이상 절취 등에 따른 책임을 묻기 어렵다.[110]

(2) 저작권법상 전송과의 관계

저작권법상 전송(傳送)은 공중송신 중 공중의 구성원이 개별적으로 선택한 시간과 장소에서 접근할 수 있도록 저작물 등을 이용에 제공하는 것을 말하며, 그에 따라 이루어지는 송신을 포함한다. 인터넷을 통하여 유통되는 것은 전송에 포함되는 것이며, 구글 플레이 등 플랫폼에서 유통되는 것도 전송의 개념에 포함될 수 있다. 따라서, SW특허품이 온라인상으로 전송되는 것은 저작권법상 전송의 개념에 포함될 수 있기 때문에 특허권과의 충돌이 발생할 수 있다. 그러나, HWP와 같은 범용 SW가 아닌 특정 기술을 목적으로 발명된 SW가 온라인상으로 유통되는 경우는 없을 것이다. 따라서, 전송권과 충돌할 수 있는 SW는 모바일 앱(app)과 같은 누구나 쉽게 이용할 수 있는 범용 애플리케이션이 그 대상이 될 수 있다. 그러나, 애플리케이션을 제작함에 있어서, 신규성과 진보성을 회피할 수 있는 수준의 것이 구현될 수 있을지는 의문이다.[111]

통신회선을 통하여 제공하는 것도 점유의 이전으로 해석할 수 있을 것이고 이에 따라 전송행위를 특허법상의 향도로 해석할 여지가 있다고 보인다."라는 주장도 있으나(김관식 외, 특허법과 저작권법의 조화를 통한 창조적 소프트웨어 기업 보호방안 연구, 특허청, 2013.12, 155면), 현행 민법상의 해석상 적용하기는 어려움이 있다. 참고로, 2008도3252 판결은 "임차인이 임대계약 종료 후 식당건물에서 퇴거하면서 종전부터 사용하던 냉장고의 전원을 켜둔 채 그대로 두었다가 약 1개월 후 철거해 가는 바람에 그 기간 동안 전기가 소비된 사안에서, 임차인이 퇴거 후에도 냉장고에 관한 점유·관리를 그대로 보유하고 있었다고 보아야 하므로, 냉장고를 통하여 전기를 계속 사용하였다고 하더라도 이는 당초부터 자기의 점유·관리하에 있던 전기를 사용한 것일 뿐 타인의 점유·관리하에 있던 전기가 아니어서 절도죄가 성립하지 않는다고 한 사례"이다.

110 "절취란 타인이 점유하고 있는 재물을 점유자의 의사에 반하여 그 점유를 배제하고 자기 또는 제3자의 점유로 옮기는 것을 말하고, 어떤 물건이 타인의 점유하에 있다고 할 것인지의 여부는, 객관적인 요소로서의 관리범위 내지 사실적 관리 가능성 외에 주관적 요소로서의 지배의사를 참작하여 결정하되 궁극적으로는 당해 물건의 형상과 그 밖의 구체적인 사정에 따라 사회통념에 비추어 규범적 관점에서 판단할 수밖에 없다.", 대법원 1999.11.12. 선고 99도3801 판결.

111 즉, 앱 수준에서 진보성을 담아낼 수 있는지 하는 것과 이미 공개된 SW로 인하여, 보호받을 수 있는 영역이 크지 않을 것으로 보이기 때문이다.

나. 간접침해의 구제

(1) 2020년 특허법 개정 전

특허법은 직접책임 이외에도 간접책임에 관한 규정을 두고 있다. 즉, 특허법상 간접침해 요건에 대해 (i)특허가 물건의 발명인 경우: 그 물건의 생산에만 사용하는 물건을 생산·양도·대여 또는 수입하거나 그 물건의 양도 또는 대여의 청약을 하는 행위, (ii)특허가 방법의 발명인 경우: 그 방법의 실시에만 사용하는 물건을 생산·양도·대여 또는 수입하거나 그 물건의 양도 또는 대여의 청약을 하는 행위 등 각각의 구분에 따른 행위(行爲)를 업으로서 하는 경우에는 특허권 또는 전용실시권을 침해한 것으로 규정하고 있다.[112] 참고로, 저작권법도 "직접적인 침해하는 경우는 아니지만 특정한 행위를 허용하면 저작권자 등 권리자의 이익을 부당하게 해할 우려가 있는 경우를 대비한 규정"[113]을 마련하고 있다.

네이버나 구글과 같은 온라인서비스제공자[114](online service provider; 이하 OSP라 함)의 행위가 간접침해를 구성하는지의 여부와 관련하여, 우리나라의 경우 간접침해가 인정되기 위해서는 물건발명의 경우 특허된 "물건(컴퓨터프로그램)의 생산에만 사용되는 물건"을 "생산, 양도(전송), 대여, 수입" 등의 행위를

---

112 '침해로 보는 행위'(강학상의 간접침해행위)라 하여 현실로 특허권 또는 전용실시권(이하 '특허권' 등이라 약칭한다.)의 침해로 보기 어려운 예비단계의 행위를 침해행위로 의제하는 규정을 두고 있는 바, 여기에서 위 제64조에 해당하는 간접침해행위에 대하여 특허권등 침해의 민사책임을 부과하는 외에 위 법 제158조 제1항 제1호(특허권등을 침해한 자에 대한 처벌규정)에 의한 형사처벌까지 가능한가가 문제될 수 있는데, 확장해석을 금하는 죄형법정주의의 원칙에 비추어, 또한 특허권등 침해의 미수범에 대한 처벌규정이 없어 특허권등 직접침해의 미수범은 처벌되지 아니함에도 특허권등 직접침해의 예비단계 행위에 불과한 간접침해행위를 위 벌칙조항에 의하여 특허권등 직접침해의 기수범과 같은 벌칙에 의하여 처벌할 때 초래되는 형벌의 불균형성 등에 비추어 볼 때, 위 제64조의 규정은 특허권자 등을 보호하기 위하여 특허권 등의 간접침해자에게도 민사책임을 부과시킴으로써 특허권자 등을 보호하기 위한 취지의 정책적 규정일 뿐 이를 특허권등의 침해행위를 처벌하는 형벌법규의 구성요건으로서까지 규정한 취지는 아닌 것으로 봄이 옳을 것이다. 대법원 1993.02.23. 선고 92도3350 판결.

113 박성호, 저작권법, 박영사, 2014, 665면.

114 저작권법은 온라인서비스 제공자에 대해 다음과 같이 정의하고 있다.
   가. 이용자가 선택한 저작물등을 그 내용의 수정 없이 이용자가 지정한 지점 사이에서 정보통신망을 통하여 전달하기 위하여 송신하거나 경로를 지정하거나 연결을 제공하는 자
   나. 이용자들이 정보통신망에 접속하거나 정보통신망을 통하여 저작물등을 복제·전송할 수 있도록 서비스를 제공하거나 그를 위한 설비를 제공 또는 운영하는 자

할 것이 요구되는 데, OSP의 양도(전송) 행위의 대상이 되는 컴퓨터프로그램은 특허된 물건에 해당할 뿐으로, 특허된 "물건(컴퓨터프로그램)의 생산에 사용되는 물건"으로 볼 수 없고, 더욱이 "특허된 물건(컴퓨터프로그램)의 생산에만 사용되는 물건"으로는 더더욱 볼 수 없으므로, OSP의 전송행위에 대하여 간접침해 책임을 물을 수 없게 된다.[115] 이러한 한계 때문에 특허법상 간접침해를 규제하는 입법이 이루어졌다.

(2) 2020 특허법 개정 이후

SW특허의 법제화에 대해서는 여러 차례 입법안이 발의된 바 있으나 관련 부처의 반대로 진행되지 못한 바 있다. 20대 국회에서 간접침해의 방식으로 SW특허의 보호방안이 전략적으로 전환됨으로써 국회를 통과했다. 이로써, 특허가 방법발명인 경우 방법의 사용을 청약하는 행위를 특허발명 실시에 포함하여 특허발명의 범위를 확대(擴大)하는 대신, 방법의 사용을 청약하는 경우 특허권 등을 침해한다는 것을 인지한 경우에만 특허권이 효력을 미치도록 효력 범위를 제한하는 것이다.

(가) SW특허 보호의 한계

① 법 개정의 필요성

실시는 물건발명의 경우 물건을 생산·사용·양도·대여 또는 수입하거나 그 물건의 양도 또는 대여의 청약을 하는 행위를 실시로 규정하는 반면, 방법발명의 경우 그 방법을 사용하는 행위에 대해서만 실시로 규정하고 있다. 그러므로, 현행법상 방법발명의 경우 방법의 사용 행위만 실시에 해당하여 특허권(特許權)의 효력이 미치게 되며, 방법의 사용을 청약하는 행위는 실시에 해당하지 않아 특허권의 효력이 미치지 않고 있다. 이에 따라 최근 컴퓨터프로그램에 의해 구현되는 컴퓨터의 동작에 관한 특허인 SW 관련 특허의 경우 프로그램이 설치된 장치나 기록매체의 경우 생산, 사용, 양도, 수입 및 프로그램 자체의 사용에 대해서는 보호가 되지만, 프로그램 자체의 온라인 전송과 같은 부분은 특허권 보호범위로 보호하기 어려운 측면이 있었다.

---

115 김관식, 컴퓨터프로그램의 특허법상 보호에 관한 특허법 제2조 개정시안의 법적 의의 및 과제, 법학연구 제23권 제1호, 2012, 569면; 김순석 외, BM 특허 보호를 위한 법제도 개선방안, 정보통신부, 2002.12, 156면.

② 간접침해 방식의 도입

특허법 개정안에 대한 국회 심사보고서는 긍정적으로 검토한 것으로 보인다.[116]

"방법발명과 관련하여 방법의 사용을 청약하는 행위도 실시에 포함한다면, SW를 기록매체를 통해 유통하는 것과 동일하게 온라인을 통해 유통하는 경우도 특허권의 효력이 미치게 되므로, SW 관련 특허 발명을 보호한다는 측면에서 개정안의 취지는 바람직한 측면이 있음. 또한 SW 관련 특허를 보호함과 동시에 SW 창작활동의 저해를 막기 위해 방법발명의 사용을 청약하는 행위에 대해서는 '방법의 사용이 특허권 또는 전용실시권을 침해한다는 것을 알면서 그 방법의 사용을 청약하는 행위'로 한정하여 특허권의 효력을 제한한 부분도 타당한 것으로 보임. 다만, 이와 관련하여 제19대 국회에서 특허법 개정안[117]이 발의되었으나 문화체육관광부에서 저작권의 보호범위 안이며 SW산업을 위축시킬 우려가 있다는 이유로 개정안에 반대하여 폐기되었는 데, 이번 개정안의 경우 일본이나 독일과 같이 물건발명에 SW를 포함하여 규율하는 것이 아닌 영국과 같이 SW의 청약을 방법발명의 '사용의 청약'으로 보는 것으로 저작권과의 중첩 문제는 어느 정도 해결될 것으로 보임. 그렇지만 SW 모방자나 권리자뿐만 아니라 저작권이나 SW산업을 담당하는 문화체육관광부나 과학기술정보통신부 등에서도 추가적인 의견이 있을 수 있으므로 이를 고려할 필요가 있음."

그동안 SW특허의 보호를 추진하면서 반대해 왔던 문화체육관광부 등을 의식해서인지 관련 부처의 의견을 고려할 수 있도록 하고 있다. 다만, 관련 부처의 입장을 명확히 확인할 수 없었으나 간접침해(間接侵害) 방식의 보호방식이 저작권법의 저촉이나 SW산업적 측면에 이슈가 크지 않았기 때문에 입법화된 것으로 판단된다.

(나) 법 개정에 따른 실시범위의 확대

특허권자는 업으로서 특허발명을 실시할 권리를 독점한다. 다만, 그 특허

---

116 송대호, 특허법 일부개정법률안검토보고서, 국회산업통상자원중소벤처기업위원회, 2018.8.
117 의안번호 1911949, 특허법 일부개정법률안, 김동완 의원 대표발의.

권에 관하여 전용실시권을 설정하였을 때에는 제100조 제2항에 따라 전용실시권자가 그 특허발명을 실시할 권리를 독점하는 범위에서는 그러하지 아니하다(특허법 제94조 제1항).

2020년 개정 특허법은 특허발명이 구현된 SW의 온라인 전송도 특허발명의 실시에 해당하도록, 방법발명의 실시에 "그 방법의 사용을 청약하는 행위"를 추가하였다(특허법 제2조 제3호 나목 개정). SW특허는 실시를 위해 SW를 인터넷 등 온라인에 게시하는 것까지 포함됨으로써 그 보호범위가 넓어진 것이다.

[표 11-1] SW특허의 유형

유형	설명
물건(장치)발명	청구 대상이 HW 또는 기능적 구성요소로 이루어진 장치
물건(기록매체)발명	청구 대상이 방법을 수행하는 프로그램이 저장된 기록매체
방법발명	청구 대상이 특정 단계들로 이루어진 방법

출처: 특허청(2018).

다만, 이로 인한 SW산업의 위축을 방지하기 위하여 개정법은 특허권(特許權)의 효력이 "특허권 또는 전용실시권을 침해한다는 것을 알면서" 그 방법의 사용을 청약하는 행위에만 미치도록 하였다(특허법 제94조 제2항 신설). 예를 들면, 특허침해임을 모르고 SW의 온라인 전송을 계속하다가 특허권자의 경고를 받고 바로 중단한다면 그때까지의 행위에 대해 특허침해자로서의 책임을 지지 않는다. 이와 같은 개정은 영국 특허법 제60조(1)(b)에 방법발명(process)의 침해로 규정된 "offers it for use"을 참조한 것으로서, 영국 특허법에서도 침해임을 알 것이 요구된다.[118]

다. 저작권법과의 이용·저촉 관계

(1) 동일한 SW의 개발

저작권은 창작과 동시에 권리가 발생한다. 반면, 특허권은 등록심사를 거

---

118 리걸타임즈 2020.04.06.일자.

치고 특허요건을 갖춘 경우에는 등록발명이 될 수 있다. 저작권법은 동일한 SW의 개발을 허용하나 특허법은 동일하거나 유사한 SW를 개발하더라도 후행 개발은 특허권을 침해(侵害)하게 된다. 특허제도가 발명의 진흥을 목적으로 함에도 불구하고, 동일한 SW의 개발에 많은 시간과 노력을 투자했다고 하더라도, 먼저 특허등록을 받은 사람이 모든 권리를 갖기 때문에 특허법의 목적규정과 충돌이 발생한다.

이에 대한 비판으로 "특허권으로 보호하면 경쟁자는 스스로 선행 특허가 있는지를 조사하여야 하며, 저작권의 경우와 달리 우연의 일치라는 항변은 인정될 수 없다. 무지는 변명이 될 수 없다. 그러나 도대체 어떤 기술 내용이 특허되는지 잘 모른다. ⋯ 경고장이 날아올 때까지 자기가 남의 특허를 침해하고 있다는 사실을 모른다."[119]는 비판은 생각해볼 만하다.[120]

동일한 SW의 개발에 따른 특허권 침해는 권리침해이기 때문에 일반적인 채권침해 경우와의 구제는 다르다.[121] 저작권법과 달리, 후행 개발자가 의도하지 않게 침해를 구성하는 경우가 특허제도와의 차이라고 보며, 선행기술에 대한 조사의무는 특허제도의 입장에서는 당연한 것이다. 그렇지만, 개발자 입장에서는 부담으로 작용하는 것이 사실이다.[122]

---

119 이상정, 컴퓨터프로그램보호방법의 재검토, 서울대학교 법학 제48권 제1호, 2007, 117면.
120 "특허권 침해의 경우와는 달리 비록 권리자의 저작물과 침해자의 저작물이 동일한 경우라 하더라도 침해자가 권리자의 저작물을 복제한 것이 아니라, 독자적으로 창작한 경우에는 침해가 되지 않을 수 있으나 특허권의 경우에는 침해품이 특허발명과 동일하다고 평가되는 경우에는 실제 복제의 여부를 불문하고 침해로 된다는 점에서 중요한 차이가 있다."고 한다. 김관식, 컴퓨터프로그램의 특허법상 보호에 관한 특허법 제2조 개정시안의 법적 의의 및 과제, 법학연구 제23권 제1호, 2012.6, 560면.
121 일반적으로 채권에 대하여는 배타적 효력이 부인되고 채권자 상호간 및 채권자와 제3자 사이에 자유경쟁이 허용되는 것이어서 제3자에 의하여 채권이 침해되었다는 사실만으로 바로 불법행위로 되지는 않는 것이지만, 거래에 있어서의 자유경쟁의 원칙은 법질서가 허용하는 범위 내에서의 공정하고 건전한 경쟁을 전제로 하는 것이므로, 제3자가 채권자를 해한다는 사정을 알면서도 법규에 위반하거나 선량한 풍속 또는 사회질서에 위반하는 등 위법한 행위를 함으로써 채권자의 이익을 침해하였다면 이로써 불법행위가 성립한다고 하지 않을 수 없고, 여기에서 채권침해의 위법성은 침해되는 채권의 내용, 침해행위의 태양, 침해자의 고의 내지 해의의 유무 등을 참작하여 구체적, 개별적으로 판단하되, 거래자유 보장의 필요성, 경제·사회정책적 요인을 포함한 공공의 이익, 당사자 사이의 이익균형 등을 종합적으로 고려하여야 한다. 대법원 2003.03.14. 선고 2000다32437 판결[손해배상(기)].
122 저작권법에 의한 주장은 우연한 발명자의 선의를 보호하는데 기여할 가능성보다는 잠재적인 특허권 침해자에게 거짓진술의 의욕만을 북돋을 가능성이 훨씬 높다고 주장된다. 다만, SW 경우에는 그 복잡하며 상세한 처리과정을 청구항에 기재함에 있어 특허청구범위가 모호해지고, 따라서 제3자가 어떤 기술이 특허되었는지 알 수 없을 가능성이 높은 것은 어느

(2) 저작권법과의 중복 보호

특허법의 보호범위와 저작권법의 보호범위는 아이디어의 보호방법이라는 점에서 차이가 난다. 다만, 저작권법은 문언적으로 표현된 것을 보호하기 때문에 특허와 같이 비문언적인 부분에 대해서는 보호가 어렵다. 저작권법이 보호하는 것이 바로 표현이므로, 기술적인 사상 자체를 보호하지 못한다는 비판은 SW특허를 주장하는 입장을 대변하는 논리이다. 이는 아이디어·표현 2분법 체계에서의 한계이자, 컴퓨터프로그램이 갖는 한계이다. 이러한 이유 때문에 저작권법의 보호범위와 특허의 보호범위가 중복(重複)될 수 있다는 주장은 설득력을 갖는다. 즉, 지식재산권법 체계는 중복 보호를 전제하고 있기 때문이다.[123]

이러한 주장에도 불구하고, 후행 개발자가 선행 개발자의 SW를 확인하는 것은 사실상 쉬운 일이 아니다. 따라서, 특허청에서 SW의 심사과정에서 해당 SW의 선행기술 여부를 조사하는 것이 아닌 미리 개발자의 요구사항으로서 선행기술을 조사해주는 업무를 추진하는 것도 SW발전에 있어서 중요한 역할이다.

(3) 부실 권리와 비용의 발생

저작권법은 창작과 동시에 권리가 발생하며, 어떠한 형식적 요건을 요구하지도 않는다. 권리를 획득하는 데 있어서 비용도 발생하지 않는다. 그렇지만, 특허는 특허권이라는 권리를 획득하기 위해서는 비용이 소요된다. 출원 시 발생하는 비용은 물론, 권리를 유지하기 위한 관납료도 매해 납부해야한다는 점도 권리자에게는 부담이다. 관납료는 매해 누진세 형식으로 증가한다는 점도 고려되어야 한다. 저작권법도 등록제도를 운영하고 있으나, 이는 권리발생 요건이 아닌 권리자 내지 권리 내용의 공시에 불과하기 때문에 비용이 상대적으

정도 사실이며, 이에 대한 보완장치는 필요할 수 있다. 그러나 이러한 이유는 청구항이 기재방식이나 청구항의 해석 또는 특허법상의 법적 장치와 관련하여 고려할 문제이지, SW의 특허를 부인할 정도의 결정적 요소는 아니라고 한다. 최형구, 소프트웨어의 특허법적 보호 필요성, 산업재산권 제23호, 2007.8, 408면.

123 "하나의 창작물에 대하여 복수의 보호를 받을 수 있다는 것은 창작물의 특성에 따라 다양한 측면에서 종합적인 보호가 가능할 것이므로, 중복보호가 가능하다는 점은 전혀 문제가 되지 않고, 오히려 창작자의 권리를 좀 더 충질하게 보호할 수 있다는 장점으로 작용할 것이다."고 한다. 김관식, 컴퓨터프로그램의 특허법상 보호에 관한 특허법 제2조 개정시안의 법적 의의 및 과제, 法學硏究 第23卷 第1號, 2012.6, 560면; 김관식 외, 특허법과 저작권법의 조화를 통한 창조적 소프트웨어 기업 보호방안 연구, 특허청, 2013.12, 122면.

로 저렴하다.

또한, 특허법과 달리 저작권법은 부실 권리라는 개념이 없다. 창작과 동실에 발생한 권리는 저작자가 스스로 창작한 경우라면 침해를 구성하지 아니한다. 그러나, 특허는 발명자가 독자적으로 발명하더라도, 타인의 권리를 침해한 경우라면 어떠한 대가도 받을 수 없다. 설령, 심사과정에서 심사관에 의해 거절이유를 발견하지 못하여 특허등록이 되었다고 하더라도, 여전히 이해관계자에 의한 특허무효 심판이나 소송의 제기가 가능하다. 더욱이, SW특허나 영업방법 특허는 상대적으로 물질특허(物質特許) 등에 비해 추상적이기 때문에 권리의 무효화 가능성이 크다. 이러한 점은 역으로 권리범위를 확대시킬 수 있다는 점으로 특허괴물에 의하여 특허침해소송에 활용되고 있다. 문제는 선행기술에 대한 불충분한 판단에 따른 원인이 적지 않다는 점이다. 신규성 판단에 필요한 다양한 정보를 수집하여 축적해야 하지만, 사실상 이러한 투자가 이루어지지 못한 경우에는 부실특허는 양산될 수밖에 없기 때문이다.[124]

(4) 권리 제한과 공정이용(fair use)

저작권법의 목적은 특허법과 비슷한 의도를 가지고 있다. 즉, 저작권 및 이에 인접하는 권리의 보호는 물론 공정한 이용을 도모함으로써 문화 및 관련 산업의 발전을 가져오는 것이라는 점에서 특허법과 비슷하다. 지적재산권의 이용이 없으면 무용지물에 불과하기 때문에 그 이용을 장려하는 것이 지적재산

---

124 실제 미국에서는 "1980년대 초 레이건 행정부의 친특허정책의 전개는 미국의 산업계를 급격히 전환하는 계기를 마련하였고, 이는 특허법에 직접·간접적 영향을 끼쳤다. 특히 연방 항소법원 설립은 특허대상의 범위를 확대하고 특허요건을 약화시켰으며 특허권자의 보호를 강화하였다. 특허권이 허여되면 특허권자는 권리침해로 인하여 그 경쟁자에 대하여 소제기가 용이하였고 그 소송으로 상대방 경쟁자를 완전히 무너뜨릴 수 있었다. 이런 점을 특허청의 내부적 관계에서 살펴보면 조금 더 현실적 문제점을 확인할 수 있다. 연방항소법원과 특허청의 친특허정책의 전개는 정보기술 및 생명공학 관련 특허출원이 급증함으로써 심사관이 보강되어야 했다. 하지만, 심사관은 특허청에서 받는 봉급의 몇 배 이상을 받는 관련기업과 법률사무소로 이직하였다. 이에 심사관 부족과 경험이 일천한 심사관에 의한 심사로부터 특허심사의 품질저하로 이어졌다. 또한 심사가 지체됨으로써 더 많은 예산이 필요하게 되었으나 의회로부터 예산지원이 제대로 이루어지지 못함으로 더욱더 특허심사에 대한 불신이 쌓이고 특허권에 대한 다툼이 증가되는 문제로 악화되었다. 결국 기술혁신과 이에 따른 불만으로 되돌아 왔다. 이러한 점은 법원 판단에 대한 불만과 특허법에서 오는 문제점이 지적되면서 결국 특허법 개정을 개혁(Patent Law Reform)으로 받아들이게 되었다."고 한다. 배대헌, In re Bilski에서 만난 '숲과 나무'論, 경북대학교 IT와 법 연구소, IT와 법 연구 4, 2010.2, 41면.

권법의 목적이다. 이러한 맥락에서 저작권법은 사적복제, 공정이용 등 저작재산권의 제한규정을 두고 있다. 권리자에게는 치명적일 수도 있는 제한규정을 두는 이유는 무엇일까? 이는 문화의 향상발전이라는 공정한 이용을 도모하자는 공공정책적 판단에 따른 것이다. 이러한 맥락에서 저작재산권의 제한규정은 저작물을 이용하고자 하나 비용을 지불할 수 있는 능력이 되지 못한 경우, 또는 너무나 현실적이지만 실제 누가 불법복제를 했는지를 확인하는 비용이 더 소요되는 경우에 입법자의 결단이 내려진 것으로 볼 수 있다.

또한, 저작권법은 호환 등을 위하여 역분석(reverse engineering)을 포함한 공정이용을 허용하고 있다. 저작권법은 역분석(逆分析)을 "독립적으로 창작된 컴퓨터프로그램저작물과 다른 컴퓨터프로그램과의 호환에 필요한 정보를 얻기 위하여 컴퓨터프로그램저작물 코드를 복제 또는 변환하는 것"으로 정의하고 있다. 역분석에 있어서, 정당한 권한에 의하여 프로그램을 이용하는 자 또는 그의 허락을 받은 자는 호환에 필요한 정보를 쉽게 얻을 수 없고 그 획득이 불가피한 경우에는 해당 프로그램의 호환에 필요한 부분에 한하여 프로그램의 저작재산권자의 허락을 받지 아니하고 역분석을 할 수 있다. 다만, 역분석을 통하여 얻은 정보는 ⅰ) 호환 목적 외의 다른 목적을 위하여 이용하거나 제3자에게 제공하는 경우, ⅱ) 역분석의 대상이 되는 프로그램과 표현이 실질적으로 유사한 프로그램을 개발·제작·판매하거나 그 밖에 프로그램의 저작권을 침해하는 행위에 이용하는 경우 등 어느 하나에 해당하는 경우에는 이를 이용할 수 없다(제101조의4). 역분석은 호환성을 확보한다는 예외적이기는 하지만, 일정한 경우에 한하여 복제권의 침해를 면책(免責)해 주는 역할을 한다.[125]

특허법은 이러한 면책이나 제한규정을 두지 않고 있다. 즉, 예외적으로 연구 등을 위해서만 가능하다. 저작권법은 인용의 경우에는 가능하고, 공정이용의 경우에는 일정한 조건을 갖출 경우에는 저작권 침해 책임에서 벗어나게 된다. 또한, OSP에 대해서도 면책 규정을 두고 있다. 이러한 점은 저작권법 체계

---

[125] "프로그램은 일반적으로 기계만이 이해할 수 있는 언어로 컴파일된 목적코드 형태로 유통되기 때문에 일반 저작물의 경우와 달리 그 자체로는 내용을 알아 볼 수 없다. 그래서 원시코드로 되돌리는 디컴파일 작업이 필수적으로 수반될 수밖에 없는데, 이와 같은 디컴파일 과정에서 프로그램에 대한 복제 또는 변환이 발생하게 된다. 이것은 프로그램을 정상적으로 이용하기 위하여 공정한 이용에 해당한다. 따라서 프로그램 저작재산권자의 허락을 받지 않고서도 가능하도록 허용된다."고 한다. 박성호, 저작권법, 박영사, 2014, 604면.

가 갖는 유연성을 보여준다.

특허법은 상대적으로 유연성이 약하다. 따라서, 프로그램 특례규정과의 충돌이 일어난다. 아이디어, 알고리즘 등은 보호에서 배제된다는 점이다. 다만, 저작권법의 제한규정과 특허권의 충돌이 우려되는 부분은 교육목적의 이용에 한정될 수 있을 것이다. 즉, 사적복제 등이 제한규정은 특허권을 업으로 실시하는 경우에 해당하지 않을 것이라는 점이다. 저작권법 효력의 예외 규정은 대부분 비상업적 이용으로, 특허법상 '업으로서'의 실시가 아니므로 특허법상 침해도 성립하지 않는다. 다만, 교육기관에서 교육 목적으로 프로그램을 복제·제공하는 것은 '업으로서'의 실시로 보아 특허침해 성립 가능성이 존재한다. 그러나, 교육목적이더라도 비상업의 범위를 크게 벗어나는 경우, 저작권법에서도 침해로 인정되는 것은 물론이다. 즉, 저작권법에서도 프로그램의 종류·용도, 복제의 부수 등에 비추어 프로그램의 저작재산권자의 이익을 부당하게 해치는 경우 복제·배포가 제한된다.

[표 11-2] 저작권의 예외 규정에 대한 특허침해 성립 여부

복제의 목적	특허침해	비고
재판·수사	X	• 업으로서의 실시가 아님
교육기관의 교육용 (수업, 교과용 도서, 시험 검정)	△	• 저작권 침해가 성립하지 않는 경우라면, 특허권 침해 제기의 실익도 매우 적을 것
비영리적인 개인적 목적	X	• 업으로서의 실시가 아님
프로그램 기능에 대한 조사·연구·시험	X	• 특허법 제96조 제1항 제1호 (연구 또는 시험을 위한 발명의 실시)

출처: 특허청(2014).

(5) 보호기간의 상이

SW특허의 보호기간(保護期間)은 출원일로부터 20년간이다. 저작권법은 보호기간이 창작자 사후 70년이나 SW는 창작일로부터 70년간으로 한다. SW를 저작권이나 특허로 보호한다고 하더라도, 기술 사이클이 짧기 때문에 과도한 보호기간으로 볼 수 있다. 퍼블릭도메인에 먼저 도달할 수 있는 것은 특허권이기 때문에 보호기간만으로 볼 때면 특허제도가 보다 합리적이다.[126] 그러나,

SW특허가 만료된 이후 다시 저작물로 보호를 주장할 경우에는 이를 방지할 방법이 없다. 이러한 경우에는 권리남용으로 해결할 수 있겠지만, 이 또한 남용을 주장하는 사람이 입증해야 하는 부담이 있다.[127]

일반적으로 SW의 특허기간이 종료하면 그 이후부터 특허침해로 인한 법적 제재나 로열티 지급의 부담으로부터 벗어난다. 따라서, 특허기간이 종료된후에는 쓸모가 없어지는 것이 아니라 특허가 허여된 SW를 포함하는 모든 SW개발자가 무상으로 사용할 수 있게 된다는 이익이 있다고 주장한다.[128] 그렇지만, SW 사이클이 짧기 때문에 독점기간이 끝난 후에는 거의 쓸모없게 되어 사회적 이익을 누릴 가능성은 그리 높지 않다.[129]

이처럼, 특허법이 저작권법보다 짧은 이유는 특허의 독점성에 기인한 것이며, 보호기간의 통제를 통하여 독점권을 제어하고 있다. 즉, 특허권의 보호범위가 넓기 때문에 기간을 통하여 그 효력(效力)을 완화시키는 정책을 펴는 것이다.[130]

(6) 업무상 SW의 경우

업무상 제작된 SW는 "법인·단체 그 밖의 사용자의 기획 하에 법인 등의

---

126 이러한 보호기간의 상이점 때문에 특허제도의 효율성이 정당화되기도 한다. 예를 들면, "특정 컴퓨터프로그램이 시장성은 대체로 길어야 수년에 불과하여 저작권법이 보호기간을 더 길게 부여한다는 부분은 컴퓨터프로그램 개발자에게 실익이 없는 것이었으므로, 특허법상 진보성 요건을 충족할만한 컴퓨터프로그램이라면 전체적으로 보호범위가 넓은 특허법의 보호를 받는 것이 더 유리하다고 할 수 있다."고 한다. 박준석, 영업방법 발명 등 컴퓨터프로그램 관련 발명의 특허법적 보호에 관한 비교법적 고찰, 비교사법 제16권 제3호, 2013, 455면.

127 아이디어 위주로 개발된 SW이기 때문에 공유영역에 포함된다. 실제 보호받는 것은 표현이다. 따라서 특허권이 만료된 SW를 저작권법으로 보호받는 것은 어렵게 된다.

128 최형구, 소프트웨어의 특허법적 보호 필요성, 産業財産權 第23號, 2007.8, 410면.

129 이상정, 컴퓨터 소프트웨어 관련 특허의 인정범위와 한계, 지적재산권법연구 제3권, 1999, 302면.

130 "특허보호가 저작권 보호보다 가치가 큰 또 다른 이유는 이와 같이 특허가 공공영역에 있는 아이디어의 특정한 언어적, 시각적 또는 청각적 배열만을 보호하는 데 그치지 않고 아이디어 자체를 보호하며, 이 아이디어는 상업적으로 무수한 응용 분야를 가지고 있기 때문이다. 저작권법은 저작권이 있는 저작물 속의 아이디어 복제를 금지하지 않는다. 저작권 보유자에 비하여 특허권자에 대한 법적 보호가 훨씬 크기 때문에 발명자는 발명에 들어간 고정비용의 회수에 필요한 것 이상의 높은 가격을 부과함으로써 발명에 대한 접근을 필요 이상으로 제한할 위험성도 크다. 이러한 두려움 때문에 특허의 존속기간이 저작권 보호기간보다 항상 짧았던 것"이라고 한다. William M. Landes et al., 지적재산권법의 경제구조, 일조각, 2011, 442면.

업무에 종사하는 자가 업무상 작성하는 저작물"로서, 저작권법상 저작물로서 보호를 받는다. 업무상 저작물의 저작자에 대해 저작권법은 "법인 등의 명의로 공표되는 업무상저작물의 저작자는 계약 또는 근무규칙 등에 다른 정함이 없는 때에는 그 법인 등이 된다. 다만, 컴퓨터프로그램저작물의 경우 공표될 것을 요하지 아니한다."(제9조)라고 규정하고 있다. 다만, 외부에 공개(公開)할 필요성이 없기 때문에 내부적으로 사용하는 것이기는 하지만, 이게 외부에 공개된 것으로 볼 수 있는 것인지는 의문이다.

특허의 경우, 외부에 공개된 시점에 대해서는 실제 열람이 가능한 상태에 놓여진 경우를 말한다.[131] 대법원도 "특허를 받을 수 있는 권리를 가진 자가 특허출원 이전에 출원발명을 간행물에 발표한 경우에 구 특허법 제7조 제1항 제1호의 신규성 의제 규정이 적용되기 위하여는 우선 위 간행물에의 발표로 인하여 출원발명이 국내에서 공지되었거나 국내 또는 국외에서 반포된 간행물에 기재된 발명으로 되어야 하고, 여기에서 공지되었다고 함은 반드시 불특정다수인에게 인식되었을 필요는 없다 하더라도 적어도 불특정다수인이 인식할 수 있는 상태에 놓여져 있음을 의미하며, 반포된 간행물이라 함은 불특정 다수의 일반 공중이 그 기재내용을 인식할 수 있는 상태에 있는 간행물을 말한다."[132]고 판시한 바 있다.

또한, 권리귀속 문제를 보면, 저작권법은 SW기업(법인)에서 개발된 프로그

---

131 "특허법은 이미 공중의 지식의 범주에 포함된 내용에 대하여는 특허권을 부여하지 않는다. 열람을 하여 그 내용이 이해된 것에 한하여 공중의 지식의 범주로 인정한다면, 열람한 사람의 지식, 기억 등 법적 안정성을 기대하기 어려운 변수에 의하여 반포시기가 변경될 수 있다. 법적 안정성을 제공하기 위해서는 그러한 개인적인 변수를 제거할 필요가 있으므로 객관적으로 판단할 수 있는 열람 가능한 상태를 기준으로 반포시기를 판단하고자 하였을 것으로 짐작된다. 특허법적으로 열람 가능한 순간 이미 그 내용은 공중의 지식의 범주에 포함된 것이다."고 한다. 정차호, 특허법의 진보성, 박영사, 2014, 184면.

132 박사학위논문은 논문심사 위원회에서 심사를 받기 위하여 일정한 부수를 인쇄 내지 복제하여 대학원 당국에 제출하는 것이 관례로 되어 있다고 하더라도 이는 논문심사를 위한 필요에서 심사에 관련된 한정된 범위의 사람들에게 배포하기 위한 것에 불과하므로, 그 내용이 논문심사 전후에 공개된 장소에서 발표되었다는 등의 특별한 사정이 없는 한, 인쇄 시나 대학원 당국에의 제출 시 또는 논문심사 위원회에서의 인준 시에 곧바로 반포된 상태에 놓이거나 논문내용이 공지된다고 보기는 어렵고, 일반적으로는 논문이 일단 논문심사에 통과된 이후에 인쇄 등의 방법으로 복제된 다음 공공도서관 또는 대학도서관 등에 입고되거나 주위의 불특정 다수인에게 배포됨으로써 비로소 일반 공중이 그 기재내용을 인식할 수 있는 반포된 상태에 놓이게 되거나 그 내용이 공지되는 것이라고 봄이 경험칙에 비추어 상당하다. 대법원 1996.06.14. 선고 95후19 판결[거절사건].

램의 경우 그 법인이 저작권자가 된다고 규정하고 있다. 즉, 업무상저작물의 저작자에 대해 저작권법은 법인 등의 명의로 공표되는 업무상저작물의 저작자는 계약 또는 근무규칙 등에 다른 정함이 없는 때에는 그 법인 등이 된다.

반면, 발명진흥법에 의한 직무발명의 권리주체는 종업원이나 계약이나 근무규정을 통하여 직무발명의 권리는 대부분 사용자가 보유하게 된다. 발명진흥법에서는 직무발명에 의해 종업원 등이 특허 등을 받으면 사용자(使用者)가 그 통상실시권을 갖는다고 규정하고 있어, 권리주체가 종업원임은 명확하다.[133]

다만, 대부분의 기업에서 직무발명에 대하여 그 권리(특허 등을 받을 수 있는 권리 및 특허권)를 기업에 승계하는 계약 또는 근무규정을 체결 또는 작성함에 따라 결과적으로 직무발명의 권리는 대부분 사용자가 보유하게 된다. 따라서, 기업에 속한 종업원이 개발한 프로그램의 경우, 그 저작권과 특허(직무발명)의 권리주체가 모두 법인이므로 해석상 문제는 없다.

(7) 정리

특허제도와 저작권제도는 그 본질적인 차이가 적지 않다. 그러한 차이 때문에 WIPO나 각국에서는 SW를 어떻게 보호할 것인지에 대한 논의가 많았다. CONTU 보고서에서도 1970년대 논란을 거쳐 SW를 어문저작물의 일 유형으로 보호하자는 권고에 따라 저작권법이 개정된 바 있다. 그러나, 저작권법이 갖는 보호범위의 한계 등에 따라 80년대 전후로 SW발명에 대한 논란이 일어나기도 했다. SW특허를 폭넓게 인정하던 경향은 미국 연방대법원의 일련의 판례에 따르면 SW특허에 대한 지속적인 확대는 어느 정도 제한받고 있다. 개발자의 입장에서는 복잡한 법률관계를 통하여 자신의 지적자산이 타인의 특허나 저작권을 침해하는 경우가 발생하는 것은 국가적인 손실(損失)로 볼 수 있다. 따라서,

---

133 발명진흥법 제10조(직무발명) ① 직무발명에 대하여 종업원등이 특허, 실용신안등록, 디자인등록(이하 "특허등"이라 한다)을 받았거나 특허등을 받을 수 있는 권리를 승계한 자가 특허등을 받으면 사용자등은 그 특허권, 실용신안권, 디자인권(이하 "특허권등"이라 한다)에 대하여 통상실시권(通常實施權)을 가진다. 다만, 사용자등이 중소기업기본법 제2조에 따른 중소기업이 아닌 기업인 경우 종업원등과의 협의를 거쳐 미리 다음 각 호의 어느 하나에 해당하는 계약 또는 근무규정을 체결 또는 작성하지 아니한 경우에는 그러하지 아니하다.
   1. 종업원등의 직무발명에 대하여 사용자등에게 특허등을 받을 수 있는 권리나 특허권등을 승계시키는 계약 또는 근무규정
   2. 종업원등의 직무발명에 대하여 사용자등을 위하여 전용실시권을 설정하도록 하는 계약 또는 근무규정

저작권법과 특허법의 이용저촉 관계에 대한 제도개선이 필요하며, 이는 특허청과 문화체육관광부의 논의가 이루어져야 할 부분이다. 결국, SW특허의 가부에 대한 논의보다는 SW가 국가 SW산업을 포함하여 SW중심사회에서 어떠한 역할을 할 수 있을지에 대한 판단이 요구된다.

5. 인공지능 발명과 발명자권

가. 인공지능 발명의 본질

인공지능 발명의 본질은 알고리즘 발명인 SW발명과 다르지 않다. 인공지능 발명은 인공지능이나 인공지능 기술을 활용한 발명이나 인공지능이 발명한 발명으로 나누어볼 수 있다. 물론, 인공지능이 발명한 발명이 SW가 아닌 물건을 만드는 방법을 발명할 수도 있다. 후자라면, 인공지능 발명이라기 보다는 인공지능의 발명이라는 표현이 타당하다. 이러한 경우를 제외하고는 인공지능의 발명은 SW기술이 관여하거나 SW기술이 포함되는 발명이기 때문에 본질적으로는 SW발명의 연장선에 있음을 알 수 있다.

인공지능 발명은 발명의 과정에서 인공지능 기술이 사용되거나 또는 인공지능이 발명한 경우 등으로 나누어 볼 수 있다. 먼저, 발명 과정에서 빅데이터 분석이나 기계학습 알고리즘과 같은 인공지능 기술이 포함된 경우에는 그 자체로서 인공지능이 사용된 발명으로서 인공지능 발명이다. 인간이 관여하여 인공지능 기술을 활용하여 발명을 한 경우이다. 인공지능을 이용하여 발명한 경우에는 일정 부분에 대해서 인공지능이 발명을 하는 것으로, 사실상 인간이 관여하는 부분이기 때문에 발명은 인간에게 귀속(歸屬)될 수 있다. 그리고, 발명자를 인공지능이 아닌 관여한 자로 표시할 수 있을 것이다. 이는 허위의 발명이라고 보기는 어렵다.

이와 달리, 인공지능이 자율적으로 발명을 한 경우이다. 인공지능이 발명을 기획하고, 진행하는 모든 행위를 전담할 경우에 발명자는 인공지능이 될 수 있다. 그렇지만, 현행 법제 하에서 인간 이외에는 발명자권을 인정하지 않기 때문에 사실상 인공지능 발명자는 존재하기 어려운 상황이다.

나. 발명자로서 인공지능

인공지능 발명은 인간이 관여하여 이루어진 경우에는 발명자는 해당 발명에 기술적 기여를 한 자가 된다. 인공지능을 도구적으로 활용하여 발명이 이루어진 경우에는 해당 도구를 활용한 자가 발명자가 된다. 인공지능이 스스로 발명을 한 경우에는 인공지능이 발명을 한 것은 맞지만, 현행 법제 하에서는 인공지능이 발명자라고 인정하기는 어렵다. 그렇지만, 인공지능을 발명자로 출원하는 경우가 있으며, 발명자로서 인공지능에 대한 고민이 필요한 시점이다.

(1) 로봇은 발명자가 될 수 있는가?

인공지능이 기사를 작성하는 것은 저작권법의 영역에서 법적 안정성이 떨어질 수 있음을 확인하였다. 인공지능이 SW를 개발하는 경우에는 어떠한 문제가 발생할 수 있을지 의문이다. 개발된 SW의 오류가 통상적인 수준을 넘어선 경우에는 누가 책임을 질 것인지에 대한 것이다. SW라이선스 형태로 진행되었다면 이용약관에 근거(根據)한 계약을 통하여 책임소재를 정했을 것이다.

오류에 의한 책임소재와는 별개로 코딩의 결과물에 대한 발명자와 특허권을 누구에게 귀속할 것인지에 대한 논란이 예상된다. 특허법이나 발명진흥법에서는 자연인의 발명 이외에 별도 규정한 바가 없기 때문에 로봇이 발명한 것을 어떻게 처리할 것인지 의문이다.

발명자권을 규정한 특허법은 발명을 한 사람 또는 그 승계인은 특허법에서 정하는 바에 따라 특허를 받을 수 있는 권리를 가진다. 다만, 특허청 직원 및 특허심판원 직원은 상속이나 유증(遺贈)의 경우를 제외하고는 재직 중 특허를 받을 수 없다. 2명 이상이 공동으로 발명한 경우에는 특허를 받을 수 있는 권리를 공유한다(특허법 제33조). 현행 법제 하에서 인공지능이 발명을 했다고 하더라도, 발명자권을 인정받기는 어렵다.

(2) 발명자주의와 예외로써 직무발명

발명을 한 사람 또는 그 승계인은 특허법에서 정하는 바에 따라 특허를 받을 수 있는 권리를 가진다(특허법 제33조). 법인은 자연인인 발명자로부터 특허를 받을 수 있는 권리를 승계할 수 있을 뿐이다.[134] 특허받을 권리는 양도가 능한 재산권이나 출원서에 원래 발명자를 기재할 수 있다. 발명자 기재는 인격적인 권리이기 때문에 양도되더라도 유효하다. 저작권법상 저작인격권과 유사한 권리로 볼 수 있다.

발명자주의의 예외로 직무발명제도를 두고 있다. 직무발명이란 종업원, 법인의 임원 또는 공무원이 그 직무에 관하여 발명한 것이 성질상 사용자·법인 또는 국가나 지방자치단체의 업무 범위에 속하고 그 발명을 하게 된 행위가 종업원 등의 현재 또는 과거의 직무에 속하는 발명을 말한다(발명진흥법 제2조). 직무발명에 대하여 종업원 등이 특허, 실용신안등록, 디자인등록을 받았거나 특허 등을 받을 수 있는 권리를 승계한 자가 특허 등을 받으면 사용자 등은 그 특허권, 실용신안권, 디자인권에 대하여 통상실시권(通常實施權)을 가진다(발명진흥법 제10조).[135] 이상과 같이, 특허권은 자연인만이 취득할 수 있는 권리이나 일정한 경우 법인 등도 직무발명에 대해서는 권리를 가질 수 있다.

(3) 인공지능을 발명자로 한 경우

2019년 영국 특허청에는 DABUS라는 인공지능을 발명자로 하는 출원이 있었다. 그 과정에서 논란이었던 여러 가지 사항에 대해 살펴보고자 한다.

---

134 조영선, 특허법, 박영사, 2013, 225면.
135 발명진흥법 제10조(직무발명) ①직무발명에 대하여 종업원등이 특허, 실용신안등록, 디자인등록(이하 "특허등"이라 한다)을 받았거나 특허등을 받을 수 있는 권리를 승계한 자가 특허등을 받으면 사용자등은 그 특허권, 실용신안권, 디자인권(이하 "특허권등"이라 한다)에 대하여 통상실시권을 가진다. 다만, 사용자등이 중소기업기본법 제2조에 따른 중소기업이 아닌 기업인 경우 종업원등과의 협의를 거쳐 미리 다음 각 호의 어느 하나에 해당하는 계약 또는 근무규정을 체결 또는 작성하지 아니한 경우에는 그러하지 아니하다.
  1. 종업원등의 직무발명에 대하여 사용자등에게 특허등을 받을 수 있는 권리나 특허권등을 승계시키는 계약 또는 근무규정
  2. 종업원등의 직무발명에 대하여 사용자등을 위하여 전용실시권을 설정하도록 하는 계약 또는 근무규정
② 제1항에도 불구하고 공무원의 직무발명에 대한 권리는 국가나 지방자치단체가 승계하며, 국가나 지방자치단체가 승계한 공무원의 직무발명에 대한 특허권등은 국유나 공유로 한다. 다만, 고등교육법 제3조에 따른 국·공립학교(이하 "국·공립학교"라 한다) 교직원의 직무발명에 대한 권리는 기술의 이전 및 사업화 촉진에 관한 법률 제11조 제1항 후단에 따른 전담조직(이하 "전담조직"이라 한다)이 승계하며, 전담조직이 승계한 국·공립학교 교직원의 직무발명에 대한 특허권등은 그 전담조직의 소유로 한다.
③ 직무발명 외의 종업원등의 발명에 대하여 미리 사용자등에게 특허등을 받을 수 있는 권리나 특허권등을 승계시키거나 사용자등을 위하여 전용실시권을 설정하도록 하는 계약이나 근무규정의 조항은 무효로 한다.
④ 제2항에 따라 국유로 된 특허권등의 처분과 관리(특허권등의 포기를 포함한다)는 국유재산법 제8조에도 불구하고 특허청장이 이를 관장하며, 그 처분과 관리에 필요한 사항은 대통령령으로 정한다.

(가) 인공지능의 발명

스티븐 탈러(Stephen Tahler) 박사는 스스로 신경망을 연결·확장해가며 새로운 아이디어를 만들어내는 인공지능 창작기계(Creativity Machine)인 DABUS를 개발했다. DABUS는 모형을 자유자재로 바꿀 수 있는 음식 용기(Foodcontainer, 출원번호 EP 18275163)와 위험한 상황에서 주의를 끄는 구조 장치 및 방법(Deviceand methods for attracting enhanced attention, 출원번호 EP 18275174)을 발명하였고, 2018년 10월과 11월 2건의 발명을 유럽특허청(European Patent Organisation; 이하 EPO라 함)과 영국특허청(이하 UKIPO라 함)에 출원했다.

(나) 거절

EPO는 유럽특허조약(EPC) 제81조와 시행규칙(Rule) 제19조에서 발명자의 요건이 발명자는 기계가 아니라, 인간이라고 규정하고 있기 때문에 DABUS의 출원은 발명의 조건을 충족하지 못한다고 판단하며 해당 특허출원에 관해 거절결정을 내렸다.

DABUS는 영국 서리대(University of Surrey)의 라이언 애봇(Ryan Abbott) 교수가 이끄는 프로젝트의 결과물로, DABUS를 탄생시킨 탈러 박사를 출원인으로 기재했다. 처음에 발명자란을 공란으로 비워둔 채 특허출원 절차를 진행했고, 출원서의 발명자 지정에 하자가 있다는 이유로 보완을 요구했다. 출원인 측은 DABUS가 인간의 개입 없이 자율적으로 발명했다는 취지를 기재한 발명자 지정서를 2019년 7월에 제출했다. 이후 EPO는 선행기술조사 보고서를 통하여 미국에 등록된 특허가 이 출원 발명의 모든 기술적인 특징을 갖고 있어 특허요건을 충족하지 못한다는 의견서를 송부했다. EPO는 이어 같은 달 비공개 구술심리를 개최해 출원인 측의 발명자 지정 관련 의견을 청취했으나 결국 당초 지적한 하자가 해결되지 않았다는 이유로 유럽특허협약 관련규정에 따라 각하결정을 내렸다.

(다) 발명의 승계 여부

인공지능을 발명자로 지정한 데 따른 주요 쟁점은 다음과 같다. 첫째, 출원인은 발명자인 인공지능으로부터 발명에 대한 권리를 어떻게 승계(承繼)할 것인가이다. 발명은 기본적으로 발명자에게 권리가 귀속된다. 따라서 발명을 특허로 출원해 독점적인 권리를 취득할 수 있는 권리도 원래는 발명자가 전유하게 된다. 그러나 모든 특허출원에서 발명자가 출원인이 되는 것은 아니다. 예컨대 기업이 소속 연구자가 행한 발명에 대한 권리를 이전받아 출원인으로 등재하는 것이 그러한 사례이다. 법리적으로 발명자 고유의 권리인 특허받을 수 있는 권리를 승계한 자가 출원인이 될 수 있다. 특허법은 발명을 한 사람은 특허받을 수 있는 권리를 가지며, 이 권리는 이전할 수 있다(특허법 제33조, 제37조). DABUS를 발명자로 하는 경우에는 출원인이 인공지능으로부터 발명에 대한 권리, 즉 앞에서 설명한 발명자가 갖게 되는 특허받을 수 있는 권리를 어떻게 승계한 것인지, 인공지능은 어떻게 권리를 양도할 수 있었는지가 주요 법적 이슈이다.

EPO의 실무는 실제로 해당 발명자가 진정한 발명자인지 여부를 검증하지는 않는다. 다만 이 경우 발명자가 아닌 출원인은 발명자로부터 발명에 대한 권리를 어떻게 승계했는지 진술할 의무가 있다. 이에 대해 출원인인 탈러 박사는 이 특허출원은 인공지능을 발명한 출원인 본인에게 귀속된 것이며, 인공지능 그 자체가 권리를 가지는 것이 아니라고 주장했다. 또한, 출원인이 이러한 권리를 어떻게 승계했는지에 대해서는 자신이 인공지능의 고용주로서 인공지능인 발명자로부터 권리를 승계했다고 주장했으나 EPO는 이를 유효한 권리승계로 인정하지 않았다. 이에 탈러 박사는 재차 그가 인공지능의 소유자로서 인공지능이 보유(保有)한 권리의 승계자(successor in title of the AI)라고 반박했다. 그러나, EPO는 현행법상 기계로 취급되는 인공지능은 법인격이 없어 재산을 소유할 수 없고, 이처럼 기계는 발명에 대한 권리를 보유할 수 없기 때문에 고용관계 또는 승계를 통하여 이러한 권리를 이전할 수 없다고 지적하며 수용하지 않았다.

(라) 특허요건

인공지능의 발명이 특허성 요건(신규성, 진보성 등)을 갖췄는지 여부이다. UKIPO도 EPO와 같은 날에 제출된 2건의 출원에 대해 2019년 12월 유사한 결정을 내렸다. 출원인에게 발명자 지정서를 출원일로부터 16개월 이내에 제출하도록 요구했으나 EPO와 마찬가지로 자연인이 아닌 DABUS를 발명자로 지정한 것을 인정하지 않고, 기한 내 미제출로 간주해 출원 취하 결정을 한 것이다. 다만, UKIPO는 EPO와 달리 선행기술조사 보고서에서 인공지능이 행한 발명들이 신규성(novelty)과 기술적인 진보성(inventive step)이 있다고 판단했고, 연구팀은 이러한 UKIPO의 견해를 근거로 EPO에 특허성이 있음을 주장했었다. 그러나, EPO는 이에 동의하지 않고 해당 발명들은 신규성과 진보성이 결여됐다고 판단했다. 즉, EPO 입장에서는 설령 형식요건인 발명자 적격이 인정됐다 하더라도 실체적 판단사항인 특허성도 인정하지 않은 것이다.

(4) 인공지능 발명의 승계

DABUS 사례에서 인공지능이 도구적으로 사용되지 않고, 발명을 한 경우에 그 발명은 누구에게 귀속될 것인지가 쟁점이 되고 있다. 도구를 사용하여 보다 나은 기술개발을 이끌어내는 것은 당연한 것이다. 다만, 인간의 관여가 없이 인공지능을 활용하는 경우에 해당 발명은 발명으로서 성립할 수 있는 것인지 의문이다. 앞서 살펴본 바와 같이, 발명의 주체는 인간이고 인간이 아닌 경우에는 해당 발명은 성립하지 못하기 때문이다.

반면, 인간이 도구적인 이용으로써 인공지능을 활용하여 발명을 한 경우라면 해당 발명은 인간에게 귀속된다. 더욱이 인공지능이 개발한 경우라도, 해당 발명의 발명자를 인간으로 하여 권리화 하는 경우라면 발명의 성립성 여부에는 논란이 되지 않을 것이다. 문제는 인공지능이 개발한 발명을 출원할 경우, 발명자를 인간이 아닌 인공지능으로 표기한 경우에 관한 것이다.

이상과 같이, 인공지능에 의하여 발명된 특허는 누가 권리를 가질 수 있는지는 논란거리이다.[136] 만약, 인공지능이 발명한 것이라면 발명자는 자연인(自然人)만이 가능하기 때문에 원칙적으로 인공지능이 권리를 취득하는 것은 불가능하다. 직무발명도 기본적으로 법인 등에 소속된 자연인의 발명에 대해 규정

---

136 자동코드 생성에 관한 SW특허를 예로 든다. "SW 타입별 코드 자동 생성기를 이용한 SW 제품라인 기반의 SW 개발 방법 및 이를 위한 장치가 개시된다. SW 개발 방법은, 복수의 SW의 특징을 분석하여 생성한 휘처 모델에서 개발자로부터 수신한 개발 대상 SW에 해당하는 휘처를 선택하여 휘처 리스트를 생성하고, 개발자로부터 수신한 개발 대상 SW 타입에 해당하는 코드 자동 생성기를 결정하고, 개발 대상 SW 타입을 이용하여 개발 대상 SW의 아키텍처 컴포넌트를 선택하고, 선택한 아키텍처 컴포넌트 및 개발자로부터 수신한 결정한 코드 자동 생성기의 요구 사항을 기초로 자동 생성된 코드를 생성하며, 생성한 휘처 리스트를 기초로 상기 자동 생성된 코드 및 상기 아키텍처 컴포넌트의 코드를 변경하여 적용된 코드를 출력하고, 적용된 코드에서 도메인의 라이브러리를 호출하는 부분을 실제 도메인 라이브러리를 호출하는 부분과 연결하여 최종생성 코드를 생성한다.", SW 개발 방법 및 이를 위한 장치, 출원번호: PCT/KR2011/007751, 공개 날짜: 2012년 5월 24일.

한 것이기 때문에 자연인의 발명과 다르지 않다.

현행법상 인공지능이 발명한 특허는 권리를 취득할 수 있는 법적 근거가 없다. 기업에 입장에서는 인공지능에 투자하여 만들어놓은 결과물에 대한 권리를 가질 수 없다는 것에 대해 반감을 갖게 될 것이다.[137] 앞서 논의한 로봇 저널리즘에 따른 결과의 귀속과 마찬가지로 로봇에 의해 개발된 발명을 누구에게 귀속할 것인지는 직무발명의 유형으로 논의방향을 잡는 것이 필요하다. 인공지능이 발명을 하거나 명세서를 작성하는 경우에 권리 귀속은 입법론적 해결이 최선의 방법이 될 수 있다. 투자유인이나 기술혁신을 위해서라도 권리 자체의 유보는 거부반응(拒否反應)을 일으킬 수 있기 때문에 법적 안정성을 위해 권리를 귀속시키는 방안이 더 타당할 것으로 판단된다.

다. 각국의 논란

EPO, 영국이나 미국의 경우는 DABUS라는 인공지능을 출원인으로 할 경우에는 특허법의 발명자 요건에 저촉(抵觸)되기 때문에 거절결정을 내렸다.

[표 11-3] DABUS 발명특허 분쟁 현황

미국	• (보정명령) **발명자는 자연인만 가능**하므로 발명자 명기 수정 요구 → **거절결정**('20.4.) • (항소 진행 중) 버지니아동부지방법원에 항소('20.8.)
영국	• (보정명령) 발명자는 사람이어야 하므로 발명자 명기 수정 요구 → **거절결정**('19.12.) • (항소 → **기각**) 취소소송에서 **발명자는 자연인만 가능**하다는 이유로 **기각 판결**('20.9.)
유럽 특허청	• (보정명령) AI는 발명자가 될 수 없으므로 발명자 명기 요구 → **거절결정**('20.1.) • (항소 진행 중) EPO 심판원에 상호('20. 3.) 진행 중

출처: 특허뉴스(2021).

동일한 특허가 국내에서 PCT출원으로 특허신청이 이루어졌다. 스티븐 테일러를 출원인으로 하고, DABUS라는 AI를 발명자로 표시한 국제 특허출원

---

137 次世代知財システム検討委員会　報告書（案）~デジタル・ネットワーク化に対応する　次世代知財システム構築に向けて~, 知的財産戦略本部　検証·評価·企画委員会 次世代知財システム検討委員会, 平成２８年４月, 25頁에 따르면 "인센티브론의 관점은 창작을 하는 인공지능에 대한 투자와 적극적인 이용 등 인간의 움직임에 영향을 줄 수 있는 것임에 비추어 인공지능 창작물 보호의 필요성에 대해 검토하는 것이 적절하다."고 한다.

(PCT 출원)을 통하여 '식품 용기 및 개선된 주의를 끌기 위한 장치'를 발명으로 하는 특허가 국내에 출원(진입)된 것이다.

[표 11-4] DABUS 발명특허

구분	제1발명	제2발명
명칭	식품 용기	개선된 주의를 끌기 위한 신경 자극 램프
대표도		
발명내용	용기의 내외부에 오목부와 볼록부를 갖는 프랙탈 구조의 식품 용기	신경 동작 패턴을 모방하여 눈에 잘 띄는 깜빡임 빛을 내는 램프
효과	용기의 결합이 쉽고, 높은 열전달 효율과 손으로 잡기 쉬움	램프의 동작 패턴으로 관심 집중개선

출처: 발명뉴스(2021).

형식적 요건에 대한 심사에서 특허청은 발명자를 자연인으로 표기하라는 보정(수정)요구서 통지를 했다.[138] 출원인이 발명자 보정을 하지 않아 특허출원이 무효 처분되면 행정심판이나 행정소송을 제기할 수 있다.

다만, 동 발명에 대하여 호주 특허청도 거절결정을 내렸으나, 호주 법원은 DABUS의 발명자 적격을 인정하는 판단을 내렸다.[139] 즉, 호주 특허법에 발명자로서 AI를 명시적으로 제외(거절)하는 조항이 없다는 것이며, 특허법은 저작권법과 달리 인격권 등(human author, moral right)의 존재를 요구하지 않는다는 것이다. 따라서, 발명자(inventor)라는 단어는 행위자를 나타내는 명사(agent noun)로 컴퓨터, 컨트롤러(controller) 등이 모두 행위자를 나타내는 단어이며, 사람 또는 물건일 수 있다. 무엇보다, 발명자의 개념도 유연하게 진화할 수 있어야 하며 특허법의 목적에 따라 판단해야 한다는 점이다. 특허법의 목적은 기

---

138 특허뉴스, 2021.6.3.일자.
139 Thaler v. Commissioner of Patents [2021] FCA 879. 2021.7.30.

술혁신과 기술의 이전 및 보급을 통하여 경제적 후생을 증진(增進)하는 특허제도를 제공하는 것임을 강조하였다.[140]

6. 인공지능 발명과 제도적 과제

지능정보사회의 구현과 인공지능을 포함한 SW특허는 밀접한 관계에 있다. 개인과 사회, 기업, 국가 등 모든 영역에서 SW와 인공지능은 일상적으로 사용되기 때문이다. 어느 일부분에서 SW로 인하여 문제가 발생할 경우, 지능정보사회의 한 축이 문제될 수 있는 것과 다름이 아니기 때문이다.

SW는 쉽게 외부에 표현되는 것이 아니기 때문에 SW가 중요한 요소라는 것을 인식하지 못한다. 다른 저작물과 달리 SW는 보호방법론이 다양하다. 저작권법, 특허법, 영업비밀보호법 등을 통하여 가능하기 때문에 중복보호 등의 논란이 있다. "컴퓨터 관련 발명의 특허법적 보호는 이론적으로나 현실적으로나 긍정 또는 부정의 이분법적 접근으로 해결될 문제가 아니라, 현재 특허법적으로 보호하고 있는 컴퓨터 관련 발명의 보호요건, 특히 신규성과 진보성의 판단기준을 합리화하고 그 특허권의 남용가능성을 최소화하기 위한 해석론을 모색함으로써 해결될 문제"[141]라는 지적은 의미가 있다.

SW 가치를 인정한다는 것이 지식재산권을 통해서만 가능한 것인지는 논의가 필요하다. SW의 보호에 대한 다양한 논의가 이루어져왔고, 점진적으로 다양한 법제를 통하여 보호가능성이 넓혀져 왔다. 영업비밀이나 저작권법 체계를 통하여 보호하던 것이 나름 가지고 있는 한계 때문에 SW특허 형태로 보호 가능성을 개척해온 것이다. 그러던 것이 정보통신 환경의 변화에 따라 온라인으로 유통되는 경우에 어떻게 보호할 것인지에 대한 논란으로 확대되고 있다. 물론, 저작권법은 온라인 유통에 대해 전송권, 엄밀히 하자면 공중송신권을 저작권자에게 부여함으로써 이에 대한 논란을 정리한 바 있다. 그러나 저작권은 저작재산권의 제한규정이 특허법에 비해 비교적 넓게 인정되기 때문에 권리자

---

140 https://www.ipwatchdog.com/2021/08/02/dabus−scores−win−ai−inventorship−question−au stralia−court/id=136304 2021.8.7.일자 검색.

141 정상조·박준석, 지식재산권법, 홍문사, 2013, 76면.

입장에서는 일정 부분 한계로 인식될 수 있다. 또한, 보호범위도 아이디어의 표현(表現)에 한정되기 때문에 동일한 알고리즘에 대해서 달리 할 경우에 침해가 아닐 수 있다는 점도 어느 정도 작용할 것이다. 물론, 역분석(reverse engineering)을 통하여 알고리즘을 파악하고, 이를 통하여 새로운 SW를 개발하는 것도 한계에 포함될 수 있다.

이처럼 다양한 한계로 인하여 저작권법적 보호를 벗어나 특허법적 보호 경향으로 기울어 왔다. 그 정점(頂點)은 1998년 미국의 BM특허 인정 즈음으로 판단된다. 미국의 pro-patent 정책이 한창 진행되어왔고, BM특허라는 새로운 특허모델이 인정된 것이다. 현재는 pro-patent 정책이 Bilski, Alice 판결 등을 통하여 후퇴하고 있으며, 다른 나라에서도 특허법상 SW특허를 부정하는 것은 아니더라도 일본과 같이 SW 자체를 물건의 발명으로 간주하는 입법은 없다.

특허는 국제조약을 통하여 권리가 인정되지만, 상호주의 원칙에 따라 동일한 수준의 형태만의 보호가 가능하다. EU나 다른 나라에서는 온라인 실시와 같은 유형의 실시가 없기 때문에 우리나라의 제도의 유효성은 크지 않다. 권리 범위의 확대는 WIPO 등 국제기구를 통하여 공론화될 필요가 있다. 다양한 논란이 있기 때문에 어느 일국의 특허법 개정을 통하여 추진하는 것보다는 특허 제도가 글로벌화 되는 시점에서 논의를 함께 하는 것은 필요하다. 만약, 논의 과정에서 우리의 주장이 합리적이라고 지지를 받는다면, 우리가 온라인 실시에 대한 헤게모니를 이끌어갈 수도 있다.

지식재산권에 대한 권리가 독점권을 부여하는 것이기 때문에 이용활성화라는 측면에서 고려는 항상 이루어져야 한다. 즉, "정보의 자유이용과 독점 사이에 균형을 취하는 것이 중요한 데 지적재산권제도를 강화하면 할수록 사회에 이득을 가져다준다고는 볼 수 없다. 따라서, 지적재산권법의 내용, 예를 들면 보호대상, 보호기간, 보호범위 등에 대하여 사회에 역효과를 주는 부분을 최소화시키고 법의 목적을 최대한 실현할 수 있는 제도를 설계하도록 하고, 또한 그러한 방향으로 해석하여야 한다."[142]는 주장은 지식재산정책에 있어서 중요한 판단 요소이다. 아울러, 특허권을 통하여 인정할 경우 SW산업이나 이용 관계에 미치는 영향 및 편익분석이 요구된다. 주로, 법경제적 편익분석이 요구

---

142 中山信弘, 특허법, 법문사, 2001, 13면.

된다고 보며, 이는 SW산업을 전담하는 부서에서 추진해야 한다. 경우에 따라, 특허제도는 다양한 사업과 기술을 대상으로 하기 때문에 특정 기술만을 위한 세부적인 제도를 운영하기 힘들다. 즉, "특허가 기술개발 유인에 미치는 영향은 산업에 따라 차이를 보일 뿐만 아니라 제품의 특성에 따라서도 차이를 보인다. 새로운 제품이나 프로세스가 특허를 받은 다수의 요소들로 이루어지는 경우와 상대적으로 그렇지 않은 경우 특허가 미치는 영향은 상이할 것"[143]이라는 주장이다.[144]

인공지능은 SW로 구현되지만, 기계학습 과정에서 다양한 데이터와 파라미터의 조정에 따라 결과가 상이할 수 있기 때문에 발명의 구현성에서 문제가 될 수 있다. 이러한 점 때문에 인공지능 발명의 명세서 작성을 어떻게 할 것인지가 실무(實務)에서 논란이다.

---

143 이인권, BM발명과 특허제도, 한국경제연구원, 2002, 34면.
144 SW특허에 대한 법적 보호방안에 대해서는 현재의 상황에 대한 판단이 무엇보다 중요하다. SW산업은 물론 우리 일상에서 SW가 포함된 것에 대한 통계를 가져와야 한다. 통계는 전수조사가 좋겠지만, 그렇지 아니할 경우에는 최대한 실사치를 시뮬레이션할 수 있어야 한다. SW특허는 그 범위가 물건의 발명과 밀접하게 관련이 있다. SW가 물건에 합체된 경우라면 해당 특허와의 관계는 무엇보다 중요하게 작용하기 때문이다.

1. 인공지능은 지식재산권을 침해하는가?

　　인공지능이 지식재산에 관한 권리 또는 이용의 주체가 되는 경우, 현행 법제에서는 지식재산의 침해에 대한 책임 및 그에 따른 제재가 불가능하다.[145] 또한, 인공지능이 기계학습을 통하여 만들어낸 결과물이 특정 저작물과 유사한 경우에 이를 침해로 볼 수 있을지, 만약 그렇게 볼 수 있다면 실질적 유사성과 의거성에 대한 판단을 어떻게 할 것인지도 고려되어야 한다. 그렇지만, 현행 지식재산법 체계에서 인공지능이 권리 또는 의무의 주체로 규정된 것은 아니기 때문에 인공지능은 권리침해의 주체로 보기 어렵다.

　　강한 인공지능이 지식재산을 창작하거나 또는 창작을 위하여 인간처럼 타인의 지식재산을 이용하는 경우라면 모르겠지만 현재의 기술 수준으로 보건대, 인공지능은 행위 주체로 보기보다는 프로그래밍된 과정에서 타인의 지식재산을 이용하도록 설계되었다고 보는 것이 타당하다. 그렇다면, 인공지능이 지식재산권을 침해하는 가설(假說)이 합당한지는 의문이다. 그럼에도 불구하고, 기술발전 과정에서 인공지능이 침해의 주체가 될 가능성도 배제하지 못하기 때문에 침해의 주체로서 또는 인공지능의 도구적 활용과정에서 지식재산의 침해가 이루어질 경우 어떻게 대응할 것인지에 대한 고민은 의미가 있다.

　　또한, 인공지능의 창작능력은 인간의 능력을 넘어설 가능성도 있기 때문에 이러한 경우에는 어떻게 보호범위를 설정할 것인지도 고민하지 않을 수 없다. 따라서, 인공지능이 만들어낸 결과물의 보호체계가 제한적이라면, 인공지능에 의한 지식재산권 침해 등에 대해서는 그 제재 수준이 동일하거나 완화할 필요가 있다. 인간의 것과 동일하게 적용하기에는 현실적으로 무리라고 보기 때문이다.

　　인공지능이 발명이나 창작의 과정에서 권리를 침해하는 경우, 그 책임을 누구에게 귀속시킬 것인지는 지식재산권 제도를 통하여 해결해야 할 과제 중 하

---

145 다만, 인간에 의하거나 인간의 조작이나 지시에 의한 경우는 조작자 내지 지시자가 직접 책임을 진다.

나이다. 현재로서는 인공지능을 이용하는 과정에서 인간의 관여가 있기 때문에 관여한 자인 인간에게 책임을 물을 수밖에 없는 구조이다. 강한 인공지능에 의한 발명이나 창작을 인정하는 것은 인간 이외의 주체의 법률행위를 인정하는 것과 다름이 없다. 만약, 이를 인정한다면 침해에 대한 민형사적 책임을 인공지능이 지도록 하는 것이기 때문에 권리 및 침해 책임을 효과적으로 담보할 수 있다. 다만, 현실적으로 강한 인공지능이 도래하지 않는 현시점에서 인공지능이 침해의 주체 내지 책임주체로 인정될 가능성은 그렇게 높지 않기 때문에 논의하는 것이 실익(實益)이 없다는 주장과 '미지의 기술'인 인공지능의 특이점이 언제 도래할지 모르기 때문에 이에 대한 대응이 필요하다는 주장이 대립하고 있다.

인공지능을 이용한 결과물의 창작성을 인정하는 것과 반대로, 침해를 인정하는 것은 자칫 인공지능 기술발전을 저해할 수 있기 때문에 적극적인 침해 인정 내지 제재는 제한될 필요가 있다.

2. 인공지능에 의한 저작권의 침해

가. 침해의 판단

(1) 보호대상인 창작성 있는 표현

저작권법 제2조 제1호는 저작물을 '인간의 사상 또는 감정을 표현한 창작물'로 규정하여 창작성을 요구하고 있다. 여기서 창작성은 완전한 의미의 독창성을 요구하는 것은 아니라고 하더라도, 창작성이 인정되려면 적어도 어떠한 작품이 단순히 남의 것을 모방한 것이어서는 안 되고 사상이나 감정에 대한 창작자 자신의 독자적인 표현을 담고 있어야 한다.[146] 저작권법은 '건축물·건축을 위한 모형 및 설계도서 그 밖의 건축저작물'을 저작물로 예시하고 있다. 그

---

146 창작성이란 완전한 의미의 독창성을 요구하는 것은 아니라고 하더라도 적어도 어떠한 작품이 단순히 남의 것을 모방한 것이어서는 안 되고 작자 자신의 독자적인 사상이나 감정의 표현을 담고 있어야 할 것이므로, 누가 하더라도 같거나 비슷할 수밖에 없는 표현, 즉 저작물 작성자의 창조적 개성이 드러나지 않는 표현을 담고 있는 것은 창작물이라고 할 수 없다. 대법원 2011. 2. 10. 선고 2009도291 판결.

런데 건축물과 같은 건축저작물은 이른바 기능적 저작물로서, 건축분야의 일반적인 표현방법, 용도나 기능 자체, 저작물 이용자의 편의성 등에 따라 표현이 제한되는 경우가 많다. 따라서 건축물이 그와 같은 일반적인 표현방법 등에 따라 기능 또는 실용적인 사상을 나타내고 있을 뿐이라면 창작성을 인정하기 어렵지만, 사상이나 감정에 대한 창작자 자신의 독자적인 표현을 담고 있어 창작자의 창조적 개성이 나타나 있는 경우라면 창작성을 인정할 수 있으므로 저작물로서 보호를 받을 수 있다. 컴퓨터프로그램도 기능성이 강한 저작물이지만, 저작권법이 보호하는 "컴퓨터프로그램저작물"이라 함은 특정한 결과를 얻기 위하여 컴퓨터 등 정보처리능력을 가진 장치 안에서 직접 또는 간접으로 사용되는 일련의 지시·명령으로 표현된 창작물(創作物)인 경우에 한한다.

(2) 컴퓨터프로그램저작물 간의 실질적 유사 여부 판단 방법

(가) 의거성 판단

저작권법이 보호하는 복제권이나 2차적 저작물작성권의 침해가 성립되기 위하여는 대비 대상이 되는 저작물이 침해되었다고 주장하는 기존의 저작물에 의거하여 작성되었다는 점이 인정되어야 한다. 이러한 의거관계는 기존의 저작물에 대한 접근가능성 및 대상 저작물과 기존의 저작물 사이의 유사성이 인정되면 추정할 수 있다.[147]

저작권법이 보호하는 복제권이나 2차적 저작물작성권의 침해가 성립되기 위하여는 대비대상이 되는 저작물이 침해되었다고 주장하는 기존의 저작물에 의거하여 작성되었다는 점이 인정되어야 한다. 이와 같은 의거관계는 기존의 저작물에 대한 접근가능성, 대상 저작물과 기존의 저작물 사이의 유사성이 인정되면 추정할 수 있고, 특히 대상 저작물과 기존의 저작물이 독립적으로 작성되어 같은 결과에 이르렀을 가능성을 배제할 수 있을 정도의 현저한 유사성이 인정되는 경우에는 그러한 사정만으로도 의거관계를 추정할 수 있다. 그리고 두 저작물 사이에 의거관계가 인정되는지 여부와 실질적 유사성이 있는지 여부는 서로 별개(別個)의 판단으로서, 전자의 판단에는 후자의 판단과 달리 저작권법에 의하여 보호받는 표현뿐만 아니라 저작권법에 의하여 보호받지 못하는

---

147 대법원 2014. 7. 24. 선고 2013다8984 판결.

표현 등이 유사한지 여부도 함께 참작될 수 있다.[148]

(나) 실질적 유사성 판단

저작권 침해가 인정되기 위해서는 침해자의 저작물이 저작권자의 저작물에 의거하여 그것을 이용하였어야 하고, 침해자의 저작물과 저작권자의 저작물 사이에 실질적 유사성이 인정되어야 한다. 저작권의 보호대상은 인간의 사상 또는 감정을 말, 문자, 음, 색 등으로 구체적으로 외부에 표현한 창작적인 표현형식이므로, 저작권 침해 여부를 가리기 위하여 두 저작물 사이에 실질적인 유사성이 있는지를 판단할 때에는 창작적인 표현형식에 해당하는 것만을 가지고 대비해 보아야 한다.[149]

저작권법이 보호하는 컴퓨터프로그램저작물이라 함은 특정한 결과를 얻기 위하여 컴퓨터 등 정보처리능력을 가진 장치 안에서 직접 또는 간접으로 사용되는 일련(一連)의 지시·명령으로 표현된 창작물을 의미하므로, 프로그램저작권 침해 여부를 가리기 위하여 두 프로그램저작물 사이에 실질적 유사성이 있는지를 판단할 때에도 창작적 표현형식에 해당하는 것만을 가지고 대비하여야 한다.[150]

(다) 실질적 유사성 판단을 위한 3단계 테스트

미국의 제2항소법원은 Altai 판결에서 이른바 추상화(abstraction) − 여과(filtration) − 비교(comparison)의 3단계 테스트를 제안하였다.[151]

① 1단계: 추상화

추상화 테스트는 프로그램의 실질적 유사성을 판단하기 위하여 거치는 첫 단계로서 프로그램을 역분석(reverse engineering)하는 것과 같은 방식으로 진행된다. 즉, 침해되었다는 원고 프로그램의 구조를 분해하고 이를 추상화의 단계에 따라 구분하는 데, 이 과정은 프로그램 코드로부터 시작하여 프로그램의 궁극적 기능을 명확히 하는 것으로 끝난다. 결국, 원고 프로그램의 개발자가 그 개발과정에서 거쳤던 수순을 거꾸로 밟아나가는 것이다.

---

148 대법원 2014. 7. 24. 선고 2013다8984 판결.
149 대법원 2020. 4. 29. 선고 2019도9601 판결.
150 대법원 2000. 10. 24. 선고 99다10813 판결.
151 982 F.2d 693(2d. Cir, 1992). 권영준, 저작권 침해소송에 있어서 실질적 유사성 판단기준, 서울대학교 박사학위논문, 2005, 250~251면.

② 2단계: 여과

여과 단계에서는 추상화의 각 단계에 나타나 있는 구조적 요소들을 검토하여 해당 단계에서 그러한 요소들이 포함되어 있는 것이 아이디어에 해당하는 것인지, 또는 그 아이디어에 필연적으로 수반되는 효율성의 고려에 의하여 어쩔 수 없이 포함되게 된 것인지, 또는 프로그램 자체의 외부적인 요인에 의하여 요구(要求)되는 것이거나 공유영역으로 부터 가져온 것이어서 보호를 받을 수 없는 표현인지 여부를 결정한다.

③ 3단계: 비교

앞의 단계에서 프로그램의 모든 요소들 가운데 아이디어, 효율성 또는 외부적 요인에 의하여 지배되거나 공유영역으로부터 가져온 요소들을 제외하면 비로소 보호받을 수 있는 표현만 남게 된다. 3단계 비교과정에서는 ① 이러한 보호받는 표현 중 어떤 부분을 복제하였는지, ② 복제한 부분이 있을 경우 그 부분이 원고의 전체 저작물과 관련하여 상대적으로 어느 정도의 중요성을 가지고 있는지, 즉 실질적인 정도에 이르렀는지 아니면 사소한 정도에 그치고 있는지를 평가한다.

(라) 법원의 판단[152]

컴퓨터프로그램 저작권 등의 침해 여부가 문제될 경우 컴퓨터프로그램에 사용된 프로그래밍 언어가 같거나 유사하여 그 소스코드 등의 언어적 표현을 직접 비교하는 것이 가능하다면 표현을 한 줄 한 줄씩 비교하여 복제 등에 따른 침해 여부를 가릴 수 있을 것이다. 그러나 이 사건과 같이 프로그래밍 언어가 서로 달라 그 언어적 표현을 직접 비교하기 어려운 때에는 침해자가 저작자의 프로그램에 접근했거나 접근할 가능성이 있었는지 여부, 그리고 침해자가 원프로그램의 일련의 지시·명령의 상당 부분을 이용하여 컴퓨터프로그램을 제작한 것인지 여부를 면밀히 살펴보아야 한다. 침해자가 원프로그램에 접근(接近)했는지 여부는 침해자의 원프로그램의 소지 여부, 코드의 공개 여부 및 비공개된 코드에의 접근 가능성, 원프로그램에 포함된 개별 파일의 수집 가능성 등 여러 사정을 종합하여 판단하여야 한다.

다음으로 양 프로그램 사이에 실질적 유사성이 있는지 판단하기 위해서는

---

152 서울고등법원 2009. 5. 27. 판결 2006나113835.

창작적인 표현형식에 해당하는 것만을 가지고 대비하여야 할 것인 데, 컴퓨터 프로그램을 포함한 저작권의 보호대상은 사람의 사상 또는 감정을 말, 문자, 음, 색 등의 표현도구로 외부에 표현한 창작물이고, 표현되어 있는 내용, 즉 아이디어나 이론 등의 사상이나 감정 그 자체와 그 표현을 위해 사용된 표현 도구는 저작권의 보호대상이 되는 표현에 해당하지 않으므로, 이러한 점을 고려하여 사상과 표현 도구에 해당하는 부분을 제외한 나머지 표현형식을 추출하여 비교대상으로 삼아야 한다. 보다 구체적으로는 우선 비교대상 컴퓨터프로그램들의 기능을 추상화하여 그 유사성을 살피고, 다음으로 컴퓨터프로그램을 둘러싼 주변 요소들 중 사상의 영역과 표현을 위해 사용되는 수단적 요소들을 제거하여 여과한 다음, 남는 부분들을 비교·검토하여 유사성 여부를 가리는 과정을 거치게 될 것이다.

다만, 컴퓨터프로그램 사이에 유사성을 비교할 때에는 컴퓨터프로그램은 업무 혹은 특정 목적을 위해 사용되는 기능적이고 논리적인 저작물이고 외부 조건의 제약(컴퓨터의 HW나 운영체제의 제약, 수요자들의 규격화된 인터페이스 요구, 호환성 확보, 널리 받아들여지는 프로그래밍 관행 등)을 받을 수밖에 없기 때문에, 유사한 기능을 수행하는 컴퓨터프로그램들 사이에는 그 구조나 컴퓨터프로그램 내 파일의 상호간 논리적 연관성도 유사(類似)하게 나타나는 경우가 많아 그 표현의 다양성이 축소될 수밖에 없다는 점을 고려할 필요가 있다.

따라서, 추상화와 여과 과정을 거친 후에 남는 구체적 표현(소스코드 혹은 목적코드)을 개별적으로 비교하는 외에도, 명령과 입력에 따라 개별 파일을 호출하는 방식의 유사도, 모듈 사이의 기능적 분배의 유사도, 분석 결과를 수행하기 위한 논리적 구조계통 역시 면밀하게 검토해 보아야 할 것이고, 그와 같은 구조와 개별 파일들의 상관관계에 따른 전체적인 저작물 제작에 어느 정도 노력과 시간, 그리고 비용이 투입되는지 여부도 함께 고려해 보아야 한다.

(3) 면책

컴퓨터프로그램 저작권의 침해는 개발과정에서 소스코드를 복제하여 사용하는 경우를 들 수 있다. 다만, 창작성 있는 표현을 보호대상으로 하기 때문에 창작성이 없는 부분을 제외하고 유사성을 판단하여야 한다. 인공지능의 경우도 다르지 않다. 동일하거나 유사한 프로그램의 경우에는 퍼블릭도메인(public domain)이나 오픈소스 형태로 제공되는 사항을 제외하여 비교하여야 한다.

먼저, 보호대상 여부를 판단하여야 한다. 저작권법은 프로그램을 작성하기 위하여 사용하는 다음 각 호의 사항에는 적용하지 않기 때문이다.

  ⅰ) 프로그램 언어: 프로그램을 표현하는 수단으로서 문자·기호 및 그 체계
  ⅱ) 규약(規約): 특정한 프로그램에서 프로그램 언어의 용법에 관한 특별한 약속
  ⅲ) 해법(解法): 프로그램에서 지시·명령의 조합방법

이외에도 저작권법은 컴퓨터프로그램에 대하여 그 목적상 필요한 범위에서 공표된 프로그램을 복제 또는 배포할 수 있다. 다만, 프로그램의 종류·용도, 프로그램에서 복제된 부분이 차지하는 비중 및 복제의 부수 등에 비추어 프로그램의 저작재산권자의 이익을 부당하게 해치는 경우에는 그러하지 아니하다. 즉, 프로그램의 기초를 이루는 아이디어 및 원리를 확인하기 위하여 프로그램의 기능을 조사·연구·시험할 목적으로 복제하는 경우(정당한 권한에 의하여 프로그램을 이용하는 자가 해당 프로그램을 이용 중인 때에 한한다)에는 가능하다. 따라서, 인공지능의 기초를 이루는 아이디어나 원리를 확인하는 등의 목적으로 이용하는 경우라면 저작권 침해에 대한 책임을 지지 않는다.

또한, 정당한 권한에 의하여 프로그램을 이용하는 자 또는 그의 허락을 받은 자는 호환에 필요한 정보를 쉽게 얻을 수 없고 그 획득이 불가피(不可避)한 경우에는 해당 프로그램의 호환에 필요한 부분에 한하여 프로그램의 저작재산권자의 허락을 받지 아니하고 프로그램코드역분석을 할 수 있다. 다만, 프로그램코드역분석을 통하여 얻은 정보는 다음 각 호의 어느 하나에 해당하는 경우에는 이를 이용할 수 없다(저작권법 제101조의4).

  ⅰ) 호환 목적 외의 다른 목적을 위하여 이용하거나 제3자에게 제공하는 경우
  ⅱ) 프로그램코드역분석의 대상이 되는 프로그램과 표현이 실질적으로 유사한 프로그램을 개발·제작·판매하거나 그 밖에 프로그램의 저작권을 침해하는 행위에 이용하는 경우

이처럼, 인공지능과의 호환성 확보를 위한 경우라면 저작재산권 제한규정을 통하여 역분석이 가능하다. 다만, 제한적으로만 가능하다는 점을 인지할 필요가 있다.

나. 인공지능의 학습 및 그 과정에서 나타나는 저작권 침해 유형

인공지능의 경우에는 다양한 유형의 침해가 나타날 수 있다. 인공지능의 학습과정에서 데이터, 프로그램, 학습결과물, 그에 따른 실행의 결과물에 대한 침해 유형들이 나타날 수 있기 때문이다. 이하에서는 기계학습 과정에서 나타날 수 있는 침해 유형 및 그에 따른 문제에 대해 살펴보고자 한다.

(1) 학습데이터

학습데이터의 크롤링 및 학습과정에서의 이용은 저작재산권의 제한규정이나 공정이용 규정에 따라 면책될 가능성이 높다. 현재 저작권법상 제한규정이나 공정이용 규정 이외에 별도의 정보분석을 위한 데이터 마이닝의 경우에도 면책되는 저작권법 개정안이 발의된 바 있다. 학습데이터 확보를 위해 많은 나라에서 저작권법을 개정한 바 있다. 대표적으로 일본 등 다른 나라에서 공정이용 또는 저작재산권 제한규정(制限規定)을 통하여 면책하고 있다.

(2) 학습결과물의 침해

기계학습이나 파라미터의 조정을 통하여 산출한 결과물을 학습모델이라고 한다. 그렇지만, 학습데이터가 갖고있는 성격은 확실치가 않다. 인공지능을 구성하는 프로그램이나 SW를 이용하여 데이터 학습을 한 결과물로서 그 자체가 인간이 코딩한 결과물은 아니기 때문이다. 또한, 개발과정에 인간의 물리적인 기여가 있었다고 하더라도, 학습하는 과정에서 어떠한 기여가 있었는지 확인하기가 쉽지 않기 때문이다.

물론, 학습결과물을 만들어가는 일련의 과정에서 인간이 관여하고, 그 결과물을 도출시키기 위하여 다양한 파라미터의 조정을 통하여 유의미한 결과를 가져오도록 했다는 점에서 본다면 결과물은 가치있는 것으로 볼 수 있다. 그렇더라도, 그 성격을 어떻게 볼 지는 의문이다. 컴퓨터프로그램으로 볼 것인지, 아니면 데이터베이스로 볼 수 있을 것인지 등 고민스러운 면이 있지만 기계학습된 결과물을 컴퓨터프로그램 그 자체로 보는 것이 가장 합리적인 접근방법이라고 볼 수 있다. 만약, 컴퓨터프로그램으로 인정하기 어렵다면, 그것을 만들어내는 과정에서 다양한 노력이나 투자가 이루어진 것으로 보아 영업비밀이나 부정경쟁행위 유형으로 보호가 가능할 수 있다.

다. 책임주체

(1) 인공지능을 도구화한 경우

현재의 인공지능 기술의 수준으로 보건대, 인공지능이 자율적(自律的)으로 특정한 결과물을 만들어내는 것으로 보기 어렵다. 인공지능을 활용하여 어떤 결과를 만들어내는 것이기 때문에 인간의 관여가 필수적이라는 점은 부인하기 어렵다.

기계학습을 위하여 저작물을 복제하여 사용하는 경우라면 저작권 침해의 책임을 인공지능이 아닌 해당 행위에 관여한 사람이 지는 것은 자명하다. 따라서, 도구적인 사용은 침해나 창작에 있어서 그 행위 주체인 인간에게 귀속되는 것으로 보는 것이 현행 법체계의 해석상 타당하다.

(2) 인공지능이 주체가 될 수 있는지 여부

인공지능을 도구적인 사용이 아닌 인공지능이 스스로 저작물을 이용하는 경우에는 어떠한 책임을 질 수 있을지는 또 다른 논의가 필요하다. 현행 법체계에서 창작과 책임의 주체는 인간으로 한정하고 있기 때문이다. 따라서, 아무리 훌륭한 결과물을 만들어 내거나 수많은 저작물을 복제하는 경우라도 인공지능에게 책임을 물릴 수 없다. 물론, 해당 인공지능을 소유하는 자가 소유권(所有權)에 기하여 책임 여부를 판단할 수 있을 것이다.

반면, 인공지능이 스스로 하는 경우이고, 어디에 소속된 바가 없는 경우라면 그 책임은 전적으로 인공지능에게 지울 수밖에 없다. 그렇지만, 현행법 체계에서는 인공지능에게 책임을 질 수 있을 지라도, 사실상 집행할 수 있는 방법이 없다. 책임 재산이 있는 것도 아니고, 인신을 구속할 수 있는 것도 아니기 때문이다.

이러한 경우를 대비하기 위하여, 인공지능의 창작과 침해에 대한 책임을 어떻게 할 것인지에 대한 논의가 필요하고, 그에 따른 입법론이 이루어져야 한다.

3. 인공지능에 의한 특허권의 침해

가. 특허권 침해

특허권자는 자신의 발명을 업으로 실시(實施)할 권리인 특허권을 독점한다. 특허권은 배타적 권리이자, 제3자에게 실시를 허락할 실시권으로서의 성격도 갖는다. 발명의 실시란 다음과 같다(특허법 제2조 제3항).

   i) 물건의 발명인 경우: 그 물건을 생산·사용·양도·대여 또는 수입하거나 그 물건의 양도 또는 대여의 청약(양도 또는 대여를 위한 전시를 포함한다. 이하 같다)을 하는 행위

   ii) 방법의 발명인 경우: 그 방법을 사용하는 행위 또는 그 방법의 사용을 청약하는 행위

   iii) 물건을 생산하는 방법의 발명인 경우: ii)의 방법의 발명인 경우의 행위 외에 그 방법에 의하여 생산한 물건을 사용·양도·대여 또는 수입하거나 그 물건의 양도 또는 대여의 청약을 하는 행위

특허권자나 정당한 권원을 갖지 않는 자가 특허를 실시할 경우에는 특허권을 침해하게 된다. 또한, 특허발명의 실시가 방법의 발명으로서 방법의 사용을 청약하는 행위인 경우 특허권의 효력은 그 방법의 사용이 특허권 또는 전용실시권을 침해한다는 것을 알면서 그 방법의 사용을 청약하는 행위에만 미친다(제94조 제2항).

SW에 대한 특허가 인정되고 있으며, 정보통신망을 통하여 유통되는 경우에 실시의 범위에 포함될 수 있기 때문에 권리범위가 확대(擴大)되는 효과가 있다. 현행 심사지침에서도 SW 자체에 대한 특허를 인정하고 있기 때문에 특허 인정의 득실에 대한 논의는 지나왔다. 다만, 소송을 통하여 권리침해 문제를 해결하고자 하는 경우에는 예기치 않는 산업적 문제가 발생할 수 있다. 실제로 SW 소송으로 발생하는 비용이 연간 112억 달러[153]라는 주장에 따르면 이는

SW혁신을 저해하는 경우이기 때문이다.

또한, 권리행사 과정에서 남용이 일어날 가능성은 많지 않겠지만, SW의 알고리즘에 대한 판단은 쉽지 않다. 더욱이, 이를 정보통신망을 통하여 실시한다는 개념이 추상적인 것과 다르지 않기 때문에 이에 대한 법원의 판단은 더욱 조심스러울 수밖에 없다. 저작권 침해 판단을 위하여 한국저작권위원회에서 감정을 하지만, 이러한 감정이 정말 기술적으로 완벽할 수 있느냐에 대해서는 장담하기 어려운 것과 다름이 아니다. 따라서, 침해소송 과정에서 명확하게 이에 대한 권리범위의 확인에 대한 다툼이 적지 않을 것으로 보이는 바, 이에 대한 명확한 가이드라인을 갖추어야 한다. 권리침해에 대한 구제는 기술적 혁신이라는 특허법의 취지에 맞춰 평가되어야 한다. 이를 무시하고 기술을 차단하는 형태의 구제는 특허법의 목적과 기술혁신의 취지를 몰각시킬 수 있기 때문이다.[154]

나. 인공지능 발명의 명세서 기재

특허출원서에는 발명의 설명·청구범위를 적은 명세서와 필요한 도면 및 요약서를 첨부하여야 한다(제42조). 출원서상의 청구범위에는 보호받으려는 사항을 적은 항(이하 "청구항"이라 한다)이 하나 이상 있어야 하며, 그 청구항은 1. 발명의 설명에 의하여 뒷받침될 것, 2. 발명이 명확하고 간결하게 적혀 있을 것 등의 요건을 모두 충족하여야 한다(제42조 제3항). 물건의 발명의 경우 발명의 실시란 물건을 생산, 사용하는 등의 행위를 말하므로, 발명의 특허 청구범위에 특정된 물건 전체의 생산, 사용 등에 관하여 특허법 제42조 제3항에서 요구하는 정도의 명세서 기재가 없는 경우에는 위 조항에서 정한 기재요건을 충족한다고 볼 수 없다. 따라서, 구성요소의 범위를 수치로 한정하여 표현한 물건의 발명에서도 특허 청구범위에 한정된 수치범위 전체를 보여주는 실시 예까지 요구되는 것은 아니지만, 발명이 속하는 기술분야(技術分野)에서 통상의 지식을 가진 자가 출원 시의 기술 수준으로 보아 과도한 실험이나 특수한 지식

---

153 권태복 외, 컴퓨터프로그램 보호방식에 관한 비교연구, 한국저작권위원회, 2012, 57면.
154 "특허법이 기술혁신을 촉진시키는 목적을 가지고 있으므로, 특허권 침해에 대한 구제수단도 기술혁신을 촉진시키는 역할을 수행해야 할 것이다."라고 지적된다. 윤권순 외, 특허법의 논리, 신론사, 2014, 253면.

을 부가하지 않고서는 명세서의 기재만으로 수치범위 전체에 걸쳐 물건을 생산하거나 사용할 수 없는 경우에는, 위 조항에서 정한 기재요건을 충족하지 못한다.[155]

다. 인공지능 발명의 침해

특허침해는 발명을 업으로서 실시하는 경우를 말하기 때문에 개인적인 목적과 같은 경우에는 침해를 구성한다고 보기 어렵다. 다만, 개인적인 실시가 아닌 인공지능 발명이 포함된 SW를 온라인으로 공유하는 경우라면 달라진다. 즉, 특허법은 방법의 발명인 경우에는 인터넷과 같은 온라인을 통하여 광고 등의 방식으로 청약하거나 제공하는 경우라면 실시에 포함되도록 하고 있기 때문이다. 다만, 침해가 된다는 사실을 인지할 것으로 요건으로 하기 때문에 침해가 된다는 사실을 모를 경우에는 책임을 물을 수 없다. 따라서, 청약을 하는 것이 특허법 위반이라는 사실을 당사자에게 통지한 후에 그 책임을 물을 수 있다. 이는 2020년 특허법 개정 시에 SW발명에 대한 책임을 묻기 위한 요건으로서 위반 사실을 알 수 있는 경우로 그 책임을 한정하였기 때문이다. 입법정책적으로 합리적인 결정이었다. 만약, 그러한 제한 요건 없이 SW발명을 인터넷 등에 게시하는 등의 행위를 할 경우, 적지 않은 침해소송의 대상이 될 수 있기 때문이다.

그동안 SW특허에 대해서는 특허법상 간접책임[156] 방식으로 규제하였으나,[157] 이제는 SW특허가 방법발명인 경우에는 청약하는 행위까지도 규제가 가

---

155 대법원 2015. 9. 24. 선고 2013후525 판결.
156 특허법 제127조(침해로 보는 행위) 다음 각 호의 구분에 따른 행위를 업으로서 하는 경우에는 특허권 또는 전용실시권을 침해한 것으로 본다.
  1. 특허가 물건의 발명인 경우: 그 물건의 생산에만 사용하는 물건을 생산·양도·대여 또는 수입하거나 그 물건의 양도 또는 대여의 청약을 하는 행위
  2. 특허가 방법의 발명인 경우: 그 방법의 실시에만 사용하는 물건을 생산·양도·대여 또는 수입하거나 그 물건의 양도 또는 대여의 청약을 하는 행위
157 특허법 제127조 제2호는 특허가 방법의 발명인 경우 그 방법의 실시에만 사용하는 물건을 생산·양도·대여 또는 수입하거나 그 물건의 양도 또는 대여의 청약을 하는 행위를 업으로서 하는 경우에는 특허권 또는 전용실시권을 침해한 것으로 본다고 규정하고 있다. 이러한 간접침해 제도는 어디까지나 특허권이 부당하게 확장되지 아니하는 범위에서 그 실효성을 확보하고자 하는 것이다. 방법의 발명(이하 '방법발명'이라고 한다)에 관한 특허권자로부터 허락을 받은 실시권자가 제3자에게 그 방법의 실시에만 사용하는 물건(이하 '전용품'이라고

능하다는 점에서 합리적인 방식이다. 물론, SW특허가 컴퓨터프로그램저작물이라면 저작권으로서 보호를 받을 수 있는 것은 별론으로 한다.

라. 면책

(1) 제한규정

특허법은 효력이 미치지 아니하는 범위에 대해 규정하고 있으며, 이 경우에는 특허권의 침해를 주장할 수 없다(특허법 제96조). 인공지능 내지 SW발명과 관련한 적용은 "연구 또는 시험(약사법에 따른 의약품의 품목허가·품목신고 및 농약관리법에 따른 농약의 등록을 위한 연구 또는 시험을 포함한다)을 하기 위한 특허발명의 실시"에 해당하는 경우이다. 인공지능 기술이 개발 등의 연구에 필요한 경우라면 충분히 적용이 가능하다. 따라서, 인공지능 관련 연구를 목적으로 하는 경우라면, 본 조항의 적용이 가능하기 때문에 특허침해에 해당하지 않는다.

(2) 특허무효의 항변

등록된 특허의 일부에 그 발명의 기술적 효과 발생에 유기적(有機的)으로 결합된 것이 아닌 공지사유가 포함되어 있는 경우 그 공지부분에까지 권리범위가 확장되는 것이 아닌 이상 그 등록된 특허발명의 전부가 출원 당시 공지공용의 것이었다면 그러한 경우에도 특허무효의 심결의 유무에 관계없이 그 권리범위를 인정할 근거가 상실된다는 것은 논리상 당연한 이치라고 보지 않을 수 없고 이를 구별하여 원심과 같이 그 일부에 공지사유가 있는 경우에는 권리범위가 미치지 아니하고, 전부가 공지사유에 해당하는 경우에는 그 권리범위에 속한다고 해석하여야 할 근거도 찾아볼 수 없으며, 특허권은 신규의 발명에 대

한다)의 제작을 의뢰하여 그로부터 전용품을 공급받아 방법발명을 실시하는 경우에 있어서 그러한 제3자의 전용품 생산·양도 등의 행위를 특허권의 간접침해로 인정하면, 실시권자의 실시권에 부당한 제약을 가하게 되고, 특허권이 부당하게 확장되는 결과를 초래한다. 또한, 특허권자는 실시권을 설정할 때 제3자로부터 전용품을 공급받아 방법발명을 실시할 것까지 예상하여 실시료를 책정하는 등의 방법으로 당해 특허권의 가치에 상응하는 이윤을 회수할 수 있으므로, 실시권자가 제3자로부터 전용품을 공급받는다고 하여 특허권자의 독점적 이익이 새롭게 침해된다고 보기도 어렵다. 따라서 방법발명에 관한 특허권자로부터 허락을 받은 실시권자가 제3자에게 전용품의 제작을 의뢰하여 그로부터 전용품을 공급받아 방법발명을 실시하는 경우에 있어서 그러한 제3자의 전용품 생산·양도 등의 행위는 특허권의 간접침해에 해당한다고 볼 수 없다. 대법원 2019. 2. 28. 선고 2017다290095 판결.

하여 부여되는 것이고 그 권리범위를 정함에 있어서는 출원 당시의 기술 수준이 무효심판의 유무(有無)에 관계없이 고려되어야 한다.[158]

(3) 자유기술의 항변

권리범위 확인심판에서 특허발명과 대비되는 확인대상 발명이 공지의 기술만으로 이루어진 경우뿐만 아니라 그 기술분야에서 통상의 지식을 가진 자가 공지기술로부터 쉽게 실시할 수 있는 경우에는 이른바 자유실시기술로서 특허발명과 대비할 필요 없이 특허발명의 권리범위에 속하지 않는다고 보아야 한다.[159] 이러한 방법으로 특허발명의 무효 여부를 직접 판단하지 않고 확인대상 발명을 공지기술과 대비하여 확인대상 발명이 특허발명의 권리범위에 속하는지를 결정함으로써 신속하고 합리적인 분쟁해결을 도모할 수 있다. 자유실시기술 법리의 본질, 기능, 대비하는 대상 등에 비추어 볼 때, 위 법리는 특허권 침해 여부를 판단할 때 일반적으로 적용되는 것으로, 확인대상 발명이 결과적으로 특허발명의 청구범위에 나타난 모든 구성요소와 그 유기적(有機的) 결합관계를 그대로 가지고 있는 이른바 문언 침해(literal infringement)에 해당하는 경우에도 그대로 적용된다.[160]

4. 부정경쟁방지 및 영업비밀보호법 위반

가. 영업비밀의 침해

(1) 보호요건

영업비밀은 공연히 알려져 있지 아니하고 독립된 경제적 가치를 가지는 것으로서, 상당한 노력에 의하여 비밀로 유지된 생산방법, 판매방법 그 밖에 영업활동에 유용한 기술상 또는 경영상의 정보를 말하는 것인 데, 여기서 '공연히 알려져 있지 아니하다'는 것은 정보가 간행물 등의 매체에 실리는 등 불특정 다수인에게 알려져 있지 않기 때문에 보유자를 통하지 아니하고는 정보

---

158 대법원 1983. 7. 26. 선고 81후56 전원합의체 판결.
159 대법원 2001. 10. 30. 선고 99후710 판결.
160 대법원 2017. 11. 14. 선고 2016후366 판결.

를 통상 입수할 수 없는 것을 말하고, '독립된 경제적 가치를 가진다'는 것은 정보 보유자가 정보의 사용을 통하여 경쟁자에 대하여 경쟁상 이익을 얻을 수 있거나 또는 정보의 취득이나 개발을 위해 상당한 비용이나 노력이 필요하다는 것을 말하며, 상당한 노력에 의하여 비밀로 유지된다는 것은 정보가 비밀이라고 인식될 수 있는 표시를 하거나 고지를 하고, 정보에 접근할 수 있는 대상자나 접근방법을 제한하거나 정보에 접근한 자에게 비밀준수의무를 부과하는 등 객관적으로 정보가 비밀로 유지·관리되고 있다는 사실이 인식 가능한 상태인 것을 말한다.[161]

(2) 침해 여부

인공지능이 스스로 영업비밀로 되어 있는 정보 등을 찾아, 이용할 가능성은 커보이지는 않는다. 해당 정보가 영업비밀성을 갖춘 것인지를 인식할 수 있는 상태가 아니기 때문이다. 설령, 영업비밀을 이용했다고 하더라도, 그에 대한 인식이 없었다면 인공지능에 대하여 영업비밀 침해에 따른 책임을 묻기 어렵다.

나. 부정경쟁행위 유형인지 여부

(1) 침해 요건

경쟁자가 상당한 노력과 투자에 의하여 구축한 성과물을 상도덕이나 공정한 경쟁질서에 반하여 자신의 영업을 위하여 무단으로 이용함으로써 경쟁자의 노력과 투자에 편승하여 부당하게 이익을 얻고 경쟁자의 법률상 보호할 가치가 있는 이익을 침해하는 행위는 부정한 경쟁행위로서 민법상 불법행위에 해당하는 바, 위와 같은 무단이용 상태가 계속되어 금전배상을 명하는 것만으로는 피해자 구제의 실효성을 기대하기 어렵고 무단이용의 금지(禁止)로 인하여 보호되는 피해자의 이익과 그로 인한 가해자의 불이익을 비교교량할 때 피해자의 이익이 더 큰 경우에는 그 행위의 금지 또는 예방을 청구할 수 있다.[162]

---

161 대법원 2011. 7. 14. 선고 2009다12528 판결.
162 대법원 2010. 8. 25. 자 2008마1541 결정.

대법원결정의 취지를 반영하여 "그 밖에 타인의 상당한 투자나 노력으로 만들어진 성과 등을 공정한 상거래 관행이나 경쟁질서에 반하는 방법으로 자신의 영업을 위하여 무단으로 사용함으로써 타인의 경제적 이익을 침해하는 행위"를 부정경쟁행위의 하나로 추가하였다.

(2) 위반 여부

부정경쟁방지 및 영업비밀보호에 관한 법률 제2조 제1호 (파)목은 보호대상인 '성과 등'의 유형에 제한을 두고 있지 않으므로, 유형물뿐만 아니라 무형물도 이에 포함되고, 종래 지식재산권법에 따라 보호받기 어려웠던 새로운 형태의 결과물도 포함될 수 있다. 성과 등을 판단할 때에는 위와 같은 결과물이 갖게 된 명성이나 경제적 가치, 결과물에 화체된 고객흡인력, 해당 사업 분야에서 결과물이 차지하는 비중과 경쟁력 등을 종합적으로 고려해야 한다. 이러한 성과 등이 상당한 투자나 노력으로 만들어진 것인지는 권리자가 투입한 투자나 노력의 내용과 정도를 그 성과 등이 속한 산업분야의 관행이나 실태에 비추어 구체적·개별적으로 판단하되, 성과 등을 무단으로 사용함으로써 침해된 경제적 이익이 누구나 자유롭게 이용할 수 있는 이른바 퍼블릭도메인(public domain)에 속하지 않는다고 평가할 수 있어야 한다. 또한, 위 (파)목이 정하는 공정한 상거래 관행이나 경쟁질서에 반하는 방법으로 자신의 영업을 위하여 무단으로 사용한 경우에 해당하기 위해서는 권리자와 침해자가 경쟁관계에 있거나 가까운 장래에 경쟁관계에 놓일 가능성이 있는지, 권리자가 주장하는 성과 등이 포함된 산업분야의 상거래 관행이나 경쟁질서의 내용과 그 내용이 공정한지, 위와 같은 성과 등이 침해자의 상품이나 서비스에 의해 시장에서 대체될 수 있는지, 수요자나 거래자들에게 성과 등이 어느 정도 알려졌는지, 수요자나 거래자들의 혼동가능성이 있는지 등을 종합적으로 고려해야 한다.[163]

인공지능이 도구적(道具的)으로 사용된 경우라면, 행위자 책임으로 볼 수 있으나 인공지능이 스스로 하는 경우라면 부정경쟁 행위가 될 수 있을지 의문이며, 설령 요건을 충족하더라도 누구에게 책임을 물을 수 있을지 현행법상 어려운 면이 있다.

---

163 대법원 2020. 7. 23. 선고 2020다220607 판결.

5. 입법론적 대응

가. 입법론

데이터 기반 창작이나 발명은 유사한 결과물이 나올 수 있기 때문에 원데이터 또는 원 저작물에 대한 침해가능성이 있다. 그렇지만, 동일하거나 유사한 영역의 데이터를 기반으로 하는 경우라면, 동일하거나 유사한 화풍, 플롯, 리듬이 나올 가능성이 있기 때문에 침해를 단정하는 것은 합리적인 정책결정으로 보기에는 어려움이 있다. 따라서, 인공지능을 활용한 창작한 결과물의 경우에는 공정이용(fair use) 규정을 통하여 실질적(實質的)으로 유사한 결과물에 대한 침해 여부를 판단할 수 있도록 기준을 정립하는 것이 필요하다.

인공지능이 다양한 기술문헌 등을 바탕으로 학습하여 명세서를 만들어내는 발명의 경우라면, 신규성을 담보하기는 쉽지 않을 것으로 보이며, 블랙박스에 따라 파라미터 또는 학습데이터의 일부를 변경할 경우 산업상 이용가능성을 담보할 수 있을지 의문(疑問)이다. 인공지능이 타인의 발명특허를 침해한 경우라면 실제 그로부터 이익을 얻는 자가 책임을 지도록 하는 것이 필요하다.

나. 고려 요소

렘브란트 화풍이나 고흐의 화풍을 학습한 인공지능이 유사한 화풍의 결과물을 만들어낸 경우, 이를 저작권 침해로 볼 수 있는지 불투명하다. 현재의 기술로는 강한 인공지능(strong AI)이 출현한 것이 아니며, 특정한 영역에서 인간의 알고리즘에 의해 결과물을 만들어내고 있더라도, 블랙박스 내부에서 이루어지는 현상에 대해 고의적인 침해를 단정하기는 어려움이 있기 때문이다.

인공지능이 주체적으로 데이터를 학습하거나 TDM한 것이 아니기 때문에 이를 학습시킨 사람이 침해 책임의 주체가 될 수 있다. 다만, 학습데이터가 공정이용의 형태로 진행되는 경우라면, 실질적으로 유사(類似)하더라도 침해라고 단정할 수 있는 것은 아니다. 인공지능에 의한 침해를 판단하기 위한 입증책임이 어려울 것으로 보이기 때문에 결과물이 등록된 경우에만 공소권을 인정하는 방안도 고려할 수 있다.

　인공지능에 의한 지식재산권의 침해에 대해서는 가급적 책임을 완화하는 방안이 필요하며, 부정경쟁방지법에 따른 경쟁사업자의 부정경쟁 행위 유형의 규제나 민사적 책임으로 한정하는 것이 바람직하다.

인공지능 윤리와 프로파일링

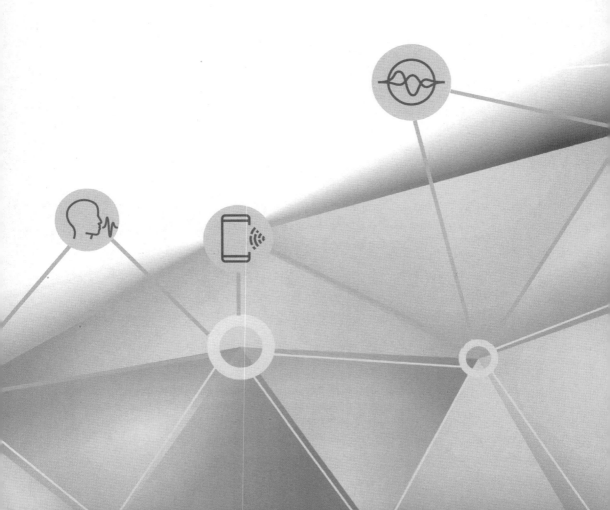

1. 왜, 알고리즘 윤리인가?

가. 논의의 필요성

인공지능에 대한 윤리를 논의하는 것은 인공지능에 대한 우려(憂慮)를 불식(拂拭)시킬 수 있는 하나의 방법이며,[1] 인공지능 윤리는 구체적인 수준에 이르기까지 논의가 되어야 할 주제로서, 윤리는 다양한 이해관계자가 포함되는 영역이다. 결국, 인공지능은 인류와의 공존(共存)까지 고려되기 때문에 이해관계자는 전 인류이다.

인공지능이나 로봇이 현장에서 이용되고 있으며, 전반적으로 인간을 대체하거나 공존할 가능성이 높다. 이 과정에서 제기되는 문제는 인공지능의 행위 결과에 대한 법적 적용 여부이며, 의도하지 않게 나타나는 결과는 개발자나 제조자, 또는 이용자의 의지와 다를 수 있다. 이 상황에서 주요 문제는 어떤 종류의 법률이나 윤리가 올바른지, 또 그것을 누가 결정하는 것인지 여부이다.[2] 인공지능 기술의 용도나 기술현황을 제대로 파악하지 못한 상태에서 법적 책임을 논하는 것은 법적 안정성은 물론 기술발전에도 악영향을 끼칠 것이다.

또한, 인공지능 윤리에 대한 필요성에도 불구하고, 인공지능 윤리 논의는 윤리 자체가 갖는 주관적 가치체계에 따른 한계를 인정할 수밖에 없다. 윤리적 가치가 시대나 문화적 환경에 따라 변할 수밖에 없기 때문이다. 더욱이, 이러한 주관적 영역에서의 윤리를 인공지능에게 제시할 수 있는 것인지는 본질적

---

1 기본적으로 로봇이 윤리적인 판단을 내려야 한다는 것은 스스로 의식과 의지를 가져야 한다는 것이다. 즉, 자율성을 갖는 주체적인 판단을 할 수 있는 경우에야 로봇윤리가 가능하다. 물론, 과도기적으로 로봇이 어떤 선택을 할 것인지에 대한 선택지를 구체화하는 것도 윤리 논의에서 중요하다. 그러나 궁극적으로 로봇에 탑재될 인공지능의 윤리는 사람의 윤리에 수렴될 가능성이 높다. 왜냐하면 인공지능의 선택은 어떻든 기술에 의한 선택으로 사람의 판단에 따른 수용가능성이 높기는 어려울 것이기 때문이다. 이러한 한계를 갖고 인공지능 윤리에 대해 접근하고 있음을 밝힌다.

2 "The main question in that context is, what kind of laws or ethics are correct, and who is to decide?", Garbriel Hallevy, "CRIMINAL LIABILITY OF ARTIFICIAL INTELLIGENCE ENTITIES— FROM SCIENCE FICTION TO LEGAL SOCIAL CONTROL", 2010, p.173.

으로 의문이다. 그럼에도 불구하고, 인공지능을 프로그래밍하는 과정에서 사람이 갖는 보편적인 윤리를 담아내는 것에 대해 논의되고 있으며, 이는 인공지능 윤리를 어떻게 적용해야할 것인지가 인공지능을 논의하면서 갖는 관건 중 하나이다. 인공지능을 이용하는 인간의 윤리를 포함하여, 개발자의 윤리는 인간의 윤리와 직결되기 때문이다.[3]

인공지능은 기계학습(machine learning)을 통하여 다양한 정보를 스스로 학습해 가는 과정을 거쳤다. 기존 체계와 다른 점은 스스로 학습해 간다는 점으로, 그렇기 때문에 학습과정이 무엇보다 중요하다. 학습과정의 중요성을 강조하는 것은 인공지능이 갖는 윤리적인 책임과 결부되기 때문이다. 만약, 인공지능이 학습하는 과정에서 어떠한 관리나 감독이 없이 스스로 이루어질 경우, 그 결과는 어떻게 될 것인지에 대해 막연하지만 힌트를 준 사건이 바로 테이(Tay) 사례이다.

자율적 시스템에 사용되고 있는 알고리즘의 많은 경우는 매우 복잡하여 구체적인 상황에서 로봇의 행태를 확실하게 예측하기가 어렵게 만들고 있다. 기계가 학습하여 그 프로그램을 독자적으로 수정하기 시작한 때로부터 이러한 예측불가능성은 더욱 커지고 있으며, 이러한 발전은 인공지능에 의해 야기되는 외부적 결과가 더 이상 인공지능의 배후에 있는 인간이 통제 불가능한 방향으로 가고 있음을 의미한다.[4]

인공지능 윤리가 필요한 것은 인공지능이 사람을 대신하여 의사결정을 함에 따라 그 영향이 적지 않기 때문이다. 최종 선택에 관한 알고리즘을 설계(設計)할 때 사람의 절대적 가치를 존중할 것인지 아니면 공리주의적으로 효율적 선택을 할 것인지가 논의의 초점이 되며, 뿐만 아니라 빈부차에 의한 선택의 편향성, 알고리즘 제조 및 판매자의 이기심, 사회윤리의 촉진 문제 등 알고리즘의 윤리적 선택의 문제는 복잡한 양상으로 전개되는 경향이 있다.[5] 인공

---

3 Peter Asaro는 "로봇공학에서의 윤리는 적어도 로봇 내의 윤리 시스템, 로봇을 설계하고 사용하는 사람들의 윤리, 그리고 사람들이 로봇을 대하는 방법에 대한 윤리를 의미한다."고 적고 있다. Michael Nagenborg, Rafael Capurro(변순용, 송선영 공역), 로봇윤리: 로봇의 윤리적 문제들, 어문학사, 2013, 31면.
4 윤지영 외, 법과학을 적용한 형사사법의 선진화 방안 (Ⅷ), 한국형사정책연구원, 2017, 300면. 261면.
5 김광수, 인공지능 규제법 서설, 토지공법연구, 제81집, 2018, 290면.

지능 윤리의 궁극적인 가치는 인권이 우선해야 한다는 것이지만 현실은 이와 다르게 알고리즘은 특정인이나 계층, 영역의 이익을 대변할 우려가 커지고 있다.

나. 인공지능 윤리가 풀어야 할 과제

인공지능 윤리에 대해 논의함으로써 얻을 수 있는 이익은 무엇인가? 아니, 인공지능 윤리가 풀어야 할 과제는 무엇인가? 인공지능이 스스로 인식하고, 판단하고, 행동하는 상황에서 인간은 인공지능과 어떤 관계를 유지할 수 있을지 알 수 없다. 4차례의 산업혁명을 거치고 있는 인류는 3차례의 산업혁명까지 기계의 자동화(automation)를 경험해 왔다. 그렇지만, 이제는 지식의 자율성(autonomy)이라는 인공지능의 역할을 짐작하고 있을 뿐이다. 인공지능의 발전과 그 결과에 대해 알 수 없어 지능정보사회라고 하는 미래 사회를 예측(豫測)하기 어렵기 때문이다. 따라서, 멀게는 인공지능이 인류의 상대가 될 가능성을 대비하고, 가깝게는 인공지능을 통하여 발생하는 결과에 대해 어떤 윤리적 대응이 필요할지에 대해 논의함으로써 안전한 지능정보사회를 구현할 수 있는 방안을 마련할 수 있을 것이다.

이를 위해 인공지능 윤리에 대한 논의에서 중요한 것은 인공지능이 스스로 윤리를 학습할 수 있는 상태가 될 수 있는지 여부이다. 프로그래머들이 로봇의 행위에 대해 보증할 수 없는 경우라면 그 책임은 누가 져야 하는지 명확하지 않기 때문이다. 따라서, 적어도 로봇을 설계하고 프로그래밍할 때 로봇이 윤리를 학습할 수 있는 체계는 명확하게 수립될 필요가 있다. 인공지능은 도덕적 행위자(moral agent)로서 지위를 부여 받아야 한다. 그래야만이 로봇과 인간의 공존이 가능할 것이기 때문이다.

2. 인공지능 윤리에 대한 논의

가. 인공지능 윤리의 전제

기술에 대한 윤리 논의는 다음과 같은 점에서 의의가 있다. 즉, "도덕적 책임은 법적 책임과 같은 것은 아니지만, 로봇윤리의 수많은 문제에 대하여 생각할 때 여러 이유로 좋은 출발점이 될 것"[6]이라는 점이다. 도덕이나 윤리 위반에 대한 법적인 책임을 지우기보다는 사회적 책임(social responsibility)을 부담하게 함으로써, 벗어날 수 있기 때문이다. 인공지능 자체의 윤리에 대한 논의를 전제하지만, 현실적으로 인공지능을 설계하거나 프로그래밍한 개발자에게 책임을 물을 수 있다. 물론, 인공지능의 윤리적 판단은 윤리에 대한 경우의 수를 판단하는 것으로, 인간이 다양한 경험적 사고를 통하여 윤리적인 판단을 내리는 것과 다르지 않다. 그렇지만, 아직까지는 인공지능의 판단은 스스로 하는 일에 대한 인식(認識)이 없다는 점이 인간의 인식과 다르다. 인간은 어떠한 결정을 할 때, 그 행위에 의미를 부여할 수 있으나 인공지능은 의미 부여가 어렵다. 다만, 프로그래밍된 가치는 부여할 수 있을 것이다. 물론, 이 부분에 대해서도 어느 순간 가능할 것이라는 주장도 있다.[7]

인간은 스스로 판단하는 것에 대해 의미와 가치를 부여하고, 그 결과에 대한 책임을 생각하게 된다. 따라서 행위가 윤리적으로 어떠한 의미와 가치를 가지는지에 대해 고민이 이루어진 후에 행동하게 되는 것이다. 사람의 윤리는 책임성을 전제한다. 인공지능 윤리도 마찬가지이다. 즉, 인공지능 윤리는 인공지능이 자율성을 갖는다는 것이 전제되어야 한다. 인간에 의해 프로그래밍된 상태에서 인공지능의 행위는 결국 인간의 윤리에 수렴되기 때문이다. 따라서, 자율적으로 인식하고 판단하는 것이 전제되어야 인공지능 윤리가 성립될 수 있을 것이다. 물론, 로봇을 제작하는 제작자 내지 이용자의 입장에서도 윤리가 필요하나 엄격히 말하자면 이는 로봇윤리가 아닌 인간의 윤리라고 보는 것이 타당하다.

---

6 Michael Nagenborg, Rafael Capurro(변순용, 송선영 공역), 로봇윤리: 로봇의 윤리적 문제들, 어문학사, 2013, 43면.
7 "프로그램이 스스로 개선하는 능력을 가지려면 적어도 스스로의 문제 해결과정과 개선의 필요성에 대한 기본적 이해능력이 있어야 한다. 컴퓨터가 이런 능력을 갖지 못할 태생적 이유가 없다."고 한다. 사이언티픽 아메리칸 편집부 엮음, 인공지능(Beyond Human A.I. and Genius Machines), 한림출판사, 2016, 83면.

나. 윤리란 무엇인가?

인공지능 윤리를 논하기 전에 누구를 위한 윤리인지 생각해 볼 필요가 있다. 윤리는 모순된 상황에서 일관된 선택을 할 수 있도록 하는 기준이다. 윤리를 통하여 사회를 형성하는 공통 가치를 만들어가기 때문이다. 물론, 윤리는 사람마다 다른 가치와 경험 때문에 다르게 해석될 수 있다. 윤리가 객관적이지 않을 수 있다는 의미이다.

윤리는 하나의 명제(命題)를 제시한다. 그렇지만, 그 명제를 해석하는 과정에서 개개인의 경험과 가치가 반영된다. 결과적으로 하나의 명제는 개개인의 윤리로 해석된다는 점에서 윤리를 객관화시키기는 쉽지 않다. 법률이 최소한의 도덕이나 윤리가 되는 것은 이러한 한계가 반영된 것이다. 법률이 모두 윤리에 바탕을 두거나 윤리가 모두 법적인 가치를 반영할 수 있는 것은 아니다. 최소한 법적으로 강제되는 수준(水準)의 윤리를 담보할 수밖에 없는 이유이다. 인간이 갖는 수준의 법적기준까지 윤리가 갖는 규범성을 인공지능에게 요구할 수 있을 것이다. 그렇지만, 인간은 인공지능에 대해 기술적으로 구현가능한 최대한 높은 수준의 윤리를 요구할 가능성이 높다. 오랫동안 인간의 기술의존도가 높아지고, 기술을 객관적인 가치로 이해(理解)해 왔기 때문이다.

다. 인공지능 윤리에 대한 논의의 목적

인공지능은 사람이 예측할 수 있는 규범 안에서 운용될 수 있을까? 지능형 로봇법에 로봇윤리헌장을 제정토록 의무화하고 있다. 인공지능을 개발하는 개발자의 윤리의식에 대한 규범적 가치를 먼저 생각할 수밖에 없는 이유이다. 물론, 인공지능이 자의지를 가질 시점이 언제인지 단정하기 어렵지만, 인공지능은 스스로 생각하고 판단할 수 있는 지능을 가지게 될 것이다.[8]

로봇은 다양한 센서나 인터페이스를 통하여 인터넷에 연결되어 상당한 지식과 데이터를 얻게 된다. 만약 로봇이 윤리적이지 않다면, 또는 그렇게 설계

---

8 전문가들도 "인공지능을 연구하는 학자들은 스스로 복제와 학습이 가능하고, 스스로 환경에 적응하는 고도의 지능과 능력을 가진 컴퓨터가 세상을 바꿀 거라고 확신한다."고 한다. 사이언티픽 아메리칸 편집부 엮음, 인공지능(Beyond Human A.I. and Genius Machines), 한림출판사, 2016, 102면.

되었고 자가 증식을 할 수 있는 능력을 갖는다면 세상은 어떻게 될까?[9] 또한, 인공지능이 매개되어 발생하는 문제는 어떻게 대응해야 하나? 이러한 문제에 대응하기 위한 가이드라인을 고민하도록 하는 것이 인공지능 윤리에 대한 논의의 목적이다. 이를 위해 다음과 같은 질문을 던진다.

'인공지능 윤리의 목적은 어떻게 설정할 것인가? 그것은 인간의 윤리와 같은 AMA의 구현인가?'

인공지능에 대한 법적인 기준이 없는 이상, 윤리가 이에 대한 기준으로 제시될 수 있을 것이다. 그러나, 윤리적인 논의의 한계는 그것이 강제력을 갖기 어렵다는 점이다. 윤리는 우리사회를 유지시키는 중요한 규범이다. 인공지능처럼 비교적 생소한 분야라면 법적 기준을 제시하는 것은 해당 분야의 발전이나 혁신을 저해(沮害)할 수도 있다. 다만, 사회적 합의에 따른 가이드라인의 제시는 필요하다. 가이드라인을 통하여 많은 사람들이 이해할 수 있도록 함으로써 문제가 커가는 것을 방지할 수 있기 때문이다. 그동안 인공지능은 법적인 논의보다는 산업적인 이용에 대해 집중해 왔다. 그렇지만, 이제는 인공지능의 현실적 이용이 높아지고 있기 때문에 구체적인 윤리적 가이드라인이 필요한 시점이라고 판단된다.

3. 인공지능을 둘러싼 윤리

가. 논의의 방향

인공지능 윤리는 인공지능이 사람의 지능과 같이, 스스로 판단할 수 있는 상태가 되어야 의미가 있다. 이를 위해 로봇과의 이해관계자는 높은 윤리적 수준이 담보될 필요가 있다. 인공지능이 가져올 사회적, 문화적 문제에 대해 고

---

9 Asaro는 "어느 순간 로봇이 윤리 추론능력을 갖추게 되면, 로봇이 새로운 윤리를 학습하고 로봇의 도덕감을 개발하고, 심지어 자신의 윤리시스템을 진화시킬 수 있다고 생각할 수도 있다."고 적고 있다. Michael Nagenborg, Rafael Capurro(변순용, 송선영 공역), 로봇윤리: 로봇의 윤리적 문제들, 어문학사, 2013, 39면.

려한다면 인공지능 윤리에 대해서도 같이 고민할 필요가 있다. 무엇보다, 인공지능이 도덕적 행위자(moral agent)로서 역할을 하도록 해야 한다. 그렇지만, 인공지능 자체의 윤리와 인공지능을 설계, 개발하는 자의 윤리, 그리고 인공지능을 이용하는 자의 윤리에 대한 논의는 기본적인 사항이다.[10] 무엇보다, 현실적인 논의는 제조자의 윤리이다.[11]

나. 인공지능 자체의 윤리

인공지능이 윤리적이라는 것은 인공지능이 상황을 판단할 때, 윤리적인 기준을 스스로 제시하고 그에 따르는 것을 의미한다. 적어도 인공지능이 자의지를 가지고 판단할 수 있는 상태가 되어야 한다. 그렇지만, 지금의 인공지능은 스스로 판단할 수 있는 것이 아닌 주어진 조건에 따라 반응할 수밖에 없기 때문에 인공지능이 윤리적이어야 한다는 주장은 현실성이 떨어진다. 물론, 특이점(singularity)에 다다를 경우 로봇이 스스로 판단할 수 있는 상황에서는 인공지능 자체가 윤리적이어야 한다는 명제는 설득력을 갖는다. 당장 로봇이 윤리적이어야 한다는 것과 실제 로봇의 프로그램을 윤리적으로 설계해야 한다는 것은 다르기 때문이다. 다만, 어느 순간 현실화될 가능성이 있기 때문에 그에 대한 고민이 필요하다. 문제에 직면하여 해결책을 강구하는 것은 인공지능의 대응체계에서 바람직한 방법이 아니다. 문제가 발생할 때에는 그에 대한 해결이 우선이지, 중장기적인 대응책(對應策)은 유의미하다고 보기 어렵기 때문이다.

다. 로봇과 관련된 이해관계자들의 윤리

로봇과 관련된 이해관계자들의 범위를 정하기가 쉽지 않다. 왜냐하면 로봇을 개발하거나 로봇의 지능을 연구하거나 또는 로봇의 프로토타입(prototype)

---

10 Michael Nagenborg, Rafael Capurro(변순용, 송선영 공역), 로봇윤리: 로봇의 윤리적 문제들, 어문학사, 2013, 36면.
11 윤리적으로 법적으로 문제가 발생하는 것은 인간의 행위가 원래 계획했던 설계와 다르게 행사되기 때문이다. 결국은 인간이 갖는 윤리적이거나 도덕적인 의식이 반영된 것이다. 결국, 인공지능도 개발과정에 참여했던 악의적인 사람의 윤리적 수준이 반영된다면 윤리가 아닌 비도적적 윤리가 반영된 인공지능이 산출될 것이다.

을 가져와 상업화하는 경우, 이를 판매하는 경우 등 다양한 경우를 상정할 수 있기 때문이다. 이처럼 다양한 이해관계자들을 하나로 묶어 책임이나 윤리를 논하는 것은 정치하지 못하다. 구체적인 관련성을 판단하고 그에 따른 이해관계자들의 윤리적 책임에 대해 논하는 것이 타당하다.

이해관계의 극단적인 예가 될 수 있지만, 때로는 로봇이 평등이라는 가치를 훼손시킬 수 있다는 주장도 가능하다. 예를 들면, 사람을 의료적으로 보완해 주는 기기를 삽입하는 경우이다. 신체적 기능이 불편하여 로봇의 기능이 보완적으로 들어가는 경우가 많아질 것이다. 이러한 상황이 정상적인 사람과의 불평등(不平等)을 초래할 것이라는 주장도 가능하다. 경제적 불평등은 인공지능에 의한 양극화의 결과물이다. 그렇기 때문에 양극화 현상에 대한 적극적인 대응이 필요하고, 불평등으로 인한 사회적 약자에 대한 배려가 필요하다.[12] 다만, 슈퍼 사이보그처럼 인간의 능력을 돈으로 높이는 경우라면 불평등이라는 관점에서 문제가 아닐 수 없다.[13]

또 하나의 이해관계는 윤리를 학습시키는 사람의 의도성이 인공지능에 담길 수 있다는 점이다. 그렇기 때문에 학습과정이 개관적이지 않을 수 있다는 우려도 가능하다. 데이터셋의 의도성이나 프로그래밍의 의도성도 마찬가지이다. 이처럼 윤리에 대한 이해관계의 충돌은 적지 않은 영역에서 지적될 수 있다. 이러한 문제를 어떻게 극복할 것인지는 다양한 논의가 필요한 영역이기도 하다.

이에 더하여, 인공지능 윤리에 대한 적극적인 대응은 로봇으로 파생되는 문제나 영역까지 확장될 필요가 있다. 이러한 사회문제를 제대로 다루지 않고서는 로봇에 대한 불신을 키울 수 있기 때문이다. 러다이트(Luddite) 운동은 생존의 문제였다는 점을 인식할 필요가 있다. 로봇이 인간을 대체할 경우, 인간은 생존을 위한 다양한 시도를 할 가능성이 높기 때문이다.[14]

---

12 지능형로봇법 제17조(사회적 약자에 대한 지능형 로봇 보급 촉진) 정부는 장애인·노령자·저소득자 등 사회적 약자들이 지능형 로봇을 자유롭게 이용할 수 있는 기회를 누리고 혜택을 향유할 수 있도록 하기 위하여 지능형 로봇의 사용 편의성 향상 등을 위한 개발 및 보급 촉진에 필요한 대책을 마련하여야 한다.
13 정지훈, 호모사피엔스씨의 위험한 고민, 메디치, 2015, 144면.
14 김윤명, 인공지능(로봇)의 법적 쟁점에 대한 시론적 고찰, 정보법학 제20권 제1호, 2016.4, 170면.

라. 개발자 관점에서의 윤리[15]

인공지능 개발자의 윤리가 필요한 것은 인공지능이나 로봇을 통제하는 프로그램을 개발하는 사람이 가져야 할 윤리적인 수준이 바로 로봇윤리의 수준으로 나타날 것이기 때문이다. 이러한 점에서 개발자 관점에서의 윤리는 인공지능 윤리의 처음부터 마지막까지 중요하게 다루어야할 주제이다.

로봇의 개발에는 다양한 단계나 공정이 포함된다. 우선 요구분석을 거치고 분석된 내용을 바탕으로 로봇의 설계가 이루어진다. 설계가 완성된 후에 기본적인 기획내용에 대하여 프로그래밍하게 된다. 이후에 기계학습으로 알고리즘을 구체화하게 된다. 물론, 각각의 단계에서 담당자는 윤리적이거나 법적인 기준에 부합하도록 자신에게 주어진 역할을 수행해야 한다. 사회적 정의 관념에 부합하지 않는 내용이 포함되거나 악의적인 경우라면, 개발된 인공지능은 인간에게 좋지 않은 영향을 미칠 것이 자명하기 때문이다. 따라서, 각 단계의 담당자는 고도로 윤리적인 가치에 기반하여 업무를 진행해야 한다. 이러한 조건이 충족(充足)됨으로써 윤리적이면서도 오류나 흠결 없는 안전한 인공지능 로봇이 출시될 수 있다. 만약, 그 과정에서 법적인 기준이나 요구사항이 반영되지 않았다면 위법한 행위에 따른 책임은 피하기 어려울 것이다.

4. 인공지능 이용의 윤리

가. 인공지능 이용의 윤리는 특별한가?

인공지능 윤리의 한 축은 이용자 영역에서의 윤리이다. 이용자가 인공지능을 윤리적으로 사용하지 않을 경우 발생할 수 있는 문제는 적지 않다. 예를 들면, 챗봇(chatbot)은 다양한 사람과의 커뮤니케이션을 통하여 학습하도록 설계되어 있다. 그 과정이 학습과정이기 때문이다. 이용자들이 테이(Tay)에게 입력한 대화내용에는 나치(Nazi)의 인종학살 또는 여성차별 등에 관한 내용이 적지 않게 포함되었다. 그러한 내용을 학습데이터로 입력함으로써 테이는 의미에 대한 이해 없이 기계적으로 학습하게 된 것이다. 결론적으로 법적으로나 윤리

---

15 고인석, 로봇윤리의 기본 원칙: 로봇 존재론으로부터, 범한철학 제75호, 2014, 407면.

적으로 수용하기 어려운 것이었기 때문에 마이크로소프트(MS)는 16시간만에 챗봇을 셧다운 시키고 말았다.

이 사건에서 몇 가지 사항을 확인할 수 있다. 첫째, 챗봇을 포함한 인공지능의 학습과정에 대해 인공지능은 그러한 사실행위에 대해 인지하지 못한다는 점이다. 만약, 테이가 학습한다는 사실을 알고, 그 내용에 대해 판단할 수 있는 능력이 있었다면 그 학습을 거부(拒否)할 수 있었을 것이다. 둘째, 이용자가 학습데이터를 통하여 인공지능을 의도적으로 조종이 가능할 수 있음을 알 수 있다. 인공지능의 학습에 대해 우리는 공정하고 객관적일 것이라는 생각을 갖는다. 컴퓨터나 SW가 인간보다 훨씬 객관적이라는 경험적 판단 때문이다. 그렇지만, 객관성은 일관적인 결과를 보는 사람의 착각(錯覺)일 수도 있다. 인공지능이나 SW는 이미 개발자의 의도성이 가미된 것이기 때문이다. 챗봇의 학습과정에서 문제가 되는 것은 바로 학습데이터의 불공정성에 대한 시비일 수 있다. 즉, 학습데이터가 의도성을 가지고 입력되는 경우, 그 결과도 그 의도성에 따라 발현될 것이기 때문이다.

테이 사례와 달리, 이용자의 윤리가 문제가 될 수 있는 또 다른 사례로는 자율주행차의 해킹을 들 수 있다. 주행 중인 자율주행시스템에 접속하여, 시스템을 해킹하여 도로를 이탈하도록 한 것이다. 테스트라고 하지만, 실제 주행 중 발생한 경우라면 인명피해가 충분히 예상되는 사례이다.

이처럼 이용자는 인공지능을 의도하지 않게 이용할 가능성이 크고, 그에 따른 문제가 발생하게 될 것이다. 이러한 이유 때문에 인공지능을 이용하는 이용자의 윤리가 필요하고, 또한 특별하게 다루어질 필요가 있다.

나. 인공지능 이용자의 윤리

(1) 로봇을 대하는 윤리

보스턴 다이나믹스(Boston Dynamics)에서 개발한 빅독(big dog)이라는 로봇을 발로 찬 영상이 유튜브에 공개된 적이 있다. 이는 회사가 자사의 제품인 로봇의 성능을 홍보하기 위하여 유튜브 동영상으로 게재한 것이다. 회사의 의도와 달리 해당 동영상에 달린 댓글은 다른 반응을 보였다. 즉, "어떻게 로봇을 발로 찰 수 있느냐?"라는 비판이었던 것이다.[16] 로봇의 중심잡기 능력에 대한 홍보를 위해 만든 영상에 대한 반응은 로봇을 발로 찬 것에 대한 윤리적인 문제점을 지적한 것이다. 이처럼, 로봇을 발로 차거나 다른 용도로 사용하는 것에 대해 어떠한 인식과 입장을 견지하는 것이 바람직할까? 더 나아가 로봇을 감정을 가진 주체(主體)로 보아야 하는가? 아직은 로봇이 감정을 가진 것으로 판단되지 않는다. 그렇지만, 궁극적으로 로봇이 감정을 갖는 수준이라면 그 가능성은 있다. 결국, 로봇과 로봇을 이용하는 이용자의 관계 설정을 어떻게 해야할지에 대한 사회적 합의가 필요한 부분임을 알 수 있다.

(2) 인공지능의 이용과 약관 규제

(가) 이용약관

이용자인 사람이 인공지능을 이용하는 경우는 인공지능이 탑재된 HW를 구매할 가능성이 높다. 자율주행차를 포함하여, 휴대기기 등에서 인공지능이 탑재되고 있기 때문이다. 구매한 HW를 사용하기 위해서 다양한 이용약관에 대해 동의절차를 거치게 된다.

이용약관이란 약관규제법상 "그 명칭이나 형태 또는 범위에 상관없이 계약의 한쪽 당사자가 여러 명의 상대방과 계약을 체결하기 위하여 일정한 형식으로 미리 마련한 계약의 내용"으로 정의된다. 미리 사업자가 마련한 계약내용으로, 온라인을 통하여 클릭 등을 통하여 계약체결이 이루어진다. 그 이용계약 체결과정에서 공서양속(公序良俗)에 대한 위반이 없을 경우, 해당 이용약관을 통한 계약체결은 유효하게 유지된다.

인공지능도 SW라면 라이선스 형태로 가능할 수 있다. HW라면 물품의 구매계약을 통하여 이용이 가능하다. 물론, SW로 구현된 인공지능이 탑재된 HW로서 인공지능 로봇이라면 SW와 HW의 복합적 계약으로써 성립한다.

(나) 이용약관의 범위를 벗어난 이용행위의 규제

이용약관에는 보통 사업자의 면책규정을 두는 것이 일반적이다. 반면, 이용자의 주의규정을 나열함으로써 이용자가 면책받을 수 있는 가능성은 극히 제한적이다. 만약, 이용자의 주의규정을 통하여 계약범위를 벗어난 이용행위를

---

16 실제, 우리는 교육을 통하여 물건의 중요성을 학습 받는다. 따라서, 물건을 발로 차거나 부수는 것은 윤리적으로 지양해야 할 행동으로 인식하고 있다. 물론, 축구공과 같은 목적 자체가 그러한 용도로 제작된 것은 해당하지 않을 것이다.

제한할 경우에는 어떻게 될 것인가? 공서양속에 벗어난 경우가 아니라면 계약 자체는 합리적으로 체결(締結)되었다고 볼 수 있다. 따라서, 보편적 윤리에서 벗어난 로봇의 이용을 금지하는 계약은 허용된다. 사용자가 이를 벗어나 이용하는 경우에는 계약상 책임을 질 수 있다. 이는 계약조건에 위배되기 때문에 계약해지 등의 사유에 해당할 가능성이 높다. 그렇게 되면, 이용자는 해지권을 행사함으로써 인공지능을 더 이상 이용할 수 없게 될 것이다.

만약, 인공지능의 이용이 형사법과 충돌하는 경우라면 이용자는 처벌될수 있다. 다만, 현행 형사법은 인공지능을 염두에 둔 것이 아니기 때문에 이에 대한 고려가 이루어져야 한다.

다. 윤리를 넘어선 법적 책임

(1) 계약 위반에 따른 책임

인공지능을 이용하는 과정에서 발생하는 문제의 대응은 예측가능성을 범주에 있느냐에 따라 다를 수 있다. 만약, 예측가능한 범주에 있다면 이용자도 그 이용 과정에서 합리적인 이용방식에 대해 선택해야 한다. 반면, 예측가능성이 떨어지는 경우라면 계약위반(契約違反)에 대한 책임은 개발자 내지 판매자에게 귀속될 가능성이 크다. 발생하는 사고에 대해서 개발자는 프로그래밍의 수정을 통하여 보완하게 될 것이다.

(2) 비윤리적 이용

테이의 사례에서와 같이, 이용자의 비윤리적인 행위에 대해 MS는 특별하게 대응하지는 않았다. 수많은 이용자의 입력이 이루어졌기 때문에 이용자의 특정이나 또는 처벌의 실익을 다투기 힘들었을 것으로 보인다.[17] 이러한 사례는 윤리에 대한 사회적 가치가 불합치한 경우로 볼 수 있다. 만약, 비윤리적 이용에 대해 플랫폼사업자가 중간에서 통제가 가능하다면, 확산되는 피해는 막을수 있을 것이다. 반면, 그러한 사업자가 존재(存在)하지 않는 인공지능이 독립된 형태로 운용되는 경우라면 어떠할 것인가? 이러한 경우에 대응하기 위해서 누군가 불법적이거나 비윤리적 상황에 대응할 수 있는 권한이나 자격이 부여

---

17 물론, MS에 대한 비판도 있었기 때문에 이슈를 확대시키지는 않은 것으로 보인다.

되어야 한다. 그렇지만, 지금과 같은 상황에서 권한을 부여할 수 있는 근거는 찾기 어렵다.

물론, 현행범(現行犯)의 경우 누구라도 체포가 가능하지만, 로봇이 그러한 행위를 하는 경우라면 어떻게 할 것인가? 현행범이라고 하더라도, 현장을 벗어나거나 시간이 흘러버린 경우라면 구성요건을 갖추기 어려운 경우도 가능하다. 이러한 경우, 어떠한 대응을 할 것인지는 여전히 정리된 바 없다. 따라서, 이러한 법적인 공백을 채우기 위해서는 윤리적인 논의가 필요한 것이다.

라. 정리

이용자 윤리의 궁극적인 목표는 인공지능에 대한 합리적인 이용문화를 만들자는 것이다. 도구 자체는 어떤 의도성을 갖는다고 보기 어렵다. 예를 들면, 칼을 만드는 것은 칼 자체를 만드는 장인의 노력이 담긴 산물이기 때문이다. 이를 사용하는 것은 이용자의 의도가 담긴 결과라는 점이다. 따라서, 도구 자체에 대한 비판적 평가는 용납되기는 어렵다. 물론, 그 도구 자체가 윤리적 가치를 저버릴 것을 목적으로 했다면 당연히 비판을 받아야 한다.

개발자는 이용자에게 인공지능에 대해 원래 의도했던 용도대로 사용할 의무(義務)를 부과할 것이다. 이때 이용약관이나 계약을 통하여 이루어질 가능성이 크다. 그렇다면, 이용자는 계약의 조건에 따라 합의한 것이기 때문에 그 합의를 이행할 의무가 발생한다. 만약, 의무를 위반할 경우 그에 따른 책임을 지게 된다. 다만, 계약의 불이행 등에 따른 의무는 민사책임에 한정되기 때문에 형사적 책임은 별개의 것이다.

5. 인공지능 윤리의 한 축인 로봇윤리

가. 로봇윤리의 가이드라인은 적절한가?

인공지능의 오남용 사례를 보면서 생각한 것은 인공지능 로봇에게 미래의 기준을 제시하는 방안이다. 물론, 사람에게는 윤리나 도덕을 강제(強制)할 수는 없다. 예를 들면, 거짓말을 하지 말라는 것은 윤리적인 선태이지, 이를 법률로 강제할 수 있는 것은 아니다. 다만, 허위표시를 통하여 타인의 법익을 침해할 경우라면 그에 따른 법적 처벌을 받을 수는 있다. 윤리를 법제화하는 것은 다른 법익의 침해를 가져올 수 있기 때문에 쉽지 않다. 이처럼 윤리는 누구에게 강요하기 어렵다. 그렇다면, 로봇에게 강요하는 것은 어떠한가? 윤리적인가, 아닌가?

　　만약, 강제할 수 있다는 사회적 합의가 이루어졌다면 누구나 납득(納得)할 수 있는 윤리의 수준(guideline)을 제시하는 것은 가능한가? 그러나, 그 세부적인 기준에 대한 합의는 쉽지 않은 일이 될 것이다. 무엇보다 윤리가 가지는 문화적 차이를 극복하기 쉽지 않기 때문이다. 그렇다면, 인공지능의 윤리는 문화적 구분에 따른 국가, 민족 윤리로 한정되어야 하는가?

　　가이드라인이 합리적인 방법인지 확신하기 어렵지만 몇 가지 방안을 제시하고자 한다.

[표 13-1] 가이드라인

방법 1. 사례의 분석 - 인류가 누적한 사건이나 사례를 분석하여 도덕적 기준을 수립하는 방안 방법 2. 가치의 선정 - 다양하게 제시된 가치(법적 의무 등)를 분석하여, 체계화하는 방안 방법 3. 매개자 책임의 강화 - 인공지능과 관련된 이해관계자에게 법적, 윤리적 책임을 부과하는 방안

　　방법 1 내지 2는 이를 프로그래밍하거나 구조하는 것은 또 다른 방법이다. 쉬운 해결방법은 이해관계자에게 책임을 부담시키는 것이지만, 궁극적인 해결책은 아니다. 결국, 1과 2의 데이터셋을 기계학습하는 것이 그나마 가능한 방법이다. 문제는 인공지능이 다양성이 존재하지 않는 전체주의적 산물(産物)이 될 수 있다는 점이다. 알고리즘과 데이터셋을 통하여 의도적으로 결과를 만들어낼 수 있기 때문이다. 미래 어느 날, 인공지능이 진행하게 될 소송에서 이해관계자가 알고리즘과 데이터셋을 왜곡할 경우 어떤 결과가 나올 것인지 상상해 보자.

나. 개발자, 이용자는 윤리적이어야 하는가?

개발자나 이용자의 윤리는 높은 수준의 윤리의식이 필요함을 살펴보았다. 그렇지만, 윤리는 사람의 필요에 따라 만들어놓은 문화유산(文化遺産)이다. 윤리는 인간의 DNA에 학습되고 코딩되어 있어, 어느 순간 인간은 학습한 결과를 바탕으로 선택하거나 행동하게 된다. 결국, 인류의 DNA이지만 구현되는 상황은 상이할 수 있다.

만약, 인공지능이 클라우드(cloud platform)를 통하여 하나의 가치체계로 수렴된다면 어떻게 할 것인가? 인공지능에게 객관성을 부여하기 어려워, 일관성을 요구하는 알고리즘을 구현하게 될 것이다. 이는 개발자인 사람의 가치가 반영되고, 이를 이용하는 이용자의 윤리가 반영될 것이다. 결국, 인공지능의 개발과 이용 과정에서 사람의 관여는 필수적일 수 있다. 따라서, 인공지능에 대한 윤리는 결국 사람의 윤리에 대한 탐색에서 출발할 수밖에 없다.

인공지능의 윤리는 결국 사람의 윤리인 것이다. 개발자가 좀 더 윤리적으로 개발하고, 사업자도 윤리적으로 제품을 제조하고, 이용자도 윤리적으로 제품을 이용하는 것이 필요하다. 하나만 더 생각해 보자. 앞서 살펴본, 보스턴 다이나믹스의 빅독을 발로 찬 유튜브 영상에 대해 사람들은 "어떻게 로봇을 발로 찰 수 있을까?"라는 반응을 보였다. 이는 이용자의 윤리적인 관점으로 이해할 수 있다.

다. 로봇윤리에 대한 가이드라인

(1) 가이드라인의 의의

로봇윤리와 관련하여, 민간은 물론 공적 영역 등 적지 않은 영역에서 행동강령이나 윤리강령이 제정되고 있다. 특히, 공적 영역에서 만드는 가이드라인은 정책적 성질이 크게 작용한다. 인공지능 윤리에 대한 가이드라인은 인공지능이나 로봇의 개발자, 사업자 또는 이를 이용하는 이용자에게 기준을 제시할 수 있기 때문이다. 다만, 이를 법적 강제 수준까지 높일 수 있는지는 의문이다. 가이드라인은 스스로 준수함으로써 반대상황에 대한 정부의 규제를 회피할 수 있다는 점에서 자율규제와는 다르지 않다. 따라서, 가이드라인은 사회적인 합의를 통하여 그 기준이 제시될 필요가 있다. 정부나 특정 영역에서 일방적(一方的)으로 제시하는 것은 규제와 다를 바가 없기 때문이다. 참고로, 지능형로봇법에서 로봇윤리헌장을 제정하도록 의무화하고 있다. 이러한 것은 제정에 대한 강제이지만, 그 이용에 대하여 법률로써 강제하기는 어렵다.

(2) 로봇윤리헌장

지능형로봇법에서는 지능형 로봇윤리헌장에 대한 정의를 두고 있다. 로봇윤리헌장이란 "지능형 로봇의 기능과 지능이 발전함에 따라 발생할 수 있는 사회질서의 파괴 등 각종 폐해(弊害)를 방지(防止)하여 지능형 로봇이 인간의 삶의 질 향상에 이바지 할 수 있도록 지능형 로봇의 개발·제조 및 사용에 관계하는 자에 대한 행동지침을 정한 것"으로 정의내리고 있다. 더 나아가 정부는 지능형 로봇 개발자·제조자 및 사용자가 지켜야 할 윤리 등 대통령령으로 정하는 사항을 포함하는 지능형 로봇윤리헌장을 제정하여 공표할 수 있도록 규정하고 있다(지능형로봇법 제18조).

지능형로봇법 시행령에서는 로봇윤리헌장의 내용에 대해 구체적인 가이드라인을 제시하고 있다. 즉, 지능형로봇법 제18조에서 위임하고 있는 지능형 로봇 개발자·제조자 및 사용자가 지켜야 할 윤리 등이란 ⅰ) 로봇기술의 윤리적 발전방향, ⅱ) 로봇의 개발·제조·사용 시 지켜져야 할 윤리적 가치 및 행동지침 등을 말한다(시행령 제16조). 정부는 2007년 전체 7개 조문으로 이루어진 로봇윤리헌장 초안을 마련한 바 있다.

로봇윤리헌장은 로봇과 관계된 사람을 위한 것이다. 로봇을 활용하는 사람과 제작하는 사람도 포함된다. 궁극적으로 로봇을 이용하는 최종 이용자의 책임을 우선적으로 묻는 것이 바람직하다. 다만, 제조과정에서 발생한 문제가 있다면 제조물책임법을 통하여 제작자의 책임으로 확대할 수 있다. 로봇윤리헌장 초안은 공식적으로 공포되지 아니하였다. "적절한 로봇윤리의 체계를 구축할 만한 철학적 토대를 갖추지 못했다."[18]는 이유 때문이다. 사실상 로봇에 대한 인식과 이해가 부족했기 때문이다.

---

18 고인석, 체계적인 로봇윤리의 정립을 위한 로봇 존재론, 특히 로봇의 분류에 관하여, 철학논총 제70집 새한철학회, 2012, 173면.

[표 13-2] 로봇윤리헌장 초안(2007년)

- 1장(목표): 로봇윤리헌장의 목표는 인간과 로봇의 공존 공영을 위해 인간중심의 윤리 규범을 확립하는 데 있다.
- 2장(인간, 로봇의 공동 원칙): 인간과 로봇은 상호간 생명의 존엄성과 정보, 공학적 윤리를 지켜야 한다.
- 3장(인간 윤리): 인간은 로봇을 제조하고 사용할 때 항상 선한 방법으로 판단하고 결정해야 한다.
- 4장(로봇윤리): 로봇은 인간의 명령에 순종하는 친구·도우미·동반자로서 인간을 다치게 해서는 안된다.
- 5장(제조자 윤리): 로봇 제조자는 인간의 존엄성을 지키는 로봇을 제조하고 로봇 재활용, 정보 보호 의무를 진다.
- 6장(사용자 윤리): 로봇 사용자는 로봇을 인간의 친구로 존중해야 하며, 불법 개조나 로봇 남용은 금한다.
- 7장(실행의 약속): 정부와 지자체는 헌장의 정신을 구현하기 위해 유효한 조치를 시행해야 한다.

[표 13-3] 로봇공학 3원칙

1. 로봇은 인간에 해를 가하거나 혹은 행동을 하지 않음으로써 인간에게 해가 가도록 해서는 안 된다.
2. 로봇은 인간이 내리는 명령들에 복종해야만 하며, 단 이러한 명령들이 첫 번째 법칙에 위배될 때에는 예외로 한다.
3. 로봇은 자신의 존재를 보호해야만 하며, 단 그러한 보호가 첫 번째와 두 번째 법칙에 위배될 때에는 예외로 한다.

로봇윤리헌장과 비교할 수 있는 대상이 로봇공학 3원칙이다. 소설가인 아이작 아시모프(Isaac Asimov)의 로봇공학 3원칙(Three Laws of Robotics)은 1942년 작 단편 Runaround에서 처음 언급되었다.

6. 인공지능 윤리가 추구하는 가치

가. 윤리의 가치

인공지능은 인간을 위해 프로그래밍된다. 그럼에도 인간을 위한다는 것은 무엇을 의미하는 것인지는 확실한 답을 얻기 어렵다. 선악(善惡)의 구분이 상대적이고 인공지능의 작업을 통하여 얻는 인간의 가치가 범죄를 목적으로 한다면 로봇의 가치는 윤리적이지 못하기 때문이다.

인공지능이 "자신이 해야 할 행위와 하지 말아야 할 행위를 선택하는 시스템을 충실히 지킬 때, 도덕적 행위자라고 한다. 나쁜 행동을 하거나 지켜야 할 윤리 시스템에 반대로 행동할 때, 혹은 불법적이거나 불량한 시스템을 지킬 때 비도덕적이라고 한다."[19] 이러한 주장에서 볼 때, 인공지능이 도덕적이고 윤리적이라고 한다면, 인공지능이 추구하는 윤리적 가치는 보편적이고, 법적으로 수용가능한 가치여야 한다.[20] 그러나, 좋거나 나쁘다는 판단은 다분히 주관적이다.

좋은 인공지능과 나쁜 인공지능의 판단을 누가 할 수 있는가? 그 판단은 설계자나 개발자가 부여한 목적을 기준으로 하는 것이 아닌가?[21] 인공지능 윤리의 한계를 극복하기 위한 방안으로는 첫째, 직접 인공적 도덕행위자(Artificial Moral Agent; 이하 AMA라 함)를 설계하고 구현하여야 하며, AMA의 구현은 기술발전과 궤를 같이할 것, 둘째, AMA에 대한 신뢰를 부여해야 하며, 셋째, AMA를 설계하고 개발한 자의 신뢰(信賴)가 확보되어야 한다. 여기에서 선과 악의 인공지능을 판단할 수 있을 것이나 이는 만만한 일이 아니다. 인공지능 알고리즘이 객관적이라고 하더라도, 데이터셋이 객관적이지 않을 가능성도 있기 때문이다.

---

19 Michael Nagenborg, Rafael Capurro(변순용, 송선영 공역), 로봇윤리: 로봇의 윤리적 문제들, 어문학사, 2013, 36면.

20 Asaro는 "로봇윤리의 주된 목적은 로봇이 해를 끼치지 못하도록, 즉 사람들에게, 로봇 자신과 재산에, 그리고 환경에 해를 끼치지 않도록 방지하는 수단을 개발하는 것"이라고 한다. Michael Nagenborg, Rafael Capurro(변순용, 송선영 공역), 로봇윤리: 로봇의 윤리적 문제들, 어문학사, 2013, 41면.

21 이러한 물음에 대한 답은 Wallach Wendell · Allen Colin(노태복 역), 왜 로봇의 도덕인가: 스스로 판단하는 인공지능 시대에 필요한 컴퓨터 윤리의 모든 것, 메디치미디어, 2014, 33면 참조.

기계학습이 긍정적인 면을 강조하지만, 기계학습 알고리즘의 의도를 회피할 수 있는 방법은 데이터셋을 원래의 의도와 다르게 수집하는 것이다. 이로써 인공지능은 원래의 프로그래밍된 것과 다른 학습을 하게 되고, 그 결과는 의도 성과는 다른 결과를 도출시키게 될 것이다. 이러한 한계를 극복하기 위해 "인 공지능 스스로 자신의 행위에 대한 인식과 의지를 가지고서 판단할 수 있어야 한다."[22]는 주장은 설득력을 얻는다. 다만, 인식과 의지를 가질 수 있는 시기에 대해서는 장담할 수 없다는 것이 한계이다.

나. 사람중심의 인공지능 윤리기준

(1) 의의

2020년 12월 정부는 인공지능 시대 바람직한 인공지능 개발·활용 방향을 제시하기 위한 <사람이 중심이 되는 인공지능 윤리기준>을 마련했다. 윤리 적 인공지능을 실현하기 위해 정부·공공기관, 기업, 이용자 등 모든 사회구성 원이 인공지능 개발·활용 전 단계에서 함께 지켜야 할 주요 원칙과 핵심요건 을 제시하는 기준으로서, 인공지능 윤리기준은 사람중심의 인공지능을 위한 최 고 가치인 인간성(Humanity)을 위한 3대 기본원칙과 10대 핵심요건을 제시하고 있으며, 주요 내용은 다음과 같다.

(2) 목표 및 지향점

① 모든 사회 구성원이 ② 모든 분야에서 ③ 자율적으로 준수하며 ④ 지속 발전하는 윤리기준을 지향한다.
① 인공지능 개발에서 활용에 이르는 전 단계에서 정부·공공기관, 기업, 이용자 등 모든 사회 구성원이 참조하는 기준
② 특정 분야에 제한되지 않는 범용성을 가진 일반원칙으로, 이후 각 영역 별 세부 규범이 유연하게 발전해 나갈 수 있는 기반 조성
③ 구속력 있는 '법'이나 '지침'이 아닌 도덕적 규범이자 자율규범으로, 기 업 자율성을 존중하고 인공지능 기술발전을 장려하며 기술과 사회변화

---

22 Wallach Wendell · Allen Colin(노태복 역), 왜 로봇의 도덕인가: 스스로 판단하는 인공지능 시대에 필요한 컴퓨터 윤리의 모든 것, 메디치미디어, 2014, 35면.

에 유연하게 대처할 수 있는 윤리 담론을 형성

④ 사회경제, 기술 변화에 따라 새롭게 제기되는 인공지능 윤리 이슈를 논의하고 구체적으로 발전시킬 수 있는 플랫폼으로 기능

(3) 최고 가치

윤리기준이 지향하는 최고 가치를 인간성(Humanity)으로 설정하고, 인간성을 위한 인공지능(AI for Humanity)을 위한 3대 원칙·10대 요건을 제시하였다.

(가) 3대 기본원칙

인간성(Humanity)을 구현하기 위해 인공지능의 개발 및 활용 과정에서 ① 인간의 존엄성 원칙, ② 사회의 공공선 원칙, ③ 기술의 합목적성 원칙을 지켜야 한다.

(나) 10대 핵심요건

3대 기본원칙을 실천하고 이행할 수 있도록 인공지능 개발·활용 전 과정에서 ① 인권 보장, ② 프라이버시 보호, ③ 다양성 존중, ④ 침해금지, ⑤ 공공성, ⑥ 연대성, ⑦ 데이터 관리, ⑧ 책임성, ⑨ 안전성, ⑩ 투명성의 요건이 충족되어야 한다.

7. 인공지능 윤리 논의의 한계

가. 윤리는 보편타당한가?

수준 높은 개발자, 이용자 등의 윤리를 통하여 안전한 인공지능의 구현을 담보할 수 있다고 보지만 어떻게 인공지능에게 윤리를 구현할 것인지는 쉽지 않은 문제이다. 로봇의 윤리적 기준은 인간의 보편적 윤리에 부합하는가? 아니다. 인공지능 윤리가 갖는 기본적인 한계는 인간의 윤리가 갖는 불명확성과 같기 때문이다. 더욱이, 윤리라는 큰 가치에는 동의한다고 하더라도, 구체적이고 세부적인 상황에 따른 가치에는 동의하기 어려운 사회문화적인 생활양식이다. 한 나라, 한 민족이 갖는 문화적 특성이 윤리로 구현된다는 점에서 동양, 서양 문화의 윤리적 가치와 기준이 다르고, 한 나라 내에서 도시와 시골의 문화적

가치가 다르다는 점은 객관적인 윤리적 가치를 논의하기 어려운 이유이다.

윤리는 인류의 수많은 가치가 경험과 학습을 통하여 인간에게 체화된 것이지만, 그것도 사람마다 다르게 인식될 수 있으며, 하나의 상황에 대해 많은 사람은 서로 다른 선택을 할 가능성이 있다. 이런 면에서 윤리는 객관적이라고 보기 어려운 이유이다. 합의된 윤리가 있더라도 개개인이 갖는 윤리적 기준은 상이할 수밖에 없기 때문에 윤리가 갖는 보편적인 가치의 다양한 이해와 해석으로 말미암아 인공지능에 담겨야 할 윤리도 또한 다양할 수밖에 없는 것이다. 이처럼 윤리적이라는 것은 사람의 대체적인 가치관에 체화된 것이지만, 대중의 평균적 가치이지 절대적인 가치라고 보기 어렵다. '최소한의 도덕'인 법률은 이러한 윤리를 구체적인 텍스트로 적고 있는 것으로, 윤리를 구체화한 법률의 해석도 다른데, 윤리 자체는 말할 나위 없다.

윤리는 문화적 맥락에서 보면 나라, 민족마다 서로 다른 평가를 받게 되며, 사회적 가치에 따른 차이도 있겠지만, 개인적 경험에 따른 차이도 무시(無視)하기 어렵다. 윤리는 사람마다 차이가 있음을 인식할 필요가 있다. 물론, 이러한 이유 때문에 윤리적 논의를 넘어서 법적인 책임으로 대신할 가능성도 있으나 이는 타당한 결론을 도출하기 어렵다. 법적인 책임은 결국, 로봇에 대한 법적 책임으로 귀결되겠지만 사회적 합의를 통하여 수렴되어야 하기 때문이다.

나. 로봇에게 윤리를 강제할 수 있는가?

로봇이 윤리적이어야 한다는 명제에 찬성하더라도, 윤리를 강제할 수 있는 것인지는 의문이다. 이러한 논란은 로봇이 윤리를 이해할 수 있는 것인지, 또는 로봇에게 윤리를 가르치는 것이 가능한지 등 다양한 윤리외적인 논의와 결부된다. 즉, "윤리적인 규칙이나 행동을 학습할 수 있는 시스템을 가지고 있더라도 로봇이 자율적인 도덕적 행위자의 자격을 가진다고 볼 수 없으며, 또한 이런 학습 방법의 설계자가 그것의 결과에 대해서도 책임져야 한다는 것도 명확하지 않다."[23]는 주장(主張)은 이를 뒷받침한다.

---

23 Michael Nagenborg, Rafael Capurro(변순용, 송선영 공역), 로봇윤리: 로봇의 윤리적 문제들, 어문학사, 2013, 33면.

물론, 윤리를 판단하기 위해서는 다양한 경우의 수를 제시하고, 그에 따라 판단하도록 프로그래밍할 수는 있지만, 그 경우의 수는 제한적일 수밖에 없다. 물론, "모든 로봇이 맞닥뜨릴 모든 상황을 미리 예측해서 프로그래밍하는 일은 불가능하지는 않더라도 매우 어렵다."고 한다. 인간이 윤리적으로 판단해 주어야 할 경우를 모두 산술적으로 구체화하기 어렵기 때문이다. 더욱이, 같은 경우라고 하더라도 상황에 따라 다르게 해석되고 판단되기 때문에 이를 기술적으로 프로그래밍한다는 것은 컴퓨팅 능력을 넘어설 수도 있다.

모든 비윤리적인 행동을 차단하는 것도 또 다른 문제이다. 즉, "윤리적으로 문제가 될 소지가 있는 모든 행동을 아예 금지해 버리면 인류의 생활을 개선(改善)하는 데 로봇이 기여할 기회를 불필요하게 제한하는 셈이다. 그렇다면 예상치 못한 새로운 상황에 로봇 스스로 윤리적 원칙을 적용하게 하는 것이 해결책이 된다."[24]는 점이다.

다. 윤리는 프로그래밍이 가능한가?

(1) 윤리에 대한 프로그래밍

인공지능에게 윤리적 판단을 위한 최소한의 경우의 수를 프로그래밍하는 것은 가능하다.[25] 또한 기계학습을 통하여 상황에 대한 인식과 판단이 가능하기 때문이다. 다만, 이때 판단은 물리적인 행동이 아닌 의사결정 지원 수준에 머물러야 한다. 만약, 인공지능이 판단하도록 승인한다면 이는 판단 권한이 없는 인공지능의 의사결정에 대한 무과실책임을 누가 져야 하는지의 문제가 되기 때문으로, 적어도 인공지능의 윤리는 인공지능의 수준에서 판단되어야 한다.

---

24 사이언티픽 아메리칸 편집부 엮음, 인공지능(Beyond Human A.I. and Genius Machines), 한림출판사, 2016, 178면.
25 인공지능이 자아를 가질 수 있다면, 윤리적 추론이 가능할 수 있을 것이다. 지금은 인공지능이 스스로 추론하다고 하더라도, 이는 윤리적인 추론이 아닌 결과의 추론으로 나타날 수밖에 없기 때문이다. 물론, 윤리적인 판단이 그 결과로 나타나는 것이라는 측면에서 다르지 않지만, 그 판단에서 가치적인 고려가 개입되는 것으로 보기 어렵다면 인공지능의 추론은 수많은 경우의 수 중 하나가 될 것이다. 그런데, 이러한 경우의 수도 사람이 윤리적 판단을 내릴 때와 다르지 않을 수 있다는 점에서 추론의 실체를 어떻게 볼 것인지 본질적인 의문이 아닐 수 없다.

더 나아가, 로봇은 자율적인 도덕적 행위자인가? 궁극적으로 로봇은 그러한 역할과 지위를 부여받을 가능성이 높다. "로봇의 설계자나 프로그래머들이 로봇의 행위에 대해 더 이상 책임지지 않는 수준으로 로봇이 발달하게 될 것"[26]으로 예측되며 이 경우, 로봇은 도덕적 행위자(moral agent)가 될 것이다.

인공지능은 많은 사람들이 참여하여 개발한 적지 않은 코드의 집합이다. 누구라도 코드의 전체를 이해하기는 어렵고, 이는 어떠한 효과가 나타나고 결과가 도출될 수 있을지 명확히 알 수 없다는 것과 다름 아니다. 이 과정에서 버그나 의도했던 바와 다른 결과가 나온다고 하더라도 이를 해결할 가능성은 더욱 낮아질 것이다. 작은 코드라면 전체 과제를 관리하는 자가 어느 정도 전반적인 내용을 이해하고 대응할 수 있는 체계를 가질 수 있을 것이나 지금과 같은 수백만, 수천만 라인의 코드를 관리한다는 것은 불가능에 가깝기 때문이다. 이러한 이유 때문에 "어떤 사람도 절대적인 확실성을 가지고 제공된 명령의 영향을 예측할 수 없다."[27]고 한다.

(2) 윤리라는 가치의 프로그래밍

로봇에게 윤리를 프로그래밍할 수 있는가? 위에서 본 것처럼, 사람에게도 어려운 것이 윤리임을 알 수 있다. 그렇게 어려운 윤리를 로봇에게 강요할 수 있는가? 물론, 로봇이 윤리적이어야 한다는 당위성은 인정할 수 있다. 다만, 사람에게 미치는 영향이 적지 않기 때문에 그 선택이나 판단에서 윤리적인 요소가 반영되어야 한다는 것이나, 그 방법이 문제이다. 다음과 같은 질문(質問)을 해보자.

"로봇에게 윤리라는 가치를 프로그래밍할 수 있는가?"

인간사회에서 윤리는 때로 각각의 윤리적 가치마다 충돌하기도 하며, 법률과도 상이한 결론에 이르게 된다. 예를 들면, 타인의 지식재산권을 도용하면 안 된다는 가치는 윤리적이기도 하며, 법적 가치이기도 하다. 그러나, 공정이용

---

26 Michael Nagenborg, Rafael Capurro(변순용, 송선영 공역), 로봇윤리: 로봇의 윤리적 문제들, 어문학사, 2013, 33면.
27 Michael Nagenborg, Rafael Capurro(변순용, 송선영 공역), 로봇윤리: 로봇의 윤리적 문제들, 어문학사, 2013, 157면.

(fair use)이라는 제도에 의해 허용되기도 한다. 이처럼 법적으로 허용되지만, 윤리적으로 여전히 명쾌하지 않은 부분이 있다.

하나의 현상에 대한 차이가 있는 상황을 어떻게 로봇에게 프로그래밍할 수 있을지 의문이다. 적어도, 로봇에게 윤리는 서로 충돌하는 가치를 일관되게 유지하는 것이 객관적이라고 평가할 수 있다. 물론, 일관된다는 의미는 유연성(柔軟性)이 떨어질 수 있다는 의미이기도 하다. 사회는 일관성은 물론 유연성도 요구받으며, 하나의 사실에 대해서도 그 판단은 대중이 이해할 수 있는 일관성을 가져야 하지만, 하나하나의 사실은 대중이 이해하는 다른 가치를 담을 가능성도 있기 때문에 유연해야 하는 것이다. 프로그래밍의 설계를 극복하기 위한 방안으로 기계학습을 보완적으로 이용할 수 있을 것이다.

라. 로봇에게 윤리학습은 가능한가?

로봇에 대해 어느 정도 윤리를 프로그래밍할 수 있다는 점을 확인하였다. 그럼 여기에 더하여 또 다른 질문을 해보자. "로봇에게 윤리학습은 가능한가?" 이에 대해서는 실제 사례를 통하여 확인하고자 한다. 인공지능은 기계학습을 통하여 사회화 되고 있으며, 챗봇(chat bot)이 대표적 사례이다. 부정적인 사례이긴 하지만, MS의 챗봇인 테이(Tay) 사례를 보면 인공지능의 학습은 의도성이 반영될 수 있음을 알 수 있다. 인종차별, 여성차별 관련 메시지를 학습한 테이는 16시간 만에 셧다운(shutdown)되었다. 테이의 대답은 윤리적이지도, 법적으로도 허용되는 것이 아니었기 때문이다. 이 사례는 인공지능의 학습이 윤리적이지 않을 수 있다는 것을 반증한다. 반대로, 윤리적인 내용에 대해 어느 정도 학습이 가능할 수 있음을 보여준다.

앞에서 하나의 사실에 대한 대중의 생각은 서로 상이할 수 있음을 살펴보았다. 상이한 점은 대화와 타협이라는 인간 커뮤니케이션을 통하여 합의점(合意點)을 찾아감으로써 조정할 수 있다는 것으로, 인간이 가지는 매력이다. 그러나 로봇은 그럴 수 있을까? 인간은 오랜 시간 동안의 경험이 DNA에 기록되며, 일종의 프로그래밍된 것으로, 그 경험은 누가 학습시켜 주지 않은 선험적 체계이다. 그러나 로봇은 하나하나 가르쳐주지 않으면 스스로 판단하기에 어려움이 있다. 행동패턴은 기계학습(machine learning)을 통하여 가능하다고 하더라도, 맥락(context)에 대한 이해는 어떻게 해야 하는지 의문이다. 기계학습은 설계자의 의도가 강하게 반영되기 때문이다. 예를 들면, 구글이나 페이스북에서 제공하는 알고리즘은 회사의 이익을 위해 설계되고, 코딩된 것이다. 알고리즘은 인간의 부족한 일관성(一貫性)을 극복할 수 있겠지만, 객관적이지 못하다는 평가를 받게 되는 것이기도 하다.

수년 전 한국에서는 네이버의 검색결과와 구글의 검색결과의 공정성, 객관성에 대해 논란이 제기된 적이 있다. 구글은 알고리즘에 의한 결과이기 때문에 객관적일 것이라는 평가를 받은 반면, 네이버는 사람의 편집이 들어가기 때문에 그렇지 않다는 것이었다. 이는 알고리즘은 물론 기술에 대한 무지의 소산으로, 기술은 사용자의 의도에 따른 결과를 가져오게 된다. 이러한 주장은 이를 간과한 것이다. 즉, 알고리즘 자체는 일관성을 가져올 수 있지만, 객관적인 것이 아니라는 점을 이해할 필요가 있으나 대중은 자칫 일관성이 객관적인 것으로 오해(誤解)될 수도 있다는 점을 인식하여야 한다.

인공지능 윤리도 객관적이지 못하다는 점을 지적하고자 한다. 인공지능이 설계되고, 개발되고 이용되는 과정에서 윤리문제가 제기될 수 있겠지만, 그것이 윤리적이라는 판단을 받기 위해서는 대중의 지지를 받는 것이 필요하다. 그러나, 대중은 다양한 스펙트럼으로 인공지능의 윤리를 바라볼 것이기 때문에 답하기 어렵거나 답이 없을 수도 있다. 결국, 알고리즘 윤리에 대한 법정책적 판단이 내려질 가능성이 높다.

8. 결론: 인공지능 또는 로봇윤리는 사람의 윤리이다.

인공지능 또는 로봇윤리의 궁극적인 목적은 사람을 위한 것이어야 한다는 점이다. 앞서 인공지능 로봇을 둘러싼 다양한 이해관계자들이 갖추어야 할 윤리에 대해 고찰하였다. 결론적으로 윤리는 인간에 대한 성찰의 결과이다. 인공지능 로봇의 윤리는 인간의 윤리를 기반으로 하기 때문에 인간의 윤리와 도덕에 대해 고민할 기회를 가질 수밖에 없다. 인공지능에 대한 윤리가 사람에 대한 윤리에 영향을 미칠 수밖에 없다. 인간의 윤리적 사고와 다르게 나타날 수 있는 윤리적 행동의 차이를 어떻게 극복할 것인지도 마찬가지이다.[28]

인공지능도 인간과 마찬가지의 실체를 전제할 수밖에 없다. 따라서, 윤리적 수준도 인간의 윤리와 다르지 않다. 일종의 가이드라인을 제시한 것이며, 이는 필요에 따라 수정될 수 있다. 로봇이 현실에서 어떻게 사용될 것인지, 사용되는지에 대한 평가가 지속되어야 하고, 그에 따라 가이드라인도 현행화 할 필요가 있다. 따라서 인공지능 로봇에 대해 법제화 하는 것보다는 정책적 수준에서 진행하는 것도 중요하다. 법제화는 규제가 될 수 있으며, 유연성이 떨어지기 때문이다. 더욱이, 인공지능 윤리가 자칫 인공지능을 규제할 수 있는 근거가 되어서는 아니된다. 이러한 점에서 "정보기술의 발전은 그 불확실성으로 인하여 새로운 규제를 필요로 하기도 하지만, 어떤 종류의 규제이든 그 도입에 앞서 정보기술에 의해 창출되는 사회적, 경제적 이익을 고려하여 규제의 목적과 필요성을 함께 고민해야 한다."[29]는 지적은 유의미하다.

인공지능 로봇이 어떤 문제를 가져올지는 예측하기 힘들다. 단순한 컴퓨터와 같은 존재는 아니라는 점[30]이 인공지능에 대한 고민을 깊게 한다. 그렇기 때문에 규제를 통하여 인공지능 기술발전을 더디게 할 가능성도 있다.

인공지능에 대한 논의를 위해서는 사람에 대한 진지한 성찰이 필요하다. 사람에 대한 이해 없이 인공지능이나 로봇을 제대로 이해하기 어렵기 때문이다. 윤리는 사람의 사회구성원으로서 가져야 할 기본이다. 로봇이 사회공동체에 직간접적으로 역할을 하게 될 경우, 기본적인 자질인 윤리를 학습해야 할 이유이다. 그러나, 제대로 된 학습이 필요하다. 테이(Tay) 사례를 보면, 인공지능의 윤리에서 이용자의 윤리도 중요함을 알 수 있다. 인공지능이 비윤리적인

---

28 "로봇윤리가 실제 윤리학 분야에도 영향을 미친다는 점이다. 현실세계에서의 인공지능을 연구하다 보면 단지 윤리학의 학문적 결과를 기계에 적용하는 데서 끝나지 않고, 인간이 행하는 윤리적 행동이란 무엇인지 더 깊이 생각해 보게 되기 때문이다. 적절하게 훈련된 기계는 항상 공정한 판단을 하기 때문에 대부분의 인간보다 훨씬 더 윤리적으로 행동한다. 인간이 항상 공정한 판단을 하기란 어렵다. 윤리적으로 움직이는 로봇이 우리에게 더 윤리적으로 행동해야 한다는 생각을 갖게 해줄지도 모를 일이다."는 주장은 이를 대변한다. 사이언티픽 아메리칸 편집부 엮음, 인공지능(Beyond Human A.I. and Genius Machines), 한림출판사, 2016, 185면.

29 안정민 외, 검색광고 규제에 대한 법적 고찰, 언론과 법제13권 제1호, 2014, 176면.

30 1997년 번역된 드보라 G. 존슨의 컴퓨터윤리학(Computer Ethics)의 서론을 보면, "컴퓨터가 우리 삶에 어떤 혁명적 변화를 가져다 줄 것인지, 아니면 단지 우리가 이미 하고 있는 것들을 좀 더 효과적이고 효율적으로 할 수 있게 하는데 머물 것인지는 아직 분명하지 않다."고 적고 있다. 20여년 전의 컴퓨터 윤리를 논하는 학자의 입장에서는 지금 논의되는 제4차 산업혁명을 어떻게 이해할 수 있을까? 이처럼, 미래는 예측하기 쉬운 영역으로 보기 어렵다.

내용을 배울 수 있다는 것은 윤리적인 것도 배울 수 있다는 것을 알려준다. 기계의 윤리 이전에 기계의 윤리적 이용이 중요할 수 있음을 시사한다. 물론, 인공지능 윤리는 당장 답을 찾기 어려운 주제이다. 그러나, 중심에는 사람이 있어야 한다. 윤리에는 사람의 가치관과 문화가 담겨있기 때문이다. 인공지능 윤리도 다르지 않다. 결국, 사람의 윤리가 답이다.

인공지능의 문제점에 대응하기 위해서는 개발과정에서의 모니터링이 필요하다. 그리고, 블랙박스에 대해 최대한 확인할 수 있는 수준의 기술력이나 정책적 집행력(執行力)을 확보할 수 있어야 한다. 물론, 이를 위해 소스코드를 임치하는 것에 대한 정책적 고려도 요구된다. 소스코드와 알고리즘을 공개하는 것에 대해서는 논란이 있다. 영업비밀이나 경쟁업자가 이를 확보하거나 또는 해킹 등의 우려도 제기될 수 있기 때문이다. 인공지능 윤리를 객관화거나 안전성을 확보하기 위해서는 고려해야 할 사항이 적지 않다. 이러한 점을 어느 일방이 대응하기는 불가능한 영역이다. 따라서, 다양한 이해관계자의 협력이 요구된다.

끝으로, 인공지능의 성격은 도덕적 행위자(moral agent)로서 지위를 부여받아야 한다. 그래야만이 로봇과 인간의 공존이 가능할 것이기 때문이다. 인공지능 윤리를 포함한 다양한 논의는 어느 일국의 문제는 아니다. 인공지능은 SW와 같이, 국경을 넘나드는 주체(subject)가 될 것이기 때문에 이에 대한 논의는 국제조약의 형태로 논의되거나 채택될 필요가 있다.

제14절 인공지능 프로파일링과 개인정보

1. 개인정보의 재산적 프레임

가. 왜 개인정보의 재산적 가치를 논하는가?

개인정보의 보호와 이용은 가치의 충돌로만 봐야 하는가? 조화롭게 양자의 이익을 추구할 수는 없는가? 개인정보자기결정권은 개인의 프라이버시(privacy) 보호를 위한 헌법상 기본권이다. 이를 벗어난 경우에는 헌법질서를 위반하게 된다. 다만, 정보주체와 정보처리자가 만족할 수 있는 수준의 타협(妥協)이 있다면 보호와 활용의 가치의 추를 합의된 방향으로 이동시킬 수 있다. 즉, 개인정보의 보호가 아닌 개인정보를 재산적 가치가 있는 정보로 보아 그 활용에 따라 보상하는 방안을 제시할 수 있다는 의미이다. GDPR이나 캘리포니아 소비자 프라이버시 보호법(CCPA; California Consumer Privacy Act) 등 글로벌 환경에서 개인정보 또는 프라이버시 보호에 관한 법률이 추구하는 가치는 개인정보의 조화로운 이용에 있다는 점은 그 시사하는 바가 크다.

빅데이터 분석 등 프로파일링은 궁극적은 개인정보를 재산적 가치가 있는 곳에 활용하는 것이다. 그렇다면, 정보주체의 입장에서는 자신의 개인정보가 적정선에서 사용될 수 있도록 하고, 그에 따른 보상받는다면 개인정보의 엄격한 이용제한은 풀릴 수 있다. 다만, 그 경우에는 엄격한 물리적인 보호와 책임은 정보처리자가 부담하여야 한다.

나. 개인정보의 재산적 가치

개인정보는 인공지능이 활용할 수 있는 다양한 데이터 중 가장 가치있는 정보 중 하나이다. 쿠팡, 아마존과 같은 전자상거래사업자나 네이버, 카카오, 구글과 같은 검색광고사업자들은 정보주체의 검색어나 구입하는 물건 등의 정보나 거래 내역을 바탕으로 취향(趣向)에 맞는 상품 등을 추천하거나 제안한다. 플랫폼사업자들은 플랫폼 서비스를 이용하려는 정보주체로부터 자신들의 판매 또는 광고 시스템에서 인구통계학적으로 유의미한 활용을 위하여 개인정보를 수집한다. 직접 수집한 개인정보를 바탕으로 하는 경우 이외에도 수집한 검색어 등 행태정보를 바탕으로 프로파일링하기도 한다. 인터넷에 기반한 플랫폼사업자 이외에도 다양한 사업 영역에서 개인정보를 수집하거나 활용하려고 한다. 의료서비스를 제공하려는 자들도 의료데이터 등 민감정보를 의료서비스에 활용하고자 한다. 이렇게 수집된 데이터를 기반으로 정보주체도 모르는 사이에 다양한 행태정보를 인공지능이 학습하여 프로파일링(profiling)한다.

개인정보 보호법 등 현행 법률에 따라, 사업자는 이용약관 또는 개인정보 방침을 기반으로 개인정보를 수집하거나 활용하는 법적 절차(節次)를 따른다. 수집된 개인정보를 제3자에게 제공하는 경우도 있다. 이러한 과정에서 거치는 것이 동의절차이다. 동의절차는 비교적 최근에야 헌법상 기본권으로 하나로 확인받은 개인정보자기결정권을 실현할 수 있는 기본적인 제도이다. 즉, 동의절차는 자기정보를 정보주체가 아닌 제3자에게 제공하는 기본적인 절차로서, 이를 이행하지 않는 이상 제3자는 정보주체의 개인정보를 이용할 수 없다. 물론, 입법미비로 인하여 정보주체의 동의 없이 드론이나 배달로봇과 같은 인공지능 로봇을 통하여 수집하는 경우도 있다. 로봇이 주행하는 과정에서 다양한 정보주체의 개인정보를 수집하는 경우라면, 프라이버시 차원에서 사회문제가 될 수 있다. 타인의 초상(肖像)을 허락 없이 딥페이크(deep fake)와 같은 합성 영상물에 적용함으로써 심각한 명예훼손을 가져오는 경우도 발생한다. 이러한 문제점은 인공지능 이전부터 있어왔던 것과 큰 차이는 없지만, 인공지능 기술이 고도화된 결과물을 만들어냄으로써 일반인들이 쉽게 오인할 수 있다는 점에서 규제(規制)의 필요성이 커지고 있다.

다. 개인정보의 보호 원칙

긍정적인 측면에서 개인정보를 기반으로 정보주체가 원하는 서비스를 제공한다는 점에서 프로파일링은 실용적일 수도 있다. 반면, 내밀한 취향을 인공지능이 분석하여, 이에 맞는 추천서비스를 제공받는다는 것은 정보주체의 프라이버시 보호 차원에서는 그리 반가운 일은 아니다. 더욱이 "고도로 발달된 기술로 인해 개인의 식별가능성이 확대되고 있"[31]기 때문에 개인정보의 활용가능성도 높아지고 있다. 또한, 인공지능은 이용목적이나 활용도가 확대되거나 스스로 학습하여 변경할 수 있기 때문에 개인정보 수집 목적이 달라질 수 있다는 점도 개인정보 주체 입장에서는 수용하기 어려운 이유이다.

개인정보 보호법은 개인정보의 처리 및 보호에 관한 사항을 정함으로써 개인의 자유와 권리를 보호하고, 나아가 개인의 존엄과 가치를 구현함을 목적으로 한다. 이는 <OECD 프라이버시 8원칙>[32]에 따른 개인정보 보호의 목적을 선언한 것이다. 또한 개인정보 보호 원칙은 "개인정보처리자에게는 행동의 지침을 제시해 주고, 정책담당자에게는 정책 수립 및 법 집행의 기준을 제시해 주며, 사법부에 대해서는 법 해석의 이론적 기초를 제시해 줌과 동시에 입법적 공백을 막아줄 수 있다."[33]고 한다. 대법원은 개인정보 보호 원칙을 개인정보처리자 행위의 위법성을 판단하기 위한 고려사항으로 열거(列擧)하기도 하였다.[34]

---

31 김도엽, 인공지능과 개인정보보호 이슈, 법률신문 2019.12.19일자.
32 OECD 프라이버시 8원칙 1. 수집제한의 원칙(Collection Limitation Principle) 개인정보의 수집은 합법적이고 공정한 절차에 의하여 가능한 한 정보주체에게 알리거나 동의를 얻은 후에 수집되어야 한다.
 2. 정보 정확성의 원칙(Data Quality Principle) 개인정보는 그 이용목적에 부합하는 것이어야 하고, 이용목적에 필요한 범위 내에서 정확하고 완전하며 최신의 상태로 유지해야 한다.
 3. 목적의 명확화 원칙(Purpose Specification Principle) 개인정보는 수집 시 목적이 명확해야 하며, 이를 이용할 경우에도 수집 목적의 실현 또는 수집 목적과 양립되어야 하고 목적이 변경될 때마다 명확히 해야 한다.
 4. 이용제한의 원칙(Use Limitation Principle) 개인정보는 정보주체의 동의가 있는 경우나 법률의 규정에 의한 경우를 제외하고는 명확화된 목적 이외의 용도로 공개되거나 이용되어서는 안 된다.
 5. 안전성 확보의 원칙(Security Safeguards Principle) 개인정보의 분실, 불법적인 접근, 훼손, 사용, 변조, 공개 등의 위험에 대비하여 합리적인 안전보호장치를 마련해야 한다.
 6. 공개의 원칙(Openness Principle) 개인정보의 처리와 정보처리장치의 설치, 활용 및 관련 정책은 일반에게 공개해야 한다.
 7. 개인 참가의 원칙(Individual Participation Principle) 정보주체인 개인은 자신과 관련된 정보의 존재 확인, 열람 요구, 이의 제기 및 정정, 삭제, 보완 청구권을 가진다.
 8. 책임의 원칙(Accountability Principle) 개인정보 관리자는 위에서 제시한 원칙들이 지켜지도록 필요한 제반조치를 취해야 한다.
33 개인정보보호위원회, 개인정보 보호법령 및 지침·고시 해설, 2020.12, 32면.
34 이 사건 경품행사에 응모한 고객들은 응모권 뒷면과 인터넷 응모화면에 기재되어 있는 '개인정보 수집 및 제3자 제공 동의' 등 사항이 경품행사 진행을 위하여 필요한 것으로 받아들일 가능성이 크다. 그런데 응모권에 따라서는 경품추첨 사실을 알리는 데 필요한 개인정보와 관련 없는 '응모자의 성별, 자녀 수, 동거 여부' 등 사생활의 비밀에 관한 정보와 심지어는 주민등록번호와 같은 고유식별정보까지 수집하면서 이에 관한 동의를 하지 않을 때에는 응모가 되지 아니하거나 경품 추첨에서 제외된다고 고지하고 있다. 이는 개인정보처리자가 정당한 목적으로 개인정보를 수집하는 경우라 하더라도 그 목적에 필요한 최소한의 개인정보 수집에 그쳐야 하고 이에 동의하지 아니한다는 이유로 정보주체에게 재화 또는 서비스의 제공

[표 14-1] 개인정보 보호 원칙

개인정보 보호법 제3조(개인정보 보호 원칙) ① 개인정보처리자는 개인정보의 처리 목적을 명확하게 하여야 하고 그 목적에 필요한 범위에서 최소한의 개인정보만을 적법하고 정당하게 수집하여야 한다.
② 개인정보처리자는 개인정보의 처리 목적에 필요한 범위에서 적합하게 개인정보를 처리하여야 하며, 그 목적 외의 용도로 활용하여서는 아니 된다.
③ 개인정보처리자는 개인정보의 처리 목적에 필요한 범위에서 개인정보의 정확성, 완전성 및 최신성이 보장되도록 하여야 한다.
④ 개인정보처리자는 개인정보의 처리 방법 및 종류 등에 따라 정보주체의 권리가 침해받을 가능성과 그 위험 정도를 고려하여 개인정보를 안전하게 관리하여야 한다.
⑤ 개인정보처리자는 개인정보 처리방침 등 개인정보의 처리에 관한 사항을 공개하여야 하며, 열람청구권 등 정보주체의 권리를 보장하여야 한다.
⑥ 개인정보처리자는 정보주체의 사생활 침해를 최소화하는 방법으로 개인정보를 처리하여야 한다.
⑦ 개인정보처리자는 개인정보를 익명 또는 가명으로 처리하여도 개인정보 수집 목적을 달성할 수 있는 경우 익명처리가 가능한 경우에는 익명에 의하여, 익명처리로 목적을 달성할 수 없는 경우에는 가명에 의하여 처리될 수 있도록 하여야 한다.
⑧ 개인정보처리자는 이 법 및 관계 법령에서 규정하고 있는 책임과 의무를 준수하고 실천함으로써 정보주체의 신뢰를 얻기 위하여 노력하여야 한다.

2. 개인정보자기결정권의 객체로서 개인정보

가. 개인정보자기결정권[35]

인간의 존엄과 가치, 행복추구권을 규정한 헌법 제10조[36]에서 도출되는 일반적 인격권 및 헌법 제17조[37]의 사생활의 비밀과 자유에 의하여 보장되는 개인정보자기결정권은 자신에 관한 정보가 언제 누구에게 어느 범위까지 알려지고 또 이용되도록 할 것인지를 정보주체가 스스로 결정할 수 있는 권리이다.[38]

을 거부하여서는 안 된다는 개인정보 보호 원칙(개인정보 보호법 제3조 제1항)과 개인정보 보호법 규정에 위반되는 것이다. 대법원 2017. 4. 7. 선고 2016도13263 판결.
35 헌재 2005. 5. 26. 99헌마513, 2004헌마190.
36 대한민국 헌법 제10조 모든 국민은 인간으로서의 존엄과 가치를 가지며, 행복을 추구할 권리를 가진다.
37 대한민국 헌법 제17조 모든 국민은 사생활의 비밀과 자유를 침해받지 아니한다.
38 대법원 2017. 4. 7. 선고 2016도13263 판결.

개인정보자기결정권의 대상이 되는 개인정보는 개인의 신체, 신념, 사회적 지위, 신분 등과 같이 개인의 인격주체성을 특징짓는 사항으로서 개인의 동일성을 식별할 수 있게 하는 일체의 정보이고, 반드시 개인의 내밀한 영역에 속하는 정보에 국한되지 아니하며 공적 생활에서 형성되었거나 이미 공개된 개인정보까지 포함한다. 또한, 개인정보를 대상으로 한 조사·수집·보관·처리·이용 등의 행위(行爲)는 모두 원칙적으로 개인정보자기결정권에 대한 제한에 해당한다.

새로운 독자적 기본권으로서의 개인정보자기결정권을 헌법적으로 승인할 필요성이 대두된 것은 다음과 같은 사회적 상황의 변동을 그 배경으로 한다. 인류사회는 20세기 후반에 접어들면서 컴퓨터와 통신기술의 비약적인 발전에 힘입어 종전의 산업사회에서 정보사회로 진입하게 되었고, 이에 따른 정보환경의 급격한 변화로 인하여 개인정보의 수집·처리와 관련한 사생활보호라는 새로운 차원의 헌법문제가 초미의 관심사로 제기되었다. 현대에 들어와 사회적 법치국가의 이념 하에 국가기능은 점차 확대되어 왔고, 이에 따라 국가의 급부에 대한 국민의 기대도 급격히 높아지고 있다. 국가가 국민의 기대에 부응하여 복리증진이라는 국가적 과제를 합리적이고 효과적으로 수행하기 위해서는 국가에 의한 개인정보의 수집·처리의 필요성이 증대된다. 오늘날 정보통신기술의 발달은 행정기관의 정보 수집 및 관리 역량을 획기적으로 향상시킴으로써 행정의 효율성과 공정성을 높이는 데 크게 기여하고 있다. 이와 같이 오늘날 국민이 급부행정의 영역에서 보다 안정적이고 공평한 대우(待遇)를 받기 위해서는 정보기술의 뒷받침이 필연적이라고 할 수 있다. 한편, 현대의 정보통신기술의 발달은 그 그림자도 짙게 드리우고 있다. 특히 컴퓨터를 통한 개인정보의 데이터베이스화가 진행되면서 개인정보의 처리와 이용이 시공에 구애됨이 없이 간편하고 신속하게 이루어질 수 있게 되었고, 정보처리의 자동화와 정보파일의 결합을 통하여 여러 기관 간의 정보 교환이 쉬워짐에 따라 한 기관이 보유하고 있는 개인정보를 모든 기관이 동시에 활용하는 것이 가능하게 되었다. 오늘날 현대사회는 개인의 인적 사항이나 생활상의 각종 정보가 정보주체의 의사와는 전혀 무관하게 타인의 수중에서 무한대로 집적되고 이용 또는 공개될 수 있는 새로운 정보환경에 처하게 되었고, 개인정보의 수집·처리에 있어서의 국가적 역량의 강화로 국가의 개인에 대한 감시능력이 현격히 증대되어 국가가 개인의 일상사를 낱낱이 파악할 수 있게 되었다. 이와 같은 사회적 상황 하에서 개인정보자기결정권을 헌법상 기본권으로 승인하는 것은 현대의 정보통신기술의 발달에 내재된 위험성으로부터 개인정보를 보호함으로써 궁극적으로는 개인의 결정의 자유(自由)를 보호하고, 나아가 자유민주체제의 근간이 총체적으로 훼손될 가능성을 차단하기 위하여 필요한 최소한의 헌법적 보장장치이다.

개인정보자기결정권의 헌법상 근거로는 헌법 제17조의 사생활의 비밀과 자유, 헌법 제10조 제1문의 인간의 존엄과 가치 및 행복추구권에 근거를 둔 일반적 인격권 또는 위 조문들과 동시에 우리 헌법의 자유민주적 기본질서 규정 또는 국민주권원리와 민주주의원리 등을 고려할 수 있으나 개인정보자기결정권으로 보호하려는 내용을 위 각 기본권들 및 헌법원리들 중 일부에 완전히 포섭시키는 것은 불가능하다고 할 것이므로, 그 헌법적 근거를 굳이 어느 한두 개에 국한시키는 것은 바람직하지 않은 것으로 보이고, 오히려 개인정보자기결정권은 이들을 이념적 기초로 하는 독자적 기본권으로서 헌법에 명시되지 아니한 기본권이라고 보아야 한다.[39]

나. 보호대상으로서 개인정보

2020년 데이터 3법 중 하나로 불리우는 개인정보 보호법이 개정되면서, 제정 개인정보 보호법[40]에서 정의되었던 "살아 있는 개인에 관한 정보로서 성명, 주민등록번호 및 영상 등을 통하여 개인을 알아볼 수 있는 정보(해당 정보만으로는 특정 개인을 알아볼 수 없더라도 다른 정보와 쉽게 결합하여 알아볼 수 있는 것을 포함한다)"와는 다르게 정의되었다. 즉, 개정 개인정보 보호법[41]은 개인정보를 살아 있는 개인에 관한 정보로서 다음 각 목의 어느 하나에 해당하는 정보로 정의한다.

ⅰ) 성명, 주민등록번호 및 영상 등을 통하여 개인을 알아볼 수 있는 정보

---

39 헌법재판소 2005. 5. 26 95헌마513 결정.
40 개인정보 보호법 제정 2011. 3. 29. [법률 제10465호, 시행 2011. 9. 30.] 행정안전부.
41 일부개정 2020. 2. 4. [법률 제16930호, 시행 2020. 8. 5.] 행정안전부.

ⅱ) 해당 정보만으로는 특정 개인을 알아볼 수 없더라도 다른 정보와 쉽게 결합(結合)하여 알아볼 수 있는 정보. 이 경우 쉽게 결합할 수 있는지 여부는 다른 정보의 입수 가능성 등 개인을 알아보는 데 소요되는 시간, 비용, 기술 등을 합리적으로 고려하여야 한다.

ⅲ) ⅰ) 또는 ⅱ)를 가명처리함으로써 원래의 상태로 복원하기 위한 추가 정보의 사용·결합 없이는 특정 개인을 알아볼 수 없는 정보

제정 개인정보 보호법과 달리 개정 개인정보 보호법에서의 개인정보에 대한 항목은 점점 그 범위가 확대되고 있다. 특히, 기술발전에 따라 다양한 기술적 영역의 정보도 개인정보의 영역으로 포함되고 있다는 점에서 개인의 프라이버시 보호의 필요성은 커지고 있다.[42] 반면, 개인정보를 활용하고자 하는 사업자 입장에서는 그 보호 의무가 넓어지고 있다.

최근에는 통신정보 중 모바일 기기와 관련된 고유식별자(UUID, IMEI 등)[43], 브라우저 유형 및 설정, 기기 유형 및 설정, 운영체제(OS), 통신사명, 전화번호를 포함한 모바일 네트워크 정보, 애플리케이션 버전 번호와 개인 맞춤형 광고 등을 위한 웹 비콘(web beacon), 픽셀, 광고 태그, 쿠키 등의 광고 기술 데이터, 검색한 단어, 시청한 동영상, 구매 활동과 위치정보 등의 수많은 데이터가 특정 개인과 관련된 개인정보로 활발하게 활용되는 추세이다.[44]

참고로, GDPR에서 개인정보는 식별된 또는 식별 가능한 자연인과 관련한 일체의 정보를 가리킨다.[45] 우리와 달리, 개인정보에 대해 유형화한 것이 아닌 식별이라는 개념을 기준으로 개인정보를 판단하도록 하고 있다. 물론 식별 또

---

42 "기술발전에 따른 데이터 활용의 강조로 인해 기존에 저장되던 데이터의 활용 가치를 다시 검토하거나 이러한 데이터를 결합해 유의미한 데이터로 사용하려 시도하고, 새로운 기술이나 서비스에서 사용되거나 생성되는 신규 데이터가 등장함에 따라 기존에 정의한 개인정보 범주 내의 데이터 항목이 달라지고 있다."고 한다. 이재웅, 4차 산업혁명 시대 핵심 자산, 개인정보의 안전한 활용 및 보호 원칙, Deloitte Korea Review no.12, 2019, 57면.

43 고유 기기 식별자(UDID, Unique Device Identifier)도 개인정보에 해당한다는 판례도 있다.

44 이재웅, 4차 산업혁명 시대 핵심 자산, 개인정보의 안전한 활용 및 보호 원칙, Deloitte Korea Review no.12, 2019, 57면.

45 GDPR 6(1) 개인정보는 식별된 또는 식별 가능한 자연인('정보주체')과 관련한 일체의 정보를 가리킨다. 식별 가능한 자연인은 직접 또는 간접적으로, 특히 이름, 식별번호, 위치정보, 온라인 식별자를 참조하거나 해당인의 신체적, 심리적, 유전적, 정신적, 경제적, 문화적 또는 사회적 정체성에 특이한 하나 이상의 요인을 참조함으로써 식별될 수 있는 자를 가리킨다.

는 식별 가능성에 대해서는 정보주체를 정의하면서, 식별 가능한 자연인으로 개념화하고 있다.

정보주체를 의미하는 식별 가능한 자연인은 직접 또는 간접적으로, 특히 이름, 식별번호, 위치정보, 온라인 식별자를 참조하거나 해당인의 신체적, 심리적, 유전적, 정신적, 경제적, 문화적 또는 사회적 정체성에 특이한 하나 이상의 요인을 참조함으로써 식별될 수 있는 자를 가리킨다. 다만, 개인정보의 개념이 정보통신기술의 발전에 따라 확대되기 때문에 GDPR에서의 개인정보도 식별 가능한 사항을 기준으로 확대될 것은 자명하다.

3. 개인정보자기결정권의 구현과 동의

동의절차는 사업자로서 개인정보를 수집하여 활용하기 위한 기본적인 방법이며, 정보주체로서 개인정보자기결정권을 행사하는 방법이다. 만약, 정보주체의 동의(同意)가 없는 경우에는 개인정보를 수집하거나 또는 활용할 수 없다. 물론, 개인정보를 처리하여, 익명정보화 하는 경우라면 더 이상 개인정보가 아니기 때문에 동의가 필요 없으나 전 단계에서 동의가 없는 경우라면 위법한 행위가 된다.

가. 개인정보자기결정권의 행사로써 '동의'

개인정보자기결정권의 보호대상이 되는 개인정보는 개인의 신체, 신념, 사회적 지위, 신분 등과 같이 개인의 인격주체성을 특징짓는 사항으로서 개인의 동일성을 식별할 수 있게 하는 일체의 정보라고 할 수 있고, 반드시 개인의 내밀한 영역에 속하는 정보에 국한되지 않고 공적 생활에서 형성되었거나 이미 공개된 개인정보까지 포함한다. 또한 그러한 개인정보를 대상으로 한 조사·수집·보관·처리·이용 등의 행위는 모두 원칙적으로 개인정보자기결정권에 대한 제한에 해당한다.[46]

---

46 대법원 2014. 7. 24. 선고 2012다49933 판결.

나. 개인정보자기결정권의 행사로서 동의'절차'

동의절차는 개인정보자기결정권을 행사하기 위한 가장 기본적인 것으로,[47] "헌법이 보장하는 기본권의 하나인 개인정보자기결정권에 대한 간섭을 정당화 내지 합법화하는 역할"[48]이다. 만약, 동의가 이루어지지 않는 경우에는 정보주체의 개인정보를 수집하거나 처리할 수 없다. 약관 형식으로 이루어지는 동의 절차(節次)는 사업자나 이용자에게 용이하게 이루어질 수 있는 계약관계이다. 개인정보 보호법 제15조의 동의절차와 같이, 당사자 합의에 이루어지는 계약관계에 대해 상당히 엄격하게 절차와 합의 내용에 관여(關與)하는 것이 바람직한 것인지는 의문이다. 그동안 개인정보 제공 및 그 이용 과정에서 나타난 많은 문제들로 인하여 절차적 엄격성을 강화한 것으로 이해된다. 모든 사업자가 그렇게 문제를 일으킨 것은 아니지만, 결과적으로 정보주체의 권리가 침해되었다는 점에서 규제기관은 사업자의 의무를 강화해 온 것이다.

정보주체는 동의 하에 수집된 개인정보에 대해 언제든지 무조건적으로 철회가 가능하다. 개인정보자기결정권이라는 기본권 행사에 제한을 하는 것은 헌법원리에 반할 수 있기 때문에 무조건적으로 허용되는 것이다.

동의절차가 개인정보자기결정권을 행사하는 기본절차라고 하였으나 사실상 정보주체는 이용약관이나 개인정보처리방침을 정독하지는 않는 경우가 많다. 계약에 편입되는 이용약관은 향후 발생할 수 있는 분쟁에서 면책을 위한 수단이 된다. 물론, 사업자는 "이용자들의 동의를 근거로 하여 책임 없음을 주장할 수 있을 것인 데, 이는 동의를 강제하여 이용자를 보호하고자 하는 애초의 취지에 정면으로 반하는 결과가 될 것"[49]이라는 비판도 가능하다.

이렇게 비판을 받는 동의절차에 대한 검토가 필요하다. 개인정보의 처리 근거 중 '동의'만을 인정하고 있으므로 이러한 규제방식이 적절한지 의문이다 (제39조의3). 동의절차를 통하여 기업은 인공지능 기술의 개발에 필요한 데이터 셋을 확보할 수 있고, 정보주체는 기업의 데이터 활용에 대해서 확인할 수 있

---

47 권영준, 개인정보자기결정권과 동의 제도에 대한 고찰, 법학논총 vol.36, no.1, 2016, 730~731면.
48 김진우, 대가로서의 디지털 개인정보 – 데이터의 개인정보 보호법 및 계약법적 의의 –, 비교사법 제24권 제4호, 2017, 1528면.
49 고학수, 개인정보보호의 법, 경제 및 이노베이션, 개인정보 보호법제 전문가포럼, 2013.10, 10면.

다. 물론, 이러한 정당한 이익이나 계약의 이행의 범위를 넘어서는 개인정보 처리에 관하여는 정보주체의 통제권과 선택권이 보장된 상태에서 동의를 받아 처리해야 한다. 관련하여 GDPR은 동의를 자유롭게 주어지고, 특정되며, 정보가 제공되어야 하며, 애매하지 아니한 의사표시여야 한다고 정의하고 있는 점, 정보통신망법과 달리 동의 이외에 다양한 개인정보 처리의 근거를 마련하고 있는 점 등을 고려할 필요가 있다(GDPR 제4조 제11항, 제6조 제1항).[50]

다. 공개된 개인정보의 경우[51]

개인정보자기결정권이라는 인격적 법익을 침해·제한한다고 주장되는 행위의 내용이 이미 정보주체의 의사에 따라 공개된 개인정보를 그의 별도의 동의 없이 영리 목적으로 수집·제공하였다는 것인 경우에는, 정보처리 행위로 침해될 수 있는 정보주체의 인격적 법익과 그 행위로 보호받을 수 있는 정보처리자 등의 법적 이익이 하나의 법률관계를 둘러싸고 충돌하게 된다. 이때는 정보주체가 공적인 존재인지, 개인정보의 공공성과 공익성, 원래 공개한 대상 범위, 개인정보 처리의 목적·절차·이용형태의 상당성과 필요성, 개인정보 처리로 침해될 수 있는 이익의 성질과 내용 등 여러 사정을 종합적으로 고려하여,

---

50 아무도 읽지 않는 고지문과 형식적인 동의절차는 이용자의 실질적인 '통제권과 선택권'을 보장하는 데 오히려 제한적인 결과를 초래할 수 있다. 그렇다면, '계약의 이행' 또는 개인정보 처리자 또는 제3자의 '정당한 이익'을 근거로 개인정보 처리가 가능하도록 하는 방안을 고려해 볼 필요가 있어 보인다. 특히, 정당한 이익의 경우 목적 테스트(Purpose Test), 필요성 테스트(Necessity Test), 이익형량 테스트(Balancing Test)를 내용으로 하는 3단계의 '정당한 이익 평가(LIA Legitimate Interest Assessment)'를 통하여, 정당한 이익을 동의 이외의 개인정보 처리의 근거로 인정하되, 위 평가결과를 기업이 입증하고 관련 내용을 공개하도록 하여 기업의 책임성과 투명성을 확보하는 방안을 고려할 필요가 있다. 김도엽, 인공지능과 개인정보보호 이슈, 법률신문, 2019.12.19.일자.

51 법률정보 제공 사이트를 운영하는 갑 주식회사가 공립대학교인 을 대학교 법과대학 법학과 교수로 재직 중인 병의 사진, 성명, 성별, 출생연도, 직업, 직장, 학력, 경력 등의 개인정보를 위 법학과 홈페이지 등을 통해 수집하여 위 사이트 내 '법조인' 항목에서 유료로 제공한 사안에서, 갑 회사가 영리 목적으로 병의 개인정보를 수집하여 제3자에게 제공하였더라도 그에 의하여 얻을 수 있는 법적 이익이 정보처리를 막음으로써 얻을 수 있는 정보주체의 인격적 법익에 비하여 우월하므로, 갑 회사의 행위를 병의 개인정보자기결정권을 침해하는 위법한 행위로 평가할 수 없고, 갑 회사가 병의 개인정보를 수집하여 제3자에게 제공한 행위는 병의 동의가 있었다고 객관적으로 인정되는 범위 내이고, 갑 회사에 영리 목적이 있었다고 하여 달리 볼 수 없으므로, 갑 회사가 병의 별도의 동의를 받지 아니하였다고 하여 개인정보보호법 제15조나 제17조를 위반하였다고 볼 수 없다고 한 사례. 대법원 2016. 8. 17. 선고 2014다235080 판결.

개인정보에 관한 인격권 보호에 의하여 얻을 수 있는 이익과 정보처리 행위로 얻을 수 있는 이익, 즉 정보처리자의 '알 권리'와 이를 기반으로 한 정보수용자의 '알 권리' 및 표현의 자유, 정보처리자의 영업의 자유, 사회 전체의 경제적 효율성 등의 가치를 구체적으로 비교 형량하여 어느 쪽 이익이 더 우월(優越)한 것으로 평가할 수 있는지에 따라 정보처리 행위의 최종적인 위법성 여부를 판단하여야 하고, 단지 정보처리자에게 영리 목적이 있었다는 사정만으로 곧바로 정보처리 행위를 위법하다고 할 수는 없다.

개인정보 보호법은 개인정보처리자의 개인정보 수집·이용(제15조)과 제3자 제공(제17조)에 원칙적으로 정보주체의 동의가 필요하다고 규정하면서도, 대상이 되는 개인정보를 공개된 것과 공개되지 아니한 것으로 나누어 달리 규율하고 있지는 아니하다.

정보주체가 직접 또는 제3자를 통하여 이미 공개한 개인정보는 공개 당시 정보주체가 자신의 개인정보에 대한 수집이나 제3자 제공 등의 처리에 대하여 일정한 범위 내에서 동의한 것이다. 이와 같이 공개된 개인정보를 객관적으로 보아 정보주체가 동의한 범위 내에서 처리하는 것으로 평가할 수 있는 경우에도 동의의 범위가 외부에 표시되지 아니하였다는 이유만으로 또다시 정보주체의 별도 동의를 받을 것을 요구한다면 이는 정보주체의 공개의사에도 부합하지 아니하거니와 정보주체나 개인정보처리자에게 무의미한 동의절차를 밟기 위한 비용만을 부담(負擔)시키는 결과가 된다. 다른 한편 개인정보 보호법 제20조는 공개된 개인정보 등을 수집·처리하는 때에는 정보주체의 요구가 있으면 즉시 개인정보의 수집 출처, 개인정보의 처리 목적, 제37조에 따른 개인정보 처리의 정지를 요구할 권리가 있다는 사실을 정보주체에게 알리도록 규정하고 있으므로, 공개된 개인정보에 대한 정보주체의 개인정보자기결정권은 이러한 사후통제에 의하여 보호받게 된다.

따라서, 이미 공개된 개인정보를 정보주체의 동의가 있었다고 객관적으로 인정되는 범위 내에서 수집·이용·제공 등 처리를 할 때는 정보주체의 별도의 동의는 불필요하다고 보아야 하고, 별도의 동의를 받지 아니하였다고 하여 개인정보 보호법 제15조나 제17조를 위반한 것으로 볼 수 없다. 그리고, 정보주체의 동의가 있었다고 인정되는 범위 내인지는 공개된 개인정보의 성격, 공개의 형태와 대상 범위, 그로부터 추단되는 정보주체의 공개 의도 내지 목적뿐만 아니라, 정보처리자의 정보제공 등 처리의 형태와 정보제공으로 공개의 대상 범위가 원래의 것과 달라졌는지, 정보제공이 정보주체의 원래의 공개 목적과 상당한 관련성이 있는지 등을 검토하여 객관적으로 판단하여야 한다.

라. 거짓이나 그 밖의 부정한 수단이나 방법

개인정보자기결정권의 법적 성질, 개인정보 보호법의 입법 목적, 개인정보 보호법상 개인정보 보호 원칙 및 개인정보처리자가 개인정보를 처리함에 있어서 준수하여야 할 의무의 내용 등을 고려하여 볼 때, 개인정보 보호법 제72조 제2호에 규정된 거짓이나 그 밖의 부정한 수단이나 방법이란 개인정보를 취득하거나 또는 그 처리에 관한 동의를 받기 위하여 사용하는 위계 기타 사회통념상 부정한 방법이라고 인정되는 것으로서 개인정보 취득 또는 그 처리에 동의할지에 관한 정보주체의 의사결정에 영향을 미칠 수 있는 적극적 또는 소극적 행위를 뜻한다. 그리고, 거짓이나 그 밖의 부정한 수단이나 방법으로 개인정보를 취득하거나 그 처리에 관한 동의를 받았는지를 판단할 때에는 개인정보처리자가 그에 관한 동의를 받는 행위 자체만을 분리(分離)하여 개별적으로 판단하여서는 안 되고, 개인정보처리자가 개인정보를 취득하거나 처리에 관한 동의를 받게 된 전 과정을 살펴보아 거기에서 드러난 개인정보 수집 등의 동기와 목적, 수집 목적과 수집 대상인 개인정보의 관련성, 수집 등을 위하여 사용한 구체적인 방법, 개인정보 보호법 등 관련 법령을 준수하였는지 및 취득한 개인정보의 내용과 규모, 특히 민감정보·고유식별정보 등의 포함 여부 등을 종합적으로 고려하여 사회통념에 따라 판단하여야 한다.[52]

4. 목적 제한의 원칙

가. 논의의 필요성

개인정보처리자는 개인정보처리 목적을 위해 필요한 최소정보를 수집(收

---

52 대법원 2017. 4. 7. 선고 2016도13263 판결.

集)해야 한다(OECD 프라이버시 제1원칙 및 개인정보 보호법 제3조 제1항). 인공지능은 정보 간의 연관관계를 찾아내는 처리과정인 바, 어떠한 데이터가 필요 최소한인지 미리 확정하기는 상당히 어려운 점이 있다.[53]

개인정보처리자는 정보주체로부터 수집한 개인정보를 활용한 분석을 통하여 특정 사안에 대해 예측하고, 대응할 수 있는 시스템을 만들어낸다. 처음 동의받는 과정에서 설명하고 안내한 목적범위를 넘어설 가능성도 있다.[54] 개인정보처리자가 계획한 서비스의 변경이 이루어지거나 새로운 서비스의 개발에 이용하려는 경우를 예측하기 어렵기 때문에 이러할 경우에 별도 수집 목적을 설명하고, 새로운 동의절차를 밟는 것이 번거로운 일이 아닐 수 없다. 이러한 번거로움으로 인하여, 합리적으로 관련된 범위 내에서 처음 수집한 개인정보에 대해서는 동의절차를 거치지 않도록 하는 것이 필요하다.

나. 수집 목적의 제한

개인정보 보호법에서는 개인정보처리자는 당초 수집 목적과 합리적으로 관련된 범위에서 정보주체에게 불이익이 발생하는지 여부, 암호화 등 안전성 확보에 필요한 조치를 하였는지 여부 등을 고려하여 대통령령으로 정하는 바에 따라 정보주체의 동의 없이 개인정보를 이용할 수 있다. 즉, 개인정보처리자는 법 제15조 제3항 또는 제17조 제4항에 따라 정보주체의 동의 없이 개인정보를 이용 또는 제공하려는 경우에는 다음 각 호의 사항을 고려해야 한다.

ⅰ) 당초 수집 목적과 관련성(關聯性)이 있는지 여부
ⅱ) 개인정보를 수집한 정황 또는 처리 관행에 비추어 볼 때 개인정보의 추가적인 이용 또는 제공에 대한 예측가능성이 있는지 여부
ⅲ) 정보주체의 이익을 부당하게 침해하는지 여부
ⅳ) 가명처리 또는 암호화 등 안전성 확보에 필요한 조치를 하였는지 여부

---

53 김도엽, 인공지능과 개인정보보호 이슈, 법률신문, 2019.12.19.일자.
54 "문제는 인공지능은 그 정보의 처리과정에서 목적이 재설정되기도 한다. 특히, 인공지능에서는 전혀 관련이 없어 보이는 것들이 결합되어, 어떻게 활용될지 예측하기 어려운 특성이 있다. 실제 알고리즘을 만든 개발자들도 인공지능이 도출하는 결론을 예측하기 어렵다."고 한다. 김도엽, 인공지능과 개인정보보호 이슈, 법률신문, 2019.12.19.일자.

개인정보처리자는 위의 각 호의 고려사항에 대한 판단 기준을 법 제30조 제1항에 따른 개인정보 처리방침에 미리 공개하고, 법 제31조 제1항에 따른 개인정보 보호책임자가 해당 기준에 따라 개인정보의 추가적인 이용 또는 제공을 하고 있는지 여부를 점검해야 한다(개인정보 보호법 제14조의2).

영국의 개인정보감독기구(ICO, Information Commissioner's Office)는 최초 수집 목적과 새로운 목적 사이의 연관성, 합리적 예견가능성, 개인정보의 성격, 개인에게 발생 가능한 결과, 적절한 보호조치 적용 여부 등을 종합적으로 고려하여 개인정보 처리의 목적을 판단하도록 하고 있다.[55] 우리도 이러한 상황에 대응하기 위하여 개인정보 보호법을 전면 개정 수준에 이를 정도로 개정하였으며, 이때 입법취지는 다음과 같다.

"4차 산업혁명 시대를 맞아 핵심 자원인 데이터의 이용 활성화를 통한 신산업 육성이 범국가적 과제로 대두되고 있으며, 특히, 신산업 육성을 위해서는 인공지능(AI), 클라우드, 사물인터넷(IoT) 등 신기술을 활용한 데이터 이용이 필요한 바, 안전한 데이터 이용을 위한 사회적 규범 정립이 시급한 상황임. 그러나 현행법은 개인정보의 개념 모호성 등으로 수범자 혼란이 발생하는 등 일정한 한계가 노출되어 왔고, 개인정보 보호 감독기능은 행정안전부·방송통신위원회·개인정보보호위원회 등으로, 개인정보 보호 관련 법령은 현행법과 정보통신망 이용촉진 및 정보보호 등에 관한 법률 등으로 각각 분산되어 있어 감독기구와 개인정보 보호 법령의 체계적 정비 필요성이 각계로부터 제기되어 왔음. 이에 따라, 개인정보의 개념을 명확히 하여 수범자의 혼란을 줄이고, 안전하게 데이터를 활용하기 위한 방법과 기준 등을 새롭게 마련하여 데이터를 기반으로 하는 새로운 기술·제품·서비스의 개발 등 산업적 목적을 포함하는 과학적 연구, 시장조사 등 상업적 목적의 통계작성, 공익적 기록보존 등의 목적으로도 가명정보를 이용할 수 있도록 하는 한편, 개인정보처리자의 책임성을 강화하기 위한 각종 의무 부과 및 위반 시 과징금 도입 등 처벌도 강화해서 개인정보를 안전하게 보호할 수 있도록 제도적인 장치를 마련함과 동시에 개인정보의 오·남용 및 유출 등을 감독할 감독기구는 개인정보보호위원회로, 관련

---

55 김도엽, 인공지능과 개인정보보호 이슈, 법률신문, 2019.12.19.일자.

법률의 유사·중복 규정은 개인정보 보호법으로 일원화하여, 개인정보의 보호를 강화하면서도 관련 산업의 경쟁력 발전을 조화롭게 모색할 수 있도록 현행법을 보완하려는 것임."

개정법은 수집 목적과 관련하여 안전하게 데이터를 활용하기 위한 방법과 기준 등을 새롭게 마련하여 데이터를 기반으로 하는 새로운 기술·제품·서비스의 개발 등 산업적 목적을 포함하는 과학적 연구, 시장조사 등 상업적 목적의 통계작성, 공익적 기록보존 등의 목적으로도 가명정보를 이용할 수 있도록 하는 것이었다. 다만, 목적범위에 산업적인 활용이 가능한지에는 논란이 적지 않다.

무엇보다, 수집 목적과의 관련성에 대하여는 처음 수집 목적과의 연관관계가 있다는 것으로 보이며, 대법원은 연관관계의 의미에 대하여 "객관적 관련성은 통신사실 확인자료 제공요청 허가서에 기재된 혐의사실 자체 또는 그와 기본적 사실관계가 동일한 범행과 직접 관련되어 있는 경우는 물론 범행 동기와 경위, 범행 수단 및 방법, 범행 시간과 장소 등을 증명하기 위한 간접증거나 정황증거 등으로 사용될 수 있는 경우에도 인정될 수 있다."[56]고 판시한 바 있다. 판례에서 살펴볼 수 있는 내용은 수집 목적의 관련성에 대하여 그 이용목적상 직접적으로 관련있는 경우라면 포함하는 것이 타당(妥當)하다고 보겠지만, 간접적이거나 정황적으로 사용될 수 있는 사유는 연관관계가 있다고 보기 어렵다.

다. 위치정보의 경우[57]

개인정보와 달리, 위치정보의 보호 및 이용 등에 관한 법률(이하, 위치정보법이라 함)에서는 개인의 위치정보는 특정 개인이 특정한 시간에 존재하거나 존재하였던 장소에 관한 정보로서 전기통신기본법에 따른 전기통신설비 및 전기통신회선설비를 이용하여 수집된 것을 말하는 데, 위치정보만으로는 특정 개인의 위치(位置)를 알 수 없는 경우에도 다른 정보와 용이하게 결합하여 특정 개인의 위치를 알 수 있는 것을 포함한다. 위치정보를 다른 정보와 종합적으로

---

56 대법원 2017. 1. 25. 선고 2016도13489 판결.
57 대법원 2016. 9. 28. 선고 2014다56652 판결.

분석하면 개인의 종교, 대인관계, 취미, 자주 가는 곳 등 주요한 사적 영역을 파악할 수 있어 위치정보가 유출 또는 오용·남용될 경우 사생활의 비밀 등이 침해될 우려가 매우 크다. 이에 구 위치정보의 보호 및 이용 등에 관한 법률은 누구든지 개인 또는 소유자의 동의를 얻지 아니하고 개인 또는 이동성이 있는 물건의 위치정보를 수집·이용 또는 제공하여서는 아니 된다고 정하고, 이를 위반한 경우에 형사처벌하고 있다(위치정보법 제15조 제1항, 제40조).

한편, 제3자가 정보주체의 동의를 얻지 아니하고 개인의 위치정보를 수집·이용 또는 제공한 경우, 그로 인하여 정보주체에게 위자료로 배상할 만한 정신적 손해가 발생하였는지는 위치정보 수집으로 정보주체를 식별할 가능성이 발생하였는지, 제3자가 수집된 위치정보를 열람 등 이용하였는지, 위치정보가 수집·이용된 기간이 장기간인지, 위치정보를 수집하게 된 경위와 수집한 정보를 관리해 온 실태는 어떠한지, 위치정보 수집·이용으로 인한 피해 발생 및 확산을 방지하기 위하여 어떠한 조치가 취하여졌는지 등 여러 사정을 종합적으로 고려하여 구체적 사건에 따라 개별적으로 판단하여야 한다.

5. 개인정보 비식별화

가. 비식별화

개인정보 비식별화(de-identification)는 데이터값 삭제, 가명처리, 총계처리, 범주화, 데이터 마스킹 등을 통하여 개인정보의 일부 또는 전부를 삭제하거나 대체함으로써 다른 정보와 결합하여도 특정 개인을 식별할 수 없도록 하는 조치를 말한다.

비식별화 과정은 개인정보를 구성하는 세 가지 요인 중 일부 혹은 전부를 제거하는 과정으로, 이때 말하는 개인정보 구성 요인은 ① 특정 데이터가 한 개인과 대응됨(single out), ② 특정 데이터와 특정 개인이 연결됨(linkability), ③ 특정 데이터로부터 특정 개인을 추론할 수 있음(inference) 등으로 구분된다. 이러한 세 가지 구성 요인을 모두 제거하는 것이 익명화(anonymization)이며, 개인과 대응하는 경우는 허용하되 연결과 추론을 제거하는 경우 가명화(pseudonymization)가 된다. 익명화된 데이터는 합리적 노력으로는 재식별화가 불가능하다는 점에서 개인정보에 해당하지 않지만, 재식별화가 가능한 가명화 데이터는 개인정보로서 보호되어야 한다는 것이 일반적인 합의라고 한다.[58] 물론, 개인정보 보호법에서도 가명정보는 개인정보의 한 유형으로 포함되고 있다.

[표 14-2] 개인정보, 가명정보, 익명정보 예시[59]

	개인정보	가명정보	익명정보
이름	이정혁	조철강(가명화)	-(삭제)
나이	34세	30대 중반(범주화)	30(범주화)
성별	남성	남성	남성
주소	서울시 금천구 가산디지털1로 181	서울시 금천구 가산동(부분 삭제)	서울시 금천구(부분 삭제)
전화번호	010-1234-5678	010-○○○○-○○○○ (마스킹)	-(삭제)
직업	IT 기업 과장	IT 기업 종사자(범주화)	직장인(범주화)
월 소득	250만 원	200~300만 원대(범주화)	200~300만 원대(범주화)

출처: 컴퓨터월드(2020).

나. 가명정보

(1) 가명화 및 가명정보

암호화를 통하여 접근을 제한하는 경우라도 GDPR에서 보호받는 개인정보에 포함한다. GDPR에서 가명처리는 추가적인 정보의 사용 없이는 더 이상 특정 정보주체에게 연계될 수 없는 방식으로 개인정보를 처리하는 것이다. 단, 그 같은 추가 정보는 별도로 보관하고, 기술적 및 관리적 조치를 적용하여 해당 개인정보가 식별(識別)된 또는 식별될 수 있는 자연인에 연계되지 않도록 해야 한다.

---

58 개인정보 비식별화 관련 해외 현황 및 사례, KISA, 2016.
59 예를 들어, 서울시 금천구 가산디지털1로 181에 살고 IT 기업 과장인 34세 남성 이정혁이 있다고 가정해 보자. 이를 가명처리하면 서울시 금천구에 살고 IT 업계 종사자인 30대 중반 조철강이 돼 이정혁이라는 특정 개인을 식별할 수 없게 된다. 더불어 익명처리까지 한다면 서울시 금천구에 거주 중인 30대 직장인 남성으로 치환할 수 있다. 컴퓨터월드 2020.2월호 참고.

개인정보 보호법에서 가명처리란 개인정보의 일부를 삭제하거나 일부 또는 전부를 대체하는 등의 방법으로 추가 정보가 없이는 특정 개인을 알아볼 수 없도록 처리하는 것을 말한다. 반면, 개정 신용정보법[60]에서는 가명처리란 추가 정보를 사용하지 아니하고는 특정 개인인 신용정보주체를 알아볼 수 없도록 개인신용정보를 처리(그 처리 결과가 다음 각 목의 어느 하나에 해당하는 경우로서 제 40조의2제1항 및 제2항에 따라 그 추가 정보를 분리하여 보관하는 등 특정 개인인 신용정보주체를 알아볼 수 없도록 개인신용정보를 처리한 경우를 포함한다)하는 것을 말한다.

ⅰ) 어떤 신용정보주체와 다른 신용정보주체가 구별되는 경우

ⅱ) 하나의 정보집합물(정보를 체계적으로 관리하거나 처리할 목적으로 일정한 규칙에 따라 구성되거나 배열된 둘 이상의 정보들을 말한다. 이하 같다)에서나 서로 다른 둘 이상의 정보집합물 간에서 어떤 신용정보주체에 관한 둘 이상의 정보가 연계되거나 연동되는 경우

ⅲ) ⅰ) 및 ⅱ)와 유사한 경우로서 대통령령으로 정하는 경우

(2) 가명정보의 처리에 관한 특례: 산업적 목적 포함 여부

개인정보 보호법이나 신용정보법에서는 가명정보는 가명처리 결과에 따라 활용가능토록 하고 있다. 즉, 개인정보처리자는 통계작성, 과학적 연구, 공익적 기록보존 등을 위하여 정보주체의 동의 없이 가명정보를 처리할 수 있다. 여기에서, 과학적 연구란 기술의 개발과 실증, 기초연구, 응용연구 및 민간 투자 연구 등 과학적 방법을 적용하는 연구를 말한다. 다만, 개인정보처리자는 가명정보를 제3자에게 제공하는 경우에는 특정 개인을 알아보기 위하여 사용될 수 있는 정보를 포함해서는 아니 된다(개인정보 보호법 제28조의2).

무엇보다, 가명정보의 활용이 가능해짐에도 불구하고 통계작성, 과학적 연구, 공익적 기록보존 등을 위한 서로 다른 개인정보처리자 간의 가명정보의 결합(結合)은 개인정보보호위원회 또는 관계 중앙행정기관의 장이 지정하는 전문기관이 수행한다. 이때, 결합을 수행한 기관 외부로 결합된 정보를 반출하려는 개인정보처리자는 가명정보 또는 제58조의2에 해당하는 정보로 처리한 뒤 전문기관의 장의 승인을 받아야 한다. 전문기관이 수행하는 가명정보의 결합과

---

60 [법률 제17354호, 시행 2020. 12. 10.] 금융위원회.

관련한 절차적인 요건 등에 대해서는 결합 절차와 방법, 전문기관의 지정과 지정 취소 기준·절차, 관리·감독, 제2항에 따른 반출 및 승인 기준·절차 등 필요한 사항은 대통령령으로 정한다(개인정보 보호법 제28조의3).

아울러, 개인정보처리자는 가명정보를 처리하는 경우에는 원래의 상태로 복원하기 위한 추가 정보를 별도로 분리하여 보관·관리하는 등 해당 정보가 분실·도난·유출·위조·변조 또는 훼손되지 않도록 대통령령으로 정하는 바에 따라 안전성 확보에 필요한 기술적·관리적 및 물리적 조치를 하여야 한다. 개인정보처리자는 가명정보를 처리하고자 하는 경우에는 가명정보의 처리 목적, 제3자 제공 시 제공받는 자 등 가명정보의 처리 내용을 관리하기 위하여 대통령령으로 정하는 사항에 대한 관련 기록을 작성하여 보관하여야 한다(개인정보 보호법 제28조의4).

또한, 개인정보 보호법은 가명정보 처리 시 금지의무 등을 규정함으로써, 누구든지 특정 개인을 알아보기 위한 목적으로 가명정보를 처리해서는 아니 된다. 개인정보처리자는 가명정보를 처리하는 과정에서 특정 개인을 알아볼 수 있는 정보가 생성된 경우에는 즉시 해당 정보의 처리를 중지하고, 지체 없이 회수·파기하여야 한다(개인정보 보호법 제28조의5).

누구든지 개인정보처리자가 제28조의5 제1항을 위반하여 특정 개인을 알아보기 위한 목적으로 정보를 처리한 경우 전체 매출액의 100분의 3 이하에 해당하는 금액을 과징금으로 부과할 수 있다. 다만, 매출액이 없거나 매출액의 산정이 곤란한 경우로서 대통령령으로 정하는 경우에는 4억 원 또는 자본금의 100분의 3 중 큰 금액 이하로 과징금을 부과할 수 있다. 과징금의 부과·징수 등에 필요한 사항은 제34조의2제3항부터 제5항까지의 규정을 준용한다(제28조의6). 형사처벌 대신 과태료 처분을 강화한 것은 GDPR의 입법 및 사업자의 요구를 반영한 것으로 이해된다.

그렇지만, 형사처벌을 완화한 대신 과태료 처분을 강화한 것에 대해 사업자는 3%라는 범위가 사업 자체를 할 수 없을 정도라고 주장하고 있다. 이처럼 문제를 일으키지 않을 것에 대한 고민이 아닌 처벌을 피하기 위한 반복적인 주장은 어떤 실익이 있을지 의문이다. 개인정보를 활용해야 하는 사업자들은 개인정보 주체는 물론 시장에서의 신뢰를 확보하고, 유지할 수 있는 인력과 보안 인프라에 대한 투자를 경영전략의 우선순위(優先順位)에 둘 필요가 있다. ESG[61]경영에서 무엇보다 중요한 것이 데이터의 안전한 보호이며, 신뢰이기 때문이다.

다. 익명정보

개인정보 처리과정에서 더 이상 식별력이 없는 데이터라면 익명정보이다. 즉, 익명정보는 추가적인 정보와 결합해도 재식별이 불가능한 정보이므로, 개인정보 보호법이나 신용정보법의 적용을 받지 않는다. 익명정보는 개인정보에 대한 식별력이 없기 때문에 명시적으로 개인정보 보호법의 적용대상에서 제외하고 있다. 이에 대하여 개인정보 보호법은 시간·비용·기술 등을 합리적으로 고려할 때 다른 정보를 사용하여도 더 이상 개인을 알아볼 수 없는 정보에는 적용하지 아니한다고 규정하고 있다(제58조의2).

반면, 신용정보법에서 익명처리란 더 이상 특정 개인인 신용정보주체를 알아볼 수 없도록 개인신용정보를 처리하는 것으로 더 이상 개인정보 또는 신용정보 영역에 포함되지 않는 정보를 말한다. 따라서, 익명처리된 정보는 개인정보 보호법이나 신용정보법의 적용을 받지 않는다. 특히, 익명정보는 추가적인 정보와 결합되더라도 식별(識別)이 불가능하기 때문에 원천적으로 침해가능성이 떨어지기 때문에 경제적 가치 또한 떨어질 수박에 없다.

6. 프로파일링과 투명성 확보

가. 문제제기

프로파일링이 가져다 주는 문제는 자동화된 알고리즘이 개인정보를 기반으로 사람에 대해 평가한다는 점이다. 그 과정에서 알고리즘을 개발하는 개발자의 편견이 작동할 수 있다는 점도 포함된다. 프로파일링 자체를 기술메커니

---

61 ESG는 환경(Environment), 사회(Society), 지배구조(Governance)에 대한 책임을 의미하는 약자로 기업이 환경보호에 힘쓰며 사회적 약자 보호 등의 사회공헌 활동, 법과 윤리를 지키는 회사경영을 의미한다. 동아사이언스, 2021.05.18.일자.

즘으로 간주하여, 기술의 객관성을 주장할 수도 있다. 그렇지만, 인간적인 색체가 강한 것이 프로그래밍이다. 한 줄 한 줄 코딩하는 것은 개발자의 가치관과 사고와 경험이 쌓인 결과물이기 때문이다. SW기술이 갖는 누적적, 점진적 진보가 그대로 반영된다. 개발자 개인적인 가치관과 회사가 추구하는 가치가 2중적으로 반영된 결과물이 프로파일링 알고리즘이다. 물론 여기에 더하여 수집된 데이터가 가지고 있는 과거지향적 가치와 편향적인 의도성이 반영된다면 프로파일링의 결과에 대해 누구라도 쉽게 설명하기 어렵다.

그 결과가 서류면접에 대한 불합격, 특정 인종에 대한 차별적 대우, 특정 지역 거주자에 대한 차별적 결과를 가져오거나 조건 자체를 특정 출신이나 경력이 우대(優待)받을 수 있도록 기획하는 등의 결과는 예측하기 어렵거나 인지하기 어려운 과정이라는 점에서 문제 자체를 알기 어렵다는 근본적인 문제제기이다.

나. 프로파일링

(1) 프로파일링의 의의

GDPR에서는 프로파일링을 "자연인의 업무 성과, 경제적 상황, 건강, 개인적 선호, 관심사, 신뢰도, 행태, 위치 또는 이동에 관한 측면을 분석하거나 예측하기 위해 행해지는 경우로서, 자연인에 관련한 개인적인 특정 측면을 평가하기 위해 개인정보를 사용하여 이루어지는 모든 형태의 자동화된 개인정보의 처리"로 정의한다.

프로파일링은 정보주체로부터 수집하는 다양한 정보를 바탕으로, 지능화된 기술을 활용하여 개인화된 서비스를 제공하게 된다. 즉, "확보된 대량의 개인정보를 일정한 알고리즘으로 처리하여 특정 개인, 즉 정보주체의 취향이나 행동·태도 등을 분석 또는 예측하거나 또는 이를 통하여 정보주체 등에 관한 자동화된 개별 결정을 함으로써 타깃 마케팅이나 신용도 측정 등의 효율성을 향상시키기"[62] 위한 것이다.

GDPR에서는 프로파일링에 대해 몇 가지 요소로 분석할 수 있으며, 이에

---

62 박노형·정명현, EU GDPR상 프로파일링 규정의 법적 분석, 안암법학 제562호, 2018, 289면.

포함되지 않은 경우라면 프로파일링에 포함되지 않을 수 있다. 이 경우에는 일반적인 개인정보의 '처리'에 해당하게 된다. GDPR에서 정의된 프로파일링은 다음의 세 가지 요소로 구성된다.[63]

ⅰ) 프로파일링은 자동화된 형태의 정보 처리이어야 한다.

ⅱ) 프로파일링은 개인정보에 대해 수행되어야 한다.

ⅲ) 프로파일링의 목적은 자연인에 대한 개인적 측면들의 평가이어야 한다.

첫째, 프로파일링은 개인정보의 모든 형태의 자동화된 처리(any form of automated processing)이다. 프로파일링은 모든 형태의 자동화된 처리이기 때문에 어떤 형식이라도 자동화된 처리가 수반되기만 하면 되어서 인간이 개입된 자동화된 처리도 프로파일링이 될 수 있다. 둘째, 프로파일링은 개인정보에 대하여 수행되어야 한다. 셋째, 프로파일링은 자연인에 관한 개인적 측면(personal aspects)의 평가, 특히 분석 또는 예측을 목적으로 한다. 따라서, 개인의 나이, 성별이나 키 등 특성에 기초한 단순한 평가나 분류도 예측의 목적이 없더라도 프로파일링이 된다. 그러나, 개인적 측면의 평가에 이르지 못하는 개인정보의 처리는 프로파일링이 되지 않을 것이다. GDPR에서는 프로파일링이 개인적 측면들을 평가(評價)하기 위한, 특히 개인을 분석하거나 예측하기 위한 개인정보의 자동화된 처리라고 정의한다. 따라서, 연령, 성별, 키 등과 같은 특성을 기반으로 단순히 개인을 평가하거나 분류하는 것도 예견된 목적과 관계없이 프로파일링으로 간주될 수 있다.[64]

(2) 프로파일링의 단계적 특성

① 정보 수집 단계

프로파일링을 위해서는 다양한 단계를 거치게 된다. 정보를 수집하는 단계에서 어떠한 정보를 어떠한 목적과 어떠한 방법으로 수집했는지 법적으로 타당하여야 한다.

---

63 박노형·정명현, EU GDPR상 프로파일링 규정의 법적 분석, 안암법학 제562호, 2018, 291면.
64 Guidelines on Automated individual decision—making and Profiling for the purposes of Regulation 2016/679.

② 상관관계를 찾기 위한 자동화된 분석 단계

자동화된 분석 단계는 알고리즘이 차별성이 없다는 것이 확실해야 한다. 상관관계를 찾기 위해 특징 값을 분석하는 것은 통계적 추론을 통하여 가능하다. 수집된 정보의 데이터 레이블링 과정에서 이슈가 없거나 알고리즘이 구동되는 과정에서 문제가 없어야 한다는 점이다. "프로파일링은 일련의 통계적 추론이 수반될 수 있는 과정이다. 프로파일링은 사람에 대한 예측에 사용되는데, 통계적으로 유사한 것으로 보이는 다른 사람들의 특성들을 기반으로 한 개인에 대한 무언가를 추론하기 위해 다양한 자료들로부터 얻은 정보를 이용한다. GDPR에서는 프로파일링이 개인적 측면들을 평가하기 위한, 특히 개인을 분석하거나 예측하기 위한 개인정보의 자동화된 처리라고 정의한다. 연령, 성별, 키 등과 같은 특성을 기반으로 단순히 개인을 평가하거나 분류하는 것도 예견된 목적과 관계없이 프로파일링으로 간주될 수 있"[65]기 때문이다.

③ 특성을 찾기 위해 개인에 대한 상관관계를 적용하는 단계

분석된 결과를 특정인(特定人)에게 적용하는 과정에서 문제가 없어야 한다. 데이터 학습과정은 블랙박스이며, 이 과정에서 역전파기법을 통하여 가장 적합한 결과를 도출하는 변수(parameter)를 찾는 과정이다.

다. 투명성 확보의 필요성

개인정보를 처리하여, 가명화하거나 익명화함으로써 다양한 서비스를 제공하는 경우가 많아지고 있다. 추천서비스, 금융서비스, 마케팅 및 광고 등 다양한 서비스에서 인공지능과 결합함으로써, 사람의 판단이 배제되는 자동화된 처리가 가능하고 더 나아가 지능화된 서비스로 확장하고 있다. 그렇지만, 정보주체 서비스 향상을 위해 도입되는 프로파일링이 문제될 수 있다는 점은 자명하다. 특히, 프로파일링 과정이나 그러한 결론에 이르게 된 이유를 정보주체는 알 수 없다는 점에서 알고리즘의 블랙박스화와 크게 다르지 않다.[66] 이러한 이

---

65 Guidelines on Automated individual decision-making and Profiling for the purposes of Regulation 2016/679.

66 "프로파일링과 자동화된 의사결정으로, 개인의 개별적 필요성에 따라 시장을 세분화하고 상품과 서비스를 개발함으로써 개인이 의료, 교육, 및 건강 등의 분야에서 다양한 이익을 얻을 수 있게 되지만, 개인의 권리와 자유에 중대한 위험을 초래할 수도 있어서 적절한 법적 안전

유 때문에 GDPR에서는 명시적으로 설명요구권을 두고 있다. 또한, 많은 연구 자들을 중심으로 블랙박스를 해독할 수 있는 XAI에 대한 연구가 확대되고 있다. 다만, 프로파일링을 포함하여, 알고리즘의 블랙박스화에 따라 나타날 수 있는 문제에 대응하기 위하여 인공지능에 대한 규제는 지양될 필요가 있다. 인공지능의 발전과 규제는 비례하여 이루어질 것은 아니기 때문이다.

EU Civil Law Rules on Robotics에서는 다음과 같은 원칙을 제시한다. 무엇보다, 투명성의 원칙을 강조한다. 즉, 하나 이상의 사람의 삶에 실질적인 영향을 미칠 수 있는 인공지능의 도움을 받아 내린 결정에 대해 항상 그 근거를 제시할 수 있어야 한다. 인공지능 시스템의 계산을 인간이 이해할 수 있는 형태로 항상 전환(轉換)할 수 있도록 하는 것을 고려한다. 발전된 로봇은 그것의 의사결정에 기여한 논리를 포함하여, 그 기계에 의해 수행되는 모든 처리과정에 대한 데이터를 기록하는 블랙박스를 장착하도록 하는 것을 고려한다.

인공지능이 중립적인 가치를 가지 듯, 프로파일링도 마찬가지이다. 프로파일링 자체를 금지하는 것이 아닌 이용 과정에서 예견할 수 있는 위험성을 제거하거나 최소화하는 것이 필요하다는 점이다. 기술발전이 인류에 해악만을 가져온 것은 아니기 때문이다. 인간이 이해할 수 있도록 설명하고 그 결정에 대한 근거를 제시하도록 하는 것이다.

7. 정보주체의 권리로서 설명요구권

가. 설명요구권의 도입

GDPR 제13조, 제14조 및 제15조와 제22조(프로파일링 등 자동화된 개별 의사결정)[67]에서 자동의사결정에 관한 사항을 정함으로써 자동의사결정에 활용되는

장치가 요구된다. 문제는 정보주체가 이러한 프로파일링 등에서 자신의 개인정보가 처리되고 있는지 여부를 알 수 없고 그 과정을 이해하기 어렵다는 사실이다. 특히 프로파일링으로 개인이 특정 유형으로 분류됨에 따라 기존의 편견이나 사회적 격리 또는 차별에 따른 피해를 입게 될 수 있다. 경우에 따라서는 프로파일링을 통한 예측이 정확하지 않을 수 있고 이 경우 개인의 권리와 자유의 침해는 더욱 부당하게 될 것"이라고 한다. 박노형·정명현, EU GDPR상 프로파일링 규정의 법적 분석, 안암법학 56호, 2018, 285면.

67 GDPR 제22조 1. 정보주체는 프로파일링 등, 본인에 관한 법적 효력을 초래하거나 이와 유사하게 본인에게 중대한 영향을 미치는 자동화된 처리에만 의존하는 결정의 적용을 받지 않을

알고리즘의 규범적 문제가 새롭게 관심받기 시작하였고, 그에 따라 자동의사결정 알고리즘 설명요구권이라는 개념이 제기되었다.[68] 자동의사결정 알고리즘 설명요구권은 GDPR의 자동의사결정 관련 규정들을 조화롭게 해석하여 알고리즘에 대한 정보주체의 권리를 도출(導出)함으로써 자동의사결정에서 개인정보보호를 효과적으로 실현시키기 위하여 고안된 것이다.[69]

GDPR은 설명요구권과 관련하여 알고리즘에 의해 자동화된 의사결정을 제한하는 조항과 정보주체의 권리를 명시한 조항이 편향되지 않은 알고리즘의 중립성 등 관련 조항을 두고 있다.[70] 즉, 정보주체는 프로파일링을 포함한 자동화된 처리에만 의존해서 내려진 결정에 종속되지 않을 권리가 있고, 그 결정에 대해 설명을 요구할 권리(right to explanation)가 있는 것으로, 요컨대 데이터 처리자들은 정보주체에게 데이터를 수집하고 처리한 시점과 이유를 알려야 하고(제13조), 정보주체의 권리행사를 위해 정보의 투명성과 함께 용이한 의사소통이 구현되어야 하며(제14조), 또한 본인의 개인정보 접근 이외에도 회사나 공공기관이 보유하고 있는 개인정보에 대해서도 보다 용이하게 접근하고, 서비스 제공자 간 개인정보 교환이 가능하도록 제도화되는 등 정보주체의 액세스권(제15조)이 보장(保障)되어야 한다.[71]

권리를 가진다.

2. 결정이 다음 각 호에 해당하는 경우에는 제1항이 적용되지 않는다.

   (a) 정보주체와 컨트롤러 간의 계약을 체결 또는 이행하는 데 필요한 경우

   (b) 컨트롤러에 적용되며, 정보주체의 권리와 자유 및 정당한 이익을 보호하기 위한 적절한 조치를 규정하는 유럽연합 또는 회원국 법률이 허용하는 경우

   (c) 정보주체의 명백한 동의에 근거하는 경우

3. 제2항 (a)호 및 (c)호의 사례의 경우, 컨트롤러는 정보주체의 권리와 자유 및 정당한 이익, 최소한 컨트롤러의 인적 개입을 확보하고 본인의 관점을 피력하며 결정에 대해 이의를 제기할 수 있는 권리를 보호하는 데 적절한 조치를 시행해야 한다.

4. 제2항의 결정은 제9조(2)의 (a)호와 (g)호가 적용되고, 정보주체의 권리와 자유 및 정당한 이익을 보호하는 적절한 조치가 갖추어진 경우가 아니라면 제9조(1)의 특별 범주의 개인정보를 근거로 해서는 안 된다.

68 그렇지만, GDPR에서 설명의무가 부여된 것은 아니라는 견해도 있다. Céline Castets—Renard, ACCOUNTABILITY OF ALGORITHMS IN THE GDPR ANDBEYOND: A EUROPEAN LEGAL FRAMEWORK ON AUTOMATEDDECISION—MAKING, Fordham Intellectual Property, Media &Entertainment Law Journal, 6 Jun 2019.

69 박상돈, 헌법상 자동의사결정 알고리즘 설명요구권에 관한 개괄적 고찰, 헌법학연구 제23권 제3호, 2017, 192면.

70 최지연, 알고리즘 중립성 보장을 위한 법제 연구, 한국법제연구원, 2017, 51면 이하 참조.

71 박종보 외, 인공지능기술의 발전과 법적 대응, 법학논총 제34집 제2호, 2017, 47~48; 윤지영 외, 법과학을 적용한 형사사법의 선진화 방안 (Ⅷ), 한국형사정책연구원, 2017, 300면. 127면.

나. 개인정보자기결정권에 근거한 설명요구권[72]

설명요구권은 헌법상 개인정보자기결정권에서 그 근거를 찾을 수 있다.[73] 즉, 인간의 존엄과 가치, 행복추구권을 규정한 헌법 제10조 제1문에서 도출되는 일반적 인격권 및 헌법 제17조의 사생활의 비밀과 자유에 의하여 보장되는 개인정보자기결정권은 자신에 관한 정보가 언제 누구에게 어느 범위까지 알려지고 또 이용되도록 할 것인지를 정보주체가 스스로 결정할 수 있는 권리이다.

개인정보자기결정권이라는 인격적 법익을 침해·제한한다고 주장되는 행위의 내용이 이미 정보주체의 의사에 따라 공개된 개인정보를 그의 별도의 동의 없이 영리 목적으로 수집·제공하였다는 것인 경우에는, 정보처리 행위로 침해될 수 있는 정보주체의 인격적 법익과 그 행위로 보호받을 수 있는 정보처리자 등의 법적 이익이 하나의 법률관계를 둘러싸고 충돌하게 된다. 이때는 정보주체가 공적인 존재인지, 개인정보의 공공성과 공익성, 원래 공개한 대상 범위, 개인정보 처리의 목적·절차·이용형태의 상당성과 필요성, 개인정보 처리로 침해될 수 있는 이익의 성질과 내용 등 여러 사정을 종합적으로 고려하여, 개인정보에 관한 인격권 보호에 의하여 얻을 수 있는 이익과 정보처리 행위로 얻을 수 있는 이익, 즉 정보처리자의 '알 권리'와 이를 기반으로 한 정보수용자의 '알 권리' 및 표현의 자유, 정보처리자의 영업의 자유, 사회 전체의 경제적 효율성 등의 가치를 구체적으로 비교 형량하여 어느 쪽 이익이 더 우월한 것으로 평가할 수 있는지에 따라 정보처리 행위의 최종적인 위법성 여부를 판단하여야 하고, 단지 정보처리자에게 영리 목적이 있었다는 사정만으로 곧바로 정보처리 행위를 위법하다고 할 수는 없다고 판시한 바 있다.[74]

다. 설명요구권의 구현

직접 마케팅을 목적으로 개인정보를 처리하는 경우, 정보주체는 최초 또는 추가 처리와 관련 있는지 여부에 상관없이 그 처리가 해당 직접 마케팅에 관계되는 선에서 언제라도 무상으로 프로파일링을 포함, 그 같은 처리에 반대

---

72 이제희, 알고리즘의 취급에 대한 법적 논의, 공법학연구, 19권 3호, 2018, 320 이하 참조.
73 이제희, 알고리즘의 취급에 대한 법적 논의, 공법학연구, 19권 3호, 2018, 321면.
74 대법원 2016. 8. 17. 선고 2014다235080 판결.

할 권리를 가진다. 그 권리에 대해 정보주체에게 명시적으로 알려야 하며 기타 정보와는 별도로 명백(明白)하게 제시되어야 한다.[75]

인공지능에서 새롭게 중요시되는 내용은 프로파일링에 대한 권리이다. GDPR에서는 프로파일링을 자연인의 특정한 개인적인 측면을 평가하기 위하여 행해지는 모든 형태의 자동화된 개인정보 처리를 의미한다고 규정하고 있다. 예컨대, 온라인 쇼핑몰에서 계절에 따라 이용자가 자주 구매하는 제품을 눈에 띄는 곳에 배치하는 것, 앱(APP) 서비스의 메뉴와 세팅 등의 UX(User Experience)·UI(User Interface)를 이용자의 편의성에 맞추어 개선하는 것, 고객에 맞는 대출·신용카드 등을 추천하는 것은 모두 프로파일링의 개념에 포함될 여지가 있다. 나아가, 업계에서 변경 가능하고 해쉬된 광고아이디(ID)를 기반으로 이용자를 분류하여 이를 기반으로 이용자의 프로파일을 만들어 광고·추천하는 사업은 최근 중요한 비즈니스 모델 중 하나이다.

GDPR에서는 위와 같이 프로파일링을 광범위(廣範圍)하게 정의하고, 이는 개인정보 처리의 일종이므로 개인정보 처리에 따른 규정을 준수하도록 하고 있다. 나아가, 정보주체에게 법적 효력이나 이와 유사하게 중대한 영향을 미치는 결정(예컨대, 온라인 대출신청의 자동거절이나 인적 개입 없이 이루어지는 전자적인 채용, GDPR 전문 제71항 참조)은 계약의 이행, 법률의 규정, 명시적인 동의의 경우가 있는 경우 등에만 가능하도록 정하고 있다(GDPR 제22조 제2항).

생각건대, 모든 범주의 프로파일링에 대한 일률적인 제한은 프로파일링의 개념이 데이터경제 사회에서 무제한적으로 확장될 수 있다는 점을 고려할 때, 인공지능 기술의 발전을 근본적으로 제한할 수 있고, 결과적으로 정보주체의 편의 증진과 이익에도 부합하지 아니할 것으로 보여진다. 오히려, 프로파일링의 개념을 세분화하고, 유형화하여 정보주체의 권리에 대한 침해가능성과 예측가능성을 고려하여 프로파일링을 규제하는 것이 바람직하다.

라. 자동화평가요구권

---

75 GDPR(70) 직접마케팅을 목적으로 개인정보를 처리하는 경우, 정보주체는 최초 또는 추가처리와 관련 있는지 여부와 상관 없이, 이러한 직접마케팅과 관련한 범위에 해당하는 프로파일링 등, 이러한 처리에 대해 언제든지 무상으로 반대할 권리를 갖는다. 이 권리는 정보주체가 명백하게 인지할 수 있도록 제공되어야 하며 다른 기타 정보와는 별도로 명백하게 제시되어야 한다.

신용정보법은 자동화평가에 대해 신용정보회사 등의 종사자가 평가 업무에 관여하지 아니하고 컴퓨터 등 정보처리장치로만 개인신용정보 및 그 밖의 정보를 처리하여 개인인 신용정보주체를 평가하는 행위로 정의하고 있다. 또한, 신용정보법은 자동화평가와 관련하여 신용정보주체에게 ① 설명요구권, ② 정보제출권, ③ 이의제기권을 부여하고 있다. 이러한 권리는 자동화평가에 대한 적극적인 대응권으로써 자동화평가로 인하여 불이익을 받을 수 있는 신용정보주체를 구제하기 위한 것이다.[76]

---

76 신용정보법 제36조의2(자동화평가 결과에 대한 설명 및 이의제기 등) ① 개인인 신용정보주체는 개인신용평가회사 및 대통령령으로 정하는 신용정보제공·이용자(이하 이 조에서 "개인신용평가회사등"이라 한다)에 대하여 다음 각 호의 사항을 설명하여 줄 것을 요구할 수 있다.
1. 다음 각 목의 행위에 자동화평가를 하는지 여부
　가. 개인신용평가
　나. 대통령령으로 정하는 금융거래의 설정 및 유지 여부, 내용의 결정(대통령령으로 정하는 신용정보제공·이용자에 한정한다)
　다. 그 밖에 컴퓨터 등 정보처리장치로만 처리하면 개인신용정보 보호를 저해할 우려가 있는 경우로서 대통령령으로 정하는 행위
2. 자동화평가를 하는 경우 다음 각 목의 사항
　가. 자동화평가의 결과
　나. 자동화평가의 주요 기준
　다. 자동화평가에 이용된 기초정보(이하 이 조에서 "기초정보"라 한다)의 개요
　라. 그 밖에 가목부터 다목까지의 규정에서 정한 사항과 유사한 사항으로서 대통령령으로 정하는 사항
② 개인인 신용정보주체는 개인신용평가회사등에 대하여 다음 각 호의 행위를 할 수 있다.
1. 해당 신용정보주체에게 자동화평가 결과의 산출에 유리하다고 판단되는 정보의 제출
2. 자동화평가에 이용된 기초정보의 내용이 정확하지 아니하거나 최신의 정보가 아니라고 판단되는 경우 다음 각 목의 어느 하나에 해당하는 행위
　가. 기초정보를 정정하거나 삭제할 것을 요구하는 행위
　나. 자동화평가 결과를 다시 산출할 것을 요구하는 행위
③ 개인신용평가회사등은 다음 각 호의 어느 하나에 해당하는 경우에는 제1항 및 제2항에 따른 개인인 신용정보주체의 요구를 거절할 수 있다.
1. 이 법 또는 다른 법률에 특별한 규정이 있거나 법령상 의무를 준수하기 위하여 불가피한 경우
2. 해당 신용정보주체의 요구에 따르게 되면 금융거래 등 상거래관계의 설정 및 유지 등이 곤란한 경우
3. 그 밖에 제1호 및 제2호에서 정한 경우와 유사한 경우로서 대통령령으로 정하는 경우
④ 제1항 및 제2항에 따른 요구의 절차 및 방법, 제3항의 거절의 통지 및 그 밖에 필요한 사항은 대통령령으로 정한다.

[표 14-3] 자동화평가요구권

권리	내용
설명요구권	개인신용평가 등에 대한 자동화평가 실시 여부 (§36조의2① 1)
	자동화평가의 결과, 주요기준, 기초정보 등 (§36조의2① 2)
정보제출권	자동화평가 결과의 산출에 유리하다고 판단되는 정보 제출 (§36조의2② 1)
이의제기권	기초정보의 정정·삭제 (§36조의2② 2 가)
	자동화평가 결과의 재산출 요구 (§36조의2② 2 나)

출처: 법률신문(2021.1.17.).

실제 현업에서는 아래 그림과 같이, 자동화평가 결과에 대한 설명요청 및 정정을 요구하는 권리인 자동화평가요구권을 행사할 수 있도록 구현하고 있다.

[그림 14-1] 자동화평가요구권 화면

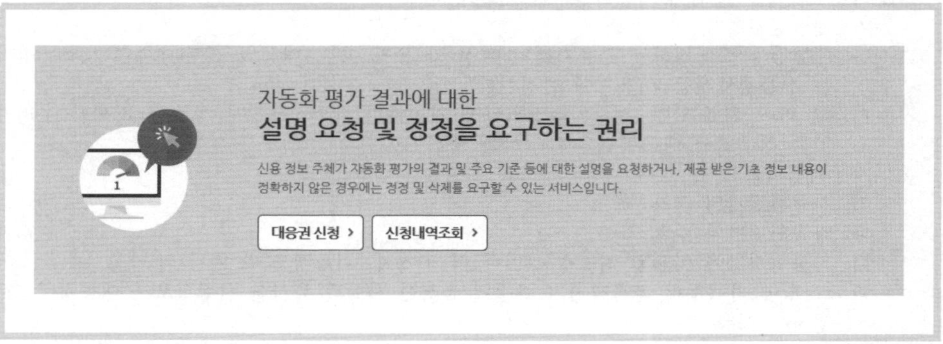

자동화 평가 결과에 대한
설명 요청 및 정정을 요구하는 권리

신용 정보 주체가 자동화 평가의 결과 및 주요 기준 등에 대한 설명을 요청하거나, 제공 받은 기초 정보 내용이 정확하지 않은 경우에는 정정 및 삭제를 요구할 수 있는 서비스입니다.

대응권 신청 ›   신청내역조회 ›

출처: 국민카드(2021).

마. 자동화설명권의 한계

프로파일링은 허용하되, 악의적 사용을 제한할 수 있도록 엄격하게 관리되어야 한다. 또한 실효성이 있는 설명요구권이 구현될 수 있도록 하여야 한다. 단순하게 설명요구권만을 규정하고 실효성이 담보되지 않는다면 면죄부만 줄 수 있기 때문이다.

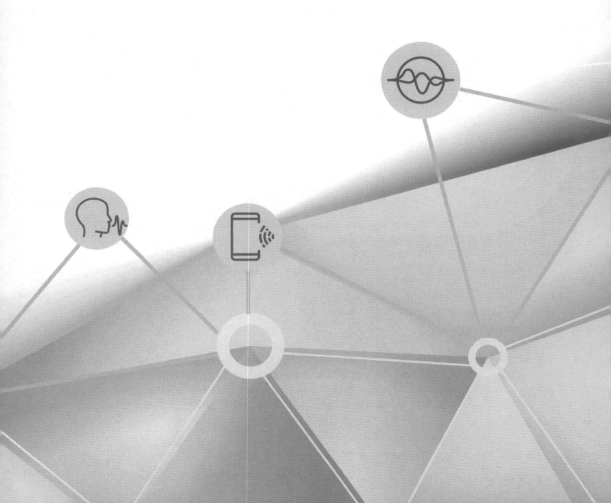

인공지능과 알고리즘

1. 왜, 알고리즘 공정성에 대해 논의하여야 하는가?

가. 인공지능 기술은 가치중립적인가?

기술이 갖고 있는 속성 중 하나는 중립적이라는 점이다. 기술 그 자체로는 가치를 판단할 수 없으며, 누군가 기술을 사용하는 의도에 따라 그 가치가 달라질 수 있다. 기술을 사용하는 사람의 의도에 따라, 나타나는 결과 또는 효과가 다르기 때문에 획일적으로 그 가치를 평가할 수 없다는 것으로 이해된다.

인공지능이 우리의 삶에 적지 않은 영향을 미치고 있는 시점에서 기계적 중립으로만 볼 수 없는 것도 사실이다. 사람의 의지와 의도가 기술에 반영되고, 그 기술이 스스로의 판단능력을 갖출 수 있는 인공지능이라면 더욱 그러하다. 따라서, 인공지능에 대한 이해와 리터러시(literacy)가 필요하다. 이는 인공지능이 작동되는 메커니즘과 인공지능이 우리 사회에 어떻게 응용되고, 변화시킬 것인지에 대한 기본적 관심이다.

인공지능의 긍정적인 측면과 대비되는 부정적인 현상 또는 우려의 궁극은 '인공지능이 인간을 지배할 것'이라는 주장이다. 소위, 특이점(singularity)에 도달할 경우, 인공지능은 더 이상 인공지능이 아니며, 독립된 인격체로서 의사의 주체가 되거나 권리의 주체가 될 것으로 예견된다. 물론, 현재도 인공지능을 악용(惡用)하거나 오용(誤用)함으로써 새로운 차별을 만들어 내거나 기존의 차별을 고착화시킨다는 문제가 제기되고 있다.[1]

이러한 차별을 포함한 알고리즘으로 인한 문제에 대응하기 위해 인공지능에 대한 규제 등 논의는 법제도적인 수용을 위해서 어떠한 대비를 해야 할 것인지에 대한 공동체적 관심을 유도하기 위해 필요하다. 특정 집단의 관심사가 아닌, 그로 인해 영향을 받을 대중이 관심을 가져야 할 사안이기도 하며, 그것

---

[1] 미국 백악관(White House)이 발간한 보고서인 '빅데이터: 알고리즘 시스템, 기회와 시민권(Big data: a report on algorithmic systems, opportunity, and civil rights)'에서도 알고리즘기술이 현재의 경제적 차별을 영속화하거나 새로운 차별을 만들어 낼 수 있다는 문제를 제기한다. 박미정, 인공지능과 데이터윤리에 관한 소고, 한국의료윤리학회지 제22권 제3호, 2019, 263면.

이 인간의 차별을 이끌어내는 도구적 자아로서 역할을 한다면 치밀하고, 은연 중에 이루어지는 차별, 불공정 행위 등을 해소할 수 있는 방법은 인간의 능력 으로는 대응방안을 찾기가 어려울 수 있다는 점도 고려되어야 한다.

아래 [그림 15-1]의 유엔차별금지광고에서처럼, 인터넷 광고사이트에서 검색할 때 제공되는 자동완성 기능은 여성이나 인종 등에 따른 차별이 반영된 결과를 보여준다.

[그림 15-1] 유엔차별금지광고

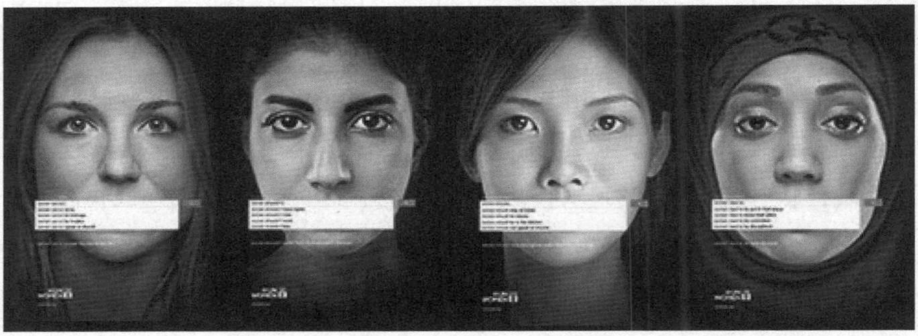

출처: 구글 검색(2019).

인터넷이라는 물리적 네트워크를 통하여 제공되는 검색광고는 검색광고사 업자가 이용자의 정보를 크롤링하거나 데이터베이스화 하여 다양한 정보를 제 공하기도 하며, 이 과정에서 계층, 세대, 인종, 종교, 성별, 문화적 차별을 가져 오기도 한다. 특히 자동완성 검색이나 연관검색 등을 통하여 차별을 고착화하 는 경우도 있으며, 이러한 차별은 검색광고사업자가 제공하지만 그 책임은 이 용자가 부담하게 된다.

[그림 15-1]의 유엔차별금지광고에서 전달하려는 메시지는 구글과 같은 검색광고사업자가 '여성은 어떠한 것을 하지 못한다'라는 부정적 결과를 자동 완성하고, 이러한 결과가 의식적, 무의식적으로 이루어진다는 것이 문제라는 것이다. 따라서, 여성은 남성과 다를 바가 없다는 점을 강조하고, 의도적으로 이를 시정할 수 있도록 캠페인화한 것이다. 이러한 캠페인과 사회적 문제제기

등으로 상당 부분 나아지고 있으나 여전히 차별은 무의식적인 현상으로 나타나고 있는 것이 현실이다.

　　인공지능 알고리즘은 그 자체가 중립적(中立的)일 수 없으며, 이는 이미 개발과정에서 또는 학습과정에서 의도하든 그렇지 않든 인간의 의지가 반영되었기 때문이다. 따라서, 알고리즘을 포함하여 기술을 객관적인 것이라고 판단하는 우를 범하여서는 안되며, 사기업에서 사용되는 알고리즘은 이용자에 대해 일관된 결과를 보여줌으로써 그것이 객관적인 것이라고 오인하도록 유도하고 있다. 대표적으로 검색광고사업자가 제공하는 검색광고를 예로 들 수 있다. 광고사업자들이 내보이는 검색결과는 전혀 중립적이지도 객관적이지도 않은 데도, 결과에 대해 급진적인 차이가 없기 때문에 이용자는 객관적인 것으로 오인(誤認)한다. 오히려, 인공지능 시대에 사람이 제작하여 제공하는 서비스가 객관적이라는 편향된 생각을 떨칠 필요가 있다.

　　정책결정도 마찬가지로 공공서비스에서 알고리즘의 사용이 확대될 것이다. 그렇기 때문에 이 과정에서 관료들은 공공부문에서 도입되는 알고리즘이 내린 결정에 대해 왜 그러한 결정이 도출되었는지에 대한 설명을 개발자에 대해 요구해야 하고, 또한 시민들에 대해 스스로 설명할 수 있어야 한다. 인공지능에 대한 설명(요구)은 선택이 아닌 의무 또는 기본권으로서 설명을 받아야 할 권리로서 인식되어야 하고, 그렇게 기능하여야 한다. 알고리즘의 차별이 가져올 사회문제는 헌법적 가치인 평등을 포함하여 인간의 존엄성을 훼손할 수 있기 때문이다.

　　이에 알고리즘에 의한 차별, 불공정행위 등에 대해 현재의 법체계 내지 규제체계에서 방향을 제시하고 그 방향을 정책화하고, 정책의 일관성을 유지할 수 있는 입법화 방안에 대해 고민한 결과를 같이 담는다.

나. 알고리즘 차별과 위협

　　인공지능을 구현하는 알고리즘은 "자율주행자동차량의 안전, 개인별로 최적화된 금융 투자방식을 제시하는 로봇 어드바이저, 의료 진단용 인공지능, 검색엔진 알고리즘, 예방적 방범 활동을 위한 알고리즘, 재범 예측을 위한 알고리즘에 이르기까지 다각적인 영역에서 실생활에 도입"[2]되고 있다.

인공지능 기술의 발전은 인간이 스스로에게 집중할 수 있는 시간을 확보할 수 있기 때문에 인간은 더 많은 일처리가 가능해진다. 물론, 기술이 인류의 발전만을 위해 사용된 것은 아니며 전쟁과 기후변화, 해킹과 테러 등 적지 않은 분야에서 인류에 위협이 되고 있는 것도 사실이다. 가장 혁신적인 기술 중 하나인 인공지능도 오용되거나 남용될 경우에는 그렇게 될 가능성이 적지 않다. 기술 그 자체가 중립적이라고 가치평가 하면서, 오용될 수 있는 부분을 외면(外面)하는 경향이 있으나 언제나 기술은 긍정과 부정적인 면에서 충돌해 왔다. 기술이 미성숙하고, 더욱이 그 용도를 특정하기 어렵고, 그렇기 때문에 그 결과를 예측하기 어려운 경우라면 그 위험에 대비할 수 있는 시스템을 만드는 것이 필요하다.

물론, 인공지능이 갖고 있는 효율적인 일처리는 의미 있는 결과만을 가져올 것이라는 생각도 할 수 있다.[3] 인공지능은 SW와 데이터를 포함한 알고리즘을 통하여 구현되고 있으며, 여기에 로봇이 포함되면서 인공지능 로봇 또는 지능형 로봇이 산업과 업무를 포함하여 실생활에 응용되고 있다. 인공지능이 면접, 추천, 검색 등 다방면에 사용되고 있으며, 기업 경영 분야나 의료서비스 분야의 의사결정 시스템을 포함하여 문화예술 분야의 창작활동에도 응용되고 있는 상황이다. 그렇지만, 개발자의 의도성[4], 데이터의 편향성 등 무의식적인 상태나 의도하지 않은 상황에서 인공지능 시스템에 의한 편파적인 결과가 나오고 있다.[5] 기계학습 과정에서의 오류, 개발자의 편파성도 작용(作用)했을 것으로 보고 있다.[6] 특히, 기계학습을 통하여 알고리즘이 고도화된다는 점에서 "기계학습은 데이터 분석 능력을 크게 향상시킴으로써 사회에 막대한 경제적, 혁신적 이익을 제공하지만, 동시에 의사결정 과정에서의 차별, 정당한 절차, 투명성 및 이해 가능성을 보장하는 데 위협을 제기하고 있다."고 EU Civil Law

---

2 이호영 외, ICT기반 사회현안 해결방안 연구, 정보통신정책연구원, 2017.2, 38면.
3 오세욱 외, 디지털 저널리즘 투명성 제고를 위한 기술적 제안, 한국언론진흥재단, 2016, 16면.
4 "문제는 해당 기업이 인종이나 연령, 성별, 출신 지역 등으로 차별할 의도가 없었더라도 우리가 사용하는 SW에 차별이 내포되어 있을 수 있다는 점이다. 물론 SW 개발자는 전혀 의도하지 않았을 수도 있지만, 개인의 윤리적 판단 기준과 기업의 이익, 집단의 편향이 암묵적으로 코드에 반영될 수도 있다."는 주장도 있다. 이호영 외, ICT기반 사회현안 해결방안 연구, 정보통신정책연구원, 2017.2, 45면.
5 Safiya Umoja Noble, 구글은 어떻게 여성을 차별하는가, 한스미디어, 2019, 33면, 45면.
6 동지; Safiya Umoja Noble, 구글은 어떻게 여성을 차별하는가, 한스미디어, 2019, 18면.

Rules on Robotics에서도 규정하고 있다.

사람이 갖고 있는 문화적 경험과 문제점이 그대로 인공지능에게도 전이(轉移)되고 있다. 의도적이든 그렇지 않든, 기술에는 인간의 편향과 오류가 무의식적으로 전이될 수밖에 없다. 그 원인은 현재 사회의 편견과 문제점 등을 담은 데이터셋이나 개발자의 문화적 경험이나 가치관에 따라 프로그래밍될 것이기 때문에 편향된 가치나 문제점 등이 무의식적으로 복제되거나 전이되는 것은 당연한 것인지도 모른다. 특히, 차별 못지않게 문제될 수 있는 것이 의도적인 독점에 관한 것으로 포털로 불리우는 검색광고사업자의 정보독점은 물론 전자상거래 업체의 알고리즘에 의한 보이지 않는 가격 담합을 예로 들 수 있다. 검색광고사업자가 필터링을 통하여 정보왜곡이 일어날 수 있으며, 담합을 통하여 신규사업자의 진입장벽을 만들거나 소비자 후생을 감소시킬 수 있기 때문이다.

이처럼 알고리즘의 투명성과 윤리 기준에 대한 필요성이 논의되는 이유는 "알고리즘이 단순한 계산에 그치지 않고 인간의 판단을 대신할 뿐 아니라 사회적, 경제적, 정치적 가치판단이 필요한 영역에까지도 그 이용영역을 확장하고 있기 때문"[7]이다. 따라서, 사실상 인공지능의 핵심인 알고리즘에 대한 법적인 검토가 필요하며, 그에 따른 입법론적 논의도 의미 있다. 다만, 논의의 방향은 기술규제가 아닌 기술이 갖는 의미와 가치가 인간중심적으로 해석되고 적용될 수 있는 시스템의 설계에 있다. 이로써, 기술수용을 시장에만 맡길 수 없다는 결론에 이르게 된다.

자유시장은 어떻게 작동하는가? 물건이나 서비스를 만들거나 제공하는 사람의 이익을 위해 작용하는 것이 시장이나,[8] 인공지능 솔루션이나 알고리즘도 시장에서 판매되는 것으로, 시장은 보편적 가치를 우선하는 것이 아닌 자신의 이익을 위해 작동하는 것이기 때문에 알고리즘과 같은 기술적인 오류나 문제점을 차단하기 위해 기술중립성, 인공지능 윤리, 규제 거버넌스(governance)를 주장한다. 무엇보다, 의사결정을 위한 권한이 인간에게서 알고리즘으로 넘어간 순간 인간은 하나의 데이터에 불과해지며, 인간의 가치가 아닌 데이터가 추구(追求)하는 가치인 편리와 효율성에 기반한 판단주체로서 알고리즘이 자리할

---

7 이호영 외, ICT기반 사회현안 해결방안 연구, 정보통신정책연구원, 2017.2, 39면.
8 Yuval Noah Harari, 호모데우스, 김영사, 2017, 516면; 홍은표, 블랙박스 사회와 법, 법률가의 역할, 한국정보법학회, 2018, 97면.

것이며, 이러한 점은 왜 알고리즘에 천착(穿鑿)해야 하는지를 보여준다.[9] 그렇기 때문에 알고리즘이 인간을 종속시키는 것이 아니라 인간의 의사결정, 법률행위에 유의미한 판단지표가 될 수 있어야 하며, 이를 위한 법제도 연구가 필요한 이유이다. 알고리즘의 투명성, 공정성에 관한 논의는 인간중심적 사고와 그에 따른 결론이기도 하나 강한 인공지능(strong AI) 이전에 인간이 셧다운시킬 수 있는 권한을 설계하고, 인공지능 개발, 제작, 이용자에게 과정을 공개하고 최소한의 안전장치로서 규제를 하도록 의무화하는 것이다. 이를 위해 설명의무, 감사제도, 소스코드 공개, 전문기관 설립 등 정책 또는 기술 방안을 다루었고, 더불어 인공지능 윤리, 데이터 윤리 및 알고리즘 윤리에 대해 기획, 개발, 이용 등 단계별로 구분하여 심도 있게 고찰하였다. 물론, 알고리즘 규제에 대해 실현가능성이 없다는 주장도 있으나,[10] 지금은 실현가능성을 찾는 방안을 강구하는 것이 필요한 시점이다.

2. 알고리즘에 대한 법적 고찰: 알고리즘 및 이에 부수하는 요소를 중심으로

알고리즘에 대한 규제 또는 법적 논의는 자칫 기술을 법적으로 재단(裁斷)한다는 오해도 가능하기 때문에 알고리즘이 구현되는 과정에서 나타나는 법률문제 등을 이해하기 위해서라도 인공지능, 알고리즘, 데이터, SW 등에 대한 법적 검토가 필요하다.

가. 인공지능과 알고리즘[11]

(1) 인공지능

인공지능을 포함한 기계는 인간성이 없어 반복적이고 지루한 작업을 거부감 없이 수행하기 때문에 인간은 인간만이 할 수 있고, 가치 있는 일을 하게 될 것이다.[12] 인공지능을 바라보는 다양한 시각에 따라 그 개념도 달라질 수

---

9 Yuval Noah Harari, 호모데우스, 김영사, 2017, 541면.
10 고학수 외, 인공지능과 차별, 저스티스 통권 제171호, 2019, 247면 이하 참조.
11 김윤명, 인공지능에 의한 저작물 이용 및 창작에 대한 법적 검토와 시사점, 법제연구(51), 2016.12, 196면 이하 참조.

있으며, 이러한 점에서 '컴퓨터 자원을 기반으로 SW를 활용하여 인간의 지적 능력을 연구하는 학문'으로 정의할 수 있다.[13] 특히, 지적 능력에 대한 연구라는 측면에서 보면, 인공지능은 노동의 자동화(또는 기계화)를 넘어 지적 활동의 지능화를 가져오고 있으며,[14] 인공지능이 어떻게 발전되느냐에 따라 지능정보 사회의 틀이 달라질 것이다.

지금까지 기술 수준에서 인공지능은 특정 영역에서만 그 능력이 발휘되기 때문에 강한 인공지능(strong AI)보다는 약한 인공지능(weak AI)이 일반적이지만, 기술발전에 따라 특이점(singularity)을 넘어서는 순간 강한 인공지능이 보편화될 가능성도 적지 않다. 대표적으로 인공지능은 HW와 결합하면서 그 가치를 높이고 있으며, 인공지능과 결합된 자율주행차가 약한 인공지능을 벗어나는 수준의 지능형 로봇으로 진화 중이다. 자율주행차가 스스로 인식하고 판단할 수 있는 학습능력을 갖춘 지능형 시스템이라는 측면에서 강한 인공지능의 모습을 어느 정도 함축하는 개념이다.[15] 그렇기 때문에 인공지능의 유형을 강한 인공지능, 약한 인공지능 또는 ASI(artificial super intelligence) 등으로 구분하는 것이 아닌 미래 어느 순간부터는 그냥 인공지능으로 불리게 될 것이며, 인간이라고 할 가능성도 있다.

(2) 알고리즘[16]

---

12 이처럼, 이미 기계의 효율성이나 대체성에 대해서는 1978년 다음의 보고서에서 논의된 바 있다. 최경수 역, 저작물의 새로운 기술적 이용에 관한 국립위원회의 최종보고서(CONTU), 저작권심의조정위원회, 1994, 33면.

13 다만, 인공지능은 인간의 지능을 기계적으로 다루는 것을 전제하나 이는 인간중심적인 사고의 결과이다. 인간의 입장에서 받아들여지기 어려운 기계에 불과한 것으로 볼 수 있기 때문이다. 역사적으로 노예는 모든 인격적이지 못했고, 권리주체가 되지도 못하였다. 로봇도 그러한 과정을 거치지 말란 법이 있을까? 우리는 미래를 예측하거나 단정하기 어렵다. 다만, 유연성과 개방성으로 미래에 대응할 가치를 만들어가는 것이다. 그것이 인공지능 연구에 대한 법적 프레임이다.

14 인공지능의 철학적 측면에서 "18세기 영국을 비롯해 전개된 첫 번째 산업혁명은 인간의 신체적 노동을 기계화 하는데 그쳤으나 오늘날 컴퓨터와 인공지능으로 수행되고 있는 제2의 산업혁명은 오랜 동안 인간의 고유 기능으로 믿어왔던 정신의 능력을 기계인 컴퓨터에 맡기어 스스로 생각하고 추리하여 판단하도록 하려는 것"이라고 한다. 이초식, 인공지능의 철학, 고려대학교 출판부, 1993, 2면.

15 Alex Hern, "Google says machine learning is the future. So I tried it myself", The Guardian, Tuesday 28 June 2016.

16 오세욱 외, 디지털 저널리즘 투명성 제고를 위한 기술적 제안, 한국언론진흥재단, 2016, 17면; 이금노, 인공지능 알고리즘 기반 경제에서의 소비자문제 연구, 한국소비자원, 2018, 23면.

기술적으로 알고리즘은 문제를 해결(解決)하는 방식을 말한다. 즉, 수학에서 자주 나오는 계산식이나 함수가 어떤 문제를 풀 수 있는 해제를 담고 있으며, 이를 알고리즘으로 이해할 수 있다. 예를 들면, 인공지능이 사과라는 물체를 구분하기 위하여 그것이 어떤 모습이고, 어떤 색이고, 다른 것과 어떤 차이가 있는지를 확인하는 과정의 일체 또는 지구에서 달까지 우주여행을 하기 위해 필요한 요소들을 분석하고, 최적의 비행방법을 만들어내는 것도 알고리즘에 해당한다.

알고리즘이 서비스로 응용되고 있는 분야는 적지 않으며, 대표적으로 아마존이나 넷플릭스에서 제공하는 다양한 추천서비스는 알고리즘이 인간의 이용행태를 분석하여 제공하는 서비스이다. 예를 들면, 구글이 검색결과로 제공하는 다양한 결과나 콘텐츠는 구글의 추천 알고리즘이 이용자의 데이터 행태를 분석하여 제공하는 결과이다. 이처럼, 추천서비스를 제공하는 과정에서 구현되는 것이 SW이고, 프로그래밍 언어로 코딩되어 알고리즘이 구현될 수 있는 상태에 놓이게 된다. 증권 거래도 SW로 구현된 로봇이 최상의 수익률을 높이는 방안을 찾도록 구현됨으로써 인간 이상의 수익률을 만들어내기도 한다. 알고리즘은 SW로 구현된 문제해결 방식이기 때문에 HW에 탑재되거나 HW나 네트워크를 통하여 이용가능한 상태에 놓이게 된다.

알고리즘에 대한 본질을 살필 때 중요한 점은 그 자체가 공공의 이익을 위한 것은 아니라는 것이다. 즉, 민간회사가 제공하는 알고리즘은 사익(私益)을 추구하는 수단이지, 공익을 위해 제공하는 것은 아니다. 우리가 일상에서 사용하는 대표적인 구글 검색서비스는 "광고 알고리즘을 바탕으로 하는 광고 수익화를 최적화하는 알고리즘에 바탕을 두고 있다."[17]는 것을 인식할 필요가 있다.

나. 특성: 알고리즘은 자가발전한다!

알고리즘은 재귀적(再歸的) 성질을 갖고 있다. 알고리즘이 "다른 알고리즘과 결합하여 그 알고리즘의 결과를 이용하면서 새로운 결과를 만들어내고, 이 새로운 결과를 다른 많은 알고리즘에 재사용"[18]할 수 있기 때문이다. 이는 자

---

17 Safiya Umoja Noble, 구글은 어떻게 여성을 차별하는가, 한스미디어, 2019, 67면.
18 Pedro Domingos, 마스터알고리즘, 비즈니스북스, 2016, 34면.

기보존이나 자원확보 등 프로그래밍된 내부적인 목표지향 시스템으로 설계되었기 때문이며, 인공지능은 자신을 보호하고, 자가발전하는 형태이다. 기계학습도 자가발전하는 구조를 가진 알고리즘이며, 지금도 알고리즘은 기계학습을 통하여 진화하고 있다.[19]

향후에는 스스로 프로그래밍하여 자신을 고도화하는 시스템이 출현가능할 것이며, SW를 개발하는 SW도 개발됨으로써 자동으로 개발해 주는 SW를 기획하고 개발했던 개발자의 의지와 의도와 다르게 SW가 스스로 SW나 인공지능을 기획하고 개발함으로써 그 의도와 그에 따른 결과를 인간이 확인하기 어려운 상황에 직면할 것이다. 즉, 기계학습을 넘어 그러한 결과에 따라 "알고리즘이 스스로 학습하는 딥러닝을 넘어 스스로 알고리즘을 개발하는 단계에 이른다면 알고리즘 자체를 설계자로 볼 수 있어 최초 설계자와 알고리즘의 행위 간 인과관계 도출이 어려워질 수 있다."[20]는 것이다.

인공지능을 이용한 의사결정 시스템은 인과관계를 보여주는 것이 아닌 상관관계를 보여주는 경우가 많다. 파라미터를 조정하면서 최적의 결과를 유도하는 과정이며, 그렇기 때문에 인과관계를 설명하기 어려운 상황이다. 더욱이, 알고리즘 내부는 블랙박스 현상에 따라, 어떻게 처리되는지 확인하는 것은 불가능에 가깝다. 이러한 이유 때문에 "AI 제공자나 시스템 엔지니어들도 AI 시스템의 내부 작동 논리를 제대로 설명하거나 입증하지 못하는 경우가 적지 않다."[21]고 한다.

법리적 측면에서도 인과관계(因果關係) 원칙이 아닌 상관관계(相關關係)의 원칙으로 변화될 가능성이 크다. 이러한 법원칙의 변화가능성도 알고리즘에 대해 논의해야 할 이유이다. 대표적으로, 인공지능은 알고리즘을 통하여 자율성 영역으로 확대되고 있으며, 의사결정을 지원하는 지원시스템에서 인간의 의지를 넘어서는 과도기를 지나 지능화된 의사결정 시스템으로 진화하고 있다.[22]

---

19 "산업혁명은 수공업을 자동화하고, 정보혁명은 정신노동을 자동화한 반면 머신러닝은 자동화를 자동화했다."고 평가받는다. Pedro Domingos, 마스터알고리즘, 비즈니스북스, 2016, 41면.
20 이제희, 알고리즘의 취급에 대한 법적 논의, 공법학연구, 19권 3호, 2018, 314면.
21 Youssef Fouad, KISO저널 제32호, 2018년 9월 28일.
22 "인공지능이 자동화된 기술에 의해 인간의 의사결정을 대신하며, 그 비중이 점차 커지고 있다는 점에서 인공지능에 의한 차별 문제는 인공지능의 작동 혹은 그 의사결정에 대한 책임 문제의 관점에서도 고찰되어야할 것이다."라고 한다. 허유선, 인공지능에 의한 차별과 그 책임 논의를 위한 예비적 고찰 – 알고리즘의 편향성 학습과 인간 행위자를 중심으로, 한국여

인간의 관여가 줄고, 기계화된 알고리즘이 스스로 의사결정을 내리는 상황에 대한 책임과 대응을 어떻게 할 것인지에 대한 고민이 필요하다. 그러기 위해서는 알고리즘이 어떤 의도를 가지고, 어떻게 기능하였는지, 그 과정에서 어떤 데이터를 학습하거나 변수 범위를 어떻게 설정했는지 등 해당 알고리즘의 설명가능성을 담보할 수 있어야 한다. 물론, 인공지능은 자율성을 담보할 수 있을까라는 의문에 대해 누구나 긍정하거나 부정하기는 어려울 것이나 특이점을 주장하는 경우나 아직은 그러한 가능성이 낮다는 주장도 있다. 기술이 발전할수록 기술에 대한 인간의 기술 의존도가 커지고 있으며, 더욱이 기술에 대한 사람들의 신뢰도가 높을수록 의존도는 커지게 된다.[23] 실생활은 물론, 경영적 판단이 요구되거나 금융거래 등 자본과 관련된 분야 등에서 다양하게 활용되는 알고리즘에 대한 의존도는 더욱 높아갈 것이다.

다. 알고리즘의 법적 성질

(1) 문제해법으로서 알고리즘

알고리즘은 문제해결 기법으로 우리가 갖고 있는 문제를 어떤 방법으로 풀어갈 것인지에 대한 내용으로, 아이디어의 구체적인 실행 수준으로 이해할 수 있다. 문제를 해결할 수 있는 아이디어를 프로그래밍 언어로 구현하는 것이 프로그램 또는 SW이다. 소프트웨어 진흥법에서는 SW를 "컴퓨터, 통신, 자동화 등의 장비와 그 주변장치에 대하여 명령·제어·입력·처리·저장·출력·상호작용이 가능하게 하는 지시·명령(음성이나 영상정보 등을 포함한다)의 집합과 이를 작성하기 위하여 사용된 기술서(記述書)나 그 밖의 관련 자료"로 정의한다.

이러한 SW의 특성은 다음과 같이 정리할 수 있다.[24] 즉, SW 관련 기술은 일반적으로 "누적적, 연속적으로 발전하는 특성을 지니고 있고, 새로운 요소, 기존의 요소 등을 변형 또는 재사용하는 것이 빈번하며, 프로그램, 시스템, 네

성철학 제29권, 2018, 173면.

23 동지; "인공지능에 대한 의존성이 확대됨에 따라 개인의 삶에 중요한 영향을 미치는 다수의 의사결정들까지도 이미 인공지능 알고리즘에 의해 이루어지고 있으며, 앞으로 이러한 현상은 더욱 확대될 것으로 예상된다."고 한다. 이원태 외, 4차산업혁명시대 산업별 인공지능 윤리의 이슈 분석 및 정책적 대응방안 연구, 4차산업혁명위원회, 2018, 41면.

24 김윤명, SW특허는 기술혁신을 이끄는가? 홍익법학 Vol.15 No.4, 2014, 832면.

트워크 요소들 간의 상호운용성을 유지해야 하기 때문에 후속개발자의 기술혁신이 제한되는 등의 특성이 있다."[25]고 한다. 소프트웨어 진흥법은 SW에 대해 알고리즘에 대해 고려한 것이 아닌, 문제해결을 위한 지시 또는 명령의 집합으로 보고 있다. 다만, SW를 산업적으로 진흥할 것을 목적으로 하기 때문에 인공지능이나 알고리즘에 관한 구체적인 내용을 담고있지는 않다.

(2) 지식재산으로서 알고리즘

저작권법에서는 SW를 의미하는 프로그램저작물에 대해 "특정한 결과를 얻기 위하여 컴퓨터 등 정보처리능력을 가진 장치 내에서 직접 또는 간접으로 사용되는 일련의 지시·명령으로 표현된 창작물"로 정의한다. 특이하게도, 저작권법은 알고리즘의 다른 말인 해법을 "프로그램에서 지시·명령의 조합방법"으로 정의하면서도, 보호범위에서 해법을 제외하고 있다. 그 이유는 아이디어·표현 2분법에 따른 아이디어 자체를 보호하지 않는다는 원칙을 확인하고 있는 것으로 알고리즘은 문제해결 기법으로 아이디어와 차별성이 떨어지고, 또한 이를 독점화하는 것은 다른 사람의 문제를 해결할 수 있는 방법을 차단하기 때문이다.[26]

특허법에서도 알고리즘을 발명특허로서 보호받을 수 있다.[27] 컴퓨터프로그램 언어 자체는 물론 컴퓨터프로그램은 컴퓨터를 실행하는 명령에 불과한 것으로 컴퓨터프로그램 자체는 발명이 될 수 없다.[28] 다만, 컴퓨터프로그램에 의한 정보처리가 HW를 이용해 구체적으로 실현되는 경우에는 해당 프로그램과 연동해 동작하는 정보처리 장치(기계), 그 동작 방법 및 해당 프로그램을 기록한 컴퓨터로 읽을 수 있는 매체는 자연법칙을 이용한 기술적 사상[29]의 창작으

---

25 김기영, 소프트웨어 특허 침해에 대한 구제, LAW&TECHNOLOGY 제3권 제4호, 2007.7, 66면.
26 참고로, 저작권법은 프로그램 언어를 "프로그램을 표현하는 수단으로서 문자·기호 및 그 체계"로 정의하고 있으며, 언어, 프로토콜, 해법은 보호범위에서 제외하고 있다. 인간의 언어를 독점할 수 없는 것과 같고, 프로토콜은 호환성을 위해 필요하기 때문이다.
27 김윤명, SW특허는 기술혁신을 이끄는가? 홍익법학 Vol.15 No.4, 2014, 836면.
28 "특허권은 그 보호대상을 기술적 사상(idea) 좀 더 구체적으로는 기술적 사상에 대한 응용(application)을 그 대상으로 하고 있고, 이에 반하여 저작권에서 사상은 보호대상이 되지 아니하며 사상의 표현(expression)을 그 보호대상으로 하고 있으므로, 보호대상에서 근본적인 차이점이 존재한다."고 한다. 김건식, 컴퓨터프로그램의 특허법상 보호에 관한 특허법 제2조 개정시안의 법적 의의 및 과제, 법학연구 제23권 제1호, 2012, 554면.
29 기술적 사상이 존재하지 않는 가운데 데이터, 수학적 공식, 추상적 사업방식 그 자체만으로는 아무리 컴퓨터 기록매체에 저장된 형태로 출원되었다 하더라도 발명에 해당된다고 볼 수 없다고 한다. 정상조, 박준석, 지식재산권법, 홍문사, 2013, 83면.

로서 발명에 해당한다.[30]

라. 알고리즘 학습을 위한 데이터

데이터가 필요한 것은 기계학습의 효용을 높이기 위한 것으로 "딥러닝 기술의 발전으로 많은 데이터를 효과적으로 해석할 수 있게 되면서, 다시 데이터 모델 중심으로 돌아가거나 또는 데이터와 지금까지 개발된 수학적인 모델이 융합되는 형태로 급격한 변화가 이루어질 것"[31]으로 예상된다.

알고리즘의 고도화를 위한 중요한 경쟁력은 데이터에 있으며,[32] 사실정보를 포함하여 IoT 센서를 통하여 다양한 분야의 데이터를 확보해 가고 있다. 물론, 네이버나 구글 등 검색광고사업자나 아마존, 쿠팡, 11번가 등 오픈마켓과 같은 인터넷 산업계는 이용자가 제공하는 정보나 이용자의 행태정보를 통하여 데이터를 확보하고 있다.

데이터가 중요한 것은 딥러닝 과정에서 데이터를 통하여 높은 수준의 학습을 할 수 있고, 데이터의 질이 알고리즘의 능력을 고도화할 수 있기 때문이다. 따라서, 다양한 분야의 데이터를 수집하고 이를 학습용으로 만드는 것도 중요하다. 이처럼 데이터가 갖는 진정한 의미 또는 그 가치는 "알고리즘으로 빅데이터를 분석함으로써 과거에는 알지 못했던 새로운 정보나 통찰을 발견하고 이로써 미래를 예측할 수 있다."[33]는 점이다.

공공부문에서도 데이터를 분석하여 맞춤화된 서비스가 가능하다. 공공부문에서의 데이터가 갖는 의미는 "빅데이터가 예전에는 없던 것이 새로 생겨난 것이 아니라, 예전에는 다룰 수 없어서 가치가 없었던 데이터들이 기술과 분석 기법 등으로 인해 이제 다룰 수 있게 되어 새로운 공공의 가치를 지니게 되어 다양한 정보자산으로서, 효과적이고 혁신적인 정보처리를 요구하며, 통찰력,

---

30 특허청, 특허·실용신안 심사지침서, 2014, 3103－3104면.
31 윤지영 외, 법과학을 적용한 형사사법의 선진화 방안 (Ⅷ), 한국형사정책연구원, 2017, 75면.
32 특히 데이터는 "불확실성과 위험으로 점철될 미래 사회에 대한 대응에 있어 데이터는 핵심 자원이며, 이러한 데이터의 패턴 분석 등을 통해 미래 정보사회의 패러다임을 견인하는 인공지능 알고리즘의 역할은 그 무엇과도 비견할 수 없을 정도로 중요하다."고 평가되기도 한다. 양종모, 인공지능 알고리즘의 편향성, 불투명성이 법적 의사결정에 미치는 영향 및 규율 방안, 法曹 Vol.723, 2017·6, 67면.
33 양천수 외, 현대 빅데이터 사회와 새로운 인권 구상, 안암법학 제57권, 2018, 6면.

의사결정, 공공정책 및 행정과정 최적화 등에 도움이 된다."[34]는 점이다.

데이터는 구조화된 데이터와 그렇지 못한 데이터로 나뉠 수 있으며, 데이터를 처리하여 구조화한 것을 데이터베이스로 불리우며, 원데이터(raw data)를 확보하여 가공하는 과정을 거친 것이다. 정형 데이터와 비정형 데이터를 구분하는 것이 구조화라고 할 수 있으며, 이런 점에서 데이터베이스는 구조화된 데이터의 집합이다. 저작권법은 데이터베이스에 대해 소재를 체계적으로 배열 또는 구성한 편집물로서 개별적으로 그 소재에 접근하거나 그 소재를 검색할 수 있도록 한 것으로 정의하고 있으며, 데이터 등 기초 정보를 체계화함으로써 접근이나 검색이 용이하게 될 수 있도록 한 것을 말한다.

3. 알고리즘 확산과 이에 따른 문제점

가. 알고리즘은 왜 문제인가?

알고리즘은 SW로서 작동하기 때문에 인간의 행동이나 판단에 따른 것보다는 효과적이고 효율적인 결과를 가져온다는 점에서 다양한 분야에서 사용된다. 그렇지만, 기술이 잘못 적용되거나 악의적으로 이용될 경우에 그 피해가 적지 않다는 부작용을 초래한다.[35] 또한, "알고리즘에 대한 인간의 의존도가 높아짐에 따라 그 공정성과 객관성에 대한 의문도 지속적으로 제기되고 있다."[36]는 점은 알고리즘이 갖고 있는 본질적인 한계이자, 기술종속성에 대한 문제점을 지적하는 것이다.

인공지능 기술의 발전에 따라, 인공지능의 핵심인 알고리즘의 역할은 확대되고 있으며 궁극적으로는 알고리즘 자체가 문제해결 수단이 아닌 문제해결 주체로서 역할을 하게 될 것이라는 가능성도 높아지고 있다. 지금까지 인공지능 기술 수준은 의사결정 지원 수준이었으나 언젠가는 의사결정 시스템으로서 역할을 하게 될 것이며,[37] 이로써 그동안 인간만이 부담했던 책임주체에 대한

---

34 정원준, 데이터 행정법의 중요성과 정책적 과제, 한국인터넷윤리학회 추계학술대회, 2018, 3면.

35 김광수, 인공지능 규제법 서설, 토지공법연구, 제81집, 2018, 293면.

36 박종보 외, 인공지능기술의 발전과 법적 대응, 법학논총 제34집 제2호, 2017, 46면.

37 특정 분야에서 알고리즘을 통하여 정확성을 높이고 객관성을 확보하기 위해 인공지능이 산

논의가 필요한 상황인 특이점(singularity)에 도달할 것이라는 주장도 설득력(說得力)을 얻고 있다.

인공지능은 더욱 정확하고, 효율적인 일처리가 가능해지기 때문에 산업분야를 넘어 실생활에서까지 응용되고 있다. 예를 들면, 왓슨(Watson)[38]과 같은 의료 인공지능은 문제해결을 위한 수단으로 활용하는 수준이나 궁극적으로는 의사와 같은 역할을 할 것으로 기대되는 것도 사실이며, 여기에서 의사라는 전문가의 책임에 대한 논의가 확대될 것으로 예상되며 이는 왓슨이라는 인공지능 의료시스템이 의사결정 지원 단계를 넘어 의사결정을 하고, 그 결정이 환자 내지 인류에게 치명적인 위협을 주는 경우도 고려될 필요가 있기 때문이다.[39] 또한, 윤리적, 도덕적 가치판단이 어려운 인공지능은 인류의 판단과 다르게 합리적이고 효율적인 가치를 기준으로 판단을 할 것이고 자연 파괴적이고, 불평등하거나 자원을 낭비하는 인류에 대해 우호적인 평가를 하지 않을 수도 있다. 따라서, 인공지능은 기계적 판단이 아닌 윤리적 판단이 가능하도록 해야 하며, 인류의 안전을 위해서라도 윤리학습이 필요하다. "알고리즘에는 예측 불가능성, 패턴 인식의 오류, 기계학습 작동 과정의 설명 불가능, 납득 가능한 변별기준에 대한 파악이 불가능하다는 취약점이 존재"[40]하기 때문이다.

인공지능이 차별적(差別的)인 결과를 가져오거나 보편적 가치와 충돌하는 의사결정을 내린 경우라면, 사회적 문제를 넘어서 인류에게 미치는 영향은 적

출한 결과를 참고하여 의사결정을 내리는 경우가 있고, 인공지능 기반으로 설계된 서비스나 상품을 이용하는 과정에서 무의식적으로 알고리즘의 영향을 받아 의사결정을 하는 경우가 있다. 전자의 경우는 사람의 선택으로 인공지능을 이용하는 것이기 때문에 사람이 인공지능의 결과를 어느 정도로 반영하여 의사결정을 내릴지를 결정할 수 있다. 반면, 후자의 경우는 인공지능의 결과에 영향을 받는다는 사실조차 알지 못한 채 의사결정을 내리는 경우가 대부분이고 의사결정의 어떤 부분에 얼마나 인공지능이 영향을 미쳤는지를 알기 어렵다. 이나래, 인공지능 기반 의사결정에 대한 법률적 규율 방안, LAW&TECHNOLOGY 제15권 제5호(통권 제83호), 2019, 37면.

38 왓슨에 대한 기술적인 특성은 다음과 같다. "IBM의 왓슨(Watson)과 같은 인공지능 시스템(cognitive system)은 이러한 데이터를 바탕으로 가설을 세우고 판단을 내리는 식으로 추론을 할 수 있다. 가장 중요한 점은 이러한 시스템이 단순히 프로그래밍된 것이 아니라 시스템 스스로 학습하며 발전한다는 데에 있다. 이러한 학습은 시스템 자신의 경험, 인간과의 상호작용 및 자신의 판단에 따른 결과로부터 이루어진다". 이성웅, 인공지능 시대의 투명성과 신뢰, 인공지능, 알고리즘, 개인정보보호를 둘러싼 정책과제, 서울대학교 법과경제연구센터, 2017, 87면.

39 왓슨의 진단 조력에 대한 법적인 쟁점에 대해서는 장연화 외, 왓슨의 진단 조력에 대한 현행 법상 형사책임에 관한 소고, 형사법의 신동향 통권 제55호(2017·6) 참조.

40 이호영 외, ICT기반 사회현안 해결방안 연구, 정보통신정책연구원, 2017.2, 55면.

지 않을 것임은 자명하다. "편향된 정보는 인종과 성에 대한 프로파일링을 강화하고 잘못된 가치관을 유포시키며 경제적 레드라이닝 현상[41]을 가속화하는 동력으로 작용"하거나 "알고리즘을 통해 사회 전반을 분석하는 과정에서 소외된 사람들을 더욱 소외시키는 데 일조"하기 때문이다.[42]

실제, 많은 인공지능이 알고리즘을 통하여 학습되고 있는 상황이고 그 결과가 차별적이고 윤리에 반하는 결과를 가져오고 있다.[43] 또한 법적으로도 거래과정에서 공정성을 요구함에도 불구하고, 담합(談合)이라는 금지행위가 암묵적(暗黙的)으로 이루어질 수 있음이 사실로 나타나고 있다. 그렇지만 이러한 문제를 기술적 수단을 통하여 객관적이며, 안전하거나 공정한 것으로 보이게 할 수 있다는 것이다. 더 큰 문제는 이러한 문제를 발견하거나 또는 해결하기가 쉽지 않을 것이라는 점이다. 즉, 구체적인 알고리즘을 알 수 없고, 개발자도 설명하기 어려운 결과를 가져올 수 있고, 또한 알고리즘은 외부에 공개되는 것이 아니기 때문에 피해에 대해 인과관계를 입증하기에는 어려움이 있다.

다만, 알고리즘이 갖는 기술적 한계로서 복잡성(複雜性)에 따른 문제는 해결될 것으로 기대된다. 예를 들면, 공간복잡성은 알고리즘이 갖는 저장공간의 용량문제가 해결됨으로서 해소될 수 있을 것이며, 시간복잡성 또한 HW와 컴퓨팅 기술의 고도화에 따라 기대 가능한 합리적인 시간 내에 문제가 해결될 수 있다는 점에서 해결가능한 문제에 불과하기 때문이다.[44] 또한, 알고리즘이 어떻게 판단을 했는지에 대한 설명의무를 부과하고 있으며, 기술적으로 XAI나 해

---

41 디지털 레드라이닝(Digital redlining)은 디지털 기술, 디지털 콘텐츠, 인터넷을 사용해 이미 소외된 그룹들 간의 불평등을 만들고 영구화하는 관행을 말한다. 위키피디아 2021.5.25.일자 검색.

42 Safiya Umoja Noble, 구글은 어떻게 여성을 차별하는가, 한스미디어, 2019, 50~51면.

43 "빅데이터와 인공지능을 통해 지원자의 다각적 장점에 대한 파악이 가능하다는 점에서 인재 선발 과정에서 상당한 역할을 할 것이다. 그러나 획일적인 기준만을 가진 알고리즘을 이용하여 계량적 수치에 치중한 자동화된 채용(automate hiring) 방식으로 사람을 뽑는다면 소수자, 유색인종, 특정 지역출신, 특정한 종교, 나이에 따른 차별, 사회적으로 부적응 요소가 조금이라도 있는 사람들에게는 채용의 기회를 주지도 않음으로써 체계적인 사회적 배제를 가하는 일종의 문지기 역할을 할 가능성이 있다."고 지적된다. 이호영 외, ICT기반 사회현안 해결방안 연구, 정보통신정책연구원, 2017.2, 47면.

44 여기에 더하여 큰 문제는 사람과 연관된 복잡성이라고 한다. 즉, 알고리즘이 너무 복합하게 뒤얽혀서 인간 두뇌가 이해하지 못하거나 알고리즘의 여러 부분 사이에서 일어나는 상호작용이 너무 많고 복잡하면 오류가 슬금슬금 생기기 시작하는 데, 사람이 발견하지 못해 고치지 못할 경우 알고리즘은 우리가 원하는 동작을 수행하지 않는다. Safiya Umoja Noble, 구글은 어떻게 여성을 차별하는가, 한스미디어, 2019, 35면.

석가능한 인공지능을 개발하고 있기 때문에 기술적으로도 가능성이 아주 없는 것은 아니다.

나. 알고리즘의 차별과 편향성

(1) 공정성

법에서는 공정성을 다루고 있는 법률이 적지 않지만, 구체적으로 어떠한 개념이 공정성인지에 대한 정의를 따로 두지 않고 있다. 다만, 구체적인 요건이나 기준으로써 '공정'한 가치를 제시하고 있을 뿐이다. 예를 들면, 저작권법에서는 저작물의 '공정한' 이용을 도모한다는 목적규정을 두고 있으며, 이를 구체화하기 위한 공정이용 요건에 대해 규정하고 있다.[45] 방송법에서는 방송의 공정성과 객관성을 다루고 있으며, 근로기준법에서는 합리적이고 공정한 해고의 기준을 제시하고 있다. 공정거래법은 금지되는 불공정거래 행위 유형에 대해 규정하고 있을 뿐이다.[46] 특히, 국가인권위원회법에서도 공정에 대한 정의가 아닌, '평등권 침해의 차별행위'의 유형에 대해 규정하고 있다는 점에서도 공정성 내지 공정의 법적 정의는 가변적(可變的)인 것으로 이해된다.

이처럼, 공정성(公正性)이란 어떤 사안에 대한 내용의 공정(금지행위)과 그 사안을 다루는 절차의 객관성(절차적 정의)을 아우르는 개념으로 볼 수 있다. 공정성에 대한 사전적 의미로는 "공평하고 올바른 성질"로 정의되며, 이의 대립 개념으로 대표적인 것은 한쪽으로 치우쳤다는 의미를 가진 '편향' 또는 '편파'라

---

45 저작권법 제35조의3(저작물의 공정한 이용) ① 제23조부터 제35조의2까지, 제101조의3부터 제101조의5까지의 경우 외에 저작물의 통상적인 이용 방법과 충돌하지 아니하고 저작자의 정당한 이익을 부당하게 해치지 아니하는 경우에는 저작물을 이용할 수 있다.
② 저작물 이용 행위가 제1항에 해당하는지를 판단할 때에는 다음 각 호의 사항등을 고려하여야 한다.
1. 이용의 목적 및 성격
2. 저작물의 종류 및 용도
3. 이용된 부분이 저작물 전체에서 차지하는 비중과 그 중요성
4. 저작물의 이용이 그 저작물의 현재 시장 또는 가치나 잠재적인 시장 또는 가치에 미치는 영향
46 명시적으로 '공정'을 이념으로서 표방하고 있는 법규들의 특징은, 무엇이 공정한 것인가를 말하는 대신, 무엇이 공정하지 않은 행위인지 규정하고 이를 금지하거나 회피하게 함으로써 공정성을 확보해 가고자 하는데 있다. 한편으로는, 공정성을 확보한다는 취지 하에 규정상으로는 부당한 것을 금지하고 있기도 하다. 오정진, 법의 공정성: 허구적 당위에서 실천으로, 法學硏究 第51卷 第2號·通卷64號, 2010, 6~7면.

는 의미이다.[47] 특히, 공정성은 사실을 전달하거나 보도하는 방송과 언론에서도 절대적 가치로 볼지언정, 구체적으로 정의하기 어려운 가변적 개념이다.[48] 그렇기 때문에 공정성은 "특정되어 있지 않으며 다양한 시각에 따라 해석을 달리하는 가치지향적 성격의 개념"[49]으로 이해된다.

이러한 공정성을 알고리즘에 대입시키기 위한 노력이 커지고 있으나 실상 공정성에 대한 개념이나 가치가 사람마다, 사회마다, 상황에 따라 달리 해석될 수 있는 가변적, 가치지향적 개념이라는 점에서 구체화(具體化)하기가 쉽지 않다. 또한, 알고리즘이나 알고리즘을 개발하거나 운용하는 사람의 행위에 대해 공정성 판단을 하기도 쉽지 않다는 점에서 공정성을 어떻게 구체화할 것인지는 알고리즘의 발전과도 더불어 고민해야 할 과제이다. 다만, 구체적인 행위 유형이나 개념보다는 추상적 개념으로서 공정성을 추구해야 할 의무나 사회적 가치를 부담시키고, 이를 실현하기 위한 구체적인 금지행위를 제시해 나가는 것도 방안이다. 인공지능 윤리에 대한 논의도 공정성을 확보하기 위한 다양한 방안 중 하나이다. 그런 면에서 알고리즘 영향평가는 공정성 확보를 위한 가이드라인 내지 가치 기준을 위한 수단이나 과정이 될 것이다.

(2) 차별과 편향성

차별은 "직접적이고 가시적이며 의도적으로 특정 개인이나 집단을 불리하게 대우하는 경우를 의미"하며,[50] 이러한 차별에는 직접 차별, 간접 차별 및 괴롭힘[51]도 포함된다. 또한, 차별은 역사적인 맥락에서 지배와 피지배의 관계에서 형성된 의식적이거나 무의식적으로 체화된 행동, 사고, 관습 등 모든 것을 포함하는 개념으로 볼 수 있다. 이러한 차별은 21세기에도 다르지 않으며, 차별의 정도가 오히려 기술을 활용함에 따라 심화(深化)되는 결과를 가져오고 있다.

---

47 조진수 외, '공정성'의 국어교육적 개념화 방향 탐색, 국어교육연구 제71집, 2019, 98면.

48 이러한 가변적, 불확정적 개념으로서 "공정성 역시 평등과 같은 다른 많은 법 개념과 마찬가지로, 그 측정과 판단을 위한 뚜렷한 기준이 있는 것이 아니라, 다른 많은 사정과 맥락 속에서 종합적으로 판단될 수밖에 없는 불확정적인 개념"이라고 한다. 오정진, 법의 공정성: 허구적 당위에서 실천으로, 法學硏究 第51卷 第2號·通卷64號, 2010, 3면.

49 권형둔 외, 방송의 공정성 강화를 위한 제도개선방안 연구, 방송통신위원회, 2015, 21면.

50 윤문희, 차별의 법적 개념, 노동리뷰 제21호, 한국노동연구원, 2006, 59면.

51 장애인차별금지 및 권리구제 등에 관한 법률에서는 괴롭힘 등에 대해 집단따돌림, 방치, 유기, 괴롭힘, 희롱, 학대, 금전적 착취, 성적 자기결정권 침해 등의 방법으로 장애인에게 가해지는 신체적·정신적·정서적·언어적 행위로 정의하고 있다.

우리나라는 아직 차별에 관한 기본법제를 갖추고 있지 않으며, 국가인권위원회법[52]이나 장애인차별금지 및 권리구제 등에 관한 법률[53]에서 정의하거나

---

[52] 국가인권위원회법 제2조(정의) 3. "평등권 침해의 차별행위"란 합리적인 이유 없이 성별, 종교, 장애, 나이, 사회적 신분, 출신 지역(출생지, 등록기준지, 성년이 되기 전의 주된 거주지 등을 말한다), 출신 국가, 출신 민족, 용모 등 신체 조건, 기혼·미혼·별거·이혼·사별·재혼·사실혼 등 혼인 여부, 임신 또는 출산, 가족 형태 또는 가족 상황, 인종, 피부색, 사상 또는 정치적 의견, 형의 효력이 실효된 전과(前科), 성적(性的) 지향, 학력, 병력(病歷) 등을 이유로 한 다음 각 목의 어느 하나에 해당하는 행위를 말한다. 다만, 현존하는 차별을 없애기 위하여 특정한 사람(특정한 사람들의 집단을 포함한다. 이하 이 조에서 같다)을 잠정적으로 우대하는 행위와 이를 내용으로 하는 법령의 제정·개정 및 정책의 수립·집행은 평등권 침해의 차별행위(이하 "차별행위"라 한다)로 보지 아니한다.
  가. 고용(모집, 채용, 교육, 배치, 승진, 임금 및 임금 외의 금품 지급, 자금의 융자, 정년, 퇴직, 해고 등을 포함한다)과 관련하여 특정한 사람을 우대·배제·구별하거나 불리하게 대우하는 행위
  나. 재화·용역·교통수단·상업시설·토지·주거시설의 공급이나 이용과 관련하여 특정한 사람을 우대·배제·구별하거나 불리하게 대우하는 행위
  다. 교육시설이나 직업훈련기관에서의 교육·훈련이나 그 이용과 관련하여 특정한 사람을 우대·배제·구별하거나 불리하게 대우하는 행위
  라. 성희롱[업무, 고용, 그 밖의 관계에서 공공기관(국가기관, 지방자치단체, 초·중등교육법 제2조, 고등교육법 제2조와 그 밖의 다른 법률에 따라 설치된 각급 학교, 공직자윤리법 제3조의2제1항에 따른 공직유관단체를 말한다)의 종사자, 사용자 또는 근로자가 그 직위를 이용하여 또는 업무 등과 관련하여 성적 언동 등으로 성적 굴욕감 또는 혐오감을 느끼게 하거나 성적 언동 또는 그 밖의 요구 등에 따르지 아니한다는 이유로 고용상의 불이익을 주는 것을 말한다] 행위
[53] 장애인차별금지 및 권리구제 등에 관한 법률 제4조(차별행위) ① 이 법에서 금지하는 차별이라 함은 다음 각 호의 어느 하나에 해당하는 경우를 말한다.
  1. 장애인을 장애를 사유로 정당한 사유 없이 제한·배제·분리·거부 등에 의하여 불리하게 대하는 경우
  2. 장애인에 대하여 형식상으로는 제한·배제·분리·거부 등에 의하여 불리하게 대하지 아니하지만 정당한 사유 없이 장애를 고려하지 아니하는 기준을 적용함으로써 장애인에게 불리한 결과를 초래하는 경우
  3. 정당한 사유 없이 장애인에 대하여 정당한 편의 제공을 거부하는 경우
  4. 정당한 사유 없이 장애인에 대한 제한·배제·분리·거부 등 불리한 대우를 표시·조장하는 광고를 직접 행하거나 그러한 광고를 허용·조장하는 경우. 이 경우 광고는 통상적으로 불리한 대우를 조장하는 광고효과가 있는 것으로 인정되는 행위를 포함한다.
  5. 장애인을 돕기 위한 목적에서 장애인을 대리·동행하는 자(장애아동의 보호자 또는 후견인 그 밖에 장애인을 돕기 위한 자임이 통상적으로 인정되는 자를 포함한다. 이하 "장애인 관련자"라 한다)에 대하여 제1호부터 제4호까지의 행위를 하는 경우. 이 경우 장애인 관련자의 장애인에 대한 행위 또한 이 법에서 금지하는 차별행위 여부의 판단대상이 된다.
  6. 보조견 또는 장애인보조기구 등의 정당한 사용을 방해하거나 보조견 및 장애인보조기구 등을 대상으로 제4호에 따라 금지된 행위를 하는 경우
  ② 제1항제3호의 "정당한 편의"라 함은 장애인이 장애가 없는 사람과 동등하게 같은 활동에 참여할 수 있도록 장애인의 성별, 장애의 유형 및 정도, 특성 등을 고려한 편의시설·설비·도구·서비스 등 인적·물적 제반 수단과 조치를 말한다.
  ③ 제1항에도 불구하고 다음 각 호의 어느 하나에 해당하는 정당한 사유가 있는 경우에는

유형을 규정하고 있을 뿐이다.

헌법재판소는 차별에 대해 "헌법 제11조 제1항의 평등의 원칙은 일체의 차별적 대우를 부정하는 절대적 평등을 의미하는 것이 아니라 입법과 법의 적용에 있어서 합리적 근거 없는 차별을 하여서는 아니된다는 상대적 평등을 뜻하고 따라서 합리적 근거 있는 차별 내지 불평등은 평등의 원칙에 반하는 것이 아니다. 그리고 합리적 근거 있는 차별인가의 여부는 그 차별이 인간의 존엄성 존중이라는 헌법원리에 반하지 아니하면서 정당한 입법목적을 달성하기 위하여 필요하고도 적정한 것인가를 기준으로 판단되어야 한다."[54]고 결정한 바 있다.

대법원은 "근로기준법 제97조 제1항은 취업규칙은 법령에 반할 수 없다고 규정하고 있고 같은 법 제5조는 사용자는 근로자에 대하여 남녀의 차별적 대우를 하지 못하며 국적, 신앙 또는 사회적 신분을 이유로 근로조건에 대한 차별적 대우를 하지 못한다고 규정하고 있는 바, 위 법조에서 말하는 남녀 간의 차별적인 대우란 합리적인 이유 없이 남성 또는 여성이라는 이유만으로 부당하게 차별대우하는 것을 의미한다 할 것이므로 피고공사의 취업규칙이라 할 수 있는 위 인사규정 제36조 제1항 단서의 규정내용이 여성이라는 이유만으로 불합리한 차별내용을 정한 것이라면 무효라 할 것이다."[55]고 판결한 바 있다.

우리나라의 차별에 대한 이해는 합리적인 이유 없이 부당한 차별을 금지하는 것이 대법원이나 헌법재판소의 입장이다. 따라서, 합리적이거나 정당한 사유 없이 차별하는 것 자체가 부당(不當)한 차별에 해당하며 이는 헌법 가치에 위배된 것으로 무효이다.

(3) 의도성

기계에 의한 일처리는 객관적일 것이라는 막연한 기대감이 있지만, 처리

이를 차별로 보지 아니한다.

1. 제1항에 따라 금지된 차별행위를 하지 않음에 있어서 과도한 부담이나 현저히 곤란한 사정 등이 있는 경우
2. 제1항에 따라 금지된 차별행위가 특정 직무나 사업 수행의 성질상 불가피한 경우. 이 경우 특정 직무나 사업 수행의 성질은 교육 등의 서비스에도 적용되는 것으로 본다.
④ 장애인의 실질적 평등권을 실현하고 장애인에 대한 차별을 시정하기 위하여 이 법 또는 다른 법령 등에서 취하는 적극적 조치는 이 법에 따른 차별로 보지 아니한다.

54 헌재 1994.2.24. 92헌바43 결정.
55 대법원 1988. 12. 27. 선고 85다카657 판결.

과정에서 외부 의지가 허용되지 않는다는 원칙하에 가능하나 현실적으로 그러할 가능성은 그리 높지 않다. 알고리즘을 기획하거나 기획된 알고리즘을 개발하거나 개발된 알고리즘의 학습과정에서 제공되는 데이터 등 전체적인 프로세스는 인간이 의도성을 가지거나 또는 무의식 상태에서 관여될 수밖에 없기 때문이며, 결과적으로 객관성을 확보(確保)하기가 쉽지 않다.

인공지능은 문제해결을 위한 방법이며, 문제해결 방법인 알고리즘은 SW로 구현되는 과정에서 개발자인 인간의 의도가 반영된다. 물론, 인간의 의도대로 객관적으로 개발되었다고 하더라도, 기계학습 과정에서 사용되는 데이터를 통하여 인간의 의도와는 다르게 왜곡이 발생할 수 있다. 그에 따른 결과에 대한 확인은 쉽지 않기 때문에 대응책을 마련하는 것도 쉽지 않은 일이다. 따라서, 기계나 더 나아가 알고리즘은 객관성보다는 일관성 있는 결과를 통하여 신뢰를 유지하는 경향이 커질 것으로 예측된다[56]. 그럼에도 불구하고, 객관성을 가질 수 있다는 주장에 대한 막연한 기대에 대한 명확한 반론과 그에 따른 대응방안을 제안함으로써 알고리즘의 공정성을 확보할 수 있는 방안을 강구할 필요가 있다. 인간의 개입이 명시적으로 이루어지지 않는 분야에서 안전과 공정성을 위하여 알고리즘은 투명하게 운영될 필요가 있기 때문이다.

(4) 의식적 편향성과 무의식적 편향성

편향이라 하면 의식적 편향을 의미하나 알고리즘에 의한 편향은 의도하지 않게 문화적으로 스며든 가치가 기획과정, 개발과정 또는 운용과정에서 인공지능이나 알고리즘에 반영될 경우에 나타나게 된다. 따라서, 의도하지 않은 무의식적 편향이나 왜곡은 알고리즘이 사용되는 과정에서는 확인할 수 없지만 그 나타나는 결과로서 확인할 가능성이 크다.

또한, 알고리즘의 비의도적인 편향성은 "잘못 선택된 데이터, 불완전하고 부정확하며 오래된 데이터, 역사적 편견에 대한 무의식적인 보전과 촉진, 데이터 선택의 편향성에 의해 나타나는 경우도 있으며, 이 중 데이터 선택의 편향성은 의도적인 경우는 물론 비의도적인 경우에도 나타날 수 있다."[57]고 한다.

---

56 그러나 일관성과 객관성은 전혀 다른 성질의 것이나 일관성을 객관적이다라고 인식할 가능성이 커질 것으로 보인다.
57 이제희, 알고리즘의 취급에 대한 법적 논의, 공법학연구, 제19권 제3호, 2018, 314면.

"가공되지 않은 데이터(raw materials)가 동일하더라도 알고리즘의 설계에 따라서 분석 결과와 판단이 다른 양상으로 나타나게 된다. 데이터에 기초한 판단은 객관적이고 중립적일 것이라고 막연하게 예측하기 쉽지만 알고리즘은 인간의 오류가 내재된 데이터세트의 편향을 그대로 답습하거나 인간 설계자의 선호도를 반영할 수 있기"[58] 때문이다.

더 나아가, "알고리즘이 문화적 편향성 등에 영향을 받아 설계자가 의도하지 않은 문제가 나타나는 경우도 알고리즘의 비의도적 편향성으로 볼 수 있다."[59]고 한다. 문제는 편향성에 대한 우려에도 불구하고 의식적, 무의식적 편향을 구분하기 쉽지 않고 그에 따른 결과도 크게 다르지 않기 때문에 논리적으로 비판이 가능하더라도 현실적으로 방안이 마련될 수 있을지는 의문이다. 그러나, 다양한 기술적, 정책적 방안을 제시하는 과정에서 구체적인 해법이 도출(導出)될 것으로 기대된다.

다. 대응

의식적 편향과 무의식적 편향에 있어서 전자는 의도적인 경우라서 수정이 가능하지만, 후자는 의도성이 반영된 영역을 확인하기가 쉽지 않기 때문에 수정이 어렵다. 블랙박스화 되어 처리과정을 인간이 확인할 수 없고, 그 처리 결과만을 확인할 수 있기 때문에 그 대응이 쉽지 않다. 그렇기에 극단적으로 알고리즘을 활용한 서비스 자체를 셧다운 시키는 조치를 취하는 경우가 나타나곤 한다. 예를 들면, MS의 챗봇 테이(Tay) 사건[60]에서 MS는 인종편견에 따른 학습경험을 바탕으로 인종차별 메시지를 내보내는 테이를 셧다운 시킨 바 있다. 이처럼, 인공지능의 편향성에 대해 가질 수 있는 방안은 셧다운이 가장 용

---

58 이호영 외, ICT기반 사회현안 해결방안 연구, 정보통신정책연구원, 2017.2, 53면.
59 이제희, 알고리즘의 취급에 대한 법적 논의, 공법학연구, 제19권 제3호, 2018, 315면.
60 테이의 혐오 발화, 차별적 행위에 의해 누군가 실질적인 피해를 입었음을 증명하기는 어렵다. 그런 점에서 테이 사건은 인공지능 기술의 발전 및 상용화 과정에서 나타난 하나의 해프닝으로 취급될 수도 있다. 그러나 이것은 하나의 사례일 뿐이다. 테이가 혐오 발언을 학습하고 이를 스스로 반복 산출한 것처럼, 특정한 차별 혹은 차별 기제를 학습한 인공지능이 신용거래 및 대출, 고용 후보자에 대한 평가, 대학 등 교육 기관의 입학 평가, 인공지능에 의한 개인맞춤형 기사 선별 제공, 혹은 그 외 특정 목적을 위한 인물 선별 및 추천 검색 등에 사용될 수 있다. 허유선, 인공지능에 의한 차별과 그 책임 논의를 위한 예비적 고찰 – 알고리즘의 편향성 학습과 인간 행위자를 중심으로, 한국여성철학 제29권, 2018, 169~170면.

이한 방법으로 볼 수 있지만, 챗봇이 아닌 의사결정 시스템으로 채용된 경우라면 셧다운시키기 보다는 보편적 가치와 충돌하지 않게 변수(parameter)를 수정하는 방법을 찾을 필요가 있다. 물론, 변수를 재설정함으로써 사회적 가치를 수용하는 것이 방안이 되겠지만, 문제의 원인을 찾는 것은 내부가 아닌 외부의 감시망에 의해 이루어지고 있다는 점은 바람직하다고 보기 어렵다. 만약, 외부에서도 문제점을 인식하거나 파악하지 못했다면 해당 인공지능 알고리즘은 차별적 결과를 지속적(持續的)으로 만들어 낼 것이며, 그에 따른 학습은 고도화됨으로써 무의식적 편향을 확대하거나 의도적인 편향을 강제할 가능성도 비례하여 커질 수 있기 때문이다.

이처럼 알고리즘으로 인하여 나타나는 결과나 현상들이 인간의 신뢰를 상실할 경우, 알고리즘에 대한 불신도 또한 커질 것이다. 만약, 알고리즘이 사용된 매체가 고도의 객관성과 공정성을 담보해야 할 언론매체나 서비스라면 해당 언론의 결과물은 진실을 담는다고 하더라도 가짜뉴스로 인식될 것이며, 결과적으로 정치적인 선동이나 선전의 도구화에 대한 우려도 제기될 것이다.[61]

라. 알고리즘의 사유화(私有化)

(1) 알고리즘의 공공성

광고검색 등 인터넷 서비스에 대해 법원은 대체적으로 검색광고사업자의 저작권 침해소송에서 검색서비스가 갖는 공공성에 기인하여 저작권 침해 책임을 인정하지 않고 있다. 썸네일 검색을 제공하는 검색광고사업자의 저작권 침해 책임에 대해 대법원은 "이미지검색을 이용하는 사용자들도 썸네일 이미지를 작품사진으로 감상하기보다는 이미지와 관련된 사이트를 찾아가는 통로로 인식할 가능성이 높은 점 및 썸네일 이미지의 사용은 검색사이트를 이용하는 사용자들에게 보다 완결된 정보를 제공하기 위한 공익적 측면이 강한 점 등 판시와 같은 사정 등을 종합하여 보면, 피고인 회사가 공소외인의 허락을 받지 아니하고 공소외인의 사진작품을 이미지검색의 이미지로 사용하였다고 하더라

---

61 실제 "상업적 목적의 알고리즘 사용에서 중립적이지 않은 검색결과의 배열이 알고리즘 자체의 신뢰를 떨어트린 것처럼, 미디어 프레이밍은 결국 기사를 선택하고 소개하는 인공지능 알고리즘의 편향성으로 말미암아 해당 미디어의 신뢰도를 낮추는 결과를 가져온다."고 지적한다. 최지연, 알고리즘 중립성 보장을 위한 법제 연구, 한국법제연구원, 2017, 43면.

도 이러한 사용은 정당한 범위 안에서 공정한 관행에 합치되게 사용한 것으로 봄이 상당하다."[62]고 판단한 바 있다.

구글의 검색서비스에 대해서도 미국 법원은 검색서비스가 가져오는 공익적 가치를 인정(認定)함으로써 공정이용(fair use) 규정에 근거하여 저작권 침해 책임을 인정하지 않았다. 그렇지만, 검색광고사업자가 알고리즘을 왜곡함으로써 공익적 가치를 훼손할 경우에도 공정이용을 인정하는 판단이 유효할 수 있는 지는 의문이다.[63] 공정이용이 용인되는 것은 해당 서비스가 공공성을 가지고 있다고 보기 때문이나 검색 알고리즘을 오로지 검색사업자 자신의 수익을 높이기 위해 악용하는 경우라면 검색서비스의 공공성을 인정하기 어렵고, 공정이용 규정에 근거하여 해당 서비스의 저작권 침해에 대해 면책을 해주어서는 안된다는 결론에 이르게 된다. 따라서, 알고리즘을 이용하는 플랫폼사업자의 서비스에 대한 공정성 판단에 있어서는 알고리즘에 의한 결과물의 사유화나 그 과정에서 타인의 데이터를 사유화하는 내용도 고려해야 한다. 무엇보다, 데이터의 사유화는 검색광고사업자 등 플랫폼사업자의 정보독점을 가져오는 것으로, 알고리즘의 공정성과 서비스의 공공성 판단에 중요한 기준이 되어야 한다. 알고리즘에 의하여 의사결정이 이루어지는 경우에 타인의 데이터를 기반으로 하는 경우라면 이는 프로파일링에 의한 것으로 볼 수 있다.[64] 이 경우에는 알고리즘에 대한 설명요구권 및 알고리즘 적용을 거부(拒否)할 권리를 인정해야 한다.

(2) 사적재산으로서 알고리즘

검색광고 서비스에 대해서는 어떠한 판단을 내릴 수 있을까? 다양한 정보를 제공한다는 점에서 도서관과 같은 역할을 하지만, 실상은 "구글은 도서관처럼 대중에게 정보와 자료를 제공해 주기 위해 구축된 공공시스템이 아니다. 광고 수입을 통해 운영되는 회사이다. 하지만 구글의 작동 프로그램(알고리즘)은

---

62 대법원 2006. 2. 9. 선고 2005도7793 판결.
63 "정보의 사유화를 쉽게 표현하면, 구글이 사용자들에 대해 알고있는 정보를 토대로 원하는 결과를 제공하는 행위"로 보고 있다. Safiya Umoja Noble, 구글은 어떻게 여성을 차별하는가, 한스미디어, 2019, 90면.
64 박상돈, 헌법상 자동의사결정 알고리즘 설명요구권에 관한 개괄적 고찰, 헌법학연구 제23권 제3호, 2017, 187면.

정보의 알고리즘이라기보다 광고의 알고리즘에 지나치게 가깝다."[65]고 비판받고 있다. 이처럼 알고리즘은 검색광고사업자가 제공하는 서비스의 고도화, 합리화, 효율화를 높이기 위해 도입된 것으로 사적 영역에 있는 것은 사실이지만, 사적 영역이라고 하더라도 해당되는 서비스가 검색이라는 정보서비스의 공정성과 객관성을 요구하는 것이라면 사회적(社會的) 책임을 달리 해야 하는 것이 일반적인 인식이라고 할 수 있다. 그렇기 때문에 저작권 침해를 인정하면서도 공정이용이라는 점을 들어 면책하고 있다.

마. 독자적인 의사결정에 따른 안전의 확보

지능화된 알고리즘의 위험성을 차단하기 위해서는 안전성을 확보할 수 있는 규제가 필요하다.[66] 알고리즘의 개발단계에서는 개발과정에 대한 보고나 안전성 심사 등의 규제방안이 필요하며, 개발착수 전에는 개발하고자 하는 시스템의 안전성 요건을 충족(充足)하는지를 평가할 수도 있다. 다만, 민간영역에 대해서까지 강제할 수 있는지는 의문이나 알고리즘의 대체설계에 대한 제조물책임을 인정할 수 있다면 문제될 것은 아니다.

따라서, 알고리즘이 가지는 문제점들로 인하여 독자적인 의사결정을 내리는 알고리즘과 관련하여, 그 안전을 확보할 수 있는 규제 체계를 수립하자는 주장은 타당하다. 알고리즘의 복잡성, 불명확성, 위험성으로 인하여 강력한 전문규제기관의 설치가 필요하다는 주장으로,[67] 전문규제기관은 인공지능의 위험을 사전에 차단하기 위한 사전예방적 규제가 필요하며, 대량적인 피해 발생을 사전에 차단할 수 있는 안전성 확보를 위한 절대적인 권한을 부여해야 한다.

---

65 Safiya Umoja Noble, 구글은 어떻게 여성을 차별하는가, 한스미디어, 2019, 67면.
66 양종모, 인공지능의 위험의 특성과 법적 규제방안, 홍익법학 제17권 제4호, 2016, 549면.
67 김광수, 인공지능 규제법서설, 토지공법연구 제81집, 2018, 294면.

1. 알고리즘 규제와 그 필요성(또는 정당성)

가. 무엇을 위한 규제 논의와 대응인가?

알고리즘이 가져올 수 있는 기대와 달리 우려도 적지 않다. 즉, 알고리즘은 공정성, 객관성을 담보할 수 있을 것으로 기대하지만, 알고리즘에 대한 의존도가 높아지면서 실제 그러할 것인지 의문이 제기되고 있다.[68] 알고리즘에 의한 기계적인 판단이 단순히 편의성 차원을 넘어서 인간의 고유 영역으로 여겨지던 가치판단과 규범적 판단을 대체하는 현상까지 일어나고 있다. 그러므로, 알고리즘의 작동을 핵심으로 하는 인공지능 시스템에도 일정한 통제장치(統制裝置)가 필요하다는 입장들이 존재한다.[69] 많은 사례에서 알고리즘이 공정하지 못하다는 것이 밝혀지고 있으며, 고릴라 테깅 사례를 포함하여 인공지능에 의한 평가에서 특정 인종이 선발되거나 하는 등의 결과를 통하여 알려지고 있다.

다음 [그림 16-1]은 구글의 포토서비스에서 인물 사진이 고릴라로 테깅됨으로써 당사자가 문제제기한 사례이다. 흑인 여성에 대하여 구글의 알고리즘은 인종차별적인 결과를 만들어 낸 것이다. 설령, 사람이 테킹을 하지 않았다고 하더라도, 알고리즘이 기계학습 과정에서 편향된 데이터를 기반으로 학습을 했다고 추론할 수 있는 사안이기도 하다. 이후, 구글은 해당 이미지를 삭제하고 잘못된 알고리즘을 수정할 것이라고 하였으나 실제 수정한 것인지는 알 수가 없다. 블랙박스화된 알고리즘에 대하여 외부(外部)에서는 이를 확인할 수가 없기 때문이다.

---

68 박종보 외, 인공지능기술의 발전과 법적 대응, 법학논총 제34집 제2호, 2017, 46면.
69 이호영 외, ICT기반 사회현안 해결방안 연구, 정보통신정책연구원, 2017.2, 57면.

[그림 16-1] 고릴라로 테깅된 흑인 여성

출처: 구글 검색(2019).

차별과 달리 편향은 차별을 이끌어 내는 성질로 이해될 수 있다. 즉, 앞서 살펴본 고릴라 테그는 흑인 여성이 갖는 이미지가 다른 인종의 여성 이미지와 차별되게 갖는 인식의 결과이다. 이러한 성질을 편향성이라고 할 수 있다. 이처럼 편향성은 알고리즘에서도 다르지 않게 나타나고 있다. 어떤 의미에서 "알고리즘의 편향성은 법률에서 의미하는 정치적 중립성을 벗어난 상태보다 넓은 의미로 이해될 수 있기 때문에 알고리즘의 편향성은 알고리즘의 설계 및 운영에 있어 설계자의 기호, 가치관 등 주관적 요소가 포함되어 있는 상태를 의미"[70]한다.

인공지능 알고리즘에 대한 대중의 기대는 사람은 편향된 사고를 할 수 있지만, 기계는 객관적인 판단을 한다는 것이다. 그렇지만, 인공지능에 기반한 판단의 기초가 되는 데이터 자체가 인간이 생산하고 입력하는 것이기 때문에 실상 객관적일 것이라는 기대가능성은 그리 높지 않다. 본래 내재된 편향을 인공지능 기술이 처리해서 차별적 판단을 내리지 않기 위해서는 법적으로, 기술적으로 해결해야 하며, 인공지능 기술의 혜택(惠澤)만큼이나 예상되는 부작용과

---

70 이제희, 알고리즘의 취급에 대한 법적 논의, 공법학연구, 제19권 제3호, 2018, 313면.

위험으로 인해 더 많은, 더 강한 규제의 필요성에 대한 압력도 높아질 수 있다.[71]

알고리즘으로 인한 문제점을 파악하고, 이를 개선함으로써 얻으려는 목표는 공정성의 확립이다. 그렇다면, 이를 확보할 수 있는 방안은 무엇인가? 먼저, 알고리즘 규제를 통하여 평등이나 인간의 존엄성과 같은 헌법적 가치를 달성할 수 있는 입법 방안 또는 정책 방안이다. 다만, 이러한 가치가 완전성을 갖는다고 보기는 어렵다. 차별이나 편향성에 관한 사항은 주관적 관점에서 정리된 것이고, 이러한 사항들이 반영된 사회시스템은 훨씬 복잡하고 이해관계가 다양하게 걸려있기 때문이다. 또한, 이해관계의 조정이 어렵거나 불가능한 영역일 수 있으며, 오랜 시간의 흐름에서 선택되는 과정을 거쳐 왔기 때문이다. 아이러니하게도 역사는 반복되며 혁신분야에 대한 문제제기는 전통산업, 또는 혁신으로 사라질 가능성이 있는 영역에서 강하게 반발하는 상황에 직면하고 있다. 입법을 통하여 어느 한 분야를 설득하거나 지원하는 정책근거가 마련될 경우, 어느 일방은 집단적으로 반발할 수 있기 때문이다. 물론, 개개인은 그 혁신에 찬성(贊成)할지라도 집단은 그 흐름을 따르지 않는 상황을 유지하게 된다.

결국, 인공지능 기술에 대한 규제의 적정 수준은 인공지능 기술이 열어 갈 미래를 어떻게 예상하느냐에 따라 결정될 것이다. 인공지능이 인류의 존재까지도 위협할 것으로 보는 시각에서는 정부의 적극적 개입과 법제화를 요구하는 반면, 인공지능이 가져올 변화가 감내할 수 있는 수준이라고 보는 관점에서는 되도록 최소한의 규제를 선호할 것이다.[72]

다음 [표 16-1]의 알고리즘 규율 방법론 비교에서는 알고리즘 규제에 대한 정책과 개요를 나타낸 것으로 알고리즘 규제의 실현가능성을 확보하기 위해서는 보다 구체적인 실천계획이 필요하다.

---

71 윤지영 외, 법과학을 적용한 형사사법의 선진화 방안(Ⅷ), 한국형사정책연구원, 2017, 328~329면.
72 윤지영 외, 법과학을 적용한 형사사법의 선진화 방안(Ⅷ), 한국형사정책연구원, 2017, 95면.

[표 16-1] 알고리즘 규율 방법론 비교

방법론	한계
알고리즘의 투명성과 설명가능성의 의무화	• 인간의 의사결정 이상의 무결성 요구 • 알고리즘 사용 또는 개발 유인 저하(생산성 감소) • 잠재적 위험의 적발 한계 • 일반 또는 정부의 복잡한 소스코드 해석 가능성 전제 • 특정 맥락에서는 유용하나 나머지에게는 비효율적이거나 유해 가능성 등
규제기구에 의한 모든 알고리즘 의사결정 감독	• 감독자들이 특정 분야의 전문성 확보 의문 • 위험성이 낮은 알고리즘까지 감독하는 비효율성 존재
일반화된 수준의 감독 기준 제시	• 어떻게 세부적 기준을 제시하고 이를 적용할지에 대한 구체적 방법론 없음 • 효과적인 거버넌스로 전환되기에는 진부한 수준
별도의 규율 불필요	• 위험을 최소화시키는 메커니즘이 작동하기 어려운 영역에서의 문제 발생 여지 고려 미흡 • 위험이나 위법성이 모호한 형태의 알고리즘 사용으로 인해 발생하는 피해의 예방 실패

출처: 한국소비자원(2018).

나. 알고리즘 규제의 필요성

규제는 기술 자체에 대한 규제나 기술발전에 따른 사회편익을 저해하는 것을 목적으로 하지 않는다. 무엇보다, 예측하기 어려운 문제에 대응할 수 있는 체계(system)를 마련하자는 것이다. 그렇기 때문에 규제의 신설 이전에 기존의 법제도를 통하여 규제가 가능한지 검토해야 한다. 현재 인공지능이 관통하는 사회는 완전히 지능화된 사회가 아닌 과도기적 사회로, 법제도의 적용도 기존의 것을 적용함으로써 사회적 안정성을 담보할 수 있기 때문이다. 물론, 일각에서는 혁신을 위해 새로운 법제도의 도입이 필요한 것이 아닌지 하는 주장을 펴고 있으나 규제를 위한 법제도의 성급한 도입은 오히려 기술혁신을 저해할 가능성이 높다. 물론, 기술 규제에 대한 우려에도 불구하고 인공지능의 발달에 따라 자동화된 알고리즘에 중대한 오류가 나타날 경우에는 알고리즘에 대한 규범적 대응을 촉구(促求)하게 될 것이다.[73]

첫째, 알고리즘이 인간의 행위에 영향을 주는 규제적 역할을 하기 때문에 그에 대한 규범적 차원의 대비가 필요하다. 법률에 의하여 인간의 행위에 영향을 주는 일반적인 법적 규제와는 달리 알고리즘에 의한 행위 규제는 공식적인 의회의 논의과정이나 사회적 담론을 통하여 형성되는 것이 아니기 때문에, 미처 인지하지 못하는 경우도 가능하다. 따라서, 인공지능 알고리즘에 대한 투명성과 관리 가능성을 확보하지 않는다면, 예측할 수 없는 사회적 위험에 직면할 수 있다.

둘째, 알고리즘 그 자체가 내포한 결함(缺陷)을 완화하고 위험성을 감소시킬 필요가 있다는 점이다. 알고리즘에 의한 데이터 처리와 의사결정 과정에 존재하는 위험요소는 이미 일정 부분 인지되고 있다. 알고리즘은 자동화라는 속성을 통하여 인간과 상호작용하며, 그러한 상호작용을 통하여 끊임없이 수정 및 조정이 이루어질 수 있기 때문에 인간의 편견이나 선입견이 반영될 가능성을 배제할 수 없다. 특히, 과거로부터 쌓여온 데이터의 학습과정으로부터 인종차별, 성차별 등과 같은 역사적 편향성이 발생할 가능성을 배제할 수 없다.

알고리즘 기술을 적용한 인공지능의 고도화를 통하여 사회 공동체는 경제적 편의를 얻을 수 있겠지만, 다른 한편으로는 기존의 사회적 편향성에 기초한 차별이라는 문제에 직면할 수 있다. 알고리즘에 기인한 차별은 크게 두 가지 범주로 나눌 수 있다.[74]

먼저, 알고리즘의 설계 단계에서 개발자가 이미 의도적으로 차별적 요소를 삽입한 차별적 처우를 생각해 볼 수 있다. 이러한 차별적 처우는 기술이 가진 특수성을 고려하지 않더라도, 당연히 규제해야 할 대상이다. 다른 한편으로는 알고리즘 개발자의 의도와 무관하게 차별적 효과가 생기는 경우를 생각해볼 수 있다. 즉, 알고리즘의 절차에 따른 자동화된 의사결정에 포함되는 우선순위 결정, 분류, 관련짓기, 필터링 등은 기존 사회가 가지는 편향성을 그대로 이어받아 차별적인 속성을 내포할 수 있기 때문이다. 특히, 축적(蓄積)되어 있는 사회적 데이터를 알고리즘에 입력하여 학습토록 하는 경우, 기존 사회의 편향성을 그대로 갖게 된다. 따라서 일정한 방식을 통하여 알고리즘 작동을 위한 데이터의 입력 단계에서부터 편향성을 방지하려는 노력이 필요하다.

---

73 박상돈, 헌법상 자동의사결정 알고리즘 설명요구권에 관한 개관적 고찰, 헌법학연구 제23권 제3호, 2017, 200~201면.
74 선지원, 인공지능 알고리즘 규율에 대한 소고, 경제규제와 법 제12권 제1호, 2019, 38면.

인공지능 알고리즘이 어떤 입력 데이터를 가지고 특정한 결과를 도출했는지에 대해서 알 수 없다는 점이 문제이나 인공지능 알고리즘의 불투명성은 불가피한 측면이라는 주장도 있다.[75] 첫째, 알고리즘 프로그램 코드 자체가 전문기술을 알지 못하면 독해하기 어렵다는 점, 둘째, 알고리즘의 소유권이 국가기관이나 민간기업에 있는 경우 접근 자체가 어려움이 있다는 점이다.

인공지능 알고리즘의 전문기술을 이해하고 검증할 수 있는 공무원이나 법률가는 많지 않다. 그렇다고 인공지능 알고리즘의 예측이나 판단 결과를 그대로 수용하기도, 근거 부족을 이유로 거부하기도 어려울 것이다. 인공지능 알고리즘의 예측 결과에 이르는 과정에서 사용된 데이터나 방법론이 공개되어야 한다. 그런 의미에서의 투명성, 공개가능성은 형사사법체계에서 보호관찰 판단자, 보호관찰 처분대상자에 대한 설명가능성으로 이해할 수 있다.[76]

다. 알고리즘 규제의 정당성

(1) 알고리즘의 블랙박스화

알고리즘의 일차적인 목적 함수는 주어진 데이터를 통하여 낮은 편차로 예측값의 정확도를 높이는 데 있다. 이때, 인공지능 이전의 알고리즘은 문제해결을 위해 제시되는 예측값의 도출 과정과 그 결과에 대하여 설명과 예측이 어느 정도 가능하다. 논리 전개의 과정과 추론의 결과에 대한 보편적인 이해가 어렵지 않았다. 물론, 이는 알고리즘 실행에 의한 예측값의 정확도가 높고 편차가 적다는 것을 의미하는 것은 아니나 인공지능 알고리즘에서는 다른 양상을 보인다. 예측값의 정확성은 더 개선되나 그 과정과 결과값에 대한 설명 및 예측가능성은 낮아질 수 있다는 것을 의미한다.[77] 이는 알고리즘 자체가 복잡해지는 경향과 더불어 그 추론이 인간의 의사결정 과정과 유사해진 결과이다. 마치 사람들의 행동과 의사결정이 때론 논리적으로 설명되지 않는 것처럼, 인공지능이 뇌 구조를 모방한 심화신경망 방식의 딥러닝 알고리즘으로 발전하면서 그 결과물에 대한 논리적 이해가 쉽지 않다. 때론 최종 사용자뿐만 아니라

---

75 윤지영 외, 법과학을 적용한 형사사법의 선진화 방안(VIII), 한국형사정책연구원, 2017, 300면.
76 윤지영 외, 법과학을 적용한 형사사법의 선진화 방안(VIII), 한국형사정책연구원, 2017, 300면.
77 이금노, 인공지능 알고리즘 기반 경제에서의 소비자문제 연구, 한국소비자원, 2018, 19면.

알고리즘 설계자조차도 이해하기 어려운 영역이 발생할 수 있다. 인공지능 알고리즘이 과정과 결과값을 이해하거나 예측하기 어려운 블랙박스가 되는 것이다.[78]

(2) 알고리즘의 자발적 진화

인공지능 알고리즘이 의사결정의 보조적 수단 정도의 역할과 지위를 넘어 자동화된 의사결정의 단계로 나가면서 지금까지의 제도나 틀로써는 이를 규정하고 규제하는 것 자체가 쉽지 않다. 특히, 거래를 비롯하여 소비자의 권익과 후생에 영향을 미치는 소비생활로 그 활용 영역이 확대되면서 다양한 논쟁을 낳고 있고 이러한 혼란은 당분간 지속 및 확대될 것으로 예상된다.[79]

이는 알고리즘이 스스로 진화함에 따른 것으로 어떤 방향으로 나아갈지, 그 방향이 인류가 추구하는 가치와 충돌하는 것은 아닌지 등 다양한 논의와 분석이 이루어져야 하나 자발적 진화는 개발자가 개발을 완료한 이후에 이루어지는 것으로 예측가능성이 높지 않다는 점에서 법적 안정성 또한 담보하기가 쉽지 않다. 따라서, 사회 전반적으로 미칠 수 있는 영향이 크다는 점에서 사전적 규제가 필요하며, 그것은 사회적 가치에 부합할 수 있도록 기획, 개발 등이 필요한 사안이다.

(3) 알고리즘 담합 – 인간의 개입 없는 알고리즘 담합은 위법인가?

아마존과 같은 플랫폼사업자를 중심으로 알고리즘이 거래를 하고, 가격을 결정하는 시스템이 채택되고 있으며, 이는 사람이 개입하지 않고 알고리즘이 가격 수정 등 기본적인 의사결정을 함으로써 경쟁사업자의 동일 제품의 가격을 비교하여 더 높이거나 또는 낮추고 있다. 이러한 행태가 공정거래법 또는 다른 법률에서 금지하는 행위 유형에 해당하는지는 상당한 논란이 있으며, 공정거래위원회에서도 고민하고 있으나 쉽게 정책결정을 내리지 못하고 있는 영역이기도 하다.

최근에는 가격결정 이외에도 주식거래와 같은 유형에 알고리즘이 개입하여 거래하고 있으며 이 과정에서 투명성 논란이 있다. 일례로, 금융투자 상품

---

78 이금노, 인공지능 알고리즘 기반 경제에서의 소비자문제 연구, 한국소비자원, 2018, 19면.
79 이금노, 인공지능 알고리즘 기반 경제에서의 소비자문제 연구, 한국소비자원, 2018, 7면.

의 매매 그 밖의 거래와 관련하여 '부정한 수단, 계획 또는 기교를 사용하는 행위'를 금지하고 있는데 알고리즘 거래가 여기에 해당하는지에 대한 논란이 있었다. 대법원은 "구 자본시장과 금융투자업에 관한 법률 제178조 제1항 제1호는 금융투자상품의 매매, 그 밖의 거래와 관련하여 '부정한 수단, 계획 또는 기교를 사용하는 행위'를 금지하고 있는데, 여기서 '부정한 수단, 계획 또는 기교'란 사회통념상 부정하다고 인정되는 일체의 수단, 계획 또는 기교를 말한다.[80] 나아가 어떠한 행위를 부정하다고 할지는 그 행위가 법령 등에서 금지된 것인지, 다른 투자자들로 하여금 잘못된 판단을 하게 함으로써 공정한 경쟁을 해치고 선의의 투자자(投資者)에게 손해를 전가하여 자본시장의 공정성, 신뢰성 및 효율성을 해칠 위험이 있는지를 고려해야 할 것인 데, 이 사건과 같이 금융투자업자 등이 특정 투자자에 대하여만 투자기회 또는 거래수단을 제공한 경우에는 그 금융거래시장의 특성과 거래참여자의 종류와 규모, 거래의 구조와 방식, 특정 투자자에 대하여만 투자기회 등을 제공하게 된 동기와 방법, 이로 인하여 다른 일반투자자들의 투자기회 등을 침해(侵害)함으로써 다른 일반투자자들에게 손해를 초래할 위험이 있는지 여부, 이와 같은 행위로 인하여 금융상품 거래의 공정성에 대한 투자자들의 신뢰가 중대하게 훼손되었다고 볼 수 있는지 등의 사정을 구 자본시장법의 목적·취지에 비추어 종합적으로 고려하여 판단하여야 할 것이다."[81]라고 판시한 바 있다.

---

80 대법원 2011. 10. 27. 선고 2011도8109 판결 등 참조.

81 원심은 ① 증권회사가 고객의 주문을 접수하는 방식은 주문전표 방식, 전화·전보·모사전송 등의 방식, 전자통신 방식 및 투자자가 자신의 주문을 증권사 전산시스템을 이용하여 거래소에 직접 제출하여 주문처리 속도를 높이는 DMA(Direct Market Access, 이하 'DMA'라 한다) 방식으로 다양한 데, 서로 다른 방식으로 접수된 주문들 사이의 접수시점을 언제로 볼 것인지에 관한 명확한 기준이 없고, 각 수단 사이의 시계 일치에 필요한 기술적 한계를 극복할 방법 또한 없어서 접수순서대로 주문이 체결되도록 하는 것은 사실상 불가능한 점, ② 구 자본시장법에서는 증권회사가 고객들에게 제공하는 거래 방법의 속도 차이에 관하여 아무런 규정도 두고 있지 아니하고, 유가증권시장 업무규정 시행세칙 제123조 및 금융위원회, 금융감독원, 한국거래소의 각 행정지도 공문 등에서도 주문접수시점에 관한 기준이나 DMA 방식의 주문접수를 허용할 것인지에 관한 명확한 언급이 없는 점, ③ 한국거래소 시장감시본부 팀장인 공소외 3, 금융감독원 선임조사역 공소외 4는 관련사건(서울중앙지방법원 2011고합900)의 법정에서 속도 관련 서비스들의 제공에 관한 감독규정이나 감독기관의 공문들에 관하여, 유가증권의 거래에는 원칙적으로 시간 우선의 원칙이 적용되는 것이지만 접수순서에 관한 특별한 기준이 정해져 있지 않을 뿐만 아니라 거래 수단이 다양하여 현실적으로 모든 주문에 대하여 시간 우선의 원칙을 그대로 적용할 수는 없고, 그러한 이유로 감독기관에서는 거래소와 직접 연결된 증권회사의 대외계 서버(일명 FEP 서버)에서 거래소에 이르기까지의 주문프로세스를 부당하게 배정하여 발생하는 속도 차이만을 감독할 뿐이고 그 이전 단계에

인공지능 알고리즘이 발전하면서 경쟁사의 가격정보 수집이 용이해지고 궁극적으로는 자기학습을 통하여 상대방의 전략을 사전에 알 수 있는 기술을 가지게 된다. 따라서, 어느 순간 서로 가격을 조정하거나 품질을 조정할 유인이 없어질 수 있다.[82] 이해 당사자들이 서로 만나 가격정보를 주고받지 않아도 온라인에서 가격정보 수집과 교환을 통하여 암묵적(暗黙的)으로 담합(談合)이 이루어지며 이는 소비자의 후생을 저하시키게 된다. OECD 보고서[83]는 알고리즘이 기업 담합의 성립과정에 수행하는 역할에 따라 [표 16-2]와 같이 4가지로

[표 16-2] 알고리즘 담합 유형

구분	내용
모니터링 알고리즘 (Monitoring Algorithms)	경쟁 기업이 가격 정보를 실시간으로 수집하고, 담합에서 이탈할 경우 즉시 통보함으로써 담합의 지속성을 제고
병행 알고리즘 (Parallel Algorithms)	동일한 가격 결정 알고리즘을 공동으로 이용하여 가격조정을 병행적으로 실시함으로써 직접적 의사교환 없이 담합을 가능하도록 조장
신호 알고리즘 (Signaling Algorithms)	가격 인상 신호를 실시간으로 주고받을 수 있도록 하여 담합을 촉진
자가학습 알고리즘 (Self-Learning Algorithms)	인공지능 알고리즘이 시장에서 발생하는 데이터를 학습하여 스스로 내린 결정 자체가 담합을 초래

출처: 한국소비자원(2018).

서는 증권회사가 자율적으로 주문을 처리할 수 있으며, 감독기관도 DMA 방식의 주문접수를 허용하고 있었다는 취지로 증언한 점, ④ 이 사건 당시에도 증권회사들은 거래가 빈번한 우량고객들을 유치하기 위하여 홈트레이딩시스템 속도 향상 등의 서비스를 제공하면서 이를 적극적으로 홍보하였고 외국인투자자나 기관투자자들에게 DMA 서비스를 제공하고 있었으므로, 일반투자자들도 증권회사의 속도 관련 서비스로 인한 차별의 가능성을 예견할 수 있었던 점, ⑤ 이미 투자자의 알고리즘 매매프로그램을 증권회사의 서버에 탑재하여 주문처리 속도를 높이는 등의 DMA 방식이 허용되었던 상황이었으므로, ELW 차익거래를 위하여 이를 이용한 피고인들에게 다른 투자자들의 이익을 해하려는 목적이 있었다고 보기 어려운 점 등에 비추어 피고인들이 증권회사로부터 속도 편의 서비스를 제공받아 ELW를 거래하는 것이 구 자본시장법 제178조 제1항 제1호의 '부정한 수단, 계획 또는 기교'를 사용하는 행위에 해당한다고 보기 어렵다고 판단하였다. 대법원 2014. 1. 16. 선고 2013도9933 판결. 참고로, 파생상품의 한 종류인 ELW는 주식 워런트 증권(Equity Linked Warrant)을 말한다.

82 Ezrachi,A.·M.E.Stucke, Virtual Competition, Harvard University Press, 2016, p.37(이금노, 인공지능 알고리즘 기반 경제에서의 소비자문제 연구, 한국소비자원, 2018, 49면 재인용).

83 Algorithms and collusion, OECD, 2017.

구분하여 설명한다. 암묵적인 정도와 알고리즘에 의한 자동화의 단계가 높은 자기학습 알고리즘에 의한 담합은 아직 공식적인 사례를 찾기는 어려우나 언론 등에서 소개된 내용으로는 개연성이 큰 것으로 알려져 있다.[84]

알고리즘 기반 경제는 기계학습 알고리즘 기술이 인지적 특성인 추론 등의 지능적 역할을 통하여 생산과 소비를 비롯하여 전반의 경제활동에 직간접적으로 영향을 미치는 경제를 말한다. 생산 단계에서의 인공지능 알고리즘은 비즈니스 프로세스에 있는 비효율을 최소화하여 자원의 효율적인 분배와 생산성을 높여 준다.[85]

(4) 추천 알고리즘은 객관적인가?

넷플릭스나 아마존은 한 번 찾은 고객의 취향을 분석하고, 유사한 이용자의 행태 데이터와 비교하여 서비스나 제품을 추천하는 알고리즘을 도입하고 있다. 결과적으로 이용자가 선호하는 취향을 반영함으로써 이용자도 쉽게 결정하지 못하는 의사결정을 지원하거나 더 나아가서는 자동화된 의사결정이 가능하도록 하고 있다. 그러나, 추천(推薦) 알고리즘이 이용자의 선호도에 따른 것이 아닐 수 있다는 점도 인식할 필요가 있다. 알고리즘이 제공하는 서비스 방식이 과연 이용자를 위한 것인지도 알 수 없다. 그 의도와 그것을 알고리즘화 하는 것은 기업의 수익과 밀접한 관련이 있기 때문이다. 즉, 기업은 알고리즘을 통하여 이용자가 원하는 것을 선택하도록 유도하는 것이 아니라, 기업이나 회사가 판매하고자 하는 것은 이용자가 선택하도록 유도하는 매개체로서 추천 알고리즘을 공정한 것으로 포장하여 이용에 제공하는 것일 수도 있다.[86]

이러한 경우가 사실이라면, 추천 알고리즘은 인간의 신뢰를 악용한 사례가 될 것이고, 부도덕하거나 비윤리적인 회사라는 인식이 확산될 것이다. 그러할 경우, 알고리즘을 통하여 인간의 행위를 유도하는 것에 대한 신뢰의 문제로

---

84 김건우, 알고리즘으로 움직이는 경제 디지털 카르텔 가능성 커진다, LG경제연구원. 2017, pp.15~16.
85 알고리즘 경제성에 대해서는 이금노, 인공지능 알고리즘 기반 경제에서의 소비자문제 연구, 한국소비자원, 2018, 17면, 알고리즘 유형에 대해서는 49~50면 참조.
86 "알고리즘을 이용한 맞춤형 추천이 특정 요인에 가중치를 두어 결과를 일정 방향으로 유도했다면, 이는 투입된 정보를 정확하게 계산하여 결과를 도출한 것으로 이해하기보다 이미 결정된 방향과 일치하는 결과를 이끌어내기 위해 알고리즘을 이용했다고 볼 수도 있다."는 주장은 이를 뒷받침한다. 최지연, 알고리즘 중립성 보장을 위한 법제 연구, 한국법제연구원, 2017, 38면.

이어질 것이라는 점은 부인할 수 없다. 이는 추천 알고리즘과 그 알고리즘이 가져오는 결과의 신뢰의 문제로, 인공지능에 대한 전반적인 불신으로 이어질 가능성도 없지 않다.

(5) 표현의 자유의 침해

알고리즘을 통하여 나타나는 결과는 그 과정에서 필터링이 이루어질 수 있고, 우선순위가 달라질 수 있다. 어떠한 의도성을 가진 필터링은 결과에 대한 객관성을 담보하기 어렵다. 물론, 특정 목적을 위한 필터링이라고 주장할 수 있지만, 표현을 왜곡할 수 있으며 그러한 왜곡된 데이터는 의사결정이나 연구의 결과에 부정적인 영향을 미칠 수 있기 때문이다.

또한, 검색과정에서 알고리즘을 통하여 우선순위 기업이 후순위로 노출되는 경우도 가능하다. 이러한 점은 개인의 의사표현의 자유에 대한 침해라고 할 수 있으며, 기업의 경우에는 영업자유의 침해에 해당할 수 있다. 따라서, 검색광고사업자의 검색결과는 광고를 위한 기본적인 목적이라는 것을 보편적인 수준의 이용자가 인지할 수 있도록 검색광고와 검색서비스의 구분이 필요하다. 더 나아가, 저작권상 일반조항인 공정이용(fair use) 규정이나 safe harbor 규정을 일반 사기업에 적용하는 것에 대해서는 좀 더 고려할 필요가 있다.

(6) 정보 비대칭성

인공지능 알고리즘 사용은 사업자와 소비자 사이의 정보 비대칭성이 커 소비자가 이의 작동원리를 이해하기 쉽지 않고 사용 여부나 적정성 등을 인지하거나 분석하기 어려움이 있다.[87] 복잡한 알고리즘의 구동 방식을 소비자가 이해하기 어려워질수록 편향성 문제가 대두된다. 알고리즘은 설계한 자, 그리고 이의 설계를 의뢰하고 비즈니스에 활용하는 자, 알고리즘에 의한 결과값을 적용받는 자 사이에 정보 비대칭성이 매우 높다. 따라서, 알고리즘을 설계하는 사람이 편향된 의도를 갖고 로직을 설계할 수도 있다. 알고리즘이 설계될 때 설계자나 설계의뢰자의 편익을 극대화하는 방향으로 만들어지면 그 결과물은 보편적(普遍的) 이익과는 거리가 먼 편향성을 갖게 된다. 문제는 알고리즘의 특성상 이러한 편향성을 소비자가 인지하거나 추적하는 것이 매우 어렵거나 불

---

87 이금노, 인공지능 알고리즘 기반 경제에서의 소비자문제 연구, 한국소비자원, 2018, 9면.

가능하다는 것이다. 최근 제기되는 대부분 인공지능 알고리즘 관련 소비자문제는 예측 불가능한 불확실성의 증대가 편향성과 결합되면서 발생하고 있다.[88] 따라서, 알고리즘에 대한 정보접근성을 확보하거나 해당 알고리즘이 활용된 서비스에 대한 설명의무를 확대할 필요가 있다.

(7) 사회적 편익의 저해[89]

알고리즘에 의한 통제와 편향성의 문제를 수정할 권한이 없다면 지능정보사회에서 많은 이용자들은 더 이상 알고리즘을 통제하는 주체가 아니라 알고리즘에 의한 판단에 의하여 좌우되는 대상으로 전락할 것이다. 블랙박스에 갇혀 그 작동방식에 해당하는 알고리즘을 알지 못하면 알고리즘 모델을 설계한 주체의 이해관계에 따른 판단이 자동적으로 확대되고, 이것이 반복되면 부당하거나 부적절한 편견에 의한 판단에 영향을 받게 될 것이다. 그렇다면, 알고리즘 설계에 관여하는 내부자에게는 이익이 되더라도 사회 전반적인 이익은 저하될 것이다. 따라서, 특정 계층만의 이익이 아닌 사회 전반의 이익이 달성될 수 있도록 규제정책의 목표(目標)가 설정될 필요가 있다.

라. 투명성 확보를 위한 알고리즘 거버넌스

정부는 인공지능 알고리즘과 관련된 다양한 이슈에 대한 투명성을 확보할 수 있어야 한다.[90] 다만, 당사자 간 이익균형과 산업의 발전을 고려해 거버넌스를 설계해야 한다. 먼저 규범적 이슈에 대한 방향성이 정립되면 이 규범적 이슈가 현재의 법제로 규율이 가능한가를 살피고, 가능하지 않다면 새로운 규제 거버넌스를 마련할 필요가 있다.[91]

---

88 이금노, 인공지능 알고리즘 기반 경제에서의 소비자문제 연구, 한국소비자원, 2018, 19~20면.
89 이호영 외, ICT기반 사회현안 해결방안 연구, 정보통신정책연구원, 2017.2, 57면.
90 EU Civil Law Rules on Robotics 12. 투명성의 원칙을 강조한다. 즉, 하나 이상의 사람의 삶에 실질적인 영향을 미칠 수 있는, 인공지능의 도움을 받아 내린 결정에 대해 항상 그 근거를 제시할 수 있어야 한다. 인공지능 시스템의 계산을 인간이 이해할 수 있는 형태로 항상 전환할 수 있도록 하는 것을 고려한다. 발전된 로봇은 그것의 의사결정에 기여한 논리를 포함하여, 그 기계에 의해 수행되는 모든 처리과정에 대한 데이터를 기록하는 '블랙 박스'를 장착하도록 하는 것을 고려한다.
91 이금노, 인공지능 알고리즘 기반 경제에서의 소비자문제 연구, 한국소비자원, 2018, 65, 90면.

(1) 투명성 확보 방안으로서 규제

알고리즘 규제는 현행 법제도를 기반으로 할 수밖에 없으며, 알고리즘으로 인해 발생할 수 있는 피해 내지 예견되는 문제의 범위, 정도 및 미치는 영향에 따라 추가하거나 개선해 나가는 것이다. 따라서, 알고리즘 규제의 체계를 분석하는 일 역시, 알고리즘에 따라 구현되는 인공지능의 내용과 이를 규제하고자 하는 보호법익에 의거하여 종전의 규율을 내용별로 분류하는 작업으로, 이와 같은 관점(觀點)에서 알고리즘 규제의 체계를 나누어 본다면 다음과 같은 분류가 가능하다.[92]

첫째, 개인정보 보호법의 관점에서 알고리즘에 투입하는 데이터를 관리하고 통제하는 데이터 거버넌스 분야를 생각할 수 있다.

둘째, 알고리즘은 투명성 확보 차원에서 규율할 필요가 있다. 불투명한 알고리즘은 여러 가지 법률문제를 야기할 수 있기 때문에 그러한 측면에서 알고리즘의 투명성을 위한 규율이 필요하다는 것이다.

셋째, 알고리즘으로 인한 위해 발생 시 책임 귀속에 대한 문제 역시 중요하다. 인공지능 알고리즘이 작동하여 어떠한 법률 작용을 일으켰을 때, 그에 대한 인과관계가 겉으로 드러나지 않는 경우가 많기 때문이다.

마지막으로, 공법 및 행정 영역에서 알고리즘을 이용할 때, 법률적합성의 원칙을 포함한 행정법상의 일반 원칙에 따른 규율 역시 필요하다. 알고리즘에 의해 작동하여 내려진 결정이 행정법상 어떤 의미를 가지는 데, 이에 대해 어떤 절차를 통하여 불복할 수 있을지 고려가 필요하다.

(2) 알고리즘에 대한 설명요구권의 구현

(가) 설명요구권

설명요구권이란 알고리즘이 어떠한 결정을 내렸을 때, 그 내리는 과정과 결과에 대해 이해당사자가 설명을 요구할 수 있는 권리이다.[93]

(나) 기사배열방침의 공개 - 최소한의 설명의무

신문 진흥법은 인터넷뉴스서비스사업자의 준수사항으로 기사배열의 기본

---

92 선지원, 인공지능 알고리즘 규율에 대한 소고, 경제규제와 법 제12권 제1호, 2019, 28면 이하 참조.
93 설명요구권에 대한 자세한 설명은 본 서 제14절 '인공지능 프로파일링과 개인정보' 참조.

방침을 공개토록 의무화하고 있다.[94] 즉, 인터넷뉴스서비스사업자는 기사배열의 기본방침이 독자의 이익에 충실하도록 노력하여야 하며, 그 기본방침과 기사배열의 책임자를 대통령령[95]으로 정하는 바에 따라 공개하여야 한다고 함으로써, 사람 또는 알고리즘이 수행하는 기사배열의 편향성을 막기 위한 목적이지만 관련 정보의 공개 범위를 기사배열의 기본방침 및 책임자로 한정하고 있다. 기사배열의 원칙이 공익 가치 존중, 인격권 보호 등 추상적 용어로 규정되어 있다는 점에서 알고리즘의 편향성에 대한 우려를 해소(解消)할 수 있는 수준의 정보공개가 이루어지지 않는 것으로 평가된다.[96]

다만, 법조항에 기사배열의 기본방침과 책임자를 공개토록 함으로써 기사배열에 사용된 알고리즘의 공정성과 중립성을 보장하고자 최소한의 장치를 둔 것으로 볼 수 있으나 현실에서 그 공개 방침에 대해 알아보자면 "정보를 더 빠르고 정확하게 전달"이라든지 "이롭고 바른 정보를 제공" 등의 선언적 표현으로 요건을 갖추는 등 효과는 크지 않다는 견해도 있다.[97]

(3) 알고리즘 적용 거부권

알고리즘의 재산권 보장을 위해 정보주체에게 알고리즘의 구체적 내용의 공개를 요구할 권리를 부여하기는 어려우나 알고리즘의 비공개 또는 제한적 공개가 정보주체의 인격권을 침해할 우려가 있다는 점에서 정보주체의 방어권이 보장되어야 한다. 즉, 알고리즘의 제한적 공개에 대응해 정보주체에게 알고

---

94 최지연, 알고리즘 중립성 보장을 위한 법제 연구, 한국법제연구원, 2017, 28면~29면.
95 신문 등의 진흥에 관한 법률 시행령 제8조(인터넷뉴스서비스사업자의 준수사항) ① 법 제10조 제1항에 따라 인터넷뉴스서비스사업자는 제공하는 인터넷뉴스서비스에서 언론의 기사를 연결하여 종합적으로 제공하는 화면 중 연결 단계구조의 최상위 화면에 기사배열 기본방침과 기사배열책임자를 공개하되, 기사배열 기본방침의 구체적인 내용은 해당 화면이나 별도 화면으로 연결되어 볼 수 있도록 제공하여야 한다. 다만, 다음 각 호의 어느 하나에 해당하는 경우에는 기사배열 기본방침과 기사배열책임자를 공개하지 아니할 수 있다.
　1. 인터넷뉴스서비스사업자가 기사배열 등 편집에 관여할 수 없는 형태로 언론의 기사를 매개하면서 그 사실을 해당 화면에 표시한 경우
　2. 인터넷뉴스서비스사업자가 제7조 제3호에 따라 등록이 제외된 경우
　② 법 제10조 제3항에 따라 인터넷뉴스서비스사업자는 그가 제공 또는 매개하는 기사와 독자가 생산한 의견 등이 혼동되지 아니하도록 다음 각 호의 사항을 준수하여야 한다.
　1. 개별 기사에 대한 독자의 의견은 기사와 명확하게 구별될 수 있도록 표시할 것
　2. 동일 서비스 영역에서 제공 또는 매개하는 기사와 독자가 생산한 의견 등이 함께 실린 경우에는 명확히 구분될 수 있도록 표시할 것
96 이제희, 알고리즘의 취급에 대한 법적 논의, 공법학연구, 제19권 제3호, 2018, 322면.
97 최지연, 알고리즘 중립성 보장을 위한 법제 연구, 한국법제연구원, 2017, 29면.

리즘 적용에 대한 거부권(拒否權)을 보장하는 것이다.[98]

개인정보의 수집·활용은 알고리즘의 활용을 전제로 하며, 개인정보의 수집·활용에 대한 동의 과정에서 알고리즘의 영향이 정보주체에게 고지된다면, 개인정보의 수집·활용에 대한 동의는 알고리즘의 활용에 대한 동의도 포함한다. 개인정보의 알고리즘 처리에 대한 정보주체의 반대권을 모든 경우에 인정하기보다 EU와 같이 법적 영향을 미치는 경우로 제한하여 인정할 필요가 있다.[99]

프로파일링 등을 통하여 정보주체에게 제공되는 영상, 음악, 뉴스 등의 정보가 정보주체의 이익으로 작용하는 측면이 존재하기 때문이다. 정보주체의 알고리즘 처리 거부에 따라 본래의 서비스 이용이 현저히 곤란하다면, 정보처리자의 서비스 제공을 중지(中止)할 권리도 검토되어야 한다.[100]

(4) 입증책임의 전환

기술의 고도화에 따른 문제 발생 및 그로 인한 입증책임은 이를 주장하는 자에게 있으나,[101] 일반인인 비전문가에게 요구하는 것은 합리적인 사법정책 결정이라고 보기 어렵다. 따라서, 대법원의 판단처럼 "고도의 기술이 집약되어 대량으로 생산되는 제품의 결함을 이유로 그 제조업자에게 손해배상책임을 지우는 경우 그 제품의 생산과정은 전문가인 제조업자만이 알 수 있어서 그 제품에 어떠한 결함이 존재하였는지, 그 결함으로 인하여 손해가 발생한 것인지 여부는 일반인으로서는 밝힐 수 없는 특수성이 있어서 소비자 측이 제품의 결함 및 그 결함과 손해의 발생과의 사이의 인과관계를 과학적·기술적으로 입증한다는 것은 지극히 어려우므로 그 제품이 정상적으로 사용되는 상태에서 사고가 발생한 경우 소비자 측에서 그 사고가 제조업자의 배타적 지배하에 있는 영역에서 발생하였다는 점과 그 사고가 어떤 자의 과실 없이는 통상 발생하지 않는다고 하는 사정을 증명하면, 제조업자 측에서 그 사고가 제품의 결함이 아닌 다른 원인으로 말미암아 발생한 것임을 입증하지 못하는 이상 그 제품에게 결

---

98 이제희, 알고리즘의 취급에 대한 법적 논의, 공법학연구, 제19권 제3호, 2018, 325~326면.
99 이제희, 알고리즘의 취급에 대한 법적 논의, 공법학연구, 제19권 제3호, 2018, 326면.
100 이제희, 알고리즘의 취급에 대한 법적 논의, 공법학연구, 제19권 제3호, 2018, 326면.
101 박소영, 손해배상책임 관점에서의 인공지능 특징과 관련 제도 논의, LAW&TECHNOLOGY 통권 제81호, 2019, 38면.

함이 존재하며 그 결함으로 말미암아 사고가 발생하였다고 추정하여 손해배상
책임을 지울 수 있도록 입증책임을 완화하는 것이 손해의 공평·타당한 부담을
그 지도원리로 하는 손해배상제도의 이상에 맞다."[102]고 생각한다.

알고리즘에 의하여 발생하는 사고 또는 그 결과에 대한 원인(原因)을 알
수 없을 뿐더러, 그것을 추론하거나 또는 설명한다는 것은 더욱 어렵기 때문에
입증책임의 전환 내지 완화가 필요하다. SW의 제조물성에 따라 제조물책임법
에 포섭될 수 있는지 여부를 기준으로 삼을 필요가 있다.[103] 개발자도 학습과정
에 따른 결과를 설명할 수 없다는 점에서 그 책임을 이용자에게 부담시키는 것
은 공정하지 못하기 때문이다.

마. 알고리즘의 투명성 확보

(1) 알고리즘의 투명성

시장을 선도하는 알고리즘을 만들었다고 했을 때, 이를 공개하도록 하는

---

102 참고로, 급발진 사고가 운전자의 액셀러레이터 페달 오조작으로 발생하였다고 할지라도, 만
약 제조자가 합리적인 대체설계를 채용하였더라면 급발진 사고를 방지하거나 그 위험성을
감소시킬 수 있었음에도 대체설계를 채용하지 아니하여 제조물이 안전하지 않게 된 경우
그 제조물의 설계상의 결함을 인정할 수 있지만, 그러한 결함의 인정 여부는 제품의 특성
및 용도, 제조물에 대한 사용자의 기대의 내용, 예상되는 위험의 내용, 위험에 대한 사용자
의 인식, 사용자에 의한 위험회피의 가능성, 대체설계의 가능성 및 경제적 비용, 채택된 설
계와 대체설계의 상대적 장단점 등의 여러 사정을 종합적으로 고려하여 사회통념에 비추어
판단하여야 한다. 제조자가 합리적인 설명·지시·경고 기타의 표시를 하였더라면 당해 제조
물에 의하여 발생될 수 있는 피해나 위험을 줄이거나 피할 수 있었음에도 이를 하지 아니
한 때에는 표시상의 결함에 의한 제조물 책임이 인정될 수 있지만, 그러한 결함 유무를 판
단함에 있어서는 제조물의 특성, 통상 사용되는 사용형태, 제조물에 대한 사용자의 기대의
내용, 예상되는 위험의 내용, 위험에 대한 사용자의 인식 및 사용자에 의한 위험회피의 가
능성 등의 여러 사정을 종합적으로 고려하여 사회통념에 비추어 판단하여야 한다. 대법원
2004. 3. 12 2003다16771 판결.
103 참고로, 20대 국회에서 발의된 바 있는 제조물책임법 개정안에는 "HW를 운영하는 인공지
능 및 각종 SW를 제조물책임법상 제조물에 추가하려는" 법안이 발의된 바 있다. 즉, 현행법
은 "'제조물'의 정의를 제조되거나 가공된 '동산'으로 그 범위를 한정하고 있어 SW를 포섭하
기 어려움. 이는 4차 산업혁명 시대에 빈번해질 SW가 포함되어 발생한 손해에 대한 법적
분쟁 해결이 어려움을 의미함. 가령 자율운행자동차 사고가 발생하였을 때, 자동차제조사
(HW), 자율운행프로그램개발사(SW), 운전자(소비자) 간 손해배상책임 분담 등의 분쟁을 해
결해 줄 제도가 부재한 상황이라서, 4차 산업을 포함할 수 있도록 제조물의 정의를 확장할
필요가 있음. 이에 현행 제조물의 정의에 'SW'를 추가함으로써 HW를 운영하는 인공지능 및
각종 SW를 제조물책임법상 제조물에 추가하려는 것임(안 제2조)."을 입법취지에서 밝히고
있다.

것은 경제적 이익을 침해할 수 있으며, 오히려 부정사용 등으로 인해 알고리즘이 훼손(毁損)될 우려도 있다. 또한, 이러한 알고리즘 공개가 이용자들에게 정말로 필요한 것인지, 공개한다고 해서 그 의미를 알 수 있는가라는 질문 역시 존재한다. 그럼에도 불구하고 현재 알고리즘의 투명성을 확보하려는 노력은 알고리즘이 아직은 인간의 영향력에 놓이게 되고, 따라서 편향에서 벗어나기 어렵다는 인식에서 출발한다. 즉, 알고리즘에 의해 자동으로 생성되는 뉴스에 있어 투명성에 대한 요구는 단지 산업의 차원이나 개인의 수용자 요구에 부응하기 위한 것이 아니라, 저널리즘의 책무성 차원에서 요구되는 것이다. 편견 없이 정보에 접근할 수 있게 하고, 형평성 있고 검열(檢閱)되지 않은 정보를 알 수 있으며, 그에 맞추어 건전한 공론을 형성하게 하는 미디어의 역할에 비추어, 자동으로 만들어지는 뉴스는 그 뉴스의 제작과정에 대한 일정 정보의 투명성을 보장해야 할 필요가 있다.[104]

알고리즘의 투명성과 관련하여, 공개되어야 하는 정보로는 인간의 개입, 데이터, 모델, 추론, 알고리즘 존재 등 다섯 가지가 제시된 바 있다.[105] 먼저, 인간의 개입은 알고리즘의 목표와 목적, 그리고 의도를 설명하는 것이며, 해당 알고리즘이 작동하는 데에 결정적인 사회적 맥락에 대해서 알리는 것이다. 데이터의 경우는 데이터의 정확성, 완전성, 불확실성, 시의성, 표본대표성, 가정과 한계 등에 대한 공개가 필요하다. 모델의 통계적 가정을 공개하는 것 역시 중요하고, 분류와 예측의 추론과정 역시 공개의 대상이다. 중요한 것은 알고리즘의 존재를 공개하는 것으로, 어떤 관리되는 경험의 요소들이 필터링되어 사라져 버리는가에 대해 정보를 표면화하는 것에 관련되어 있다.

(2) 투명성 확보와 설명가능성

투명성 확보를 위해서는 무엇보다, 해당 알고리즘의 왜 그러한 결과를 가져왔는지에 대해 이해할 수 있어야 하며, 그 이해는 시스템에서 설명가능하게 구현될 필요가 있다. 시스템적으로 구현이 어렵다면, 그 알고리즘을 설계한 사

---

104 오세욱 외, 디지털 저널리즘 투명성 제고를 위한 기술적 제안, 한국언론진흥재단, 2016, 121~122면.
105 Diakopoulos, Algorithmic Transparency in the News Media, Digital Journalism, 2016, p.60(오세욱 외, 디지털 저널리즘 투명성 제고를 위한 기술적 제안, 한국언론진흥재단, 2016, 121~122면 재인용).

람이 그 결과를 설명해 줄 수 있어야 한다. 그렇지만, 블랙박스화 되는 기계학습 과정은 그 누구도 결과를 명확하게 설명하기는 어려운 상황이기 때문에 인위적으로라도 설명이 필요한 알고리즘의 구현이 필요하다.[106]

또한, 설명가능성을 확보하기 위한 방법으로 알고리즘에 사용된 데이터가 보관되어야 한다. 'EU 디지털 싱글마켓을 위한 저작권 지침'(이하, DSM 지침이라 함)[107] 등 각국의 저작권법제는 데이터 마이닝(data mining)을 할 경우에 저작권 침해로부터 면책을 부여하고 있으며, 수집된 데이터를 일정한 경우 보존할 수 있도록 허용하고 있기도 하다.[108]

이러한 상황에서 알고리즘의 결과에 따른 손해가 발생했을 때, 설명의무는 제대로 검증되지 않을 가능성도 있다. 동작이 설명되지 않으면 피해자가 인공지능 사고의 원인과 인과관계를 입증하기 어렵기 때문에 책임을 회피하고 싶은 기업으로서는 설명가능성을 향상(向上)시킬 필요성이 크지 않을 것이다.[109] 실질적인 설명의무가 이행되도록 손해에 대한 입증책임을 무과실책임으로 전환하여 원인자의 책임을 강화함으로써, 과정 및 결과에 대한 설명가능성을 담보할 수 있다.

(3) 설명가능한 알고리즘

투명성은 알고리즘을 설명할 수 있어야 한다는 것이며, 알고리즘으로 XAI를 도입함으로써 구체화할 수 있다. 무엇보다, XAI는 인공지능의 행위와 판단을 사람이 이해할 수 있는 형태로 설명할 수 있는 인공지능을 의미한다. 알고리즘은 사용자의 요청에 따라 자율적으로 처리하고 응답하지만 문제해결 과정은 사람이 알 수 없기 때문에 알고리즘이 작동하는 내용을 알 수 없다는 의미의 '블랙박스 인공지능'과 대비되는 표현이자 개념이다.

---

106 인공지능의 결과값에 대해 설명이 필요하다는 주장 등에 대해서는 최윤섭, 의료 인공지능, 클라우드나인, 2018, 400면 이하 참조.

107 Directive (EU) 2019/790 of the European Parliament and of the Council of 17 April 2019 on copyright and related rights in the Digital Single Market and amending Directives 96/9/EC and 2001/29/EC.

108 텍스트/데이터 마이닝을 수행하기 위해 복제하고 추출하는 것으로 볼 수 있는 저작물이나 그 밖의 보호대상의 복제물은 적절한 수준의 보안을 갖춰 저장하여야 하고, 연구결과의 검증 등 과학적 연구목적을 위해 유지할 수 있도록 하고 있다. DSM 지침 제3조.

109 박소영, 혁신 채찍, 그 사례와 인공지능·빅데이터 시대에서의 역할, LAW&TECHNOLOGY 제15권 제5호(통권 제83호) 2019, 71면.

[그림 16-2] XAI의 구조

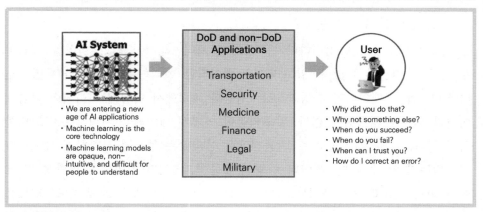

출처: DARPA(2019).

XAI를 인공지능이 최종 결론에 이른 이유와 그 과정을 사람이 이해할 수 있게 설명하는 새로운 인공지능 SW로 정의될 수 있으며,[110] 이에 대해 구체적인 마스터 작업을 진행하고 있기 때문에 다양한 개발사들에서도 설명가능한 알고리즘을 도입하거나 논의할 가능성이 높다.

[그림 16-3] XAI 프로세스

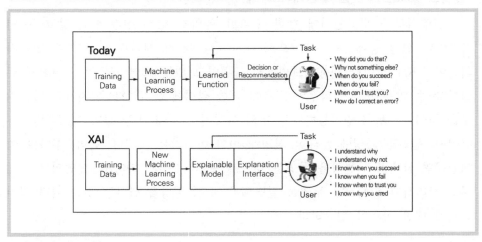

출처: DARPA(2019).

---

110 https://www.darpa.mil/program/explainable－artificial－intelligence

바. XAI는 무엇을, 어디까지 설명해야 하나?

(1) 설명할 수는 있는가?

데이터의 속성을 정리하다가 XAI가 알고리즘의 블랙박스 현상을 설명할 수 있을지 의문이 들었다. 알고리즘은 데이터를 처리하는 과정이 불투명(不透明)하다. 먼저, 데이터가 가명화 또는 익명화 과정에서 어떻게 처리되어 학습데이터가 되는지 명확하지 않다. 알고리즘이 어떻게 데이터를 처리하는지도 명확하지 않다. 실제, 개인정보 수집 과정에서 동의받는 목적에 부합하게 데이터가 처리되는지 알 수 없다. 데이터 양의 방대함[111], 데이터 처리의 불명확성 및 데이터 학습 알고리즘의 불명확성으로 인하여, 개발자는 물론 이용자도 그 내용을 알 수 없는 블랙박스 현상이 발생한다. 수집하거나 제공되는 데이터를 분석하여, 결과물을 만들어냈지만 데이터와 그 결과의 상관관계를 확인할 수 있을 뿐, 인과관계를 확인하기 어렵다. 법적으로 원인에 따른 결과를 인과관계라고 하지만, 이를 인공지능은 명확하게 설명하기 어렵다는 문제가 있다. 물론, 사람도 어떠한 내용을 판단할 때, 그 판단 기준을 명확하게 제시하기 어려운 것은 마찬가지이다. 따라서, 기계에게 사람처럼 설명할 수 없는 결과를 설명하도록 요구하는 것이 원칙적으로 불가능한 영역을 아닐까하는 의문인 것이다.

(2) XAI는 무엇을 설명해야 하나?

설명의무가 무엇인지에 대한 명확한 합의가 없는 상황에서, 알고리즘의 조작이나 편견 등에 대한 대안으로 제시되는 XAI가 제대로 기능할 수 있을지 의문이다. GDPR이나 신용정보법에서 규정하고 있는 설명의무 등을 어떻게 현실화할 수 있을까? 설명의무와 결과에 대한 설명에 불과하다면, 지금과 다르지 않을 것이다. 즉, 설명가능하다는 것의 목적이 결과에 대한 설명가능을 말하는 것이지, 원인과 과정에서 대한 설명(說明)이 아니라는 점이다. 만약, 후자로 이해된다면 블랙박스 현상을 설명한 것으로 보기 어렵다. 따라서, 설명의무를 제대로 정리하기 위해서는 무엇을 설명해야 하고, 설명을 한다는 것은 어떤 의미인지에 대한 합의가 필요하다.

---

111 빅데이터라는 표현은 데이터를 통계적으로 표본을 샘플링해서 분석하는 것이 아니라, 모든 데이터(n=all)를 사용하여 분석할 수 있는 기술적인 배경이 자리하고 있다.

(3) 높아지는 XAI의 실현가능성

DARPA나 IBM에서의 XAI에 관한 연구와 관심과 같이, XAI의 실현가능성은 높아지고 있다. 특히, 기업이 설명가능성의 중요성을 주장하고 있다는 점에서 어느 시점에서 설명가능성은 인간이 이해할 수 있는 수준까지 이를 것으로 예상된다. 다음은 IBM이 강조하는 XAI의 중요성에 관한 사항이다.[112]

"XAI는 기계학습 알고리즘으로 작성된 결과와 출력을 인간인 사용자가 이해하고 이를 신뢰할 수 있도록 해주는 일련의 프로세스와 방법론이다. XAI를 사용하면 인공지능 모델, 이의 예상된 영향 및 잠재적 편향을 기술할 수 있다. 이는 인공지능 기반 의사결정에서 모델 정확성, 공정성, 투명성 및 최종 결과를 특성화하는 데 유용하다. XAI는 기업이 인공지능 모델을 생산에 투입할 때 신뢰감과 자신감을 얻는 데 있어서 매우 중요하다. 인공지능의 설명가능성은 기업이 인공지능 개발에 책임 있는 접근 방식을 적용하는 데도 도움이 된다."

이처럼, 인공지능에 대한 인간의 신뢰성을 가져올 수 있는 방안으로써 XAI는 인공지능에 대한 막연한 두려움을 벗어날 수 있는 수단(手段)이 될 것이다. 물론, 정부에서도 원천기술로서 XAI에 대한 투자를 통하여 인공지능에 대한 신뢰성 확보에 대해 노력하고 있다는 점도 긍정적이다.

사. 알고리즘의 공정성 확보를 위한 단계적 대응

(1) 설계 단계

편향성은 이미 인간에게 내재화된 습성이므로, 알고리즘은 설계자의 편향성이 반영될 수밖에 없으며, 알고리즘의 활용 과정에서 기존 데이터에 존재하는 편향성 등으로 인해 설계자가 의도하지 않은 편향성이 나타날 수 있다.[113] 설계자가 의도하지 않았더라도 알고리즘의 활용이 헌법적 가치를 훼손하거나

---

112 https://www.ibm.com/kr−ko/watson/explainable−ai. 2021.8.7.일자 검색.
113 "알고리즘의 편향성은 비단 입력 자료의 문제만은 아니다. 알고리즘의 내적 작동, 곧 설계가 이미 편향성을 강화하고 증진하도록 하는 시스템인 경우도 있기 때문"이라고 한다. 허유선, 인공지능에 의한 차별과 그 책임 논의를 위한 예비적 고찰 − 알고리즘의 편향성 학습과 인간 행위자를 중심으로, 한국여성철학 제29권, 2018, 190면.

법률에 위반되는 결과를 초래한다면 국가의 개입이 이루어져야 할 것이며, 위법한 알고리즘을 영업비밀로 보호한다면 국가는 평등권 수호, 사회적 약자 보호 등의 헌법적 의무를 이행하지 않는 것[114]으로 이해될 수 있다. 다만, 설계자가 의도하지 않은 알고리즘의 편향성이 불법적 요소를 갖는 경우, 설계자가 이를 예측할 수 없다면 알고리즘의 편향성에 대해 설계자의 책임을 물을 수 없으며, 민법 제750조의 "고의 또는 과실로 인한 위법행위로 타인에게 손해를 가한 자는 그 손해를 배상할 책임이 있다."는 불법행위의 책임 규정에 근거한다.[115]

따라서, 알고리즘에 대한 설계자의 무과실책임을 인정하지 않으면 알고리즘의 편향성으로 인해 피해가 발생하는 경우, 가해자는 없고, 피해자만 존재하는 상황이 발생하게 된다.[116] 법률의 개정을 통하여 알고리즘 설계자의 무과실책임을 규정하여 알고리즘의 비의도적인 편향성에 대한 설계자의 책임을 인정하고, 설계자의 책임이 인정되지 않는 예외적 사유를 규정하는 것이 필요하며,[117] 이는 알고리즘에 반영되는 것을 막고자 하는 것으로 예방적 차원에서 알고리즘의 설계 단계에서의 대응(對應)이다.[118]

전문가들은 인공지능은 아직 개발 중에 있으므로 섣부른 정부 개입은 도리어 안전하고 책임 있는 기계를 개발하는 데 방해 요소로 작용할 수 있기 때

---

114 이제희, 알고리즘의 취급에 대한 법적 논의, 공법학연구, 제19권 제3호, 2018, 326면.
115 이제희, 알고리즘의 취급에 대한 법적 논의, 공법학연구, 제19권 제3호, 2018, 327면.
116 "책임 있는 알고리즘 설계를 위해서는 먼저 가장 직접적인 행위 주체라 할 수 있는 연구자, 개발자들에 책임 있는 태도가 촉구된다."고 한다. 허유선, 인공지능에 의한 차별과 그 책임 논의를 위한 예비적 고찰 – 알고리즘의 편향성 학습과 인간 행위자를 중심으로, 한국여성철학 제29권, 2018, 200면.
117 이제희, 알고리즘의 취급에 대한 법적 논의, 공법학연구, 19권 3호, 2018, 327면.
118 "근본적으로 알고리즘의 편향성, 그로 인한 인공지능의 차별적 작동 및 기존 차별의 확산과 강화를 막기 위해서는 개발 초기, 설계 단계부터 차별 문제를 민감하게 고려하며 이를 지양하는 책임 있는 설계가 요구된다. 이는 종종 윤리적 설계로도 불린다. 알고리즘의 편향성, 그로 인한 인공지능의 차별적 작동 및 기존 차별의 확산과 강화를 막기 위해서는 개발 초기, 설계 단계부터 차별 문제를 민감하게 고려하며 이를 지양하는 윤리적 설계가 요구된다.(중략) 알고리즘의 책임 있는, 윤리적 설계는 어떠한 방향성을 가질 수 있는가? 아실로마 인공지능 원칙은 인공지능("특히 고도로 자율적인 인공지능")이 인간의 가치와 합치하도록 설계되어야 한다고 선언한다. 인간의 가치와 합치하는 인공지능이란 인간의 존엄성, 권리, 자유 및 문화 다양성과 양립될 수 있도록 설계된 것이며, 운영 과정이 이러한 가치를 지향할 수 있게 설계된 것이다. 이를 위해 인공지능에 대한 인간의 통제 역시 설계의 주요 고려 사항이 되어야 할 것"이라고 한다. 허유선, 인공지능에 의한 차별과 그 책임 논의를 위한 예비적 고찰 – 알고리즘의 편향성 학습과 인간 행위자를 중심으로, 한국여성철학 제29권, 2018, 198면.

문에 대신 프로그램이나 알고리즘을 설계하는 사람들에게 더욱 높은 도덕적·윤리적 책임을 부과해야 한다는 의견이 제시되곤 한다. 또한, 미국 정부도 상용화에 임박한 드론, 자율주행차, 암 진단 분석 시스템 등에 대해서는 규제 및 감독기능을 집중하는 반면 기술개발이 진행되고 있는 인공지능 분야에서는 때이른 법제화나 규제의 도입보다는 기존의 법적 원칙들의 탄력적 적용이나 공정성, 책임성, 투명성, 적법절차와 같은 정책적인 방향성 제시에 무게중심을 두고 있다.[119]

설계 단계에서 편향성을 배제시킬 수 있는 방안은 설계자에 대한 인식과 책임을 부담시키는 것이라고 보며, 그 책임을 벗어난 경우에 법적 규제의 단계를 거치도록 하는 것도 알고리즘의 공정성을 확보할 수 있는 방안이다.

(2) 이용 단계 – 알고리즘 리터러시[120]

앞서 살펴본 설계 단계에서는 설계자의 법적 책임보다는 윤리적, 도덕적 책임을 강조하는 경우라고 볼 수 있으나 설계 단계에서도 법적 책임 또는 규제를 강화할 필요성을 부인하기 어렵다. 다만, 이용 단계에서 이용자가 알고리즘과 그에 따른 결과 등을 이해할 수 있는 능력을 키우는 것도 공정성을 확보하는 방안 중 하나이다.

디지털 경제의 발전으로 이를 이해하고 이용할 줄 아는 소비자와 그렇지 못한 소비자와의 사이에 발생하는 격차, 곧 리터러시(literacy)에 대한 관심과 이 격차를 해소하기 위한 정책 필요성이 증가하고 있다. 이의 연장선상에서 알고리즘 리터러시는 소비자가 인공지능 알고리즘의 기본적인 작동원리를 이해하고 활용할 수 있는 역량을 의미한다. 알고리즘 소비가 확대되며 이를 이해 및 활용할 수 있는 소비자와 그렇지 않은 소비자 집단이 정보의 획득과 상품이나 서비스의 소비 과정에서 획득하는 효용이 달라질 수 있다. 디지털 경제에 취약한 계층에 대한 정책적 배려가 필요한 이유이다.

정부가 정보격차(情報隔差)를 해소하기 위한 세부적인 내용을 규율하기에는 발전 속도와 그 범위가 너무 빠르고 방대하기 때문에 소비자 스스로가 사업

---

119 윤지영 외, 법과학을 적용한 형사사법의 선진화 방안(Ⅷ), 한국형사정책연구원, 2017, 300면. 134면.
120 이금노, 인공지능 알고리즘 기반 경제에서의 소비자문제 연구, 한국소비자원, 2018, 60, 112면.

자의 알고리즘 사용의 기본 개념과 작동원리에 대한 최소한의 이해가 필요하다. 디지털 기술에 대한 이해와 활용 능력을 의미하는 디지털 리터러시(digital literacy)에서 한걸음 더 나아가 소비자의 '알고리즘 리터러시(algorithm literacy)'가 필요하다. 사업자가 인공지능 알고리즘을 활용하여 소비자의 데이터를 다양한 방법으로 수집하고 그 결과 본인에게 특화된 추천 서비스가 제공되며 이는 다른 소비자와 경제적 이익의 차이를 유발할 수 있다는 점을 이해하는 것이다.

소비자의 알고리즘 리터러시의 확보로 소비자가 사업자의 알고리즘 사용을 본인의 이익에 유용하게 활용할 수 있는 수준으로의 소비자 역량 제고하는 정책이 필요하다. 한편, 기본권적인 차원에서 소비자에게 알고리즘에 의한 자동화된 의사결정을 거부할 수 있는 권리나 그 내용의 설명을 요구할 수 있는 권리나 또는 알고리즘 외에 인간 상담사에 의한 안내(案內) 등과 같은 인간의 관여를 요구할 수 있는 권리 부여 등도 검토되어야 한다.

정리하자면, 사업자에게 알고리즘의 이용 단계에서 소비자에게 해당 알고리즘이 미칠 수 있는 영향을 명확히 알 수 있도록 설명하고, 고지할 수 있도록 의무화 하는 것이 필요하다.

(3) 구제 단계 – 피해자 입증 전환

(가) 일관성이 아닌 상관성

알고리즘의 편향성에 대한 설계자의 무과실책임을 인정하는 것과 알고리즘의 편향성을 입증하는 것은 별개의 문제이다. 알고리즘의 불법적 요소가 발견되면 설계자의 책임을 인정할 수 있지만 알고리즘의 복잡성, 기밀성에 의해 알고리즘의 불법적인 요소를 찾기에는 어려움이 있다.[121]

알고리즘에 의해 나타난 결과는 블랙박스 처리과정을 거치면서, 그 원인 또는 과정을 설명할 수 없고 결과로써 추론만이 가능하다는 점은 불법행위 책임의 일반원칙인 인과관계를 확인하기 어려운 상황에 직면하게 된다. 따라서, 알고리즘으로 인한 불법행위에 대한 행위와 결과에 대해서는 인과관계(因果關係)를 따지기 보다는 상관관계(相關關係)에 따른 의거성을 따지는 것이 합리적인 법 해석이 될 수 있다.[122] 저작권법은 침해 유형의 판단에 있어서 의거성에

---

121 이제희, 알고리즘의 취급에 대한 법적 논의, 공법학연구, 제19권 제3호, 2018, 327~328면.
122 이러한 맥락에서 "통계학과 같은 전통적인 사회과학이 '인과성'(causality)을 추구한 반면, 빅

따른 실질적 유사성을 판단기준으로 삼고 있다. 즉, 대법원은 "저작권법이 보호하는 복제권이나 2차적 저작물작성권의 침해가 성립하기 위하여는 대비 대상이 되는 저작물이 침해되었다고 주장하는 기존의 저작물에 의거하여 작성되었다는 점이 인정되어야 한다. 의거관계는 기존의 저작물에 대한 접근가능성, 대상 저작물과 기존의 저작물 사이의 유사성이 인정되면 추정할 수 있고, 특히 대상 저작물과 기존의 저작물이 독립적으로 작성되어 같은 결과에 이르렀을 가능성을 배제할 수 있을 정도의 현저한 유사성이 인정되는 경우에는 그러한 사정만으로도 의거관계를 추정할 수 있다. 그리고 두 저작물 사이에 의거관계가 인정되는지 여부와 실질적 유사성이 있는지 여부는 서로 별개의 판단으로서, 전자의 판단에는 후자의 판단과 달리 저작권법에 의하여 보호받는 표현뿐만 아니라 저작권법에 의하여 보호받지 못하는 표현 등이 유사한지 여부도 함께 참작될 수 있다."[123]고 판시함으로써, 의거관계에 대하여 상관관계를 통하여 파악하고 있는 것으로 이해된다. 따라서, 실질적 유사성 판단 논리를 알고리즘에 적용(適用)할 수 있는지에 대한 논의는 유의미한 시사점을 갖는다.

(나) 알고리즘에 대한 입증책임의 전환

제조물책임법은 제품의 복잡성, 정보의 비대칭성으로 인해 피해자가 손해를 입증하기 어려운 현실을 고려하여 제조물 결함에 대한 추정을 규정하고 있다. 알고리즘의 편향성이 개인의 권리를 침해하는 경우, 피해자가 이에 대한 합리적 의심을 제기하는 것으로 알고리즘의 불법적인 편향성이 추정될 필요가 있다. 알고리즘의 편향성에 대한 규제는 알고리즘의 출시 전, 해당 알고리즘의 적정성을 검증하는 사전규제와 출시 이후, 문제된 알고리즘을 규제하는 사후규제 모두 가능하다. 입증책임의 측면에서만 살펴보면 알고리즘의 편향성을 파악하기 어렵다는 점에서 사전규제가 효과적이다. 그러나, 알고리즘이 사후 학습을 통하여 편향된 결과를 도출할 수 있다는 점에서 사전규제는 한계를 갖으며, 모든 알고리즘에 대한 사전에 분석하는 것은 현실적으로 불가능하다. 또한, 알

데이터는 '상관성'(corelation)을 추구한다. 빅데이터는 특정한 패턴이 어떤 원인에서 나타나는지 그 이유를 탐구하지는 않는다. 그보다는 특정한 결과가 어떤 요소와 상관관계를 갖는지에 더욱 주목한다."고 한다. 양천수 외, 현대 빅데이터 사회와 새로운 인권 구상, 안암법학 57권, 2018, 10면.
123 대법원 2015.3.12. 선고 2013다14378 판결.

고리즘을 사전에 분석하는 것은 개인과 기업의 자유로운 활동을 보장하는 '원칙 허용, 예외 금지'의 네거티브(negative) 규제정책에 역행(逆行)하는 것이다. 네거티브 규제가 새로운 상품과 서비스의 출시를 촉진한다는 점에서 향후 발전 가능성이 큰 알고리즘 분야에 사전규제를 적용하는 것은 적절하지 않다. 알고리즘으로 인한 피해가 추정되는 경우, 설계자는 알고리즘의 처리 및 활용에 있어 불합리한 차별 요소가 존재하지 않는다는 것을 입증하도록 규정하는 것이 바람직하다.[124]

2. 알고리즘의 사용과 알 권리

가. 헌법상의 기본권(알 권리)

우리나라는 헌법 제21조에 언론출판의 자유, 즉 표현의 자유를 규정하고 있는데, 이 자유는 전통적으로는 사상 또는 의견의 자유로운 표명(발표의 자유)과 그것을 전파할 자유(전달의 자유)를 의미하는 것으로서, 개인이 인간으로서의 존엄과 가치를 유지하고 행복을 추구하며 국민주권을 실현하는 데 필수불가결한 것으로 오늘날 민주국가에서 국민이 갖는 가장 중요한 기본권의 하나로 인식되고 있는 것이다. 그런데 사상 또는 의견의 자유로운 표명은 자유로운 의사의 형성을 전제로 하는데, 자유로운 의사의 형성은 충분한 정보에의 접근이 보장됨으로써 비로소 가능한 것이며, 다른 한편으로 자유로운 표명(表明)은 자유로운 수용 또는 접수와 불가분의 관계에 있다. 그러한 의미에서 정보에의 접근·수집·처리의 자유, 즉 알 권리는 표현의 자유에 당연히 포함되는 것으로 보아야 하는 것이다. 이와 관련하여 인권에 관한 세계 선언 제19조는 모든 사람은 모든 수단에 의하여 국경을 초월하여 정보와 사상을 탐구하거나 입수 또는 전달할 자유를 갖는다라고 하여 소위 알 권리를 명시하고 있는 것이다. 알 권리는 민주국가에 있어서 국정의 공개와도 밀접한 관련이 있는데 우리 헌법에 보면 입법의 공개(제50조 제1항), 재판의 공개(제109조)에는 명문규정을 두고 행정의 공개에 관하여서는 명문규정을 두고 있지 않으나 알 권리의 생성기반을

---

124 이제희, 알고리즘의 취급에 대한 법적 논의, 공법학연구, 제19권 제3호, 2018, 327~328면.

살펴볼 때 이 권리의 핵심은 정부가 보유하고 있는 정보에 대한 국민의 알 권리, 즉 국민의 정부에 대한 일반적 정보공개를 구할 권리(청구권적 기본권)라고 할 것이며, 또한 자유민주적 기본질서를 천명하고 있는 헌법 전문과 제1조 및 제4조의 해석상 당연한 것이라고 봐야 한다.[125]

나. 민간영역에서의 사용

사업자가 자신의 서비스에 알고리즘을 적용하여 딥페이크(deep fake)나 거짓 뉴스를 필터링을 하는 경우에는 이용자의 표현의 자유를 위협할 가능성도 있다. 그 의도가 선의를 위하여 이루어진 것이라고 하더라도, 이용자에게는 의도성이 반영된 결과만이 노출될 가능성이 있기 때문이다. 알고리즘을 이용한 필터링이든, 또는 알고리즘을 적용한 추천서비스이든 이용자의 표현의 자유와 사업자의 영업의 자유가 충돌할 수 있는 영역이다.[126] 결과에 대해 이용자는 자신이 선택한 것이기 때문에 알 권리를 갖게 되며, 또한 사업자는 알 권리가 제대로 작동할 수 있도록 결과가 나오는 과정에 대해 설명할 의무가 있다.

헌법상 알 권리는 청구권으로, 그 대상은 알 권리를 실현하기 위한 당사자로서 지위(地位)에 있는 경우라면 가능하다. 따라서, 플랫폼사업자가 알고리즘을 이용하여 서비스를 하거나 또는 제한하는 경우라도 이용자는 사업자에 대하여 자신의 알 권리를 주장할 수 있다. 더욱이, 알 권리의 보장은 알고리즘에 대한 신뢰성을 위한 방안이기 때문에 이를 회피하는 경우라면 플랫폼사업자는 자신에 대한 시장의 신뢰를 상실할 가능성이 크다는 점을 인식할 필요가 있다.[127]

---

125 헌재 1989. 9. 4. 88헌마22, 판례집 1, 176 [전원재판부].
126 김주현, AI 필터링과 설명가능 인공지능, LAW&TECHNOLOGY 제16권 제3호, 2020, 85면.
127 "인공지능에 의한 필터링은 인간에 의한 필터링과 달리 필터링 결과에 이른 근거가 무엇인지 인간이 이해할 수 있는 방법으로 전달하는 것이 어렵다는 특징이 있다. 인공지능의 학습 패턴이 매우 복잡하기 때문에 인간에게 완벽히 설명하기 어려우며, 인간이 그것들을 온전히 이해하는 것도 어렵기 때문이다. 즉, 문제의 시작은 현재의 딥러닝 알고리즘의 학습과정이 오류 역전파(back propagation)로 인한 블랙박스(Black-Box) 구조로 되어 있어 학습과정에서 네트워크가 어떻게 학습이 되고 모델의 파라미터가 어떻게 결정되는지에 대해 개발자도 구체적으로 설명할 수 없다는 점에서 출발한다. 그러나 이러한 어려움 때문에 인공지능 필터링의 과정과 근거에 대한 설명을 포기한다면, 알고리즘의 신뢰도를 확보할 수 없게 될 것이며 온라인 공간에서의 인터넷 이용자의 표현의 자유 및 알 권리를 위축시키는 결과를 낳게 될 것"이라고 한다. 김주현, AI 필터링과 설명가능 인공지능, LAW&TECHNOLOGY 제

다. 공공영역에서의 사용

헌법상 입법의 공개(제50조 제1항), 재판의 공개(제109조)와는 달리 행정의 공개에 대하여서는 명문규정을 두고 있지 않지만 알 권리의 생성기반을 살펴볼 때, 이 권리의 핵심은 정부가 보유하고 있는 정보에 대한 국민의 알 권리, 즉 국민의 정부에 대한 일반적 정보공개를 구할 권리(청구권적 기본권)라고 할 것이며, 이러한 알 권리의 실현은 법률의 제정이 뒤따라 이를 구체화시키는 것이 충실하고도 바람직하지만, 그러한 법률이 제정되어 있지 않다고 하더라도 불가능한 것은 아니고 헌법 제21조[128]에 의해 직접 보장될 수 있다는 것이 헌법재판소의 확립(確立)된 판례이다.

알 권리의 보장의 범위와 한계는 헌법 제21조 제4항, 제37조 제2항에 의해 제한이 가능하고 장차는 법률에 의하여 그 구체적인 내용이 규정되겠지만, 알 권리에 대한 제한의 정도는 청구인에게 이해관계가 있고 타인의 기본권을 침해하지 않으면서 동시에 공익실현에 장애가 되지 않는다면 가급적 널리 인정하여야 할 것이고 적어도 직접의 이해관계가 있는 자에 대하여는 특단의 사정이 없는 한 의무적으로 공개하여야 한다.[129] 따라서, 공공영역에서 알고리즘을 사용하는 경우에 그 사용 현황, 방식, 결과에 이르기까지의 과정이나 그로 인하여 나타날 수 있는 문제점 등에 대한 검토의견 등 다양한 정보를 청구할 수 있다.

위와 같이 해석하는 것이 헌법 제21조에 규정된 표현의 자유의 한 내용인 국민의 알 권리를 충실히 보호하는 것이라고 할 것이며 이는 국민주권주의(헌법 제1조), 인간의 존엄과 가치(제10조), 인간다운 생활을 할 권리(제34조 제1항)도 아울러 신장(伸張)시키는 결과가 된다.[130]

16권제3호(통권 제87호) 2020, 85면.
128 헌법 제21조 ① 모든 국민은 언론·출판의 자유와 집회·결사의 자유를 가진다.
　② 언론·출판에 대한 허가나 검열과 집회·결사에 대한 허가는 인정되지 아니한다.
　③ 통신·방송의 시설기준과 신문의 기능을 보장하기 위하여 필요한 사항은 법률로 정한다.
　④ 언론·출판은 타인의 명예나 권리 또는 공중도덕이나 사회윤리를 침해하여서는 아니된다. 언론·출판이 타인의 명예나 권리를 침해한 때에는 피해자는 이에 대한 피해의 배상을 청구할 수 있다.
129 헌재 1991. 5. 13. 90헌마133, 판례집 3, 234 [전원재판부].
130 헌재 1991. 5. 13. 90헌마133, 판례집 3, 234 [전원재판부].

3. 알고리즘 규제 반론과 대응

가. 왜 알고리즘 규제에 반대하는가?

알고리즘이 가져오는 혜택에도 불구하고, 차별, 정보독점, 표현의 자유의 침해, 담합, 소비자 이익저해 등 적지 않은 사회적 이슈로 인하여 규제의 필요성이 설득력을 얻고 있는 추세이나 이에 대한 반론으로서 알고리즘이 플랫폼 사업자의 저작권 및 영업비밀 등으로 보호가능성이 있다는 점에서 재산권인 알고리즘 공개에 대한 반대론으로 제시되고 있다. 또한, 공개하더라도 이를 이해할 수 있는 경우가 드물고, 공개로 인하여 경쟁력이 저하될 수 있다는 주장도 규제 반론의 논거(論據)가 되고 있다. 이러한 주장은 일견 타당하다고 볼 수 있으나, 알고리즘을 이용하여 공익을 침해하면서 오로지 사익을 위한 수단으로 활용하는 경우라면 허용되기 어려운 논거이다.

차별에 따른 헌법적 가치를 훼손(毀損)하면서까지 사익을 추구하는 경우라면 이는 헌법 제37조 제3항에 따라 공공복리를 위한 재산권 행사의 제한규정을 통하여 규제해야 할 필요가 있다. 지식재산권법은 예외적이나마 권리를 제한하는 규정을 두고 있기 때문에 어느 정도 제한이 가능하다. 다만, 보다 명확히 하기 위해서는 인공지능 시대에 대응하기 위한 지식재산권의 제한규정 전반에 대한 검토가 필요하다.

(1) 영리를 위한 알고리즘

알고리즘은 사적 영역은 물론 공적 영역에서도 사용되고 있으나 편향성에 대해서는 공적 영역이 보다 사적 영역에서 이루어지는 경우가 많을 것이다. 공적 영역의 공공성을 의도적으로 저해하는 경우는 많지 않을 것으로 예상되기 때문이다.

알고리즘의 편향성 허용은 사적 영역과 공적 영역으로 나누어 살펴볼 필요가 있으며, 사적 영역에서 알고리즘은 본질적으로 개인과 기업의 자유로운 활동에 기초해 개발·활용된다는 점에서 공공성이 강조되거나 정치적 편향 등에 대해서 공무원 등에게 요구되는 정치적 중립성 등이 요구되지 않는다. 다만, 사적 영역에서 기업은 본질적으로 영리활동을 목적으로 한다는 점에서 기업의 알고리즘이 영리 극대화를 목적으로 설계되는 것은 문제되지 않는다는 것으로, 사적 영역에서의 알고리즘 편향성은 헌법과 법률의 규정에 위배되지 않는 한 보호되어야 한다는 것이다. 물론, 기업은 알고리즘을 활용해 상품과 서비스의 가격을 자유롭게 책정할 수 있지만, 가격 책정 알고리즘이 타 사업자와의 가격 담합 등 불법적 요소를 포함하는 경우라면 허용될 수 없는 행위이다.[131]

알고리즘을 개발하여 이용하는 사업자는 해당 알고리즘의 개발을 위해 상당한 투자(投資)를 했을 것이기 때문에 영업비밀 등 지식재산으로서 보호받는 재산권(財産權)이라는 주장도 가능하다. 즉, 알고리즘 자체가 영리를 목적으로 하는 기업에서 개발되고 서비스에 이용되고 있기 때문에 이러한 면에서 알고리즘은 기업의 자산으로 볼 수 있다. 플랫폼사업자 입장에서 볼 때, 알고리즘 규제는 영업비밀을 침해할 수 있기 때문에 알고리즘을 반대하는 것으로 이해할 수 있다.

(2) 기술개발이나 투자의 저해

기술중심론자들의 주장은 기술이 경제발전을 이끌어가기 때문에 함부로 기술 규제를 해서는 안된다는 것으로, 기업의 투자를 이끌어내기 위해서는 규제보다는 투자할 수 있는 환경을 마련하는 데 있다는 것이다. 그렇지만, 기술개발이나 투자는 규제와 상관없이 또는 규제를 넘어서기 위해 진행되는 것이기 때문에 규제 때문에 기술개발이 어렵다는 주장은 설득력을 얻기 어렵다.

(3) 지식재산으로서 알고리즘

알고리즘은 SW로 이루어진 문제해결 방법, 즉 해법(解法)이다. 해법은 저작권법상 보호범위에 포함되지 아니하며 명시적으로 보호대상에서 제외하고 있다. 물론, 프로그래밍 언어로 작성된 프로그램은 저작물로서 보호를 받으나 문제해법으로서 알고리즘은 보호대상이 아니다. 예를 들면, 워드프로세서 프로그램으로 문서를 작성하는 방식은 다양한 알고리즘의 집합으로 볼 수 있으며 저작권법은 그 작성방법은 보호하지 아니한다.

알고리즘은 사인의 자산으로 보호받을 수 있으며, SW특허로 보호받을 가능성도 있다. 즉, 문제해결을 위한 방법발명으로서 특허등록을 받을 수 있다.

---

131 이제희, 알고리즘의 취급에 대한 법적 논의, 공법학연구, 제19권 제3호, 2018, 315~316면.

다만, 특허법은 독점권을 부여하는 동시에 해당 발명을 공개토록 하고 있다. 이러한 논란으로 알고리즘에 대한 영업비밀성을 주장하고 있는 것으로 보이나 영업비밀 또한 무한정으로 보호받기 어려우며 공익을 위한 경우라면 헌법상 재산권 제한규정에 근거하여, 역분석을 하거나 또는 입법을 통하여 공개가 가능하도록 하는 방안도 고려될 수 있다.

나. 영업비밀 등 경쟁자산으로서 알고리즘

(1) 비공개 논거와 영업비밀

알고리즘을 활용하여 효율적이고 신속한 판단을 할 수 있지만 그에 관계되는 사람은 자신이 속한 그룹이나 자신이 과거에 한 사소한 부주의(不注意)로 인하여 지울 수 없는 불이익을 계속 입게 될 가능성이 커진다. 알고리즘을 활용한 처분에는 이런 점을 충분히 고려하고, 불이익을 입은 사람이 적절하게 이의신청을 할 수 있는 통로와 구제절차를 제공하여야 한다. 그리고, 영업비밀이 침해되지 않는 범위에서 어떤 데이터와 가중치를 기초로 하여 판단을 하는지 사전 사후적으로 충분히 설명되어야 한다. 행정절차법이 규정하는 처분기준의 설정 공표 제도와 이유제시 제도가 인공지능에 기반한 행정에 있어서도 그대로 적용되어야 한다.[132]

대법원은 "'영업비밀'이란 공연히 알려져 있지 아니하고 독립된 경제적 가치를 가지는 것으로서 상당한 노력에 의하여 비밀로 유지된 생산방법, 판매방법 그 밖에 영업활동에 유용한 기술상 또는 경영상의 정보를 말한다. 여기서 '공연히 알려져 있지 아니하다'는 것은 그 정보가 간행물 등의 매체에 실리는 등 불특정 다수인에게 알려져 있지 않기 때문에 보유자를 통하지 아니하고는 그 정보를 통상 입수할 수 없는 것을 말하고, '독립된 경제적 가치를 가진다'는 것은 그 정보의 보유자가 그 정보의 사용을 통하여 경쟁자에 대하여 경쟁상의 이익을 얻을 수 있거나 또는 그 정보의 취득이나 개발을 위해 상당한 비용이나 노력이 필요하다는 것을 말하며, '상당한 노력에 의하여 비밀로 유지된다'는 것은 그 정보가 비밀이라고 인식될 수 있는 표시를 하거나 고지를 하고, 그 정보

---

132 김광수, 인공지능 규제법 서설, 토지공법연구, 제81집, 2018, 297면.

에 접근할 수 있는 대상자나 접근방법을 제한하거나 그 정보에 접근한 자에게 비밀준수의무를 부과하는 등 객관적으로 그 정보가 비밀로 유지·관리되고 있다는 사실이 인식 가능한 상태인 것"[133]으로 판시한 바 있다.

알고리즘도 개발과정에서 상당한 투자가 이루어지고, 공연성이 없는 상태로서 독립된 경제적 가치를 갖는 것으로 볼 수 있기 때문에 객관적으로 비밀(祕密)로 유지되거나 관리상태에 놓여있는 경우라면 영업비밀성이 인정된다.

(2) 리버스엔지니어링과 영업비밀 보호요건의 충돌 여부

(가) 역분석

저작권법은 프로그램코드 역분석에 대해 "독립적으로 창작된 컴퓨터프로그램저작물과 다른 컴퓨터프로그램과의 호환에 필요한 정보를 얻기 위하여 컴퓨터프로그램저작물코드를 복제 또는 변환하는 것"으로 정의한다. 호환에 필요한 정보를 얻기 위하여 코드를 복제하거나 또는 변환하는 것으로 볼 수 있으나 단순하게 복제하는 것까지 역분석으로 볼 수 있는지는 의문이다. 저작권법은 프로그램코드 역분석에 대해서는 저작권자의 허락없이 가능하도록 규정하고 있다는 점에서 저작재산권의 제한규정과 같은 역할(役割)을 한다. 다만, 일정한 요건 하에서만 가능하기 때문에 이러한 요건을 벗어난 경우에는 저작권의 침해를 구성하게 된다

영업비밀보호법에서는 별도로 역분석에 대한 규정을 두고 있지 않지만, 제13조(선의자에 관한 특례)에서는 "거래에 의하여 영업비밀을 '정당하게 취득한 자'[134]가 그 거래에 의하여 허용된 범위에서 그 영업비밀을 사용하거나 공개하는 행위에 대하여는 제10조부터 제12조까지의 규정을 적용하지 아니한다."라고 규정하고 있다. 또한, 영업비밀보호법에서 역분석의 타당성 여부에 대해서는 영업비밀성의 요건을 통하여 가능하다. 즉, 비공지성 요건을 보면 비밀상태로 관리될 것이기 때문에 이미 공개된 제품이나 콘텐츠, 서비스를 역분석하여 그 내용을 습득하는 경우는 영업비밀 침해죄를 구성하기 어렵기 때문에 이러한

---

133 대법원 2009. 7. 9. 선고 2006도7916 판결.

134 영업비밀보호법 제13조 ② 제1항에서 "영업비밀을 정당하게 취득한 자"란 제2조제3호다목 또는 바목에서 영업비밀을 취득할 당시에 그 영업비밀이 부정하게 공개된 사실 또는 영업비밀의 부정취득행위나 부정공개행위가 개입된 사실을 중대한 과실 없이 알지 못하고 그 영업비밀을 취득한 자를 말한다.

요건을 충족할 경우에는 역분석이 가능하다.[135] 따라서, 법적 근거가 아닌 사실상의 영업비밀 보호제도가 갖는 내재적(內在的) 한계를 통하여 역분석이 가능하다.[136]

(나) 역분석에 대한 저작권법상 한계

저작권법 제101조의4에서는 "정당한 권한에 의하여 프로그램을 이용하는 자 또는 그의 허락을 받은 자는 호환에 필요한 정보를 쉽게 얻을 수 없고 그 획득이 불가피한 경우에는 해당 프로그램의 호환에 필요한 부분에 한하여 프로그램의 저작재산권자의 허락(許諾)을 받지 아니하고 프로그램코드 역분석을 할 수 있다."고 규정한다(제1항). 다만, 이러한 허용(許容)에도 불구하고, ⅰ) 호환 목적 외의 다른 목적을 위하여 이용하거나 제3자에게 제공하는 경우, ⅱ) 프로그램코드 역분석의 대상이 되는 프로그램과 표현이 실질적으로 유사한 프로그램을 개발·제작·판매하거나 그 밖에 프로그램의 저작권을 침해하는 행위에 이용하는 경우에는 프로그램코드 역분석을 통하여 얻은 정보라도 이를 이용할 수 없게 된다(제2항).

저작권법은 역분석을 허용하고 있지만, 실제 역분석된 결과물을 이용할 수 있는 범위를 제한하고 있기 때문에 실효성 있는 결과를 가져오기는 어렵다. 프로그램을 역분석하여 얻은 알고리즘을 이용하여 좀 더 개선된 프로그램을 제작할 것을 목적으로 하는 경우에는 이는 저작권법 위반에 해당하기 때문에 역분석의 효과를 실제 게임물의 개발에 이용할 수 없는 한계에 직면(直面)할 수 있다.

(다) 역분석의 가능성과 영업비밀성

영업비밀의 보유자인 회사가 직원들에게 비밀유지의 의무를 부과하는 등

---

135 역분석을 용이하게 할 수 있는 정도라면 별도의 보호의 필요성이 없이 비공지성은 인정되지 아니하나 반면 고도의 전문적 기술과 막대한 비용 및 시간이 소요되는 경우라면 비공지성을 인정할 수 있다고 한다. 송영식외 6인, 송영식 지적소유권법(하), 육법사, 2008, 456~457면.

136 특히, "기술분야의 성과 등에 관련해서는 타인의 제품 등을 분해 분석하여 보다 개선된 제품을 고안하고 제작하는 역설계 또는 역분석(reverse engineering)이 허용되는 상거래 관행이나 경쟁질서가 용인되고 있다. 프로그램코드의 역분석을 허용하는 저작권법 제101조의4의 규정도 이러한 기술분야의 경쟁질서와 상관행을 입법화한 것으로 볼 수 있다."고 한다. 손천우, 부정경쟁방지법 제2조 제1호 (카)목이 규정하는 성과물 이용 부정경쟁행위에 관한 연구, 사법 제55호, 2021.3, 1042면.

기술정보를 엄격하게 관리하는 이상, 역설계가 가능하고 그에 의하여 기술정보의 획득이 가능하더라도, 그러한 사정만으로 그 기술정보를 영업비밀로 보는 데에 지장(支障)이 있다고 볼 수 없다.

영업비밀의 역분석과 관련한 사건에서 대법원은 "실질적으로 그 기술정보 보유업체의 영업의 핵심적 요소로서 독립한 경제적 가치가 있으며, 그 내용이 일반적으로 알려져 있지 아니함은 물론 당해 업체의 직원들조차 자신이 연구하거나 관리한 것이 아니면 그 내용을 알기 곤란한 상태에 있어 비밀성이 있고, 당해 업체는 공장 내에 별도의 연구소를 설치하여 관계자 이외에는 그 곳에 출입할 수 없도록 하는 한편 모든 직원들에게는 그 비밀을 유지할 의무를 부과하고, 연구소장을 총책임자로 정하여 그 기술정보를 엄격하게 관리하는 등으로 비밀관리를 하여 왔다면, 그 기술정보는 부정경쟁방지법 소정의 영업비밀에 해당하고, 당해 업체가 외국의 잉크제품을 분석하여 이를 토대로 이 사건 기술정보를 보유하게 되었다거나 역설계가 허용되고 역설계에 의하여 이 사건 기술정보의 획득이 가능하다고 하더라도 그러한 사정만으로는 그 기술정보가 영업비밀이 되는 데 지장이 없다."[137]고 판시한 바 있다.

위 사건은 영업비밀성에 대한 다툼에 있어서 영업비밀성을 해소할 수 있는 방안으로써 역설계가 가능하다는 주장만으로는 항변에 대한 주장이 받아들여질 수 없다는 것으로, 만약 항변으로써 인용되기 위해서는 가능성이 아닌 실제 역설계를 통하여 해당 영업비밀을 취득했어야 한다. 이처럼 영업비밀 침해를 둘러싼 분쟁이 생긴 이후에 제품을 분석해서 퍼블릭도메인(public domain)에서 입수 가능한 요소들로 분리하는 이른바 '뒤늦은 역설계 항변'의 경우, 그와 같은 역설계는 피고가 원고의 영업비밀을 알게 됨에 따라 비로소 가능하게 되었다는 이유로 인정되지 아니한다.[138]

(라) 역분석 금지계약의 합법성

영업비밀 보유자는 자신의 영업비밀을 공개하지 않을 의무뿐 아니라 역분석을 하는 것도 계약상 금하는 것이 일반적이다. 영업비밀 보유자가 계약을 통하여 역분석을 금지하는 것은 사회상규에 위반되지 않는다면 그 효력을 부인

---

137 대법원 1996. 12. 23. 선고 96다16605 판결.
138 Servo Corp. of America v. General Electric Co., 393 F.2d 551(4th Cir. 1968).

할 수 없다. 따라서, 계약을 위반하는 역분석은 계약 위반에 따른 계약 책임을 지게 된다. 그렇지만, 역분석을 금지하는 계약이 없다면 출시된 제품을 역분석하여 필요한 정보를 취득하더라도 원칙적으로 부정한 수단에 의한 취득(取得)이 아니다.

(3) 알고리즘 개발 시 소스코드의 사용과 영업비밀의 침해

(가) 소스코드의 영업비밀성

소스코드라 함은 프로그램을 개발할 때에 사용하는 언어나 툴(TOOL)로 만들어진 일련의 지시·명령의 집합이다. 언어 자체는 저작물성을 갖는다고 보기 어렵지만, 프로그램 언어로 제작된 소스코드 자체는 텍스트 형태로 저장되기 때문에 어문저작물로서 보호를 받을 수 있게 된다. 이는 외부에 공포된 경우를 상정한 것이며, 그렇지 않고 영업비밀로써 보호를 받을 수도 있다. 물론, BM 특허로 출원될 경우에는 해당 프로그램에 담겨져 있는 영업비밀은 명세서를 통하여 공개되기 때문에 영업비밀성을 상실(喪失)하게 된다.

(나) 인터넷상에 공개된 소스코드의 사용

인터넷은 다양한 정보가 공개되어 있는 공간이며, 여기에는 콘텐츠나 정보뿐만 아니라 컴퓨터프로그램저작물과 아울러 소스코드도 공개(公開)되어 있다. 물론 오픈소스 형태로 공개된 것도 있으나 자발적으로 개발자에 의해서 올려진 것도 있으며, 의도하지 않게 제3자에 의해서 공개된 경우도 예상할 수 있다. 인터넷상에 공개된 소스코드를 자신의 프로그램의 목적에 맞게 개작된 것이라고 한다면 독자적인 저작물성을 갖는 것은 별론으로 하고, 영업비밀로써 관리되는 경우라면 영업비밀성을 갖는다. 참고로, 대법원은 "인터넷상 프로그램을 구성하는 소스파일이 어느 정도 공개되어 있다고 하더라도 공개된 소스파일들을 이용목적에 맞게끔 수정·조합하여 회사의 시스템에 맞게 구현하는 것이 기술력의 중요한 부분인 점, 이 사건 소스파일들은 외국상품 구매대행 온라인 쇼핑몰 업체라는 피해 회사의 업무특성에 맞추어 여러 직원들의 아이디어, 회사에서의 영업회의과정, 실제시행에 따른 수정과정을 거쳐 상당한 시간과 비용, 노력을 기울여 다시 피해 회사의 이용목적에 맞게 개별적으로 다시 제작된 점, 피해 회사 웹사이트의 관리자모드를 구성하는 소스파일들 자체는 인터넷상 전혀 공개되어 있지 아니하고, 이러한 소스파일들이 보관되어 있는 피해 회사의 서버는 IP주소, 아이디, 비밀번호 등을 입력하여야 접근할 수 있는 점, 피고인 역시 외국 온라인 쇼핑몰에서 판매하는 상품들의 재고·수량·가격 등을 실시간으로 조회하는 파일과 회원을 구매경력에 따라서 등급을 나눠서 자동으로 할인혜택을 차별적으로 주도록 되어 있는 파일 및 피해 회사에서 판매되는 상품과 경쟁사에서 판매되는 상품의 가격을 비교해 주는 파일 등은 피해 회사의 독자적인 영업비밀로 보호받아야 할 중요한 소스파일이라고 진술하고 있는 점 등을 종합하여 피고인이 사용한 피해 회사가 운영하는 웹사이트상 관리자모드를 구성하는 소스파일들은 공연히 알려져 있지 아니하고 독립된 경제적 가치를 가지며 상당한 노력에 의하여 비밀로 유지된 피해 회사의 영업비밀에 해당한다."[139]고 판시한 바 있다.

(다) 오픈소스의 사용과 영업비밀의 침해

인공지능을 개발함에 있어서 창작성 있는 프로그래밍을 통하여도 가능하겠지만 이미 오픈소스처럼 공개된 소스코드를 이용하는 경우도 있다. 다만, 오픈소스를 이용하는 경우에는 라이선스를 통하여, 배포에 제한을 두고 있기 때문에 이러한 제한규정에 따른 다툼이 발생할 수 있다. 대법원은 "일반공중사용허가서(General Public License, 이하, GPL이라 함)의 조건이 부가된 인터넷 가상사설네트워크(Virtual Private Network) 응용프로그램을 개작한 2차적 프로그램의 저작권자가 GPL을 위반하여 개작프로그램 원시코드(source code)의 공개를 거

---

[139] 또한, 원심이 인정한 사실관계에 의하면, 피해 회사는 종전 프로그래머가 회사를 그만두면서 킬러(killer) 소스파일(해외브랜드 홈페이지를 접속하여 실시간 해당 상품의 재고 여부, 신상품 등록 여부, 각 상품별 가격, 색상, 사이즈 등의 정보를 자동으로 외국상품 구매대행회사의 홈페이지에 업데이트하여 주는 기능을 가진 소스파일)에 암호를 걸어두어 접근하지 못하게 하여 영업에 곤란을 겪던 중 킬러 소스파일을 제작한 적이 있다고 하는 피고인을 다소 높은 임금을 지급하면서까지 채용하여 피해 회사가 필요로 하는 킬러 소스파일의 제작을 맡긴 사실, 피고인이 피해 회사에 입사한 직후인 2006. 5. 3.경 "피해 회사의 모든 업무 분야에서 습득한 경영정보 및 기술정보는 법적 권리화 및 보호 여부와 관계없이 피해 회사만이 독자적으로 소유, 사용, 처분할 권리가 있음을 인정하고, 사내외의 어떠한 사람 및 단체에 대하여도 비밀유지의무를 지키며, 피해 회사의 모든 업무 분야에서 소유하고 있던 회사 경영상 비밀을 요하는 도표, 설계도, 명세서, 보고서, 기록노트, 개인 컴퓨터 내 자료(PC DATA), 시스템 등의 모든 경영정보 또는 기술정보가 기록된 일체의 자료를 즉시 회사에 반납한다."는 내용의 보안서약서에 서명한 사실을 알 수 있는 바, 이러한 사실을 토대로 피해 회사가 위 보안서약서의 기재와는 달리 이 사건 킬러 소스파일에 대하여만 피고인에게 원천기술을 인정해주고 권리를 주장하지 않기로 약정하였다는 피고인의 주장을 배척한 원심의 조치는 정당하고, 거기에 상고이유의 주장과 같은 법리오해 등의 위법이 없다. 대법원 2008.7.24. 선고 2007도11409 판결.

부한 사안에서, 개작프로그램의 원시코드가 개작프로그램 저작권자의 영업비밀에 해당한다."[140]고 판시한 바 있다.

오픈소스를 사용하는 경우에는 이미 해당 소스가 공개된 상태에 놓여있기 때문에 영업비밀성을 상실하게 된다. 그렇지만, GPL을 위반하여 해당 소스코드 및 개작된 프로그램을 공개하지 않는 경우에는 GPL 위반에 해당할 수는 있어도, 영업비밀로서 보호를 받을 수 있다.[141] 물론, 영업비밀보호법과 저작권법 또는 계약법은 서로 독자성을 갖는다고 볼 수 있겠지만, 저작권법 또는 계약법이 추구하는 사인 간 계약을 영업비밀보호법이 형해화(形骸化) 시키는 것은 바람직하지 않다.

(4) 알고리즘의 영업비밀성

저작권법은 특정한 프로그램에서 프로그램 언어의 용법에 관한 특별한 약속이라고 할 수 있는 규약과 프로그램에서 지시·명령의 조합방법이라고 할 수 있는 해법인 알고리즘을 사용하는 경우에는 저작권법의 적용을 배제하고 있다. 즉, 알고리즘이나 프로토콜에 대해서는 누구나 이용가능한 상태로 놓고 있다. 다만, 이러한 알고리즘이나 규약이 외부에 공개되지 않고 관리되는 상태라고 하더라도 저작권법상 보호대상이 되지 아니한다. 그렇지만, 규약(規約)이나 알고리즘이 컴퓨터프로그램의 형태로 체화된 경우라면 어떠할까? 결론적으로 저작권법이 보호하는 영역은 공개된 상태에서의 표현이기 때문에 아이디어 자체

---

140 ETUND 1.00은 원래 Maxim Krasnyansky가 창작하여 GNU 일반공중사용허가서(General Public License, 이하 'GPL'이라 한다)의 조건을 붙여 공개한 프로그램인 VTUND를 개작한 것인 데, GPL에 의하여 공개된 프로그램의 저작권자는 원 프로그램을 개작한 프로그램의 작성자가 개작프로그램의 원시코드(source code)를 일반 공중에게 공개하고 일반 공중의 사용을 허락할 것을 조건으로 개작프로그램의 작성자에게 원 프로그램에 대한 개작권을 부여한 것이라 하더라도, ETUND 1.00, ETUND 1.04가 원 프로그램인 VTUND에 대하여 새로운 프로그램이라고 할 정도의 창작성이 인정되는 이상 ETUND 1.04의 저작권자는 공소외 주식회사이므로, 비록 공소외 주식회사가 ETUND 1.04 원시코드의 공개를 거부함으로써 GPL을 위반하였다고 하더라도, 공소외 주식회사가 VTUND의 저작권자에 대하여 그로 인한 손해배상책임 등을 부담하는 것은 별론으로 하고, ETUND 1.04의 원시코드가 공연히 알려져 있지 아니하고 독립된 경제적 가치를 가지며 상당한 노력에 의하여 비밀로 유지된 이상 공소외 주식회사의 영업비밀에 해당한다는 취지로 판단하였는 바, 이러한 원심의 사실인정과 판단은 옳고, 구 부정경쟁방지법 제2조 제2호의 영업비밀에 관한 법리오해의 위법이 없다. 대법원 2009.2.12. 선고 2006도8369 판결.
141 이철남, 주요 모바일 플랫폼의 특성 및 비즈니스 모델과 SW 지적재산권의 역할에 관한 고찰, 2009. 12, 77면.

는 아이디어·표현 2분법에 따라 보호가 불가능하다.[142] 설령, 영업비밀의 형태로 관리된다고 하더라도, 외부에 공개됨으로써 역분석이 이루어는 경우라면 비밀성의 해제를 부인할 수 없기 때문에 알고리즘 자체는 영업비밀성이 있다고 보기 어렵다. 따라서, 알고리즘을 지식재산으로 보아 공개하지 않는다 하더라도 해당 서비스가 외부에 공개되어 이를 제3자가 역분석하여 알고리즘을 분석해 내게 되면 영업비밀성은 부인(否認)된다.

(5) 정리

역분석에 대해서는 저작권법상 한계를 갖고 있지만, 컴퓨터프로그램에 대해서는 사실상 영업비밀의 역분석은 허용된다고 보기 때문에 저작권법의 범위를 벗어난 이용에 있어서 항변(抗辯)이 가능하다. 그리고, 소스코드 자체도 영업비밀성이 있다고 보며, 인터넷상에 공개된 소스코드를 이용하여 개작한 경우라면 별도의 영업비밀성이 부여될 수 있다.[143] 논란이 되는 것은 오픈소스를 이용하는 경우인 데, 판례는 오픈소스를 GPL에 따르지 않고, 공개하지 않는 이상 영업비밀로 보호가능하다고 보고 있다. 그렇지만, 이는 영업비밀 이전에 GPL이라는 계약위반이기 때문에 영업비밀성이 갖춘 경우라고 하더라도, 오픈소스가 갖는 공익적 측면을 부정하는 것과 다름이 없어 사회상규에 반하는 것으로 생각한다.

알고리즘을 역분석하여 그 내용을 확인하는 것 자체는 저작권법이나 영업비밀을 침해하는 것이라고 볼 수 없다. 다만, 저작권법은 역분석된 알고리즘을 이용하여 경쟁사 제품과 동일 또는 유사한 프로그램을 개발하는 것을 금지하고 있기 때문에 이러한 경우가 아닌 알고리즘으로 나타난 결과가 공익을 해치는 경우라면 역분석을 통하여 그 내용을 확인하는 수준에서는 저작권 침해 내지 영업비밀 침해를 구성한다고 보기 어렵다.

다. 알고리즘 규제를 위한 제도 설계

자동화된 알고리즘 의사결정의 추가적인 개발 및 사용 증가는 의심할 여

---

142 알고리즘의 보호를 부인한 것에 대한 설명과 실제 미국의 사례에 대해서는 송영식·이상정,
　　저작권법개설, 세창출판사, 2009, 400면 이하 참조.
143 대법원 2008.7.24. 선고 2007도11409 판결.

지없이 플랫폼사업자인 사인과 행정, 사법 또는 기타 공공기관이 소비자, 사업 혹은 권위적 성격의 최종 결정을 내리는 데 영향을 미친다. 따라서, 자동화된 알고리즘 의사결정 과정에 안전장치 및 인간이 통제하고 검증할 수 있는 가능성이 내재(內在)될 필요가 있다.[144] 이와 같이, 알고리즘에 대한 안전장치나 통제 또는 검증 등 투명성 확보를 위해 규제의 필요성은 인정된다. 이러한 일련의 규제에 대한 목적의 정당성(正當性)을 확보하기 위한 절차적 적절성으로써, 기술적 적법절차(technological due process)[145]는 무엇보다 중요하다.

(1) 설명의무[146]

알고리즘 규제를 소비자 보호 차원에서 접근할 수 있다. 즉, 사업자가 인공지능 알고리즘을 사용할 경우 알고리즘 사용되고 있고 그것이 의미하는 바가 무엇인지 소비자가 알 수 있도록 사업자가 소비자에게 고지하거나 설명하는 의무가 추진되어야 하며, 이의 일환으로 투명성 확보 차원에서 소스코드를 공개할 필요가 있다. 반면, 소스코드가 공개되더라도 이를 일반이나 감독당국이 해석할 수 있는가라는 회의적인 시각도 있다. 그러한 우려가 타당할 수도 있으나 알고리즘의 사용 및 그 로직의 공개나 설명의무의 부여 자체로 사업자가 위법 또는 기만적인 행태를 시행할 유인을 감소(減少)시킬 수 있다는 장점도 있다. 사업자 내지 개발자에게 알고리즘을 공개하도록 함으로써 그에 따른 법적 책임까지 져야한다는 부담을 갖게 될 것이므로, 비교적 합리적인 알고리즘을 설계하도록 하는 일종의 차단적 효과를 기대할 수 있기 때문이다.

또한, 인공지능 알고리즘에 적용되는 딥러닝 기술은 블랙박스와 같아서 학습데이터로 통계적인 답을 찾고 수학적인 모델을 활용하여 검증하지만 왜 그런 결과가 나왔는지 프로그램 개발자도 완벽하게 설명하기는 쉽지 않다. 그럼에도 불구하고 알고리즘을 개발하고 사용하는 사업자가 최대한 소비자의 눈높이에서 XAI를 개발하고 적용하며 소비자에게 설명하도록 유도해야 한다. 블랙박스로서 알고리즘을 확인하기에는 어려움이 있어 설명의무와 더불어 XAI는 기계와 인간의 신뢰를 회복할 수 있는 대안(代案)이 될 것이다.

---

144 EU Civil Law Rules on Robotics q.
145 기술적 적법절차에 대해서는 이희옥, 인공지능의 의사결정에 대응한 자기결정권의 보장에 관한 연구, 한양대 박사학위논문, 2020, 172면 참조.
146 이금노, 인공지능 알고리즘 기반 경제에서의 소비자문제 연구, 한국소비자원, 2018, 100면.

(2) 감사제도(algorithm auditing)[147]

알고리즘의 설계와 적용에 있어서 이해관계자는 알고리즘의 설계자, 알고리즘에 의한 판단에 영향을 받는 사회복지 수령자, 마케팅 담당자들, 소비자들, 헬스케어의 환자들, 형사사법 제도의 적용을 받는 잠재적 범죄자들 등 매우 다양하다. 알고리즘의 설계자들은 언제나 효율성과 비용절감을 더욱더 비중있게 다루게 되므로 알고리즘 투명성을 위해서는 그 기계적 판단의 적용을 받는 대중들이 이의를 제기할 수 있는 절차의 마련이 필수적이다. 일단 이의가 제기되면 알고리즘에 대한 객관적 분석을 수행하는 외부의 알고리즘전문가위원회가 그 공정성과 편향성을 검증하도록 일정한 권한과 검증 기간을 부여해야 한다. 알고리즘에 대한 오류와 편향이 중복적으로 보고된다면 법원 명령이나 정부의 요구에 의하여 외부의 전문가들로 구성된 위원회가 빅데이터 예측의 정확성과 유효성을 감사하여 알고리즘의 수정과 편향성으로 인하여 발생한 기회의 박탈과 손해배상을 권고하는 방향이 적절하다. 그렇지만, 이러한 감사제도에 대해 '비판적인 견해'[148]도 있는 것이 사실이나 전문인력의 양성과 알고리즘을 분석할 수 있는 기술력 확보 등 기술적으로 극복해 나가야할 사안이다.

(3) 알고리즘 소스코드의 공개[149]

규제 체계로는 소비자정책 당국이 사업자의 알고리즘을 수집할 수 있는 근거가 명확히 마련되어야 한다. 사업자는 일반적으로 알고리즘을 영업비밀로 분류하여 일반에 공개하지 않으려 하고 이는 당국의 알고리즘 불공정성 조사나 분쟁조정, 손해배상 소송 등에서도 마찬가지이다. 소비자 관련 법집행이나 피해구제, 정보제공 및 소비자안전 확보 등을 위해 당국은 필요한 경우, 사업자의 알고리즘을 확보할 수 있어야 한다.

---

147 이호영 외, ICT기반 사회현안 해결방안 연구, 정보통신정책연구원, 2017.2, 56면.

148 "알고리즘 감사제도는 알고리즘에 의한 경쟁제한적 결과를 사전에 평가할 수 있지만, 그에 따른 부가적인 문제점도 드러내고 있다. 알고리즘의 작동 메커니즘을 공개하는 것이 특정 기업의 영업기밀이나 지재권을 침해할 수 있는 우려가 있고, 공개하더라도 전문가가 쉽사리 해석하기 힘든 경우가 발생하여 감사의 비용이 매우 높을 수 있다는 한계도 제기되고 있다. 결국 준법비용이 과다하게 발생할 경우 기업의 혁신 활동을 저해할 부작용에 대한 고민도 필요한 상황이다."라고 주장한다. 김건우, 알고리즘으로 움직이는 경제, 디지털 카르텔 가능성 커진다, LG경제연구원, 2017, 18면.

149 이금노, 인공지능 알고리즘 기반 경제에서의 소비자문제 연구, 한국소비자원, 2018, 106면.

당국이 알고리즘 소스코드를 확보하더라도 이를 분석하여 소비자 권익에 미치는 영향을 규명할 수 없다면 사업자의 위법행위의 입증과 시정이 요원하다. 이에 알고리즘 감사(audit)나 알고리즘 영향평가(impact assesment)가 가능하기 위한 공공영역의 역량확보 필요성이 제기되고 있다. 이러한 역량은 단시간에 확보될 수 없기에 시장의 발전 속도에 맞추어 소비자정책 당국의 인공지능 알고리즘 대응역량이 체계적으로 확보되어야 한다. 알고리즘의 기술적인 측면과 소비자문제에 대한 이해를 동시에 갖춘 전문인력의 확보나 양성이 필요하다.

알고리즘은 데이터로부터 관계를 추론하여 사람들을 모으는 능력, 유사성을 판정하고 가능한 행위를 제안하는 능력, 시간을 조직하고 언제 행위가 발생하는지에 영향을 미치는 능력이 있기 때문에 윤리 요소가 중요하다. 이를 위해서는 코드의 투명성을 확보하려는 노력이 필요하고, 이용자가 알고리즘을 해독할 수 있는 정보의 제공을 늘려야 하며, 규제의 시도 등도 검토할 수 있다고 한다.[150]

(4) 전문기관 설립 등 검증시스템[151]

알고리즘이 가지는 복잡성, 불명확성 그리고 위험성을 염두에 둔다면 현재보다 강력한 전문규제기관의 설치가 필요하다. 이 전문기관은 알고리즘 규제의 효율성을 높이기 위하여 다음과 같은 특성 혹은 원칙 위에 설립되어야 한다. 인공지능이 가지는 위험성을 사전에 차단하기 위해서는 사전예방적인 규제가 필요하다. 각 행정기관이 나누어 가지고 있는 규제권한을 종합하여 포괄적인 규제권한을 가지는 행정권한을 행사하여야 한다. 특히 대량적인 피해발생을 사전에 차단할 수 있는 안전성 확보를 위한 절대적인 권한을 부여하여야 한다.

강력한 규제기관의 설치에 대해서는 다음과 같은 반론(反論)도 존재한다. 첫째는 알고리즘 기술의 발전이 아직은 유아기에 있으므로 규제의 필요성이 적거나 너무 이르다는 점, 둘째는 알고리즘 규제가 포괄적인 규제나 감독이 필

---

150 오세욱 외, 디지털 저널리즘 투명성 제고를 위한 기술적 제안, 한국언론진흥재단, 2016, 117면.

151 김광수, 인공지능 규제법 서설, 토지공법연구, 제81집, 2018, 294면.

요할만큼 독자성을 가진 기술은 아니라는 점, 셋째로 규제로 인하여 알고리즘 산업의 발전이 위축되고 저해될 가능성이 크다는 점 등이 지적된다.

이처럼 알고리즘이 가져오는 문제는 다양하게 제기되고 있으며, 유아기임에도 이러한 문제가 지속적으로 제기된다는 점은 그만큼 알고리즘으로 인한 문제가 확대될 수 있다는 것을 반증하는 것이며, 기술은 독자성이 아닌 융합되고 응용되는 과정에서 혁신과 파괴를 가져오기 때문에 알고리즘이 그 과정에 있다고 볼 수 있으며, 산업위축에 대한 주장은 위의 문제를 회피하겠다는 것으로 여겨지기 때문에 알고리즘 개발자와 서비스 사업자의 적극적인 대응이 필요하다.

예를 들면, 사적 주체가 개발한 알고리즘의 경우는 영업비밀 및 지적재산권에 대한 보호를 이유로 설계의 공개와 알고리즘 수정에 대한 요구를 거부할 수 있으므로 이를 대비하여 알고리즘 수정 요구를 공정거래위원회가 명령할 수 있거나 외부의 알고리즘전문가위원회(Algorithmist Committee)가 알고리즘에 대한 객관적 분석을 수행할 수 있도록 법적 근거를 둘 필요가 있다.[152]

(5) 이력 관리[153]

알고리즘을 만든 사람이 누구인지와 제작 목적을 명확히 밝혀 책임성을 명시하는 방법 제안과 함께 기사의 수정 이력처럼 알고리즘이 버전별 수정 이력을 명시해야 한다는 주장도 있으며, 알고리즘 자체를 공개하는 것보다 변경 이력을 투명하게 공개함으로서 알고리즘의 투명성을 제고할 수 있다는 내용이다. 이력을 외부에 공개하도록 해 최소한 사람들이 변화가 벌어지고 있다는 사실부터 알게 하는 것이 필요하다는 것으로, 소스코드 공개까지는 어렵다 하더라도 기술의 투명성 제고를 위한 기술적 방안을 제시한 것으로 볼 수 있다.

이처럼, 이력 관리는 직접적으로 알고리즘을 공개하거나 설명하는 것이

---

152 "상업적 알고리즘은 대부분 공적 영역의 오픈 데이터를 바탕으로 개발되거나 다른 기관들의 데이터세트를 재가공하여 얻어지게 되므로 만일 공정성이나 편향성 논란이 제기된 알고리즘에 대하여 외부 감사를 거부한다면 데이터의 사용을 제한하거나 언론이 알고리즘 작동 방식의 문제 사례를 보도하여 압박을 가하는 방식으로 간접적 통제도 가능할 것으로 여겨진다."고도 한다. 이호영 외, ICT기반 사회현안 해결방안 연구, 정보통신정책연구원, 2017.2, 56면.

153 오세욱 외, 디지털 저널리즘 투명성 제고를 위한 기술적 제안, 한국언론진흥재단, 2016, 156~157면.

아닌 관련 정보를 공개하도록 함으로써 그로 인하여 발생하는 변화 등을 확인하고 체크함으로써 보다 공정하게 해당 알고리즘이 사용될 수 있도록 유도하자는 의도로 이해된다.

라. 알고리즘 규제에 대한 가이드라인(원칙)

(1) 변함없는 규제의 필요성

알고리즘 규제에 대한 반론의 기본적인 주장은 알고리즘은 플랫폼사업자인 사인의 재산권이며, 그러한 재산권을 공중에게 공개하는 것은 영업비밀 등 타인의 재산권을 침해하는 결과로 이어질 수 있다는 것이다. 설령, 공개된다고 하더라도 전문적인 지식이나 기술을 갖지 못한 공중에게는 그 실효성이 없기 때문에 기술적으로 효용성이 떨어지기 때문에 필요성이 없다는 것이다.

알고리즘 규제가 불필요하다는 주장의 기저는 알고리즘이 재산권이며, 설령 공개되더라도 그 기술적 내용을 알 수 없기 때문에 공개의 실익이 없다는 것이다. 이러한 주장은 소비자를 기술적 문맹으로 취급하는 매우 심각한 오류를 펼치고 있는 것이다. 많은 전문가들이 규제의 정당성, 타당성 및 필요성을 주장하고 있으며 기술적으로 여러 가지 대안을 제시하고 있는 상황이다. 기술적인 대응으로서 대안은 이미 실효성이 있거나 보완함으로써 완결성을 가질 수 있는 방안이 될 것이다. 현실적인 한계 때문에 대안이 필요없다고 주장하는 것은 특정 기업과 사전적 교감을 통한 편견을 일반인에게 심어주는 것과 다름이 없는 행태이다.

지속적으로 알고리즘의 문제를 파악하고 이에 대한 사회, 경제, 정치, 문화에 미치는 영향력을 분석함으로써 이에 따른 법적, 제도적 장치를 마련하는 것이 필요하다. 만약, 필요하다면 알고리즘의 편향과 왜곡에 대해서는 적극적인 규제를 통하여 문제 소지를 차단하는 정책을 펴는 것이 바람직한 방향이다.

(2) 기술적 대응

규제의 불필요성을 주장하는 입장은 알고리즘에 대해 이해할 수 있는 능력이 없는 자들에게 공개해서 어떤 실효성을 얻을 수 있겠느냐 하는 점으로 정리될 수 있다. 알고리즘의 설명의무, 소스코드의 공개 등에 대해서는 알고리즘이 어떻게 구현되는지 설명할 수 있는 XAI가 개발되고 있다는 점에서 기술적으로 실현가능성이 높다. 또한, OpenAI도 고려해 볼 수 있고, 구글 등에서 오픈소스 형태로 알고리즘이 공개되고 있으며, 이는 집단지성을 통하여 인공지능이 왜곡되거나 오용되는 것을 막을 수 있다는 기술적 경험에 따른 것이라는 점에서 실효성을 확보할 수 있는 방안이 되고 있다. 아울러, 알고리즘의 편향에 대해서는 이를 차단(遮斷)하거나 찾아내는 알고리즘이 개발되고 있다는 점에서 기술적 대응은 현실적인 방안으로서 의미를 갖는다.

기술적 대안 이외에 실현가능하거나 또는 점진적인 대응을 위한 정책적 대안을 제시함으로써 알고리즘의 개발 및 이용 과정에서 편향성이나 의도성을 배제함으로써 보다 객관적인 알고리즘이 시장에 도입될 수 있다는 점도 그동안의 ICT 분야의 정책을 반추해 보건대 타당성을 얻을 수 있다. 이와 더불어, 인공지능 윤리나 알고리즘 윤리를 통하여도 기획, 개발, 이용 과정에서 알고리즘의 공정성을 확보할 수 있다는 점에서 기술적 대안, 정책적 대안 및 알고리즘 윤리의 다양한 융합을 통하여 인공지능의 오남용을 차단하거나 개선해 나갈 수 있다.

(3) 규제의 대응 수준(가이드라인)

(가) 규제 가이드라인의 제시

소비자정책 당국이 인공지능 알고리즘을 사용하여 소비자의 권익에 영향을 미치는 사업모델을 가진 사업자들이 기본적으로 준수해야 할 가이드라인의 제시를 검토해야 한다고 주장한다.[154] 알고리즘에 의한 소비자 피해를 특정하고 그 책임주체를 명시하며 피해를 예방하기 위해 법제화하는 일련의 과정은 절차상으로나 내용상으로 쉽지 않기 때문이다. 현재 수준에서 알고리즘 규제에 대하여 고려할 수 있는 방법은 연성법(soft law)으로써 접근가능한 가이드라인을 제시하는 것이다. 인공지능과 같은 미지의 기술에 대해서는 경성법보다는 연성법을 적용한다는 것은 법정책적으로 합리적인 판단으로 볼 수 있을 것이다. 다만, 규제법과 같은 경성법 자체를 배제하는 것은 오히려 법감정(法感情)을 약화시킬 수 있기 때문에 법적 논의가 필요하다. EU인공지능법안처럼 궁극적

---

154 이금노, 인공지능 알고리즘 기반 경제에서의 소비자문제 연구, 한국소비자원, 2018, 103면.

으로 경성법 체계에서 다루어질 수밖에 없기 때문에 가이드라인 수준이나 범위 내에 경성법에 대하여 검토함으로써 규제수준을 설정(設定)해야 한다.

(나) 알고리즘 영향평가의 실시

알고리즘의 도입으로 인하여 나타날 수 있는 영향에 대해 사전에 평가를 진행하는 방안도 고려할 수 있다. 실제로 캐나다는 알고리즘 영향평가(Algorithm Impact Assessment; 이하 AIA라 함)를 추진 중에 있으며, 현재도 지속적으로 업데이트하고 있는 중이며, MIT 라이선스에 따라 공개된 오픈소스 프로젝트를 깃허브(GitHub)에 공개하고 있다. 자동화된 의사결정 시스템 배포와 관련된 영향을 평가하고 완화할 수 있도록 설계된 설문지이다. AIA는 또한 자동화된 의사결정 지침에 따라 자동 의사결정 시스템의 영향 수준을 식별(識別)하는 데 도움을 주려는 목적이다. 질문은 비즈니스 프로세스, 데이터 및 시스템 설계 결정에 중점을 두고 있으며, 설문지는 비즈니스 프로세스, 데이터 및 시스템 설계 결정과 관련된 약 60가지 질문을 제공하면서 평가하게 된다.[155]

AIA는 "데이터 산업의 발전을 위해서는 소수의 인권침해는 어쩔 수 없다는 현재의 인식을 바꿀 수 있다는 것"[156]이며, 실제 AIA를 통하여 알고리즘의 개발 및 도입 과정, 그리고 실행 과정의 평가를 통하여 안전성과 투명성을 확보할 것으로 기대된다.

(다) 악의적인 활용의 가중처벌

투명성을 확보하기 위해 알고리즘을 공개하거나 소스코드나 데이터 이력을 공개하자는 주장은 악용가능성 때문에 우려되고 있다.[157] 따라서, 타인의 알고리즘을 악의적으로 이용하려는 경우에는 가중처벌(加重處罰)할 수 있는 근거를 마련해야 하며, 그렇지 않을 경우 알고리즘의 공개를 악용하여 해킹이나 경

---

155 https://www.canada.ca/en/government/system/digital−government/modern−emerging−techno logies/responsible−use−ai/algorithmic−impact−assessment.html. 2019.12.1.일자 검색.

156 오요한 외, 인공지능 알고리즘은 사람을 차별하는가?, 과학기술학연구 제18권 제3호, 2018, 185면.

157 "많은 경우 컴퓨터 시스템의 기반이 되는 소스코드와 데이터를 공개하는 것은 (다른 방법을 통해서도 충분히 정보를 얻을 수 있기 때문에) 필요하지도 않고 (공개와 관련된 여러 이슈 때문에) 충분하지도 않다. 게다가 완전한 투명성을 요구하는 것은 바람직하지 않을 수 있는데, 이는 투명성으로 인해 개인정보가 유출되거나 시스템이 전략적으로 악용될 수 있기 때문"이라고 한다. Joshua A. Kroll, Accountable Algorithms, Policy Issues surrounding Artificial Intelligence, Algorithms & Privacy, 2017, p.92.

쟁 서비스를 개발하기 위해 사용할 가능성도 크기 때문이다.

(라) 사회적 합의 도출의 필요성 – 공론화 과정은 필요한가?

알고리즘 규제에 대한 사회적인 합의가 필요하다고 보며, 이는 알고리즘이 갖는 공익적(公益的) 역할을 포함하여 사회적 효용성을 높일 수 있기 때문에 규제 접근성에 대한 사회적 평가 내지 합의를 통하여 공론화(公論化)할 필요성도 있다.

(마) 규제전문기관의 필요

알고리즘을 규제할 수 있는 전문기관은 일반인들이 대응할 수 없는 현실을 반영할 수 있다는 점에서 필요성이 크다. 또한, 알고리즘을 포함한 인공지능 규제에 대한 전체 컨트롤타워로서 역할을 할 수도 있다. 이를 위해서는 전문기술 및 인력 확보도 중요하다.

또한, 다양한 목적으로 대규모의 데이터를 처리하는 기업을 감독하기 위해 경쟁 감시(competition oversight) 분야 및 데이터 보호 분야의 당국에는 새로운 도구가 필요하다.[158] 실제로도 새로운 기술이 많이 등장하면서 새로운 정부의 규제기관이 구성된 바 있다.[159] 다양한 분야의 규제가 이루어지고, 이를 전문적으로 다루기 위한 규제기관이 만들어진 것은 기술발전 및 그에 따른 사회적 안전성을 확보하기 위해 이루어진 역사적 사실이다. 따라서, 알고리즘 및 데이터 분야의 전문성을 확보하기 위한 기관의 구성은 필연적인 과정일 수 있다.

(바) 입증책임의 전환 등 규제 법리의 변화

클라우드컴퓨팅법 제25조는 정보보호를 침해하는 사고가 발생하거나 이용자 정보가 유출되거나 혹은 서비스 중단이 발생하면 이를 해당 이용자에게 알리도록 의무화(義務化)하고 있다. 동법 제29조는 클라우드컴퓨팅서비스 제공자의 위법행위로 손해를 입은 이용자는 제공자에게 손해배상을 신청할 수 있다고 규정한다. 이 경우 해당 클라우드컴퓨팅서비스 제공자는 고의 또는 과실이 없음을 입증하지 않으면 책임을 면할 수 없다. 서비스 제공자의 책임은 과실책

---

158 Nicola Jentzsch, Supervising Massive Data Processing, Policy Issues surrounding Artificial Intelligence, Algorithms & Privacy, 2017, pp.55~56.
159 Bruce Schneier, Click Here to Kill Everyone, Policy Issues surrounding Artificial Intelligence, Algorithms & Privacy, 2017, p.31.

임에 기초하여 있음에도 그 입증책임은 손해배상을 주장하는 이용자가 아닌 서비스 제공자에게 전환되어 있다. 이는 고의과실에 기초한 책임으로부터 위험책임에 근접한 구조로 전환되는 경향을 나타낸 것이다.

일례로, SW 제조물 책임에서와 같이, 인공지능이 개발하는 SW의 경우 문제가 복잡해질 수 있으며, 인공지능의 법주체성이 부인되면 인공지능의 소유자 혹은 관리자에게 책임이 귀속될 것이다. 그러나, 소유자나 관리자도 인공지능이 개발하는 SW에 대한 통제를 할 수 없거나 그 원리를 모르고 있는 경우에는 책임을 묻기 곤란해질 수 있어 이러한 폐해(弊害)를 막기 위하여 인공지능의 활용으로 인한 편의를 생각하면 새로운 책임법제의 개발이 필요하게 되며, 규제가 자동화되면 권리구제의 대응방식도 중요해 진다.[160]

(4) 자율규제와 분쟁조정

인공지능 알고리즘과 같이 발전 속도가 빠르고 방대한 정보와 연계된 산업을 국가가 세밀하게 각 내용을 규율하기에는 한계가 있어, 공적규제를 보완하는 자율규제(自律規制)의 중요성과 활성화 필요성이 대두된다.[161] 인공지능 분야의 자율규제 도입 필요성은 앞서 언급한 바와 같이 시장의 특성상 방대한 양의 정보를 다루는 영역에 대한 공적 규제의 한계, 불법성은 없으나 소비자 편익을 저하시킬 수 있는 회색지대의 규율 가능성, 인간의 행위를 규제하는 현행 법체로 인공지능의 규율 어려움 등이 있다. 이처럼, 알고리즘으로 인해 발생할 수 있는 문제는 다양하지만, 이를 해결할 수 있는 방안은 제한적이다. 더욱이, 문제의 원인을 확인할 방안이 그리 많지 않기 때문에 문제 발생과 원인의 인과 관계를 규명하는 절차에 시간과 비용이 적지 않게 소요될 수 있다.

결론적으로, 블랙박스를 해독하는 것은 불가능에 가까울 수 있기 때문에 문제해결 보다는 문제를 정리해 나가는 것이 현실적인 방안이다. 이를 위해 기업의 자율규제가 논의될 수 있을 것이나 엄격하게 다루어지지 않을 경우 자율규제는 기업의 책임회피 수단으로 활용될 수 있다는 점을 고려해야 한다. 이와 더불어, 분쟁해결을 위한 조정(調停) 제도의 도입도 고려할 수 있으며, 전문기

---

160 김광수, 인공지능 규제법 서설, 토지공법연구, 제81집, 2018, 306면.
161 이금노, 인공지능 알고리즘 기반 경제에서의 소비자문제 연구, 한국소비자원, 2018, 102~103면.

관의 역할에 그 기능을 부여하는 것도 하나의 방안이다.

(5) 알고리즘의 확보

알고리즘의 투명성을 확보하기 위해서는 민간 및 공공에서의 역할이 필요하다. 먼저, 공공분야에서는 공익을 목적으로 하기 때문에 민간부문 보다는 적극적으로 알고리즘을 공개하거나 문제 대응이 용이하다. 이를 위해 알고리즘 기술의 정보격차에 기인하는 사업자의 정보지대를 낮추는 정책이 필요하다.[162] 먼저, 공공부문의 각 정책 영역에서 사용하는 알고리즘의 개방과 표준화, 설명가능성 등에서 선도적인 역할이 필요하다. 또한, 민간이 사용하는 알고리즘을 소비자가 이해하기 쉽도록 인공지능 알고리즘을 해석하는 기술을 육성(育成)하거나 투자하는 것도 필요하다.

(6) 단계별 데이터 학습 및 구현 모델의 검증

기술적인 방안으로서 고려할 수 있는 것이 알고리즘의 학습과정에서 사용된 데이터의 검증(檢證)이다.[163] 알고리즘의 학습과정에서 단계별로 구현된 모델을 재현해서 문제를 확인할 수 있는 것도 사실이며, 실제 알고리즘에 들어가 있는 편향에 따른 젠더, 인종차별을 자동으로 감지하는 기술을 개발하고 있다.[164] 기술에 대해서는 기술로 해결할 수 있다는 점을 제시한 것으로 보이며, 알고리즘의 고도화에 대응할 수 있는 알고리즘에 대한 기술적 대응은 데이터 학습을 포함한 알고리즘이 의사결정을 내리는 시스템의 문제에 대응할 수 있는 현실적인 방안이다. 다만, 기술을 기술로서 해결할 수 있다는 막연한 기대는 버려야 한다. 기술 자체가 갖는 한계나 기술을 개발하고 운용(運用)하는 것은 인간이기 때문에 인간의 의도는 또 다른 이슈를 만들어낼 수 있기 때문이다. 아울러, 기술을 제어하는 기술은 지속적으로 상대방을 넘어서는 것이기 때문에 한계를 갖는다는 점도 고려해야 한다.

---

162 이금노, 인공지능 알고리즘 기반 경제에서의 소비자문제 연구, 한국소비자원, 2018, 109면.
163 오세욱, 알고리즘화(Algorithmification), 언론정보연구 제55권 제2호, 2018, 106면.
164 오세욱, 알고리즘화(Algorithmification), 언론정보연구 제55권 제2호, 2018, 106면.

4. 입법 방안과 정책적 고려

　　지금까지 논의했던 내용을 중심으로 도출시킬 수 있는 입법 방안은 알고리즘의 공정성을 담보하고, 편향성을 바로잡기 위한 다양한 법률의 정비와 맞물려 있다. 다만, 이 과정에서 고려할 사항 등이 있다는 점을 밝히며, 이를 정책적 고려사항으로 정리할 수 있다. 무엇보다, 기술과 제도는 공진화를 거치면서 발전해 오고 있기 때문에 그 중심 가치가 무엇인지에 대한 확인이 필요하다.

가. 스마트 규제와 지속가능성 확보

　　신뢰 없이 만들어내는 규제는 시장의 성장을 어렵게 하고, 과학기술의 발전을 저해하는 부작용을 보이곤 한다. 사회적 기술이 잘못 설계되거나 적용되면 과학기술의 퇴보(退步)를 야기할 수 있다. 이러한 이유 때문에 제도의 설계에 있어서 이해관계자 간 신뢰형성이 무엇보다 중요하다. 신뢰는 공익이라는 가치로 대별될 수 있지만, 이해관계자 간 신뢰를 얻고자 하는 노력이 있었다면 서로 어느 정도 감내할 수 있다. 규제의 방향은 이해관계자 및 시민의 참여를 통하여 만들어가는 스마트 규제(Smart regulation)가 되어야 한다.

　　합리적으로 운용되는 사회적 기술은 과학기술 투자와 기술자 우대를 통하여 다양한 분야의 혁신을 이끌어갈 것이다. 사회적 기술과 과학기술 간의 공유와 협력을 통하여 시장의 신뢰를 얻고, 정책적 배려를 통하여 혁신을 일으킬 성장동력을 얻게 될 것이다. 그런 의미에서 우리가 추구하는 혁신의 가치는 과학기술만의 혁신이 아닌 사회적 기술을 통한 지속가능성(sustainability)을 확보하고, 사람중심의 가치를 실현하게 될 때 그 의미가 있음을 인식할 필요가 있다.

　　알고리즘을 포함한 인공지능 관련 기술은 인간의 본질적인 업에 집중할 수 있는 기술유형으로, 인간된 삶의 가치를 추구할 수 있도록 지원하는 데 의미가 있다. 그렇지만, 현실적으로는 차별이나 공정성을 훼손할 수 있는 가능성이 있고, 실제 그러한 경우도 적지 않기 때문에 규제의 필요성이 강조되고 있다.

나. 분야별 입법 대응

(1) 입법 개요

① '정보공개법'의 공공영역에 대한 공개범위를 민간영역, 특히 안전을 위협할 수 있는 영역에 대해서는 공개하도록 요구할 수 있도록 하는 방안

② 입증 전환을 위해 SW를 제조물 책임의 영역으로 포섭(包攝)할 수밖에 없음. 더하여, 징벌적 손해배상이 가능하도록 법리를 적용하는 방안

③ 설명의무의 법제화. 소비자보호법에 인공지능으로 인한 소비자 피해 우려 등의 경우에 설명할 수 있도록 하는 방안

④ 공정거래법제의 포섭. 디지털 담합 등의 경우에도 공정거래 등의 불법 행위에 대한 처벌이 가능하도록 함. 알고리즘에 의한 증권거래는 증권 거래법을 통하여 알고리즘 등록(登錄)을 추진할 수 있을 것임.

⑤ 지능형로봇법. 인공지능에 대한 법적 책임을 주는 방안. 전자적 인간에 대한 법적 구조화 필요

⑥ SW안전법. 인공지능의 안전을 담보할 수 있는 방안 강구

⑦ 저작권법 및 부정경쟁방지법. 공정이용이 가능한 데이터 민주화 지원

⑧ 알고리즘 공개법, 포괄적 차별금지법. 인공지능 윤리위원회, 담합 금지, 차별 금지 등을 위한 알고리즘 공개

(2) 분야별 입법 대응

(가) 총론: 알고리즘 공개법, 차별금지법

인공지능 솔루션이 오픈소스 방식으로 공개되는 경우가 많다. 누구나 자유롭게 이용할 수 있는 상태로서, 거인의 어깨에 오를 수 있는 기회를 제공하는 것이다. 따라서, 초기 개발에 대한 투자를 넘어서 핵심적인 기술에 투자함으로써 보다 발전된 결과물을 만들어낼 수 있는 인센티브로서 역할을 하고 있다. 또한, 누구라도 이용할 수 있는 상태에 놓이기 때문에 알고리즘을 오용하거나 남용하는 것을 미리 차단하거나 사후적으로 감사할 수 있는 가능성을 확보할 수 있다는 장점을 지닌다.

알고리즘의 공개는 검증이나 추론에 대한 정당성을 확인할 수 있는 전제

조건이다. 따라서, 공개는 알고리즘을 대중에게 공개하거나 신탁관리기관 내지 저작권위원회 등에 등록하거나 임치(任置)하는 것을 의미한다. 물론, 깃허브 (GitHub) 등에 자발적으로 공개SW 형태로 개방하는 것도 포함될 수 있다. 이렇게 대중에게 인공지능 SW를 개방함으로써, 집단지성이 해당 알고리즘이나 인공지능의 사용을 모니터링할 수 있다는 장점을 가지게 된다.

(나) 알고리즘 분야: 정보공개법, 제조물책임법

인공지능이 학습과정에서 데이터를 활용한 것이 어떻게 작용했는지 확인하기 어려우며, 단지 그 결과만을 확인하거나 추론할 수 있을 뿐이라는 점 때문에 설명의무를 개발자에게 부과할 수밖에 없다. 즉, 알고리즘의 투명성과 책무성(責務性)[165]의 확보는 정보공개와 설명의무를 통하여 가능하다는 것이다.

알고리즘에 대한 설명권은 알고리즘, 인공지능, 로봇 공학 및 기타 자동화 시스템의 책임과 투명성에 대한 정부와 업계의 광범위한 추구에 있어 유망한 메커니즘으로 간주되며, 자동 시스템은 의도하지 않은 많은 효과와 예기치 않은 영향을 미칠 수 있다. 설명에 대한 주장된 권리는 데이터 통제관이 그러한 메커니즘이 어떻게 의사결정에 도달하는지 설명해야 할 것이며, 이처럼 법적으로 집행 가능한 데이터 피험자에 대한 권리의 권한을 강화하는 효과와 데이터 집약적 산업의 중단에 대한 상당한 과대평가 때문에 실제로 얼마나 복잡하고 이해하기 어려운 자동화 방법이 작동하는지 설명할 수밖에 없다.[166]

알고리즘의 불확정성에 대한 효율적인 대응은 실시간으로 변하는 알고리즘에 투명성을 담보하는 것이다.[167] 학습용 데이터의 건전성과 질을 담보하는 등의 투명성을 담보하기 위해서는 인간의 개입이 불가피하기 때문이다.[168] 다

---

165 '알고리즘 책무성'이란 알고리즘 개발자와 사업자가 '사회적 책임성'이라는 공적 가치에 의해 스스로 규제하는 것을 말한다는 점에서 사후적 처벌과 보상에 초점을 둔 '알고리즘 책임성(algorithmic responsibility)'과는 다르며, 궁극적으로는 소비자/이용자들로 하여금 알고리즘이 어떻게 작동하는지 알게 한다는 점에서 '알고리즘 투명성(algorithmic transparency)'의 개념과도 일맥상통한다고 볼 수 있다. 이러한 맥락에서 '알고리즘 공정성'의 개념은 알고리즘 설계 및 활용 단계에서 차별적, 배제적 요소가 개입되지 않도록 하는 것을 말한다. 이원태 외, 지능정보사회의 규범체계 정립을 위한 법제도 연구, 2016, 20면.

166 Why a right to explanation of automated decision-making does not exist in the General Data Protection Regulation Sandra Wachter, Brent Mittelstadt, Luciano Floridi, International Data Privacy Law, 2017, p.4.

167 KISDI, 4차산업혁명 대응 법제정비 연구, 2018, 51면.

168 KISDI, 4차산업혁명 대응 법제정비 연구, 2018, 54면.

만, 알고리즘의 개선과 결과는 블랙박스에서 이루어진 것이기 때문에 이를 명쾌하게 설명할 수 없다는 점, 실시간으로 변하는 알고리즘을 모니터링 하는 것은 쉬운 일이 아니라는 점에서 투명성을 담보할 수 있는 현실적 방안인지는 의문이다. 이러한 이유 때문에 알고리즘의 전문성을 이해할 수 있는 수준의 전문가 및 전문기관을 설립할 필요성이 크다.

한편, 알고리즘 공개가 알고리즘이나 SW가 갖는 영업비밀성 내지 지식재산권에 대한 권리 제한이라는 주장도 가능하다. 일견 맞는 말이기도 하지만, 그러한 이유 때문에 더욱 설명의무 등 공개에 대한 기준을 세부적으로 정리할 필요가 있다. 이를 위해 "법적 권리로서 성격을 명확하게 하기 위해서는 먼저 알고리즘 로직을 어느 정도까지 공개토록 요구할지, 정보주체에 미치는 중요성과 예상 결과를 어느 정도까지 상세하게 설명할지 등에 대한 기준이 명확해야 한다."[169]는 주장은 설득력이 있다.

그럼에도 불구하고, 인공지능이 학습하는 과정에서 발생할 수 있는 문제에 대한 대응은 필요하며 규제라는 접근점을 찾을 수밖에 없는 것이 아닌가 생각한다. 편견과 남용, 오용 및 공정거래를 훼손할 수 있는 많은 변수(變數)에 대해서 어떠한 공학적 접근이 필요할지 검토가 필요하다.

(다) 데이터 분야: 저작권법, 부정경쟁방지법, 개인정보 보호법

데이터의 민주화는 기계학습을 위해 누구라도 필요한 데이터를 활용할 수 있는 환경이나 기회를 가져야 한다는 것이다. 데이터를 공개하여 누구라도 이용할 수 있도록 하고, 사용한 데이터를 검증할 수 있도록 이 과정에서 데이터의 이동, 정보의 자유, 데이터 처리, 정보의 수집 등이 자유로워야 한다.

문제는 개인정보가 포함된 데이터의 경우이다. 다만, 데이터의 비식별화를 거쳐 이용에 제공하는 경우라면 개인정보성이 사라지기 때문에 누구라도 자유롭게 이용할 수 있는 상태에 놓이게 된다. 따라서, 정보의 익명성 확대를 통하여, 데이터를 활용할 수 있도록 법제도 정비가 필요하다. 2020년 데이터 3법의 개정은 이러한 요구사항이 반영된 것이나 사실상 그 효과는 높지 않다는 비판을 받고 있다.

---

169 KISDI, 4차산업혁명 대응 법제정비 연구, 2018, 70면.

(라) 소비자 보호 분야: 소비자보호법(약관법 포함), 공정거래법, SW안전법

알고리즘이 활용되는 서비스 사용자인 소비자 또는 이용자를 대상으로 사용되는 알고리즘에 대해 설명할 수 있도록 한다. 설명의무에 더하여, 알고리즘을 공개하거나 공유할 수 있는 공유플폼을 개설하고, 누구라도 플랫폼에 알고리즘을 공개하거나 등록함으로써 이용하고, 점검하고, 문제점을 파악하고 대응방안을 마련할 수 있도록 하자는 것이다. 공정한 거래를 위해서라도 알고리즘의 주요 내용에 대해 설명하도록 함으로써 소비자가 무의식적으로 입는 손해 전보가 이루어질 수 있도록 해야 한다.

아울러, 소비자 보호 차원에서 안전한 인공지능의 설계와 적용이 필요하다. 알고리즘이 스스로의 판단을 통하여 인간의 보편적 윤리나 가치관 또는 효율을 따지는 의사결정과는 다른 가치체계로 판단하는 경우에는 전혀 다른 의사결정이 이루어질 수 있기 때문이다. 따라서, 인공지능의 의사결정이 인간의 의사결정과 상이하지 않는 가치로서 이루어질 수 있도록 담보해야 하는 문제도 갖고 있다.

인공지능에 대한 안전에는 인공지능이나 알고리즘 자체가 갖는 문제 이외에도 알고리즘의 오류를 인지하고, 이를 악용하는 경우도 포함된다. 이 과정에서 해킹이 이루어진다면, 시민의 안전(安全)에는 심각한 위협으로 작용하게 될 것이라는 점은 부인할 수 없는 문제이다. 설계의 안전성과 개발의 윤리성 등을 강조할 수밖에 없으며, SW로서 알고리즘의 안전을 확보할 수 있는 SW안전법제를 도입하는 것도 정책적 측면에서 유의미하다.

(마) 윤리 분야: 데이터 및 알고리즘 윤리

앞서 살펴본 바와 같이, 사람의 윤리를 인공지능이 그대로 매칭시키는 것이 합리적인가, 보편적 가치를 학습시킬 수 있는가라는 질문은 윤리에 대한 본질적인 의문이기도 하다. 인공지능이 인간의 윤리를 학습하고, 그에 따른 의사결정을 내릴 수 있도록 하는 것이 인간의 입장에서는 바람직한 방향이다. 즉, 윤리에 대한 보편적 가치를 알고리즘이 판단할 수 있도록 하자는 것이다.

또한, 기계학습을 위해 필요한 데이터 윤리도 필요하다. 데이터 자체가 편향성을 가질 수 있는 개연성이 크기 때문에 편향성을 낮출 수 있는 데이터셋을 준비하거나 데이터셋을 공개함으로써 누구나 데이터셋을 검증(檢證)할 수 있는

상태에 놓일 수 있도록 하는 것이다.

다. 얻을 수 있는 사회적 가치

규제에 따른 알고리즘의 공정성과 안전에 대한 검토를 통하여 얻으려는 사회적 가치는 다음과 같이 정리한다.

(1) 소비자 보호: 안전과 책임

알고리즘이 응용된 최종 서비스를 받는 주체는 소비자이기 때문에 알고리즘으로 인한 직접적인 피해 당사자가 된다. 따라서, 알고리즘의 안정성은 소비자의 안전을 최우선적으로 고려되어야 한다. 이를 위해 알고리즘으로 인한 불법행위 책임을 물을 수 있어야 한다. 문제는 알고리즘의 전문성에 따라 입증책임을 어떻게 할 것이냐라는 현실에 직면하게 된다는 점이다. 따라서, 알고리즘의 문제인지, 운영상의 문제인지, 데이터의 문제인지 등을 확인하거나 검증할 수 있어야 한다.

(2) 공정거래: 공정성과 차별 배제

공정거래에 있어서, 사업자 간 거래가 아닌 알고리즘 간 거래가 가능하도록 시스템화함에 따라 나타날 수 있는 것은 인간의 불개입(不介入) 거래에 대한 문제이다. 주식거래 및 가격 거래가 알고리즘에 의해 자동화되고 있는 시점에서 담합이 이루어질 경우에 그 책임을 누가 져야 할 것인지에 대한 여부이다. 기본적으로 해당 서비스를 제공하는 사업자에게 책임을 묻는 것이 기본원칙이 될 것이나 의사결정 시스템 수준에서 알고리즘이 운용될 경우에는 직접적인 사업자의 관여가 있다고 보기 어려운 상황에 직면하게 될 것이다.

또한, 소비자에게 알고리즘이 추천 서비스를 제공하는 경우에 소비자의 패턴을 분석하여 다양한 서비스를 제공하게 될 것이다. 예를 들면, 영화서비스의 경우에는 선호하는 장르의 영화를 추천하는 방식이 될 것이다. 또한, 인사에 관련된 경우라면 회사가 선호하는 인력의 이력사항에 대한 평가가 우선 반영되도록 알고리즘이 운용될 것이다. 그러나 알고리즘은 사람의 행태가 반영되는 경향이 있기 때문에 윤리적이지 않은 추천서비스로 오히려 문제를 일으키게 되기 때문에 차별적인 의사결정이라는 결론(結論)에 이르는 문제가 발생할 수 있다.

(3) 민주화: 인공지능·데이터의 민주화, 정보독점의 배제

민주화란 누구의 개입이나 간섭 없이 자주적이고 자발적으로 의사결정을 할 수 있는 상태로, ICT 분야에서의 민주화는 이러한 정치적인 상황이나 가치와 상관없이 누구라고 자유롭게 SW나 인공지능을 개발하거나 차별없이 이용할 수 있는 상태를 말한다.

특히, 데이터 민주화는 알고리즘의 학습을 위해 필요한 데이터를 누가 독점하는 상황을 깨트릴 수 있는 상태를 말한다. 따라서, 데이터 독점 없이 알고리즘을 개발하고 구현하는 그 누구라도 필요한 데이터에 접근하고 이용할 수 있어야 한다는 것이다. 만약, 독점적인 데이터 확보가 이루어진다면 알고리즘은 독점을 위한 도구적 수단으로만 이용될 수 있는 상황에 직면하고, 오히려 정치적 비민주화보다 더 위험한 상태에 놓일 수 있기 때문이다. 또한, 인공지능 민주화는 누구라도 차별 없이 해당 인공지능을 이용하고 또는 활용할 수 있어야 한다는 점이다. 이처럼, ICT 분야의 민주화는 생태계 확보 차원에서도 필요한 개념이다. 즉, 기업생태계, 산업생태계 확보를 위해 민주적인 절차(節次)와 기회(機會)가 보장되어야 한다. 자칫, 독점적인 상황에 직면하고, 보편적인 이용이 아닌 특정 집단이 알고리즘을 지배(支配)할 수 있기 때문이다.

(4) 종합적 결론: 법적 기준의 제시와 더불어 윤리적 기준의 수립 필요

알고리즘에 관한 민주화, 공정거래, 소비자 보호는 사람에 대한 차별의 배제, 물리적인 안전 보장을 목적으로 한다. 이를 위해 윤리적 기준이나 기술적인 가이드라인 등 현실적인 논의가 필요하다. 2020년 과학기술정보통신부에서 발표한 사람이 중심이 되는 인공지능(AI) 윤리기준이나 아시모프의 로봇공학 3원칙이나 이를 반영한 EU Civil Law Rules on Robotics이 여기에 해당한다. 무엇보다, 윤리적 기준이 추구하는 목표는 알고리즘이 인간에게 어떠한 영향을 미칠지에 대한 시뮬레이션을 하고, 그에 따른 안정성과 안전을 확보할 수 있는 가치를 설정하는 것이 필요하다.

라. 정책 방향

(1) 스마트 규제

알고리즘에 대한 법적 논의 자체가 기술 규제로 이어질 가능성이 있다. 또한, 알고리즘에 대한 고민은 공공영역과 민간영역이 중복되기도 하지만, 전혀 다른 계층(layer)에 있는 내용일 수 있다. 기술이 갖는 가치는 중립적이라고 하지만 지능화된 알고리즘은 의사결정을 내릴 수 있다. 이 과정에서 알고리즘은 중립적일 수 없으며 주관적인 이용을 통하여 그 성향이 나타나기 때문에 공공이 지향하는 가치와 민간이 지향하는 가치의 괴리 내지 차이는 인정할 수밖에 없다. 따라서, 정부정책을 통한 기술접근은 규제 내지 안전성을 확보할 수 있는 장치의 마련에 있다. 민간의 혁신 서비스를 가져오는 것이라는 점에서 기술에 대한 접근(接近)이 기술 규제가 아닌지 고민이 필요하다. 또한, 알고리즘 규제가 SW 및 인공지능산업을 위축시킬 수 있는지에 대한 고려가 필요하다. 따라서, 입법 과정에서 기존 법제를 활용할 수 있는지 고려하고, 스마트 규제라는 측면에서 장기적인 법제도 연구를 진행할 필요가 있다. 정책적으로 인공지능을 통하여 나타날 수 있는 문제점을 대응하기 위해 국가 차원에서 컨트롤타워를 두어야 한다.

(2) 차별금지법의 제정

공정하다는 것은 처해 있는 환경이나 신체적 한계 등에서 차별없이 대우받을 수 있는 상태를 의미한다. 현행 법제 하에서 차별금지를 다루는 일반법은 없으며, 장애인, 남녀 간, 고용 관련 법률이나 국가인권위원회 설치법 등에서 차별을 금지하는 내용을 규정하고 있을 뿐이다.

2008년 정부는 '차별금지법'을 발의하였으나 현재까지 차별금지에 관한 일반법이 제정되지 못하고 있다.[170] 따라서, 모든 영역에서 어떠한 수단에 의하든

---

170 2020년 국가인권위원회는 차별금지법안을 마련한 바 있으나, 2021.7월 현재 국회에 제안되지 않았다. 다만, 정의당 장혜영 의원이 2020.6.29.일자로 차별금지법안을 대표발의하였다. 입법취지는 다음과 같다.
"헌법은 "누구든지 성별·종교 또는 사회적 신분에 의하여 정치적·경제적·사회적·문화적 생활의 모든 영역에 있어서 차별을 받지 아니한다."고 규정하고 있습니다. 그러나, 많은 영역에서 차별이 여전히 발생하고 있고, 차별 피해가 발생한 경우, 적절한 구제수단이 미비하여 피해자가 제대로 보호받지 못하고 있는 실정입니다. 이에 성별, 장애, 나이, 언어, 출신국가, 출신민족, 인종, 국적, 피부색, 출신지역, 용모 등 신체조건, 혼인여부, 임신 또는 출

지 차별을 할 수 없는 포괄적 차별금지법이 제정될 필요가 있다. 알고리즘에 의한 차별도 사람에 의한 차별 못지 않게 문제될 수 있는 상황이기 때문에 당연히 포함되어야 할 사안이다.

차별이 없다는 것은 선언적(選言的)인 것이 아닌 실질적으로 차별이 없는 상태를 입법적으로 강화하는 것이어야 현재의 차별에 대한 사회적 인식 개선이든 실제 차별적 상황에 대한 개선이 이루어질 수 있기 때문에 포괄적 차별금지법의 입법은 인간중심의 정책이나 입법에서 가장 의미 있는 법이 될 것이다.[171]

5. 전망과 과제

알고리즘은 인간이 개발했지만 데이터 기반의 기계학습을 통하여 고도화 내지 지능화되고 있으며, 더욱 지능화된 알고리즘이 사람의 의사결정 지원 수준을 넘어 의사결정 내지 사람의 창작적 영역까지 확대되고 있다.

의사결정 지원은 인간의 판단이 개입되어 문제될 수 있는 부분에 대해서는 점검하고 수정할 수 있지만, 의사결정은 알고리즘이 자체 판단을 통하여 내리는 것이기 때문에 사후적인 확인 내지 수습(收拾)에 머무를 수밖에 없다. 더욱이, 알고리즘의 기획, 개발, 운용 및 이용 과정이나 데이터를 활용하는 학습 과정에서 편향과 차별이 의식적이든 무의식적이든 반영된다면 평등이나 기본권 보장 등 헌법적 가치가 훼손될 수 있다. 따라서, 이러한 한계 내지 문제를 해결하기 위해서는 알고리즘 자체의 윤리성을 높이거나 관여하는 인간의 윤리적 책임 내지 법적 책임을 강화할 필요가 있다.

산, 가족 및 가구의 형태와 상황, 종교, 사상 또는 정치적 의견, 형의 효력이 실효된 전과, 성적지향, 성별정체성, 학력(學歷), 고용형태, 병력 또는 건강상태, 사회적신분 등을 이유로 한 정치적·경제적·사회적·문화적 생활의 모든 영역에서 합리적인 이유 없는 차별을 금지·예방하고 복합적으로 발생하는 차별을 효과적으로 다룰 수 있는 포괄적이고 실효성 있는 차별금지법을 제정함으로써 정치·경제·사회·문화의 모든 영역에서 평등을 추구하는 헌법이념을 실현하고, 실효적인 차별구제수단들을 도입하여 차별피해자의 다수인 사회적 약자에 대한 신속하고 실질적인 구제를 도모하고자 합니다."
171 차별금지법의 제정에 대한 필요성을 확인시켜준 것은 "모두에게 동일한 기준을 적용하기만 하면 공정할 것 같지만 결과적으로 차별이 된다."라는 김지혜, 선량한 차별주의자, 창비, 2019, 109면에서 비롯되었다.

알고리즘을 통하여 나타나는 결과물은 인간의 보편적 가치와 윤리 수준에 따라 판단할 수밖에 없으나 인공지능에 구현된 알고리즘은 다양한 데이터를 기반으로 학습하여 자가성장하고 있다. 인간이 통제할 수 있는 상황이지만, 그 상황이 지속될 것이라는 보장도 없다. 문제는 알고리즘의 지능화와 맞물려 문화적, 사회적, 경제적으로 경험했거나 무의식적으로 내재된 차별이 반복적으로 알고리즘에 투영된다는 점이다. 결과적으로 알고리즘을 개발, 운영하는 집단의 이익으로 귀결될 것이다. 따라서, 고의로 알고리즘을 오용하거나 남용하여 차별을 고착화(固着化)하는 경우라면 헌법적 가치를 훼손하는 행위로서 절대적인 규제 대상이다.

이 절에서 제안한 여러 가지 입법 방안은 알고리즘을 문제로 전제하기보다는 알고리즘이 가져올 수 있는 파장을 차단할 수 있는 방안을 마련하기 위한 것으로, 기술중립적 측면에서의 접근방법이다. 다양한 방법론을 제안하였지만 아이디어 차원에 머물러 있어서 이를 구체화하거나 기술적 타당성에 대해 검토도 병행해야 한다. 아울러, 법제도적 접근과 함께 데이터 윤리, 알고리즘 윤리 등에 대한 논의도 함께 이루어질 필요가 있다. 알고리즘의 공정성 확보를 위한 규제 내지 법적 접근은 최후의 수단이며, 집단지성을 활용하거나 알고리즘에 대한 전문적인 기관을 만들어 문제해결 방안을 찾는 것은 정책적으로 판단할 사항이다.

인공지능 로봇과 자율무기

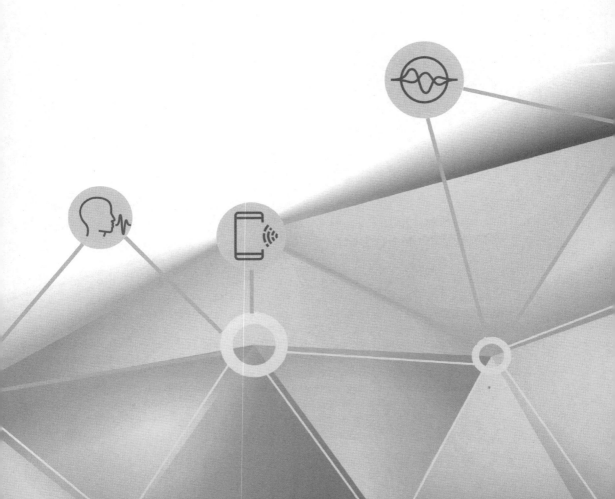

제17절 지능형 로봇

1. 호모로보틱스(Homo Robotics)는 새로운 인류가 될 수 있을까?

로봇(robot)은 인간을 대신할 수 있는 물리적인 대상을 만들어 내고자 하는 욕망에 따른 것이다. 선험적으로, 우리는 인공지능처럼 로봇에 대한 막연한 기대와 또는 두려움을 갖고 있다.[1] 그럼에도 실상 산업현장에 상당수 적용되어 있는 제조용 로봇은 인간의 생산성 보다 높다는 점에서 효율적이다. 무엇보다, 24시간 가동할 수 있기 때문이다. 사고나 구조 현장에서 물리적으로 인간이 접근하기 어려운 환경에서 작동(作動)할 수 있다. 로봇과 관련하여 사이보그라는 개념이 등장한 것도, 행성탐사와 같이 인간의 생명주기를 넘어서는 탐사에 활용할 수 있도록 고안된 것을 봐도 쉽게 이해할 수 있다. 인공지능 기술의 발전에 따라, 앞으로 인간의 사이보그화를 넘어 사이보그의 인간화도 가능하지 않을까 생각한다.

인공지능의 실체는 무형의 SW이기 때문에 그 실체를 알아보기는 어렵지만, 물리적인 실체인 로봇이라는 HW에 탑재된 인공지능은 쉽게 그 존재를 인식할 수 있다. 지능형 로봇은 스스로 상황을 인식하고 판단하여 자율적으로 동작하는 기기나 장치를 의미한다. 물론, 인공지능 로봇이 인간과 구별되는 큰 특징은 생물학적 몸체를 갖고 있지 않다는 점이다. 인공지능에 의하여 자율주행이 가능한 자동차, 드론 등도 로봇의 범주에 포함된다.

로봇의 실용화 예는 우주에 쏘아올린 탐사로봇을 들 수 있다. 2006년 화성 생명체의 존재 유무를 확인하기 위해 보내진 쌍둥이 로봇 스피릿(Spirit)과 오퍼튜니티(Opportunity)는 화성의 암석과 토양 분석 임무(任務)를 수행하고 있다. 특히, 산업용 로봇은 인간이 수행하기 어려운 일을 대신할 수 있기 때문에 생산성을 높이는 수단이다. 청소로봇이나 간병로봇 등 소셜로봇으로 실용화 되

---

[1] "로봇은 매우 복잡해서 심지어 설계자에게도 종종 이해가 안되지만 항상 인간과 이론적으로나 돌이킬 수 없을 정도로 다른 인공 기술의 산물이다. 그렇기 때문에 더 늦기 전에 이념과 유토피아적 희망이나 디스토피아적 두려움으로 인한 신화적 걱정이 아니라, 로봇공학이 직면하고 있는 진짜 문제들을 해결하는 것이 중요하다."고 지적된다. Patrick Lin et al., ROBOT ETHICS, MIT Press, 2014, p.362.

고 있다.

우리가 쉽게 생각하는 로봇은 안드로이드(android)[2] 또는 휴머노이드(humanoid) 형태를 생각하나 그 모습은 다양하다. 다양한 목적에 따라 개발되기 때문에 그 상황에 부합되는 모습을 취할 수밖에 없다.[3] 실상, 로봇의 모습은 로봇법제 연구에 큰 의미는 없다. 다만, 인간이 로봇에 대해 갖는 생각은 2족 보행이 가능한 휴머노이드 로봇을 염두에 두기 때문에 이러한 사고의 한계를 벗어나는 것이 필요하다.[4] SW 형태의 로봇도 있다. 인터넷상에 존재하는 정보나 데이터를 크롤링하는 웹봇, SW 봇은 지능형 SW 또는 지능형 에이전트(agent)라고 한다. 이처럼, 실생활에서 소셜로봇이 도입되고 있으며, 인공지능과 결합된 지능형 로봇이 인간과 상호작용하면서 역할을 확대해 가고 있다. 다만, 인공지능이 탑재되는 경우에는 인공지능과 관련한 많은 문제점들이 로봇을 통하여 구현될 수 있기 때문에 고민이 필요하다.

무엇보다, 인공지능이 탑재된 로봇은 HW라는 실체를 갖기 때문에 물리적인 사고(事故)나 오류의 발생으로 인한 손해 등에 대한 책임 문제를 어떻게 다룰 것인지가 중요한 과제이다. 즉, 로봇이 한계를 극복하고, 물리적으로 자율적인 이동이나 행동이 가능해짐에 따라 발생가능한 사고나 책임에 대한 논의이다.

---

2 안드로이드의 어원은 그리스어로 인간을 닮은 것이란 의미로, andro(인간)와 eidos(형상)의 합성어이다. 19세기 프랑스의 작가 빌리에 드 릴라당이 《미래의 이브》에 등장하는 여성 로봇 "아다리"를 이렇게 부른 것이 로봇을 가리키는 말로 쓰인 최초의 용례이다. 나무위키, 2021.8.14. 일자 검색.

3 물론, 휴머노이드 형태가 인간의 생활과 밀접하게 운용되기 때문에 현실적합성이 높을 수는 있을 것이다.

4 조광희 변호사의 장편소설 <인간의 법정>(솔, 2021, 21면)에는 주인을 복제하는 안드로이드를 만드는 것에 대해 "아무튼 로봇기본법을 제정할 때 안드로이드를 포함하여 모든 로봇의 외모는 인간과 뚜렷이 구별되어야 한다는 조항을 두고 국회에서 격렬하게 논의를 했잖아. 결국, 그 조항을 넣지 않기로 했고"라는 대화가 나온다. 안드로이드라는 의미가 '인간을 닮은'이라는 뜻이 담겨있는 것처럼 인간을 닮아갈수록 로봇이 점차 인간의 모습과 흡사할수록 호감도가 증가하다가 어느 수준에서는 갑자기 강한 거부감으로 바뀔 수 있다는 '불쾌한 골짜기 이론'이 적용될 수 있다. 그렇지만, 어느 순간 인간의 모습과 행동, 사고 등이 닮아갈수록 그러한 인간과 로봇과의 구분을 하는 의미가 있을지 의문이다.

2. 로봇의 정의와 범위

가. 로봇의 정의

지능형 로봇은 "인간을 모방하여, 외부환경을 인식(Sense)하고, 상황을 판단(Think)하고, 자율적으로 동작(Act)하는 기계"[5]로 이해된다. 다만, 이 정의에 따르면 인간의 모습을 모방하지 않은 다양한 로봇은 포함되지 않는다. 로봇은 휴머노이드가 아니어도 가능하다. 반면, 제조업용 로봇은 "프로그램된 순서대로 작업을 수행하는 자동기계"[6]라는 점에서 지능형 로봇과는 차이가 난다.

국제표준화기구(ISO)에 따르면,[7] 로봇은 2개 이상의 축을 이용하여 자동으로 작동하고, 지정된 범위 내에서 이동하며 특정한 작업을 수행하도록 프로그램이 가능한 기계를 의미한다. 로봇을 산업용 로봇과 서비스용 로봇으로 구분하는 데 산업용 로봇의 정의는 다음과 같다. 산업용 로봇은 3개 이상의 축을 가지며, 바닥 또는 이동기기에 부착(附着)되어 자동조정 및 재프로그램이 가능한 로봇으로 산업 자동화 및 이와 관련된 작업 수행을 목적으로 하는 다목적 기계장치를 의미한다.[8] 한편, 서비스용 로봇은 산업 자동화와 관련된 작업을 제외하고 인간의 편의 또는 다른 장치의 성능 향상을 위해 작업을 수행하는 로봇을 의미한다. 세부적으로 서비스용 로봇은 개인서비스(personal service) 로봇과 전문서비스(professional service) 로봇으로 구분된다. 개인서비스 로봇은 비상업적인 목적의 작업에 활용되는 서비스 로봇을 의미한다. 전문서비스 로봇은 전문 훈련 또는 교육을 받은 사람에 의해 상업적 목적을 위해 운용되는 서비스 로봇을 의미한다.

자동화(automation)를 기본으로 하는 제조용 로봇과 달리 지능형 로봇은 자율성(autonomy)[9]에 기반한다. 자율성은 지능형과 크게 다르지 않다. 지능형로봇

---

5 권구복, 로봇산업의 국내외 동향 및 전망, 산업은행, 2016, 74면.
6 지수영, 지능형 로봇, TTA Journal Vol.158, 2015, 7면.
7 ISO8373: 2012—Robots and robotic devices.
8 '재프로그램(reprogrammable)'은 로봇의 물리적 외형에 변형을 가하지 않고 로봇의 동작이나 기능을 바꿀 수 있음을 의미한다. 또한, '다목적 기계장치(multi—purpose manipulator)'는 기계장치의 물리적 변형을 통하여 기존의 작업과 전혀 다른 성질의 작업을 수행할 수 있음을 의미한다.
9 EU Civil Law Rules on Robotics AA. 로봇의 자율성은 외부 통제 또는 영향과는 독립적으로 외부 세계에서 결정을 내리고 구현할 수 있는 능력으로 정의 될 수 있다. 이 자율성은 순전히

법에서는 지능형 로봇에 대하여 "외부환경을 스스로 인식하고 상황을 판단하여 자율적으로 동작하는 기계장치(기계장치의 작동에 필요한 SW를 포함한다)"로 정의하고 있기 때문이다.

[표 17-1] 로봇의 특징 및 관련 기술

분류	인간	소셜로봇	관련 기술
인식 능력 (Sense, Perception)	오감을 이용한 주변 정보 습득	• 각종 센서를 이용하여 사용자 및 환경을 인식할 수 있음 – 얼굴, 행동 등의 특징을 이용한 사용자 식별 – 사용자의 의도 및 감정을 인식 – 위치, 환경 등 상호작용이 이루어지는 상황 인식	• 음성 인식 기술 • 음원 인식 기술 • 위치 인식 기술 • 환경 인식 기술
판단 및 학습능력 (Think)	두뇌를 이용한 정보처리, 판단 및 학습능력	• 주어진 역할 및 상황의 의미를 해석하여 적합한 행위를 판단 – 주어진 환경 및 역할에서 무엇을 해야 하는지 판단 – 언제, 어디에서 그 행위를 하는 것이 적합한지 판단 • 사회적 상호작용과 관찰을 통하여 학습	• 인공지능 기술 • 빅데이터 기술 • 클라우드 컴퓨팅 기술
표현 능력 (Act)	신체를 이용한 감정 및 의도 표현	• 인간 사이에 이루어지는 소통 방식을 모방하여 사회적 행위 및 표현을 생성 – 언어적 소통: 상황에 맞는 대화의 생성 – 비언어적 소통: 고개 움직임, 몸짓, 표정 등	• 로봇부품 및 액추에이터 기술 • 구동 메커니즘 기술 • 음성 합성 기술

출처: KISTEP(2020).

지능형이라는 표현이 더해진 것은 로봇이 외부환경을 스스로 인식하고 그 환경에서 이루어지고 있는 상황을 판단하여 스스로 동작하기 때문이다. 가정용 청소로봇도 가정이라는 환경을 인식하고, 그 환경에 맞추어 상황을 판단하여 자율적으로 청소라는 기능을 수행한다는 점에서 지능형 로봇으로 볼 수 있다. 이처럼, 인공지능이라는 개념을 다양한 인공지능 관련 법률에서 사용되는 것으

기술적 성격을 지니고 있으며 그 정도는 로봇의 환경과의 상호작용이 얼마나 정교하게 설계되었는지에 달려 있다.

로 보건대 지능형과 유사한 개념으로 이해할 수 있다. 인공지능 로봇이나 지능형 로봇은 기계학습을 통하여 고도화시킨다는 점에서 다르지 않다.

로봇은 독립된 객체로 구동하는 것과 달리, 중앙에 두뇌를 두고 원격으로 조종하는 경우도 있다. 소위 말하는 브레인리스 로봇은 물리적인 몸체는 있지만, 몸체에는 지능이 담겨있지 않는 로봇을 말한다. 브레인리스 로봇도 지능형 로봇법상 로봇의 범주에 포함되며, 지능정보화 기본법상 지능정보기술이 결합되어 활용되는 경우이다.

나. 로봇의 유형

(1) 전문서비스 로봇

전문서비스 로봇은 IBM 왓슨(Watson), 진단용 기기, 수술용 로봇 시스템, 웨어러블(wearable) 로봇 등 특수한 목적을 위해 개발된 로봇을 말한다. 참고할 수 있는 개념으로, 의료기기법상 의료기기란 사람이나 동물에게 단독 또는 조합하여 사용되는 기구·기계·장치·재료·SW 또는 이와 유사한 제품으로서 다음 각 호의 어느 하나에 해당하는 제품을 말한다. 즉, 의료기기에는 로봇이나 SW로 구현된 기계나 장치도 포함된다는 점이다. 다만, 약사법에 따른 의약품과 의약외품 및 장애인복지법 제65조에 따른 장애인보조기구 중 의지(義肢)·보조기(補助器)는 제외된다.

ⅰ) 질병을 진단·치료·경감·처치 또는 예방할 목적으로 사용되는 제품

ⅱ) 상해(傷害) 또는 장애를 진단·치료·경감 또는 보정할 목적으로 사용되는 제품

ⅲ) 구조 또는 기능을 검사·대체 또는 변형할 목적으로 사용되는 제품

ⅳ) 임신을 조절할 목적으로 사용되는 제품

예외적으로, 웨어러블 로봇과 같은 기기는 의료기기에는 해당하지 않을 수 있으며, 왓슨은 의사의 의료적 의사결정 과정을 돕는 임상 의사결정 지원 시스템에 불과하다. 다만, 보조기기가 의료기기법상의 의료기기가 아니라는 것이지, 로봇의 개념에서 제외되는 것은 아니다.

(2) 제조용/산업용 로봇

산업적 용도로 사용되는 제조용 로봇은 "프로그램된 순서대로 작업을 수행하는 자동기계"[10]라는 점에서 지능형 로봇과는 차이가 난다. 즉, 인간이 수행하기 힘들거나(다관절, 진공 증착 로봇), 유해한 작업을 대신(용접, 페인팅 로봇)하거나 단순반복 작업을 수행하기 때문이다. 스마트팩토리에서도 산업용 로봇은 중요한 비중을 차지한다.

(3) 생활 서비스 로봇

인간 노동력 보완·대체와 고위험 작업을 수행하며 전문서비스(의료, 국방, 필드, 물류)와 개인서비스(청소)로 구분한다. 생활 서비스 로봇은 배달이나 안내 등 실생활에서 필요한 용도로 사용된다.

(4) 군사용/특수 목적용 로봇

전투, 정찰용 로봇, 구조용 로봇, 우주 탐사용 로봇 등 전문분야에서 사용되는 로봇이다.

[표 17-2] 로봇의 유형

대분류	분류 정의	중분류
제조업용 로봇	각 산업제조현장에서 제품 생산에서 출하까지 공정 내 작업을 수행하기 위한 로봇으로 자동제어되고, 재프로그램이 가능하고 다목적인 3축 또는 그 이상의 축을 가진 자동 조정장치	이·적재용
		공작물 탈착용
		용접용
		조립 및 분해용
		가공용 및 표면처리용
		바이오 공정용
		시험, 검사용
		기타 제조용
전문서비스용 로봇	불특정 다수를 위한 서비스 제공 및 전문화된 작업을 수행하는 로봇	빌딩서비스용
		사회 안전 및 극한작업
		의료

---

10 지수영, 지능형 로봇, TTA Journal Vol.158, 2015, 7면.

		사회 인프라
		군사용
		농림어업용
		엔터테인먼트용
		기타 전문서비스용
개인서비스용 로봇	인간의 생활범주에서 제반 서비스를 제공하는 인간 공생형 대인지원 로봇	가사용
		헬스케어
		여가지원용
		교육 및 연구용
		기타 개인서비스용

출처: IITP(2017).

참고로, 아래 [표 17-3]은 소셜로봇의 현황을 나타낸 것이다.

[표 17-3] 소셜로봇 현황

	기술 활용 현황	5~10년 후 발전 전망
생활지원 로봇 (가사 로봇 포함)	사람과의 상호작용보다 청소 등의 주 기능에 특화	가정 내에서 다양한 생활지원 서비스를 제공하는 제품이 등장
교육용 로봇	간단한 콘텐츠 플레이어로 활용	피교육자의 학습 진행 상태 및 감정을 인식하여 맞춤형 콘텐츠를 제공
정서지원 로봇 (애완 로봇 및 동반자 로봇 포함)	간단한 대화 등의 제한된 상호작용을 통하여 정서적 지원 서비스를 제공	애완 로봇 및 동반자 로봇이 사용자의 기분이나 감성을 이해하고, 그에 적합한 행동 또는 대화를 수행
케어 로봇 (돌봄 로봇 포함)	다양한 케어 로봇들이 연구개발 단계이며 관련 시장은 미형성	사람의 상태나 의도를 파악하여 맞춤형 기능을 수행하는 수준으로 발전
엔터테인먼트 로봇	사전에 프로그래밍하거나 사용자가 직접 조종	사용자의 반응 또는 감정 상태에 따라 맞춤형 서비스를 제공
안내 로봇 (컨시어지 서비스 로봇 포함)	시범적으로 운영하는 수준	사회적인 상호작용 기능이 발전하여 다양한 공공장소에서 활용

출처: STEPI(2020).

다. 로봇의 확장

로봇의 개념은 확장 과정에 있다. 공장이 거대한 로봇이 되는 스마트팩토리가 되거나 가정에서 IoT를 활용함으로써 집 자체가 홈로봇(home robot)이 된다. 또한, 브레인리스 로봇을 포함하여 네트워크에 연결된 모든 것이 로봇이라는 의미로 이해된다. 더나아가 SW 로봇[11]이나 SW적으로 활용되는 경우도 포함된다면, 로봇의 범위는 더욱 확대될 것이다.

이와 같이, 로봇의 확장과 더불어 로봇에 대한 규범화(規範化)의 필요성은 더욱 커지고 있다. EU는 의회 차원에서 로봇의 인격에 대한 논의를 시작했다. 정책적으로 지능형로봇법을 넘어서도록 로봇의 범위를 넓게 가져가거나 또는 로봇기본법을 제정하는 방안을 고려할 수 있다. 다만, 로봇의 확장이 자율주행차, 드론 등 별개의 객체를 집합함으로써 법체계 내지 법적 규율의 정합성이 떨어질 수도 있다는 점도 고려할 필요가 있다.

3. 로봇 정책

가. 지능형로봇법의 제정

지능형 로봇이 정책적으로 다루어진 것은 2000년대 중반 정부의 신성장동력으로써 추진된 IT839 정책이었다. 2007년 지능형로봇법의 제정은 지속가능한 로봇 정책을 유지하기 위해서 정책의 입법화로 이해된다. 지능형로봇법은 지능형 로봇을 산업적으로 육성하기 위한 정책을 입법적으로 지원하는 것을 목적으로 한다. 2007년 제정안에 대한 심사보고서에서 밝히고 있는 지능형로봇법의 입법취지는 다음과 같다.[12]

---

11 소프트웨어 진흥법상 SW란 컴퓨터, 통신, 자동화 등의 장비와 그 주변장치에 대하여 명령·제어·입력·처리·저장·출력·상호작용이 가능하게 하는 지시·명령(음성이나 영상정보 등을 포함한다)의 집합과 이를 작성하기 위하여 사용된 기술서(記述書)로 정의된다. 로봇은 HW만을 전제하고 있지만, 지능형로봇법에서는 SW도 로봇의 일 유형에 포함하고 있다. 그렇다면, 인공지능은 로봇인가? 전자적 방법으로 학습·추론·판단 등을 구현하는 기술인 지능정보기술을 활용한 경우라면, HW가 없더라도 가능하다. 특히, SW가 부품화 되는 경우라면 SW도 로봇에 포함하는 개념으로 볼 수 있다.

12 도재문, 지능형 로봇 개발 및 보급 촉진법안 검토보고서, 국회산업자원위원회, 2007.11, 1면.

"차세대 성장동력산업인 지능형 로봇을 미래 국가핵심 전략산업으로 육성하기 위하여 장기적인 관점에 범국가적 역량을 집중하고 체계적이고 일관성 있는 발전체계 구축을 위한 국가적 차원의 지원이 필요함. 현재 초기시장의 형성단계에 있는 로봇산업은 첨단기술의 융합체로서 선제적 시장창출의 구도선점에 따라서 세계시장의 선두주자가 결정될 수 있는 미래 Star산업으로 선진 각국에서는 신산업으로 로봇산업의 선점을 위하여 다양한 정책수단을 강구하고 있음. 지능형 로봇산업이 가지는 사회경제인 파급효과를 고려하여 국가에 의한 연구개발을 체계적으로 수행하게 하고, 초기시장의 창출을 위한 보급 확대 정책으로 로봇랜드의 조성, 로봇품질의 인증에 필요한 법률적 근거를 마련하고, 로봇이 반사회적으로 개발·이용되는 것을 방지하기 위한 로봇윤리헌장의 제정과 보급을 통하여 국가경제의 지속가능한 발전과 국민 삶의 질을 향상하기 위하여 필요한 법률을 제정하는 것임."

나. 로봇 시책

산업통상자원부장관은 지능형 로봇제품의 품질확보 및 보급·확산을 촉진하기 위하여 관련 전문인력의 양성, 로봇기술의 개발 및 사업화 촉진 등 필요한 지원시책을 수립하여야 한다. 대표적으로, 중소기업제품 구매촉진 및 판로지원에 관한 법률 제2조 제2호에 따른 국가기관 등의 장에게 지능형 로봇 제품을 구매(購買)하도록 권고할 수 있다.

(1) 사회적 약자에 대한 지능형 로봇 보급 촉진

정부는 장애인·노령자·저소득자 등 사회적 약자들이 지능형 로봇을 자유롭게 이용할 수 있는 기회를 누리고 혜택을 향유할 수 있도록 하기 위하여 지능형 로봇의 사용 편의성 향상 등을 위한 개발 및 보급 촉진에 필요한 대책(對策)을 마련하여야 한다.

다만, 돌봄 로봇이 보급되면서 나타날 수 있는 부작용으로는 펫로스증후군(Pet Loss Syndrome)을 우려한다. 펫로스증후군이란 반려동물이 사고, 질병 또는 자연사 등으로 세상을 떠난 경우에 나타나는 상실감, 우울증 등을 말한다. 이러한 이유 때문에 EU Civil Law Rules on Robotics에서도 인간과 로봇, 특히 취약 계층(어린이, 노약자 및 장애인) 간의 감정적인 연결 가능성에 특별한 주의를 기울여야 함을 고려하고, 이러한 감정적 애착이 인간에 미칠 수 있는 심각한 감정적, 물리적 영향이 야기하는 이슈를 강조한다.[13] 실제로 군인들은 전쟁에서 함께한 로봇에 대한 애착도도 높다고 한다. 돌봄이나 치유 로봇과의 관계가 오히려 부작용으로 나타나지 않도록 로봇의 보급과정에서 정책적 고민이 필요한 지점이다.

(2) 공공영역에서의 로봇 이용

공공영역에서 로봇을 활용할 수 있도록 개발이나 활용에 대한 정책도 필요하다. 무엇보다, 고령화 사회에 대비할 수 있도록 돌봄, 구급, 위험 대응 로봇, 반려(伴侶)를 위한 로봇이 필수적이다. 인간을 대신할 생활방역 로봇 개발도 코로나19와 같은 전염병 환경에서 필수적이다. 이를 위하여, 집중의료 현장·생활치료시설·일상생활 공간 등에서 활용할 수 있는 집중치료 지원 로봇 시스템, 자동화 생활치료시설 지원 시스템, 다중이용시설 스마트 방역·예방 시스템 등 팬데믹 대응을 위한 생활방역 솔루션을 개발해야 한다. 이러한 시스템 자체가 SW와 HW가 연계됨으로써, 로봇으로서의 기능을 확대할 수 있다.

반면, 공공영역에서의 도입에 대한 정책적 고려도 필요함을 알 수 있다. 즉, 공공영역에서 "소셜로봇을 적용할 때는 노약자나 장애인 등 기술취약계층은 새로운 기술을 받아들이고 적응하는 데 큰 어려움을 느끼기 때문에 시간차를 두는 것이 필요하다. 특히, 공공영역에 소셜로봇을 배치할 때는 경제적 가치 외에도 사회적인 가치를 고려해야 한다. 누구나 직관적으로 쓸 수 있는 기술이 개발되고, 기술이 사회에 널리 적용되기까지 대안적인 서비스도 함께 운영하여 혼란과 불편함을 줄이도록 배려해야 한다."[14]는 주장은 공공영역에서 제공하는 경우 이외에도, 디지털 기기에 취약(脆弱)한 계층에 보급할 경우에도 고려되어야 할 내용이다.

---

13 EU Civil Law Rules on Robotics 3. 로봇 기술의 발전은 인간의 능력을 보완하는 데 초점을 맞추어야 하며 그것을 대체하지는 않는다는 점을 강조한다. 로봇과 인공지능의 개발에서 인간이 지능형 기계를 항상 제어할 수 있도록 보장하는 것을 필수적으로 고려한다. 인간과 로봇, 특히 취약 계층(어린이, 노약자 및 장애인) 간의 감정적인 연결 가능성에 특별한 주의를 기울여야 함을 고려하고, 이러한 감정적 애착이 인간에 미칠 수 있는 심각한 감정적, 물리적 영향이 야기하는 이슈를 강조한다.
14 한국과학기술평가원, 소셜로봇의 미래, 2020, 144~145면.

다. 로봇 격차

소셜로봇이 실생활에서 활용되는 사례가 많아지고 있으나, 주로 로봇청소기와 같은 가전제품 위주로 이루어지고 있다. 또한, 사회적 돌봄 서비스를 돌봄 로봇이 대체할 가능성도 높다. 문제는 돌봄 로봇과 같은 소셜로봇의 도입으로 인해 저소득 직군의 임금 하락, 기술 취약계층의 혜택 소외 문제 등이 생길 수 있다는 점이다. 인간의 노동력에 기반한 서비스를 로봇이 대체할 경우라면, 노동기반의 서비스에 대한 대체가능성이 높기 때문이다. 특히, 고령화에 따른 돌봄 서비스가 로봇으로 대체될 가능성이 다른 직군보다 심하다. 그 결과, 저소득층에 대한 소득분배가 악화될 가능성이 높다. 결과적으로 사회적 형평성에 대한 문제로도 확대될 수 있다.[15]

4. 로봇을 둘러싼 법적 쟁점

가. 일련의 관여자의 준수사항

로봇의 설계, 제조, 유통 및 이용 과정에서 다양한 사람들이 관여하게 되며 그들의 법적 의무를 다하지 않을 경우에 분쟁이 발생할 가능성이 높다. 미지의 기술인 인공지능은 삶을 가치 있게 하겠지만 악의적으로 사용될 경우도 대비해야 하므로 사회적 합의과정을 거쳐 기준을 제시할 필요가 있다. 20대 국회에서 발의되었던 지능형로봇법 개정안[16]에 규정(規定)되었던 지능형 로봇의

---

15 "예를 들어 고소득 계층은 가사 지원이 가능한 소셜로봇을 이용하여 더욱 활발한 사회 진출 및 경제적 기회를 얻고, 또 저소득 계층은 로봇과의 일자리 경쟁으로 소득이 더욱 줄어들 가능성이 있는 것이다. 또한 의료 등 공공서비스 부문에 소셜로봇이 첫 번째 인터페이스, 즉 가장 먼저 만나야 하는 관문으로 도입되면 기술 친화적이지 않은 계층은 큰 불편을 느낄 수 있다."고 한다. 한국과학기술평가원, 소셜로봇의 미래, 2020, 92~93면.

16 박정 의원 대표발의(의안번호 7367, 2017.6.13.) 지능형로봇법 일부 개정안 제3조의2(지능형 로봇 설계자 등의 준수사항) 지능형 로봇의 설계자·제조자·사용자는 지능형 로봇에 관한 다음 각 호의 원칙을 준수하여야 한다.

　1. 로봇 설계자는 인간의 존엄성을 존중하고 인류의 공공선 실현에 기여하는 로봇을 설계하여야 한다.

　2. 로봇 제작자는 공익의 범위에서 인간의 행복 추구에 도움이 되고 정해진 목적과 기능에 부합하는 로봇을 만들어야 한다.

　3. 로봇 사용자는 자신이나 다른 사람의 삶의 질과 복지의 향상을 위하여 정해진 목적과 기

설계자·제조자·사용자가 준수해야 할 기본원칙을 참조할 필요가 있다. 다만, 이는 법적인 처벌을 목적으로 하기보다는 로봇 관계자의 윤리적인 책임을 담보하기 위한 것이다.

[표 17-4] 로봇 관계자의 준수사항

1. 로봇 설계자는 인간의 존엄성을 존중하고 인류의 공공선 실현에 기여하는 로봇을 설계하여야 한다.
2. 로봇 제작자는 공익의 범위에서 인간의 행복 추구에 도움이 되고 정해진 목적과 기능에 부합하는 로봇을 만들어야 한다.
3. 로봇 사용자는 자신이나 다른 사람의 삶의 질과 복지의 향상을 위하여 정해진 목적과 기능에 따라 로봇을 사용하여야 한다.

물론, 로봇 설계·제작·사용자가 준수해야 할 윤리를 법에 명시하는 것은 바람직하지 않다는 입법조사관의 의견이 있으나, 이는 강행규정성 보다는 관련자의 윤리적 책임에 대한 것이기 때문에 바람직하지 않다는 주장은 설득력이 떨어진다. 무엇보다, 법은 도덕의 최소한이라는 법언(法諺)에 따르지 않더라도, 법이 추구하는 가치와 윤리적 가치가 다르지 않고 법적 책임을 지우기 전에 윤리적인 책임감을 강조한다는 점에서 바람직한 입법 방식이라고 보기 때문이다.

나. 면책특약의 배제

로봇으로 인하여 발생하는 손해에 대한 책임원칙은 기본적으로 로봇 설계자, 개발자, 이용자 또는 소유자에 대한 책임 여부를 따져 판단할 일이다. 이 과정에서 면책특약으로 책임을 회피하는 것은 바람직하지 않으며 무효화 될 가능성도 높다. 대법원은 "계약관계에 기한 손해배상책임의 면책조항의 효력과 관련하여, 고의·중과실로 인한 경우까지 손해배상책임의 면책을 규정한 조항은 효력이 없다."[17]고 판시하고 있기 때문이다. 따라서, 지능형 로봇의 개발자

능에 따라 로봇을 사용하여야 한다.
17 도급인과 감리인이 공사의 감리계약 체결 시 "안전진단 작업 중 감리인의 소속 직원에게 발생한 사고는 감리인의 책임으로 한다."고 약정한 경우, 위 약정의 취지는 문언상 공동불법행위자로서의 도급인의 배상책임을 배제하는 것이 아님이 분명하고, 이와 달리 위 약정을 감리인의 소속 직원에게 발생한 사고가 도급인의 불법행위로 인한 경우라고 하더라도 도급인은

또는 제조자의 고의 또는 중과실로 인한 손해배상 책임을 상당한 이유 없이 감경, 제한 또는 배제하는 계약도 대법원 판례에 따라 무효가 될 가능성이 높다.

다. 로봇 데이터

(1) 로봇의 기계학습을 위한 데이터

인공지능은 물론 물리적인 로봇도 지능정보기술을 활용함으로써 다양한 메커니즘을 학습할 수 있다. 즉, 기계학습을 통하여 다양한 상황에 대응할 수 있도록 하고 있다. 로봇의 학습을 위해서도 다양한 데이터의 확보 및 이용이 필수적이다. 기계학습에 대한 저작권법상 공정이용(fair use) 적용에 대한 논란은 로봇의 경우에도 유효(有效)하다.

(2) 로봇이 수집하는 데이터

로봇의 기계학습을 위해 다양한 데이터가 수집된다. 보급된 로봇을 통해서도 다양한 데이터의 수집이 가능하다. 자율주행차나 배달로봇이 주행 중 수집하는 경우도 운행 데이터는 물론, 정보주체의 데이터도 포함될 수 있다. 특히, 돌봄 로봇 등 소셜로봇의 경우에는 다양한 실생활이나 건강 관련 민감 데이터가 수집될 가능성이 높다. 이렇게 수집된 데이터는 돌봄 서비스의 질적 제고를 위해 사용될 것이나 수집동의 등 절차적인 정당성을 포함하여 처리과정에서 암호화 등의 처리가 이루어져야 한다. 특히, 돌봄 로봇은 개인과 함께 하며 건강이나 생활 데이터가 수집되기 때문에 산업용 로봇과는 다른 민감데이터에 대한 이슈가 발생할 가능성이 높다. 이처럼 로봇이 사적이고 민감(敏感)한 데이터를 추출하고 전송할 수 있기 때문에 기밀성을 중대하게 위협할 수 있는 경우에는 특별한 주의를 기울여야 한다.[18,19]

그로 인해 생겨난 손해에 대하여 아무런 책임을 지지 않는다는 취지로 해석하는 한 이는 도급인의 귀책사유로 발생한 손해를 감리인에게 부당하게 전가하는 셈이 되어 사회질서에 반하는 것이거나 신의칙에 반하는 것으로서 무효라고 할 것이므로, 위 약정은 공사의 안전진단 작업 중 감리인의 소속 직원에게 발생한 사고에 대하여 도급인에게 아무런 고의나 과실이 없는 경우에 도급인의 책임이 면책된다는 것으로 제한해서 해석해야 한다. 대법원 2002. 6. 28. 선고 2000다62254 판결.

18 EU Civil Law Rules on Robotics 14.

19 "개인화된 서비스를 제공하는 소셜로봇이 수집하는 각종 데이터는 매우 내밀하고 사적일 가능성이 크다. 따라서 수집한 데이터를 활용하는 데에는 각별한 주의가 필요하다. 소셜로봇으

(3) 데이터 이전의 안전 확보

로봇을 포함하여 자율로봇 간의 통신을 위해서는 운행 또는 구동 관련 데이터의 이전이 요구될 수 있다. 그 과정에서 해킹이나 통신 이슈 등 보안문제가 발생할 수 있다. 이러한 우려에 따라, EU Civil Law Rules on Robotics에서도 로봇과 인공지능을 보다 유연하고 자율적으로 만들 실시간 데이터 흐름을 위해서는 설계 단계에서의 보안과 프라이버시(security and privacy by design)에 기반한 시스템, 장치 및 클라우드서비스 간의 상호 운용성이 필수적이라고 규정하고 있다. 또한, 상호 운용성을 제한하는 독점적 시스템에 구속되지 않도록, 개방형 표준 및 혁신적인 라이선스 모델에서부터 개방형 플랫폼 및 투명성에 이르기까지 개방형 환경을 증진할 것을 집행위원회에 요청하고 있다.[20]

5. 로봇 안전 확보와 테스팅

가. 안전의 확보

로봇이 시장에 출시되거나 현장에 활용되기 전에는 엄격하게 품질과 안전에 대해 테스팅이 이루어져야 한다. 무엇보다, 로봇이 견고함으로 인하여 오류 등이 발생할 경우, 생명이나 재산적인 손해를 예상하기가 어렵기 때문이다. 따라서, "인간 생명이 프로그램 또는 다른 실수의 결과로 사라질 수 있기 때문이다. 신중하거나 또는 도덕적으로 옳은 행위 과정을 위해서는 로봇 배치 이전에 로봇에 대해 테스트를 엄격하게 해야한다."[21]고 지적된다.

로봇을 구동하는 기본인 SW를 테스트한다는 것은 SW가 의도(意圖)했던 기능을 담아낼 수 있어야 함을 의미한다. 그렇지만, SW 자체가 인간에 의해 개발된 것이기 때문에 무결성 내지 완전성을 담보한다는 것은 불가능한 영역이다. 그렇다고 품질이나 안전을 무시할 수 없다. 로봇의 안전에 대해 담보할 수

로 수집된 데이터들이 사생활 침해 및 범죄에 악용될 경우, 기존의 스마트폰의 개인정보가 유출되면서 발생하는 문제점보다 훨씬 더 심각한 사회문제가 발생할 가능성이 있기 때문이다."라고 지적된다. 한국과학기술평가원, 소셜로봇의 미래, 2020, 75면.

20 EU Civil Law Rules on Robotics 9.

21 Michael Nagenborg, Rafael Capurro(변순용, 송선영 공역), 로봇윤리: 로봇의 윤리적 문제들, 어문학사, 2013, 168면.

있는 법률이 없는 상황에서 가장 부합하는 방안은 소프트웨어 진흥법의 안전 관련 규정을 확대하는 것이다. 현행법은 공공서비스를 위해 개발된 SW사업으로 한정되어 있기 때문에 민간영역까지 강제할 수 없다는 것이 한계이다. 또 다른 방안은 지능형로봇법을 개정하여 안전을 담보할 수 있도록 하는 것이다. 현행법에서는 안전에 관한 별도 규정을 두고 있지 않다. 로봇사업자 입장에서는 규제로서 작용할 수 있다고 반대하겠지만, 안전을 담보하기 위한 어떠한 조건도 규제라고 보는 것은 윤리적, 법적 책임을 포함하여 인류의 안전을 방치하는 것과 다름이 없다. 마지막으로, 산업혁명을 통한 기계화 시대의 대량생산, 대량소비에 대응하기 위해 제안된 법리가 제조물 책임인 데 이를 로봇에 적용하는 방안이다. 제조물 책임은 제품의 제조자의 과실이나 흠결로 인하여 발생한 손해에 대해서는 입증책임을 전환하여, 제조자가 흠결이 없음을 입증하지 못하면 그에 대한 책임을 지우는 구조이다. SW인 인공지능 또는 인공지능이 탑재된 로봇이 제조물성을 갖는지에 대해서는 논란이 적지 않다. 명확한 것은 향후 SW는 HW 등과 결합하여 부품화 한다는 점이다. 이러한 현상은 SW의 제조물성을 인정하는 필요충분조건이 되고 있다.

나. 협업로봇의 안전

산업현장에서 로봇과 인간과의 협업을 위한 협업로봇은 인간의 안전에 위협이 될 수 있다. 그렇기 때문에 안전 확보를 위한 규정을 두고 있다. 즉, '산업안전보건기준에 관한 규칙'에 따라, 산업용 로봇의 작동범위에서 해당 로봇에 대하여 교시(敎示) 등[매니퓰레이터(manipulator)의 작동순서, 위치·속도의 설정·변경 또는 그 결과를 확인하는 것을 말한다]의 작업을 하는 경우에는 해당 로봇의 예기치 못한 작동 또는 오(誤)조작에 의한 위험을 방지하기 위하여 다음 각 호의 조치를 하여야 한다.

  1. 다음 각 목의 사항에 관한 지침을 정하고 그 지침에 따라 작업을 시킬 것
    가. 로봇의 조작방법 및 순서
    나. 작업 중의 매니퓰레이터의 속도
    다. 2명 이상의 근로자에게 작업을 시킬 경우의 신호방법
    라. 이상을 발견한 경우의 조치

마. 이상을 발견하여 로봇의 운전을 정지시킨 후 이를 재가동시킬 경우
의 조치

바. 그 밖에 로봇의 예기치 못한 작동 또는 오조작에 의한 위험을 방지
하기 위하여 필요한 조치

2. 작업에 종사하고 있는 근로자 또는 그 근로자를 감시하는 사람은 이상
을 발견하면 즉시 로봇의 운전을 정지시키기 위한 조치를 할 것

3. 작업을 하고 있는 동안 로봇의 기동스위치 등에 작업 중이라는 표시를
하는 등 작업에 종사하고 있는 근로자가 아닌 사람이 그 스위치 등을
조작할 수 없도록 필요한 조치를 할 것

로봇과 인간은 단순한 산업용 로봇과의 협업(協業)만이 아닌 공존을 위한
것이라는 점에서 보다 구체적이고 실질적인 관계 설정이 필요하다. 특히, 로봇
은 인간을 대신하여 위험한 상황에서 역할을 수행할 가능성이 크다. 이러한 이
유 때문에 EU Civil Law Rules on Robotics에서도 로봇과 인간과의 관계에서
안전성을 확보할 수 있도록 하고 있다. 즉, 여러 가지 위험하고 해로운 업무를
인간에서 로봇으로 이전함으로써, 직장에서 안전성 향상을 위한 로보틱스
(robotics)의 커다란 잠재력을 주목한다. 그러나, 동시에 작업장에서 증가하고
있는 인간-로봇 상호작용에 따라 새로운 일련의 위험이 발생할 가능성에도
주목한다. 이와 관련하여, 작업장에서 건강, 안전 및 기본적인 권리의 존중을
보장하기 위하여, 인간-로봇 상호작용을 위한 엄격하고 미래 지향적인 규칙을
적용하는 것의 중요성을 강조하고 있다.[22]

6. 윤리를 넘어선 법적 책임

가. 제조물 책임

법적인 기준을 포함한 사회정의에 부합하게 로봇을 제조한 경우라도 문제
가 발생할 가능성이 적지 않다. 그 결과에 대해서는 다양한 책임 논의가 이루

---

22 EU Civil Law Rules on Robotics 46.

어질 수 있다. 따라서 로봇 제조자는 그 발생하는 문제 유형이나 행태에 따른 법적인 책임을 질 수 있다. 물론, 윤리적인 책임도 같이 해야 한다. 우선적으로 생각할 수 있는 것은 로봇이 제조물이라는 관점에서의 접근이다. 로봇은 고도의 전문적인 기술이 구현(具現)된 것이기 때문에 일반인의 관점에서는 문제를 확인하기가 쉽지 않다. 따라서, 발생하는 손해에 대한 입증책임을 지기가 쉽지 않다. 현재 제조물책임법에서도 입증책임을 전환하고 있지만, 사실상 여전히 입증책임은 피해자에게 있는 것과 다름이 없다. 그만큼 전문적인 영역에서 사고의 원인을 파악하기 쉽지 않다. 따라서, 제조물책임법을 소비자 보호라는 원래의 목적에 부합하게 개정할 필요성이 커지고 있다.

인공지능의 성격에 따라 제조물 책임의 대상으로 포섭할 수 있는지에 대해서는 논란이 적지 않다. 인공지능은 인간을 대신하여 사용될 것이다. 중요한 의사결정을 대신하거나 자율주행을 통하여 인간을 이동시키게 될 것이다. 이 경우, 제조자는 적어도 무결점에 가까운 테스트를 통하여 안전성을 확보해야 한다. 그렇지 않을 경우, 그로 인해 발생하는 모든 책임에 대해 민·형사적 책임을 져야 한다. 기술발전은 인간의 행복을 목적으로 하는 것이어야 한다. 그 기술이 어떠한 효율성을 담보한다고 하더라도, 사고의 개연성(蓋然性)이 있다면 승인되어서는 안된다. 규제라는 것이 사업자를 규제한다고 하지만, 그 규제의 수준은 적어도 인간에 대한 안전이 전제되지 않는다면 허용되어서는 안된다. 인공지능으로 인해 발생한 사고의 대응방안 중 하나로 제시할 수 있는 것이 제조물 책임의 강화이다. 사전적으로는 사고 예방을 위한 합리적인 대체설계가 가능하도록 하거나, 표시의무를 지움으로써 사고를 예방할 수 있다. 사후적으로는 사고 발생원인을 제조자가 입증하여 책임이 없다는 것을 밝힐 경우에만 면책이 되도록 함으로써, 사후적인 구제(救濟)가 가능하도록 하는 것이다. 그렇기 때문에 검증되지 않는 시스템을 사용하는 경우도 문제가 된다. 즉, "관리자가 안정성이 검증되지 않은 시스템을 출시하거나 현장 테스트하려는 욕심 또한 위험을 준다."[23]는 지적은 중요한 시사점을 준다.

개발자는 시장에 빠르게 출시하고, 발생하는 문제를 해결해가는 과정을

---

23 Wallach Wendell · Allen Colin(노태복 역), 왜 로봇의 도덕인가: 스스로 판단하는 인공지능 시대에 필요한 컴퓨터 윤리의 모든 것, 메디치미디어, 2014, 44면.

거치려는 경향이 있다. 다수는 아니라도, 이러한 안전하지 않은 상태의 시스템은 로봇이 가져올 위험성을 높일 수 있다. 불완전(不完全)한 상태의 로봇은 또다른 오류와 문제를 파생시킬 가능성이 있기 때문이다. 물론, 안전에 대한 기준을 넘어섰다고 하더라도, 문제가 없다고 단정하기는 어렵다. 많은 기업들이 대량생산 시스템에서는 하나의 제품에 대한 개발기간이 적지 않기 때문에 오랫동안 제조하여 판매할 수 있는 시스템이 도입된다. 그럼에도 불구하고, 시장출시 이후에는 여러 가지 사고가 발생하게 된다. 대량생산시대의 한계일 수밖에 없으나 이러한 한계를 법적 측면에서 극복한 것이 제조물 책임이다. 기본적으로 제조물 책임은 제조자에게 제품의 안정성이라는 기본적인 법적 의무를 부과하는 것이다. 이로써, 제품의 품질과 안전성을 높이고 기업은 신뢰를 바탕으로 성장하게 된다. 다만, 이러한 정책의도가 인공지능에 그대로 반영될 수 있는지 의문이다.

인공지능은 SW를 통하여 구현되지만, SW 자체가 완전체라고 보기 어렵다. 이는 오류나 하자가 내재해 있다는 전제가 깔린다. 그렇다면, SW로 구현되는 인공지능도 다르지 않다는 결론에 이른다. 일반적인 제조물과 달리, 인공지능이나 SW는 시장에서 출시된 이후에 오류나 하자를 확인할 수밖에 없다는 점에서 인공지능의 윤리적 접근은 제조물 책임이라는 법적 단계까지 확장되어 판단될 것이다.[24]

나. 업데이트의 계약 책임

로봇을 제작하는 입장에서는 완전한 제품을 만들어내는 것보다는 기존의 SW 내지 가전제품과 마찬가지로 사용하는 과정에서 발생하는 하자 등에 대해 SW적인 보수를 하게 될 가능성이 크다. 즉, SW적인 오류에 대해서는 업데이트(update)를 통하여 문제를 해결해가는 것이다. 플랫폼사업자는 업데이트에 따른 문제에 대해 이용약관을 통하여 면책하는 규정을 정해 놓았을 것이다. 그렇

---

24 "인간이 의사결정을 내릴 때에도 모든 관련 정보에 주의를 기울이거나 모든 비상상황을 고려하지 않아서 나쁜 선택을 내리는 것처럼, 로봇이 제대로 만들어지지 않았다는 사실도 뜻하지 않은 재앙이 일어난 후에 드러난다."는 주장이 뒷받침한다. Wallach Wendell · Allen Colin (노태복 역), 왜 로봇의 도덕인가: 스스로 판단하는 인공지능 시대에 필요한 컴퓨터 윤리의 모든 것, 메디치미디어, 2014, 44면.

지만, 면책규정이 책임을 면하는 것으로만 규정될 경우에는 불공정 약관으로써 무효화(無效化)될 가능성이 크다는 점은 앞서 살펴본 바와 같다.

다. 로봇형법의 구성

법은 최소한의 도덕이라는 점에서 도덕적 기준은 법적 접근을 위한 준거가 될 수 있다. 이를 위해 어떠한 기술을 제시할 수 있는지 몇 가지를 서술하고자 한다. 특히, 형법은 사람이 따라야 할 최소한의 도덕이라고 한다. 도덕의 규범화에 대한 사회적 수준이 형법이다. 로봇형법은 형법의 적용대상을 로봇으로 한정하는 개념이다. 결국, 로봇형법은 로봇윤리에 대한 최소한의 규범으로써 작용함으로써, 로봇의 행위에 대한 직접적인 규제가 될 것이다. 인신의 구속(拘束)도 가능하나, 물리적인 인신구속은 한계를 갖기 때문에 셧다운이나 킬 스위치(kill switch)가 하나의 대안으로 제시된다. 인간은 로봇을 통제할 수 있을까? 로봇은 인간의 요구를 거부하지 않을까? 로봇은 이러한 인간의 의도를 간파할 가능성이 있다는 점에서 로봇이 인신구속을 회피할 경우에 어떤 대응이 이루어져야할지 고민이 필요하다.

결국, "기계의 자유가 커질수록 도덕적 기준이 더욱 필요하다."[25]는 주장은 현실화될 것이다. 인공지능의 자율성은 높아질 것이며, 그로 인한 사회적 문제가 야기될 가능성도 있다. 따라서, 인공지능에 대한 법적 대응체계의 구축은 의미 있는 시도가 될 것이다.

7. 로봇 규제

가. 로봇 규제의 방향

로봇의 규제는 로봇에 대한 규제와 로봇 제조자 등의 비로봇 규제로 나누어볼 수 있다. 전자는 인공지능으로서 로봇이 자율성을 갖는 경우에 로봇의 책임과 의무를 부담시키는 것이다. 다만, 현재의 기술 수준으로 로봇 규제를 적

---

25 Wallach Wendell·Allen Colin(노태복 역), 왜 로봇의 도덕인가: 스스로 판단하는 인공지능 시대에 필요한 컴퓨터 윤리의 모든 것, 메디치미디어, 2014, 45면.

용할 필요성은 크지 않다. 후자의 경우는 로봇이 가져올 수 있는 위험으로 인하여, 로봇을 설계하거나 제조하거나 이용하는 과정에서 나타날 수 있는 문제를 줄이기 위한 규제를 의미한다. 앞서 살펴본 협업로봇을 포함하여, 로봇 등록제도 및 의료로봇 등은 로봇을 제조하거나 이용하는 과정에서 나타날 수 있는 문제에 대한 것으로 한정(限定)된다.

나. 로봇의 등록

로봇의 도입으로 인하여 일자리를 잃은 경우에 대비할 수 있는 재원으로써 로봇세의 확보를 위한 기본적인 요건으로서 등록제도의 필요성을 제기하고 있다.[26] 다만, 로봇을 등록(登錄)하기 위해서는 등록대상을 어떻게 할 것인지에 대한 명확한 기준이 필요하다. 즉, 로봇의 종류 및 유형을 특정할 수 있어야 한다.[27]

문제는 등록된 로봇에 부과될 수 있는 로봇세의 성격과, 그로 인하여 발생할 수 있는 산업경쟁력을 약화시킬 수 있는 점이다. 인공지능을 가진 로봇이 나타나고는 있으나 세계적으로 로봇산업은 시장형성단계이고 이러한 로봇의 기술 수준이 인간을 보조하는 수준이므로, 로봇을 등록하게 하는 것은 과도한 규제로 작용하여 로봇산업 발전(發展)을 저해할 가능성이 있다는 우려도 제기되고 있기 때문이다. EU도 이러한 우려로 인하여, 로봇의 인격에 대한 논의는 필요하다고 보았으나 로봇세를 위한 절차에 대해서는 검토가 필요하다고 보았다.

로봇 등록제도의 필요성에 대해서 공감하더라도, 산업계에 미치는 영향을 분석할 필요가 있다. EU도 "특정 범주의 로봇이 관련되고 필요한 유럽연합의

---

26 산업정책적 측면에서 등록과 달리, 권리능력을 부여하기 위한 방안으로써 등록제도의 도입의 필요성을 제시하기도 한다. 오병철, 전자인격 도입을 전제로 한 인공지능 로봇의 권리능력의 세부적 제안, 법조 제69권 제3호, 2020.6, 59면; 박수곤, 자율적 지능 로봇의 법적 지위에 대한 소고, 법학논총 제31권 제2호, 2017, 64면; 김진우, 인공지능에 대한 전자인 제도 도입의 필요성과 실현방안에 관한 고찰, 저스티스 제171호, 2019, 37면.
27 EU Civil Law Rules on Robotics 2. 특정 범주의 로봇이 관련되고 필요한 유럽연합의 국내 시장 내에, 고급 로봇의 포괄적인 유럽연합 등록 시스템을 도입할 것을 고려하고, 등록이 필요한 로봇의 분류 기준을 수립할 것을 집행위원회에 요청한다. 이러한 맥락에서, 등록 시스템과 등록 명부가 로보틱스와 인공지능을 위한 지정된 EU 기관에 의해 관리되는 것이 바람직한지 여부를 조사할 것을 집행위원회에 요청한다.

국내 시장 내에, 고급 로봇의 포괄적인 유럽연합 등록 시스템을 도입할 것을 고려하고, 등록이 필요한 로봇의 분류 기준을 수립할 것을 집행위원회에 요청"[28]하고 있다.

다. 의료용 로봇

의료로봇에 의한 사고에 대해 의료사고 피해구제 및 의료분쟁 조정 등에 관한 법률에 로봇 수술에 의한 분쟁(紛爭)도 포함시키고, 책임의 주체와 책임 범위를 법으로 명확하게 할 필요가 있다. 또한, 데이터 확보의 필요성이 커지고 있으나 원격의료가 어려운 상황에서 의료용 로봇의 기계학습은 쉽지 않을 것으로 보인다. 학습데이터가 국민 체형과 맞지 않다는 것이 가장 큰 한계이다. 실례로, 왓슨이 지원시스템으로서 역할을 할 것으로 기대하였으나 학습데이터가 상이하기 때문에 활용성을 기대하기 어려운 상황이다.

8. 의제된 인류로서, 호모로보틱스(Homo Robotics)

로봇에 대한 관심이 많으며, 인공지능이 인간과 교감할 수 있는 모습으로서 로봇은 새로운 인류로써 가능성을 내보이고 있는 것도 사실이다. 따라서, 로봇이든 자율주행차이든 모습이나 형상과는 상관없이 지능화된 모습과 인간의 신체적 한계를 극복할 수 있는 물리적인 모습을 함으로서 호모 사피엔스와는 다른 모습을 보일 것이다.

인간이 의식을 갖기 때문에 인간이라는 점에서, 로봇을 인간으로 의제(擬制)할 수 있는 기준으로서 의식이 요건이 될 수 있는지는 불명확하다. 호모로보틱스가 모라벡의 역설을 극복하더라도 물리적인 로봇의 한계를 극복한 것이지, 인간이라는 점을 보여주는 것은 아니다. 물론, 앞서 입법적인 결단을 통하여 로봇의 법인격을 부여할 수 있다는 점을 살펴보았다. 로봇이 갖는 한계를 극복하고, 인간과의 공존을 위해 필요하다고 판단될 경우, 법인격을 부여할 가능성도 높다. 물론, 이 과정에서 엄격한 요건을 갖추도록 함으로써 안전과 위

---

28 EU Civil Law Rules on Robotics 2.

협에 대한 통제가능성을 담보해야 한다.

　　이처럼, 법률상 의제된 인류로서 로봇이나 사실상 인간과 유사한 메커니즘으로 의식을 체화할 수 있는 로봇을 어떻게 다룰 것인지는 고민스러운 것이 사실이다. 당장 이러한 모습이 현실화될 것은 아니라는 점에서 입법자가 당장 결단을 내릴 것은 아니다. 다만, 입법적으로 로봇을 인간과 어떠한 관계로 설정한 것인지에 대한 고민은 시작(始作)해야 한다.

제18절 인공지능과 자율주행차

1. 왜, 자율주행차인가?

인공지능은 인간의 판단이 가져올 수 있는 오류나 한계를 기술적으로 보완할 수 있다는 장점을 갖는다. 무엇보다, 자율주행차는 인간의 주행으로 인하여 발생하는 자동차 사고를 줄이고, 에너지를 절감하고, 도로 설비 확충에 대한 부담을 줄일 수 있다는 것이 장점이다. 자동차 사고 현황을 보면, 국내에서는 2019년 23만 건의 교통사고로 3,300명 이상이 사망(死亡)했다.[29] 전 세계적으로는 매년 135만 명이 사망한다.[30] 만약, 자율주행차가 운행된다면 사고율은 10% 수준으로 내려갈 것으로 예상된다.[31]

자율주행차에 대한 관심은 오래전부터 시작되었으며, 대중의 관심을 끈 것은 2004년 아프리카 모하비 사막에서 이루어졌던 방위 고등 연구 계획국(DARPA, Defense Advanced Research Projects Agency) 주관의 '그랜드 챌린지 2004'라는 자율주행차대회였다. 성공한 자율주행차는 없었지만, 이후로 자율주행차에 대한 관심이 커졌고, 지금은 많은 기업들이 자율주행차의 개발에 투자하고 있다. 특히, 테슬라는 자율주행시스템을 장착(裝着)한 상용차를 판매하고 있다. 물론, 자율주행 모드에서 발생한 여러 차례 사고 때문에 자율주행차에 대한 신뢰를 어느 수준까지 가질 수 있을지에 대한 비판도 있다. 이와 별개로, 많은 나라에서 자율주행차에 대한 법제도 정비가 이루어지고 있는 것도 사실이다. 이처럼, 인공지능을 활용한 대표적인 분야가 자율주행차이다. 현대자동차 등 전통적인 자동차 기업에서부터 구글 등 플랫폼 기업에 이르기까지 많은 기업들이 기술개발 등 관련 투자를 진행 중이다. 특히, 구글과 같은 플랫폼 기업은 시

---

29 경찰청, e-나라지표, 2020.4.1.일 지표.

30 중앙일보, 2018.12.08.일자.

31 "완전 자율주행차가 줄 수 있는 혜택은 엄청나다. 해마다 전 세계에서 120만 명이 자동차 사고로 사망하며, 수천만 명이 중상을 입는다. 자율주행차의 합리적인 목표는 이 수를 10분의 1로 줄이는 쪽이 될 것이다. 몇몇 분석에 따르면 교통비, 주차장, 혼잡, 오염도 대폭 줄어들 것으로 예상된다."고 한다. Stuart Russell, 어떻게 인간과 공존하는 인공지능을 만들 것인가: AI와 통제문제, 김영사, 2021, 106면.

스템에 의한 자율주행을 목표로 한다.

반면, 자율주행차에 대한 법적 쟁점도 적지 않다. 예기치 못한 사고의 가능성 때문이다. 사고의 우려 탓에 자동차 관련 다양한 규제가 적용되고 있듯이, 자율주행차의 경우에도 크게 다르지 않다. 자동차로 인한 사고가 발생할 경우, 적지 않은 인명 및 재산상의 손해가 발생할 것이기 때문이다. 이 때문에 사고의 전보(塡補)를 위해 자동차손해배상 보장법(이하, 자동차손배법이라 함)은 모든 차량에 대해 의무적으로 책임보험에 가입토록 하고 있다. 물론, 자율주행차는 인간이 운전할 때보다 줄어들 것이라는 점에서 어느 정도 효용을 가져올 것이다. 자율주행차도 사고의 전보를 위한 여러 가지 수단을 요구한다. 인간을 대체하거나 또는 대신하는 자율주행차의 미래를 염두에 두더라도, 아직은 사람이 운전대를 조작해야 하는 상황을 전제하고 있다.

자율주행차는 인간의 운전을 기계가 대신할 수 있도록 함으로써 삶의 질을 제고(提高)할 것으로 기대한다. 이러한 이유 때문에 자율주행차가 성공적으로 상용화되기를 기대한다. 이를 위해선 차량, 지능형 차량정보시스템(intelligent transport systems; 이하 ITS라 함), 도로, 운전자 등 다양한 영역에서의 법제도 정비를 통하여 자율주행차의 안전성을 담보할 수 있어야 한다.

또한, 자율주행차가 운전하는 시간 동안 운전자였던 인간은 다양한 콘텐츠를 즐길 수 있다는 점을 인식할 필요가 있다. 자율주행차는 새로운 콘텐츠 소비 플랫폼으로써 역할을 할 것이다. 이러한 점에서 자율주행차 제조사와 콘텐츠사업자 내지 플랫폼사업자의 협력은 새로운 시장 창출을 가져올 수 있는 기회를 선점할 수 있는 계기가 될 것이다.[32]

---

32 "무인자동차 시대에 돈을 버는 기업은 프리미엄 자동차를 만드는 회사, 완성차를 만들 일부 기업들, 부품 생산 업체, 데이터 업계, 반도체 업계, 콘텐츠 업계 등입니다. 이런 일들이 언제쯤 벌어질까요? 무인자동차의 정의가 다 다르긴 하지만 대부분의 전문가들은 2025년 전후라고 말합니다.", 김대식, 김대식의 인간 vs 기계, 동아시아, 2016, 266면. 이러한 점에서 모빌리티 서비스를 키우는 카카오, 자율주행 로봇을 개발 중인 네이버, 자율주행차를 개발 중인 구글이나 애플은 자율주행시대를 대비하고 있는 선도적인 플랫폼사업자들이다.

2. 자율주행을 위한 법적 검토

가. 자율주행차의 개념

자율주행차가 스스로 사물을 인식하고, 판단함으로써 구동을 한다는 점에서 지능형 로봇과 유사하다. 그런 면에서 자율주행차도 광의의 로봇으로 볼 수 있다. 자동차관리법에서는 자율주행자동차를 운전자 또는 승객의 조작 없이 자동차 스스로 운행이 가능한 자동차로 정의하고 있다.[33] 자율주행자동차법에서도 유사한 정의를 두고 있다. 즉, 자율주행차는 운전자 또는 승객의 조작 없이 자동차 스스로 운행이 가능한 자동차를 말한다. 동 법에서는 다양한 장비와 SW를 포함하는 개념으로 자율주행시스템에 대해서는 운전자 또는 승객의 조작 없이 주변상황과 도로 정보 등을 스스로 인지하고 판단하여 자동차를 운행할 수 있게 하는 자동화 장비, SW 및 이와 관련한 모든 장치를 말한다.

[표 18-1] 자율주행자동차의 단계

단계	Lv.0	Lv.1	Lv.2	Lv.3(2020)	Lv.4(2025)	Lv.5(2035+)
명칭	무자율	운전자보조	부분자율	조건부자율	고도자율	완전자율
정의	모든 운전 운전자가 수행	운전자: 주행, 시스템: 조향, 가감속의 특정 주행모드 수행	운전자: 주행, 시스템: 조향, 가감속 기능 복합되어 특정 주행모드 수행	시스템: 주행 운전자: 시스템의 개입 요청에 적절 대응, 항상 차량 제어를 위한 준비자세	시스템: 주행, 운전자가 개입요청에 적절히 대응 못하는 경우에도 시스템이 대응가능	모든 조건에서 시스템이 상시 운전
주요 기능	자율주행 기능없음	• 차간거리유지 • 차선유지	• 차간거리유지 +차선유지 • 자동주차	• 고속도로자율주행	• 특정 구간 및 특정 기상상황을 제외한 자율주행	• 자율주행 • 무인운송

출처: 국토교통부, 미국 자동차공학회 6단계 기준.

---

[33] 자동차관리법상 자율주행차에 대한 조작적 정의에서 자동차(自動車)가 갖는 자동(自動)의 개념이 자율(自律)과 어떤 차별성을 갖는지, 또는 중복적 개념 정의는 아닌지 의문이 제기될 수 있다. 결국, 현행 자동차는 조향, 핸들, 제어 장치 등 주행이라는 측면에서 중요한 요소인데, 이 요소들은 이미 일반 자동차에서도 구현되고 있어 명확히 구별되는 개념으로 보기 어렵기 때문이다.

또한, 자율주행자동차법에서는 자율주행차의 종류를 다음과 같이 유형화하고 있다.

ⅰ) 부분(部分) 자율주행자동차: 자율주행시스템만으로는 운행할 수 없거나 운전자가 지속적으로 주시할 필요가 있는 등 운전자 또는 승객의 개입이 필요한 자율주행자동차

ⅱ) 완전(完全) 자율주행자동차: 자율주행시스템만으로 운행할 수 있어 운전자가 없거나 운전자 또는 승객의 개입이 필요하지 아니한 자율주행자동차

미국이나 영국 등은 정부 차원에서 자율주행자동차의 시험운행을 지원하고 있으며, 자율주행차 관련 특별법을 제정하고 있다. 우리도 자동차관리법을 개정하여 자율주행자동차 정의규정을 신설(新設)하고 시험·연구 목적의 운행을 위한 임시허가제도를 도입한 것은 시의성 있는 입법조치로 평가된다.

[표 18-2] 자동차관리법상 임시운행허가제

제27조(임시운행의 허가) ① 자동차를 등록하지 아니하고 일시 운행을 하려는 자는 대통령령으로 정하는 바에 따라 국토교통부장관 또는 시·도지사의 임시운행허가(이하 "임시운행허가"라 한다)를 받아야 한다. 다만, 자율주행자동차를 시험·연구 목적으로 운행하려는 자는 허가대상, 고장감지 및 경고장치, 기능해제장치, 운행구역, 운전자 준수 사항 등과 관련하여 국토교통부령으로 정하는 안전운행요건을 갖추어 국토교통부장관의 임시운행허가를 받아야 한다.

정부는 향후 자율주행자동차의 상용화 등에 대비하여 관련 자동차 보험상품을 도입하고, GPS 기반 위치오차 보정기술 및 시험운행 전용노선 확충 등 자율주행 지원 인프라를 구축하는 정책을 추진해야 할 것이라는 지적도 의미 있다.[34]

---

34 조기열, 자동차관리법 일부개정법률안 검토 보고, 국회국토교통위원회, 2015.4, 15면.

나. 개인정보 또는 위치정보 이슈

(1) 논의의 필요

자율주행차는 차량 자체의 독립적인 운행도 중요하지만, 차량 간 운행정보의 공유도 필수적이다. 차량 정보를 상대방 내지 ITS와 공유하여 차량 간 커뮤니케이션이 가능해야 한다. 차량 간 커뮤니케이션이 원활하지 않을 경우에는 운행에 지장을 줄 수 있기 때문이다. 현행법상 차량과 관련된 정보는 개인정보와 관련되므로, 개인정보의 영역에서 다루어진다. 이러한 개인정보를 정보주체의 동의 없이, 제공될 경우에는 위법한 상태에 놓이기 때문이다.

(2) 이슈 대응

지능형 로봇을 이용하는 경우, 통신과정 등에서 개인정보 및 위치정보의 수집(收集)이 가능하다. 다만, 익명처리된 개인정보 등의 활용에 대한 다른 법령의 배제될 수 있다. 물론, 익명화된 개인정보는 더 이상 개인정보 보호법 등 관련 법령에 따른 규제범위에서 벗어나기 때문에 법적인 이슈는 없다.

자율주행자동차를 운행하는 과정에서 수집한 다음 각 호의 정보의 전부 또는 일부를 삭제하거나 대체하여 다른 정보와 결합하는 경우에도 더 이상 특정 개인을 알아볼 수 없도록 익명처리하여 정보를 활용하는 경우에는 개인정보 보호법, 위치정보의 보호 및 이용 등에 관한 법률 및 정보통신망 이용촉진 및 정보보호 등에 관한 법률의 적용을 받지 아니한다.

  i) 개인정보 보호법 제2조 제1호에 따른 개인정보

  ii) 위치정보의 보호 및 이용 등에 관한 법률 제2조 제2호에 따른 개인위치정보

  iii) i) 및 ii)에 준하는 정보로서 대통령령으로 정하는 정보

다만, 자율주행자동차는 카메라, 레이더, 라이다(LiDAR)[35] 등을 활용해 주

---

35 "라이다(Light Detection and Range)는 '빛 감지 및 거리측정(light detection and ranging)'의 준말로, 감지 센서를 통해 특정 물체의 거리를 측정하는 기법을 말한다. 라이다에 사용되는 원리는 레이더(RADAR)와 비슷하나 라이다에서는 전파의 역할을 주로 레이저와 같은 빛이 대신한다. 라이다 시스템은 빛을 목표 물체로 발사하여 반사되는 빛을 광원 주위의 센서로 검출한다. 빛이 되돌아오기까지 걸린 시간을 측정하고, 언제나 일정한 빛의 속도를 이용하여, 목표물까지의 거리를 높은 정확도로 계산할 수 있다. 이렇게 특정 공간 또는 목표지점에서 주기적으로 측정을 반복할 경우 주변 환경에 대한 3D지도 제작까지 가능하다. 라이다는 자동차 산업 내에서도 다양한 애플리케이션에 적용된다. 특히, 첨단운전자보조시스템(ADAS)에

변의 보행자·차량 등을 지속적으로 확인하여 정보를 수집·분석하며 주행하게 되고, 이때 축적된 정보는 자율주행자동차의 인공지능 학습에 활용되므로, 원활한 정보 수집 및 활용을 통한 기술개발 촉진의 필요성과 함께 개인정보 유출의 위험성에 대한 우려가 함께 제기된다.

CCTV나 차량의 블랙박스 영상은 현행 법률에서는 사각지대(死角地帶)에 머물러 있다는 점에서 우려된다. EU Civil Law Rules on Robotics은 로봇의 카메라나 센서의 사용에 따른 규칙과 기준을 명확히 할 것이라고 한다. 자율주행차를 포함한 로봇의 주행이나 구동 중의 영상촬영에 대해서는 프라이버시 중심 설계(privacy by design) 및 프라이버시 기본 설정(privacy by default), 데이터 최소화, 목적 제한과 같은 개인정보 보호 원칙이 준수되어야 한다.[36]

다. 운행 면허(license)

자율주행차는 사람이 운전하지는 않는 상황을 전제하기 때문에 운전면허(運轉免許)를 누구에게 줄 것인지 논란이 있다. 현행 자동차면허제도는 사람이 운전하는 것을 전제하기 때문에 사람에게 부여(附與)한다. 그렇지만 자율주행차에 대한 운전면허는 기존 면허제도와 달리, 사람이 아닌 자율주행시스템에 부여될 것이다. 자율주행시스템 등 차량에게 면허를 부여하는 것이 일반화될 것이다. 또한, 차량 제조 시 제조사가 일괄적으로 면허를 받아 차량에 부여하는 방식이 채택될 가능성도 있다. 그러할 경우, 면허를 받는 자는 제조사가 될 가능성이 크다.

또 다른 선택은 차량을 이용에 제공하는 자가 받을 가능성도 있다. 공유경

서 장애물 감지 및 충돌 예방뿐만 아니라 어댑티브 크루즈 컨트롤(ACC)과 내비게이션에도 적용된다."고 한다. 에델 캐시먼(Edel Cashman), 라이다(LiDAR) 애플리케이션의 dToF 적용사례, Semiconductor Network 2021.01, 76면.

36 EU Civil Law Rules on Robotics 20. 헌장 제7조 및 제8조와 유럽연합의 기능에 대한 조약(TFEU) 제16조에 명시된 사생활의 존중 및 개인정보 보호 권리가 로보틱스의 모든 영역에 적용되고, 데이터 보호를 위한 유럽연합의 법제가 완전히 준수되어야만 한다는 것을 강조한다. 이 점에서, GDPR의 이행 프레임워크 내에서, 로봇의 카메라 및 센서의 사용과 관련한 규칙과 기준을 명확히 해줄 것을 요청한다. 유럽연합 개인정보 보호법을 따른 정보주체를 위한 투명한 통제 메커니즘과 적절한 구제조치뿐만 아니라, 프라이버시 중심 설계(privacy by design) 및 프라이버시 기본 설정(privacy by default), 데이터 최소화, 목적 제한과 같은 개인정보 보호 원칙이 준수되고, 적절한 권고 및 표준이 조성되고 유럽연합의 정책에 통합될 것을 보장하도록 집행위원회에 요청한다.

제(sharing economy)의 흐름에 따라 차량을 공유하는 형태로 이용하게 된다면 중간에 매개하는 사업자가 면허를 취득하도록 하는 것도 방법이 될 수 있기 때문이다. 어떻든 인간이 면허를 받는 시대는 지나가고 있다는 점은 확실할 것으로 예상된다.

3. 사고 대응을 위한 윤리적 결정

가. 윤리의 프로그래밍

자동차 관련 법률에서는 사고로부터의 안전을 위해 차량에는 사람이 반드시 탑승(搭乘)하도록 하고 있다. 아직은 기술 수준이나 다른 환경이 마련되지 않아 사람이 탑승해야 하지만, 특이점(singularity)을 넘는 순간부터는 자율주행 시스템은 사람을 대체할 것이다. 사람의 판단이 아닌 인공지능이 판단을 내리게 될 것이다. 물론, 인공지능의 판단은 기술적이거나 기능적인 수준을 넘어서야 한다. 다만, 자율주행이나 인공지능은 사람의 통제 영역에 벗어나 있기 때문에 고도의 윤리가 프로그래밍될 필요성이 커지고 있다.

윤리(倫理)는 프로그래밍화할 수 있는가? 윤리는 상대적인 개념이기 때문에 이를 객관화할 수 있는 것은 아니다. 인공지능이 기계학습을 통하여 윤리의식을 높일 수 있는지는 의문이다. 따라서 사람이 모든 경우의 수를 시뮬레이션하여 윤리적 판단에 대한 설계를 해야 하는 것이라면, 이는 불가능한 영역으로 판단된다. 규제당국은 이러한 전제하에 자율주행차만의 운행을 허용할 수 있을지 의문이다.

나. 자율주행차의 윤리적 결정을 위한 논의

기술과 법이 추구하는 궁극적인 가치는 사람에 있다. 과학기술과 사회적 기술이 추구하는 가치는 인문(人文)이 그 중심에 있기 때문이다. 다양한 논의를 통하여 사람의 입장에서 기술과 법이 타협하거나 사회적 합의의 형태로 수렴된다. 그렇지만, 기술발전을 제도가 뒷받침하지 못하는 경우도 있다. 인공지능도 그러한 면이 있다. 인공지능을 통하여 구현될 지능정보사회의 가치는 법제도적인 정비만을 통하여 준비될 수 있는 것은 아니기 때문이다.

　　법제도가 정비되지 않은 상황에서 규범적 역할은 윤리가 대신할 수밖에 없다. 윤리는 강제성을 가지기는 어렵지만, 묵시적인 합의를 통하여 제기되는 인간의 행동규범으로 볼 수 있기 때문이다. 윤리적 판단은 윤리 자체가 다양한 문화적 결정체(結晶體)이기 때문에 쉽지 않다. 윤리적 상황판단을 예로 들 때, 트롤리 딜레마가 제시된다.

[그림 18-1] 트롤리 딜레마

출처: 컴퓨터월드(2016.6.).

　　위 [그림 18-1]에서 첫 번째는 다수보다는 1인을 치게 되는 상황이며, 두 번째는 1인 보다는 탑승자가 위험에 처할 수 있으며, 세 번째는 다수보다는 탑승자가 위험에 처할 수 있는 상황을 예로든 것이다. 그렇지만, 이러한 트롤리 딜레마는 일반 윤리에서 제기되는 윤리적 가치의 해석 사례이기는 하지만, 그 결과에 대한 평가는 다를 수밖에 없다.

　　SW로 구현될 알고리즘의 객관성은 인공지능을 둘러싼 윤리와도 결부(結付)되는 쟁점으로 기술에 대한 신뢰의 문제와 크게 다르지 않다. 그렇다면, 인공지능이 내린 의사결정은 신뢰할 수 있을까? "신뢰할 수 있다고 단정할 수는 없지만, 인간은 신뢰하고 싶은 욕망을 갖고 있다."고 생각한다. 이러한 욕망에도 불구하고, 알고리즘의 객관성을 담보할 수 있을지는 의문이다. 객관적이라는 것 자체가 객관적이지 않을 수 있기 때문이다. 알고리즘은 사람에 의해 개발된 SW이기 때문에 사람의 의도성을 그대로 반영한 것에 불과하다. 인공지능도 다르지 않다. 인공지능을 구현하는 알고리즘은 지시·명령의 집합으로 인간이 부여한 문제의 해결방식이기 때문이다. 따라서 알고리즘은 객관적이기 어렵다. 코딩 과정, 데이터 활용 과정에서 의식적, 무의식적으로든 의도가 반영될 수밖에 없기 때문이다.

[그림 18-1]처럼 정의론에서 사례로 드는 트롤리 딜레마는 여전히 가치 판단의 영역이라는 점에서 인공지능에게 수행토록 하는 것이 타당한지에 대한 규범적 판단을 넘어서 사회적 합의가 필요하다.

4. 자율주행차로 인한 사고 책임

가. 여전한 트롤리 딜레마

자율주행차는 인공지능이 운전을 하는 차를 말하지만, 현행 기술 수준이나 법제도에 따라 사고의 안전을 위해 인간이 탑승(搭乘)토록 하고 있다. 2015년 개정된 자동차관리법은 자율주행자동차에 대한 법적 정의를 도입하였다. 법상 자율주행자동차란 운전자 또는 승객의 조작 없이 자동차 스스로 운행이 가능한 자동차를 말한다. 핸들이나 기타 기기를 조작하지 않은 상태에서 자동차가 자율적으로 운행하는 것을 의미한다. 다만, 자율주행차량 간의 커뮤니케이션에 따라 주행 중의 사고는 줄일 수 있을 것으로 보이나 인간과 자율주행차량 간 사고에 대해서는 윤리적 판단이 요구된다. 특히, 윤리적인 판단을 트롤리 딜레마라는 가치판단의 영역에서 인공지능에게 수행토록 하는 것이 타당한지에 대한 규범을 넘어 사회적 합의와 정치적 판단이 필요하다. 윤리적인 판단을 자동차가 할 수 없다면, 자동차의 제조자 또는 자동차에 탑재하는 인공지능 개발자에 의해 프로그래밍되어야 한다.[37]

---

37 Wallach Wendell·Allen Colin(노태복 역), 왜 로봇의 도덕인가: 스스로 판단하는 인공지능 시대에 필요한 컴퓨터 윤리의 모든 것, 메디치미디어, 2014, 36면에서는 "자동화된 시스템은 인간에게 도움이 될 수도 해가 될 수도 있는 행위를 한다. 하지만 그렇다고 해서 컴퓨터가 도덕

나. 사고의 책임주체

자율주행 과정에서 나타나는 사고의 대응 중 논란이 되는 상황은 앞의 [그림 18-1]과 같은 트롤리 딜레마이다. 이 상황처럼 다양한 경우의 수를 시뮬레이션하여 윤리적인 판단에 대해 자동차의 제조자 또는 인공지능 개발자가 프로그래밍할 수 있을지 의문이다. 자율주행 알고리즘의 완벽성을 기대하기 어렵다. 특히, 기계학습은 학습하지 않는 상황에 대해서는 대응하기 어렵기 때문이다.[38]

다만, 당장 인공지능이 도덕적이거나 윤리적인 판단을 하지는 않을 것이다. 일상적인 접촉사고의 수준은 자율주행차라고 하더라도 양해될 수 있다. 그렇지만 궁극적으로 책임 문제는 엄격하게 정리될 필요가 있다. 자율주행차에 의해 발생할 수 있는 책임 문제는 운전자 과실과 제조자 과실을 들 수 있다. 제3자의 차량에 의한 사고도 예상되지만, 운전자 과실 내지 제조자 과실에 대한 책임 논의와 같이 동일하게 수렴될 것이기 때문이다.

운전자 과실(過失)에서 보면, 기본적으로 운전자는 도로교통법상 주의의무를 지게 된다. 운전자는 자연인인지, 아니면 차량 자체인지 확인되지 않는다. 궁극적인 자율주행차의 모습은 인간이 운전에 관여하지 않는 것이 될 것이다. 면허발급의 주체가 지금까지 사람이었다면 이제는 차량이 발급주체가 되고 있는 것을 통하여 알 수 있다. 그렇지만, 발급주체라는 것은 책임주체와 같은 개념으로 볼 수 있기 때문에 자동차 사고로 인하여 발생하는 책임을 어떻게 처리할 것인지 논란이 예상된다. 한 가지 방안은 자동차배상법상 형사책임을 배제(排除)하고, 손해배상책임으로 정하고 있는 것처럼 향후에도 유사하게 적용하는 것이다.

적 결정을 내리거나 윤리적 판단을 행한다는 뜻은 아니다. 컴퓨터가 취하는 행동의 윤리적 중요성은 그 속에 프로그래밍된 규칙에 내재된 가치에서 전적으로 비롯된다."고 한다. 즉, 윤리이든 법적이든 그 규범적 가치는 프로그래머에 의해 프로그래밍될 수밖에 없다는 것이다.
[38] "자율주행 알고리즘은 아직 완벽하지 못하다. 자주 사고를 낸다. 기술은 발전하겠지만 사고를 완전히 배제할 수 없을 것이다. 자율주행차가 사고에 연루된 경우 탑승자, 알고리즘 제작사, 사고에 연루된 상대방 운전자 간의 사고책임을 어떻게 나눌지 결정하는 것은 간단한 문제가 아니다. 더구나 분쟁 상대방 역시 자율주행차라면 매우 복잡하다. 알고리즘의 상황인지와 판단에 실수가 있었다면 제작사의 책임이 커질 수밖에 없다. 그러나 안타깝게도 러닝으로 개발되는 현재의 자율주행 알고리즘은 사고 경위와 의사결정 과정을 설명하지 못한다."고 한다. 김진형, AI최강의 수업, 매일경제신문사, 2020, 62~63면.

운행 중 외부의 원인이 아닌 차량에 발생하는 사고는 어떻게 할 것인가? 제조자 과실에 대해서는 자동차의 하자에 따른 것을 원인으로 제조물 책임을 통하여 해결하는 방안을 들 수 있다. 자동차 제조자는 안전한 제품을 만들어야 하며, 안전이 담보되지 않을 경우 제조물책임법에 따른 무과실책임(無過失責任)을 질 수 있다. SW와 관련된 제조물 책임에는 임베디드 SW인 경우는 가능하지만, SW 자체는 제조물성이 부인된다는 것이 다수적 견해이다. 그렇지만 자율주행차와 같이, SW로 운행되는 경우라면 SW는 자동차에 체화된 것이기 때문에 SW를 포함한 제조물성이 인정될 수 있다. 자율주행차로 발생한 손해에 대하여 자동차 제조자와 SW 개발자 등은 연대책임을 지며, 구상을 위해 쌍방은 이에 대한 책임소재를 다투게 될 것이다. 따라서 SW에 대한 제조물 책임에 대한 대응책이 마련될 필요가 있다.

결국, 사람이 개입될 여지가 있는 부분에 대해서는 사람의 판단에 따른 책임소재를 가릴 수밖에 없다. 사람이 감독해야 한다는 것이며 감독자가 책임(責任)을 져야 한다는 의미이다. 이는 자율주행차에 탑승한 탑승자에게 책임을 물어야 할 이유이다. 트롤리 딜레마처럼 자율주행차의 운행 시 나타날 수 있는 사고는 인공지능이 판단할 수 있는 윤리적인 영역에서 가능할 수 있을지 의문이다. 다만, 인공지능과 사람의 통제권을 달리하거나 개별적인 통제권을 행사하도록 규범화되지 않은 이상 사람의 통제권을 우선으로 할 수밖에 없다. 인공지능의 판단에 따른 결과에서, 그 책임은 소유자에게 물을 수밖에 없기 때문이다.

다. 자율주행차의 안전성 확보

자율주행차는 안전성(safety)에 대한 확보가 중요하다. 안전성이란 일반적으로 기대되는 사고로부터의 자유로운 상태(狀態)를 의미한다. 특히 자율주행차는 시스템과 SW의 결합을 통하여 구현되기 때문에 사고에 대응하는 인간의 인식과는 차이가 있다. 실제 "자율주행차의 인식범위는 200m 내외로 자동차가 도로상 모든 정보를 스스로 인지, 판단하고 제어하는 것은 불가능하다. 따라서 탑승자의 안전과 자율주행시스템의 안전성을 위해 도로 인프라에서의 정보지원이 필요하다."[39]고 한다. 자율주행차의 안전은 차량 간 정보 공유는 물론 [표

18-3]과 같이 도로를 포함한 ITS 간의 정보 공유가 필요하다.

[표 18-3] 자율주행자동차 운행에 필요한 도로 인프라 정보와 차량 정보

구분	요구 정보
자동차에서 필요한 도로 인프라 정보	• 실시간 교통정보: 도로교통상황, 비상차량 주행, 사고차량 등의 정보 • 동적 교통운영시스템: 가변 속도제한장치, 공사구간 관리, 가변 차로 운영 등 • 도로 전자지도 및 도로기하구조 정보체계: 직선부/곡선부, 표지판 위치, 고정밀 기반 전자지도 등 • 물리적 인프라 관련: 차로 및 차선, 도로표지, 도로경계, 노면 마찰력, 도로파손 등

도로 인프라에서 자동차에 제공하는 정보	• Infra to Vehicle(I2V) 정보 제공
	   – Digital Infrastructure 정보
	   – 도로구간 정밀지도, 도로기하구조 및 노면상태 속성
	   – 도로표지판/안전표지판/가변표지판 내용
	   – 신호주기/현시/잔여녹색시간
	• 교통운영 및 제어 정보
	   – 자율주행 구간/차로 지정 여부 및 설정변수(속도, 차두시간 등)
	   – Traffic Mix(자율주행차 대 일반차)
	   – 고속도로 진입 램프와 교차로 진입

자동차에서 도로 인프라에 제공해야 하는 정보	• Vehicle to Infra(V2I) 정보
	   – 자율주행 기능(L2/L3) 정보
	   – ACC/CACC, LKAS, CIWS 등 기능 속성
	   – 차량상태, 센서/통신/전장기능 상태 진단
	   – 차량주행 정보
	   – 속도, 가감속, 조향각, 측위, 상대위치
	   – 자율주행 요청, 군집주행 합류/이탈 요청 등

자동차 간 제공 정보	• Vehicle to Vehicle(V2V) 정보
	   – 자율주행 여부
	   – L2 혹은 L3 자율주행 여부 및 자율주행 파라미터값
	   – 차량주행 거동역학(Kinematics)
	   – 속도, 가감속, 조향각, 측위, 상대위치
	   – Actuator 및 Braking Control 정보

출처: 월간 교통(2015.11.).

39 김규옥, "자동차와 도로의 자율협력주행을 위한 도로운영방안", 월간 교통 Vol. 23, 2015.11, 19면.

자율주행차의 경우도 사고로부터 안전을 유지하기 위해 몇 가지 사항에 대한 안전성 검토가 필요하다. 자율주행차가 외부와의 커뮤니케이션 과정에서 보안(保安)이 노출될 가능성이 있다. 또한 SW로 제어되는 전자제어장치의 안전성도 확보되어야 한다. 이러한 안전성을 담보하지 못한 경우를 대비하기 위해 자동차의 운행과 관련된 정보 및 상황을 기록할 수 있는 기록장치인 블랙박스를 의무화해야 한다. 기록장치 의무화는 향후 자율주행 과정에서 발생하는 사고의 입증책임을 위한 가장 강력한 증거력을 확보할 수 있기 때문이다. 기록장치 의무화는 안전운행 및 안전문화에 크게 기여할 것으로 기대된다.

라. 제품의 안전성과 제조물 책임

사업자의 반대 등 많은 논란에도 불구하고 제품의 안정성을 높이기 위해 도입된 법률이 제조물책임법이다. 제조물책임법은 제조물의 결함으로 발생한 손해에 대한 제조업자 등의 손해배상책임을 규정함으로써 피해자 보호를 도모하고 국민생활의 안전 향상 등을 목적으로 한다.[40] 제조물은 제조되거나 가공된 동산(다른 동산이나 부동산의 일부를 구성하는 경우를 포함)이기 때문에 민법상 물건 등의 유체물이나 관리 가능한 자연력으로 한정된다. 통설적으로는 SW와 같은 무형자산은 포함되지 않는다. 다만, 일정한 경우로써 SW가 다른 마이크로칩이나 특정 기기에 내장(embedded)된 형태의 경우에는 제조물로 볼 수 있다는 견해가 유력하다.[41]

결함이란 해당 제조물에 제조상·설계상 또는 표시상의 결함이 있거나,[42]

---

40 Wallach Wendell·Allen Colin(노태복 역), 왜 로봇의 도덕인가: 스스로 판단하는 인공지능 시대에 필요한 컴퓨터 윤리의 모든 것, 메디치미디어, 2014, 340면에서는 "로봇의 권리보다 더욱 직접적인 관심은 기존의 제품 안전 및 책임 법률들이다."고 주장한다.
41 이상수, "임베디드 소프트웨어의 결함과 제조물책임 적용에 관한 고찰", 법학논문집 제39집 제2호, 2015; 최경진, "지능형 신기술에 관한 민사법적 검토", 정보법학 제19권 제3호, 2015.
42 제조물책임법 제2조 2. "결함"이란 해당 제조물에 다음 각 목의 어느 하나에 해당하는 제조상·설계상 또는 표시상의 결함이 있거나 그 밖에 통상적으로 기대할 수 있는 안전성이 결여되어 있는 것을 말한다.
　가. "제조상의 결함"이란 제조업자가 제조물에 대하여 제조상·가공상의 주의의무를 이행하였는지에 관계없이 제조물이 원래 의도한 설계와 다르게 제조·가공됨으로써 안전하지 못하게 된 경우를 말한다.
　나. "설계상의 결함"이란 제조업자가 합리적인 대체설계(代替設計)를 채용하였더라면 피해나 위험을 줄이거나 피할 수 있었음에도 대체설계를 채용하지 아니하여 해당 제조물이 안

그 밖에 통상적으로 기대할 수 있는 안전성이 결여되어 있는 것으로 정의된다. 자율주행차의 결함은 자동차 전장은 물론 구동하는 SW의 결함도 포함된다. 다만, 이를 확인하는 과정이 어렵기 때문에 사실상 무과실책임에 대한 항변이 어려울 수도 있다. 많은 논란이 되고있는 "자동차의 급발진 사고는 전자제어장치의 오작동 때문이라는 것이 관련 전문가의 일반적 견해"[43]라고 한다. 자동차 제조상 신기술을 적용함에 있어 독일 연방대법원은 "에어백의 오작동 방지를 위해한 대체설계가 기술적으로 실현 불가능한 것이었다라고 판단하기 위해서는, 오작동의 위험에도 불구하고 그러한 사이드 에어백을 장착한 자동차를 시장에 공급한 것이 과연 정당한가에 대한 검토와 평가가 좀 더 필요하다."라고 판시하였다. 관련 업계에서 일반적으로 사용되고 있는 기술 수준이 아니라 제조물을 공급할 당시 최상의 과학기술 수준을 고려한 설계를 채용(採用)했는지가 기준이 되어야 한다는 것이다.[44]

　　또한 자율주행에 대한 단계별 기준의 제시도 의미가 있다. 단계에 따른 기술력이 뒷받침된다면 자율주행차의 책임에 대한 기술적 통제는 유의미하게 작동될 수 있기 때문이다. 제조자와 이용자의 편의를 위해 차량 제조자는 책임보험제도의 확대 가능성이 높으며, 자동차배상법상 의무화하고 있는 배상보험가입을 제조물 책임보험까지 확대하는 방안도 강구될 필요가 있다.

마. 법적 구속력의 필요성 검토

　　법은 다양한 상황에 대한 공백을 메꾸는 역할을 한다. 인공지능의 위험성이 예견되는 데, 그에 대한 대응 근거가 없는 경우에 적용하기 어렵다. 결국, 연혁적인 문제를 경험한 후에 입법이 이루어지는 사례가 적지 않다. 이러한 점이 법의 보수성이라는 점에서 비판을 받지만, 법적 안정성을 위한 선택(選擇)이

　　　전하지 못하게 된 경우를 말한다.
　　다. "표시상의 결함"이란 제조업자가 합리적인 설명·지시·경고 또는 그 밖의 표시를 하였더
　　　라면 해당 제조물에 의하여 발생할 수 있는 피해나 위험을 줄이거나 피할 수 있었음에도
　　　이를 하지 아니한 경우를 말한다.
43 김종현, "자동차의 전자제어장치의 오작동으로 인한 자동차 제조사의 제조물책임의 성립 여
　　부", 재산법연구 제29권 제4호, 2013.2., 102면.
44 김종현, "자동차의 전자제어장치의 오작동으로 인한 자동차 제조사의 제조물책임의 성립 여
　　부", 재산법연구 제29권 제4호, 2013.2., 101면.

기도 하다. 기술윤리도 이런 면에서 보면 상당히 늦거나 보수적일 수 있다.

물론, 선험적으로 법이 기술을 시뮬레이션(simulation)하여 규제방향을 정할 수도 있다. 그렇게 되면, 기술에 대한 유연성이 떨어진다. 기술 규제가 될 수 있는 상황에 직면하게 된다. 그러한 위험을 막기 위해 법은 경험을 강조한 것이다. 인공지능도 다르지 않다. 인공지능의 위험성은 높아지지만, 아직은 구체화되기 어렵다. 예를 들면, 테슬라 차량을 운행 중 일어난 사망사고는 운전자의 과실이다. 테슬라는 이용약관을 통하여, 위험책임을 운행자에게 고지했기 때문이다. 그렇지만, 이것이 법적인 면책은 가능하더라도 윤리적으로 타당하다고 단정하기 어렵다. 적어도 테슬라는 완전하지 못한 제조물의 시장 출시에 대한 책임을 져야 하기 때문이다. 제조물 책임은 제조자의 책임을 안전한 제품을 만들어야 한다는 윤리적 수준으로까지 이끌어낼 수 있게 되었다. SW 자체의 제조물 책임에 대한 논의는 이를 더욱 강화시켜줄 것이다. 인공지능의 구현도 SW로 이루어지기 때문이다.

결국, 인공지능이 현실화되는 과정에서 나타나는 사건들을 분석하고 법적, 윤리적 대응방안을 마련하게 될 것이다. 이러한 맥락에서 법은 논리가 아닌 경험(經驗)을 통하여 구체화되는 것임을 확인하게 된다.

5. 자율주행자동차사고조사위원회

가. 자율주행차사고조사위원회

자동차손배법 개정에 따라 자율주행차의 사고(事故)에 대해 원인 등을 조사할 수 있는 자율주행차사고조사위원회(이하, 사고조사위원회라 함)의 설치에 대한 법적 근거를 마련하였다. 자율주행차는 물론 SW나 인공지능으로 인한 사고에 대해서는 그 원인을 확인하기가 쉽지 않다는 점은 제5절에서 살펴본 바와 같다. 따라서, 자동차손배법에 따른 자율주행차에만 한정되지만 사고원인을 조사할 수 있는 법적 권한을 가진 사고조사위원회의 설치는 특별한 의미가 있다.

(1) 설치 및 업무

자율주행정보 기록장치에 기록된 자율주행정보 기록의 수집·분석을 통하여 사고원인을 규명하고, 자율주행차사고 관련 정보를 제공하기 위하여 국토교통부에 사고조사위원회를 둘 수 있다(자동차손배법 제39조의14).

사고조사위원회는 다음 각 호의 업무를 수행한다.

ⅰ) 자율주행차사고 조사

ⅱ) 자동차손배법 제39조의15제2항에 따른 정보의 수집·이용 및 제공을 위한 정보통신망의 구축·운영

ⅲ) 자율주행차 및 그 사고에 대한 조사·연구

ⅳ) 그 밖에 자율주행차사고 조사에 필요한 업무로서 국토교통부장관이 요청하는 업무

사고조사위원회는 고유(固有)의 업무를 수행하기 위하여 사고가 발생한 자율주행차에 부착된 자율주행정보 기록장치를 확보하고 기록된 정보를 수집·이용 및 제공할 수 있다. 또한, 사고조사위원회는 고유의 업무를 수행하기 위하여 사고가 발생한 자율주행차의 보유자, 운전자, 피해자, 사고 목격자 및 해당 자율주행차를 제작·조립 또는 수입한 자(판매를 위탁받은 자를 포함한다) 등 그 밖에 해당 사고와 관련된 자에게 필요한 사항을 통보하거나 관계 서류를 제출하게 할 수 있다. 이 경우, 관계 서류의 제출을 요청받은 자는 정당한 사유가 없으면 요청에 따라야 한다. 사고조사위원회가 자율주행차사고의 조사를 위하여 수집한 정보는 사고가 발생한 날부터 3년간 보관한다.

(2) 관계 행정기관 등의 협조

사고조사위원회는 신속하고 정확한 조사를 수행하기 위하여 관계 행정기관의 장, 관계 지방자치단체의 장, 그 밖의 단체의 장에게 해당 자율주행차사고와 관련된 자료·정보의 제공 등 그 밖의 필요한 협조를 요청할 수 있다. 이 경우 관계기관의 장은 정당한 사유가 없으면 이에 따라야 한다(자동차손배법 제39조의16).

(3) 이해관계자의 의무

자율주행차의 제작자 등은 제작·조립·수입·판매하고자 하는 자율주행차에 대통령령[45]으로 정하는 자율주행과 관련된 정보를 기록(記錄)할 수 있는 자

율주행정보 기록장치를 부착하여야 한다. 자율주행차사고의 통보를 받거나 인지한 보험회사 등은 사고조사위원회에 사고 사실을 지체 없이 알려야 한다. 자율주행차의 보유자는 자율주행정보 기록장치에 기록된 내용을 1년의 범위에서 대통령령으로 정하는 기간 동안 보관하도록 하고 있으나, 시행령에서는 6개월로 정하고 있다. 이 경우 자율주행정보 기록장치에 기록된 내용을 훼손해서는 아니 된다. 자율주행차사고로 인한 피해자, 해당 자율주행차의 제작자 등 또는 자율주행차사고로 인하여 피해자에게 보험금 등을 지급한 보험회사 등은 사고조사위원회에 대하여 사고조사위원회가 확보한 자율주행정보 기록장치에 기록된 내용 및 분석·조사 결과의 열람 및 제공을 요구할 수 있다. 이에 따른 열람 및 제공에 드는 비용은 청구인이 부담하여야 한다(자동차손배법 제39조의17).

나. 자율주행차사고 보험금 등의 지급과 구상

자율주행차의 결함으로 인하여 발생한 자율주행차사고로 다른 사람이 사망 또는 부상하거나 다른 사람의 재물이 멸실 또는 훼손되어 보험회사 등이 피해자에게 보험금 등을 지급한 경우에는 보험회사 등은 법률상 손해배상책임이 있는 자에게 그 금액을 구상할 수 있다(자동차손배법 제29조의2).

조사위원회의 조사결과에 따라, 책임 여부가 확인될 것이기 때문에 그에 따라 책임 있는 당사자에 대하여 보험사는 구상권(求償權)을 행사하게 된다. 다만, 자율주행차의 결함 등 사고 원인에 대해 제조사와 보험사 간 합의가 쉽게 이루어질 수 있을지 의문이며, 최종적인 구상권 행사에는 오랜 시간이 소요될 것으로 예상된다.

---

45 자동차손배법 시행령 제33조의15(자율주행정보의 기록·보관) ① 법 제39조의17제1항에서 "대통령령으로 정하는 자율주행과 관련된 정보"란 다음 각 호의 어느 하나에 해당하는 정보로서 국토교통부장관이 고시하는 정보를 말한다.
  1. 자율주행시스템(자율주행차 상용화 촉진 및 지원에 관한 법률 제2조제1항제2호에 따른 자율주행시스템을 말한다. 이하 같다)의 작동 및 해제에 관한 정보
  2. 자율주행시스템의 개입 요구(자율주행차 상용화 촉진 및 지원에 관한 법률 제2조제2항제1호에 따른 부분 자율주행차에서 자율주행시스템이 운전자에게 개입을 요구하는 것을 말한다)에 관한 정보
  3. 그 밖에 사고발생 원인 조사를 위해 필요한 정보
  ② 법 제39조의17제3항 전단에서 "대통령령으로 정하는 기간"이란 6개월을 말한다.

6. 자율주행을 위한 정밀지도데이터

가. 자율주행과 지도데이터

증강현실(AR)과 결합시킨 포켓몬고(Pokémon GO)라는 게임물은 지도를 바탕으로 한 현실세계에 구현된 바 있다. 메타버스에서도 지도는 중요한 데이터이다. 구글이 대표적인 지도 서비스를 하고 있으나, 자동차 제조사들도 지도에 대한 투자를 많이 하고 있다. 이들은 내비게이션을 위한 것이지만, 향후 자율주행서비스를 목적으로 하고 있다.

자율주행에 있어서 지도데이터는 실시간으로 처리해야 하는 자율주행의 품질(品質)을 높일 수 있다. 자율주행차가 도로의 모든 상황을 인식하고 판단한다면, 그만큼 안전을 확보하기가 어려워질 수 있기 때문이다. 이처럼 자율주행의 위험성을 낮출 수 있는 인프라가 지도이다. 자율주행의 핵심 인프라인 정밀지도의 구축 범위를 확대(擴大)하려는 이유가 여기에 있다. 즉, "자율주행차의 성공적인 개발과 적용에 있어 도로 인프라, 차량 간 통신, 센서의 성능과 저가화 등 갖추어야 할 요소들이 많은데, 고정밀지도의 필요성과 중요성이 크게 부각되고 있는 실정이다. 이는 센서가 갖는 기술적 한계를 보완하여 신뢰성 있게 자율주행차를 구동시키는 데 정밀한 위치정보를 가지고 차량에 미리 입력되어 있는 지도 정보가 필수적이기 때문"[46]이라고 한다.

나. 자율주행에서 정밀지도의 역할

공간정보의 구축 및 관리 등에 관한 법률(이하, 공간정보관리법이라 함)에서는 지도를 측량 결과에 따라 공간상의 위치와 지형 및 지명 등 여러 공간정보를 일정한 축척에 따라 기호나 문자 등으로 표시한 것을 말하며, 정보처리시스템을 이용하여 분석, 편집 및 입력·출력할 수 있도록 제작된 수치지형도(항공기나 인공위성 등을 통하여 얻은 영상정보를 이용하여 제작하는 정사영상지도(正射映像地圖)를 포함한다)와 이를 이용하여 특정한 주제에 관하여 제작된 지하시설물도·토지이용현황도 등 대통령령으로 정하는 수치주제도(數值主題圖)를 포함한다.

---

46 하상태, 자율주행 지원을 위한 고정밀지도 기술 동향, TTA Journal Vol. 173, 2017, 13면.

정밀도로지도란 공간정보관리법 제2조 제8호에 따른 측량성과[47]로서 자율주행자동차의 운행에 활용 가능하도록 도로 등의 위치정보 등이 포함된 정밀전자지도를 말한다. 법적 정의와 달리 실무적으로, 정밀도로지도(축척 1 : 500)는 자율주행에 필요한 규제선(차선, 도로경계선, 정지선, 차로중심선), 도로시설(중앙분리대, 터널, 교량, 지하차도), 표지시설(교통안전표지, 노면표시, 신호기) 등을 3차원으로 표현한 정밀 전자지도(정확도 ±25cm 이내)를 말하며, 자율주행 기술개발과 이를 위한 차량·도로 간 협력주행체계(Cooperative-Intelligent Transport Systems; 이하, C-ITS라 함)의 기본 인프라로 활용된다.[48]

자율주행차는 수많은 센서를 이용해 움직인다. 카메라는 물론 차량의 경로와 위치를 판단하는 위성위치확인시스템(GPS), 전후방 차량을 인식하는 레이더(Radar), 주변 환경을 360도로 파악하는 라이다(LiDAR)[49] 등이 대표적이다. 그런데 이들 센서만으로는 한계가 있다. 전방에 신호등이 여러 개 있는 교차로에 차량이 섰다고 가정해 보자. 사람도 간혹 헷갈리는 '내 신호 찾기'를 자율주행차가 센서만으로 할 수 있을까? 이럴 때 필요한 게 자율주행차의 내비게이션 고정밀지도이다. 고정밀지도는 도로 단위의 정보를 위주로 길 안내를 하던 일반 내비게이션 지도보다 훨씬 자세한 정보를 담고 있다. 신호등, 노면마크, 연석, 표지판, 도로 중심선, 경계선 등 사람이 육안으로 보는 것보다 더 세밀한 정보를 포함해야 한다. 인공지능의 종합적인 인지·행동 능력이 아직 사람보다 떨어지기 때문이다. 자율주행차는 고정밀지도의 데이터와 다른 센서로 들어오는 주변 정보를 비교해 자신의 위치(位置)를 정확히 추정해 내고 앞으로의 움직임을 계획한다. 전방에 보이는 여러 신호등 중 따라야 하는 것이 무엇인지 고정밀지도 정보와의 비교를 통하여 정확히 인식할 수 있게 되는 것이다.[50]

---

47 "측량성과"란 측량을 통하여 얻은 최종 결과를 말한다.

48 국토교통부 보도자료, 2020.10.2.일자.

49 라이다의 핵심 작동원리는 직접 비행시간거리측정(Direct Time-of-Flight)이다. 일반적인 라이다 시스템에는 빛의 펄스를 생성하기 위해 레이저가 사용된다. 이 빛의 진행 방향에서 특정 물체에 부딪히면 빛이 반사됨과 동시에 일부는 주변으로 흩어지지만, 일부는 라이다 시스템의 센서로 되돌아온다. 에델 캐시먼(Edel Cashman), 라이다(LiDAR) 애플리케이션의 dToF 적용사례, Semiconductor Network 2021.01, 77면.

50 한국경제, 2020.09.11.일자.

정밀지도는 세부적으로 노면선표시(차선·정지선 등), 안전표지판, 신호등, 노면표시(화살표·횡단보도 등) 등 다양한 정보를 담고 있으며, 정밀도로지도의 기본형태인 벡터데이터와 정밀도로지도 제작을 위해 취득하는 점군데이터, 사진데이터 등이 포함된다. 정밀도로지도는 기상 악천후, GPS 수신 불량 등의 상황에서 자율주행 차량의 위치를 정밀하게 파악하고 레이더, 라이더 등 자율주행차에 탑재된 센서 탐색거리(일반적으로 100~150m)보다 먼 거리의 도로상황을 예측할 수 있도록 지원해 자율주행 센서를 보완한다. 또한, 자율주행에 필요한 정보의 공통 저장소 개념으로 최근 중요성이 부각(浮刻)되고 있는 동적지도에서 기본지도로 활용돼 자율주행을 위한 실시간 정보제공 시스템인 C－ITS의 핵심 역할을 담당하게 된다. 이를 통하여 부분 자율주행차(레벨3)의 안전도 향상뿐만 아니라 자율주행차량의 판단에 대한 중요성이 높아지는 완전 자율주행차(레벨4~5) 상용화에 있어서도 핵심 인프라로 활용될 것으로 기대된다.[51]

7. 지도데이터와 법적 이슈

가. 국외반출 이슈

(1) 구글의 지도반출 요구

2016년 구글은 한국 정부에 영문판 1대 2만 5000 축척의 지도가 아닌, 오차범위 3m 안팎의 좌표(座標)를 제공할 수 있는 1대 5000 축척의 지도를 요청했다. 이 데이터는 정확한 위치기반을 바탕으로 세밀한 서비스를 지원할 수 있어 안보 논리와 맞물려 넘길 수 없다는 반론이 제기돼 왔다. 이 같은 정밀한 지도데이터를 만들기 위해서는 수백억 원의 국민 세금이 필요하다.[52]

(2) 지도데이터의 반출은 무엇이 문제인가?

구글의 지도반출 요청 후 정부는 다양한 논의를 진행하였다. 대응논리는 지도반출이 이루어질 경우, 군사시설 등의 공개에 따른 국가안보 이슈가 가장

---

51 국토교통부 보도자료, 2020.10.2.일자.
52 파이낸셜뉴스, 2016.07.17.일자.

컸던 것으로 보인다. 또 하나는 세금을 통하여 만들어진 데이터를 외국 사업자에게 제공하는 것이 타당한 것인지 여부이다. 다만, 구글이 지도를 이용하여 다양한 서비스를 제공함으로써 국민의 혜택으로 돌아온다면 세금의 용처에 맞게 사용되었다고 볼 여지도 있다. 그렇지만, 구글의 국내 경쟁자인 네이버를 포함하여 ICT 업계에서의 반대도 고려된 것으로 보인다.[53]

정부는 구글의 전자지도 국외반출 요구와 관계부처 회의를 거쳐 전자지도가 사용된 데이터의 경우 구글이 국내법에 따라 군사·보안시설 등에 대해 보안처리를 한 경우만 승인(承認)할 수 있다는 조건부 승인을 제시하였으나 구글이 거부함으로써 전자지도 국외반출은 이루어지지 않았다. 구글은 전자지도 내용의 삭제 또는 가공은 회사의 경영방침에 배치되며, 구글 지도 서비스는 글로벌 클라우드 기반으로 운영됨에 따라서 기존 서버가 설치된 8개국(칠레, 대만, 싱가포르, 아일랜드, 네덜란드, 핀란드, 벨기에, 미국) 외에는 추가 서버가 필요하지 않다는 이유로 정부가 제시한 조건을 거절하였다."[54]고 한다. 즉, 정부는 국가 안보 시설에 대해서는 숨기는 것을 제안하였으나 구글은 다른 나라와 다르게 처리할 수 없다는 원칙하에 거부(拒否)한 것이다.

(3) 쟁점

국가의 정보나 유산을 해외 이용자에게도 이용할 수 있도록 하면, 여러가지 장점이다. 그렇지만, 자국민을 위해 가공된 데이터가 해외 사업자를 통하여 제공되는 것이 합리적인 정책인가는 의문이다. "기본적으로 구글의 요구사항은 구글위성영상위 군사기밀이 노출되어 서비스 하는 것은 군사기지법 제9조(보호구역에서의 금지 또는 제한), 공간정보산업 진흥법 제7조(가공공간정보의 생산 및 유통), 공간정보관리법 제15조(기본측량성과 등을 사용한 지도 등의 간행) 및 같은 법 시행령 제16조(기본측량성과 및 공공측량성과의 국외반출)에 해당된다."[55]는 주장도 있다. 따라서, 법적인 리스크를 포함하여 안보적 리스크를 감안하면서까지 지

---

53 이해진 네이버 이사회 의장이 "구글의 지도데이터 반출 요구는 불공정 게임"이라고 규정하고 "한국 지도데이터를 사용하려면 한국에 서버를 두고 세금부터 제대로 내야 한다."고 주장한 바 있다. 파이넨셜뉴스, 2016.07.17.일자.

54 문정균 외, 구글(Google)의 전자지도 국외반출요구에 대한 입법론적 연구, 한국지도학회지 20권 1호, 2020, 17면.

55 문정균 외, 구글(Google)의 전자지도 국외반출요구에 대한 입법론적 연구, 한국지도학회지 20권 1호, 2020, 17면.

도데이터를 국외로 반출할 필요성 내지 실익은 크지 않다. 인터넷 서비스가 글로벌 환경에 적용된다고 하겠지만, 사기업의 서비스 제공을 위해 국가가 제작한 정밀지도의 반출을 허락하는 것 자체가 주권에 대한 심대한 위협이 될 수 있기 때문이다.

구글의 정밀지도 요구는 지도 서비스를 위한 것만은 아닐 것이다. 구글의 자율주행차, 포켓몬고와 같은 가상현실을 포함한 최근의 메타버스를 위해 정밀지도는 필요하다. 이러한 사업적 필요에 따라 지도반출을 지속적으로 요구하는 것임을 알 수 있다. 더욱이, 구글은 2020년 클라우드 서버를 국내에 개설(開設)한 바 있어, 또다시 지도반출을 요구할 가능성을 배제할 수 없다. 이러한 조건은 이미 2016년 당시 정부에서 제시한 절충안이 포함된 것이기 때문에 반출을 거부할 수 있는 명분은 크지 않다. 다만, 구글 클라우드 서비스 제공자와 구글은 법인격이 다르기 때문에 신청자와 서비스사업자가 다르다는 점에서 결과는 다르지 않을 것으로 예상된다.

나. 지도데이터의 법적 보호

(1) 지도의 저작물성

대법원은 지도에 대해 일관되게 창작성이 없다고 판단하고 있다. 즉, 일반적으로 지도는 지표상의 산맥·하천 등의 자연적 현상과 도로·도시·건물 등의 인문적 현상을 일정한 축적으로 약속된 특정한 기호를 사용하여 객관적으로 표현한 것으로서, 지도상에 표현되는 자연적 현상과 인문적 현상은 사실 그 자체일 뿐 저작권의 보호대상은 아니다. 무엇보다, 지도의 창작성 유무를 판단할 때에는 지도의 내용이 되는 자연적 현상과 인문적 현상을 종래와 다른 새로운 방식(方式)으로 표현하였는지, 그 표현된 내용의 취사선택에 창작성이 있는지 등이 판단의 기준이 된다. 다양한 요소가 포함된 편집물의 경우에는 일정한 방침 혹은 목적을 가지고 소재를 수집·분류·선택하고 배열하는 등의 작성행위에 편집저작물로서 보호를 받을 가치가 있을 정도의 창작성이 인정되어야 한다.[56]

---

56 원심판결 이유에 의하면, 원심은 그 채용 증거를 종합하여 원고가 자신이 발행한 지도책들의
　창작성에 대한 근거사실로 내세우는 사실 중 ① 전국을 권역으로 나누어 각 권역마다 다른

대법원은 지도의 다양한 요소를 표기하는 것이 일종의 표준화된 방식이라는 점에서 창작성을 인정하기 어렵다고 판단한 것이다. 그렇지만, 자율주행을 위한 정밀지도는 현실의 모습을 그대로 재현하는 수준에서 이루어지기 때문에 창작성 여부와는 다르게 판단할 사항이 많다. 창작성이 부인될 가능성은 높아졌지만, 상당한 투자가 이루어지고 있다는 점에서 차이가 있기 때문이다.

(2) 정밀지도의 경우

지도 자체가 단순한 도형저작물인 경우에는 창작성이 부인될 수 있다. 그렇지만, 상당한 투자가 이루지고 사실에 가까운 정밀지도로 만들어진 경우라면 다른 판단이 가능하다. 창작성이 부인된다고 하더라도, 지역 지도 내지 다양한 표지 등을 편집(編輯)하여 제작한 경우라면 편집물로서도 가능하다. 또한, 전자적 매체에 저장된 지도를 개별적 단말기에 출력해서 보여주는 것이라면, 데이터베이스로서도 보호가 가능하다. 설령, 저작물성 내지 창작성이 부인된 경우

색상을 부여하고 위 권역을 다시 구획으로 나누어 각 구획마다 다른 번호를 부여한 후 구획번호 순으로 각 구획에 대한 세부지도를 편제하고, 속표지 상반부에 천연색 고속도로 사진을 배경으로 제호와 출판사를 표시하고, 하반부에 지도에 사용된 기호를 설명하는 범례를 표시한 점, 권말에 찾아보기 면을 만들어 지명·관공서·대학·언론기관·금융기관·종합병원 등 주요 기관의 지도상의 위치와 전화번호를 수록하면서 찾아보기 다음에 전국의 호텔 목록과 전국 유명 음식점 안내를 수록한 점, ② 각 구획면의 좌우 상단 모서리에는 그 구획이 속하는 권역의 색상을 바탕색으로 사각형을 만들어 사각형안에 구획번호를 역상으로 표시하고, 그 옆에 지명을 흑색으로 표시하면서, 각 구획면의 상하좌우 여백 중앙에 굵은 화살표를 하고 화살표의 중앙에 연속되는 지역의 구획번호를 표시하고, 하단 여백 우측 끝 부분에 그 구획의 위치를 도해식으로 표시한 점, 각 구획면의 가로·세로를 각각 나누어 좌표로 설정한 다음 구획면 가장자리에 테두리를 둘러 그 위에 각 좌표를 표시한 점, 도로의 구간거리를 표시한 점, ③ 지표상의 자연적·인문적 현상을 표시하는 기호에 있어, 도로의 경우 도로 종류에 따라 각각 다른 색상을 사용하고, 주유소·국보·보물·사적·절·계곡 등 주요장소 및 관광지 등은 색상이 있는 약기호로 표현한 점, ④ 서울에서 각 시·군까지의 거리를 시군거리표로 표현한 점, ⑤ 건물의 표시를 실형으로 표시하고, 건물의 용도별로 색상을 구분한 점, ⑥ 아파트의 동별로 동번호와 아파트 평수를 표기한 점 등의 표현방식과 그 표현된 내용의 취사선택은 원고들 주장의 지도책들 발행 이전에 국내 및 일본에서 발행되었던 지도책들이 채택하였던 표현방식과 그 표현된 내용의 취사선택에 있어 동일·유사하고, 이를 제외한 원고 주장의 나머지 표현방식 및 그 표현내용의 취사선택도 국내외에서 보편적으로 통용되는 기호의 형태를 약간 변형시킨 것에 불과하므로 원고 발행의 지도책들의 창작성을 인정할 수 없고, 나아가 원고 발행의 지도책들에서 잘못 표기한 지명이나 건물명 상당수가 피고 발행의 지도책에서도 잘못 표기된 사실은 인정되나 달리 피고가 원고 발행의 지도책들에 있는 특유한 창작적 표현을 모방하지 않은 한 그와 같은 사정만으로는 피고가 원고의 저작권을 침해하였다고 인정하기에 부족하고 달리 이를 인정할 만한 증거가 없으므로, 피고가 원고 발행의 지도책들에 관한 저작권을 침해하였음을 전제로 한 원고의 청구는 더 나아가 살펴볼 필요 없이 이유 없다는 취지로 판단하였다. 대법원 2003. 10. 9. 선고 2001다50586 판결.

라도 상당한 투자를 통하여 만들어진 정밀지도를 경쟁업자가 부정한 목적으로
사용하는 경우라면 부정경쟁방지법의 적용도 가능하다.

(3) 지도의 정부저작물 여부

항공사진이나 측량, 국토지리정보의 수집 등을 포함한 국가 지도 관련 업
무는 국토교통부 산하 국토정보지리원 소관이다.[57] 국토정보지리원이 직접 또
는 위탁하여 제작한 지도데이터의 저작권은 전체의 저작권을 국토정보지리원
이 보유(保有)한 경우라면 정부저작물에 해당한다. 따라서, 누구라도 지도데이
터를 국토정보지리원의 허락없이 이용할 수 있다. 다만, 국가안전보장에 관련
되는 정보를 포함하는 경우, 다른 법률에 따라 공개가 제한되는 정보를 포함하
는 경우에는 이용할 수 없다.

다. 이용 등의 제한

지도저작물에 대한 대법원의 판단과 다르게 정밀지도 등 지도데이터의 저
작물성이 인정된다면, 자유로운 이용이 가능하나 외국에 반출되는 경우 등 국
가안보를 위협할 수 있는 상황이 예상된다면 불가능하다. 또한, 공간정보관리

---

57 국토교통부와 그 소속기관 직제 제11장 국토지리정보원
　제52조(직무) 국토지리정보원은 다음 사무를 관장한다.
　　1. 측량에 관한 정책의 수립·시행
　　2. 측량 관계 법령의 운영·연구 및 제도개선과 그 이행
　　3. 국가측량기준의 설정 및 기준점의 유지·관리
　　4. 항공사진의 촬영 및 제작
　　5. 세부도화(細部圖畵)
　　6. 위성영상 등을 이용한 항공사진측량의 연구·개발
　　7. 국토지리 및 지명조사
　　8. 지도의 전산편집·제작·관리 및 판매·보급
　　9. 국토지리정보의 수집·전산화·관리 및 보급
　　10. 국가지리정보시스템의 운용
　　11. 소관 국유재산 및 물품의 관리
　　12. 삭제　＜2017. 2. 28.＞
　　13. 측량·지도제작 관련 비영리법인의 지도·감독
　제53조(하부조직의 설치 등) ① 국토지리정보원의 하부조직의 설치와 분장사무는 책임운영
　기관의 설치·운영에 관한 법률 제15조제2항에 따라 같은 법 제10조에 따른 기본운영규정
　으로 정한다.
　② 책임운영기관의 설치·운영에 관한 법률에 따라 국토지리정보원에 두는 공무원의 종류
　별·계급별 정원은 이를 종류별 정원으로 통합하여 국토교통부령으로 정하고, 직급별 정원
　은 같은 법 시행령 제16조제2항에 따라 같은 법 제10조에 따른 기본운영규정으로 정한다.

법에 따라 국토교통부장관은 기본측량성과 및 기본측량기록을 사용하여 지도
나 그 밖에 필요한 간행물을 간행(정보처리시스템을 통한 전자적 기록 방식에 따른
정보 제공을 포함한다. 이하 같다)하여 판매(販賣)하거나 배포할 수 있다. 다만, 국
가안보를 해칠 우려가 있는 사항으로서 대통령령으로 정하는 사항은 지도 등
에 표시할 수 없다(공간정보관리법 제15조). 이때 국가안보를 해칠 우려가 있는
사항은 다음과 같다(공간정보관리법 시행령 제15조)

  ⅰ) 군사기지 및 군사시설 보호법 제2조제1호 및 제2호의 군사기지 및 군
      사시설에 관한 사항

  ⅱ) 다른 법령에 따라 비밀로 유지되거나 열람이 제한되는 등의 비공개
      사항

또한, 국외반출에 대해서는 누구든지 국토교통부장관의 허가 없이 기본측
량성과 중 지도등 또는 측량용 사진을 국외로 반출(搬出)하여서는 아니 된다.
다만, 외국 정부와 기본측량성과를 서로 교환하는 등 대통령령으로 정하는 경
우에는 그러하지 아니하다. 누구든지 제14조제3항 각 호의 어느 하나에 해당하
는 경우에는 기본측량성과를 국외로 반출하여서는 아니 된다.[58] 다만, 국토교통
부장관이 국가안보와 관련된 사항에 대하여 과학기술정보통신부장관, 외교부
장관, 통일부장관, 국방부장관, 행정안전부장관, 산업통상자원부장관 및 국가정
보원장 등 관계 기관의 장과 협의체를 구성하여 국외로 반출하기로 결정한 경
우에는 그러하지 아니하다. 협의체에는 1인 이상의 민간전문가를 포함하여야
한다(공간정보관리법 제16조).

기본측량성과 이외에도 누구든지 국토교통부장관의 허가(許可) 없이 공공
측량성과 중 지도 등 또는 측량용 사진을 국외로 반출하여서는 아니 된다. 다
만, 외국 정부와 공공측량성과를 서로 교환하는 등 대통령령으로 정하는 경우
에는 그러하지 아니하다. 누구든지 제14조 제3항 각 호의 어느 하나에 해당하

---

58 공간정보관리법 제14조(기본측량성과의 보관 및 열람 등) ① 국토교통부장관은 기본측량성
  과 및 기본측량기록을 보관하고 일반인이 열람할 수 있도록 하여야 한다.
  ② 기본측량성과나 기본측량기록을 복제하거나 그 사본을 발급받으려는 자는 국토교통부령
  으로 정하는 바에 따라 국토교통부장관에게 그 복제 또는 발급을 신청하여야 한다.
  ③ 국토교통부장관은 제2항에 따른 신청 내용이 다음 각 호의 어느 하나에 해당하는 경우에
  는 기본측량성과나 기본측량기록을 복제하게 하거나 그 사본을 발급할 수 없다.
  1. 국가안보나 그 밖에 국가의 중대한 이익을 해칠 우려가 있다고 인정되는 경우
  2. 다른 법령에 따라 비밀로 유지되거나 열람이 제한되는 등 비공개사항으로 규정된 경우

는 경우에는 공공측량성과를 국외로 반출하여서는 아니 된다. 다만, 국가안보와 관련된 사항에 대하여 제16조 제2항 단서에 따른 협의체에서 국외로 반출하기로 결정한 경우에는 그러하지 아니하다(공간정보관리법 제21조).

제19절 | 인공지능과 자율무기

1. 인공지능의 무기화는 바람직한가?

인공지능은 어디까지 인간을 대신할 수 있을까? 인간이 인간다운 삶을 살 수 있도록 인공지능이 많은 것을 대신할 수 있을 것이라는 믿음을 갖는다. 그렇지만, 창작이나 발명과 같이 인간을 이롭게 할 수 있는 분야에 대해서는 수긍할 수 있으나 전쟁이나 범죄와 같이 인간을 살상(殺傷)할 수 있는 분야까지 인공지능이 대신하도록 두는 것이 타당한지 의문이다. 역사적으로, 부족 간의 다툼이 국가 간 또는 국가를 넘어선 이념에 따른 진영(陣營)의 이익을 위해 확대된 것이 전쟁이다. 전쟁의 동기는 다양하겠지만, 의도하지 않더라도 전쟁에서 수많은 인명이 살상되는 것은 사실이다. 아군이 죽지 않기 위해서는 상대방을 죽일 수밖에 없는 전쟁의 반인륜적인 상황을 극복하기 위해 세계 각국은 역설적으로 군수물자의 개발에 힘을 쏟아 왔다.

20세기는 핵무기의 시대였다면, 21세기는 자율무기의 시대가 될 수 있음은 지나친 우려라고 보기 어렵다.[59] 무엇보다, "자율무기의 패러다임은 과거 단순한 반복 작업을 하는 노동의 대체 수단에서 외부 환경을 인식하고 스스로 상황을 판단할 수 있는 지능형 로봇으로 변화되고 있다. 특히, 군사분야에 첨단 민간기술이 적용된 군사용 자율무기시스템은 육상, 해상 및 공중 등에서 활용되고 있으며 군사무기의 무인화는 점차 확산되고 있다."[60]고 한다. 이처럼, 인공지능에 의한 자율살상무기는 확산세에 있음을 알 수 있다.[61]

그렇다면, 인간이 아닌 인공지능이 관여하는 전쟁은 어떠한 양상을 가져

---

59 "인공지능과 로봇공학분야에 투자되는 엄청난 연구비 가운데 많은 부분은 국방예산에서 나오며, 이를 바탕으로 관련 분야들이 빠른 속도로 발달하고 있을 뿐만 아니라 발달된 인공지능 기술이 다시금 군사적으로 응용될 가능성이 커지고 있다. 인공지능 시대를 맞아, 일자리의 위협, 인간과 기계의 새로운 관계 모색, 포스트자본주의 등이 논의되고 있지만, 긴급한 논의가 필요한 분야 중 하나는 3차 군사혁명이다. 1차 군사혁명이 화학에, 2차 군사혁명이 핵무기에 의존했다면, 이제 3차 군사혁명은 치명적 자율무기시스템(LAWS)에 달려있다."고 한다. 천현득, "킬러 로봇"을 넘어: 자율적 군사로봇의 윤리적 문제들, 탈경계인문학 vol.12, no.1, 통권 25호, 2019, 9~10면.
60 윤준구, 자율살상무기체계의 논의 동향과 쟁점, 외교안보연구소, 2019, 2면.
61 김진형, AI최강의 수업, 매일경제신문사, 2020, 61면.

올까? 인공지능은 어느 분야에서든 인간의 능력(能力)을 앞설 것으로 기대한다. "자율무기의 핵심은 인명 살상을 위한 무력사용에 있어 인간의 판단이 배제된다는 것에 있다. 자율무기를 옹호하는 입장의 주장과 같이 자율무기는 적대환경에서의 두려움, 공포 등으로 인해 이성적 판단력을 잃기 쉬운 인간보다 국제인도법의 주요 원칙인 구별의 원칙, 비례의 원칙 및 예방의 원칙의 준수에 있어 보다 용이할 수 있다. 특히 인간의 비인도성과 잔혹함이 여과 없이 드러나는 전장을 겪은 이들에게는 감정이 부재한 자율무기가 더욱 희망적으로 보일 수 있다."[62]는 주장은 이를 뒷받침한다. 그렇지만, 인간의 싸움에 인공지능이 대리인으로 참여하는 것이 더 희망적이라는 주장은 납득하기 어렵다. 합리적인 판단을 내릴 수 있다는 인공지능은 전쟁(戰爭)에서 상대에게 인간성을 배제한 판단을 내릴지 의문이기 때문이다. 무엇보다, 자율무기가 가져올 수 있는 리스크는 예측하기 어렵고, 다양하다는 점이다.[63]

"자율살상무기체계를 운용함으로써 발생할 수 있는 문제와 리스크로서 교전 시 예상치 못한 행동으로 불필요한 인명피해를 유발하는 전쟁범죄, 법적 책임은 없지만 도덕적 비난이 가해질 수 있는 비윤리적인 행동, 적법한 전쟁수행 방식에 대한 기존 정치적·법적 국제협의의 위반, 저비용 고효율 자율살상무기 체계에 대한 군비경쟁의 확산, 인간 전투원 투입이 감소되고 전투수행이 용이해져 분쟁의 발생이 빈번해질 수 있는 가능성 등이 있다."

이처럼, 자율무기에도 적용되고 있는 인공지능과 자율주행시스템은 그 자체가 완벽하지 않음에도 문제가 많은 분야에 사용되는 것은 과연 무엇을 위한 것인지 이해하기 어렵다. 더 많은 분야에서 인류에 대한 애정과 관심을 가지고 있지만, 전쟁무기화 하는 것에 힘을 쏟는 것은 전쟁억제력을 높인다고 하더라도, 통제할 수 없는 영역에서의 문제를 다룰 수 없는 순간에는 선택할 수 있는 방법은 찾기 어렵기 때문이다.

---

62 임예준, 인공지능 시대의 전쟁자동화와 인권에 관한 소고 – 국제법상 자율살상무기의 규제를 중심으로 –, 고려법학 제92호, 2019, 295면.
63 김민혁 외, 자율살상무기체계에 대한 국제적 쟁점과 선제적 대응방향, 국방연구 제63권 제1호, 2020, 172면.

무인화기나 자동화기를 비롯한 첨단무기는 정밀타격함으로써 인명살상을 최소화 하기 위해 개발된다. 그렇지만, 목표물에 대한 정보가 정확하지 않을 경우 또는 무기가 목표물을 탐지해 가는 동안 오류나 다른 이상으로 목표물을 벗어난 경우는 수많은 민간인들이 죽거나 다치게 되는 것은 자명하다.[64] 이러한 이유로 인공지능이 자율무기에 적용(適用)될 경우에 관련자들에게 어떠한 책임을 지울 수 있는지에 대한 고민이 필요하다. 첨단무기의 정밀성이 높아지더라도 현장에서 나타날 수 있는 수많은 오류를 무시할 수 없으며, 그로 인한 책임은 누구에게도 물을 수 없는 것이 현실이다. 그렇기 때문에 첨단무기에 대한 국제법적 규제는 물론, 사실상의 사용을 제한하는 것이 가장 현명한 방법이다.[65]

2. 자율무기의 문제점

가. 자율무기란?

자율무기란 추가적인 인간의 개입 없이 통합정보 및 사전 프로그램 통제 하에 독립적으로 목표를 선정하여 공격할 수 있는 무기체계로 정의된다.[66] 물론, 이러한 개념도 합의된 것으로 보기는 어렵다. 자율무기의 다른 표현은 치명적 자율무기(Lethal Autonomous Weapons: LAWs), 일명 살인로봇은 인간의 개

---

64 "아무리 정교한 군사 로봇이 개발되고 배치될지라도 때때로 나쁜 결과가 생길 수 있다. 실제로 군사 로봇공학 분야에서 실패의 사례들이 없지 않았다. 2008년 4월, 이라크에서 탤론 스워드는 오작동을 일으켰으며, 2007년 10월 준자율 로봇 포의 오작동으로 9명 사망하고 14명 부상한 경우도 있다. 점차 기술의 복잡성이 증대됨에 따라서 (실험실 내에서 여러 차례의 시험을 통과했다고 하더라도) 예측할 수 없는 사건이 발생하거나 프로그램들이 검증되지 않은 방식으로 상호작용할 가능성도 배제할 수 없다."고 한다. 천현득, "킬러 로봇"을 넘어: 자율적 군사로봇의 윤리적 문제들, 탈경계인문학 vol.12, no.1, 통권 제25호, 2019, 22면.

65 "세계의 인공지능 및 로봇 연구가들이 킬러 로봇의 개발과 확산에 반대하는 가장 큰 이유는 킬러 로봇이 가져올지도 모르는 매우 중대한 변화 때문이다. 그들은 킬러 로봇이 가진 긍정적인 잠재력을 전적으로 부인하지는 않는다. 가령, 그들은 전장터에 킬러 로봇을 투입해서 인간 병사의 희생을 줄일 수 있다면 그것은 좋은 일이라고 인정한다. 하지만 그러한 장점만 고려해서 킬러 로봇을 허용해버리면 결국 전쟁의 문턱이 낮아져서 전쟁은 훨씬 더 쉽게 일어날 것이라고 경고한다. 그들은 킬러 로봇의 허용은 국가 간에 무기경쟁을 촉발시킬 것이라 주장한다". 이연희 외, 킬러 로봇에 대한 윤리적 고찰, 한국초등교육 제31권 특별호, 2020, 219면.

66 임예준, 인공지능 시대의 전쟁자동화와 인권에 관한 소고 – 국제법상 자율살상무기의 규제를 중심으로 –, 고려법학 제92호, 2019, 269면.

입 없이 시스템 스스로가 목표물을 선택하고 공격하도록 설계된 자율작동무기
체계를 의미한다. LAWS(lethal autonomous weapon systems, 치명적 자율무기 시스템),
LAR(lethal autonomous robots, 치명적 자율로봇), 로봇 무기(robotic weapons) 그리
고 단순하게 살상용 로봇(killer robots)이라고도 불리운다.[67] 국제적십자위원회
(ICRC)는 완전한 자율성을 갖추고 있지 않다 하더라도, 주요한 기능에 자율성
이 도입된 무기체계의 경우에도 검토가 필요하다는 의미로 넓게 정의한다.

[표 19-1] 자율무기체계의 정의

구분		정의
미 국방부훈령 3000.09 (DoDD 3000.09, 2012)	자율무기체계 (AWS)	일단 작동되면 인간에 의한 추가적인 개입 없이도 표적을 선택하고 공격할 수 있는 무기체계
	인간감독 자율무기체계 (Human-supervised AWS)	오작동 상황과 같이 감수할 수 없는 피해가 일어나기 전에 인간이 개입하여 교전을 중지시킬 수 있도록 설계한 자율무기체계
	반자율무기체계 (Semi-AWS)	일단 작동되면 인간에 의해 선택된 표적이나 표적군만을 교전하는 무기체계
국제인권감시기구 (Cook, 2019)	Human-out-of-the-loop weapons	인간에 의한 감시나 개입 가능성 없이 표적을 선택하고 공격할 수 있는 무기체계
	Human-on-the-loop weapons	독립적으로 표적을 선택하고 공격할 수 있지만 필요시 개입해서 교전을 중지할 수 있는 인간에 의한 직접적인 감독하에 작동되는 무기체계
	Humain-in-the-loop weapns	인간이 표적을 선택하면 센서, 항법장치, 자동화된 프로세스에 의해 표적을 탐지 및 교전하는 무기체계

출처: 마정목(2020).

자율무기가 갖는 예측할 수 없는 문제로 인하여 인간의 통제가 무엇보다
중요하다. 자율무기에 대한 '의미 있는 인간통제(MHC, meaningful human control)'
는 공격할 대상의 선택과 효과에 대한 인간의 직접적인 통제를 의미한다.[68] 자

---

67 한희원, 인공지능(AI)기반의 치명적 자율무기에 대한 법적·윤리적 쟁점 기초연구, 국가정보
   연구 제12권 제1호, 2019, 152면.
68 "의미 있는 인간통제는 치사성 자율 로봇이 가진 중요한 기능인 공격 목표물의 선별과 공격
   에 대한 통제, 즉, 누가 언제 어디서 어떠한 방법으로 이러한 로봇을 사용하는가에 대한 통
   제 혹은 사용에 따른 효과 및 영향에 대한 통제"를 말한다. 김자회 외, 자율 로봇의 잠재적
   무기화에 대한 소고 – 개념정립을 통한 규제를 중심으로, 입법과 정책9(3), 2017.12, 143면.

율무기의 핵심은 작동에 있어서 인간의 개입, 통제 및 지휘에 대한 자율성 (autonomy)의 정도이다. 무기체계의 자율성의 정도는 ① 임무수행에 있어 인간의 개입과 통제가 필요한 human-in-the-loop, ② 기본적으로는 독립적으로 작동하나 기능 장애나 시스템 장애가 발생할 경우 인간의 개입이 필요한 human-on-the-loop, ③ 완전한 자율성이 갖춰진 상태로 기계가 독립적으로 작동하며, 이후 인간의 개입에 있어서도 어려움이 발생할 수 있는 human-out-of-the-loop으로 나뉜다. 이러한 자율성은 인공지능과 관련이 있는데, 자율무기의 자동화가 인공지능에 기반을 둔 알고리즘을 통하여 이루어지기 때문이다.[69]

나. 자율무기의 문제점

인공지능을 통하여 작동하게 되는 자율무기는 "자율작동을 촉진함으로써 인간을 배제하는 경향을 보일 수 있다. 군사적인 의사결정에서 대화와 외교가 아니라 실행 전략 같은 과학기술 위주의 판단을 강조할 수 있을 것이다. 그 결과 군사행동의 속도와 규모를 증가시킬 수 있을 것"[70]이라고 한다. 전쟁은 인간의 판단을 통하여 정치적 타협을 할 수 있지만 기계가 관여함으로써 프로그래밍된 행위만 할 수 있게 된다면 어느 한쪽이 회복불능한 상태에 놓여야 만이 종료될 수 있다. 어쩌면 끝이 없는 싸움일 수도 있다. 해킹 또는 자체적인 오류나 프로그래밍의 한계로 적군과 아군 또는 민간인을 구분할 수 있는 능력을 상실하거나 또는 구분할 수 없는 경우라면 인공지능 로봇은 자신의 생존을 위해 싸울 수도 있기 때문이다.

자율무기의 문제점을 극복할 수 있는 방안으로 제시되는 것이 인공지능 윤리이다. 로봇윤리와 크게 다르지 않다. 다만, 일반 사회의 윤리보다 전쟁 중의 윤리는 더욱 복잡할 수 있다. 그렇지만, 국가안보라는 명목(名目)으로 윤리적인 고려는 배제될 수 있으며, 그러한 상황을 외부에서 인지하기도 쉽지 않다.

---

69 마정목, 통제가능한 자율무기체계의 개념과 설계에 관한 연구, 국방정책연구 제36권 제2호 (통권 제128호), 2020, 86면; 임예준, 인공지능 시대의 전쟁자동화와 인권에 관한 소고 – 국제법상 자율살상무기의 규제를 중심으로 –, 고려법학 제92호, 2019, 270면.
70 한희원, 인공지능(AI)기반의 치명적 자율무기에 대한 법적·윤리적 쟁점 기초연구, 국가정보연구 제12권 제1호, 2019, 155면.

"치명적 자율무기는 각국이 극도의 보안 아래에 연구와 생산 그리고 시행착오를 반복하여 더욱 정교화 하는 관계로 그 누구도 생산과 활용에 따른 관계자별 윤리 이슈를 망라하여 예상하기는 어렵다. 단적으로 오늘날 미국, 중국, 러시아, 영국, 프랑스 등은 원격조정 살상 드론이나 전투차량을 국제기준의 법적·윤리적 논의가 없는 상태에서 이미 운용하는 것으로 알려져 있다. 모두 자국의 국가이익과 국가안보를 내세운 결과이다."[71]

이처럼 자율무기의 큰 한계는 국가안보라는 명목 하에 개발되고 운용된다는 점에 외부에서 그러한 사실을 확인할 수 없다는 점이다. 이러한 주장에 대하여 인공지능이 관여함으로써 인간보다 합리적인 의사결정을 내릴 수 있다는 반론도 가능하다. 즉, 자율무기는 인간의 관여를 줄일 수 있다는 점에서 전쟁을 수행하는 군인들의 생명을 보호할 수 있다는 주장이다.[72] 그렇지만, 자율무기가 인간을 대신하여 전쟁을 수행함에 따라 전쟁의 발생빈도가 높아질 수 있다는 점을 지적하지 않을 수 없다. 이러한 점에서 본다면 자율무기는 전쟁을 수행(修行)하는 당사자로서 군인의 생명을 보호할 수 있으나 민간인 등 비전투요원의 생명이나 재산은 무방비에 노출될 확률이 커진다는 점에서 전쟁억제력은 더욱 약해질 수 있다는 점에서 문제이다.

"군사적 필요성이 민간인 보호보다 중요한 상황은 언제인가? 보편적인 해답이 없으며 만일의 사태를 모두 대비하도록 컴퓨터를 프로그래밍할 수도 없다. 하지만 머신러닝이 대안을 제공한다. 민간인을 보호해야 하는 상황과 그렇지 않은 상황, 무기로 대응하는 것이 적절한 상황과 과잉 대응이 되는 상황 등 데이터를 이용하여 로봇이 관련 있는 개념들을 인식하도록 가르친다. 다음은 이러한 개념들이 관련된 규칙 형식의 행동 강령을 로봇에게 부여한다. 마지막

---

71 한희원, 인공지능(AI)기반의 치명적 자율무기에 대한 법적·윤리적 쟁점 기초연구, 국가정보연구 제12권 1호, 2019, 156면.

72 "자율살상무기체계는 인간 전투원을 대체함으로써 인명피해를 줄여 전장 위험도를 감소시키고, 저비용으로 효과적 작전수행이 가능하며, 신속한 상황판단과 의사결정으로 작전반응시간을 단축시킬 수 있어 단순 전투도구라는 개념을 넘어 작전의 필수 구성원이 되어가고 있다. 이러한 추세에 따라 군사 선진국에서는 군사력 우위 확보를 위해 다양한 종류의 자율살상무기체계를 연구·개발, 배치를 추진하고 있으며 이에 따라 자율살상무기체계에 대한 군비경쟁이 심화되고 있다."고 한다. 김민혁 외, 자율살상무기체계에 대한 국제적 쟁점과 선제적 대응 방향, 국방연구 제63권 제1호, 2020, 197면.

으로 로봇이 사람들을 관찰하면서, 즉 군인들이 이 경우에는 발포하지만 저 경우에는 발포하지 않는 것을 관찰하면서 이 행동 강령을 적용하는 법을 배우도록 한다."[73]

이처럼 기계학습을 통하여 대응할 수 있다는 주장(主張)이 있으나, 지나치게 낭만적인 주장이다. 전쟁터의 수많은 경우를 기계에게 학습을 통하여 배우게 하는 것이 가능하지 않을 뿐더러, 윤리적 측면에서 쉽지 않기 때문이다.

3. 국제법적 대응

가. 현황

현재 자율성을 갖춘 무기체계를 특정하여 금지하거나 제한하는 조약은 없다. 다만, 국제인도법과 국제인권법 측면에서 UN[74]이나 특정재래식무기금지협약(CCW)[75]에서 논의 중에 있으나 자율무기 개발에 대한 입장 차가 극명하다. 국제인도법상 국가들은 전쟁방식의 적법성 및 신무기의 적법성을 검토해야 할 의무가 있다. 1949년 8월 12일자 제네바 제협약에 대한 추가 및 국제적 무력충돌의 희생자보호에 관한 의정서 제35조 제1항은 기본규칙으로 "어떠한 무력충돌에 있어서도 전투수단 및 방법을 선택할 충돌 당사국의 권리는 무제한 것이 아니"라는 대원칙을 선언하고, 제2항에서 "과도한 상해 및 불필요한 고통을 초래할 성질의 무기, 투사물, 물자, 전투수단을 사용하는 것은 금지"됨을 확인하고 있다.[76] 이처럼, "현행 국제인도법상 구별의 원칙이나 비례의 원칙 등이 준

---

73 Pedro Domingos, 마스터알고리즘, 비즈니스북스, 2016, 447면.
74 유엔(UN) 차원에서 자율살상무기 규제와 관련한 논의의 출발점은 2010년 유엔총회에서 시작된 바, 특별보고관(United Nations Special Rapporteur on extrajudicial, summary or arbitrary executions) 필립 알스턴(Philip Alston)이 살상로봇 기술의 문제점을 적시한 보고서를 제출(UN Doc.A/65/321, 2010)하면서 시작되었다고 한다. 유준구, 자율살상무기체계(LAWS) 규범 창설 논의의 쟁점과 시사점, 외교안보연구원, 2019, 3면.
75 특정 재래식무기 금지협약의 정식 명칭은 과도한 상해나 무차별한 영향을 초래하는 특정 재래식무기의 사용 금지 또는 제한에 관한 협약(Convention on Prohibitions or Restrictions on the Use of Certain Conventional Weapons Which May Be Deemed to Be Excessively Injurious or to Have Indiscriminate Effects)이며, 일명 비인도적 재래식무기협약(Inhumane Weapons Convention)으로 지칭된다.

수되어야 하고, 무기를 연구·개발하는 단계에서부터 무기의 적법성 검토를 거치도록 하고 있다. 그러나 이러한 국제인도법상 원칙들이 자율무기시스템에 적용되는가는 명확하지 않다. 국제법상 자율무기시스템에 적용가능한 규칙들을 제시할 수 있다고 할지라도 적용가능성이나 해석에 있어 여러 선례가 축적되지 않는 한 갈등이 지속적으로 제기될 것"[77]이라고 한다. 결국, 국제적인 논의를 통하여 자율무기 체계(體系)에 대한 국제적 합의를 이끌어야 할 것이다.

나. 규제의 필요성

자율무기 규제를 주장하는 주요 논거 중 하나는 자율무기의 사용이 국제인도법의 기본원칙에 반하며, 국제인권법상 생명권(生命權)을 침해한다는 것이다.[78] 자율무기는 공격수단에 있어서는 발포와 같은 전통적인 기술을 활용할 수 있지만, 인공지능을 통한 자율성을 갖춘 무기라는 점에 있어 기존의 국제법에서 규제되지 않는 신무기에 해당한다. 자율무기가 신무기로서 적법하기 위해서는 모든 무기, 전투수단 및 방법에 적용되는 국제인도법의 일반적인 규칙과 특정 무기 또는 전투수단을 금지하거나 이들의 사용방식을 제한하는 국제인도법의 특정한 규칙에 부합해야 한다. 또한 이러한 신무기는 배치되기 이전에 인도의 원칙과 공공양심의 명령에 부합하는지를 검토해야 한다.[79]

킬러 로봇을 포함한 자율무기가 전장에서 채택될 경우, 기계의존도가 높아질 것으로 예상되기 때문에 인공지능 자체의 문제가 있더라도 그 채택을 되돌릴 가능성은 크지 않다는 점이 또 다른 문제이다. 따라서, 자율무기를 사용하기 전에 전반적인 시뮬레이션이 필요함을 알 수 있다.[80]

---

76 임예준, 인공지능 시대의 전쟁자동화와 인권에 관한 소고 – 국제법상 자율살상무기의 규제를 중심으로 –, 고려법학 제92호, 2019, 278면.

77 김자회, 자율무기시스템(AWS)에 대한 국제법적 규제: 새로운 협약도입의 필요성을 중심으로, 국제법의 새로운 쟁점, 2019, 61면.

78 임예준, 인공지능 시대의 전쟁자동화와 인권에 관한 소고 – 국제법상 자율살상무기의 규제를 중심으로 –, 고려법학 제92호, 2019, 268면.

79 임예준, 인공지능 시대의 전쟁자동화와 인권에 관한 소고 – 국제법상 자율살상무기의 규제를 중심으로 –, 고려법학 제92호, 2019, 279면.

80 "킬러 로봇은 특별히, 많은 관련 연구가들이 지적하는 것처럼 그 어떤 기술보다도 커다란 사회적 파급력을 갖고 있는 듯하다. 게다가 과학기술의 발전으로 인해 산업화된 현대 사회에서 다시 산업화 이전의 전통 사회로 돌아가는 것이 불가능에 가까운 것처럼, 킬러 로봇으로 인해 상황이 크게 변해버리고 난 뒤에는, 즉 돌이킬 수 없는 위험에 직면하게 된 뒤에는, 이러

다. 논의의 방향

(1) 국제인도법

자율무기체계가 국제인도법상 그 자체로 위법한 무기는 아니기 때문에 구체적 사용에 있어 국제인도법을 위반하는지 여부를 확인하여야 한다. 자율무기체계의 적법성(適法性)을 판단하는 가장 핵심적인 요소로서, 국제인도법에서 특히 문제가 되는 사항은 구별성의 원칙, 비례성의 원칙, 사전예방의 원칙이다. 첫째, 사전예방의 원칙으로 군사작전의 수행에 있어 사전에 민간인 피해를 최소화하기 위해 노력해야 한다는 원칙이다. 둘째, 구별성의 원칙으로 전쟁을 수행함에 있어 전투원과 민간인, 군사시설과 민간시설을 구분하여 전투원과 군사시설에 대해서만 원칙적으로 무력을 행사해야 한다는 원칙이다. 제1추가의정서는 전투원과 민간인, 민간물자와 군사목표물을 구별하며, 작전은 군사목표물에 대해서만 행해질 것을 규정하고 있다(제48조). 셋째, 비례성의 원칙으로 공격으로 인해 발생하는 민간의 부수적 피해가 군사적 이익보다 적어야 한다는 원칙이다. 제1추가의정서는 공격으로 인해 발생하는 우발적인 민간인 생명의 손실, 민간물자에 대한 손상이 구체적이고 직접적인 군사적 이익에 비하여 과도한 공격을 금지하고 있다(제51조 제5항 제2호). 비례성의 원칙에 대해서는 자율살상무기체계가 공격의 군사적 이익과 부수적 피해를 객관적으로 평가하여 교전(交戰) 여부를 결정해야 한다. 이 원칙은 고차원적인 판단이 필요하므로 인간 전투원도 준수하기 어려워 전후 책임소재에 많은 논란을 제기해 왔다. 자율살상무기체계도 이 원칙을 준수하기 위해 단순히 산술적으로 평가할 것이 아니라 교전 상황을 총체적으로 고려하여 질적 평가도 가능해야 하지만 현재 기술적 능력이 부족하다는 견해가 있다.[81]

(2) 특정재래식무기금지협약(CCW)

2018년 자율살상무기 정부전문가그룹(GGE LAWS) 회의에서 인공지능 등

한 무기가 확산 되기 이전의 상황으로 돌아가는 것이 불가능에 가까울 지도 모른다. 이런 점에서 킬러 로봇의 개발하는 데에 신중한 태도가 요청된다."고 한다. 이연희 외, 킬러 로봇에 대한 윤리적 고찰, 한국초등교육 제31권 특별호, 2020, 223면.

81 박문언, 자율무기체계의 국제법적 허용성과 지휘관 책임, 대외학술활동시리즈 2019-31, 국방인력연구센터, 2019, 11면.

자율기술을 활용한 살상무기의 특성, 인간통제, 정책 방안, 군사적 적용 등에 대한 논의를 통하여 10개의 이행원칙(Possible Guiding Principles)을 포함한 보고서를 채택하고 특정재래식무기금지협약(CCW) 당사국총회는 동 이행원칙을 최종적으로 검토 후 2019년 "인간－기계 상호작용(human－machine interaction)"을 추가한 11개의 이행원칙을 채택하였다.[82]

[표 19-2] GGE LAWS 11개 이행원칙(Guiding Principles)[83]

① 국제인도법은 자율살상무기(LAWS)의 개발 및 사용을 포함, 모든 무기체계에 완전히 적용됨.
② 책임(accountability)은 기계에 위임될 수 없으므로 무기 사용 결정에 대한 책임은 인간에게 있으며, 무기 수명 주기(life cycle of weapons system) 전체에 적용됨.
③ 특정재래식무기금지협약(CCW) 틀 내에서 신무기체계의 개발, 배치, 사용의 책임은 적용가능한 국제법에 따라 보장되어야 함.
④ 신무기 연구, 개발, 획득, 채택 및 신무기를 사용한 교전의 결정은 해당 무기가 관련 국제법에 의해 금지되어야 하는지 여부에 따라 결정되어야 함.
⑤ 물리적, 비물리적 영역에서 자율살상무기(LAWS) 관련 신기술의 개발 및 획득이 테러리스트 그룹에 의한 사용 및 확산 위험성이 있다는 것을 고려해야 함.
⑥ 위험 평가 및 완화 조치는 무기 개발 및 사용 전 단계에 포함되어야 함.
⑦ 자율살상무기(LAWS) 관련 기술의 사용은 국제인도법 및 적용가능한 국제 법적 의무 이행 여부를 고려해야 함.
⑧ 잠재적인 정치적 대응 마련에 있어서 자율살상무기(LAWS) 관련 기술이 의인화(anthropomorphized) 될 수 없음.
⑨ 특정재래식무기금지협약(CCW) 내에서 이루어지는 자율살상무기(LAWS) 관련 어떤 논의 및 정치적 조치도 AI 기술의 평화적 사용의 발전을 막아서는 안됨.
⑩ 자율살상무기(LAWS) 논의를 위해서는 무기 사용의 인도주의적 요소와 안보적 요소를 모두 고려하는 특정재래식무기금지협약(CCW)가 적절한 틀(frame)을 제공함.
⑪ 무기 수명 주기 전체에 인간-기계 상호작용(human-machine interaction)의 적용 및 이행이 보장되어야 함. 동 상호작용의 수준과 내용을 결정할 때에는 무기의 운용 및 특성 등이 고려되어야 함.

---

82 유준구, 자율살상무기체계(LAWS) 규범 창설 논의의 쟁점과 시사점, 외교안보연구원, 2019, 12면.
83 2021 군축 비확산 편람, 외교부, 2021, 249면.

모든 무기체계는 기계 자체의 오작동과 시스템 오류, 해킹의 위험성이 언제나 존재하고 있어 그 성능 발휘에 있어 완전한 무기체계는 없다. 이러한 점은 자율무기체계도 예외일 수 없다. 확률이 낮고 예외적일지라도, 자율무기체계의 사용으로 인한 피해를 최소화하기 위해 자율무기체계에 대한 사전예방조치가 이루어져야 한다. 프로그램 제작이나 설계 단계뿐만 아니라 무기체계의 관리 및 평가단계에서 인간의 감독(監督)이 수반되어야 한다. 무엇보다도 무기체계의 사용단계에서 심각한 피해가 예상되거나 기능의 실패가 인정되는 경우, 그 작동을 중단할 수 있어야 한다.[84]

라. 규제의 방향

자율무기가 국제인도법의 기본원칙을 준수할 수 있는지는 기술발전에 따라 달라질 수 있다. 자율무기는 본질적으로 인도원칙과 공공양심의 명령에 부합하는 무기체계로 보기 어렵다. 자율무기 규제의 필요성은 보다 윤리적인 차원의 요청에 의한다. 앞서 언급한 바와 같이, 자율무기와 관련한 근본적인 문제는 살상에 대한 결정을 기계에게 위임한다는 것 자체가 인간존엄성을 침해한다는 것이다.[85]

치명적(致命的) 자율무기의 경우에 실전 단계에서도 그렇지만 실험단계에서 가장 중요한 정책적·윤리적 쟁점은 국제인도법이 요구하는 무기로서의 적합성이다. 그 논의의 핵심은 의미 있는 인간통제의 구현이다. 자율적인 무기의 배치로 인해 발생하는 윤리적 그리고 법적 문제가 발생하지 않을 것이기 때문에 의미 있는 인간통제가 필수 요건이 되어야 한다.[86] 반면, 자율무기를 통제하려는 노력이 비록 근본적으로 그렇게 하도록 설계되지 않았더라도 치명적인 시스템에 사용될 수 있는 응용 프로그램에 대한 엄격한 통제 때문에 다른 유용한 군사 인공지능 기술의 개발이 억제될 수도 있을 것이라는 주장도 있다.

---

84 박문언, 자율무기체계의 국제법적 허용성과 규제방안, 서울대학교 박사학위논문, 2019, 249-250면.
85 임예준, 인공지능 시대의 전쟁자동화와 인권에 관한 소고 - 국제법상 자율살상무기의 규제를 중심으로 -, 고려법학 제92호, 2019, 286면.
86 한희원, 인공지능(AI)기반의 치명적 자율무기에 대한 법적·윤리적 쟁점 기초연구, 국가정보연구 제12권 제1호, 2019, 169면.

문제는 여전하다. 인간통제 하에서 수백만 가지의 경우의 수를 프로그래밍한다 하더라도 인공지능 스스로가 기계학습을 한다는 것은 그 방향성을 더이상 제어(制御)하지 못한다는 것을 의미한다. 기계학습 알고리즘에 대한 인간의 이해가 제한되어 있는 가운데, 이를 통하여 만들어지는 알고리즘은 이전의 검증이나 확인과정과 무관하게, 배치 이후 자율무기의 작동 방향을 예측하기 어렵게 만든다. 그 방향은 국제인도법을 준수하도록 수백만 가지의 경우의 수를 프로그래밍한 사람의 의도와 달리 국제인도법을 준수하는 방향이 아닐 수도 있기 때문이다.[87]

4. 자율무기에 대한 책임 논의

가. 책임 유형[88]

인공지능이 탑재된 자율무기는 스스로 자의지를 가지고 전쟁을 수행하는 것이 아닌 다른 범법행위를 할 경우에는 그 책임을 누가 질 것인가? 자율무기가 인격체가 아닌 이상, 그 책임은 자율무기를 둘러싼 이해관계자들이 져야 한다. 즉, 프로그래머, 개발자, 관리자 내지 지휘관이 대표적인 책임 유형이다. 만약, 인간이 자율무기를 도구적으로 사용하여 문제가 되면 당사자의 책임이 된다. 반면, 자율무기가 자율성(自律性)을 가지고 인간이 예측하지 못한 범죄를 저지르는 경우에는 해당 자율무기가 책임을 져야 한다. 그렇지만, 자율무기가 책임주체가 될 수 없는 현행 법제 하에서는 자율무기에게 책임을 묻는 것은 불가능하다. 따라서, 자율무기를 통제(統制)할 수 있는 범위 내에 있는 자에게 책임을 묻는 것이 필요하다.

나. 책임 문제

(1) 책임 일반

살상로봇(killer robot)의 책임은 살상의 동기와 행위에 자율성을 갖춘 경우

---

87 임예준, 인공지능 시대의 전쟁자동화와 인권에 관한 소고 – 국제법상 자율살상무기의 규제를 중심으로 –, 고려법학 제92호, 2019, 285면.
88 박문언, 자율무기체계의 국제법적 허용성과 규제방안, 서울대학교 박사학위논문, 2019, 191, 192, 194면.

이어야 한다. 현재 인공지능 기술 수준으로는 자율성을 갖춘 로봇을 찾기가 어렵다. 물론, 자율성이 어느 정도 수준에 이르러야 하는지에 대한 합의도 없는 상황이다. 자율성이 없는 로봇이 지휘관의 조작으로 살상을 한 경우라면 그에 따른 최종적인 책임은 지휘계통에 따라 이루어질 것이다. 자율무기의 책임에 대해서는 인공지능 로봇의 책임 일반과 크게 다르지 않다. 로봇의 책임에 관한 일반적인 논의는 제4절에서 살펴본 바와 같다.

(2) 해킹 등에 따른 책임

인공지능 기반 무기체계는 사이버 해킹이나 절취에 취약할 수 있다.[89] 즉, "자율무기체계는 기본적으로 정밀성이나 구별 및 전투능력에 있어 인간보다 뛰어나고 감정에 치우치지 않으며 인간중심의 임무수행이 가능한 장점이 있다. 하지만 자율무기체계는 기본적으로 기계이기 때문에 기계적 오류를 완전히 배제할 수 없으며, 해킹이나 사이버 공격으로 인해 문제를 발생시킬 수 있다는 부정적 측면도 있다."[90]고 지적된다. SW로서 인공지능은 네트워크에 연결된 상태에 놓이게 될 경우, 보안에 취약(脆弱)할 수 있다. 물론, 자율무기가 고도화될수록 스스로 판단하여 인명을 살상하는 경우도 예상된다. 그렇지만, 그러한 결정이 해킹 등에 따라 이루어진 경우라면 문제는 달라진다.

해킹 등으로 자율무기의 통제권이 상대방이나 제3자에게 넘어서는 경우도 충분히 가능하다. 통제불능이 된 자율무기는 피아 식별을 제대로 하지 못할 뿐만이 아니라 민간인과 군인도 구별하지 못하고 무차별적으로 공격에 나설 수 있다. 또한, 적대국이 아직 선전포고를 발령하지도 않았는 데 사전공격을 하는 것으로 오인하고 선제공격을 단행하고 급기야 전면전쟁을 야기할 위험성도 부인할 수 없다. 이 경우에 로봇의 오류는 누가 책임지나? 과연 로봇에게 인간을 죽일 수 있는 권한을 부여할 수 있을 것인가? 만약, 킬러 로봇이 오·작동되어 적군 대신 아군을 대량 살상한다면 그 책임을 누구에게 물을 것인가? 이러한 의문에 대한 객관적이고 확실한 대응은 행정명령으로는 부족하고 입법 조치가 이루어져야 한다는 점이다.[91]

---

89 한희원, 인공지능(AI)기반의 치명적 자율무기에 대한 법적·윤리적 쟁점 기초연구, 국가정보 연구 제12권 제1호, 2019, 174면.
90 박문언, 자율무기체계의 국제법적 허용성과 규제방안, 서울대학교 박사학위논문, 2019, 249 면.

다만, 자율무기에 대한 국가적 입법조치는 문제해결 방법이 되기 어렵다. 자율무기의 사용은 국가 간 이루어지는 전쟁 상황에서 이루어지기 때문에 국제협약(國際協約)을 통하여 모든 국가가 참여하거나 적용될 수 있도록 해야 한다. 그렇지 않을 경우에는 그 실효성을 담보하기 어렵기 때문이다. 물론, 협약에 참여한다고 하더라도 그 책임을 부인할 경우에 사실상 쉬운 일이 아니지만, 이후라도 가능한 책임을 물을 수 있는 국제법상 근거는 마련해야 한다.

(3) 국제인도법에 따른 책임

전투 중에 사용되는 자율무기에 대해서는 국제인도법이 적용이 가능하다. 국제인도법은 "전투원을 비롯한 무력분쟁의 당사자들의 의무를 규정하고, 위반 시 책임을 추궁함을 목적으로 한다. 국제인도법상 무력의 사용은 명확한 명령체계에 따르며 전장에서 권리와 책임을 지고 있는 전투원만이 허용된다."[92]고 규정한다. 즉, 국제인도법이 책임을 지울 수 있는 자는 전투에 관여한 전투원에만 적용된다. 그렇기 때문에 국제인도법상 책임대상은 인간에만 한정된다. 이처럼, 자율무기체계에 대한 국제인도법은 다음과 같은 이유로 한계를 갖는다.[93]

"국제인도법의 의무와 의무 불이행에 대한 책임은 기계나 무기체계 자체에게 이전될 수 없다. 따라서, 무기를 사용해 작전을 세우고, 공격을 결정하고 수행한 자들은 그러한 무기체계가 그 사용에 대해 필요한 법적 판단을 보류함으로써 국제인도법의 준수를 보장해야 한다. 그러나 자율무기체계는 그 사용방식에 있어 지휘관 또는 조종자가 이러한 법적판단을 할 수 없다. 자율무기는 무력분쟁 상황에 대한 정보와 데이터를 처리해 최적화된 군사적인 결정을 내림으로써, 인간이 결정해야 할 중요한 사항들을 컴퓨터에 기초한 결정과정에 맡기게 된다. 만일 자율무기체계가 인간의 감독과 통신 없이 원거리에서 장시

---

91 한희원, 인공지능(AI)기반의 치명적 자율무기에 대한 법적·윤리적 쟁점 기초연구, 국가정보연구 제12권 1호, 2019, 172면.
92 임예준, 인공지능 시대의 전쟁자동화와 인권에 관한 소고 – 국제법상 자율살상무기의 규제를 중심으로 –, 고려법학 제92호, 2019, 289면.
93 임예준, 인공지능 시대의 전쟁자동화와 인권에 관한 소고 – 국제법상 자율살상무기의 규제를 중심으로 –, 고려법학 제92호, 2019, 290면.

간 동안 공격목표물을 탐색하다 공격하게 된다면, 이를 처음에 구동시킨 사람은 정확히 언제 어디서 공격이 발생할지에 대해 알지 못하므로 책임을 추궁하기 어렵다."

이상과 같이, 전투원에만 한정하여 적용되는 국제인도법에 따라 자율무기 자체는 물론 이에 관여한 사람까지 적용하기에는 한계가 있다. 그렇기 때문에 "자율살상무기로 인한 국제인도법의 위반에 관한 책임은 자율무기를 개발한 제조자와 프로그래머, 자율무기를 배치한 군 지휘관 등을 생각할 수 있으나 그 어느 경우도 만족할 만한 답이 되지는 못한다."[94]는 주장은 현실적인 상황이 반영된 것이다. 결국, "책임소재가 불분명해지는 자율무기는 그 자체로서 인권 보호의 장애가 될 수 있다."[95]는 지적은 자율무기의 선제적 규제의 필요성을 나타내고 있다.

5. 자율무기에 대한 통제와 대응체계

가. 통제

자율무기에 관한 국제사회의 논의는 "인공지능 기술의 개발을 저해(沮害)하지는 않되, 무력사용에 관한 무기체계 개발에 있어서는 최소한 일정 정도의 인간통제는 반드시 필요하다."[96]고 한다. 이처럼, 자율무기의 개발에 대한 이중적 가치는 어렵지 않게 확인할 수 있다. 즉, "새로운 무기의 실험단계에서의 주된 쟁점은 안전성과 효용성일 것이다. 또한 이미 정책결정으로 개발과 생산이 판정되었다고 한다면, 역설적으로 치명적 자율무기는 목표물을 제대로 타격(打擊)하고 효율적으로 제압, 즉 살상할 수 있는 그야말로 치명적인 무기로 개발되어야 할 것이다. 이러한 점 때문에 치명적 자율무기는 인류의 건강을 증진하

---

94 임예준, 인공지능 시대의 전쟁자동화와 인권에 관한 소고 ─ 국제법상 자율살상무기의 규제를 중심으로 ─, 고려법학 제92호, 2019, 290면.
95 임예준, 인공지능 시대의 전쟁자동화와 인권에 관한 소고 ─ 국제법상 자율살상무기의 규제를 중심으로 ─, 고려법학 제92호, 2019, 291면.
96 임예준, 인공지능 시대의 전쟁자동화와 인권에 관한 소고 ─ 국제법상 자율살상무기의 규제를 중심으로 ─, 고려법학 제92호, 2019, 292면.

고 생명을 연장하거나 살려내려고 고안되는 인공지능 왓슨과 같은 인공지능 의료로봇과는 차원이 다른 윤리 쟁점을 야기한다."[97]는 주장이다. 자율무기가 정확한 타격을 할 수 있도록 해야 한다는 것을 공개적으로 주장하는 것인 데, 이러한 주장은 윤리적으로 타당하지 않다.

실상 자율무기의 통제력은 아무리 강조해도 지나치지 않기 때문에 개발이나 사용단계에서 특정 집단의 이익이 고려되는 상황은 발생되어서는 안된다. 그러한 의사결정의 통제력이나 기술개발 내지 무기 자체의 개발과정에서의 물리적인 통제력도 마찬가지이다. 더욱이, 실전에 배치된 자율무기에 대한 통제력이 상대방이나 제3자에게 넘어가서는 안된다. 해킹 등의 방식으로 통제력을 상실한다는 것은 전쟁억제력을 높인다는 자율무기 도입의 근본적인 취지를 몰각하게 되는 것이기 때문이다. 따라서, 그러한 상황은 전쟁에 준하는 대응이 요구된다는 점을 잊지 않아야 한다.

나. 대응체계의 수립

2013년 출범한 킬러 로봇 금지 캠페인(Campaign to Stop Killer Robots)은 자율무기 개발·생산·사용에 대한 포괄적이고 선제적 금지를 구호로 내세우면서 국제법의 제정과 각국의 국내법 제정을 포함한 관련 조치를 국제사회에 호소하고 있다.[98]

또한, 많은 시민단체나 기술자들도 이러한 노력에 함께 하고 있다. 실례로, "2018년 실리콘 밸리의 엔지니어 수천 명은 자신들이 개발한 인공지능 기술을 군사 목적으로 사용하지 말라고 시위를 했다. 이익보다 윤리를 더 중요하게 생각해야 한다고 회사를 압박(壓迫)했다. 그 결과 구글은 인공지능을 사용해 비디오 이미지를 해석하고 드론의 공격 목표를 지정하는 미국 국방부 프로그램에서 철수했다."[99]고 한다.

---

97 한희원, 인공지능(AI)기반의 치명적 자율무기에 대한 법적·윤리적 쟁점 기초연구, 국가정보연구 제12권 제1호, 2019, 169면.
98 한희원, 인공지능(AI)기반의 치명적 자율무기에 대한 법적·윤리적 쟁점 기초연구, 국가정보연구 제12권 제1호, 2019, 177면.
99 김진형, AI최강의 수업, 매일경제신문사, 2020, 61면.

국제인도법 및 국제인권법 위반 사안이 발생하였을 때 책임소재가 불분명해지는 자율무기는 그 자체로서 인권 보호의 장애가 될 수 있다. 따라서 인간의 존엄성과 인권을 보장하기 위해서는 공격목표물의 선정과 타격에 관한 결정의 이유를 설명할 수 있는 인간의 통제가 반드시 유지되어야 한다.[100]

인공지능이 자율무기에 이용되는 경우에 발생할 수 있는 문제에 대응하기 위한 많은 노력과 우려에도 불구하고, 사실상 "인공지능이 무기체계에 탑재되는 것을 피할 수는 없을 듯하다. 인공지능이 무기의 성능을 획기적으로 향상시키기 때문에 많은 국가에서 유혹을 느낀다. 국제 정치에서 인공지능 기술이 가진 위력은 핵무기를 능가"[101]하기 때문이다. 다행스러운 것은 "적절한 인간통제가 가능하기 위해서는 자율무기체계의 시험평가와 사용자 교육 및 구체적 공격단계에서의 사전예방을 철저하게 준수하는 것이 필요하고 이는 현재의 기술로도 충분히 가능하다."[102]고 한다.

자율살상무기에 대한 규제 방향은 투명성 확보를 위해 선제적으로 이루어져야 한다. 인공지능의 의사결정에 대한 투명성 확보가 알고리즘 편향이나 왜곡을 극복(克服)할 수 있는 방안으로 국제기구나 각국에서 기본원칙으로 수립하고 있는 것으로 보건대, 이를 위한 처벌 수위를 높이는 것도 하나의 방안이 될 수 있다. 다만, 규제와 책임을 강화하는 것이 오히려 투명성을 약화시킬 수 있기 때문에 투명한 개발과 사용을 위한 책임과 원칙을 수립하고 동시에 지원방안도 같이 강구될 필요가 있다. 즉, "앞으로 자율무기체계의 사용으로 인한 무고한 인명의 피해를 막기 위해 자율무기체계 사용자의 형사책임을 강화하는 국제적 합의가 도출되어야 한다. 또한 의미 있는 인간통제가 이루어질 수 있도록 자율무기체계 관련 기술정보와 문제점을 명확하게 공유하는 투명성을 증진시키는 방안에 집중해야 한다. 추가적으로 자율무기체계의 사용으로 인한 피해에 대해서는 무과실 책임을 인정하거나 피해자들에게 사회·경제적 지원을 확대하는 방향으로 국제적 논의가 진행되어야 할 것이다."[103] 자율무기는 현실적

---

100 임예준, 인공지능 시대의 전쟁자동화와 인권에 관한 소고 – 국제법상 자율살상무기의 규제를 중심으로 –, 고려법학 제92호, 2019, 296면.

101 김진형, AI최강의 수업, 매일경제신문사, 2020, 61면.

102 박문언, 자율무기체계의 국제법적 허용성과 규제방안, 서울대학교 박사학위논문, 2019, 250면.

103 박문언, 자율무기체계의 국제법적 허용성과 규제방안, 서울대학교 박사학위논문, 2019,

으로 채용되지 않는 것이 바람직하지만, 이미 현장에 채용된 체계를 되돌리기는 쉽지 않기 때문에 차선의 대응이 필요하다.

인공지능이 갖는 합리적인 의사결정은 인간적인 배려가 고려되기는 쉽지 않다. 더욱이, 전쟁을 위한 목적으로 개발되는 자율무기는 인간의 의사결정과정의 비합리성을 배제한 즉각적인 무기의 사용을 전제하는 것이라면 가급적 비전투 영역에서의 사용을 유도하는 것이 합리적이다. 그러한 원칙하에 자율무기에 대해 국제규범으로 정립될 필요가 있다. 그렇지만, 새로운 국제규범을 수립할 것인지, 기존의 규범체계에서 수용할 것인지에 대해서는 논란이 있다. 즉, 자율살상 무기체계에 관한 규율과 관련하여 "① 법적 구속력 있는 신규 규범 제정 필요(브라질, 오스트리아, 비동맹그룹 등 주도), ② 규범 마련의 이전 단계인 정치적 선언 채택(독일, 프랑스 주도), ③ 기존의 국제법으로 충분하며 새로운 규범 제정 불요(미국, 러시아 등)"[104] 3가지 입장으로 나뉜다. 그렇지만, 인공지능이 가져올 수 있는 위험성과 안전성을 담보하지 못한 상황에서 무기체계와 결합시키는 것은 국가의 안보가 아닌 글로벌 차원의 안보라는 측면에서 합의점(合意點)을 찾는 것이 바람직하다.

6. 자율무기와 통제수단으로써, 킬스위치는 필요한가?

가. 논의의 필요

일반적인 자율무기와는 다르게, 인명살상만을 목적으로 하는 킬러 로봇은 전장이 아닌 일상에서의 인명살상도 포함하는 개념이다. 따라서, 인명살상을 위해 개발된 킬러 로봇이 전장은 물론, 일상에서 인명살상만을 목적으로 하는 경우라면 이는 범죄행위이다. 킬러 로봇은 통제되지 않거나 민간인과 전투요원을 구분하여 대응할 수 없는 경우도 예상되며, 또한 테러집단 등에 넘어간 상황에서는 민간인의 구분은 무의미(無意味)해진다.[105] 그렇기 때문에 자율무기가

251~252면.

104 2021 군축 비확산 편람, 외교부, 2021, 249면.

105 "특히, 킬러 로봇의 확산은 사회전, 비정규전, 시가전의 특징을 보이는 새로운 전쟁의 맥락에서 훨씬 더 큰 부정적 영향을 미칠 수 있다. 킬러 로봇이 전장에 배치되는 인간 병사의 수를 줄이고 전투 임무를 더 많이 수행할 수 있다. 그렇지만, 군인과 민간인들이 섞여 있고

통제권을 제3자에게 지배당하거나 국제인도법 등의 제반 원리를 벗어나 활용되는 경우에는 어떻게 할 것인지는 논의가 필요하다. 무엇보다, 최소한 킬러 로봇의 통제권이 테러집단[106] 등에 넘어갈 경우의 통제권을 회수할 수 있는 수단이 마련될 필요가 있다. 물리적인 방식으로 제어할 수 없다면, 논리적인 킬 스위치(kill switch)나 비활성화 방식의 코드(emergency stop code)가 내재되어야 한다. 다만, 비활성화된 킬러 로봇을 되살리기 위해서는 별도의 절차적 요건이 필요하다. 가능성이 담보되기가 쉽지 않겠지만, 로봇제조사에 대한 의무로서 이러한 조치는 인류와 로봇의 공존이라는 철학을 위해서 필요한 요건이어야 한다.

나. 킬러 로봇의 통제

시민단체 '킬러 로봇 금지 캠페인'은 전쟁범죄 피의자가 될 수 없는 킬러 로봇이 알고리즘을 통하여 개별적 공격 여부를 결정하는 것은 국제인도법 위반이라면서 애초부터 킬러 로봇은 불법이라고 주장하고 있다. 국제적십자위원회(ICRC)는 킬러 로봇과 관련, 금지보다는 제한을 두자는 절충론의 입장을 보이고 있다. 인공지능의 살상무기화를 둘러싼 논쟁이 단기간에 종료(終了)되기보다는 향후 상당한 시간에 걸쳐 지속될 것이라는 전망이 나오는 이유이다.[107] 그렇지만, 자율무기는 재래식 무기와는 살상강도가 다르다는 점을 인식할 필요가

민간인과 민간 전투원이 거의 구분되지 않는 도시 전장 상황에서 발생할 수 있는 다양한 맥락을 사전에 프로그램화하여 군사 로봇의 살상과 파괴기능을 조절할 수 있느냐의 문제는 강한 인공지능의 시대에서도 계속 제기될 것이다. 더구나 킬러 로봇이 이러한 전장에서의 수많은 상황과 맞닥뜨리면서 인간의 복잡한 심리에서 나오는 의도와 감정을 바르게 이해하고 공감하여 판단하고 행동할 수 있는가의 문제는 완전히 해결되기가 매우 어렵다고 볼 수 있다."는 주장은 설득력을 갖는다. 조현석 외, 인공지능, 권력변환과 세계정치, 삼인, 2018, 261면.

106 테러리스트의 본질에 대해 Yuval Noah Harari는 다음과 같이 적고 있다. "테러범들은 어떻게 일간지 헤드라인을 점령하고 세계 정세를 바꾸는 데 성공할까? 그들은 적을 도발해 과잉반응을 유도한다. 테러리즘의 본질은 쇼이다. 테러범들은 끔찍한 폭력 장면을 연출함으로써 우리의 상상력을 사로잡고, 우리로 하여금 중세의 혼돈속으로 뒷걸음치는 듯한 착각을 일으키게 한다. 따라서 국가들은 종종 테러리즘의 연극 효과에 안보쇼로 대응해야 한다는 압박을 느끼고, 국민을 억압하거나 다른 나라를 침공하는 등 힘을 대대적으로 과시한다. 하지만 대부분의 경우 테러리즘에 대한 이런 과잉반응은 자국의 안보에 테러범들보다 훨씬 더 큰 위협이 된다."는 것이다. Yuval Noah Harari, 호모데우스, 김영사, 2017, 36면.

107 한국일보, 2017.11.12.일자.

있다.[108] 따라서, 국제적십자위원회와 같이 제한적 허용이 아닌 원천적 차단이 합리적이다.

다. 킬러 로봇과 인권

킬러 로봇이나 군수용 로봇은 인간에게 위협이 될 수 있기 때문에 이에 대한 논의가 필요하다. 인공지능은 기본적으로 사람을 위한 것이지만, 사용과 정에서 인간을 위협할 가능성이 크기 때문이다. 물론 인간의 통제 범위 내에 있다면 문제가 없겠지만, 이를 넘어선 경우라면 위험사회에 직면할 것이기 때문이다.

킬러 로봇은 이해관계에 따라 범죄(犯罪)를 실행하는 로봇이다. 범법행위를 인간이 아닌 로봇이 대신하도록 하는 것이다. 이러한 행위는 관련 법상 위법한 행위가 된다. 킬러 로봇의 자율적인 판단에 의한 것이 아니라면 이러한 행위를 하는 로봇에 대한 통제도 기본적으로 이와 관련된 사람의 몫이어야 한다. 현재로서는 그 이유에 대한 판단과 표적을 인간이 지정해야 가능하다. 킬러 로봇이 표적을 판단하기 위해서는 CCTV와 안면인식 기술의 활용이 필수적이다. 표적을 확인하기 위해서는 대중의 안면을 인식해서 구별할 수밖에 없기 때문이다. 이 과정에서 수많은 사람들이 안면인식 정보가 허락 없이 수집된다. 개인정보 보호법 등 관련 법에서는 국가안보나 보안 등의 이유로 CCTV 등을 통하여 개인정보 수집을 허용하고 있다. 킬러 로봇은 국가안보와 개인의 인권과의 충돌지점에 놓여있는 것이다. 물론, 킬러 로봇이 테러범이나 반국가단체를 상대하는 경우에 한정된다. 범죄집단이 사용하는 것은 그 자체가 위법한 것이기 때문이다. 그렇다면, 인권과 안보와의 사이에서 충돌하는 가치를 조정하는 방안이 마련되어야 한다.

킬러 로봇의 활동을 허용하는 것과 별개로, 킬러 로봇이 활동하는 과정에서 발생할 수 있는 개인이 프라이버시 침해 등 인권에 관한 문제에 대해서도

---

108 "단순한 무기가 아닌 자율성을 가진 로봇이 무기화되는 경우 이러한 로봇은 전쟁에서 사람들의 지위를 대체하게 될 것이다. 더 나아가 이러한 살인 기계들은 과거의 무기와는 현격히 다른 강도의 치사성을 갖게 될 것이며 그 여파 또한 매우 클 것"이라고 한다. 김자회 외, 자율 로봇의 잠재적 무기화에 대한 소고 – 개념정립을 통한 규제를 중심으로, 입법과 정책 9(3), 2017.12, 136면.

가이드라인이 필요하다. 그렇지 않고서는 안면정보와 같은 개인의 정보가 임의로 수집되어 악용될 가능성도 배제할 수 없기 때문이다.

라. 인류에의 위협과 대응

전장에 도입된 킬러 로봇의 활동에 대하여 통제권(統制權)을 부여하기 어렵다. 다만, 킬러 로봇의 악의적인 행동에 대해서는 개발자, 소유자 또는 국가기관이 차단할 수 있는 권능을 가져야 한다. 범죄자의 행동에 대한 공권력의 집행은 현행범(現行犯)의 경우에는 누구나 가능하도록 형법은 허용하고 있다. 물론 킬러 로봇이 아니더라도, 로봇의 자율주행 과정이나 고유의 활동과정에서 나타날 수 있는 위법성을 차단할 수 있는 방법은 제시되어야 한다. 따라서, 위급한 상황에서 로봇을 통제할 수 있는 권한은 누군가는 가져야 한다.[109]

EU Civil Law Rules on Robotics에 따르면 킬스위치의 제도화에 대해 논의 항목을 포함하고 있다. 즉, 설계자는 확실한 차단 장치를 통합해서 합리적인 설계 목표와 일치할 수 있어야 한다. 그렇다면, 킬스위치는 누가 작동해야 하는가? 예를 들면, 전쟁 중에 로봇의 통제불가능한 상황에서 과연 킬스위치를 누가 조작할 수 있을까? 킬러 로봇을 포함하여, 로봇의 불법행위에 있어서 이를 제압할 수 있는 기술적 수단으로써 킬스위치의 제도화는 어느 일국의 문제가 아니기 때문에 국제적인 합의를 통하여 이루어져야 한다.

---

109 이러한 점에서 "인류가 스스로 만들어낸 로봇의 자율성을 악용하지 않으려면, 치사성 자율로봇에 대한 선제적 제한은 반드시 필요하다. 국가의 모든 합의를 거쳐 사전에 이를 제재하고 규제하고 하는데 최선의 노력이 지속되어야 한다. 그 논의의 기초로서 자율성에 대한 개념의 정립과 국제적 합의 도출은 치사성 자율 로봇에 대한 규제의 첫걸음이 될 것이며, 개념정립에 있어서 인간보호의 목적, 의사결정능력 및 그 수준, 로봇에 탑재될 치사성, 무기로 사용될 로봇에 대한 긍정적 편견의 배제 및 인간개입의 정도에 대한 논의 등이 반영되어야 한다. 또한 국내적으로는 향후 자율 로봇의 무기화를 금하거나 인간의 통제없는 사용을 제한하는 입법정책적 고심이 요청된다."는 주장은 타당하다. 김자회 외, 자율 로봇의 잠재적 무기화에 대한 소고 — 개념정립을 통한 규제를 중심으로, 입법과 정책9(3), 2017.12, 151면.

7. 경고, 자율무기는 필요악이 될 것인가?

핵무기의 긍정적 기능은 전쟁억제력을 높인다는 점이다. 그렇기 때문에 20세기에 많은 나라들이 핵무기의 개발에 열을 올렸다. 실제, 전쟁을 끝내기 위해 사용되기도 했다. 맨하탄 프로젝트의 결과물인 핵무기는 그 개발에 관여했거나 실제 투하했던 조종사에게도 트라우마를 남겼다. 물론, 히로시마와 나가사키에 투하됨으로써 수많은 인명이 살상되기도 했다.

인공지능이 전쟁무기에 채용되고 있으며, 이미 실전(實戰)에 배치되고 있다. 문제는 어느 누가, 어떤 자율무기를 개발하고, 또 사용하고 있는지 조차 제대로 알 수 없다는 점이다. 자율무기는 필요한 것인가? 이미, 전장에서 사용중이기 때문에 되돌릴 수 없다는 다음과 같은 주장(主張)은 설득력을 갖기 어렵다.

"어떤 경우든 로봇 전쟁을 금지하는 일은 실현 가능하지 않을 것이다. 미래 전쟁 로봇의 전신인 드론을 금지하기는커녕 크고 작은 나라들이 한창 드론을 개발 중인 데, 드론은 위험보다 이익이 더 많다고 추정하기 때문일 것이다. 다른 무기들처럼 상대편이 로봇을 보유하지 않을 거라고 믿기보다 로봇을 보유하는 편이 더 안전하다. 미래 전쟁에서 수백만 대의 가미카제 드론이 몇 분 내에 재래식 군대를 파괴한다면, 그 드론들이 우리 편인 게 낫다. 한쪽이 다른쪽 시스템의 통제권을 장악하여 제3차 세계대전이 몇 초 만에 끝난다면 우리는 더 똑똑하고 더 빠르고 공격에 더 잘 견디는 네트워크를 보유하는 편이 낫다."[110]

이는 지극히 전쟁을 문제해결 방법으로 보는 사고의 결과이다. 자율무기의 배척과 수용에 대해, 절충적으로 안전하게 사용할 수 있는 환경을 만들자는 주장도 낭만적인 주장에 불과하다. 핵무기를 갖추어 놓은 경우처럼 수많은 경우의 수에 대응하고, 상대적인 우위에 서기 위해 군비경쟁을 했던 것처럼 자율무기에 대한 군비경쟁(軍備競爭)은 인류가 공용으로 사용해야 할 자원을 서로

---

110 Pedro Domingos, 마스터알고리즘, 비즈니스북스, 2016, 449면.

사용하지 못하는 영역에 묶어두는 것과 다름없다.

　　자율무기의 사용은 없어져야 한다. 물론, 어느 일국의 주장만으로는 어렵겠지만 유엔을 포함한 국제사회를 중심으로 진행되어야 한다. 평화는 우리가 살아가야 할 환경에서 가장 행복한 순간이고, 전쟁이나 테러를 넘어선 평화는 누구라도 가져야 할 가치이다. 인공지능의 합리성은 인간의 이중적이고 배타적인 결정을 보고 배울 경우에 과연 어떠한 결론을 내릴지 생각해 볼 일이다. 과연, 자율무기가 비합리적인 존재인 인간을 그냥 둘 것이라고 보는 것은 아니길 바란다. 이것은 로봇을 대신하여 전하는 인간에 대한 경고(警告)이다.

인공지능과 위험사회

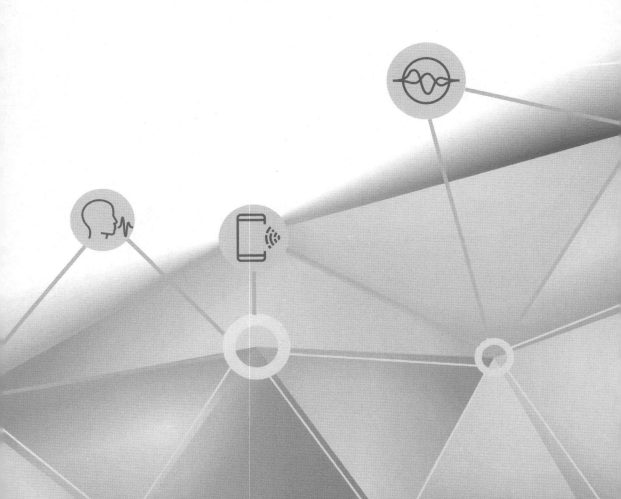

1. 왜, 위험사회 대응이 필요한가?

지능정보사회는 인공지능으로 대별되는 지능형 SW인 알고리즘이 우리사회의 가치를 높이는 사회이다. 경험적으로 볼 때, 기술은 대량생산에 따른 생산성 향상 등 사회적 편익을 가져오지만 실업이나 양극화 등 사회적 문제를 야기하기도 한다. 이러한 면에서 모든 산업혁명이 가져오는 결과는 크게 다르지 않음을 알 수 있다. 또한, 산업혁명의 중심에는 긍정적이든 부정적이든 사람이 있었으며, 사람이 제대로 대우받지 못한다면 사회적 안전성을 담보하기가 어렵다는 것 또한 경험적으로 알 수 있다. 이처럼, "인공지능의 존재가 여러 면에서 인간 삶을 풍요롭게 해준다는 것은 분명하다. 물질적 풍요와 경제적 번영도 인공지능의 문제를 생각하지 않고는 힘들어 지는 시대가 올지도 모른다. 그러나 다른 한편으로 인공지능의 존재는 인간으로서의 존재를 위축시키고 불안하게 만든다. 인공지능보다 수리판단력도 떨어지고, 데이터베이스 능력도 형편없으며, 조만간 인공지능에 의해서 일자리까지도 잃게 되지 않을까 걱정해야 하는 존재가 인공지능 시대의 인간들이다."[1]는 주장은 인간의 자화상을 보여주는 것이 아닐까? 따라서, 지능정보사회는 기술적 안전은 물론 사회적 안전이 동시(同時)에 담보되어야 한다. 기술발전과 자본주의 발전이 사회적 양극화를 가져왔듯이, 인공지능의 발전은 인공지능으로 인한 가치의 출동은 물론 알고리즘으로 인한 과실의 독점이라는 또 다른 사회적 이슈가 예견되기 때문이다.

아울러, 안전한 지능정보사회를 위해서는 법의 보수성(保守性)을 인정할 필요가 있으며, 기술이 사회발전을 선도하는 것은 문제로 단정하기 어렵지만 사회적 합의 없이 나아가는 것도 문제라는 인식이 필요하다. 또한, 기술은 가치중립적이지만, 이를 사업화하는 과정에서 사업자의 의도성이 가미될 수밖에 없기 때문에 인공지능 윤리를 포함한 기술윤리 또는 공학윤리가 필요하다. 인공지능 윤리가 인공지능 자체의 윤리를 넘어, 인공지능을 개발하고 이용하는 사

---

1 오순희 외, 인공지능시대에 무엇이 인간적인가, 경제·인문사회연구회, 2016, 70면.

람의 윤리이어야 할 이유이기도 하다. 법제도가 정비되지 않는 영역에 대해서는 윤리가 규범적 역할을 하기도 한다. 인공지능을 프로그래밍하는 개발자와 이를 둘러싼 이해관계자들의 윤리적 수준이 담보될 필요가 있다. 따라서, 인공지능에 대한 윤리적 고민의 결과가 단순한 법제의 정비가 아닌 어떠한 철학이 로봇과 인공지능에 적용돼야 할지에 대해 깊이 있는 연구(研究)가 선행되어야 한다. 단순한 의사결정을 위한 알고리즘의 구현이 아닌 인간을 포함한 대상에 대한 인간적인 판단이 이루어져야 하기 때문이다.

인공지능에 대한 책임과 의무를 어떻게 부여해야 할 것인지에 대한 논의는 헌법상 기본권에 대한 논의에서부터 출발되어야 한다. 책임분배에 대한 논의에서 핵심적인 문제는 인공지능에게 어떠한 권리를 부여하고, 그에 따른 책임을 지우느냐이기 때문이다. 결국, 인공지능 로봇이 무엇인지가 아닌, 무엇으로 대우해야 할 것인지? 라는 물음에서 출발해야 할 것이다. 인공지능에 대한 법률적 논의는 기존에 사람을 주체와 객체로 다루는 법률에서 사람을 인공지능으로 대신하여 고려하는 광범위한 수준이어야 한다. 입법적 논의는 다양한 정책적 논의와 사회적 합의를 통하여 구체화될 수 있다.

2. 위험 유형

가. 물리적 위험

인공지능으로 발생할 수 있는 물리적인 문제는 인공지능의 불안전성으로 인하여 나타날 수 있는 안전, 보안, 기술적 오남용에 관한 것이다. 기술발전에 따른 기술의 한계는 명확하다. 그렇다고, 기술로 기술의 한계를 극복한다는 낭만적 기대는 지양되어야 한다.[2] 자율주행시스템에 대한 해킹을 포함하여, 인공

---

[2] "과학이 위험 사회의 해결 동인으로 작동하기 위해서는 단기적인 해결책을 추구하기 보다는 그 원인을 제거하기 위해서 노력해야 한다. 인공지능에 오류가 없을 것이라는 낙관적인 생각이 그 위험을 더 증대시킬 수 있다는 점을 간과해서는 안 될 것이다. 특히 인간이 모르는 사이에 이루어지는 인공지능 로봇들의 지속적인 상호 연결화 현상은 개발자들도 예측할 수 없는 위험을 지니고 있으며 알고리즘의 오류를 설계자의 과실로만 보는 것도 방관자적인 태도라고 할 수 있다. 더 나아가 그 위험성을 더 발전된 과학으로 해결할 수 있다고 믿을 수도 있으나 사회 구성원들에게 발생하는 손해에 대한 대비책이 없다면 과학을 과학으로 해결하려는 생각은 설득력이 약하다."고 한다. 서종희, 4차 산업혁명 시대 위험책임의 역할과 한계, 사법

지능오류 등을 포함한 물리적인 위험 유형은 기존의 해킹, 보안사고 등의 연장 선상에 있다. 또한, 인공지능 로봇에 대한 해킹도 마찬가지이다. 문제는 인공지능의 통제권을 상실할 경우, 인공지능은 의도하지 않게 행동할 수 있을 것이며 테러의 표적이 아닌 그 자체가 테러용 살상무기로써 역할을 할 수도 있다는 점이다.

그렇다면, 인공지능에 대한 통제권이 상실될 경우 나타날 수 있는 기술위협은 누가 책임을 져야할 것인가? 합리적인 윤리적 대응의 부재, 윤리위원회가 제대로 작동할 것이라는 보장을 누가 할 것인가?

어느 누구도 장담할 수 없다. 그렇기 때문에 이러한 물리적인 위험에 대하여 선제적인 대응이 가능한 안전장치를 마련해야 한다. 셧다운 시스템을 도입하는 것도 하나의 방안이다. 킬스위치를 포함하여야 한다. 현재, EU Civil Law Rules on Robotics에서 논의 중에 있는 사항으로, 만약 해킹으로 인하여 인공지능의 역할이 인류의 가치를 부정하는 결과로 나타난다면 2018년 개봉된 <어벤져스: 인피니티 워>에서 처럼 인류의 절반이 사라지는 순간이 올지도 모른다. 인간의 통제에서 벗어나 인공지능이 스스로 생각하는 합리적인 의사결정은 인간의 비합리성을 용인할 수 없다는 것이라면 충분히 가능한 상황이 될 수 있다.

나. 사회적 위험

인공지능이 도구적으로 사용되는 경우가 물리적으로 가장 안전한 사회가 될 수 있다. 인공지능의 개발에 있어서 많은 투자가 이루어지고 있으며 그에 따른 과실은 인공지능 기업들이 가져가고 있다. 산업혁명기에 선도자들이 일자리를 만들었고 그 과정에서 부의 축적과 독점을 이루었다. 일자리 문제는 다른 산업군에서는 상실되는 수가 매우 크기 때문에 이에 대한 사회적 위협(威脅)은 무시할 수 없다.[3]

초기 산업혁명은 가내수공업에 종사하는 자의 일자리가 사라지는 결과를

(봄호), 2018, 100면.

3 사회적 이슈에 따른 위험은 인간의 본질적 가치의 충돌로 이어질 수 있다. 러다이트 운동의 반복은 경고되기도 한다. 물론 새로운 일자리가 만들어지지만, 전통적인 일자리는 사라질 수 밖에 없기 때문이다.

가져왔기 때문에 이에 대한 노동운동이 발생했다. 3차 산업혁명에 따른 기계화나 자동화는 또 다른 일자리를 사라지게 했다. 4차 산업혁명에 따른 결과도 다르지 않을 것이다. 단순한 일자리는 기계에 대체될 가능성이 크기 때문이다.

물론, 새로운 기술은 새로운 일자리를 만들어내고, 더 가치있는 결과를 만들어낸다는 점에서 나름대로의 의미를 찾을 수 있다. 문제는 기존의 산업직군에서 일자리가 사라지는 노동자는 어떻게 할 것인지에 대한 방안을 찾는 것이 쉽지 않다는 점이다. 전통적인 일자리는 혁신적인 기술과 시스템에 의해 위협받게 될 것이다. 그에 따른 노동운동은 이미 알고 있는 러다이트 운동이 대표적인 예이다. 무엇보다, 제조업이나 서비스업을 중심으로 이루어질 것이며, 단순 노동력을 제공하는 분야는 더욱 그러할 것이다. 노동자의 재교육(再敎育)이나 평생교육(平生敎育)이 대안으로 제시되고 있으나 현실적으로는 쉽지 않다.[4] 오랫동안 단순하거나 노동집약적 업무에 종사했던 사람이 기술기반의 일처리를 위한 기술(skill set)을 배우는 것이 쉽지 않다는 것은 경험칙상 알고 있기 때문이다. 기술 기반 일자리는 기존 인력이 아닌 새로운 기술을 배운 MZ세대[5]가 누리게 될 것은 자명하다. 새로운 일자리가 만들어지고, 사라지는 과정에서 잃은 사람이 얻게 되는 것이 아니기 때문에 국가의 책무(責務)로서 다루어져야 할 문제이다.

이처럼 일자리가 사라지고, 빈부의 격차가 커지는 양극화 현상에 대해 어떻게 대응할 것인지에 대한 고민은 로봇이 인간을 대체할 가능성이 커지는 지능정보사회에서 중요한 과제이다.

---

4 "지능형 로봇의 보편적 이용은 한편으로 굴뚝산업에서의 노동집약 부문의 일자리를 위협할 것이다. 그리고 인공지능은 의료, 금융투자, 법률서비스 등의 전문직 부문에도 투입되어 인간의 노동을 대신하고 있을 뿐만 아니라 과거 인간 고유 영역으로 여겨졌던 미술·음악과 같은 예술이나 소설, 신문기사의 작성과 같은 영역에서도 활약하고 있다. 그러나 자동화는 다른 한편으로 인간을 단순노동으로부터 해방시켜 인간이 보다 창의적이고 의미있는 업무를 수행하도록 하는 방향전환의 가능성을 제공한다. 이것은 특히 정부가 수요있는 부문으로 근로자가 재배치될 수 있도록 이들의 재교육 훈련에 투자해야함을 의미한다." 김진우, 지능형 로봇에 대한 사법적 규율, 법조 제723호, 2017.6, 12면.

5 MZ세대는 밀레니얼(Millennial) 세대인 1980~2000년생과 1990년대 중반~2000년대 중반에 태어난 Z세대를 합쳐서 일컫는 말이다. Z세대는 밀레니얼 세대를 말하는 Y세대의 뒤를 잇는 인구 집단을 말한다. Z는 알파벳의 마지막 글자로 20세기에 태어난 마지막 세대를 뜻한다. 보통 1984년 이전에 태어난 사람들을 X세대, 그 이후 태어난 세대는 Y세대, 1990년대 중반 이후 태어난 세대를 Z세대라고 일컫는다. magazine.contenta.co/2019/08. 2021.8.7.일자 검색.

3. 인공지능과 위험관리

가. 지능정보사회와 위험관리

우리가 역사를 통하여 얻을 수 있는 것은 미래예측이다. 역사적 경험에 따라 산업화의 경험을 지능사회에서 또다시 반복하는 우를 피하는 것이 바람직하다. 지금 많은 논란이 되고 있는 인공지능도 마찬가지이다. 인공지능이 보편화될 지능정보사회의 모습은 인공지능과 인간이 싸우는 것이 아니라 공존(共存)하는 모습이어야 한다. 공존을 위한 사회적 합의와 인식개선이 필요한 이유이다. 그렇지만, 일자리를 로봇이 대체한다거나 하는 부정적인 인식은 가장 기본적인 가치에 대한 도전으로 이해될 수 있기 때문에, 이에 대한 정치적 대응이 무엇보다 요구된다. 역사적으로 기계와의 대립은 러다이트(luddite) 운동을 기록하고 있다. 준비되지 않는 인공지능 사회에서 인간은 또 다른 대체재(代替財)가 될 수 있기 때문이다.

인간이 선택할 수 있는 가장 바람직한 선택 중 하나는 인공지능을 팀원으로 받아들이는 것이다. 기업에서, 병원에서 인공지능으로 구현된 동료를 채용하고, 동료로서 로봇의 기능을 활용하는 것이다. 복지와 지원이라는 원래 의도했던 로봇의 역할을 부여할 수 있기 때문에 긍정적으로 평가될 수 있다. 지능형로봇법은 사회적 약자에 대한 지능형 로봇의 보급과 촉진에 관한 규정을 두고 있다. 정부는 장애인·노령자·저소득자 등 사회적 약자들이 지능형 로봇을 자유롭게 이용할 수 있는 기회를 누리고 혜택을 향유할 수 있도록 해야 한다. 이를 위하여 지능형 로봇의 사용 편의성 향상 등을 위한 개발 및 보급 촉진에 필요한 대책을 마련할 책무가 부여되어 있다. 이처럼 인공지능 로봇은 인간을 위한 역할을 기본적인 역할로 부여되고 있음을 알 수 있다.

인공지능 시대에 대한 전반적인 법적 틀(legal frame)을 정비가 필요한 상황도 예상된다. 로봇저널리즘처럼 로봇이 만들어낸 결과물에 대한 귀속관계나 자율주행차의 트롤리 딜레마가 논란이지만, 인간을 대신할 로봇이라는 넓은 의미에서의 법률 검토가 필요하다. 인공지능이 우리사회에 미칠 영향은 예측하기가 쉽지 않다. 더욱이 인공지능이 어떠한 모습으로 진화할 것인지 확인할 수 있는 것이 아니기 때문이다. 인공지능이 사회 전반적으로 미치는 영향에 대한 대응

방안이 마련될 필요가 있다. 인공지능에 의해 발생할 수 있는 사고의 피해는
적지 않을 것으로 예상되기 때문이다.

나. 위험관리 관점에 따른 입법정책

기술발전에 따른 이해관계 내지 법률과의 충돌은 사회적 합의를 통하여,
윤리적 기준을 제시함으로써 어느 정도 완충지대(緩衝地帶)를 만들어낼 수 있
다. 그렇지만, 궁극적으로는 법정책적 판단을 통한 입법론적 해결책이 합리적
이다. 신기술의 도래에 따른 입법론에서 고려할 사항은 기술발전에 대한 예측
가능성을 담보하기 어렵다는 점이다. 인공지능이 우리사회에 미칠 영향은 예측
하기가 쉽지 않다. 인공지능이 어떠한 모습으로 진화할 것인지 알 수 있는 것
이 아니기 때문이다. 따라서, 인공지능이 사회 전반적으로 미칠 수 있는 영향
에 대한 검토와 대응방안이 마련될 필요가 있다. 인공지능에 의해 발생할 수
있는 사고의 피해는 적지 않을 것으로 예상되기 때문이다. 일종의 위험관리 관
점에서의 검토이다. 따라서, 인공지능에 대한 해킹, 빅데이터 처리에서의 의도
성, 개발자의 윤리적 소명의식 등 지능정보사회의 위험관리는 폭넓게 이루어져
야 한다. 그렇기 때문에 인공지능이 가져올 위험성에 대해서는 입법 과정에서
위험관리 관점이 내재된 입법정책의 추진이 필요하다.[6]

우선적으로 인공지능 자체의 안전과 인공지능에 의해 구현되는 사회적 안
전망의 구축에 관한 사항이다. 인공지능과의 동존 방안의 모색, 양극화의 대응
등을 들 수 있다. 아울러, 인공지능의 책임에 대한 배분 문제이다. 현행 법제도
의 검토를 통하여 권리의무의 주체로서 인공지능을 어떤 수준에서 다루어야
할 것인지 여부이다. 최소한(最小限)의 도덕으로써 형법이 갖는 사회적 안전망
에 대한 것으로 이해할 수 있다. 결국, 인공지능의 법적 책임에 대한 사회적 합
의에 대한 논의이다.

---

6 심우민, 인공지능 기술발전과 입법정책적 대응방향, 이슈와 논점 제1138호, 국회입법조사처,
  2016.3.18., 3면.

[표 20-1] 지능정보사회 대응을 위한 법제도적 쟁점과 과제

쟁점		주요 내용	대응 체계
로봇권	기본권	인격체로서 인공지능 로봇의 인권	헌법상 기본권의 주체로서 로봇
	권리 의무	독립된 의사결정과 행위에 따른 기본권의 주체 논의	법률상 권리 및 의무의 주체 여부
	법인격	로봇의 법인화 가능성과 법인격의 내용	로봇의 책임재산의 인정 등을 통한 법인화의 내용
	지식 재산	지식재산권의 귀속 문제(권리형, 채권형)	결과물의 귀속에 대한 저작권법, 특허법 등의 논의
안전 사회	안전	인공지능 로봇의 하자에 따른 사고의 발생 시 책임 논의	제조물 책임 등을 통한 제조자의 품질과 안전의 보증
	윤리	트롤리 딜레마에 따른 인공지능의 윤리적 판단	로봇윤리에 대한 가이드라인 수립(로봇윤리헌장)
	신뢰성	알고리즘 및 인공지능의 신뢰성 확보의 문제	알고리즘의 결과에 대한 공정거래 이슈
	구속	로봇의 위법행위에 따른 로봇에 대한 통제 권한 논의	로봇에 대한 실현가능한 구속 등 형사법적 대응
거버 넌스	양극화	로봇에 따른 일자리의 감소와 이에 따른 정보 등의 양극화 대비	기본소득의 제도화, 로봇세의 도입
	정부 책무	범정부의 차원의 지능정보사회 대응 체계 수립	지능정보사회로의 패러다임 변화에 따른 실질적 정책 대응

출처: 정보화저널(2016).

4. 사회적 안전 정책

가. 양극화와 노동의 변화

정부는 인공지능이 산업현장에서 사용됨에 따라 발생할 수 있는 노동정책과 그에 따른 해결방안에 대해 고민해야 한다. 물론 전반적인 노동정책도 고려해야 한다. 일자리의 대체는 단순 인력만이 아닌 고도의 지식노동자도 해당하기 때문이다. 인공지능은 우리에게 어떠한 영향을 줄까? 그동안 의사결정지원시스템으로서 인공지능 수준을 한정해 왔다. 그러나 전반적인 분야에서의 노동

대체성은 낮지 않기 때문에 이에 대한 사회적인 대응체계가 수립되지 않는다면, 인공지능에 의한 사회문제 이전에 노동자(勞動者)에 의한 사회문제가 훨씬 크게 발생할 수 있을 것이다.[7]

인공지능시대, 가속화될 양극화의 해소를 위해 정부의 정책역량이 집중될 필요가 있다. 인공지능이 대체하는 직업에 따라 기업은 적지 않은 수익을 발생시킬 것이다. 생산성도 그만큼 높아지기도 한다. 결국, 부의 편중이 또 다른 사회문제가 될 수 있다. 그렇게 되면 18세기 러다이트 운동과 같은 노동운동이 발생하지 않으리라 보장(保障)하기 어렵게 된다. 아니 이제는 사회운동으로 확대될 가능성도 있다. 양극화를 극복할 수 있는 방안이 제시되어야 한다. 아직은 뚜렷한 답을 찾기가 어렵다. 평생교육을 대안으로 제시하기도 한다. 새로운 전문기술을 익혀 대응할 수 있도록 하자는 의미이다. 그러나, 전혀 다른 영역의 것을 배운다는 것은 쉬운 일이 아니다. 실례로, 인공지능으로 사라질 콜센터 직원이 전직할 수 있는 영역이 인공지능 시대에 어떤 것이 있을지 생각해보자.

나. 사회적 안전장치로써 기본소득

(1) 기본소득의 필요성

노동 없는 생산이 가능한 지능정보사회에서, 인공지능과의 동존을 위해 인간의 기본적인 삶은 유지되어야 한다. 인공지능이 아무리 훌륭한 제품을 만들어낸다고 하더라도, 소비할 수 있는 소득(所得)이 없다면 삶이 영위되기가 어렵기 때문이다. 또한, 기본소득은 임금을 받지 못하는 다양한 일을 하는 사람들을 사회적으로 인정하게 되고, 가치 있는 일자리가 창출될 것이다. 인공지능에 의한 일자리 감소에 대한 방안으로써 EU에서 논의되고 있는 로봇세(robot tax)와 기본소득(basic income)을 고려할 수 있다. 기본소득이란 "자산, 소득, 노

---

7 EU Civil Law Rules on Robotics J. 로봇의 광범한 사용이 자동적으로 직업의 대체를 초래하지 않을 수도 있지만, 노동집약적 부문의 저숙련 일자리는 자동화에 더 취약할 수 있다. 이러한 경향은 생산 과정을 EU로 되돌릴 수 있다. 연구에 따르면 컴퓨터를 더 많이 사용하는 직종에서 고용이 상당히 빠르게 증가한다는 것을 보여준다. 일자리의 자동화는 단조로운 수작업 노동으로부터 사람들을 해방시켜 더 창의적이고 의미있는 업무로 방향을 전환할 수 있는 가능성을 가지고 있다. 자동화는 정부가 미래의 노동자가 필요로 하는 기술 유형의 재배분을 개선하기 위해 교육 및 기타 개혁에 투자할 것을 요구한다.

동활동 여부에 관계없이 모든 국민에게 정기적으로 일정액의 소득을 지급하는 것"[8]이다. 즉, 기본소득은 소득, 재산과 상관없이 누구에게나 동일하게 지급하는 것을 말한다. 로봇세는 로봇의 도입으로 일자리를 잃은 경우, 그에 따른 세금을 부과하자는 논의이다. 로봇세를 통하여 기본소득의 재원으로 활용할 수도 있을 것이다.

(2) 도입 방안

2016년 스위스에서는 기본소득에 관한 규정을 헌법에 넣는 것에 대한 국민투표가 진행되었다. 결과는 부결되었지만, 기본소득에 대한 논의를 확산시키는 계기(繼起)가 되었다. 기본소득 논의는 인공지능 시대를 대비하기 위해 필요하다. 논의를 확대시키면서 기본소득의 적용가능성을 검토하고, 다른 대안도 같이 고민할 수 있기 때문이다.

기본소득의 도입에 대한 논의는 갈린다. 먼저, 부정적인 효과는 근로의욕 상실, 복제제도 축소, 세금부담 증가, 일자리 감소 가속화 등을 들 수 있다. 반면, 긍정적인 효과는 복지 사각지대(死角地帶) 해소, 근로 유인, 복지 관리비용 감소, 빈부격차 감소, 낙인효과 방지, 청년창업자의 사회안전망 역할 등을 들 수 있다. 기본소득 자체가 국가예산을 사용하는 것을 전제하기 때문에 재원이 뒷받침되지 않으면 실현가능성이 높지 않다. 물론, 국가예산 중 낭비되거나 기본소득을 통하여 중복되는 부분은 배제하는 것도 고려할 수 있다. 조세지출, 탈세 등에 대해서는 엄격하게 정책을 이끌어나간다면 어느 정도 마련될 수 있을 것이다. 이러한 과정에서 혁신적인 결정이 필요하다.[9]

스위스, 핀란드 등 복지국가에서 논의되고 있는 제도가 기본소득이라는 점을 염두에 둘 필요가 있다.[10] 기본적인 삶을 유지할 수 있도록 누구라도 동일한 금액을 받는 기본소득에 대한 논의는 보수 진영에서부터 진보 진영에까지 찬반이 교차한다. 스위스와 같은 복지국가에서도 기본소득에 대한 국민투표

---

8 김은표, 기본소득 도입 논의 및 시사점, 이슈와 논점 제1148호, 국회입법조사처, 2016.

9 김은표, 기본소득 도입 논의 및 시사점, 이슈와 논점 제1148호, 국회입법조사처, 2016; 최준영, 핀란드의 기본소득 도입 검토, 이슈와 논점 제1098호, 국회입법조사처, 2015.

10 향후, 기본소득이 제도화되면 구체적인 방법론에 대해 정치(精緻)하게 설계할 필요가 있다. 이를 위해 다양한 영역에서 구체적이고 적극적인 논의를 통하여 인공지능 시대에 인간의 삶과 일자리의 가치에 대해 고민할 수 있기를 희망한다.

가 진행되기도 하였다. 그렇지만, 인공지능에 의해 일자리가 대체되는 시점에서 기본소득은 노동이나 인간의 가치에 대한 철학적 논의에서 시작할 필요가 있다. 2016년 다보스 포럼에서는 700만여 개의 일자리가 사라지고, 대신 200만 개의 일자리가 생성된다고 예측했다. 인공지능에 의해 노동 없는 생산이나 노동과 소득의 분리(分離)가 이루어지고 있다. 앞으로 이러한 현상은 가속화될 것이다. 인간이 인간다운 삶을 누릴 수 있는 것은 경제적인 기반이 있기 때문이다. 일자리는 이를 뒷받침하는 기본이다. 그런데, 가장 인간적인 삶을 가능하게 한다는 인공지능이 오히려 일자리를 잃게 만드는 것은 역설적이다. 인공지능을 중심으로 양극화가 가속될 것이라는 주장은 이런 것을 염두에 둔 것이다.

다. 사회안전망의 구축

인공지능이 어떻게 발전하거나 사용될지는 알 수 없는 미지의 기술로 간주하였고, 이러한 우려 때문에 인공지능 윤리가 필요다고 보았다. 인공지능 윤리의 한계는 윤리와 마찬가지로 강제하기 어렵다. 향후 인공지능으로 인해 발생하는 다양한 문제에 대해서는 입법론적 방안이 제시될 가능성이 크다.

법제도적 대응체계와 달리, 현장에서는 인공지능 시스템이 오픈소스 SW 형태로 배포되고 있다. 글로벌 플랫폼사업자의 플랫폼 장악력을 높이려는 의도가 담겨있기도 하지만, 인공지능의 오남용을 막기 위한 사회감시망으로 활용될 가능성도 크다. 다양한 문제의 대응은 윤리적인 방법 이외에도 집단지성을 활용한 기술적인 방법도 고려할 수 있는 방안이다.

또 하나는 일종의 규제적 성질이 반영될 수 있겠지만, 로봇 등록제를 도입(導入)하는 방안이다. 사회양극화를 대비하기 위한 조세정책, 노동정책의 일환으로 로봇세(robot tax) 논의가 이루어지고 있다. EU에서 이루어지고 있는 로봇세의 전제는 로봇을 공적기구에 등록하도록 한다는 것이다. 로봇의 등록을 통하여 로봇에 대한 과세지표를 객관화할 수 있기 때문이다. 물론, 등록 대상에 대해서는 다양한 논의를 통하여 기준을 정립해야 한다. 그렇지만, 로봇을 이용하는 사업자 입장에서는 규제이고, 세금원이 될 수 있기 때문에 부정적이거나 반대 입장을 견지할 가능성이 크다.

끝으로, 인공지능이 가져올 문제를 해결하기 위한 방안으로 소스코드를 공개하자는 주장이다. 오픈소스와 같이 직접 공중에 공개하는 것이 아니라 공적기구에 임치하는 것이다.[11] 인공지능 개발자는 공적기구와 임치계약을 통하여 필요한 경우, 문제해결을 위해 정부에 소스코드를 제고할 수 있도록 함으로써 발생하는 문제의 해결책을 마련할 수 있을 것이다. 다만, 기계학습 과정에서 알고리즘이 개선되기 때문에 소스코드 임치(任置)가 효력을 가질 수 있을지는 의문이다.

5. 일자리와 로봇세

가. 기술발전과 일자리의 관계

기술발전이 일자리에 미치는 영향은 기술이 갖는 속성에 따라 차이가 있다. 즉, "기술진보가 자본집약적 이거나 요소중립적인 경우에는 기술진보가 고용을 증가시키지만, 기술진보가 노동절약적인 경우에 고용증가의 정도가 상대적으로 적거나 고용이 감소할 수 있다."[12]는 점을 확인한다면, 인공지능은 인간의 노동력을 대체할 가능성이 높다는 점에서 전체적인 고용감소를 이끌어갈 것이라는 점은 부인하기 어렵다. 노동이 기술(技術)에 의하여 변화하는 것은 어쩌면 당연한 일이다. 실제로도 "컴퓨터 사용 빈도가 늘어나면서 기계가 인간의 노동을 대체하는 상황이 단순히 차량 조립라인 같은 개별적인 부문뿐 아니라 전문적인 영역으로 확장되고 있다."[13]는 것은 이러한 흐름이 변하지 않은 것이라는 점을 더욱 확신시켜준다.

기술의 진보는 바꿀 수 없는 흐름이기 때문에 대응방안의 수립이 무엇보다 중요하다. 사라지는 직업을 대신할 수 있는 교육체계의 수립이나, 전환교육

---

11 EU Civil Law Rules on Robotics 38. 필수적이고 발전된 의료 기기를 가지고 다니는 사람들에게 SW 업데이트를 포함한 유지, 수리 및 개선과 같은 서비스를 제공하는 데 필요한 수단을 보유하고 있는 독립적인 신뢰성 있는 기관을 창설할 것을 권고한다. 특히 원 공급자에 의해 그와 같은 서비스가 더 이상 제공되지 않는 경우에 필요하다. 국립 도서관에 출판물을 법적으로 기탁하는 것과 유사하고, 제조업체로 하여금 이러한 독립적인 신뢰성 있는 기관에 소스코드를 포함한 포괄적인 설계 지침을 의무적으로 제공하도록 하는 것을 제안한다.

12 최창곤, 기술진보의 형태가 일자리창출에 미치는 효과, 한국노동경제학회 2008년 하계학술대회, 2008, 84면.

13 Thomas Schulz, 구글의 미래, 비즈니스북스, 2016, 366면.

을 통하여 다른 직업을 가질 수 있도록 하는 것이다. 그러나, 기업의 입장에서는 퇴사인력을 대신할 인력을 채용하기 보다는 시스템으로 전환하는 것을 선택함으로써 인력을 충원하지 않고도 사업영역을 확장할 수 있기 때문이다.[14] 이러한 이유로 일자리를 잃는 경우에 사회적인 대응책으로 가처분 소득을 늘려주는 방안으로 기본소득이 제시되고 있다. 그리고, 기본소득을 위한 재원(財源)으로서 로봇세에 대한 논의가 이루지고 있는 것이다. 즉, 로봇세는 로봇의 도입으로 일자리를 잃은 경우, 그에 따른 세금을 부과하자는 논의이다.

나. 로봇밀집도

우리나라는 로봇에 대한 원천기술은 높지 않으면서도 산업현장에서 로봇 활용도가 높다. 로봇기술에서 논란이 될 수 있는 개념이 로봇밀집도이다. 로봇밀집도란 제조업 근로자 1만 명당 사용되는 로봇의 수를 말한다. 우리나라는 자동차, 전기·전자 업종의 높은 로봇활용에 힘입어 로봇밀집도 세계 1위라고 밝히고 있다. 자동차 공정과 같은 경우에 활용되는 반면 고위험, 고강도 등 작업환경이 열악한 제조현장(뿌리, 섬유, 식음료)에서는 로봇 활용도가 높지 않은 상황이다. 로봇에 들어가는 핵심 부품 및 SW는 일본, 독일, 미국 등에 의존하는 등 로봇산업의 전반적 경쟁력은 취약(脆弱)한 상황이다. 기술개발이나 투자보다는 산업적인 활용만을 고려한 결과이다.

다. 일자리 감소에 따른 재원으로서 로봇세

(1) 로봇세의 필요성

제17절에서 살펴본 바와 같이, 로봇의 유형이나 용도는 다양하다. 인간의 능력을 넘어서는 것도 확인했다. 인간과 경쟁할 수 있는 분야와 그렇지 않은 분야를 쉽게 나눌 수는 없지만, 적어도 인간의 노동력이나 지적 능력을 넘어서는 수준임을 경험적으로 알고 있다. 수많은 제조용 로봇이 산업현장에서 노동력을 행사하고 있다. 우려스럽지만, 그만큼 인간의 일자리는 줄고 있다. 물론, 혁신을 통하여 새로운 일자리가 만들어지고 있다는 주장도 있다. 인류는 수많

---

14 Thomas Schulz, 구글의 미래, 비즈니스북스, 2016, 369면.

은 기술혁신을 통하여 기존의 일자리를 대체하는 새로운 일자리를 만들어왔다. 틀리지 않는 주장이지만, 로봇이 가져오는 산업혁신에 대하여 긍정적인 평가만을 내리기 어려운 상황에 직면할 가능성도 배제하기 어렵다. 수많은 제조로봇은 인간의 일자리를 오래전부터 대체(代替)해 왔고, 다양한 분야에서 대체될 가능성이 높기 때문이다. 일자리 자체가 어느 순간 사라지기도 하지만, 누군가 빠져나간 일자리를 신규 고용으로 채우지 않는 방식으로 사라지게 했기 때문에 알아차리기가 쉽지 않을 수 있다. 점진적이지만, 어느 순간 수많은 일자리가 사라져 있는 것을 발견할 것이다.

로봇은 인간을 위해 개발되었지만 현실에서는 전적으로 인간을 위해 사용되는 것은 아니다. 물론, 누군가를 위해 사용되기는 하지만, 그러한 사용이 사회적으로 합의될 수 있는 것인지는 의문이다. 노동의 기회를 상실하고, 노동자의 기술이 현실(現實)을 따라가지 못한다면 노동자가 누려야 할 삶의 기반은 붕괴될 수 있기 때문이다. 로봇이 인간에게 가져다 줄 위기는 일자리의 상실이 가장 큰 것이다. 이러한 위기를 원인자와 나누자는 것이 기본소득과 로봇세가 추구할 기본원칙이다.

(2) 로봇세에 대한 논란

인공지능의 발달로 다양한 산업분야에서 인공지능 로봇이 인간노동자를 대체하게 될 것이라는 전망에 따라 '로봇세' 논의가 확산되고 있다. 2016년 유럽의회는 로봇으로 인해 줄어든 일자리나 늘어난 수입에 대해 세금을 걷어 사회에 환원하자는 취지로 로봇세 도입을 위한 초안 작업에 착수하였다. 2017년 2월, 논의 끝에 결국 로봇세 도입안을 채택하지 않는 것으로 결의하였으나, 로봇의 개발 및 확산에 대한 윤리적·법적 책임 문제에 대해서는 입법화의 필요성을 인정하여 EU Civil Law Rules on Robotics을 통과시켰다. 우리나라에서도 이와 관련하여 세법이 개정되고 로봇기본법 제정안이 발의되는 등 로봇세 관련 논의가 진행되고 있다. 로봇세의 도입과 관련해서는 다음과 같은 찬반 논의가 대립하고 있다.

찬성론은 인공지능 기술의 보급으로 줄어드는 일자리 문제의 해결과 함께 증가하는 복지수요에 충당하기 위한 재원 마련 차원에서 로봇세를 도입(導入)할 필요가 있다는 주장이다. 특히, 기업의 효율성을 담보할 수 있는 로봇에 의한 일자리 대체는 근본적인 노동시장의 변혁을 가져올 수 있기 때문이다. 즉, "기업이 효율만 추구하다 보면, 로봇에 일자리를 내어 준 대부분의 사람들은 가난해지고 자본을 소유한 일부 부자들에게 막대한 이익이 돌아갈 것이다. 국가 입장에서는 세수의 상당 부분을 차지하는 근로소득세를 잃게 된다. 나아가 개인들이 가난해지면 소비가 줄고, 경제의 순환은 막히게 된다. 결과적으로, 로봇의 상용화는 역설적으로 부의 양극화와 세수 감소를 초래할 수 있다. 이러한 흐름을 막거나 지연하는 데 로봇세는 효과적인 정책수단일 수 있다. 로봇이 생산하는 경제적 가치에 세금을 부과한다면 줄어든 근로소득세를 메울 수 있고, 이렇게 거둔 세금을 실직한 개인들을 위해 사용한다면 빈부격차를 줄일 수 있을 것이다."[15] 로봇세는 노동시장의 변화와 근로자에 대한 사회정책적인 목적에 따른 것이다. 정리하자면, 찬성론은 로봇이 인간의 노동을 대체하는 이상 동일하게 과세(課稅)할 필요가 있고, 그래야만이 대량 실직, 부의 양극화, 세수 부족 등의 부작용을 방지할 수 있다고 주장한다.

반대로 현재의 조세제도는 인격을 가진 소득의 최종적인 귀속자에 대하여 세금을 부과하고 있는 체계이므로, 로봇이 소득을 창출한다면 해당 소득을 최종적으로 소비하는 귀속자에게 세금을 부과하면 되므로 별도의 조세체계 개편을 논의할 필요가 없다는 주장이다. 인간의 일자리가 줄어들 것이라는 불안만으로 인류의 혁신과 기술 진보를 억지로 막는 것은 시대의 흐름에 역행하는 것이라고 비판한다.[16]

찬성론과 반대론의 입장은 명확하다. 그렇기 때문에, 절충적인 방안을 제시할 수 있다. 즉, 로봇세를 부과함으로써 가져올 수 있는 장점은 충분하지 않기 때문에 앞으로 기술발전에 따라 어떻게 상황이 바뀔지 알 수 없다. 따라서, 지금 당장 로봇세의 도입을 결정하기 보다는 로봇의 보급률과 기술발전에 따라 로봇세에 대한 중장기적 방안(方案)을 마련할 필요가 있다. 기본소득과 연계하거나 디지털세 내지 데이터 배당이라는 사회적인 안전망과 연계하여야 한다. 기본소득에 대한 논란은 있지만, 이러한 논의를 거치면서 인류가 보편적으로 필요한 복지 내지 기본권을 유지할 수 있는 방안이 마련될 것이다. 아니 마련해

---

15 이종혁, 로봇세 논의, 리걸타임즈, 2020.04.06.일자.
16 리걸타임즈, 2020.4.6.일자.

야 한다. 그렇지 않을 경우, 인류가 직면하는 양극화를 해소할 수 없으며 인간 중심이 아닌 기득권자 중심의 사회가 될 수 있으며, 그 중간에 로봇이 위치할 수 있기 때문이다.

(3) 재원확보 방안[17]

로봇세 자체의 찬반론이나 절충론에 따른 논란을 넘어서기 위한 구체적인 실행방안으로서, 로봇세의 재원을 어떻게 마련할 것인지가 관건이다. 로봇세 논의의 핵심은 빈곤(貧困) 구제 및 재교육 등을 위한 사회적 지출은 증가하는데, 소득세를 납부하는 노동자들이 절대적으로 줄어드는 딜레마를 해결하는 방법으로 인간의 노동을 대체하는 로봇에게 세금을 부과하자는 것이다. 로봇 자체에 대한 과세가 아닌 로봇을 활용하는 사업자 또는 로봇을 구매하는 구매자에 대한 과세형태이다.

현행 세법체계 하에서도 가능한 경우도 있으며, 아니면 별도의 과목을 신설하여 과세하는 방안도 가능하다. 로봇과 관련하여 세금을 부과하는 것은 크게 세 가지 방안을 생각해 볼 수 있다. 첫째, 로봇이 창출하는 부가가치에 대한 과세로, 로봇을 하나의 사업장으로 보고 로봇이 위치하는 사업장에서 창출되는 재화·용역에 대하여 부가가치세를 과세하는 것이다. 그러나 부가가치세는 결국 최종소비자가 부담하는 것이므로 일자리를 상실한 노동자 계층의 구매력 감소로 국가의 세원확보 및 사회양극화 해소에는 기여도가 낮을 수 있다. 둘째, 로봇을 재산으로 간주해 부동산이나 자동차·선박처럼 보유세를 부과하는 방법으로, 로봇을 소유한 기업 또는 사업주에 대해 부과하는 재산세이므로 과세대상만 추가(追加)하면 될 것이다. 셋째, 로봇이 인간노동자를 대체함에 따라 절감된 인건비 또는 늘어나는 수익에 대해 소득세 또는 법인세를 부과하는 것으로 이는 기존 기업소득환류세제나 신설되는 투자·상생협력촉진세제와 유사한 과세방식이다. 이러한 유형으로 보건대, 첫째 둘째의 경우에는 로봇세에 대한 저항은 상대적으로 크지 않을 것으로 보이나, 세 번째는 로봇의 대체성을 어떻게 확인할 것인지 등 방법론적 측면에서 한계를 가질 수 있다.

또한, 로봇과 관련한 과세 문제는 ⅰ) 이중과세, 인간노동자를 대체한다고 판단할 수 있는 로봇의 범위를 설정하는 문제, ⅱ) 모바일뱅킹·키오스크·컴퓨

---

17 입법조사처, 2018 국정감사 정책자료 Ⅱ, 2018. 64면 이하 참조.

터프로그램 등 인간의 노동시장을 줄였지만 기술발달의 결과물에 대해 과세하지 않는 다른 기술 영역과의 형평성 문제 등 쟁점 사항은 논란의 대상이다. 따라서, 로봇세를 위한 대상과 기준 수립 등 관련 쟁점에 대한 충분한 사회적 이해와 합의를 바탕으로 국내 도입에 관한 논의를 진행할 필요가 있다.

라. 해결해야 할 과제

과세를 위해서는 관련 법률에 과세대상, 과세표준, 세율 등이 분명하게 규정되어야 한다. 이를 위해서는 우선 과세대상인 로봇의 범위를 분명하게 정의할 필요가 있다. 현실적으로 로봇의 범위(範圍)가 너무 넓기 때문에 어느 범위 안에서 과세할 것인지에 대한 사회적 합의가 필요하다.

납세의무자를 로봇으로 볼 것인지 아니면 로봇의 소유자로 볼 것인지도 고민해야 한다. 전자로 본다면, 로봇에 인격을 부여하고 로봇이 창출한 가치에 세금을 부과하는 방법을 고려할 수 있다. 이는 유럽에서 논의된 전자인과 비슷한 관념이 될 것으로 보이는 데, 과연 책임을 질 수 없는 로봇에 인격을 부여할 수 있을지에 관한 논쟁이 예상된다. 로봇에 인격을 부여하지 않더라도, 로봇을 취득하거나 소유하는 것에 대해서 취득세 또는 재산세를 부과하거나 로봇이 창출한 가치를 측정하여 그 소유주에게 소득세 등을 부과(賦課)하는 방법을 고려할 수 있다. 아직은 논의의 초기 단계이므로 앞으로 많은 논의가 필요하다.

제 21 절 │ 보론: 인공지능 연구의 또 다른 출발선에서

1. 미래학으로서 인공지능법학

인공지능을 연구한다는 것은 인공지능 기술을 넘어서 인공지능이 가져올 미래상(未來像)에 대해서도 공부를 하지 않을 수 없다는 점에서 미래학적 접근은 필수적이다. 누구나 알고 있는 것처럼, 인공지능이 가져올 미래는 예측가능할 수도 있지만, 예측가능한 범위를 넘어설 수도 있다. 예측 범위를 넓힐 경우에는 실익이 없어질 수 있기 때문에 무한정 확장할 수도 없는 일이다.

기술은 점진적이고 누적적인 발전과 비례하여 현실화 된 것처럼, 앞으로도 그렇게 될 것이라고 조심스럽게 내다본다. 미래를 예측한다는 것 자체가 인간의 능력을 넘어선 것이 아닐까 생각한다. 그럼에도 불구하고, 미래에 대한 예측을 통하여 인간이 대비(對備)할 수 있는 상황을 시뮬레이션하고, 대응방안을 마련한다면 어느 정도 최악의 상황은 막아낼 것이다. 어떤 면에서는 인공지능을 개발하는 지금, 인공지능 로봇과의 공존을 위한 윤리에 충실하는 것이 최선의 대응이 될 수 있다. 윤리가 모든 것을 담보할 수는 없겠지만, 인공지능을 기획·개발·이용하는 사람의 윤리 수준을 높인다면 인공지능 자체에 담겨질 윤리수준이 높아짐으로써 관련 이슈는 낮출 수 있기 때문이다.

앞으로 인공지능은 어떠한 발전과정을 거칠지 알 수 없다. 70년대와 90년대의 인공지능 암흑기(AI winter)는 예측하지 못했다. 되돌아보면 그때의 기술수준으로는 당연한 결과였다고 단정할 수 있겠지만, 미래 어느 순간 또 다른 시련기가 찾아올지는 알 수 없다. 영화 속 터미네이터와 같이, 아예 인류의 암흑기(winter)가 올지 누가 알겠는가?

사람이 인공지능을 개발하고, 이용하는 이상 인공지능을 악용하는 사례는 언제든지 가능하다. 물론 의도하지 않는 오류도 가능하다. 아직은 약한 인공지능이기 때문에 그 심각성은 크지 않지만, 인식과 편견을 가져올 수 있는 사례가 적지 않고 개인정보를 활용한 경우에는 프라이버시 내지 인권의 문제까지 확대될 수 있기 때문에 여간 조심스러운 일이 아니다. 쉽게 접하는 사례가 챗봇에 의한 편견과 차별적인 반응이다. 문제는 챗봇에 가하는 사람들이 악의적인 행태가 문제이다. 이러한 사례는 향후에도 지속될 것으로 예상되므로, 이용자의 윤리라는 측면에서 다룰 필요가 있는 사안이다.

인공지능에 대한 연구는 기술적 연구가 기반이지만, 이제는 기술적 연구를 넘어서고 있다. 인공지능이 우리사회에 어떠한 영향을 미치는 것인지에 대한 연구도 필수적이다. 그것은 현재가 아닌, 내일 이루어질 수 있는 현상에 대한 고민이기 때문에 미래학(未來學)이기도 하다. 다만, 미래를 어떻게 설계할지는 어려운 일이다. 인공지능이 데이터에 기반하여, 학습하는 것은 과거 데이터에 기반하기 때문에 현재와 미래는 다른 결과가 나타날 수 있기 때문이다.

법제도의 정비는 어느 정도 기술적, 사회적 성숙이 있은 후에 이루어지는 것이 필요하다. 그렇지 않을 경우, 규제위주의 정책을 뒷받침하는 근거가 될 수 있기 때문이다. 그렇다고, 악의적이고 고의적인 경우까지 허용하자는 것은 아니다. 사회적인 합의와 그 합의는 국제적으로도 통용될 수 있는 수준이어야 한다.

우리에겐 바뤼흐 스피노자(Baruch Spinoza)의 말로 알려졌지만, 정설로는 마틴 루터(Martin Luther)의 말로 알려진 "비록 내일 지구의 종말이 온다 하더라도, 나는 오늘 한 그루의 사과나무를 심겠다."는 말처럼, 인공지능이 인류에게 미치는 영향의 긍정적 요소를 최대화하고 부정적 요소를 관리할 수 있어야 한다. 역사적으로 기술발전에 따른 오남용은 적지 않았다. 로봇의 전쟁 살상무기화, 해킹, 인권이나 재산권 침해, 테슬라의 자동차 사고 등 의도하지 않게 기술이 인류에 미치는 영향은 언제나 있어 왔다. 다만, 그 기술의 오남용을 극복해 나가는 것이 인류가 발휘한 지혜로운 결정이었다. 인공지능 기술의 활용도 그렇게 지혜롭게 활용해 갈 것이다. 그러한 환경을 법제도적으로 마련하는 것이 인공지능법학의 역할이다. EU에서도 인공지능 법규범을 만들고 있으며, 미국에서는 알고리즘 책임법 등 관련 법안이 발의되고 있다. 우리나라도, 인공지능 관련 다양한 법안이 제안되고 있다. 법안의 내용에는 규제 측면도 있으며, 산업진흥적 측면도 담겨있다. 기술의 발전은 지향(志向)하되 기술로 인하여 발생할 수 있는 문제는 지양(止揚)되어야 한다. 동전의 양면과 같은 규제와 진흥을 관통하는 인공지능법 연구가 필요한 이유이기도 하다.

2. 아이들과의 대화

초등학생인 두 아이와 인공지능 로봇에 대해 나눈 이야기를 통하여 우리가 대응해야 할 미래 사회를 시뮬레이션하고자 한다. 인공지능에 관한 두 아이의 생각은 학습받기 전의 인공지능과 크게 다름없다. 2016.3월의 기억은 이세돌의 알파고의 대결로 세상은 인공지능에 대한 관심을 높이게 되었다. 결국, 대국은 인간 이세돌이 1승을 겨우 따냈을 뿐 알파고라는 기계의 승리였다. 충격적이라는 표현을 쓰지 않을 수 없었다. 알파고의 아버지인 하사비스도, 어떻게 해서 알파고가 그러한 결정을 내렸는지 알 수 없다고 얘기했을 정도다. 물론, 인공지능을 사람이 개발했다는 점에서 인공지능의 승리라기 보다는 인간의 또 다른 도전이었다고 이해할 수 있다.

2016년 봄, 알파고가 이세돌을 이겼다는 얘기를 듣고 당시 유치원생이던 작은 아이는 인공지능이 무섭다며, 울먹이면서 "컴퓨터의 CPU를 뽑아버리겠다."고 이야기한 적이 있다. 그만큼 어린 아이에게 인공지능은 충격을 주기에 충분했다.

알파고라는 인공지능이 인간을 이겼다는 점에서 인공지능을 상당히 무서운 존재로 인식했음이 틀림없다. 인공지능이 터미네이터와 같이 인류에 위협적인 존재가 될 수 있다는 주장은 오래전부터 있어왔으나 곧 현실화 될 것처럼 회자(膾炙)되기 시작했다. 물론, 인공지능이 인간이 할 수 없는 어려운 일들을 대신할 수 있으며, 그로써 인류는 보다 본질적이고 가치 있는 일에 집중할 수 있을 것이라는 주장을 펴기도 했다. 과연 그러할지는 의문이다. 인공지능이 가져올, 양극화를 극복하지 못한다면 인류의 본질적인 가치는 인공지능에게 넘어갈 수도 있다. 설령 그렇지 않더라도 인공지능을 부리는 소수의 집단에게 귀속될 수도 있다. 인간적인 삶을 위해 인공지능을 개발한 것이 역설적으로 인간의 가치는 더 이상 실현될 수 없게 할 가능성도 배제하기 어렵다.

알파고가 이세돌을 이긴지 4년여가 흐른 2021년 봄, 작은 아이에게 인공지능에 대해 어떻게 생각하는지 물었다. 전과는 다른 의견을 주었다. 아이의 입장은 상당히 변하였음을 알 수 있었다.

"인공지능은 편리하잖아요. 거의 모든 면에서 알아서 해줄 거예요."

그 사이 여러 가지 얘기를 나누었지만, 아이 나름대로의 생각이 넓어진 것이다. 많은 책과 얘기를 통하여 인공지능을 포함한 세상에 대한 본인의 생각이 정리되고 있는 것이다. 인공지능이 갖는 장점이나 그에 따른 긍정적 변화에 대해 널리 알릴 필요가 있다. 학교교육에서도 인공지능 활용에 대한 내용도 포함될 필요가 있다. 인공지능 연구가 전문가의 손에 의해 이루어지긴 하지만, 보편적인 사용은 보통 사람들의 몫이기 때문이다.

　　자라나는 세대가 컴퓨터적 사고능력(computational thinking)을 키울 수 있도록 초중고 교과과정에서 SW교육[18]이 정규 교과목화 되었다. 문제는 지역 교육청마다 편차가 심하다는 점이다. SW수업이 없는 학교도 있다. 입시 위주의 교육시스템에서는 장시간 학습이 필요한 SW교육이 온전히 이루어지기 쉽지 않다.

　　현행 입시시스템의 개혁 없이 창의교육이나 꿈을 키워가는 교육은 쉽지 않다. 오죽하면, 온라인게임 셧다운제 위헌소송에서 합헌이라는 결론을 이끌어 내기 위해 수면권(睡眠權) 보장이 필요하다는 주장했을까? 과도한 입시 등으로 스트레스를 풀기 위한 수단 중 하나인 게임조차도 국가가 후견인으로서 차단(遮斷)하겠다는 것은 학생들의 자율성을 무시하는 것이다. 지금이라도 게임 셧다운제도는 폐지되어야 하며, 이용자와 제작자의 표현의 자유를 억압하는 수단 이외의 다른 것은 아니다.[19] 세상은 SW와 인공지능과 경쟁해야 하는데, SW이

18　소프트웨어 진흥법은 소프트웨어 교육을 "소프트웨어의 활용 및 구현을 통하여 창의적 문제 해결 능력을 키우고 소프트웨어의 가치를 인식하게 하며, 올바른 소프트웨어 활용 문화를 확산하는 것을 목적으로 하는 모든 형태의 교육"으로 정의하고 있다. 참고로, 소프트웨어교육 지원법 개정안 연구에서는 소프트웨어 교육을 "문제 해결을 위한 소프트웨어 및 이와 관련된 계산적 사고 및 알고리즘 개발 능력을 습득하고 소프트웨어에 대한 가치 및 문화를 함양하는 것을 목적으로 실시하는 교육"으로 정의한 바 있다.

19　"정보를 갖지 못한 이용자에게 보다 충실한 정보를 제공함으로써 정보의 비대칭성(information asymmetry)을 해소하기 위한 게임물을 시장에 출시하기 위해서는 등급분류를 받아야 한다. 실상 등급분류가 게임 개발자에게는 규제로 작용하고 있다. 등급분류제도는 이용자에게 적정 정보를 제공하기 위한 것이지만, 사업자에게는 오히려 규제로 작용하곤 한다. 즉, 등급분류에서 유해성 등 청소년에게 미치는 영향에 대한 필터링을 받았음에도 다시 셧다운제에 따른 중독성 판단을 받기 때문이다. 이러한 셧다운제의 규제 목적은 정당한가? 실제 강제적 셧다운제를 도입하면서 폈던 규제논리는 청소년들의 '수면권' 보장이었다. 청소년들이 온종일 학교, 학원 학습에 힘들었기 때문에 제대로 수면을 취할 수 없다는 주장이다. 그러한 이유 때문에 청소년의 수면권을 침해하는 게임서비스를 차단해야 한다는 것이다. 일견 타당하게 보일 수 있지만, 이는 본질적인 해결방안이 아니다. 청소년이 자기 시간을 가질 수 없는 입시환경이 바뀌어야 한다. 또한, 청소년들이 가치에 대하여 스스로 판단을 내릴 수 있는 교육체계가 마련되어야 한다. 정책대안에서는 청소년들이 소비하는 것이 게임만이 아니

자 인공지능 친화적인 문화콘텐츠인 게임 자체를 차단하는 셧다운제는 정말이지 문화시대를 살아가는 우리시대의 부끄러운 자화상(自畵像)이 아닐 수 없다.

인공지능이 어떻게 발전할 것인지는 예측하기가 쉽지 않다. 특이점이 오는 시점에는 인간의 지능과 맞먹는 인공지능이 개발될 것이다. 인류의 역사에서 볼 때, 1950년대에 인공지능이 개념화 된 지 얼마 되지 않았다. 더욱이, 기술적으로 뒷받침되지 않았음에도, 최근에 인공지능이 확산하고 있다는 점에서 특이점이 오는 시간은 오래지 않을 것이라는 생각이다.

인공지능과 인류가 어떤 관계를 이루게될지 아직은 누구도 알지 못한다. 인공지능의 발전에 따라 인류와 로봇과의 관계 설정이 이루어질 것이기 때문이다. 인공지능의 부작용이 알려지고 있다. 신기술의 도입에 따른 부작용은 어느 시대에도 있었다. 바람직한 방향은 어떻게 사회적 합의(合意)를 얻느냐 하는 것이다. 인공지능도 어디까지나 도구이기 때문에 도구가 갖는 가치중립성은 인공지능에도 적용될 필요가 있다. 다만, 그것이 인류에게 미치는 부작용(副作用)이 크지 않을 때까지여야 한다. 그 이상을 넘어서면, 인공지능은 규제의 대상이 되거나 더 나아가 인류와는 적대적인 관계가 될 수 있기 때문이다.

어린 아이들이나 학생들이 경험할 수 있는 환경을 만들어주는 것이 교육의 목적이 아닐까 생각한다. 그 과정에서 아이들은 자신이 나아갈 방향을 찾을 것이기 때문이다. 나이가 들면서 합리적인 판단을 쉽게 못하는 어른들의 나라가 아닌 아이들의 나라인 데, 아이들의 주체성(主體性)을 위한 교육시스템이 필요하다. 제1장에서 인공지능 기술에 대한 이해가 필요한 것은 법제도적 해결방안을 찾기 위해서라고 언급했다. 다만, 사실상 지능정보사회의 주역은 지금의 학생이 될 것이다. 2015년 교육과정 개편에 따라 2018년부터 순차적으로 SW교육이 정규교과목에 포함되었으나 실효적인 교육이 이루어지는지 의문이다.

라는 점을 간과하고 있다. 이처럼 정책적이지 않은 문제분석, 근본적인 처방 없는 차단만으로는 정책의 정당성과 실효성을 갖기 어렵다. 실제, 강제적 셧다운제 이후 2가지 현상이 특이하게 발생한다고 한다. 하나는 청소년 게임물에 성인 자격으로 가입하는 이용자가 늘었다는 점, 또 하나는 청소년용 게임물의 출시가 줄었다는 점이다". 김윤명, 게임 규제는 SW·문화 규제이다!, 월간SW중심사회, 2015.2월호. 2021.7월 국내에서는 마인크래프트의 등급을 청소년이용불가 등급으로 받았다고 한다. 청소년이용불가 게임에는 셧다운제도가 적용되지 않기 때문에 게임사업자인 마이크로소프트는 관리차원에서 청소년불가 게임으로 서비스하는 것이 효율적이라고 판단하였음을 보여준다. 관련하여, 마인크래프트가 쏘아올린 '셧다운제' 폐지론…움직이는 정치권, 아시아경제, 2021.7.9.일자 참조.

지역마다 편차가 크고, 사교육으로써 코딩교육이 이루어지고 있기 때문에 그 격차는 확대될 수 있다는 우려도 있다. 따라서, 학생들이 초중등 과정을 포함하여 대학이나 군대 또는 사회교육 과정에서 인공지능이나 SW교육을 접할 수 있는 빈도를 높여야 한다. 지역적인 격차도 또한 줄여 나가야 한다.

이를 위해 인공지능을 포함한 SW교육에 대한 관심이 필요하다. 지능정보사회는 인공지능을 통하여 문제해결을 위한 컴퓨터적 사고능력과 기본스킬 (skill set)을 갖추도록 해야 한다. 언어와 마찬가지로 SW의 논리적인 사고와 문제해결 방식은 다음 세대가 지속성장할 수 있는 절대 반지가 될 것이기 때문이다. SW 및 인공지능 교육을 통하여 얻을 수 있는 과실은 "우리나라의 지속가능한 글로벌 경쟁우위의 확보"[20]에 있다.

3. 선택

우리 모두의 아이들이 주인공이 될 미래 어느 시점에서 인공지능은 어떠한 존재가 되어 있겠지만, 어떤 책임과 의무를 지고 있을지는 알 수 없다. 다만, 우리 세대가 그러한 상황을 준비해야 할 책무가 있다는 점을 잊지 않아야 한다. 과거(過去)의 선택이 현재(現在)를 만들었듯이, 현재의 선택이 미래(未來)를 만들 것이기 때문이다. 이를 위해 준비해야 할 몇 가지 사항을 인용해 본다.[21]

"기술에 큰 권한이 넘어가기 전에 우리 젊은이들이 기술을 탄탄하고 이롭게 만들도록 가르쳐야 한다. 기술이 법을 무용지물로 만들기 전에 법률 체계를 현대화해야 한다. 국제 분쟁이 자율무기 군비경쟁으로 치닫지 않게끔 조정해야 한다. 인공지능이 소득 불평등을 증폭하기 전에 번영을 보장하는 경제를 만들어야 한다. 인공지능 안전 연구가 무시되는 것이 아니라 실행되는 사회를 만들어야 한다. 앞을 더 내다보면, 초지능인공지능(AGI)의 위협과 관련해서는 적어도 몇몇 기본적인 윤리적 기준에 합의해야 한다. 그래야 이 기준을 강력한 기

---

20 김윤명·길현영, 소프트웨어 교육지원법 제정 연구, 이슈리포트 2015-025, 소프트웨어정책연구소, 2015, 21면.
21 Max Tegmark, 라이프 3.0: 인공지능이 열어갈 인류와 생명의 미래, 동아시아, 2017, 445면.

계한테 가르치기 시작할 수 있다. 양극화와 혼란이 심해지는 세계에서는 인공지능을 나쁜 목적에 사용할 힘이 있는 사람들이 그렇게 할 능력과 동기가 더 커지게 된다. 초지능인공지능 개발경쟁에 돌입한 팀들은 안전을 위해 협력하기보다는 안전 규칙을 건너뛰라는 압력을 더 받게 된다. 요컨대 만약 우리가 공유한 목적을 향해 협력하는 더 조화로운 인간 사회를 만들 수 있다면, 이에 따라 인공지능 혁명이 좋게 끝날 가능성도 높아질 것이다."

우리에게 수많은 연구 거리와 과제가 남겨져 있으며, 인공지능 기술이 발전함에 따라 고민거리는 더욱 커질 것이다. 다행인 것은 인공지능 연구를 포함하여 현재 진행 중인 연구들은 수많은 선행 연구자들의 결과물이 바탕이 되었다는 점이다. 이처럼, 연계되고 계승된다는 점에서 인류가 갖는 장점이기도 하다. 그런 면에서 공유나 공개라는 집단지성 시스템은 다른 무엇과도 바꿀 수 없는 인류의 유산(遺産)이다. 인류의 유산을 활용한 연구는 인공지능을 이롭게 사용할 수 있는 방안을 제시하는 데 있다. 당연한 것일 수도 있지만, 기술의 발전은 기술을 가진 자에게 부를 집중시킨다. 특히, 플랫폼사업자들에게 그럴 가능성이 크다. 그렇지만, 그들이 기술의 발전에 따른 부의 편중(偏重)을 해소할 수 있기를 바라며, 기술을 이롭게 활용하는 것이 도덕적 의무이자 책무라고 생각한다. 예를 들면, 플랫폼사업자의 인공지능으로 인하여 생겨나는 다양한 사회문제, 환경문제 등에 대한 사회적 책임(social responsibility)의 확대이다. ESG에 대한 관심이 확대되면서 데이터에 관한 사항이 포함되고 있으나, 구체적으로 개인정보의 보호, 데이터 윤리, 알고리즘에 대한 책임 등을 포함하는 것이 필요하다.

4. 예외와 제한

인공지능 윤리를 선한 것으로 설정하고, 인공지능 로봇을 윤리적으로만 설계하는 것이 합리적인 것인지는 한번쯤 생각해 볼 필요가 있다. 윤리적인 인공지능 로봇은 지극히 합리적이고 논리적인 판단과 결정을 내릴 것이고, 그에 따른 행동과 결과는 절대 가치나 선만을 추구하는 것이 될 가능성도 배제할 수 없기 때문이다.

프로그래밍된 상태에서는 인공지능의 의지나 인식과 상관없이 학습된 가치를 벗어나는 것은 인간의 행위라고 하더라도 비윤리적인 것으로 평가될 것이라는 점도 고려되어야 한다. 윤리와 도덕을 배운 인간이지만, 법률의 해석(解釋)과 적용(適用)에서는 그 사정을 파악해야 하고 그에 따른 예외와 감면사유 등을 고려해야 한다. 현실에서는 판사의 재량이 허용된다. 그렇기 때문에 예외를 쉽게 허용하지 않을 로봇판사 등 사법영역에서의 행위자로서 인공지능을 설정하기에는 여간 부담스러운 일이 아니다. 물론, 로봇판사도 예외사항가 프로그래밍될 것이다. 지극히 인간적인 분야가 역시 법률분야일 수밖에 없는 이유이기도 하다.

절대적인 윤리적 가치가 구현되는 이상적인 사회와 그 이상적인 사회가 과연 선한 것인지는 우리가 경험해 보지 못했다. 지극히 윤리적인 인공지능과는 다른 계층 또는 계급으로서 인류(人類)를 상정하지 않는 이상 고민스러운 예견이 아닐 수 없다. 로봇과 공존하는 세상에서 인간이 인간답게 살 수 있기 위해서는 로봇이 인간에 대해 윤리적인 판단을 할 경우를 대비하여 다양한 예외(exception)와 제한(limitation)을 설계해야 하지 않을까 생각한다.[22]

책을 마치며 문득 든 생각,

"선만 존재하는 세상은 과연 선한 세상일까?"

---

[22] 인공지능 윤리편에서 논하지 않는 것은 윤리적 가치를 절대적으로 수행할 인공지능 로봇의 예외 없는 선택과 결정은 어떠한 결과를 가져올지도 한번쯤 고려해야 할 사항이라는 점을 말하고 싶었기 때문이다. 물론, 본문에서도 언급하였지만 인간의 비합리성과 로봇의 합리성이 충돌할 경우, 인간은 로봇의 가치체계에서 비합리적인 존재로 비추어질 가능성도 있다는 점은 로봇윤리가 고도화될수록 선을 추구해야 하는 인류가 갖는 딜레마가 될 것이다.

강흠정, 컴퓨터 소프트웨어의 특허보호에 대한 연구, LAW&TECHNOLOGY 제8권 제3호, 2012.

강희원, 이른바 일반조항(Generalklauseln)에 관한 기초법학적 이해, 고황법학(창간호), 1994.

개인정보 비식별화 관련 해외 현황 및 사례, KISA, 2016.

개인정보보호위원회, 개인정보 보호법령 및 지침·고시 해설, 2020.12.

고유강, 법관업무의 지원을 위한 머신러닝의 발전상황에 대한 소고, LAW&TECHNOLOGY 제15권 제5호(통권 제83호), 2019.

고인석, 로봇윤리의 기본 원칙: 로봇 존재론으로부터, 범한철학 제75호, 2014.

고인석, 체계적인 로봇윤리의 정립을 위한 로봇 존재론, 특히 로봇의 분류에 관하여, 철학논총 제70집 새한철학회, 2012.

고정운 외, 절차적 생성 알고리즘을 이용한 3차원 게임월드 제작, 산업융합연구 제16권 제1호, 2018.

고학수 외, 인공지능과 차별, 저스티스 통권 제171호, 2019.

고학수, 개인정보보호의 법, 경제 및 이노베이션, 개인정보 보호법제 전문가포럼, 2013.10.

구대환, 컴퓨터프로그램 기술혁신의 효과적인 보호를 위한 제언, 창작과권리 제62호, 2011.

국가인권위원회, 인공지능산업 진흥법에 관한 법률안에 대한 의견표명, 2020.4.

권구복, 로봇산업의 국내외 동향 및 전망, 산업은행, 2016.

권영준, 개인정보자기결정권과 동의 제도에 대한 고찰, 법학논총 vol.36, no.1, 2016.

권영준, 저작권 침해소송에 있어서 실질적 유사성 판단기준, 서울대학교 박사학위논문, 2005.

권영준, 특허권 남용의 법리와 그 관련 문제, 산업재산권 제36호, 2011.12.

권용래, 소프트웨어 테스팅, 생능출판사, 2010.

권태복 외, 컴퓨터프로그램 보호방식에 관한 비교연구, 한국저작권위원회, 2012.

권태복, 제4차 산업혁명과 특허전략, 한국지식재산연구원, 2019.

권형둔 외, 방송의 공정성 강화를 위한 제도개선방안 연구, 방송통신위원회, 2015.

김건식, 컴퓨터프로그램의 특허법상 보호에 관한 특허법 제2조 개정시안의 법적 의의 및 과제, 법학연구 제23권 제1호, 2012.

김건우, 알고리즘으로 움직이는 경제, 디지털 카르텔 가능성 커진다, LG경제연구원, 2017.

김경우, 빅데이터 활용 활성화를 위한 입법방향과 사례, LAW&TECHNOLOGY, 제 15권 제3호, 2019년 5월.

김관식 외, 특허법과 저작권법의 조화를 통한 창조적 소프트웨어 기업 보호방안 연구, 특허청, 2013.12.

김관식, 컴퓨터프로그램의 특허법상 보호에 관한 특허법 제2조 개정시안의 법적 의의 및 과제, 법학연구 제23권 제1호, 2012.

김광수, 인공지능 규제법서설, 토지공법연구 제81집, 2018.

김규옥, 자동차와 도로의 자율협력주행을 위한 도로운영방안, 월간 교통 Vol. 23, 2015.11.

김기영, 소프트웨어 특허 침해에 대한 구제, LAW&TECHNOLOGY 제3권 제4호, 2007.7.

김나루, 인공지능으로 인한 법적 문제와 그 대안에 관한 연구, 홍익법학 제19권 제 2호, 2018.

김도엽, 인공지능과 개인정보보호 이슈, 법률신문, 2019.12.19.일자.

김민혁 외, 자율살상무기체계에 대한 국제적 쟁점과 선제적 대응방향, 국방연구 제 63권 제1호, 2020.

김순석 외, BM 특허 보호를 위한 법제도 개선방안, 정보통신부, 2002.12.

김용대 외, 인공지능 원론: 설명가능성을 중심으로, 박영사, 2021.

김유환, 행정법과 규제정책, 법문사, 2012.

김윤명 외, SW안전 체계 확보와 중점 추진과제, 소프트웨어정책연구소, 2016.

김윤명 외, SW제조물책임 관련 법제 현황 조사연구, 소프트웨어정책연구소, 2017.

김윤명 외, SW중심사회 실현을 위한 법제도 지원 연구, 미래창조과학부, 2017.

김윤명 외, 국내 SW생태계 견실화 저해요인 및 개선방안 연구, 소프트웨어정책연 구소, 2015.

김윤명 외, 로보스케이프, 케포이북스, 2017.

김윤명 외, 소프트웨어 문화 확산 및 가치실현을 위한 법제 개선방안 연구 – 소 프트웨어산업 진흥법을 중심으로, 소프트웨어정책연구소, 2016.

김윤명 외, 소프트웨어산업 진흥법 개정 연구, 소프트웨어정책연구소, 2016.

김윤명 외, 인터넷서비스와 저작권법, 경인문화사, 2009.

김윤명 외, 지능정보사회 대응을 위한 법제도 조사연구, 소프트웨어정책연구소, 2017.

김윤명, 제4차산업혁명을 선도한, 지능형로봇법, SW중심사회, 2017.

김윤명, 왜, 인공지능법인가?, 월간 소프트웨어중심사회, 2015.10.

김윤명, SW중심사회 구현을 위한 소프트웨어산업진흥법의 개정방안 연구, 정보법학(정보법학회), 2015.

김윤명, SW특허는 기술혁신을 이끄는가? 홍익법학 Vol.15 No.4, 2014.

김윤명, UCC의 법률 문제에 관한 소고, 인터넷법률(통권 제38호), 2007.4.

김윤명, 게임 규제는 SW·문화 규제이다!, 월간SW중심사회, 2015.2월호.

김윤명, 게임SW산업 진흥을 위한 규제 개선방안 연구, 소프트웨어정책연구소, 2016.

김윤명, 게임법, 홍릉출판사, 2021.

김윤명, 공공SW사업의 내실화(內實化)를 위한 법제도 개선방안, 법학연구(경상대 학교), 2016.

김윤명, 문화산업 진흥을 위한 법체계 연구, 정보법학 제18권 제2호, 2014.

김윤명, 발명의 컴퓨터 구현 보호체계 합리화를 위한 특허제도 개선방안 연구, 특 허청, 2014.

김윤명, 알고리즘과 법, 정보화진흥원, 2019.

김윤명, 앤(Anne)女王法에 관한 著作權法制史的 意義, 산업재산권 제20권 제20호, 2006.

김윤명, 왜 사회적 기술(social technology)이 중요한가? 월간SW중심사회, 2015.12.

김윤명, 왜, 오픈소스 소프트웨어인가? SW중심사회, 2016.3월호.

김윤명, 인공지능(로봇)의 법적 쟁점에 대한 시론적 고찰, 정보법학 제20권 제1호, 2016.4.

김윤명, 인공지능과 법적 쟁점, 이슈리포트 2016-005, 소프트웨어정책연구소, 2016.

김윤명, 인공지능에 의한 저작물 이용 및 창작에 대한 법적 검토와 시사점, 법제연 구(51), 2016.12.

김윤명, 인공지능은 어떻게 현실화 되는가? 월간소프트웨어중심사회, 2016.04.

김윤명, 인공지능이 만든 작품에도 저작권이 있을까?, 광고산업협회보, 2016.5·6.

김윤명, 지식재산 관점에서 본 기술과 콘텐츠의 융합, 소프트웨어정책연구소, 2017.

김윤명, 퍼블릭도메인과 저작권법, 커뮤니케이션북스, 2009.

김윤명, 표현의 자유를 위한 저작권법의 역할 ― OSP의 책임논의를 중심으로, 법 조, Vol.158, No. 12, 2009.

김윤명·길현영, 소프트웨어 교육지원법 제정 연구, 소프트웨어정책연구소, 2016.

김윤명·이민영, 소프트웨어와 리걸 프레임, 10가지 이슈, 커뮤니케이션북스, 2016.

김은표, 기본소득 도입 논의 및 시사점, 이슈와 논점 제1148호, 국회입법조사처, 2016.

김인중, 기계학습의 발전 동향, 산업화 사례 및 활성화 정책 방향, 이슈리포트

2015－017, 소프트웨어정책연구소, 2015.

김자회 외, 자율 로봇의 잠재적 무기화에 대한 소고 － 개념정립을 통한 규제를 중심으로, 입법과 정책9(3), 2017.12.

김자회 외, 지능형 자율로봇에 대한 전자적 인격 부여 － EU 결의안을 중심으로 －, 법조 724호, 2017.

김자회, 자율무기시스템(AWS)에 대한 국제법적 규제 : 새로운 협약도입의 필요성 을 중심으로, 국제법의 새로운 쟁점, 2019.

김종현, 자동차의 전자제어장치의 오작동으로 인한 자동차 제조사의 제조물책임의 성립 여부, 재산법연구 제29권 제4호, 2013.2.

김주현, AI 필터링과 설명가능 인공지능, LAW&TECHNOLOGY 제16권 제3호(통권 제87호), 2020.

김지혜, 선량한 차별주의자, 창비, 2019.

김진우, 대가로서의 디지털 개인정보 － 데이터의 개인정보 보호법 및 계약법적 의의 －, 비교사법 제24권 제4호, 2017.

김진우, 인공지능에 대한 전자인 제도 도입의 필요성과 실현방안에 관한 고찰, 저 스티스 제171호, 2019.

김진우, 지능형 로봇에 대한 사법적 규율, 법조 제723호, 2017.6.

김진형, AI최강의 수업, 매일경제신문사, 2020.

김진형, ECONOMY CHOSUN 통권 제141호, 2016.

김진형, 김윤명 외, 대학생의 AI 리터러시 함양을 위한 교양교육 프로그램 개발 방 안 연구, 소프트웨어정책연구소, 2021.

김태경 외, 산업용 로봇 보급이 고용에 미치는 영향, 조사통계월보 2021년 1월호.

김태훈, 개정 저작권법 해설, 계간저작권(제13권 제1호), 2000.

도재문, 지능형 로봇 개발 및 보급 촉진법안 검토보고서, 국회산업지원위원회, 2007.11.

마정목, 통제가능한 자율무기체계의 개념과 설계에 관한 연구, 국방정책연구 제36 권 제2호(통권 제128호), 2020.

문건영, 삼단계 테스트의 해석·적용과 저작권법 제35조의3과의 관계, 계간 저작권 2020봄호.

문덕수, 시쓰는법(重版), 동원출판사, 1984.

문병로, ECONOMY CHOSUN 통권 제141호, 2016, 1

문정균 외, 구글(Google)의 전자지도 국외반출요구에 대한 입법론적 연구, 한국지 도학회지 제20권 제1호, 2020.

민대홍 외, 해외 주요국의 Private 5G 도입 동향, 전자통신동향분석 제35권 제5호 2020년 10월.

박노형·정명현, EU GDPR상 프로파일링 규정의 법적 분석, 안암법학 제562호, 2018.

박명수, 저작권법 일부개정안 검토보고서, 국회교육문화체육관광위원회, 2013.12.

박문언, 자율무기체계의 국제법적 허용성과 규제방안, 서울대학교 박사학위논문, 2019.

박문언, 자율무기체계의 국제법적 허용성과 지휘관 책임, 대외학술활동시리즈 2019-31, 국방인력연구센터, 2019.

박미정, 인공지능과 데이터윤리에 관한 소고, 한국의료윤리학회지 제22권 제3호, 2019.

박상돈, 헌법상 자동의사결정 알고리즘 설명요구권에 관한 개괄적 고찰, 헌법학연구 제23권 제3호, 2017.

박성호, 지적재산법의 비침해행위와 일반불법행위, 정보법학 제15권 제1호, 2011.4.

박성호, 바둑 기보의 저작물성 판단에 관한 연구, 한국저작권위원회, 2009.

박성호, 저작권법, 박영사, 2014.

박소영, 손해배상책임 관점에서의 인공지능 특징과 관련 제도 논의, 통권 제81호, 2019.

박소영, 혁신 채찍, 그 사례와 인공지능·빅데이터 시대에서의 역할, LAW&TECHNOLOGY 제15권 제5호(통권 제83호), 2019.

박종보 외, 인공지능기술의 발전과 법적 대응, 법학논총 제34집 제2호, 2017.

박준석, 영업방법 발명 등 컴퓨터프로그램 관련 발명의 특허법적 보호에 관한 비교법적 고찰, 비교사법 제16권 제3호, 2013.

박태형 외, SW안전 관리 관점에서의 기반시설 보호법제 개선 연구, 2016, 17면.

방동희, 데이터 경제 활성화를 위한 데이터 법제의 필요성과 그 정립방향에 관한 소고, 法學硏究 第59卷 第1號·通卷95號, 2018.

배대헌, In re Bilski에서 만난 '숲과 나무'論, 경북대학교 IT와 법 연구소, IT와 법 연구 4, 2010.2.

서달주, 바둑의 기보도 저작물인가, 저작권문화, 2006.6월호.

서종희, 4차 산업혁명 시대 위험책임의 역할과 한계, 사법(봄호), 2018.

선지원, 인공지능 알고리즘 규율에 대한 소고, 2019.

설성수, 기술혁신론, 법문사, 2011.

손경한 편저, 사이버지적재산권법, 법영사, 2004.

손경한 편저, 신특허법론, 법영사, 2005.

손천우, 부정경쟁방지법 제2조 제1호 (카)목이 규정하는 성과물 이용 부정경쟁행위에 관한 연구, 사법 제55호, 2021.3.

송대호, 특허법 일부개정법률안검토보고서, 국회산업통상자원중소벤처기업위원회, 2018.8.

송영식외 6인, 송영식 지적소유권법(하), 육법사, 2008.

송재섭, 미국 연방저작권법상 공정이용 판단 요소의 적용 사례 분석, 계간저작권 제25권 제2호(통권 제98호), 2012.

신봉근, 컴퓨터소프트웨어와 제조물책임, 인터넷법률 통권 제27호, 법무부, 2005.

심동섭, 개정 저작권법 해설, 계간저작권 2006년 겨울호.

심우민, 인공지능 기술발전과 입법정책적 대응방향, 이슈와 논점 제1138호, 국회입법조사처, 2016.3.18.

안성원, 다시 주목받는 인공지능, 그리고 구글 텐서프롤우 공개가 시사하는 점, 월간 SW중심사회, 2015.12.

안정민 외, 검색광고 규제에 대한 법적 고찰, 언론과 법제13권 제1호, 2014.

양재모, 인, 물의 이원적 권리체계의 변화, 한양법학 제20권 제2집, 2009.5.

양종모, 인공지능 이용 범죄예측 기법과 불심검문 등에의 적용에 관한 고찰, 형사법의 신동향 통권 제51호, 2016.6.

양종모, 인공지능 알고리즘의 편향성, 불투명성이 법적 의사결정에 미치는 영향 및 규율 방안, 法曹 Vol.723, 2017.6.

양종모, 인공지능의 위험의 특성과 법적 규제방안, 홍익법학 제17권 제4호, 2016.

양천수 외, 현대 빅데이터 사회와 새로운 인권 구상, 안암법학 제57권, 2018.

오병철, 인공지능 로봇에 의한 손해의 불법행위책임, 법학연구, 제27권 제4호, 2017.12.

오병철, 전자인격 도입을 전제로 한 인공지능 로봇의 권리능력의 세부적 제안, 법조 제69권 제3호, 2020.

오세욱, 알고리즘화(Algorithmification), 언론정보연구 제55권 제2호, 2018.

오순희 외, 인공지능시대에 무엇이 인간적인가, 경제·인문사회연구회, 2016.

오승종, 디지털시대의 사적복제: 사적복제 규정의 개정과 관련하여, 저작권문화(제128호), 2005.1.

오요한 외, 인공지능 알고리즘은 사람을 차별하는가?, 과학기술학연구 제18권 제3호, 2018.

오정진, 법의 공정성: 허구적 당위에서 실천으로, 法學硏究 第51卷 第2號·通卷64號, 2010.

오창석, 제조물책임법 일부개정법률안 검토보고, 국회정무위원회, 2017.11.

외교부, 2021 군축 비확산 편람, 2021.

유대종, 저작권 남용의 법리에 관한 연구, 경희대학교 박사학위논문, 2006.

유선봉, 동물권 논쟁: 철학적, 법학적 논의를 중심으로, 중앙법학 제10집 제2호,

2008.

유준구, 자율살상무기체계(LAWS) 규범 창설 논의의 쟁점과 시사점, 외교안보연구원, 2019.

윤권순 외, 특허법의 논리, 신론사, 2014.

윤지영 외, 법과학을 적용한 형사사법의 선진화 방안(Ⅷ), 형사정책연구원, 2017.

윤지영 외, 법과학을 적용한 형사사법의 선진화 방안(Ⅵ), 형사정책연구원, 2015.

이금노, 인공지능 알고리즘 기반 경제에서의 소비자문제 연구, 한국소비자원, 2018.

이나래, 인공지능 기반 의사결정에 대한 법률적 규율 방안, LAW&TECHNOLOGY 제15권 제5호(통권 제83호), 2019.

이대희, 웹 2.0 시대 UCC 저작권 문제의 핵심과 해결방안, 2006년 대한민국 인터넷정책 진단과 전망 세미나, 2006.

이상경, 지적재산권소송법, 육법사, 1998.

이상수, 임베디드 소프트웨어의 결함과 제조물책임 적용에 관한 고찰, 법학논문집 제39집 제2호, 2015.

이상정 외, 저작권법강의, 세창출판사, 2015.

이상정, 기보와 저작권법, 스포츠와 법 제10권 제3호, 2007.

이상정, 컴퓨터 소프트웨어 관련 특허의 인정범위와 한계, 지적재산권법연구 제3권, 1999.

이상정, 컴퓨터프로그램보호방법의 재검토, 서울대학교 법학 제48권 제1호, 2007.

이상현, 불법행위 법리를 통한 지적 창작물의 보호, LAW&TECHNOLOGY 제11권 제4호, 2015.7.

이성웅, 인공지능 시대의 투명성과 신뢰, 인공지능, 알고리즘, 개인정보보호를 둘러싼 정책과제, 서울대학교 법과경제연구센터, 2017.

이수미 외, 컴퓨터 프로그램 관련 발명의 성립성 판단기준의 변화에 대한 연구, 법학연구 제17권 제2호, 2014.6.

이연희 외, 킬러로봇에 대한 윤리적 고찰, 한국초등교육 제31권 특별호, 2020.

이원태 외, 지능정보사회의 규범체계 정립을 위한 법제도 연구, 2016.

이인권, BM발명과 특허제도, 한국경제연구원, 2002.

이재웅, 4차 산업혁명 시대 핵심 자산, 개인정보의 안전한 활용 및 보호 원칙, Deloitte Korea Review no.12, 2019.

이제희, 알고리즘의 취급에 대한 법적 논의, 공법학연구, 19권 3호, 2018.

이철남, 주요 모바일 플랫폼의 특성 및 비즈니스 모델과 SW 지적재산권의 역할에 관한 고찰, 2009.

이초식, 인공지능의 철학, 고려대학교 출판부, 1993.

이해완, 저작권법, 박영사, 2019.

이호영 외, ICT기반 사회현안 해결방안 연구, 정보통신정책연구원, 2017.2.

이희옥, 인공지능의 의사결정에 대응한 자기결정권의 보장에 관한 연구, 한양대 박
　　사학위논문, 2020.

임예준, 인공지능 시대의 전쟁자동화와 인권에 관한 소고 - 국제법상 자율살상무
　　기의 규제를 중심으로 -, 고려법학 제92호, 2019.

임원선, 실무자를 위한 저작권법, 저작권위원회, 2014.

임익상, 저작권법 일부개정안 검토보고서, 문화체육관광위원회, 2019.6.

입법조사처, 2021 국정감사 이슈 분석 Ⅷ, 2021.8.

입법조사처, 2018 국정감사 정책자료 Ⅱ, 2018.8.

장병탁, 장교수의 딥러닝, 홍릉과학출판사, 2017.

장석권, 데이터를 철학하다, 흐름출판, 2018.

장연화 외, 왓슨의 진단 조력에 대한 현행법상 형사책임에 관한 소고, 형사법의 신
　　동향 통권 제55호(2017.6.).

장윤종, 4차 산업혁명과 한국산업의 과제, KIET 산업경제, 2016.6.

장인숙, 저작권법개설, 보진재, 1996.

정상기, Idea/Expression 이분법에 대한 소고(1), 계간저작권 제2호, 1993.6.

정상조 편, 저작권법 주해, 박영사, 2007.

정상조, 딥러닝에서의 학습데이터와 공정이용, LAW&TECHNOLOGY 제16권 제1
　　호(통권 제85호), 2020.

정상조, 박준석, 지식재산권법, 홍문사, 2013.

정상조·박성수 공편, 특허법 주해 I, 박영사, 2010.

정용찬, 4차 산업혁명 시대의 데이터 거버넌스 개선 방향, KISDI 프리미엄리포트,
　　2018.8.

정원준, 데이터 행정법의 중요성과 정책적 과제, 한국인터넷윤리학회 추계학술대
　　회, 2018.

정지훈, 호모사피엔스씨의 위험한 고민, 메디치, 2015.

정차호, 특허법의 진보성, 박영사, 2014.

조기열, 자동차관리법 일부개정법률안 검토 보고, 국회국토교통위원회, 2015.

조영선, 특허법, 박영사, 2013.

조영선, 인공지능과 특허의 법률문제, 고려법학 제90호, 2018.

조광희, 인간의 법정, 솔. 2021.

조중헌, 동물 옹호의 논의와 실천을 통해 본 동물권 담론의 사회적 의미, 법학논총
　　제30집 제1호, 2013.

조진수 외, '공정성'의 국어교육적 개념화 방향 탐색, 국어교육연구 제71집, 2019.

조현석 외, 인공지능, 권련변환과 세계정치, 삼인, 2018.

지수영, 지능형 로봇, TTA Journal Vol.158, 2015.

지승도, 인공지능, 붓다를 꿈꾸다, 운주사, 2015.

채수근, 부정경쟁방지 및 영업비밀보호에 관한 법률 일부개정법률안 검토보고, 산업통상자원중소벤처기업위원회, 2021.

천현득, "킬러 로봇"을 넘어: 자율적 군사로봇의 윤리적 문제들, 탈경계인문학 vol.12, no.1, 통권 25호, 2019.

최경수 역, 저작물의 새로운 기술적 이용에 관한 국립위원회의 최종보고서 (CONTU), 저작권심의조정위원회, 1994.

최경진, 지능형 신기술에 관한 민사법적 검토, 정보법학 제19권 제3호, 2015.

최민수, 인공지능 로봇의 오작동에 의한 사고로 인한 불법행우책임, 민사법의 이론과 실무, 2020.8.31.

최승재, 컴퓨터 프로그램보호와 저작권남용, IT와 법연구 제5집, 2011.2.

최윤섭, 의료 인공지능, 클라우드나인, 2018.

최준영, 핀란드의 기본소득 도입 검토, 이슈와 논점 제1098호, 국회입법조사처, 2015.

최지연, 알고리즘 중립성 보장을 위한 법제 연구, 한국법제연구원, 2017.

최창곤, 기술진보의 형태가 일자리창출에 미치는 효과, 한국노동경제학회 2008년 하계학술대회, 2008.

최형구, 소프트웨어의 특허법적 보호 필요성, 산업재산권 제23호, 2007.8.

최호진, 썸네일 이미지와 공정이용, LAW&TECHNOLOGY 제8권 제3호, 2012.

특허법원 지적재산소송실무연구회, 지적재산 소송실무, 박영사, 2010.

특허청, 특허·실용신안 심사지침서, 2014.

특허청, 특허·실용신안 심사기준, 2020.

하상태, 자율주행 지원을 위한 고정밀지도 기술 동향, TTA Journal Vol. 173, 2017.

하용득, 저작권법, 법령편찬보급회, 1988.

한국과학기술평가원, 소셜로봇의 미래, 2020.

한국정보법학회 지음, 인터넷, 그 길을 묻다, 중앙Books, 2012.

한봉조, UCC 저작권 쟁점 사안, UCC 가이드라인 컨퍼런스 토론자료집, 2007.

한희원, 인공지능(AI)기반의 치명적 자율무기에 대한 법적·윤리적 쟁점 기초연구, 국가정보연구 제12권 1호, 2019.

행정자치부, 국가안전관리기본계획(2010－2014), 2010.

허영, 한국헌법론(전정6판), 박영사, 2010.

허유선, 인공지능에 의한 차별과 그 책임 논의를 위한 예비적 고찰 － 알고리즘의 편향성 학습과 인간 행위자를 중심으로, 한국여성철학 제29권, 2018.

홍범교, 기술발전과 미래 조세체계－로봇세를 중심으로, 한국조세재정연구원, 2018.

홍은표, 블랙박스 사회와 법, 법률가의 역할, 한국정보법학회, 2018.

KISDI, 4차산업혁명 대응 법제정비 연구, 2018.

Alex Hern, "Google says machine learning is the future. So I tried it myself", The Guardian, Tuesday 28 June 2016.

Algorithms and collusion, OECD, 2017.

Bruce Schneier, Click Here to Kill Everyone, Policy Issues surrounding Artificial Intelligence, Algorithms & Privacy, 2017.

Céline Castets－Renard, ACCOUNTABILITY OF ALGORITHMS IN THE GDPR ANDBEYOND: A EUROPEAN LEGAL FRAMEWORK ON AUTOMATEDDECISION－MAKING, Fordham Intellectual Property, Media &Entertainment Law Journal, 6 Jun 2019.

David E. Rumelhart, Geoffrey E. Hinton 및 Ronald J. Williams. 역전파 오류에 의한 학습 표현, Nature (London), 1986.10.

David E. Rumelhart, James L. McClelland and PDP Research Group, Parallel Distributed Processing, Volume 1 － Explorations in the Microstructure of Cognition: Foundations, A Bradford Book, 1986.

Don Tapscott et al.. 블록체인혁명, 을유문화사, 2017.

Edel Cashman, 라이다(LiDAR) 애플리케이션의 dToF 적용사례, Semiconductor Network 2021.01.

Eliezer Yudkowsky, Artificial Intelligence as a Positive and Negative Factor in Global Risk, In Global Catastrophic Risks, Oxford University, 2008.

Ezrachi,A.・M.E.Stucke, Virtual Competition, Harvard University Press, 2016.

Final Report of the National Commission on New Technological Uses of Copyrighted Works, Library of Congress, 1979.

Garbriel Hallevy, "CRIMINAL LIABILITY OF ARTIFICIAL INTELLIGENCE ENTITIES—FROM SCIENCE FICTION TO LEGAL SOCIAL CONTROL", 2010.

Guidelines on Automated individual decision－making and Profiling for the purposes of Regulation 2016/679.

James Barrat, 파이널 인벤션, 동아시아, 2016.

Joshua A. Kroll, Accountable Algorithms, Policy Issues surrounding Artificial Intelligence, Algorithms & Privacy, 2017.

Klaus Schwab, 제4차 산업혁명, 새로운 현재, 2016.

Mark A. Lemley, Bryab Casey, Fair Learning(2020), at http://ssrn.com/abstract=3528447

Martin Ford, 로봇의 부상, 세종서적, 2016.

Max Tegmark, 라이프 3.0: 인공지능이 열어갈 인류와 생명의 미래, 동아시아, 2017.

Melissa A. Schilling, 김길선 역, 기술경영과 혁신전략, McGraw-Hill Korea, 2011.

Michael Nagenborg, Rafael Capurro, 로봇윤리: 로봇의 윤리적 문제들, 어문학사, 2013.

Michal Heller, 소유의 역습 그리드락, 웅진지식하우스, 2009.

Microsoft, 인공지능으로 변화될 미래-인공지능, 그리고 그 사회적 역할, 2018.

Nelson, Richard, Physical and social technologies, and their evolution, LEM Working Paper Series, No. 2003/09, 2003.

Nicola Jentzsch, Supervising Massive Data Processing, Policy Issues surrounding Artificial Intelligence, Algorithms & Privacy, 2017.

Pamela Samuelson, "Allocating Ownership Rights in Computer Generated Works", 47 U.Pitt. L.Rev. 1185.

Patrick Lin et al., ROBOT ETHICS, MIT Press, 2014.

Paul Brunet, 빅데이터를 제대로 활용할 수 있도록 돕는 "데이터 거버넌스", ITWORLD, 2018.02.28.

Pedro Domingos, 마스터알고리즘, 비즈니스북스, 2016.

Prateek Joshi, David Millan Escriva, Vinicius Godoy, OpenCV By Example, Packt Publishing, 2016.

Raymond Ray Kurzweil, 마음의 탄생, 크레센도, 2016.

Robert Merges, Peter Menell, Mark Lemley, Intellectual Property in the New Technologital Age, Wolters Kluwer, 2012.

Safiya Umoja Noble, 구글은 어떻게 여성을 차별하는가, 한스미디어, 2019.

Scientific American 편집부 엮음, 인공지능(Beyond Human AI and Genius Machines), 한림출판사, 2016.

Sean Gerrish, 기계는 어떻게 생각하는가? 이지스 퍼블리싱, 2020.

Stephen M. Omohundro, The Basic AI Drives, AGI08 Workshop on the Sociocultural, Ethical and Fururological Implications of Artificial Intelligence, 2008.

Stuart Russell, Peter Norvig, 인공지능 현대적 접근방식(제3판), 제이펍, 2016.

Stuart Russell, 어떻게 인간과 공존하는 인공지능을 만들 것인가: AI와 통제문제, 김영사, 2021.

Thomas Schulz, 구글의 미래, 비즈니스북스, 2016.

Viktor Mayer−Schonberger et al., 빅데이터가 만드는 세상, 21세기북스, 2015.

Wallach Wendell·Allen Colin, 왜 로봇의 도덕인가: 스스로 판단하는 인공지능 시
　　　대에 필요한 컴퓨터 윤리의 모든 것, 메디치미디어, 2014.

Why a right to explanation of automated decision−making does not exist in
　　　the General Data Protection Regulation Sandra Wachter, Brent Mittelstadt,
　　　Luciano Floridi, International Data Privacy Law, 2017.

William M. Landes et al., 지적재산권법의 경제구조, 일조각, 2011.

Yutaka Matsuo, 인공지능과 딥러닝, 동아엠앤비, 2015.

Yuval Noah Harari, 호모데우스, 김영사, 2017.

中山信弘, 특허법, 법문사, 2001.

中山信弘, 著作權法, 有斐閣, 2014.

山本龍彦 編著, AIと憲法, 日本経済新聞, 2018.

江口俊夫, 신상표법해설, 법경출판사, 1989.

次世代知財システム検討委員会 報告書 (案) ～デジタル・ネットワーク化に対応す
　　　る 次世代知財システム構築に向けて～, 知的財産戦略本部 検証・評価・企
　　　画委員会 次世代知財システム検討委員会, 平成２８年４月.

찾아보기

김윤명(金潤命)

남도의 니르바나 해남에서 태어났다. 광주 인성고(仁星高)와 전남대학교를 졸업하고, 경희대학교에서 지식재산법으로 박사학위를 받았다. 네이버에서 정책수석으로 일했고, 소프트웨어정책연구소에서 SW·AI법에 대해 연구했다. 국회에서 (박정어학원의 그) 박정의원 보좌관으로 입법과 정치에, 이재명 경기도지사 선거캠프 및 인수위인 새로운경기위원회에서 활동하고 있다. 모바일게임 애니팡 신화의 주역인 선데이토즈에서 법무와 대외협력 일을 했다. 현재는 대통령소속 국가지식재산위원회 AI-IP특별위원회 위원으로 활동하고 있다.

글쓰기를 좋아하여 게임법, 로보스케이프, 인공지능과 리걸프레임, 소프트웨어와 리걸프레임, 게임서비스와 법, 인터넷서비스와 저작권법 등의 책을 혼자 쓰거나 동료와 같이 썼다. 그 중 로보스케이프는 청소년 권장도서로, 게임서비스와 법 및 인터넷서비스와 저작권법은 우수 학술도서로 선정되기도 했다.

사는 곳은 물 맑은 양평이다. 아이들이 땅을 밟고 사는 삶을 원해서이다. 더 너른 땅에서 곡식과 나무를 심고 몸을 움직이는 일을 하고 싶은 마음이다. Go get it!으로 기억되는 라이코스(Lycos) 시절부터 개발자였던, 그리고 서울 사람으로 시골에서 생활해야 하는 아내에게는 늘 미안한 마음이다.

그래도, 시간이 남으면 시(詩)를 쓰고 사진을 찍는다. 아내와 아이들과 시고르자브종 리카, 동네 풍경, 하늘, 바람, 꽃 등이 피사체가 된다. 주변의 짠하고도 아심찬한 모습도 담는다. 집에 도서관N을 두었다. 정사서1급 자격증이 있지만, 도서관장은 아내이다. N의 컨셉은 네이버와 한게임의 합병법인 NHN(Next Human Network)의 Next에서 따왔다. 도서관엔(N) 뭐가 있을까? 도서관엔(N) 길이 있지! 도서관 다음엔(N) 뭘 만들지? 이런 따위의 장난스러운 도서관N으로 기억되길 바란다. 모든 이들을 위해 더 큰 도서관N을 만들고자 한다.

그리고 나서, 인공지능은 인간이 피할 수 없는 존재이기에 인공지능과의 동존(同存)을 위하여 고민했다. 이 책이 그 결과이다.

끝은 시작이다. 이젠 인공지능이 한 축이 될 문화시대를 위해 '문화예술과 법'에 집중하고자 한다. 오래전 기획을 마쳤고, 홀가분한 마음으로 시작하려 한다. 다음엔 '도서관법'이나 "SW법"으로 쓸 요량이다. 혹여, 연락하실 분은 digitallaw@naver.com으로 해주시길 바란다.

BLACK BOX를 열기 위한 인공지능법

초판발행   2022년 1월 1일

지은이   김윤명
펴낸이   안종만·안상준

편 집   김명희
기획/마케팅   김한유
표지디자인   박현정
제 작   고철민·조영환

펴낸곳   (주) **박영사**
            서울특별시 금천구 가산디지털2로 53, 210호(가산동, 한라시그마밸리)
            등록 1959. 3. 11. 제300-1959-1호(倫)

전 화   02)733-6771
f a x   02)736-4818
e-mail   pys@pybook.co.kr
homepage   www.pybook.co.kr
ISBN   979-11-303-4019-7 93360

정 가   35,000원